저항은 예술이다

문화, 전기, 그리고 사회운동의 창조성

이 도서의 국립중앙도서관 출판예정도서목록(CIP)은 서지정보유통지원시스템 홈페이지(http://seoji.nl.go.kr)와
국가자료공동목록시스템(http://www.nl.go.kr/kolisnet)에서 이용하실 수 있습니다.
CIP제어번호: CIP2016027301(양장), CIP2016027302(반양장)

제임스 M. 재스퍼 James M. Jasper 지음 | 박형신·이혜경 옮김

저항은 예술이다

문화, 전기, 그리고 사회운동의 창조성

The Art of Moral Protest

Culture, Biography, and Creativity in Social Movements

THE ART OF MORAL PROTEST

Culture, Biography, and Creativity in Social Movements

by James M. Jasper

사라에게

나는 내 가슴속에서 자연의 끈이

나를 그대와 아주 단단하게 묶고 있음을 느낀다.

나의 것이 그대 속에 있으니, 그대가 곧 나의 것이기 때문이다.

우리는 하나이고 일심동체이니, 우리의 상태는 갈라질 수 없다.

그대를 잃는 것은 나 자신을 잃는 것이다.

                                                    ─ 밀턴

머리말

저항을 연구하는 대부분의 학자들은 어떤 중요한 일이 사람들의 머릿속에서 일어난다는 것에 대해 오랫동안 회의적인 반응을 보여왔다. 불만은 항상 존재했고, 따라서 그것으로는 사회운동의 성쇠를 설명할 수 없다는 것이 그 이유였다. 그리하여 자원이나 정치구조 같은 '객관적인' 요인들이 사회운동을 규정했다. 최근 문화적 관점에서 이루어진 또는 문화적 관점을 필요로 하는 연구가 폭발적으로 증가하면서 무시할 수 없는 통찰들을 산출해왔다. 하지만 그러한 재평가에서도 학자들은 너무나도 자주 문화를 몇 가지 변수로 환원하여 그것을 보다 구조적인 ('객관적'이라고 독해되는) 요인들과 나란히 그저 자신들의 모델에 덧붙여왔을 뿐, 그러한 관점을 이용하여 기존의 연구결과와 이론들을 재고하지는 않았다. 이를테면 다음과 같은 질문들이 검토될 필요가 있다. 정치적 기회구조가 그것에 대한 사람들의 해석이나 정의와 무관하게 객관적으로 존재하고, 따라서 사람들의 그러한 해석이 맞을 수도 있고 아니면 틀리기도 하는 것인가? 합리성은 하나의 고정된 과정이며, 문화가 사람들로 하여금 합리성에서 이따금 벗어나게 하는가? 자원은 사람들이 그것에 대해 어떻게 생각하고 그것을 어떻게 이용하기로 결정하는가와 무관하게 독자적으로 존재하는가? 사회적 네트워크가 그것이 표상하는 의미와 정서적 충성보다도 더 중요한가?

문화는 신념이나 의례와 같은 서로 구분되는 측정 가능한 항목들로 이루어져 있다. 그러나 문화는 또한 하나의 필터로, 모든 행위는 그것을 통과하며 발생한다. 문화는 구조적 요인들과 대비되어서는 안 된다. 왜냐하면 문화는 구조적 요인들과 융합되어 있기 때문이다. 문화적 감성과 문화적 과정은 주관적인 요인들뿐만 아니라 가장 '객관적인' 요인들을 규정하는 데에도 일조한다. 그러나 문화가 언제나 존재한다고 해서 문화를 눈에 보이지 않는 것으로 만들 필요는 없다. 우리는 문화의 다양한 요소와 차원을 식별하고, 자원과 정치구조 — 문화는 이것들을 규정하는 데 일조한다 — 로부터 문화를 분석적으로 분리하여, 문화가 사회적 맥락에 따라 어떻게 다른지를 파악할 필요가 있다. 문화는 엄밀한 정의, 관찰, 그리고 논증의 대상이 될 수 있다.

정신생활에 대한 관심은 문화에 대한 관심뿐만 아니라 복잡한 전기, 퍼스낼리티, 개성을 지닌 개인들에 대한 관심으로도 이어진다. 개인은 저항에서 대단히 중요하며, 개인들이 새로운 단체를 설립하거나 또는 중요한 전략적 결정을 내릴 때 특히 그러하다. 때때로 개인들은 조직화된 단체들 외부에서 홀로 저항하기도 한다. 그때 거기에는 혁신, 창조성, 변화의 문제가 자리하고 있으며, 그러한 것들은 문화 및 전기와 긴밀하게 연관되어 있다. 개인들은 자주 작은 변화를 일으키고, 그러한 변화 중 많은 것이 널리 확산된다. 그리고 그것을 확산시키는 것이 바로 문화적 학습이다. 사람들은 자신들이 이미 가지고 있는 문화적 또는 전기적 소양과 새로운 경험 간의 상호작용을 통해 학습한다. 이는 하나의 뛰어난 정신적 과정이다. 우리는 개인과 변화에 특별한 관심을 기울이는 과정에서, 개인들이 이용하는 전략들 역시 재고할 필요가 있다. 기존 패러다임들은 통상적으로 그러한 전략들을 의식적 선택의 문제라기보다는 구조의 문제로 환원한다. 무엇을 할지를 결정하는 것은 사람이며, 그러한 결정은 중요한 결과를 낳는다.

문화는 모든 곳에 존재하지만, 문화가 모든 것은 아니다. 우리가 문화를 명확하게 파악할 수 있는 유일한 방법은 문화를 전기, 전략, 자원과 대비시키는 것이다. 동시에 우리가 문화를 정확하게 규정하지 않고서는, 우리는 저항의 그러한 다른 차원들을 이해할 수 없다. 만약 문화를 지나치게 광범하게 정의한다면, 그것은 당연히 그러한 다른 요인들에 속하는 영역을 침범하게 될 것이다. 많은 학자가 그래왔듯이, 우리가 문화를 무시한다면, 그러한 다른 변수들이 원래의 경계 너머로까지 영역을 확대하여 과도하게 작동할 수밖에 없게 될 것이다. 문화를 연구에 엄격하게 적용하기 위해서는 문화의 범위는 물론 문화의 영향력역시 규정해야만 한다.

이 책은 문화와 도덕에 대해 내가 오랫동안 가져온 관심이 낳은 가장 최근의 결과물이다. 1970년 후반에 내가 대학을 다닐 때, 나 자신을 스스로 마르크스주의자라고 부른 것은 포드 행정부와 카터 행정부 아래에서 일었던 보수적인 정치적 추세와, 그리고 하버드를 지배하고 있었던 현실 안주적인 학생문화와 거리를 두기 위한 하나의 방편이었다. 그것은 미국사회의 불평등, 낭비, 비합리성에 대한 도덕적 분노를 표현하는 하나의 방법이었다. 그러나 마오쩌둥주의와 레닌주의 같은 정치적 풍조와 알튀세식 구조주의 같은 이론적 풍조는 많은 부분 인간성을 결여하고 있었다. 내가 버클리로 옮겨 가서 토드 기틀린Todd Gitlin에게서 톰슨E. P. Thompson, 존 버거John Berger, 레이먼드 윌리엄스Raymond Williams를, 그리고 그다음에 푸코Foucault와 부르디외Bourdieu를 읽으라는 권고를 받았을 때, 민주주의자와 인본주의자가 되기 위해 마르크스주의자라는 딱지를 유지하는 것이 더 이상 중요하게 생각되지 않았다. 내가 제16장에서 논의하듯이, 마르크스주의의 추상화는 우리가 설명할 역사적 공포들에 한몫을 하고 있다.

문화와 도덕이 나에게 중요한 것은 그것들이 삶을 흥미롭고 의미 있게 만들기 때문이다. 문화는 불가피한 것이지만, 의미 있는 도덕을 얻기란 대체로 쉽지 않다. 그럼에도 불구하고 다양성이 지배하는 근대사회에서 도덕을 개인적 선택이 아닌 다른 어떤 것으로 만드는 것은 아주 힘든 과제 중의 하나이다. 어떠한 도덕적 상상력도 공유될 가능성이 없다는 것에 많은 논평자가 절망한다. 그러면서도 그들은 자주 정처 없는 대학교수라는 자신들의 지위를 반영하듯, 더 많은 연봉을 받기 위해 언제든지 수천 마일을 기꺼이 이동한다. 저항운동은 그것이 수반하는 선과 악과 함께 집합적인 도덕적 전망을 탐색해볼 수 있는 좋은 기회를 제공한다. 근대사회에서 저항운동은 우리가 사람들이 새로운 도덕적·감정적·인지적 감성들을 획득하는 방식을 관찰할 수 있는, 몇 안 되는 장場들 중의 하나이다.

나의 첫 번째 책인 『핵정치Nuclear Politics』에서 나는 문화적 의미를 정치와 국가 정책결정에 관한 구조적 분석의 중심으로 끌어들이고자 노력했다. 내가 연구한 세 나라 — 미국, 프랑스, 스웨덴 — 에서 정치가들은 서로를 추격하기 위해 다양한 수사적·이데올로기적 무기를 휘두르고, 아군과 적을 규정하기 위해 다양한 분열을 이용했다. 하지만 나는 그 세 나라의 공적 논쟁과 관료제적 정책 보고서들에서 유사한 일단의 논거들을 발견했다. 나는 세 가지 '정책 유형' — 과학기술적 열광, 비용-이득 유형, 도덕주의 — 을 식별하고, 국가구조 내에서 드러나는 그러한 정책 유형들(또는 그러한 유형들을 사용하는 남성과 여성들)의 분포 차이가 이 세 나라로 하여금 1973~1974년 석유위기 이후 서로 다른 정책을 펼치게 했다고 주장했다. 또한 나는 자주 정책 형성을 강제한다고 여겨져온 법적·행정적 '구조'의 많은 것이 정책결정의 원인인 만큼이나 정책결정의 결과일 수 있다는 것을 증명하는 데 관심을 기울였다. 하지만 구조가 심히 경직되어 있던 1970년대 동안에도 예술성(또는 주체적 행위능력agency)과 정치구조 간의 균형은 극적으로 변화했다. 나는 또한 세 나라 모두의 반핵운동이 정책 결과에는 거의 아무런 영향도 미치지 못했다는 실망스러운 결론을 내리지 않을 수 없었다. 기껏해야 반핵운동은 정책결정을 늦추고 그 사이에 더 많은 정보를 확보함에 따라 보다 합리적인 정책들이 설계될 수 있게 했을 뿐이었다. 그 책에서 나는 반핵운동은 보다 광범위한 이야기의 한 부분일 뿐이라고 논급했다. 그런 까닭에 그 프로젝트를 위해 수집된 자료들 중 일부가 이 책에 제시되어 있다.

도로시 넬킨Dorothy Nelkin과 공동 저술한 나의 두 번째 책『동물권리운동The Animal Rights Crusade』에서 나는 저항의 도덕적 차원들을 보다 철저하게 추적하고자 했다. 활동가와 수혜자가 서로 다른 종種이기까지 한 동물권리운동은 새로운 운동에 외부인을 충원할 때 받는 도덕적 충격, 자신이 도덕적으로 높은 위치를 점하고 있다고 느끼는 사람들이 자주 해대는 귀에 거슬리는 말투, 그리고 상이한 도덕적 전망들이 서로 맞붙는 논쟁들에서 발생하는 양극화와 서로 간의 악마 만들기를 고찰할 수 있는 좋은 사례인 것처럼 보였다. 그러나 우리는 하나의 단일한 운동에 대한 책이자 일반 독자를 대상으로 한 책에서 도덕에 대한 우리의 이론화를 너무 멀리까지 밀고 나가는 것이 그리 내키지 않았다. 그 결과 반핵운동과 마찬가지로 동물권리운동도 이 책에 빈번히 등장하게 되었다.

이 책은 후원자와 조력자들의 도움으로 완성되었다. 내가 최근까지 강의를 했던 뉴욕대학교 사회학과는 사회운동에 대해 사유할 수 있는 비옥한 장소였으며, 나는 '정치·권력·저항 워크숍Workshop on Politics, Power, and Protest'에서 내 원고의 여러 부분에 대해 서면으로 그리고 구두로 유익한 비판을 받을 수 있었다. 에드 아멘타Ed Amenta와 제프 굿윈 Jeff Goodwin은 특히나 좋은 동료이자 논평자들이었다. 몇몇 학생은 이 책의 몇 개 장의 개략적인 토대가 된 논문들을 공동으로 작성해 발표하고 학술지에 게재했으며, 그들과 또 다른 학생들은 그 초고에 추가된 부분들을 읽어주었다. 메리 번스타인Mary Bernstein, 낸시 코던Nancy Cauthen, 신디 고든Cindy Gordon, 제인 폴슨Jane Poulsen, 이본느 자이랜 Yvonne Zylan, 질리언 제이컵스Jillian Jacobs, 타마라 두마노프스키Tamara Dumanovsky, 그리고 특히 베티나 에델스타인Bettina Edelstein은 소비자 보이콧에 관한 조사연구들의 많은 부분을 수행했다. 두마노프스키는 크메르루주Khmer Rouge에 관한 초기 조사를 맡아 수행했다. 뉴욕대학교 사회학과의 연구실습 프로그램은 이 연구의 많은 부분을 다듬을 수 있는 구조를 마련해주었다. 게리 포드Gary Ford, 최나리Nari Choi, 그리고 특히 조던 퍼Jordan Peugh는 인용문과 인용부호를 체크해주었다. 그들의 도움에도 감사한다. 나는 많은 청중들로부터 내가 초기에 가지고 있던 생각들과 관련한 유익한 의견을 청취할 수 있었다. 러셀 새이지 재단 Russell Sage Foundation의 정치·문화 세미나, 뉴욕 시립대학교 대학원·하버드대학교·사회조사 뉴 스쿨·러커스대학교·프린스턴대학교·예일대학교 사회학과, 그리고 미국사회학회·미국정치학회·사회경제학회의 학술대회 참석자들이 그들이다. 그 누구보다도 정체政體에 관해 많은 지식을 가지고 있는, 너그러운 친구이자 날카로운 비판가인 밥 앨퍼드 Bob Alford는 초기 원고에 30쪽이 넘는 논평을, 그것도 여백 없이 빽빽하게 써주었다. 더그 매캐덤Doug McAdam은 그만의 열정을 가지고 시카고

대학교 출판부에 보낸 두 개의 판본을 기꺼이 읽어주었다. 그 덕분에 이 책이 처음보다 더 문화적 관점과 정치과정 관점 간의 대화가 될 수 있었다. 그 외에도 여러 사람들이 초고를 읽고 크고 작은 방식으로 손보아주었다. 윌리엄 갬슨William Gamson, 마이클 무디Michael Moody, 켈리 무어Kelly Moore, 프란체스카 폴레타Francesca Polletta, 그리고 사라 로젠필드Sarah Rosenfield가 그들이다. 그들 모두에게 감사한다.

뉴욕대학교 행정실은 1991년의 가을학기 강의를 빼줌으로써 나의 연구를 지원해주었다. 각각의 장에 포함된 조사연구를 위해 DIR-8820241이라는 연구비 명칭으로 맥아더 재단MacArthur Foundation, 알프레드 P. 슬론 재단Alfred P. Sloan Foundation, 스펜서 재단Spencer Foundation, 국립과학재단National Science Foundation, 윤리와가치연구회Ethics and Values Studies로부터 지원을 받았다. 나는 이 책에서 재사용하기 위해 다른 곳에 실린 나의 몇몇 논문들로부터 자료를 빼내왔는데, 그것을 허락해준 캘리포니아대학교 출판부, 재이 프레스JAI Press, 새이지 재단에 감사한다. 이 논문들의 출처는 이 책의 관련 부분에 언급되어 있다.

그 밖에도 많은 사람이 크고 작은 도움을 주었다. 도움을 준 랠프 치프먼Ralph Chipman, 리 클라크Lee Clarke, 스티븐 콧그로브Stephen Cotgrove, 프랭크 도빈Frank Dobbin, 르네 에무나Renée Emunah, 바바라 엡스타인 Barbara Epstein, 마티 기렌스Marty Gilens, 어윈 고프먼Irwin Goffman, 켈리 헨리Kelli Henry, 앨버트 허시먼Albert Hirschman, 밥 홀트Bob Holt, 로버트 맥스 잭슨Robert Max Jackson, 곽 키안운Kian-Woon Kwok, 조안 램비Joan Lambe, 존 롤랜드John Lolland, 발렌타인 모하담Valentine Moghadam, 제임스 스카미나치James Scaminaci, 닐 스멜서Neil Smelser, 데이비드 스타David Starr, 척 스티븐Chuck Stephen, 앤 스위들러Ann Swidler, 에벌린 웨이터스Evelyn Waiters, 데이비다 웨인버그Davida Weinberg, 해럴드 윌렌스키Harold Wilensky, 그리고

스텔라 잠바로코스Stella Zambarloukos에게 감사한다. 사람이 생각만으로 살 수는 없다는 것을 알고 있는 시카고대학교 출판부의 더그 미첼Doug Mitchell은 몸과 영혼 모두를 위한 최고의 자양분을 제공해주었다. 그는 누구 못지않은 최고의 친구이다. 그의 동료인 맷 하워드Matt Howard, 살레나 크루그Salena Krug, 그리고 빌리Billy 또한 흔쾌히 도움을 주었다. 닉 머리Nick Murray는 최고의 교열자임을 보여주었다.

누구보다도 나는 모든 점에서 나의 삶을 완벽한 것으로 만들어준 로젠필드에게 감사하고 싶다. 아담Adam이 알고는 있었지만 밀턴Milton이 분명하게 표현했던 대로, 그녀는 진정 나의 일부이다.

차례

/ 제1장 /

저항이라는 예술

상상력은 선한 사람들이 지닌 최고의 수단이다. …… 예술은 도덕보
다 더 도덕적이다. 왜냐하면 도덕은 현상現狀을 신성화하고 관습을
반영하며, 기성 질서를 강화하거나 그렇게 하는 경향이 있기 때문
이다. 인류의 도덕적 선각자들은 설사 그들이 자유시나 우화의 형
식으로 말했을지라도 언제나 시인이었다. …… 예술은 입증할 수 없
는 목적들에 대한 감각을, 그리고 무감각해진 습관을 초월하는 의
미들에 대한 감각을 살아있게 하는 수단이었다.

— 존 듀이,『경험으로서의 예술』

블리커 스트리트Bleecker Street에 자리한 내 아파트 아래에 서 있는 가
로등 기둥은 내가 어떤 특정 시기에 어떤 정치적 대의가 유행하는지를
가늠하는 것을 도와준다. 내가 이 책을 쓰기 시작한 1991년 5월 1일에
는 다음과 같은 공지 문구들이 그 금속 기둥을 덮고 있었다.

여성해방: 무엇이 잘못되었는가? 한 마르크스-레닌주의 단체는 계급 분
석의 결여가 오늘날의 여성운동을 어떻게 불구화시켜왔는지를 보여주겠
다고 약속했다.

이라크전쟁에 반대하는 의식을 거행함. 한 단체가 최근 몇 년간 가장 성

공적이었던 운동 중의 하나를 공격했다면, 또 다른 단체는 가장 성공적이지 못한 운동 중의 하나를 찬양했다. 5월 8일에 마곳 키더Margot Kidder, 커트 보니것Kurt Vonnegut, 윌리엄 쿤슬러William Kunstler와 그 밖의 사람들은 맨해튼의 정치적 올바름 운동 클럽 가운데 하나인 웨트랜즈Wetlands에서 최근 이라크와 벌이고 있는 전쟁을 성토할 것이라고 알렸다.

주삿바늘 교체가 AIDS를 예방한다. 주삿바늘의 공동 사용이 AIDS를 확산시킨다. ACT UP AIDS Coalition To Unleash Power(권력해방을 위한 AIDS 연합)의 이 표어가 약물 사용자들을 겨냥하는지 아니면 시의 주삿바늘 정책을 겨냥하는지는 분명하지 않았다.

당신은 교육을 위해 죽을 수 있는가? 재기 넘치지만 게시한 사람을 알 수 없는 이 포스터는 고등학교에서 벌어지고 있는 신병 모집 활동에 반대했다.

낙태: 모든 여성의 권리. 낙태 합법화 지지 집회를 알리는 공고문.

이 포스터들 중 세 개가 현 정부의 정책들에 이의를 제기하는 것이라면, 두 개는 사회운동 자체를 성찰하기 위해, 즉 그러한 운동들이 얼마나 관조적이고 자의식 과잉이 될 수 있는지를 보여주기 위해 기획된 행사들을 공지하는 것이었다. 이라크전쟁 포스터가 1991년에 한정된 것이었다면, AIDS 포스터는 1980년대 초반 이래로 언제든지 게시될 수 있었던 것이었고, 그 외의 포스터들은 지난 25년 동안 언제든지 등장할 수 있었던 것이었다. 다섯 개의 포스터는 우리 모두가 강렬한 느낌과 견해를 가지고 있는 인간존재에 관한 기본적 쟁점들 — 전쟁과 평화, 여성과 남성, 삶과 죽음 – 을 다루고 있었다. 이들 쟁점은 우리가 이세상에서 어떻게 행동해야만 하는지에 관한 우리의 도덕적 전망뿐만 아니라 우리가 누구이고 우리가 왜 존재하는지에 관한 우리의 가장 내밀한 의식 또한 건드리는 질문들이다. 우리의 제도 대부분은 이와 같은 실존적 쟁점들에 대해 침묵한다. 즉, 저항은 이들 쟁점이 제기되고 고찰될 수 있는 몇 안 되는 장들 중 하나이다.

이 포스터들 중 몇몇은 과학과 기술 – 우리가 세상을 조종하고 우리의 목표를 달성하기 위해 발전시켜온 물리적 도구들 – 을 표적으로 삼았다. 그러한 도구들은 역사상 어느 때보다도 우리의 삶에 침투하여 우리의 삶을 구조화하고 있다. 그리고 과학과 기술에 대해 양가감정을 가지지 않는 사람은 드물다. 즉, 사람들은 과학과 기술이 지닌 능력과 위험 모두를 인식하고 있다. 엘리트들은 자신들이 그들 자신의 자유재량권을 행사한다기보다는 피할 수 없는 힘들에 굴복당하고 있다고 주장하지만, 우리는 전문가들이 산출하는 객관적인 '명백한 사실'이라는 것이 우리 사회의 정치적·경제적 권력을 은폐하거나 정당화하는 데 전례 없을 정도로 이용되고 있음을 알고 있다. 아이러니하게도 물리적 세계에 대해 우리가 가지고 있는 전례 없는 기술적 권력이 우리로 하여금 그러한 권력을 사용하는 방식과 관련하여 더욱 도덕적 딜레마에 빠지게 한다. 우리가 그렇게 **할 수 있다**는 사실이 우리(또는 우리 중 일부)로 하여금 우리가 꼭 그렇게 **해야만 하는지**를 묻게 한다. 우리는 또한 근대과학이 삼라만상으로부터 주술적·도덕적 의미를 고갈시켜왔다고 생각한다. 반면에 저항은 그러한 의미를 재창조하고, 삶이 특정한 의미를 만들어간다고 주장하는 하나의 방식이다. 기업과 정부가 새로운 기술, 제품, 법을 만든다면, 저항자들은 우리가 그것들에 대해 느끼고 생각하는 바를 이해하는 것을 도와준다. 이와 같은 도덕적·기술적 테마들은 불가피하게 공적 논쟁의 대상이 될 수밖에 없다. 왜냐하면 그러한 테마들은 부분적으로는 가시화된 성난 정치운동들에 의해 규정되어온 쟁점이기 때문이다.

미국사회는 시끄러운 도덕적 저항들로 넘쳐난다. 그리고 단지 그리니치빌리지Greenwich Village에서만 그러한 것은 아니다. 1991년 오퍼레이션 레스큐Operation Rescue[미국의 낙태반대 단체 — 옮긴이]는 수많은 낙태반대 운동가와 함께 캔자스 주의 위치토Wichita 거리들로 몰려들었다. 그들은 반복되는 체포도 불사하고 낙태 클리닉의 입구를 기꺼이 막고 나섰다. 심지어 조지 부시George Bush의 법무부는 직원과 환자들을 괴롭히지 말라고 명령한 연방판사에 맞서 싸우는 그들의 투쟁을 지지하기까지 했다. 서해안에서는 많은 환경주의자가 1990년의 여름을 샌프란시스코 북쪽 숲에서 야영을 하고, 범신론적 의례에 참여하고, 양지바른 곳에 앉아 철학을 공유하고, 목재 표식이 붙은 거대 삼나무에 그들 자신을 사슬로 묶으면서 보냈다. 1980년 동해안에서는 플러셰어 에잇Ploughshares Eight[전쟁 방지와 평화 구축을 목적으로 1976년 창립된 단체인 플러셰어를 창립한 8인 — 옮긴이] — 주로 가톨릭 신부와 수도사들인 — 이 펜실베이니아의 제너럴 일렉트릭General Electric 시설에 몰래 잠입해서, 작은 망치로 두 개의 미니트맨 미사일Minuteman missile[대륙간 탄도미사일의 일종 — 옮긴이]을 난타한 후, 자신들의 선홍색 피를 그 무기의 차가운 회색빛 강철에 흘려 부음으로써, 인간 삶의 감상적 무상함과 대량파괴무기 기술을 병치시켰다. 뉴욕의 국제연합 앞에서는 일 년 내내 거의 매일 적어도 한 건의 시위가 벌어진다.

도덕적 저항은 주州의 경계뿐만 아니라 사회계급의 경계들도 넘어선다. 필리스 슐래플리Phyllis Schlafly는 수많은 중하계급 여성 — 아마도 주부라는 그들 자신의 지위를 우려했거나 어쩌면 그 수정안에 함축된 평등과 동일성에 관한 도덕적 진술에 격분했을 수도 있는 ― 을 동원하여 남녀평등헌법수정안Equal Rights Amendment: ERA에 맞서 싸웠다. 유독성 폐기물 처리장과 소각로 같은 지역의 환경 위험이나 공공주택 프로젝트와 AIDS 환자용 주택 같은 사회적 분열에 맞서 싸우기 위해 미국 전역에서 수많은 단체가 결성되어왔고, 그중 많은 단체가 노동계급 주부들에 의해 주도되었다. 대학교육을 받은 중상계급은 원자력 에너지와 핵무기 반대운동의 주요한 배후 세력이었다. 때로는 우리 사회의 엘리트에 속하는 법률가, 의사, 엔지니어와 같은 전문직업인들조차도 경악, 분노, 경멸 또는 심지어 일반적인 공포를 표출하는 대규모 운동들에 휩쓸린다. 그리고 극빈층, 즉 사회의 실제 주변인들도 때때로 저항에 동참하여 습관적인 (그러나 학습된) 무기력, 절망, 그리고 냉소주의를 극복한다.

도덕적 저항이 최근에 유행하기 시작한 것, 다시 말해 풍요한 사회의 소산에 불과한 것은 결코 아니다. 17세기와 18세기에 미국은 베이컨의 반란Bacon's rebellion[1676년에 너새니얼 베이컨Nathaniel Bacon 경의 주도하에 버지니아 식민지 주민들이 통치자 윌리엄 버클리William Berkely 경에 대항해 일으킨 무장반란 ― 옮긴이], 셰이스의 반란Shays's rebellion[1786~1787년에 높은 세금과 어려운 경제여건에 대한 불만으로 미국 매사추세츠 서부에서 일어난 반란 ― 옮긴이], 그리고 위스키 반란Whiskey rebellion[1794년 펜실베이니아 서부의 농민들이 주세에 반대해 일으킨 폭동 ― 옮긴이]을 경험했다. 미국 정부가 벌인 거의 모든 해외 전쟁과 간섭은 그것을 소리 높여 비판하는 사람들로 하여금 가두시위에 나서게 했다. 이를테면 극히 평판이 나빴던 1812년 전쟁[나폴레옹전쟁 도중 영국의 가혹한 해상 조처에 대한 미국의 불만이 원인이 되어 1812~1814년에 미국과 영국 사이에서 벌어진 전쟁으로, 미영전쟁이라고도 함 ― 옮긴이]의 경우에는 낸터킷 섬 주민들이 중립을 선포했는가 하면, 매사추세츠의 뉴버리포트에서는 군중이 영국 전쟁포로들을 강제로 석방하고자 했다. 심지어 1849년에는 만 명의 저항자들이 당시에 유명했던 셰익스피어 배우의 영국 국적과 귀족적 말투에 대한 분노를 표출하기 위해 뉴욕에 모여들었다. 그리고 그 뒤를 이어 발생한 애스터 플레이스Astor Place 극장 폭동에서는 22명이 사망했다. 19세기에 노동조합운동은 임금삭감, 노동조건의 악화, 그리고 고용주에 의한 여타의 학대에 대한 분노에, 다시 말해 개인적 이득을 얻고자 하는 계산된 노력이 아니라 불안과 도덕적 분개에 뿌리를 두고 있었다. 19세기 내내 도덕개혁운동들은 음주, 도박, 안식일을 지키지 않는 것, '방탕함'에 맞서 싸웠다. 오늘날 YMCA는 수영장과 에어로빅 교실들을 후원하고 있지만, 1840년대에 처음 설립되었을 당시 YMCA의 임무는 젊은 독신 남성들이 죄의 유혹에서 벗어나도록 돕는 것이었다. 1908년 크리스마스 날에 뉴욕 시장은 뉴욕 시 소재 모든 영화 아케이드의 문을 폐쇄하기까지 했다. 도덕개혁자들의 주장에 따르면, 영화가 키스톤 캅스Keystone Cops와 같은 파괴적인 등장인물들을 통해 도덕적 해이를 조장하고 새로운 이민자들에게 법과 질서를 경시하도록 가르친다는 이유에서였다. 부도덕한 행위가 점점 더 늘어나는 것을 우려하는 집단들이 강력하게 촉구하고 나서면서 다양한 영화, 연극, 책, 그림, 음악이 주기적으로 비난받았고, 때로는 상점과 도서관으로부터 추방되었다.

비록 이 책의 대부분이 미국의 도덕적 저항을 다루기는 하지만, 그러한 정치적 열정이 미국에서만 독특하게 발생하는 것은 전혀 아니다. 이슬람 근본주의 ― 1978~1979년의 이란의 경우가 가장 유명하지만 이슬람 세계 도처에서 지속되고 있는 ― 는 유럽의 제국주의와 그것이 수반하는 경제적·기술적 제도들을 무차별적으로 비난하는 방식의 하나로 자리 잡아왔다. 지난 세기 동안 금주운동은 미국보다는 스웨덴에서 훨씬 더 유행했다. 아래의 두 개의 장에서 우리는 19세기 아일랜드에서 발생한 보이콧과 1970년대에 일어난 캄보디아혁명을 고찰한다. 비열한 것으로 인식된 이러저러한 관행을 종식시키기 위한 반란, 종교에 기초한 저항이나 세속적인 운동들로부터 영원히 자유로운 나라는 세상에 결코 존재하지 않는다. 저항은 편재하지는 않지만(아마도 저항은 실제로 추측되는 것보다 훨씬 덜 편재할 것이다), 되풀이되고 있다.

* * *

우리의 세계관은 왜 우리로 하여금 그렇게도 자주 세상을 변화시키고 싶어 하게 하는가? 어떠한 도덕적 전망들이 자주 우리로 하여금 우리와 직접적인 관계가 없는 관행과 제도들에 대해 분노하게 하는가? 어쨌든 간에 우리는 우리를 불쾌하게 하는 것에 다양한 방식으로 대응한다. 앨버트 허시먼Albert Hirschman이 일찍이 지적했듯이, 우리는 우리가 혐오하는 많은 사악한 것들을 피하기 위해 우리의 거주지를 옮길 수도 있다. 즉, 우리는 목소리를 내기보다는 출구에 기댈 수도 있다. 또는 우리는 아주 많은 미국인이 그러하듯이 우리가 싫어하는 것을 그냥 무시하고 사적 삶의 즐거움에 몰두할 수도 있다. 평론가들은 미국 사회의 무관심, 나르시시즘, 개인주의에 대해 한탄한다. 어떤 평론가들은 우리가 공공선 — 개인적인 욕구나 목적과 대립하는 것으로서의 — 을 논의하기 위한 언어조차 가지고 있지 않다고 주장해왔다. 다른 평론가들은 (공적 영역의 사건들을 그것이 자아에 대해 갖는 함의로 환원시켜버릴 정도로 자아정체성에 집착하는) 새로운 나르시시즘적 형태의 퍼스낼리티를 비난해왔다. 보다 동정적인 관찰자들은 투표, 정당 결성, 비판적 관점, 사회변동을 가로막는 제도적 장애물들에 보다 큰 중요성을 부여한다. 이것들 모두는 미국에서의 정치활동 부재라고 일컬어지는 것을 설명하고자 하는 시도이다.

이러한 비평가들은 그럼에도 불구하고 자신들 주변에서 소용돌이치고 있는 정치활동들을 애써 무시한다. 많은 미국인은 결코 무관심하지 않다. 정치에 참여하기로 결심하는 사람들에게는 적극적으로 저항하는 것 외에도 많은 선택지가 있다. 미국과 여타 많은 나라(그럼에도 슬프게도 여전히 소수의 국가들)에서 시민들은 다양한 정치적 대표자들에게 투표할 수 있다. 우리는 개인의 자격으로 정치인들에게 돈을 기부하고 편지를 쓴다. 하지만 많은 사람은 부득이하게 그러한 '통상적인' 통로 밖으로 나갈 수밖에 없다고 느낀다. 바로 그 지점에서 그들은 저항에 참여하기도 한다.

개인들은 여러 가지 방식으로 자신들이 싫어하는 것에 저항하거나 항의한다. 그들은 자신의 조직상의 역할을 게을리 하고, 자신이 싫어하는 규칙들을 무시하고 비판하며 불평하고, 자기 상관의 프로젝트를 다양한 정도로 방해하고, 지급 물품을 좀도둑질한다. 개인들이 입법자나 신문사에 편지를 쓸 때, 조용한 저항은 보다 공적인 것으로 진전되기도 한다. 또 다른 사람들은 공개적인 모임에서 발언하고, 어떤 사람들은 편지 폭탄을 보낸다. 주목할 만한 개인적 저항 형태의 하나가 내부고발 – 우리는 이에 대해 제6장에서 고찰한다 – 이다. 개인들은 내부고발을 통해 자신의 고용주가 범한 위반행위를 공개한다. 달리 말해 저항이 조직화된 운동의 일부가 아닐 때에도 저항은 존재한다. 대부분의 학자들은 그런 종류의 행위를 그들의 관심 밖의 일로 규정하고, 운동 자격을 충분히 갖춘 조직화된 운동들을 탐구하는 것을 더 선호해왔다. 이러한 선택은 개인적인 저항행위가 보다 조직화된 운동들로 진전되는 또는 진전되지 않는 다양한 방식을 밝혀내지 못하게 한다. 우리는 앞으로 개인적 저항자들이 저항운동에서 공식 집단들과 다양한 관계를 맺고 있다는 것을 아주 분명하게 보여줄 것이다.

저항자들은 빈번히 그들 자신을 단체로 조직화하며, 그러한 단체들의 집합이 사회운동을 구성한다. 사회운동은 일반인들로 조직화된 단체 — 말하자면 정당, 군대, 또는 산업별 동업집단과 대립되는 것으로서의 — 가 제도 외적인 수단을 사용하여 그들 사회의 특정 측면을 변화시키고자 하는 의식적이고 협력적이며 상대적으로 지속적인 노력이다. 그러한 운동들 중 일부는 코뮌에서 근린집단, 프리덤 스쿨에 이르기까지 명확한 의제를 가지고 있으며, 일을 수행하는 대안적 방식을 구축하기 위해 노력한다. 그러나 대부분의 운동은 저항 — 다른 사람, 다른 조직, 그리고 그들이 믿거나 수행하는 일들에 대한 분명한 비판 — 을 포함한다. 그러한 운동들은 또한 자신들이 싫어하는 것을 단순히 또는 직접적으로 변화시키고자 하기보다는(이것은 가능하지 않을 수도 있다) 기존 관행들에 대한 경멸과 분노를 표출하기도 한다.[1]

우리가 저항활동에 매우 수긍할 수 있는 까닭은 그것이 도덕적 목소리를 낼 수 있는 능력을 지니고 있기 때문이다. 저항활동은 우리에게

---

1 몇 가지 정의들: 내가 본문에서 언급하듯이, 보다 광범한 어떤 쟁점에 저항하기보다는 신자들을 변화시키고 개종자들을 끌어들이는 것만을 목적으로 하는 특정 종류의 종교운동을 하나의 예외로 한다면(그럼에도 불구하고 여타의 많은 종교운동들은 저항한다), 나는 대부분의 사회운동은 저항운동이기도 하다고 생각한다. 게다가 모든 저항운동은 일정한 도덕적 차원을 가지고 있다(하지만 그것이 부각되는 정도는 운동마다 다르다). 하지만 도덕적 저항은 그러한 조직화된 운동단체의 활동뿐만 아니라 동일한 목적을 위해 일하는 개인들의 활동 또한 포함한다. 특이한 목적이나 전술들을 가진 고립적 개인 — 이를테면 유나바머(Unabomber) — 은 저항운동의 일부가 되지 않고서도 도덕적 저항에 참여한다. 나는 (공식 조직을 운동의 구성요소로 강조하는 연구자들과는 대조적으로) 유사한 목적을 가진 저항단체들과 함께 일하는 그 밖의 다른 개인들도 저항운동의 일부로 볼 것이다. 나의 목적 중의 하나는 개인과 공식 단체 간의 (그리고 저항자들과 그들의 운동단체 간의) 다양한 관계를 보여주는 것이다. 대부분의 학자들은 개인적 저항을 자신들의 연구범위에서 벗어나 있는 것으로 규정함으로써, 그러한 저항이 조직화된 저항에 미치는 영향을 검증할 수 없게 만든다.

우리의 도덕적 감성과 신념을 알아차릴 수 있는, 그리고 그것들을 명료화·정교화할 수 있는 기회를 제공한다. 그러한 감성과 신념을 공개적으로 그리고 집합적으로 분명하게 표현하는 것이 중요하다. 왜냐하면 사회학자 에밀 뒤르켐Emile Durkheim이 주장했듯이, 공개성과 집합성이라는 두 가지 특성이 신념과 느낌이 갖는 중요성과 감정적 영향력을 심화시키기 때문이다. 근대사회의 여타 제도들 중 거의 어떤 것도 이러한 종류의 토론장을 제공하지 않는다. 학교는 좀처럼 그러한 기회를 제공하지 않으며, 뉴스 매체는 자신이 사실에 입각하고 있다고 주장하고, 통상적인 정치는 매우 한정된 선택지들만을 제공한다. 그리고 기독교 교회, 유대교 회당, 이슬람 사원조차도 진정한 도덕적 검증을 위한 장소보다는 사교적 모임을 위한 장소를 더 빈번하게 제공한다.

도덕적 저항은 다양한 양식으로 출현한다. 오늘날 일반적으로 이용되는 양식들로는 대규모의 공개 집회와 행진, 상징적 또는 전략적 장소의 점거, 도발적인 언어적·시각적 레토릭, 그리고 보다 주류적 형태인 로비활동과 선거운동을 들 수 있다. 그러나 모든 단체는 이 기본적인 전술들을 창조적으로 변형시키고자 한다. 동성애 혐오에 반대하는 사람들은 게이와 레즈비언이 레드넥 바redneck bar에서 '항의 키스하는 것kiss-in'을 후원해왔고, 우리에게 게이와 레즈비언의 구매력을 상기시키기 위해 달러 지폐에 '게이 머니Gay Money' 도장을 찍어왔다. ACT UP은 '콘돔 해방의 날Latex Liberation Days'을 개최하여 뉴욕의 고등학교에 콘돔을 배포해왔다. 동물권리 활동가들은 한밤중에 연구실험실에 몰래 침입해서 실험실의 '포로들'을 '풀어주어'왔다. 그리고 한 단체는 동물실험이 동물들을 병들게 한다는 것을 보여주기 위해 화장품회사 앞에서 '토하기 대회Barf-In'를 개최했다. 제리 루빈Jerry Rubin과 애비 호프먼Abbie Hoffman은 반전시위 운동가들 ─ 1967년에는 오늘날보다 그 수가 더 적었다 ─ 을 설득하여 마녀들이 주문을 외워 펜타곤을 공중으로 부양 시키려는 시도를 하기도 했다. 그들은 실패했지만, 그것을 재미있어 한 미디어가 그 행사를 보도하게 하는 데에는 성공했다. 단골 표적인 펜타곤의 벽은 피로 얼룩지고, 잔디밭에는 판지로 된 묘비가 들어서 고, 문들은 밝은 색깔의 실로 얽어매어 폐쇄되었다(사회적·상징적 망에 관심을 가진 후대의 마녀들은 출입구에 실을 얽어매면서 "우리는 들줄이다, 우리는 날줄이다 / 우리는 길쌈꾼이다, 우리는 망이다"라고 노래를 부른다).[2] 1968년 농장노동자연합United Farm Workers이 파업을 벌이는 동안에 토론 토에서 지지자들은 "포도를 먹지 마세요"라고 쓴 풍선을 슈퍼마켓에 가지고 가서 어린아이들에게 나누어주고는 풍선을 천장으로 날리게 했다. 그리고 그 풍선이 터진 매장의 매니저들에게는 유감스러운 일이 지만, 그 풍선들에는 반짝이는 색종이 조각들이 가득 차 있었다. 사람 피, 죽은 생선, 살아있는 토끼, CEO의 인형, 피노키오의 가짜 코, 이것 들 모두는 대기업의 본사에서 벌인 시위들에서 사용된 소품들이다. 심 지어 홍보용 우편물을 통한 호소도 혁신의 기회를 만들어준다. 한 환 경단체는 개별 지지자의 관심을 끌고 그들로 하여금 "자신들의 의견을 분명하게 표명하도록put in your two cents' worth" 하기 위해 2센트짜리 진 짜 수표를 발송했다.

* * *

이러한 작은 혁신들 외에도 도덕적 저항은 수세기 동안 그 기본 형

---

2   Starhawk, *Dreaming the Dark: Magic, Sex, and Politics*(Boston: Beacon Press, 1988), pp. 168~169를 보라. 이 노래는 샌프란시스코에 있는 보헤미안 클럽의 문들을 실로 엮어 폐쇄하 면서 서부 여성 펜타곤 행동대(Women's Pentagon Action West) 회원들이 불렀던 것이다.

태들을 변화시켜왔다. 서유럽의 학자들은 이를 다음과 같은 순서로 기술해왔다. 중세시대부터 19세기까지 농민들은 종교적 운동을 조직하거나 직접적인 위협들 — 이를테면 곡물 부족과 높은 빵 가격, 자신들의 전통적 권리를 박탈하는 인클로저enclosure와 여타의 시도들, 그리고 엘리트들에 의해 자행된 그 밖의 자의적 조처들 — 에 대응했다. 근대 초기에 도시가 번창함에 따라 도시 거주자들 또한 자신들이 느끼기에 나쁜 짓을 하는 사람들에 대항해 직접행동을 감행했다. 그들은 세금 징수관들의 집을 약탈했으며, 수송 중인 곡물을 탈취하거나 소수 종교집단을 공격했다. 그러한 행동들은 지역적으로 이루어지고 단기간 지속되었으며, 부정행위들을 저질렀다고 여겨지는 사람들을 직접 표적으로 삼았고, 감지된 잘못들을 다소 즉각적으로 시정하고자 했다. 프랑스혁명 시기 즈음에는 보다 보편적인 목적을 가진 상이한 형태의 저항들 — 보이콧, 대중청원, 도시폭동 — 이 출현했다. 그러한 전술들은 처음에는 부르주아 성원들에 의해, 그리고 곧 신흥 산업노동계급에 의해 채택되었다. 그리고 이러한 전술들이 내가 시민권 운동이라고 부를 것을 발생시켰다. 이러한 노력들은 어떤 식으로든 완전한 인권, 정치적 참여 또는 기본적인 경제적 보호로부터 배제된 범주의 사람들에 의해, 그리고 그들을 위해 조직화되었다. 그것들은 그러한 집단들 — 산업노동자, 여성, 그리고 후일의 인종적·민족적 소수집단들을 포함하여 — 의 완전한 포함을 요구하는 운동이었다. 그러한 운동은 점점 더 전국적 범위로 확대되고, 과거에 농민들이 그랬던 것보다 더 잘 조직화되어 지속되었다. 그리하여 그러한 운동은 사회의 점점 더 많은 부분을 자본주의적 노동시장과 민주적 정체 속으로 통합시키고 있던, 팽창하는 산업사회의 일부가 되었다. 그러한 운동의 요구 상대인 국가가 점점 더 강력해지고 중앙집중화되고 있었기 때문에, 그 운동들 또한 시간이 경과함에 따라 보다 공식화·관료제화되는 경향을 보였다.

이러한 전前산업적·산업적 저항 형태들 외에도 이미 사회의 정치·경제·교육체계 속으로 통합된 사람들이 주도하는 세 번째 유형의 사회운동이 번창해왔다. 나는 이를 탈시민권post-citizenship 운동이라고 부를 것이다. 그러한 사람들은 자신들의 기본권을 요구할 필요가 없기 때문에 자주 타인 — 때때로 전체 인류를 포함하여 — 의 보호나 이익을 추구한다. 19세기에 일어난 탈시민권 운동들은 자주 빈민구제나 매춘반대운동의 형태를 취했다. 반면 지난 30년 동안 그것들은 환경보호, 평화와 군축, 대안치료, 생활양식 보호, 동물권리와 같은 '탈산업적' 또는 '탈물질적' 목적들 — 일자리, 동일임금 또는 투표권(내 아파트 아래 가로등 기둥에서는 이와 관련된 어떤 것도 찾아볼 수 없었다)을 추구하는 사람들의 특별한 관심을 끌지 못하는 목표들 — 을 추구해왔다. 근대 과학과 기술에 대한 양가감정, 그리고 때로는 그것들에 대한 아주 노골적인 적대감은 최근의 흐름 — 탈시민권 운동의 '탈산업적' 분파 — 에서 나타나는 공통 테마이다. 그러한 저항자들은 그들 사회의 문화적 감성을 변화시키는 것에 특별한 관심을 기울인다. 시민권 운동들이 분명하게 규정된 자신들의 지지자들을 가지고 있기 때문에 서로 자주 싸웠다면, 탈시민권 운동들은 서로 쉽게 합류한다. 1970년대에 환경운동과 여성운동은 함께 반핵운동을 고무했으며, 이는 다시 1980년대 초반에 군비축소운동을 불러일으켰다. 유럽의 많은 학자가 그러한 운동들에 '새로운 사회운동new social movements'이라는 이름을 부여했다. 왜냐하면 그러한 운동들이 지난 100년 동안 유럽정치를 지배해온, 계급에 기초한 운동 및 정당과는 너무나도 현저하게 대비되었기 때문이다. 나는 **탈산업적**이라는 용어를 선호한다. 왜냐하면 그러한 운동들은 산업사회가 우리의 삶 전반에 철저하게 침투해 들어왔다는 것을 의문의 여지없는 사실로 받아들이고, 그것이 초래한 결과들을 개선할 수 있는 방법을 찾기 때문이다(그러나 그러한 운동들은 여전히 탈시민권 운동의 하위범주에 머물러 있다).

미국에서의 저항은 유럽에서의 저항과는 다른 궤적을 통해 탈산업적 운동에 도달했다. 인디언 원주민으로부터 강탈한 많은 땅을 가지고 있던 초기의 종교적 이단자들은 화형당하기보다는 추방당하는 것이 가능했다(마녀는 예외였다). 전통적인 소작농이나 영주제도가 없었기 때문에 지역에 대한 권리를 강탈하는 것에 대항하는 저항이나 식량폭동은 거의 존재하지 않았다. 미국인들 — 그중 많은 사람이 변경의 농장에 살고 있었다 — 은 중무장을 하고 있었고, 따라서 저항은 1676년에 발발했던 베이컨의 반란처럼 일찍부터 중앙의 권력 — 그리 변변하지 못했던 — 에 대항하는 배척운동과 무장반란의 형태를 띠었다. 19세기에도 미국은 음주와 여타의 죄악, 건강한 먹을거리, 환경, 영성, 그리고 여타의 '생활양식' 쟁점들에 관심을 가진 탈시민권 운동으로 넘쳐났으며, 오늘날의 탈산업적 운동들도 때때로 그러한 쟁점들을 다루고 있다. 그러한 운동들은 미국에서는 결코 새로운 것이 아니다. 한편 노동운동도 미국에서는 달랐다. 백인 남성 노동자들은 일찍이 참정권을 부여받았고, 따라서 노동운동은 투표권이 아니라 경제적 권력에 집중했다. 그 결과 복잡한 이유에서이기는 하지만, 미국에는 노동계급에 대한 극단적인 가혹한 억압도, 노동계급의 이익을 추구하는 항구적 정당도 존재하지 않았다. 탈산업적 운동이 (유럽에서처럼 미국에서도) 1960년대의 혁명적 활동들로부터 성장했을 때, 그것은 그다지 새로운 것으로 보이지 않았다.[3] 탈산업적 운동은 탈시민권 운동의 오랜 노선을 따르고 있었다.

---

3 나는 탈산업적 운동들을 '새로운' 사회운동 또는 '탈산업사회'에 특유한 운동들이 아니라 특히 과학·기술·자연에 대한 민주적 통제에 관심을 두고 있는 탈시민권 운동의 최근 흐름으로 정의한다.

그럼에도 불구하고 대부분의 미국 학자들은 마치 자신들이 유럽의 궤적을 연구하는 것인 양(그들 중 많은 사람이 실제로도 그랬기 때문에), 시민권 운동을 자신들의 모델로 취해왔다. 대부분의 저항 연구자들은 단지 한 가지 운동만을 연구하기 때문에 그 운동의 특수성이 그들의 이론에 악영향을 미치게 된다. 그러한 연구는 걸핏하면 한 가지 사례로부터 과도한 일반화를 도출하고, 운동에 따라 다르게 나타나는 많은 현상을 일반적인 현상으로 간주한다. 대략 1955년부터 1965년 사이에 발생했던 남부의 민권운동은 여러 세대의 미국 연구자들에게 지적 자양분과 도덕적 영감 모두를 제공해왔다. 또 다른 고전적 시민권 운동인 노동운동 역시 주요한 연구대상이 되어왔다. 그 결과 이론가들은 탈시민권 운동, 특히 탈산업적 운동이 어떤 점에서 다른지를 더디게 인식해왔고, 그리하여 시민권 운동과 탈시민권 운동들이 왜 서로 달라 보이고 서로 다르게 행위하는지를 설명하는 이론들을 그리 잘 제시할 수 없었다. 많은 학문적 모델에서 시민권 운동은 정상적인 것으로 등장하는 반면, 탈시민권 운동은 비정상적인 것으로 등장하고 그리하여 자주 사회운동으로 정의되지조차 않는다.

시민권 운동과 탈시민권 운동을 나누는 경계가 항상 분명한 것은 아니다. 1960년대 이전의 남부 흑인들을 제외하면, 거의 어떤 집단도 자신들의 정치적·경제적 삶의 모든 측면에서 억압당하지는 않는다. 게이, 레즈비언, 여성의 권리를 위한 운동들은 얼마간 법적 차별과 싸워왔지만, 또한 다양한 생활양식이 갖는 문화적 의미를 다시 다듬고 그것들이 용인받을 수 있게 하기 위한 노력을 경주함으로써, 탈시민권적 저항으로 서서히 바뀌어갔다. 이를테면 여성들은 이제 투표권과 여타의 많은 법적 권리를 가지지만(그들을 '배제된' 집단이라고 부를 수 있을 것 같지는 않다), 문화적 태도와 생활양식으로 인해 사적 삶에서 불이익을 받고 있다. 이들 운동은 대체로 법적 권리에 관심을 가지고 있는 조직과 문화적 변화를 추구하는 조직들로 나누어진다.[4]

이 두 가지 운동이 저항운동의 모든 형태인 것은 아니다. 또한 약물이나 록 음악 같은 문제를 둘러싼 '도덕적 패닉', 이민자들을 겨냥한 민족주의 운동, 공공연한 무장혁명과 같은 다른 형태들도 존재한다. 이 책에서 내가 도덕적 저항의 여러 사례들을 다루기는 하지만, 주된 운동은 반핵운동, 동물권리운동, 환경운동을 포함하는 탈산업적 운동들이다. 나는 이들 사례를 시민권 운동을 다룬 문헌들과 대비시킴으로써, 시민권 운동에는 타당하지만 다른 운동들에는 타당하지 않은 일반화들을 왕왕 발견하고, 더 나아가 왜 그러한지를 설명할 수 있었으면 한다. 나는 시민권 운동에 초점을 맞추어서 만들어진 렌즈를 끼고 있는 사람들에게는 보이지 않는 동학을 볼 수 있기를 기대한다. 우리는 서로 다른 유형의 운동들을 비교함으로써, 그리고 동일한 유형 내의 상이한 운동들까지도 비교함으로써 저항운동들 간의 차이가 무엇인지를 더 잘 알 수 있게 될 것이며, 따라서 과도한 일반화를 피할 수 있게 될 것이다.

* * *

사회운동에 관한 학계의 이론들은 대부분 모든 부류의 저항목표와 저항활동을 설명할 준비가 되어 있지 않다. 그것이 억압받는 시민이 아닌 특권을 가진 시민들의 저항일 경우 특히 그러하다. 보다 오래된

---

4   이를테면 조슈아 갬슨(Joshua Gamson)은 ACT UP을 투표와 법적 불이익보다는 미디어, 문화적 이미지, 그리고 과학의 실천에 관심을 가진 탈산업적 운동으로 분석한다. Joshua Gamson, "Silence, Death, and the Invisible Enemy: AIDS Activism and Social Movement 'Newness,'" *Social Problems*, 36(1989), pp. 351‑367.

이론적 접근방식들(민권운동 이전에 발전된 접근방식들)은 도덕적 저항을 사람들이 군집하여 다수의 상태가 되었을 때 분출하는 하나의 군중동학이자 일종의 비합리적 광란이라고 치부해버렸다. 시민권 운동에 의해 고무된 보다 새로운 접근방식들은 모든 저항이 관료제화된 이익집단의 보다 관례적인 정치활동과 유사하게 편협한 합리적 이익을 추구한다고 보는 정반대의 실수를 범한다. 일부 접근방식은 도덕적 저항이 도덕적 전망을 실현하려는 노력이라기보다는 물질적인 자기이익을 위장된 상태로 추구하는 것이라고 분석하기까지 한다. 심지어 사회운동 문화를 탐구하고자 하는 최근의 시도들도 대체로 인지적 신념에 초점을 맞춤으로써, 그러한 운동을 뒷받침하는 감정과 도덕적 전망을 간과한다. 나는 도덕적 저항을 이해하기 위한 추가적인 개념과 용어들 ─ 도덕적 저항의 문화적 창조성, 그것의 진지한 도덕적 목적, 그리고 근대사회에 대한 그것의 중대한 기여를 강조하는 개념들 ─ 을 제시함으로써 이들 연구 전통 사이에 존재하는 몇 가지 간극을 메우고자 노력할 것이다.

그렇게도 많은 저항을 하고 있는 우리 인간은 어떤 존재인가? 아마도 가장 현저한 특징은 우리가 상징을 만드는 피조물, 즉 우리 자신을 둘러싼 의미망을 만드는 존재라는 사실일 것이다. 우리는 세상을 묘사하기 위해 수많은 은유와 말을 만들어낸다. 우리는 우리의 호기심을 충족시키기 위해 이론, 가정, 그리고 예측을 정교화한다. 우리는 더 깊고 더 넓게 탐구하기 위해 상징을 창조하고 그것의 아름다움에 스스로 감동한다. 우리는 또한 서로에게 이러저러한 이야기를 끊임없이 늘어놓는다. 우리는 이러한 활발한 인지적 활동을 감정 및 도덕적 평가와 뒤섞어서, 영웅과 악한과 익살스러운 어릿광대, 그리고 노여움, 질투, 감탄과 분노를 만들어낸다. 우리는 이전의 생각들에 대해 다시 생각하고, 기존의 도덕적 가치에 새로운 도덕적 가치를 덧붙이고, 우리 자신의 느낌을 어떻게 느낄지를 생각하는 식으로 의미들을 층층이 쌓아간다. 우리는 우리가 우리를 둘러싼 매우 복잡한 의미들 ─ 그리고 기타 등등 ─ 을 인식하고 있음을 알고 있다. 우리는 항상 배우고 우리의 견해를 수정하며 새로운 환경 ─ 자주 우리 스스로가 만들어내는 ─ 에 적응한다.

이 책을 관통하는 테마는 사회학자들이 문화적 '구성주의'라고 부르는 것이다. 문화적 구성주의는 우리 인간들이 우리가 알고 경험하는 모든 것 ─ 또는 적어도 우리가 우리의 모든 경험을 여과하는 해석적 틀 ─ 을 함께 만들어낸다고 보는 관념이다. 우리는 과학적 사실에 근거하여 정보를 창출하는 장치를 만든다. 우리의 제도는 항상 특정한 도덕적 신념을 장려하고 다른 것들은 억누른다. 심지어 우리의 감정 대부분도 우리 주변 사람들의 인식과 반응에 의해 틀 지어진다. '포스트모더니스트들'이 주장하듯이, 우리는 우리의 신념을 구성할 수 있는 어떠한 보편적인 절대적 진리도, 우리가 항상 당연시할 수 있는 어떠한 확고한 토대도 가지고 있지 않다. 우리는 단지 우리 자신의 문화적 전통들만을 가지고 있을 뿐이고, 다른 사람들도 단지 그들의 전통들을 가지고 있을 뿐이다. 그러한 전통들이 우리의 세계를 규정한다. 저항 역시 구성된다. 어떠한 개인이나 집단도 특정한 문화적 해석 없이 객관적으로 주어진 목표나 이해관계를 가지지 않는다. 우리는 타인과의 상호작용을 통해 우리의 이해관계(정치적·도덕적·감정적 이해관계와 여타의 이해관계들)가 무엇인지를 인식하며, 그것에 따라 정치적 목표를 설정한다. 우리는 또한 어떤 전술이 적절한지, 심지어 어떤 조직 형태가 우리의 도덕적 전망과 부합하는지도 결정한다.

세상을 이해하고자 노력하는 의사소통자와 상징 제조자로서의 인간이라는 이러한 이미지는 우리가 종종 저항하는 까닭은 우리의 의미체계에 문제가 생겼기 때문이라는 것, 즉 우리가 악한을 만들어왔고 그리하여 그 악한들을 비난할 필요가 있기 때문이라는 것을 함축한다. 카를 슈미트Carl Schmitt가 지적했듯이, 정치는 아군과 적 — 세상에 질서를 부여하는 가장 단순하고 유용한 (그리고 위험한) 범주들 중 두 가지 — 을 만들어내는 것에 관한 것이다. 이러한 의미 구성의 한 가지 중요한 측면이 도덕적 평가를 내리는 것이다. 왜냐하면 그러한 평가가 우리에게 우리의 삶과 사회를 변화시키기 위해 분투할 수 있는 도덕적 에너지를 부여하기 때문이다. 우리는 칭찬을, 그리고 보다 중요하게는 비난을 할당할 필요가 있다. 우리는 특정 집단, 개인, 제도를 신뢰하는 데 반해, 다른 그러한 것들은 불신한다. 문화적 전통은 의미 있는 삶을 구성하기 위한 도구와 패턴을 제공한다. 법이나 정치구조 또는 우리의 은행 계좌처럼, 그것은 우리로 하여금 어떤 것들은 할 수 있게 하지만, 다른 것들은 하지도 생각하지도 못하게 한다. 심지어 우리가 우리의 모든 문화적 의미와 규칙들을 분명하게 알지 못할 때조차, 우리의 행위는 암묵적으로 문화적 전통에 의존한다. 우리는 문화적 전통에 너무나도 깊이 착근되어 있기 때문에, 우리가 그것을 변화시키고 공격할 때조차, 그것에서 벗어날 수 없다.

우리는 문화적 전통을 변형시키기 위한 일을 한다. 우리가 문화적 규칙을 수용하고 이용하고 악용하거나 거부한다는 점에서 우리는 마치 베토벤이 현악 사중주의 규칙들을 받아들이고 체현하고 파열시켰던 것만큼이나 **예술적**이다. 문화는 인간이 변화시킬 수 있는 삶의 유일한 차원이다. 우리는 또한 새로운 기술을 발명하고, 돈을 축적하거나 재분배하며, 법과 정치체계를 변화시키고, 심지어 개인적 감정과 충성심을 바꾸기도 한다. 이러한 예술적 창조성 — 사회학자들은 이것을 주체적 행위능력agency이라고 부른다 — 은 단지 저항만이 아니라 모든 사회적 삶 속에 존재한다. 그러나 그것이 저항운동의 존재이유이기 때문에,

그것은 저항에서 특히 두드러지게 나타난다. 예술성을 이해하기 위해 나는 우리가 개인적 편차의 전기적 근원들에 관심을 기울일 필요가 있다고 주장할 것이다. 왜냐하면 그것이 혁신의 양성소이기 때문이다.

사람들이 자신들이 싫어하는 것에 저항하기 위해 왜 그리고 어떻게 스스로를 조직화하는지를 이해하기 위해서는 그들이 무엇을 우려하는지, 그들이 세상에서 자신들이 차지하고 있는 위치를 어떻게 인식하는지, 그리고 그들이 기술, 기업, 국가와 같은 실체들을 묘사하기 위해 어떤 말을 사용하는지를 알 필요가 있다. 명명하기naming는 모든 운동의 중심적 활동이다. 왜냐하면 우리를 둘러싸고 있는 세상의 활동과 측면들에 명칭을 붙이는 것은 우리가 우리의 생각을 변화시키고 새로운 전망을 인식하고 타인에 대한 우리의 감정을 재배열하는 것을 도와주기 때문이다. 민주사회를 위한 학생연맹Students for a Democratic Society이 '참여민주주의'라는 목표를 채택했을 때처럼, 몇몇 슬로건은 밤늦게까지 이어지는 끝없는 토론으로부터 나온다. 다른 경우에서는 학생비폭력조정위원회Student Nonviolent Coordinating Committee가 민권에 대립되는 것으로서의 '블랙 파워'라는 관념을 생각해냈을 때처럼, 슬로건이 먼저 내걸리기도 한다. 그 슬로건은 어떤 집단으로 하여금 그것을 뒷받침하는 철학을 발전시키지 않을 수 없게 한다.[5] 또 다른 슬로건들은 철학자들과 특정 이데올로기의 신봉자들이 펴낸 출판물들로부터 나온다. 이를테면 **종차별주의**speciesism라는 용어는 동물해방론자인 피터 싱어Peter Singer가 다른 종들도 몇몇 인간 범주와 동일한 방식으로 학대받을 수 있다는 것을 지적하기 위해 만들어낸 것이다.[6]

---

5 Francesca A. Polletta, "Strategy and Identity in 1960s Black Protest: Activism of the Student Nonviolent Coordinating Committee, 1960~1967"(Ph.D. diss., New Haven: Yale University, 1994).

내가 어떤 집단이 세상 속의 특정한 장소들에 대해 갖는 인식에 대해 말할 때, 내가 말하고자 하는 것은 은유적 의미 그 이상이다. 우리는 물리적 환경 — 특히 우리가 집이라고 인식하는 장소 — 속에서 우리 자신을 축으로 하여 일상의 과정을 조직한다. 모든 친근한 장소 — 그러나 특히 우리의 집 — 는 우리의 감정으로 가득 차 있다. 그곳들은 좀처럼 중립적이지 않은 상징적 의미를 담고 있다. 그러한 감정은 때로는 부정적이다. 이를테면 중간계급 백인들이 교외에서 통근하면서 고가 고속도로로 도심의 아프리카계 미국인 주택지구를 지날 때, 그곳은 그들에게 위험과 무질서를 암시하기도 한다. 그러한 감정은 보다 자주 긍정적이다. 자신들의 소중한 인근지역을 보호하기 위해 쓰레기 하치장, 유독성폐기물 처리장 및 여타의 시설들과 싸우는 사람들의 경우가 그러하다. 좋은 장소와 나쁜 위협의 충돌은 각각에 결부되어 있는 긍정적 정서와 부정적 정서를 강화하기도 한다. 자신의 물리적 환경을 포함해 자신의 일상생활 — 명확한 권리와 포함의 형식들을 추구하는 고도로 합목적적인 저항모델에서는 놓치고 있는 문화적·전기적 차원 — 이 위협받는다는 의식이 촉발시킨 저항의 경우에는 비록 대부분은 아니지만 많은 것이 반발적이다.

우리는 강렬한 장소의식을 가질 뿐만 아니라 시간의 흐름에도 속박된다. 중요한 역사적 사건들이 세계 및 우리 자신에 대한 우리의 의식 — 이것이 정치적 세대를 뚜렷하게 특징짓는다 — 을 틀 지을 뿐만 아니라, 우리 역시 역사 자체에 대해 서로 다른 이미지들을 가지고 있다. 그 가운데 지배적인 이미지 중의 하나 — 특히 중간계급 사이에서 — 가 점진적 발전의 역사관이다. 하지만 보다 비관적이고 강력한 역행적 이미

---

6   Peter Singer, *Animal Liberation*(New York: New York Review of Books, 1975).

지, 즉 한계를 직시하거나 붕괴를 예측하는 역사관 역시 여전히 존재한다. 역사의 흐름에 대한 이러한 지각들이 정치적 가능성에 대한 사람들의 의식을 틀 짓는다. 진보로서의 역사라는 낙관적 전망이 자주 기술발전과 급격한 정치변동에 대한 믿음을 뒷받침하고, 보다 우월하고 필연적인 다음 단계를 이끈다. 대부분의 근대인들 ― 한 번 더, 특히 중간계급들 ― 은 시간에 따른 개인적 프로젝트, 즉 시간이 경과하면서 점진적으로 그리고 누적적으로 전개할 목표들을 동반하는 생애주기 이미지를 발전시킨다. 생애주기의 특정 단계들이 다른 단계들보다 정치활동을 더 조장하지만, 어떤 사람들은 정치행위로 자신들의 삶 전체의 태피스트리 얼개를 짜기도 한다.

문화 ― 지금부터 나는 문화를 공유된 정신세계, 그리고 그 세계의 물리적 구현물이라고 정의할 것이다 ― 는 여러 가지 일을 수행한다. 문화는 서로 다른 신념, 이미지, 감정, 가치, 범주들의 집합뿐만 아니라 그러한 구성요소들의 묶음들 또한 제공한다. 문화는 또한 모든 사회적 행위와 (우리가 이해하는 것으로서의) 세계를 규정하거나 '구성하는' 데 일조한다. 문화는 우리에게 생각·판단·느낌의 패턴뿐만 아니라 행위의 패턴도 제공한다. 그리고 문화는 창조성의 소재와 동학의 많은 것을 제공한다. 그렇지만 모든 것이 문화인 것은 아니다. 물질적 자원과 그러한 자원을 구매하는 돈은 문화가 아니다. 다른 집단이나 다른 개인들과 맺는 전략적 상호작용도 문화가 아니다. 그리고 개개인의 전기적 특이성도 문화가 아니다. 문화는 자원, 전략, 전기를 규정하는 데 도움을 주지만, 문화가 그것들과 동일한 것은 아니다. 그것들은 저항의 네 가지 독립적 차원으로, 각각은 그 자신만의 독특한 논리를 지니고 있다. 나는 저항 연구 전통 대부분이 이 네 가지 기본적 차원 중 하나 또는 그 이상의 차원들을 다른 차원들로 병합시켜왔으며, 심지어 때로는 단한 가지 차원만으로 저항을 설명할 수 있다고 단언하기까지 했다고 주장할 것이다.

세상에 대한 우리의 인지적 신념, 감정적 대응, 도덕적 평가 – 문화의 세 가지 하위요소 – 는 분리될 수 없으며, 이것들이 함께 정치행위를 자극하고 합리화하며 정치행위를 위한 길을 열어준다. 신념과 감정은 많은 원천으로부터 나온다. 엔지니어나 경제학자로서의 전문적인 훈련, 원예나 중세 역사와 같은 취미, 자신의 아이를 양육하거나 노부모를 돌보는 것, 어린 시절에 좌절되거나 길들여진 대인 동학이 그것들이다. 모든 사람이 저마다 독특한 전기를 가지기 때문에, 주변 문화의 상이한 구성요소들은 (내가 앞으로 전기적 과정이라고 부를 것을 통해) 개개인의 주관적 세계들 속에 각기 다르게 구체화된다. 우리의 (과거와 현재의) 행위의 총체가 특정한 감정을 두드러지게 하고, 특정한 신념을 그럴듯해 보이게 만들며, 특정한 도덕적 원칙들을 다른 그것들보다 더 중요하게 보이게 만든다. 이러한 원천의 다양성과 무수함은 도덕적 저항의 목표와 표적을 예측하기 어렵게 만든다. 게다가 참여자들이 자신들의 신념과 열정을 적극적으로 (그리고 집합적으로) 재고하고 재구성함에 따라 저항이 진행되는 동안 표적이 자주 변화한다. 사회운동은 공식 (그리고 경직적이기까지 한) 조직 속에서 발생하는 많은 사회적 상호작용 형태보다 덜 예측 가능하고 덜 안정적이다. 그 결과 사회운동을 보편적으로 적용 가능한 용어로 묘사하기는 어렵지만, 그것은 또한 근대사회에서 발생하는 혁신과 창조성의 중요한 원천이기도 하다.

사회적 삶은 예술적이며 사람들은 그러한 삶 속에서 문화적 의미와 전략적 기대를 다양한 방식으로 이용한다고 보는 이 같은 견해는 우리에게 도덕적 저항이 지닌 많은 이점을 파악할 수 있게 해준다.[7] 우리는 그러한 견해를 통해 저항자들을 비합리적 기인이나 이기적 계산자로 치부하기보다는 그들의 창조성을 감지할 수 있다. 예술가들과 거의 마찬가지로 저항자들은 사회가 변화할 때 사회의 자기인식에서 최첨단에 서 있다. 도덕적 저항자들은 다른 사람들이 무시하는 도덕적 딜레마에 자주 민감하게 반응한다. 때때로 그들은 인간조건의 복잡성을 이해하는 새로운 방식들을 고안하기도 한다. 심지어 우리가 그들의 입장에 동의하지 않을 때조차도 그들은 빈번히 우리로 하여금 우리 자신의 입장을 재고하고 그 이유와 근거를 생각해보고 우리의 직관이 우리의 기본적 가치에 부합하는지를 판단할 것을 강요한다. 그들은 우리의 도덕적 언어를 확장한다. 이러한 숙고는 인간의 본질적 활동의 하나이다. 저항자들은 뉴스매체로 하여금 새로운 상황을 면밀히 조사하게 하고 새로운 사람들과 대화하게 하며 새로운 경험을 폭로하게 한다(이것이 뉴스매체를 지나치게 후하게 표현한 것이 아니었으면 한다). (이 중 어떠한 것도 대중매체와 여타 사회제도들 역시 함께 저항에 크게 영향을 미친다는 것을 부정하지는 않는다.) 때때로 저항자들은 사회문제에 대한 실질적 또는 기술적 해결책 ─ 토끼가 아니라 컴퓨터를 사용하는 새로운 화장품 테스트 ─ 에 영감을 주기도 한다. 사회변화에 맞닥뜨린 저항자들은 조용히 죽는 대신 큰 소리로 지저귀는 것을 제외하면 속담에 나오는 광산의 카나리아와 같다.

저항운동은 우리가 거의 인식하지 못하는 무정형적 직관들을 명확하게 표현하여 세상에 드러냄으로써 우리가 그 직관들을 숙고하게 하고 때로는 그것에 입각하여 행위할 수 있게 한다. 우리의 도덕적 신념

---

7 '예술로서의 저항'이라는 은유 이면에는 하나의 철학적 전통이 자리하고 있다. 존 듀이 (John Dewey)는 『경험으로서의 예술(Art as Experience)』에서 예술이 상상적 측면에 더해 비판적 요소와 도덕적 요소를 가지고 있다고 주장했다. 예술과 비판 모두는 한 사회의 신념과 감정을 "선(善)과 관련하여" 평가할 것으로 기대받았다. 또한 Dewey, *Experience and Nature*(La Salle, Ill.: Open Court, 1929), p. 330 각주들을 보라.

을 공식화하는 이러한 과정은 우리로 하여금 우리의 정치적 목표를 분명하게 하는 데 일조할 뿐만 아니라 우리가 믿는 바를 공개적으로 표명하는 것을 옳다고 느끼게 한다. 저항은 종교적 의례와 같다. 저항은 우리의 도덕적 판단을 구체화시킴으로써 우리가 도덕적 전망에 대한 충성심을 우리의 행위를 통해 표현할 수 있게 해준다. 더 이상 전통적인 종교적 관행에 매달리지 않는 사람들에게 저항은 도덕적 관점을 표현하는 흔치 않은 방법들 중 하나이다. 이러한 이유로 저항자들은 근대사회에서 중요한 캐릭터 유형의 하나가 되었다.

얼핏 보면 나의 견해는 저항운동을 우리의 도덕적·지적 삶의 중심에 위치시킨다는 점에서 저항운동이 할 수 있는 것에 관한 야심찬 낭만주의적 전망으로 보일 수도 있다. 그럼에도 불구하고 내가 이것이 가져올 효과에 대해 기대를 걸 수 있는 까닭은 다른 것들에 대한 비관적 전망 때문이다. 전면적 혁명은 드물 뿐만 아니라 소름끼치는 것으로 판명난 듯 보인다. 진보주의 학자들이 자주 착각하지만, 거의 모든 저항운동이 그것의 공식적 목표조차 달성하지 못하고 있다. 미국에서 원자력 에너지가 교착상태에 있지만, 그것이 반핵운동의 노력에 따른 것은 아니다. 1980년대 초반의 대규모 평화 동원도 무기정책에 어떤 뚜렷한 영향력을 행사하지 못했다. 민권운동조차 주요한 입법적 승리들에도 불구하고 장기적으로는 실망스러운 결과를 가져왔다. 저항자들을 정책만큼이나 의식에도 관심을 가지고 주로 공적 토론에 참여하는 사람들이라고 보는 나의 견해는 절제된, 더 나아가서는 환상에서 깨어난 시각이다.

그러나 저항에 대한 보다 제한된 이러한 견해는 저항자들의 행동방식을 규범적 차원에서 판단할 수 있게 해준다. 이를테면 그들이 승리를 위해 자신들의 목표를 거짓으로 전달하여 올바른 공적 이해를 방해한다면, 그들은 그러한 역할을 잘못 수행하고 있는 것이다. 도구적 성공과 공중의 인식에 대한 기여가 불가피하게 긴장상태에 있을 때, 나는 후자의 편을 든다. 이것은 자의적인 상대적 가치판단이다. 나는 정직보다 승리를 택하는 사람들이 두렵다. 왜냐하면 그들이 그러한 선택을 정당화할 수 있는 것은 오직 자신들이 완전한 진리를 소유하고 있다고 확신할 때뿐이기 때문이다. 나는 완전한 진리를 가지고 있는 누군가가 존재한다고 생각하지 않는다. 그러나 만약 그런 누군가가 있다면, 나는 그들이 그 진리를 나에게 강요하지 말고 나를 설득하기를 바란다.

문화와 창조성에 초점을 맞추는 렌즈는 우리가 사회운동의 목표는 물론이고 방법을 판단하는 데에도 도움을 줄 수 있을 것이다. 일부 운동이 문화적 전통의 가치를 무시하거나 부정하지만, 전통은 사람들을 그들의 과거 세대와 미래 세대에, 그리고 서로와 연결하는 수단이다. 게다가 창조성에 주목하는 것은 사회를 처음부터 다시 만들려고 시도하면서 그들 자신이 문화에 지고 있는 빚마저 부정하는, 지나치게 창조적인 운동들을 비판할 수 있게 해주기도 한다. 하지만 우리는 무엇보다도 타인의 문화적 목소리와 창조성을 부정하려는 목적을 가진 운동들을 비난할 수 있어야 한다. 왜냐하면 그것은 끔찍한 억압의 한 형태이기 때문이다. 나치, 크메르루주, 그리고 아프가니스탄의 탈레반은 특정 문화들을 파괴하려는 목적을 지니고 있었을 뿐만 아니라, 많은 사람이 그들 고유의 문화를 만드는 것을 방해하기도 했다.

제1부에서는 저항을 이해하기 위한 학계의 이론과 개념적 구성요소들을 개관한다. 제2장은 20세기의 저항 연구를 지배해온 시민권 패러다임을 고찰한다. 제3장은 저항의 기본적 차원들을 보다 광범하게 논의한다. 제4장은 문화를 재발견하고자 하는 최근의 노력들을 제시한

다. 나는 그 일환으로 탈시민권 운동 — 특히 탈산업적 형태의 운동들 — 을 연구한다. 제2부에서는 개인을 저항으로 이끄는 다양한 자극을 탐색한다. 나는 거기서 그러한 자극들로 긍정적인 도덕적 유토피아, 종교, 미지의 것에 대한 공포, 기존의 일상적 과정에 대한 위협, 다른 사회집단에 대한 증오, 직업윤리, 상징적 믿음을 다룬다. 제5장부터 제7장까지는 저항의 감정적, 도덕적, 그리고 인지적 동학을 따로따로 조명한다. 하지만 나는 주요한 결론의 하나로 그것들이 저항행위 속에서는 서로 분리될 수 없다고 주장한다. 제5장과 제6장이 개별 저항자들에게 초점을 맞춤으로써 여전히 전기와 문화의 경계 위에 서 있다면, 제7장은 운동의 성원 충원자들이 고무하는 보다 집합적인 문화적 과정들을 다룬다. 제3부에서는 저항운동의 내부 문화, 보다 구체적으로는 참여자들의 헌신을 유지하는 데 기여하는 의례들, 저항활동과 연관된 많은 직접적 즐거움, 그리고 다양한 전술 가운데서 특정 전술을 선택하게 하는 취향들을 살펴본다. 나는 소비자 보이콧에서부터 점거, 폭력, 그리고 인명 살상에 이르는 다양한 전략을 다룬다. 제4부에서는 저항자들을 그들이 다른 사람들과 상호작용하는 맥락에 위치시킨다. 제12장은 자원동원의 맥락에서 저항자들이 뉴스매체 및 잠재적 지지자들과 벌이는 상호작용을 다루고, 제13장은 전략적 게임의 맥락에서 저항자들이 국가 및 여타 참가자들과 벌이는 상호작용을 다룬다. 나는 문화적 과정이 어떻게 자원과 전략 모두를 틀 짓는지를 보여주려고 노력한다. 제14장은 저항의 또 다른 차원들과 문화가 어떻게 결합해 저항운동의 성장, 전략, 결과를 틀 짓는지를 설명한다. 끝으로, 제5부에서 나는 보다 규범적인 목소리를 낸다. 나는 저항자라는 캐릭터 유형을 특히 저항이 사람들의 삶에 부여할 수 있는 의미에 초점을 맞추어 기술한다. 나는 저항이 위험한 것이 될 수 있는, 그리고 자멸적이 될 수도 있는 상황을 지적한 후(제16장), 그럼에도 불구하고 왜 저항이 저항자들과 그 밖의 사람들 모두를 위해 근대사회에서 극히 중요한 활동인지를 논의한다(제17장).

저항자들, 그리고 그들을 연구하는 학자들에 대해 내가 제기한 많은 주장 중에서 주요한 것들을 뽑으면 다음과 같다.

- 저항자들은 매우 다양하다. 우리 모두는 어떤 것에 대해 심히 우려하며, 따라서 적절한 상황에 처하면 저항운동에 참여할 수 있다.
- 저항이 주는 주요한 만족감은 저항이 우리의 도덕적 감성, 원칙, 충성을 분명하게 표현하고 정교화하고 변경하거나 확인하는 기회라는 데서 나온다.
- 저항운동은 그것이 새로운 관점들 − 무엇보다도 도덕적이지만 전적으로 도덕적이지만은 않은 전망들 − 을 발전시키고 유포시킨다는 점에서 근대사회에 중요한 이득을 가져다준다.
- 저항 연구자들 대부분은 시민권 운동에 집중함으로써, 그리고 문화 (특히 그것의 도덕적 차원과 감정적 차원)를 대수롭지 않게 여김으로써 근대 저항의 원인, 전개, 결과를 부적절하게 이해해왔다.

제1부 기본적 접근방식

우리는 저항운동의 기원, 작동방식, 그리고 결과에 대해 이미 많은 것을 알고 있지만, 기존의 학문적 연구는 몇 가지 점에서 개선될 필요가 있다. 주요 패러다임들은 놀라울 정도로 은유적이며, 각 패러다임이 선호하는 개념적 은유는 지나치게 많은 것을 포괄할 정도로 확장되는 경향이 있다. 개념이 전체 이론으로 전화되고, 때때로 연구자들은 자신들이 은유를 사용하고 있다는 것을 망각한다. 특히 그들은 자신들의 설명요인들이 견고한 객관적 사실이 아니라 문화적으로 구성된 것이라는 점을 자주 망각한다. 나의 교정책은 비록 서로 영향을 미치지만 합체되거나 서로에게 환원될 수는 없는 저항의 몇 가지 기본적 차원을 규명하는 것이다. 이들 차원 중 하나, 즉 문화에 특별한 관심을 기울일 때, 우리는 우리의 설명에서 새로운 변수들을 이용할 수 있을 뿐만 아니라 여타의 변수들이 사회적 과정을 통해 어떻게 구성되고 규정되는지도 파악할 수 있을 것이다. 또 다른 차원인 전기에 세심한 주의를 기울이는 것 역시 동일한 작업을 가능하게 할 뿐만 아니라, 우리로 하여금 개인들이 조직화된 집단과 운동의 바깥에서도 때때로 저항한다는 것을 알 수 있게 해줄 것이다.

고전적 패러다임들

발견을 위한 진정한 항해는 새로운 풍광을 찾는 데 있는 것이 아니
라 새로운 눈을 갖는 데 있다.

— 프루스트

저항 연구자들이 정치적 행위의 문화적 착근성을 인식하게 된 것 또
는 바람직한 사회를 위한 전술, 언어, 조직 형태, 전망을 구축하는 데
서 저항자들이 발휘하는 창조성의 진가를 인정하게 된 것은 최근의 일
이다. 하지만 대부분의 연구자들은 이 중 어떠한 것도 인지하지 못하
고 있다. 한 극단에서 이론가들이 저항자들을 비합리적이라고 비하하
면서 그들을 완전히 정상적인 삶의 흐름 바깥에 위치시켜왔다면, 또
다른 극단에서 이론가들은 저항자들을 그들의 문화적 맥락과 완전히
분리시킨 채 그들에게 극단적 형태의 이기적 합리성을 부여해왔다. 이
들 양 극단 사이에서 동원 이론가와 과정 이론가들은 저항을 이해하기
위해 조직적·정치적·역사적 맥락들을 이용해왔다. 그러나 그들 역시

문화가 모든 정치적 행위의 합리성을 규정하고 저항을 이해하거나 평가하는 궁극적 기준을 제공함에도 불구하고, 그러한 문화적 영향력이 행사되는 범위 전체를 완전히 포착하지는 못했다. 이 장에서 나는 20세기의 가장 영향력 있는 저항 패러다임들 — 그것들 대부분은 시민권 운동을 이해하기 위해 만들어진 것이었다 — 을 검토한다.

저항 이론가들은 저항을 틀 짓는 맥락들을 추가적으로 인식함으로써 저항이라는 복잡한 활동의 많은 국면을 점점 더 많이 알 수 있게 되었다. 특히 지난 25년 동안 저항을 연구하는 학자집단이 잇따라 등장하고 저항 연구가 폭발적으로 증가하면서 저항의 새로운 맥락과 차원들이 '발견되어'왔다. 하지만 저항에 대한 인식의 이러한 누적성은 젊은 학자들이 기성 학자들과 그들의 패러다임들을 공격하여 틈새를 개척하고자 하는 경향을 드러내면서 모호해졌다. 그러한 경향은 부분적으로는 젊은 학자들에게 요구되는 경력관리, 즉 이름을 떨칠 필요성에서 기인한다. 그리고 그것은 또한 부분적으로는 하나의 과학으로서의 사회학이라는 자아 이미지가 이론적 접근방식 전체를 대표한다고 여겨지는 과도하게 단순화된 모델들을 비교·검증하도록 부추기는 것 — 존 로플랜드John Lofland가 비생산적인 '이론 때리기'라고 비판한 관행 — 에서 기인한다.[1] 자연과학에서 도출된 가정은 오직 하나의 모델만이 옳을 수 있다는 것이다. 따라서 자원동원이 중요하든가 아니면 정치과정이 중요하고 문화와 정체성이 저항을 추동하든가 아니면 이기심이 저항을 추동한다. 모든 새로운 개념 또는 변수가 전체 이론이나 접근방식으로 부풀려진다. 그 결과 각 세대는 이전 세대의 통찰을 망각한 채 자

---

[1]　John Lofland, "Theory-Bashing and Answer-Improving in the Study of Social Movements," *American Sociologist*, 24(1993), pp. 37~58.

주 비현실적인 극단 사이를 왔다 갔다 한다.

사례연구가 추동한 연구 전통들은 부분적인 통찰을 더욱 부추김으로써, 거의 어떠한 종합의 기회도 제공하지 않았다. 개략적으로 말하면, 19세기의 도시폭동이 우리에게 군중 이론을 제공했다면, 나치는 대중사회 이론을 고무했다. 관료제화된 노동조합들은 합리적 선택 모델에 기여했으며, 민권운동과 노동운동들은 전략적 정치과정 모델을 낳았다. 또한 1960년대 이후의 문화운동들이 정체성 이론을 시사했다면, 종교운동은 프레임 분석을 발전시킨 패러다임이었다. 각 연구 전통은 그것을 대표하는 운동이 연상시키는 특정한 저항 요소들을 부각시키는 하나의 은유적 언어로 표상된다. 그러한 언어들은 직접 비교할 수는 없지만, 대체로 양립 가능하다. 우리에게 필요한 것은 다른 중요한 차원들을 망각하지 않으면서도 문화적 요인들의 진가를 인정하는 것이다. 그리고 나의 바람은 기존 패러다임의 틀들이 특히 더 잘 설명하는 저항의 차원들을 확인함으로써 그러한 패러다임들을 종합하도록 고무하는 하나의 문화적 접근방식을 발전시키는 것이다. 각 패러다임은 각 이론가들이 숙고하고 자료를 수집해온, 정치적 행위의 한 가지 특별한 측면 ─ 로버트 앨퍼드Robert Alford와 로저 프리들랜드Roger Friedland가 각 패러다임의 '거점영역home domain'이라고 지칭한 것 ─ 을 지니고 있다.[2] 내가 제3장에서 설명하듯이, 나는 그러한 서로 다른 차원들을 자원, 전략, 전기, 문화로 묶음 짓는다. 각각의 차원이 다른 차원들에 영향을 미치기는 하지만, 분별력을 잃지 않는 한, 우리는 그 어떤 차원을

---

2   Robert R. Alford and Roger Friedland, *Powers of Theory: Capitalism, the State, and Democracy*(Cambridge: Cambridge University Press, 1985). 그들은 "각 이론적 관점[그들이 관심을 두고 있는 것은 정치사회학의 전통이다]의 거점영역이 특정 수준의 분석, 세계관, 그리고 방법으로 이루어져 있다"라고 말한다(p. 15).

다른 차원으로 환원할 수 없다. 그럼에도 불구하고 대부분의 연구 전통들이 시도해온 것이 바로 그러한 환원이다.

나는 물리적 능력과 기술은 물론 그것들을 구매할 수 있는 돈 또한 자원으로 간주한다(이는 대부분의 정의보다 더 협소한 정의이다). 자원은 상대적으로 명확한 고정된 가격과 용도를 지닌다. 전략은 개인과 집단이 타자와의 상호작용 속에서 타자에 반응하고 또 미래의 반응들을 예측하면서 취하는 조치들을 의미한다. 개인과 조직 모두 전략을 가지고 있다. 전기는 개인의 의식적·무의식적 정신세계를 지칭하지만, 그러한 정신세계는 바로 그 전기 때문에 보다 광범한 문화 항목들의 부분집합이기도 하다. 전기는 또한 개인적인 뜻밖의 일들을 포함한다. 문화는 단순하게 말하면 정신세계의 공유된 측면들이자 그것들의 물리적 표상들이다(하지만 우리가 살펴보듯이, 문화는 그렇게 단순하지 않다). 분석적으로 볼 때, 문화의 어떤 부분들(목표, 감정, 이미지)은 자원과 전략으로부터 더 독립되어 있다. 하지만 문화의 다른 부분들은 그러한 다른 차원들(새로운 전략 아이디어, 자원의 전략적 배치와 관련된 노하우)과 상호작용하고, 심지어는 그것들을 규정하는 데 일조하기까지 한다. 우리는 기존 연구 전통들의 은유 속에 나타나는 그러한 차원들을 탐구함으로써 그것들을 가려낼 것이다.

군중 접근방식

20세기 대부분 동안 학자들은 저항을 비정상적이고 비합리적이라고 보았다. 즉, 그들이 저항을 바라보는 렌즈는 군중의 심성을 정상적인 인간의 동기와 경험 범위 바깥에 위치하는 것으로 특징짓는 '미친 군중의 신화'였다. 귀스타브 르봉Gustave le Bon은 그의 1895년 책 『군중 The Crowd』에서 참여자에 관해 다음과 같이 말하면서 그러한 논조를 제기했다. "그들이 군중으로 변형되어왔다는 사실은 그들 각 개인이 고립된 상태에 있었다면 느끼고 생각하고 행위했을 방식과는 판이하게 다른 방식으로 느끼고 생각하고 행위하도록 만드는 모종의 집단정신을 그들이 소유하게 되었다는 것이다."[3] 특히 군중은 폭력적인 경향이 있다고 생각되었다. 그리고 다른 저항 형태들도 ― 심지어 아주 분명하게 정치적인 저항들조차도 ― 루머, 패닉, 배회와 같은 기본적으로 군중적인 요소들에 기반을 두고 있다고 여겨졌다. 르봉의 뒤를 잇는, 집합행동에 관한 설명들은 주로 심리학, 그것도 저항을 억눌린 좌절의 방출로 격하시키고 경멸하는 유형의 심리학으로 이루어져 있었다. 이를테면 허버트 블루머Herbert Blumer는 전염적 '순환반응'에 관해 기술했다. 그에 따르면, 군중의 성원들은 자신들이 원하는 것을 감지하고는 있지만 그것에 대해 확신하지 못하기 때문에, 응집력 있는 프로젝트를 설계하기보다는 단지 주변 사람들의 행동을 모방하는 데 그친다.[4]

---

3   Gustave le Bon, *The Crowd: A Study of the Popular Mind*([1895] New York: Viking, 1960). 유사한 연구로는 다음을 보라. Sigmund Freud, *Group Psychology and the Analysis of the Ego*(London: International Psychoanalytical Press, 1921); Robert E. Park, *The Crowd and the Public*([1904] Chicago: University of Chicago Press, 1982). 클라크 맥페일(Clark McPhail)은 자신의 책 제목으로 쓰기 위해 '미친 군중의 신화'라는 표현을 만들어냈다. Clark McPhail, *The Myth of the Madding Crowd*(New York: Aldine de Gruyter, 1991). 이 전통을 분석하고 있는 것으로는 맥페일의 책과 다음의 것들을 보라. Serge Moscovici, *L'Age des Foules*(Paris: Fayard, 1981); Susanna Barrows, *Distorting Mirrors: Visions of the Crowd in Late Nineteenth-Century France*(New Haven: Yale University Press, 1981); Jaap van Cinncken, *Crowds, Psychology, and Politics, 1871~1899*(New York: Cambridge University Press, 1991). 군중동학을 진지하게 다루는 최근의 역작으로는 Charles Lindholm, *Charisma*(Oxford: Blackwell, 1990)를 보라.

4   Herbert C. Blumer, "Collective Behavior," in Robert E. Park(ed.), *An Outline of the Principles of Sociology*(New York: Barnes and Noble, 1939). 맥페일은 [심리학자인 플

이 전통에서 사회적 맥락은 주로 어떤 비정상적 상황들 — 이를테면 급속한 사회변동으로 인한 긴장 또는 대중사회 — 이 그러한 집합적 광란을 분출하게 만드는지를 설명할 수 있게 해주는 역할을 했다. 닐 스멜서 Neil Smelser는 순환성의 위험을 무릅쓰고 긴장을 집단의 욕구와 존재조 건들 간의 갈등을 포함하는 것으로 규정함으로써 집합행위의 필요조 건으로서의 '구조적 긴장'을 강조했다. 변화를 일으키기 위한 어떠한 노력도 일정한 긴장의 결과임에 틀림없을 것이다.[5] '대중사회' 이론가 들은 매개집단이나 제도와의 유대 부재가 대중저항의 원인이라고 명 시했다. 왜냐하면 "사람들은 자신들이 주변의 대상들에 애착을 가지고 있지 않을 때 대중행동에 가담할 수 있기 때문이다. 사람들이 자신들 의 공동체와 일에서 분리될 때, 그들은 새로운 방식으로 자유롭게 재 결합한다. 더욱이 동료와 다양한 관계를 맺고 있지 못한 사람들은 애 착과 충성의 새로운, 그리고 종종 전혀 다른 원천을 추구하는 경향이 있다".[6] 이 전통에서는 건전한 사람들이 수행하는 삶의 정상적 차원으 로서의 저항이란 있을 수 없는 일로 보였다. 문화와 전략은 '집단정신' 이라는 심상을 통해 전기적 은유와 심리적 은유들로 기술되었다. 그러 나 (개인 수준의) 실제의 심리적 동학은 오직 이따금씩 그리고 빈약하 게 명시될 뿐이었다.[7]

로이드 올포트(Floyd Allport)와 닐 밀러(Neal Miller), 그리고 사회학자인 존 돌러드(John Dollard)를 포함하는 군중 연구의 또 다른 전통을 지적한다. McPhail, *The Myth of the Madding Crowd*, ch. 2. 이 전통 역시 군중을 비합리적이라고 파악하지만, 참여자들이 군 중이 되는 것은 타고난 충동이나 좌절이 그들로 하여금 폭력적 활동을 하기 쉽게 만들었 기 때문이라고 보았다.

5 Neil J. Smelser, *Theory of Collective Behavior*(New York: Free Press, 1962), ch. 3.

6 William Kornhauser, *The Politics of Mass Society*(New York: Free Press, 1959), p. 60.

7 집단적 결과의 배후에 자리하고 있는 개인적 심리를 구체화하고자 한 창조적 시도로는 Thomas J. Scheff, *Microsociology: Discourse, Emotion, and Social Structure*(Chicago:

이 전통 내에서도 몇몇 관찰자는 비합리성을 창조성으로 전환시키는 저항자들에 대해 보다 동정적이었다. 그중에서도 특히 랠프 터너Ralph Turner와 루이스 킬리언Lewis Killian은 집합행동이 안정적인 제도화된 활동들과는 다르지만, 그럼에도 불구하고 "병리적이거나 비이성적인 것이 아닌 정상적인 것"이라고 주장했다. 그들에 따르면, '현실의 불확실성'에 직면하여 군중의 성원들은 상호작용을 통해 새로운 인지적·규범적·감정적 이해를 창출한다. 즉, "어떤 상황에서 이루어지는, 옳고 그름에 대한 일정 정도 공유된 재정의가 집합행동을 정당화하고 행위를 조정한다". 상징적 상호작용 이론가들인 그들은 그러한 '새로 출현하는 규범들'을 한정된 대면적 상호작용의 맥락들과 결부시켰다. 그들에 따르면, "규범은 항상 상황 개념과 관련되어 있다".[8] 터너와 킬리언은 무분별함irrationalism이라는 최악의 이미지를 피하기는 했지만, 상호작용 모델을 이용함으로써 사회적 행위를 거의 일시적인 맥락에 위치 지우고 보다 광범위한 정치구조와 문화적 전통을 무시했다. 군중은 여전히 해당 순간에 발생하는 특수하고 독특한 현상으로 남아 있었다. **집합행동**collective behavior이라는 용어는 전적으로 의식적인 합목적적 행위가 아닌 어떤 것을 의미했다. 또한 이상하게도 터너와 킬리언은 상징적 의미가 어떻게 창출되고 협상되고 전개되는지를 치밀하게 설명하지도 않았다. 전염이 발생하지만, 그것이 저항운동 또는 심지어 군중의 가장 흥미로운 측면은 아니다.[9] 문화적 의미가 처음부터 즉각

University of Chicago Press, 1990), 그리고 특히 *Bloody Revenge: Emotions, Nationalism, and War*(Boulder, Colo.: Westview Press, 1994)를 보라.

8   Ralph H. Turner and Lewis M. Killian, *Collective Behavior*, 3d ed.(Englewood-Cliffs, N.J.: Prentice Hall, 1987), pp. 7~8. 또한 J. M. Weller and E. L. Quarantelli, "Neglected Characteristics of Collective Behavior," *American Journal of Sociology*, 79(1974), pp. 665~683도 보라.

적으로 만들어지지는 않는다. 예술적 저항 전략이 생겨나기까지는 어느 날 오후의 집회나 폭동보다 더 오랜 시간이 걸린다.[10]

하지만 아리스티드 졸버그Aristide Zolberg가 '광기의 순간'이라고 칭한 시점, 즉 기대와 욕망이 갑작스럽게 변화하고 모든 일이 가능한 것처럼 보이는 때가 존재한다. 저항자들은 대안적 시간의식을 만들어내기도 한다. 그러한 시간의식 속에서 그들의 행동은 세계사적 변동과 연계되어 있는 것처럼 보인다.[11] 그 기간은 몇 시간이 아니라 며칠 또는 몇 주 또는 몇 달이 될 수도 있다. 그리고 많은 활동, 아이디어, 감상들이 싹트고 자라나 그러한 혁명적 순간들을 준비한다. 광범위하게 공유

9   최근의 몇몇 심리학자는 다른 사람들과의 공감 및 여타의 상징적 상호작용뿐만 아니라 통제 불가능하고 인지 불가능한 거의 신체적인 방식을 통해서도 감정이 전염될 수 있다는 것을 발견했다. 다시 말해 "다른 사람들의 얼굴 표정, 발성, 자세, 동작을 무의식적으로 흉내 내거나 다른 사람들과 동시에 똑같이 따라하려는 경향, 즉 감정적 수렴 경향"이 존재한다는 것이다. Elaine Hatfield, John T. Cacciopo and Richard L. Rapson, "Emotional Contagion," in M. S. Clark, *Review of Personality and Social Psychology*, 14(1992), pp. 153~154. 또한 다음도 보라. Ellen S. Sullins, "Emotional Contagion Revisited: Effects of Social Comparison and Expressive Style on Mood Convergence," *Personality and Social Psychology Bulletin*, 17(1991), pp. 166~174; Elaine Hatfield, John T. Cacciopo and Richard L. Rapson, *Emotional Contagion*(Cambridge: Cambridge University Press, 1994).

10   Rick Fantasia, *Cultures of Solidarity: Consciousness, Action, and Comtemporary American Workers*(Berkeley: University of California Press, 1988). 팬타시아는 이 접근 방식의 강점과 한계를 예증한다. 그는 생산현장에서 전개되는 파업행위를 훌륭하게 포착하지만, 그것을 공장 바깥의 보다 광범한 신념 및 전통들과 연관 짓는 데에는 그리 훌륭하지 못하다. 그의 모델에서 의식은 오직 두 사회계급의 직접적 상호작용으로부터 발생하며, 기존의 신념, 감정, 도덕적 전망이나 관행은 의식에 어떠한 영향도 미치지 못한다. 그는 터너와 킬리언처럼 문화의 중요성을 주장하지만, 문화가 작동하는 메커니즘을 구체화하지도 또는 심지어 문화를 분명하게 정의하지도 않는다(때때로 문화는 사회구조와 합체되어버리는 것처럼 보인다).

11   조르주 귀르비치(Georges Gurvitch)는 이를 '폭발기(explosive time)'라고 부른다. 그때 과거와 현재는 단지 창조 중에 있는 미래를 준비하기 위해 분해되는 것처럼 보인다. Georges Gurvitch, *The Spectrum of Social Time*(Dordrecht: D. Reidel, 1964). 또한 Aristide R. Zolberg, "Moments of Madness," *Politics and Society*, 2(1972), pp. 183~207도 보라.

된 기존의 신념, 감정, 도덕원칙들이 이 광기가 취하는 형태들을 설명한다. 그러한 행위가 기반하고 있는 문화적 상징과 전통을 알지 못하는 외부의 관찰자들에게 그것의 출현은 주로 즉흥적인 것처럼 보인다. 제임스 스콧James Scott이 주장한 바 있듯이, "만약 즉흥적인 상호성과 공통의 목적이 존재하는 것처럼 보인다면, 그것은 분명 숨어 있는 대본hidden transcript — 이는 그가 문화 대신 사용한 용어이다 — 에서 유래한다". "예속적 위치에 있는 사람들이 자신들의 요구, 꿈, 분노가 자신들과 직접적으로 접촉한 적이 없는, 예속적 위치에 있는 다른 사람들에 의해 공유되는 정도를 분명하게 인식하기 위해서는" 숨어 있는 감정을 공개적으로 표출하는 것이 필요할 수도 있다.[12] 어떤 시대에 역사는 다른 시대보다 더 빠르게 움직이는 것처럼 보인다. 그리고 종의 진화뿐만 아니라 정치사 또한 '단속 평형punctuated equilibria'[어떤 종이 진화과정에서 오랫동안 안정된 형태를 유지하다가, 갑자기 그 기간이 단속되면서 중간단계 없이 다른 종으로 빠르게 진화한다는 진화론의 가설 중 하나 — 옮긴이]의 연속일지도 모른다.[13]

군중에 기초한 전통은 직접적인 경험적 관찰의 결여로 인해 자주 애를 먹었지만, 몇 가지 유용한 통찰을 낳았다. 저항자들을 일탈자라고

12　James C. Scott, *Domination and the Arts of Resistance: Hidden Transcripts*(New Haven: Yale University Press, 1990), p. 223.

13　생물학자가 진화를 정적 균형상태의 연속으로 보기 시작했다. 그러한 정적 균형상태는 새로운 종의 갑작스러운 출현으로 인해 발생되는 이따금씩의 변화에 의해 중단된다. 이러한 견해는 진화가 종의 연속적이고 점진적인 변형이라고 보는 보다 전통적인 견해들과 차이가 있다. 다음을 보라. Stephen Jay Gould and Niles Eldredge, "Punctuated Equilibria: An Alternative to Phyletic Cradualism," in Thomas J. M. Schopf(ed.), *Models in Paleobiology*(San Francisco: Freeman, Cooper, and Co., 1972); "Punctuated Equilibria: The Tempo and Mode of Evolution Reconsidered," *Paleobiology* 3(1977), pp. 115~151; Niles Eldredge, *Time Frames: The Rethinking of Dawinian Evolution and the Theory of Punctuated Equilibria*(New York: Simon and Schuster, 1985).

치부하는 것은 유감이지만, 적어도 그 패러다임은 사회적으로 구성된 명칭, 정체성, 학습과정 – 일탈 연구의 재료 – 이 갖는 중요성을 인정했다. 스멜서가 주장했듯이, 그 패러다임은 사회구조의 특정 위치와 부분들이 다른 위치와 부분들에 비해 저항에 더 도움이 된다는 것 또한 인식했다. 저항자들이 분노하는 실제 사회문제들 – 억압, 불평등, 분열, 야만적 행위 – 이 존재하기 때문에, 그들이 단순히 그들 자신의 이익을 추구하는 데 불과한 것은 아니다. 비록 저항자 집단이 새로운 해석과 프로젝트들을 궁리해내기까지는 여러 시간이 아니라 여러 달이 걸리기도 하지만, 그러한 새로운 것들이 출현한다. 저항자들은 잠깐 동안의 만남이 아니라 계속적인 관계, 의사소통, 활동 속에서 그러한 일들을 수행한다. 하지만 비판, 목표, 감정을 공유하는 데서 여전히 중요한 것은 대면적 상호작용이다. 그리고 우리가 앞으로 살펴보듯이, 단일 사건이 새로운 문화적 의미를 구체화하는 데 중요할 수도 있다. 집합행동 학파는 적어도 뜻밖의 창조성이라는 이미지를 위해 완전한 비합리성이라는 가정을 버렸다. 하지만 상호작용 이론의 전통 속에 있는 연구자들이 지니고 있는 문제는 그러한 예술성을 너무나도 즉각적이고 즉흥적이며 삶의 다른 흐름들과 무관한 것으로 파악한다는 데 있었다. 그들은 문화를 심리적 심상과 결부 지음으로써 문화의 영향력을 과소평가하거나 오독했다. 게다가 대부분의 군중 이론가들은 저항의 감정적 측면과 창조적 측면들이 저항자들을 비합리적으로 만든다고 결론지었다.

합리주의자들

군중이라는 심상이 여전히 저항 연구를 지배하던 1965년에 경제학자 맨커 올슨Mancur Olson은 개인들은 그들이 집합행위에 참여하기 전에 자신들의 개인적 참여비용과 그들 자신에게 예상되는 이득을 판단하려고 노력한다고 주장했다. 모든 경제학자처럼 그 역시 인간은 합리적이라고 믿었다. 그가 볼 때, 합리성은 계산으로 이루어지며, 그것은 여타 사회적 맥락에서도 마찬가지로 정확하게 측정 가능하다. 그는 의미심장하지만 비난을 내포하고 있는 군중심리학을 미시경제학의 단순한 가정 − 결코 인간을 치켜세우지는 않지만 인간을 합리적인 것처럼 보이게 만드는(실제로 과도하게 그렇게 하는) − 으로 대체했다. 올슨은 합리적 개인이라면 공공재를 획득하기 위해 집합행위에 참여하지는 않을 것이라고 주장했다. 왜냐하면 그들은 '무임승차'를 함으로써 어떤 이득을 추구하는 데 따르는 비용을 지불하지 않고서도 그것을 얻을 수 있을 것이기 때문이다(단일 개인의 참여는 결과에 좀처럼 영향을 미치지 못한다). 따라서 집합행위는 '선택적 유인' − 이를테면 참여하는 사람들에게만 돌아가는 소식지나 노동조합 후원의 생명보험과 같은 − 에 의지한다.[14] **집합행위**collective action라는 용어는 **집합행동**이라는 용어보다 더 많은 합리성을 함축한다. 하지만 집합행위라는 용어는 저항운동을 동업조합, 국제조약, 그리고 다수의 여타 공식 제도들의 범주에 속하는 것으로

---

14 Mancur Olson Jr., *The Logic of Collective Action: Public Goods and the Theory of Groups*(Cambridge: Harvard University Press, 1965). 다른 중요한 이론적 저작으로는 다음의 것들이 있다. Russell Hardin, *Collective Action*(Baltimore: Johns Hopkins University Press, 1982); Michael Taylor, *The Possibility of Cooperation*(Cambridge: Cambridge University Press, 1987). 이를 경험적으로 적용한 연구로는 다음의 것들이 있다. Gordon Tullock, "The Paradox of Revolution," *Public Choice*, 11(1971), pp. 89~99; Morris Silver, "Political Revolution and Repression: An Economic Approach," *Public Choice*, 17(1974), pp. 63~71; Karl-Dieter Opp, *The Rationality of Political Protest: A Comparative Analysis of Rational Choice Theory*(Boulder, Colo.: Westview Press, 1989). 이 중에서 마지막의 것이 가장 흥미롭다.

분류하는 것으로 보이기도 한다.

시장교환이라는 뿌리 은유root metaphor에서 도출된 몇 가지 명시적 가정이 이 '합리적 선택' 전통을 뒷받침한다. 즉, 개인들은 다양한 선택지가 가져다주는 이익에 대한 비교적 정확한 계산에 기초하여 현명한 선택을 하며, 이를 수행하기 위해 인간은 행위의 목적(이익)과 수단(비용)을 구별한다. 또한 동기와 유인은 그 수가 충분히 제한적이어서 계산과 비교를 가능하게 하며, 이익은 측정 가능하다(이는 보통 이익이 돈으로 측정 가능하다는 것을 의미한다). 유사하게 앨버트 허시먼도 이를 "매우 간결한 공준公準, 즉 대안적인 행위과정들에서 예기되는 비용과 이득을 계산한 뒤 그중에서 자유롭게 합리적으로 선택하는 이기적이고 고립적인 개인이라는 공준"으로 묘사했다.[15] 사회적 맥락은 선택에 크게 영향을 미치지는 않는다. 왜냐하면 모든 사회에서 인간은 동일한 기본적 동기, 특히 부의 극대화라는 동기를 따르는 경향이 있기 때문이다. 문화적 맥락과 제도적 맥락이 관심의 대상이 되는 까닭은 주로 그러한 맥락들이 자원배분의 틀을 설정하고 그 안에서 다양한 책략을 사용할 수 있는 기회를 제공하거나 그러한 책략들의 사용을 법적으로

---

15 Albert O. Hirschman, "Against Parsimony: Three Easy Ways of Complicating Some Categories of Economic Discourse," in Hirschman, *Rival Views of Market Society and Other Recent Essays*(New York: Viking, 1986), p. 142. 정치적 행위에 대한 합리적 선택 접근방식을 비판하고 있는 것들로는 다음을 보라. Alessandro Pizzorno, "Some Other Kinds of Otherness: A Critique of 'Rational Choice' Theories," in Alejandro Foxley, Michael S. McPherson and Guillermo O'Donnell(eds.), *Development, Democracy, and the Art of Trespassing: Essays in Honor of Albert O. Hirschman*(Notre Dame, Ind.: University of Notre Dame Press, 1986); Myra Marx Ferree, "The Political Context of Rationality," in Aldon D. Morris and Carol McClurg Mueller(eds.), *Frontiers in Social Movement Theory*(New Haven: Yale University Press, 1992); Donald P. Green and Ian Shapiro, *Pathologies of Rational Choice Theory: A Critique of Applications in Political Science*(New Haven: Yale University Press, 1994).

제약하기 때문이다. 실제로 이 접근방식에서 초점은 자원과 그 자원을 획득하기 위해 사용되는 전략에 맞추어진다. 일반적으로 합리성, 자원, 이해관계는 문화적으로 구성되기보다는 객관적으로 주어진 것으로 가정된다.

개별 자원의 극대화에 더하여 인간의 동기를 구체화하는 것은 엄격한 '강한' 합리주의 모델을 보다 느슨한 '약한' 모델로 전환시킨다. 철학자 욘 엘스터Jon Elster는 부의 개인적 극대화 이외에도 집합행위에 참여하게 하는 또 다른 동기들을 유형화해왔다. 우리는 우리의 행위를 합리적으로 선택하기보다는 습관과 사회규범에 따라 생각 없이 행위할 수도 있다. 또는 우리는 이타주의(우리는 이를 통해 타인의 즐거움으로부터 즐거움을 얻는다)나 질투(우리는 타인의 좌절로부터 즐거움을 얻는다)와 같은 이기적이지 않은 동기에 의해 행위할 수도 있다. 끝으로, 우리는 집합행위의 결과뿐만 아니라 과정으로부터도 만족을 얻을 수 있다.[16] 좀 더 상황을 복잡하게 하면, 저항은 상이한 동기에 의해 추동되는 참여자들로 구성될 수도 있고, 또 각 저항자는 동시에 여러 가지 이유를 가지고 저항에 참여할 수도 있다. 동기들은 편협한 심리학적 계산 모델의 범위를 넘어 빠르게 증식한다.

경험적 증거에 부딪히자 합리주의자들은 인간과 조직이 이익을 극대화하기보다는 '작은 성과에도 만족한다'는 것을 자주 인정해왔다. 즉, 인간과 조직은 특정한 수준의 만족스러운 이윤이나 자원을 목표로 삼고, 때로는 그 이상의 기회를 포기한다. 어쨌든 정보의 획득에는 비용이 들고, 인간이 정보를 처리하는 방식에는 다양한 편차가 있기 때문이

---

16   Jon Elster, *The Cement of Society: A Study of Social Order*(Cambridge: Cambridge
      University Press, 1989).

다.[17] 현실주의의 이러한 틈새 막기가 합리주의적 모델을 보다 흥미롭게 만들지만, 또한 덜 엄밀하게 만들기도 한다. 극대화는 적어도 하나의 단일한 전략 꾸러미, 즉 하나의 정답 — 경험적으로 적용하기에는 비현실적인 — 을 시사한다. 그렇다면 만족의 범위라는 면에서 얼마나 많이 만족해야 충분한가? 오직 제도적 제약, 문화적 전통, 그리고 개인적 전기만이 그것에 대한 답, 그것도 매우 복잡한 답을 제시할 수 있다.[18]

일단 우리가 강한 모델에서 약한 모델로 이동하고 나면, 우리가 그 모델을 통해 말하는 것은 단지 사람들은 일반적으로 자신들이 원하는 것에 대해 무언가 생각을 가지고 있고 또 그것을 획득하기 위해 행위한다는 것뿐이다. 이 말이 그럴듯해 보이기는 하지만, 우리가 사람들이 바람직하고 합리적이라고 여기는 것을 이해하기 위해서는 보다 전기적인 또는 문화적인 관점이 필요하다. 맨커 올슨은 처음부터 그러한 확장은 명료하지 못하고 어쩌면 동어반복적일 수도 있다고 비판했다. 그에 따르면, "어떤 특정한 경우에 어떤 특정한 개인이 도덕적 이유로 행위했는지 아니면 다른 이유에서 행위했는지를 분명하게 말한다는 것은 가능하지 않다. 따라서 도덕적 설명에 의존하는 것은 이론을 검증할 수 없게 만들 수도 있다". 그는 자신의 모델에 에로틱한 동기와 여타 심

---

17 더 많은 정보를 추구하기를 중단할 시점을 결정할 수 있는 '합리적' 방법이란 전혀 존재하지 않는다. 왜냐하면 일반적으로 우리는 새로운 정보를 획득하기 전가지는 그것이 얼마나 유익한지를 알 수 없기 때문이며, 또한 우리가 획득한 정보를 최대한 이용하고 있는지도 확실하지 않기 때문이다. 인지심리학자들은 인간의 올바른 의사결정을 저해하는 요소들을 연구해왔다. 이를테면 우리 자신의 평가에 대한 과신, 소규모 표본을 통한 일반화, 두드러지거나 또는 쉽게 상상되는 사례들, 그리고 확률의 오인이 그러한 것들이다. Daniel Kahneman, Paul Slovic and Amos Tversky(eds.), *Judgment Under Uncertainty: Heuristics and Biases*(Cambridge: Cambridge University Press, 1982)를 보라.

18 합리적 선택 모델에 문화를 끌어들일 필요가 있음을 역설하고 있는 것으로는 Gary Ford and James M. Jasper, "Culture and Rational Choice"(paper presented at the American Sociological Association annual meetings, Washington, D.C., August 1995)를 보라.

리적 동기들을 끌어들일 수도 있을 것이라고 말한다. 하지만 그는 계속해서 다음과 같이 말한다. "가족과 친구집단 같은 '정서적' 집단들은 대체로 전혀 다른 종류의 이론들을 통해 보다 효과적으로 연구할 수 있을 것이다. 왜냐하면 이 연구에서 사용된 분석으로는 그러한 집단을 제대로 해명할 수 없기 때문이다."[19] 그러나 나는 우리가 현실세계의 저항자들의 복합적 동기를 이해할 수 있다면 그것이 수학적 엄밀성의 상실을 상쇄할 수 있다고 믿는다. 합리주의자들은 좀처럼 사람들이 왜 특정한 것을 선호하는지를 설명하려는 시도조차 하지 않는다. 그 까닭은 그것이 그들의 모델을 또 다른 분석틀로 보완할 것을 요구하기 때문이다. 적어도 한 명의 합리주의자 — 정치학자 존 페레존John Ferejohn — 만큼은 그러한 틀의 가장 유력한 후보가 문화라고 지적한다.[20]

마이클 테일러Michael Taylor는 합리주의 모델이 다른 문화적 맥락보다는 특정한 문화적 맥락들에 더 잘 맞아떨어진다는 것을 보여준 바 있다. 그는 농민들의 강력한 공동체 성원의식이 농민들로 하여금 반란을 일으킬 가능성을 더 크게 만들 것이라고 주장했다. 왜냐하면 그러한 공동체 의식이 농민들에게 규범적 압력과 타산적 압력을 가해 그들이 반란을 일으키는 것이 합리적이라고 생각하게 할 것이기 때문이다. 신용과 신뢰, 공유된 신념과 가치, 그리고 빈번한 상호작용이 집합행위에 기여한다. 그리고 그것들은 특정한 문화적 환경에서 이루어지는 규칙적인 사회적 상호작용을 통해서만 생겨날 수 있다. 엘스터와 마찬가지로 테일러도 참여자들이 활동 자체로부터, 이타주의로부터 또는

---

19   Olson, *Logic of Collective Action*, pp. 61~62.

20   John Ferejohn, "Rationality and Interpretation: Parliamentary Elections in Early Stuart England," in Kristen Renwick Monroe(ed.), *The Economic Approach to Politics: A Critical Reassessment of the Theory of Rational Action*(New York: HarperCollins, 1991).

활동을 통해 자신을 표현하는 것("'자신의 자아에 충실'하고자 하는 욕망, 큰 도움을 주겠다는 자신의 약속에 부합하는 행동을 하고자 하는 욕망")으로 부터 즐거움을 얻을 경우 합리주의 모델은 그다지 유용하지 못하다고 덧붙였다. 문화적 기대, 감정, 신념이 계산적 합리성이 작동하는 정도 를 결정한다. 이론가들은 이러한 요소들을 덧붙임으로써 저항자들이 올슨의 '무임승차자' 문제를 극복하거나 피하는 여러 방식을 기술해왔 으며, 이 문제는 점차 과도한 합리주의 모델 내에서만 나타나는 것으 로 여겨지게 되었다.[21]

합리주의의 한 분파는 다른 무엇보다도 전략적 상호작용을 강조한 다. 계산적 행위자들이 서로에게 교묘한 책략을 사용한다고 보는 게임 이론은 게임이라는 핵심 은유를 통해 결과가 정해지지 않았다고 가정 하는 것으로 보인다. 실제로 게임 이론의 목적은 설명적이기보다는 규 범적이다. 즉, 그것은 행위자들이 계산합리성으로부터 벗어나는 지점 을 보여주고자 한다. 그리고 엄밀하게 말하면, 게임 이론도 다른 연구 패러다임들처럼 이론이라기보다는 기본적으로 분석틀과 분석 어휘들 이다. 게임 이론이 사회적 행위를 설명하는 데서 우리를 진일보시키지

---

21 Michael Taylor, "Rationality and Revolutionary Collective Action," in Michael Taylor (ed.), *Rationality and Revolution*(Cambridge: Cambridge University Press, 1988). 마크 리흐바흐(Mark I. Lichbach)는 24개의 해결책을 묘사했는데, 그중 대부분이 공통의 신념, 서로간의 합의, 권위에 기초한 것이었다. Mark I. Lichbach, "Rethinking Rationality and Rebellion," *Rationality and Society*, 6(1994), pp. 8~39. 해결책을 가장 치밀하게 재정식 화하여 제시하고 있는 것으로는 Gerald Marwell and Pamela Oliver, *The Critical Mass in Collective Action: A Micro-Social Theory*(Cambridge: Cambridge University Press, 1993)를 보라. 그들은 다음과 같이 지적한다. "우리가 받은 인상으로는 집합적 이익에 대 한 **주관적** 수준의 관심, 다른 집합행위자들과의 연대적 유대, 그리고 자신이 바람직한 것 을 성취하고 있다는 느낌으로부터 얻는 개인적 만족이나 도덕적 올바름이 참여의 주요한 가능자들이며, 이 모두는 문화적 요인들이다"(p. 7). 이들의 모델을 재정식화하고 있는 것 으로는 Michael W. Macy, "Learning Theory and the Logic of Critical Mass," *American Sociological Review*, 55(1990), pp. 809~826을 보라.

못하는 이유는 바로 쓸 수 있는 수手의 개수 때문이다. 토머스 셸링 Thomas Schelling은 2×2 행렬의 가능한 선택지들과 그에 따른 결과조차도, 만약 두 경기자가 모든 가능한 결과의 순위를 매길 경우, 가능한 결과만 1000개 이상이 산출될 것이라고 지적한다. 만약 두 경기자 각각이 세 개의 가능한 선택지를 가진다면(3×3 행렬), 그 결과는 10억 개가 넘는다. 제3의 경기자를 추가하기에 앞서, 우리는 각 경기자가 다른 경기자의 이득에 신경을 쓴다는 점, 한 경기자가 다른 경기자들이 선택한 것에 의거하여 자신의 선택을 한다는 점, 또는 지식과 기억이 불완전할 수 있다는 점을 인정할 필요가 있다.[22] 우리는 묘수에 감탄할 수는 있어도 그것을 예측할 수는 없다.

게임 이론가들은 전략적 게임의 균형점, 다시 말해 경기자들 중 어느 누구도 게임에서 이탈할 유인을 가지지 않는 상황을 밝혀내고 싶어한다. 많은 경우 경기자들 중 어느 누구도 그러한 균형 상황을 좋아하지 않는다. 왜냐하면 게임 이론가들이 합리주의자들의 보다 광대한 능력, 즉 행위의 의도하지 않은 결과들까지를 그려볼 수 있는 능력에 근거하여 논의를 전개하기 때문이다. 갈등의 논리와 전략적 상호작용은 모든 관련자의 의도에 반해 작동할 수도 있다. 이러한 통찰은 빈번히 발생하는 교착과 대립의 상황들을 설명하는 데 도움이 된다. 그러나 게임 이론의 경험적 적용은 집합행위보다는 국제관계에서 더 많은 성

22　Thomas C. Schelling, "What is Game Theory?" in *Choice and Consequence: Perspectives on all Errant Economist*(Cambridge: Harvard University Press, 1984), p. 222. 이러한 복잡성 때문에 아나톨 래퍼포트(Anatol Rapoport)는 게임 이론이 사회과학의 한 설명적 분파가 아니라 수학의 한 규범적 분파라고 주장한다. Anatol Rapoport, "Game Theory Defined," *Rationality and Society*, 4(1992), pp. 74~82. 게임 이론과 관련한 더 많은 논쟁－대부분은 실제의 경험적 사례들에 대한 그것의 적용 가능성을 문제 삼고 있다－에 대해서는 *Rationality and Society*, 4(1)의 특집을 보라.

공을 거두어왔다. 저항자, 동맹자, 적, 그리고 국가가 벌이는 복잡한 전략적 상호작용에서 우리가 (극심한 국가억압이라는 명확한 경우를 제외한다면) 하나의 단일한 (또는 심지어 소수의) 균형점을 찾아낸다는 것은 불가능해 보인다. 국가의 억압이 부재한 상황에서 모든 참가자는 대체로 다양한 조치를 취할 수 있다. 실제로 게임이 한창 진행 중일 때는 가장 **합리적인** 수를 두기 위해 수를 미루기보다는 **어떤** 수라도 두는 것이 보다 중요할 수 있다. 달리 말해 합리적 행위자가 항상 합리적 선택을 할 필요는 없다.[23]

게임 이론의 또 다른 핵심적 통찰은 경기자들이 다른 경기자들이 무엇을 할 것인지를 예상한다고 보는 것이다. 각 참가자에게 '좋은' 수는 부분적으로 다른 경기자들의 예상을 뒤엎는 것에 달려 있기 때문에, 확실한 수가 항상 최고의 수는 아니다. 하지만 때때로 그것이 최고의 수가 되기도 한다. 예술 공연은 형식화할 수 없는 전기적 감성에 의존한다. 따라서 만약 그러한 감성이 완전히 명시적으로 표현될 수 있다면, 그것은 더 이상 뛰어나지도 또 전략적 효과를 거두지도 못할 것이다. 게다가 모든 게임은 그것 나름의 스릴 ─ 그것 고유의 즐거움 ─ 을 가지고 있어서 경기자들은 자주 게임하기 그 자체를 즐긴다. 하지만 이러한 동기는 일반적으로 합리주의적 게임 이론의 경계 내로 들어올 수 없다. 이익과 놀이의 경계가 모호할 때, 그리고 경기자들이 게임을 '추격의 스릴' 너머로 확장시킬 때, 이론가들은 어떤 수가 옳거나 그르다고 선언할 수조차 없다.[24] 저항에서 목적은 그 목적을 추구하는 것으

---

23   욘 엘스터는 다음 책의 서론에서 이 점을 지적하고 있다. Jon Elster(ed.), *Rational Choice* (New York: New York University Press, 1986), p. 19.

24   앨버트 허시먼은 어떤 경우에는 "집합행위가 어떤 개인에게 주는 이득은 기대한 결과와 그 또는 그녀가 들인 노력 간의 차이가 아니라 이 두 가지 양의 총합이다"라고 말한다. Albert O. Hirschman, *Shifting Involvements: Private Interest and Public Action*(Princeton,

로 여겨지는 활동과 항상 분명하게 분리될 수 있는 것이 아니다. 이를 테면 활동 그 자체가 저항자들에게 즐거운 일일 수도 있다. 이 모든 이유를 놓고 볼 때, 게임 이론은 단지 경기자들이 경기를 개시하게 할 뿐이다.

올슨의 전통을 따르는 이론가들은 저항자들의 합리성을 지나치게 강변함으로써 합리적인 것과 비합리적인 것을 모호하게 대비시킬 수밖에 없었고, 그 후 이러한 대비는 저항 연구를 계속해서 괴롭혀왔다. 저항은 합리적인가 아니면 비합리적인가? 이 이분법 – 사회적 맥락을 무시한다는 점에서 이것은 비사회학적이다 – 은 많은 관찰자를 혼란스럽게 했다. 관찰자들은 저항자들을 비합리적으로 묘사하지 않는 유일한 방식은 저항자들을 올슨이 말하는 식으로 계산적으로 합리적이라고 묘사하는 것뿐이라고 느꼈다. 저항자들은 전략적 차원에서 실수를 범할 수도 있다. 그러나 비합리성이 실수를 하게 하는 원인은 아니다. 비합리성은 실수로부터 학습하지 못하는 것이다. 합리성은 경험과 환경으로부터 학습함으로써 결정의 흐름을 향상시키는 것에 있다. 실수가 치명적이지 않은 한, 그것은 그러한 과정의 일부일 수 있다. 전기적 수준에서 저항자들의 합리성을 의문시하는 것 – 또 다른 가능성을 제기하는 것 – 은 욕망이나 즐거움을 인지하는 그들의 능력을 의문시하는 것일지도 모른다. 그리고 이는 모든 저항 연구자가 지금까지 발전시켜온 것보다 더 정교한 전기적 모델을 요구할 것이다. 끝으로, 저항자들의 물리적 자원이나 문화적 전통이 지닌 합리성 – 저항자들이 그것들을 전략적으로 사용하는 방식과 대비되는 것으로서의 – 을 의문시하는 것은 거의 이치에 맞지 않을 것이다. 저항자들을 잘못하고 있다거나 비도덕적

Princeton University Press, 1982), p. 86을 보라.

이라거나 또는 무능하다고 비판할 수는 있지만, 결코 비합리적이라고 비판할 수는 없다. 그럼에도 불구하고 자신들이 아무래도 저항자들을 비합리적이라고 묘사할지도 모른다는 걱정이 계속해서 학자들을 따라다니며 괴롭히고 있다.

데니스 청Dennis Chong은 합리적 선택 개념을 미국의 민권운동이라는 하나의 단일 저항 사례에 적용하는 작업을 가장 많이 해왔다. 그는 강한 합리적 선택 모델을 기각한다. 그리고 그는 물질적 유인 자체만으로는 결코 저항활동의 많은 부분을 설명할 수 없다는 점을 인정한다. 게다가 만약 선택적인 물질적 유인이 참여를 유도하기에 충분하다면, 그것은 집단의 목표에 무관심하거나 심지어 반대하는 사람들에게도 동일하게 참여의 유인이 될 수 있다![25]

데니스 청은 감정의 표출, 저항의 즐거움, 자신의 평판에 대한 관심과 같은, 합리주의자들이 일반적으로 경시하는 동기를 검토하면서, 그러한 것들이 합리적 선택 모델에 의해 다루어질 수 있음을 보여주기 위해 노력한다. 그는 "우정을 얻거나 지속하려는 욕망, 자신의 사회적 평판을 유지하려는 욕망, 조롱과 배척을 피하고자 하는 욕망 모두가 개인들로 하여금 집합행위에 참여하게 하는 선택적 유인이 되는 사회적 목표들"이라고 주장한다.[26] 그러한 욕망들은 약한 모델에서 일반적으로 나타나는 '사회적' 목표들로, 강한 모델에서 발견되는 순수하게 물질적인 이기심과 대조된다. 데니스 청은 좋은 평판이 다양한 개인적 이익을 가져다준다고 주장한다. 즉, "존경받는 명성은 사회에서 상당한 도구적 가치를 지닌다". 하지만 그는 또한 이타주의나 여타 덕목들

---

25   Dennis Chong, *Collective Action and the Civil Rights Movement*(Chicago: University of Chicago Press, 1991), p. 32.

26   같은 책, pp. 34~35.

과 관련한 명성을 유지하는 가장 좋은 방법 중의 하나는 실제로 그러한 종류의 사람이 되는 것이라고 말한다. "타인의 안녕에 대한 진정한 (또는 의식적으로 계산적이지 않은) 관심을 발전시키는 것이 나에게도 이익이 될 수 있다." 따라서 그에게서 합리성은 "사고와 감정 양자의 미묘한 결합"이 된다.[27] 데니스 청은 얼마나 많은 민권운동 활동가가 수치심 때문에, 그리고 부분적으로는 그들 자신의 평판이 위태로워졌기 때문에, 다양한 형태로 참여하지 않을 수 없었는지를 기술한다.

데니스 청은 입증하기보다는 주장한다. 그의 주요한 기여는 다양한 감정적 동기들이 이기적 합리성과 양립할 수 있다는 것을 증명한 것이다. 이것은 합리적 선택 이론이 제시하는 (물질적 유인에 기초한) 합리성과 감정(그 외의 대부분의 동기들)의 엄격한 대립에 매료된 사람들에게만 놀라운 일이다. 그가 인정하듯이, "그러한 사람들[집단 규범을 철저하게 내면화한 사람들]에게 그들이 그처럼 행동하게끔 하는 동기들을 우리가 어떻게 해명할 수 있을지가 확실치 않다"고 해서, 진정한 이타주의나 동정심보다 그들 자신의 평판에 대한 장기적인 관심이 저항자들을 더 많이 유도한다고 결론지을 이유는 전혀 존재하지 않는다.[28] 사람들이 자신들이 하는 일을 자주 하는 이유는 그것이 옳다고 생각하기 때문이지, (다소 복잡한 계기에서) 자신들이 옳은 일을 하는 종류의 사람이라는 평판을 키우는 것에 장기적으로 관심이 있기 때문은 아니다. 개인적 동기와 그들이 받는 사회적 지지를 구별하는 것은 오직 합리적 선택 이론이 설정한 인위적인 경계 내에서만 가능할 뿐이다. 이론을 검증하기 위해 그 이론 자체의 가정들을 사용한다면, 그것은 그 이론

---

27 같은 책, pp. 72, 52, 54.
28 같은 책, p. 68.

을 확증하기 마련이다.

데니스 청은 명예, 영예, 권력 같은 공적 이득들을 합리주의 모델 속으로 끌어들일 것을 주장한다. 그는 그러한 사회적 재화들이 개인에게 심적 보상 및 여타 보상들을 가져다주며 그리하여 합리주의적 가정들을 훼손하지 않으면서도 개인들을 동기화할 수 있다는 것을 보여줌으로써 그렇게 한다. 그러나 그가 사회적 재화들을 그것들이 개인에게 갖는 의미로 전환시킨다고 해서, 그것이 개인들이 순전히 사적인 보상에 의해 동기화된다는 것을 보여주는 것은 아니다. 왜냐하면 영예 등등에 대한 보상들은 순수하게 개인적인 측면에서 정의될 수 있는 것이 아니기 때문이다. 그러한 것들을 완전하게 설명하기 위해서는 개인적 서술과 사회적 서술 모두가 필요하다. 그리고 애초부터 영예와 명예가 사람들을 동기화한다는 것을 의심하고 싶어 한 것은 오직 합리주의자들뿐이다. 영예와 명예가 합리주의와 양립할 수 있다는 것을 보여주는 것은 문화를 합리주의의 틀 내로 받아들이는 것이다. 분명하게 언급하고 있지는 않지만, 데니스 청은 다음과 같이 언급하면서 문화적 동학을 합리적 선택 모델과 통합시키는 방식을 넌지시 비춘다. "정교한 사회적 과정을 통한 규범의 **내면화** ─ 합리적 선택의 계산법에서는 일반적으로 불필요한 것처럼 생각되어온 ─ 는 보상과 처벌의 도덕체계라는 제도 속에 자리하고 있는 공동체의 비용절약 장치라고 파악할 수도 있을 것이다."[29] 데니스 청은 문화와 전기를 전략적 행위 내로 끌어들이기 위해 노력하지만, 정작 그가 더 훌륭하게 입증해낸 것은 그것들의 양립 가능성과 상보성이다.

계산적 합리성 모델은 기껏해야 대략적인 경계 조건들만을 제시할

---

29   같은 책, p. 69.

뿐이다. 매우 비합리적인 방식으로 행동하는 사람들은 좀처럼 없을 것이다. 그리고 만약 그들이 그렇게 한다면, 아마도 그들은 결국에는 지속적인 전략적 행위에 필요한 물질적 자원들을 다 써버리고 말 수도 있다. 그럼에도 불구하고 순교자와 철저한 이타주의자들의 경우에서처럼, 때때로 그러한 극단적 경우가 발생하기도 한다. 그러나 우리가 그러한 경계가 통상적으로 작동한다는 것을 인정한다고 하더라도, 계산적 모델은 그 경계 내에서 일어나는 인간행위에 대해 거의 어떠한 것도 말해주지 않는다. 합리주의자들은 개인의 심리에서 출발한다고 주장하지만, 그들은 그것을 지나치게 축소시킨 나머지 그것에 대해 거의 할 말이 없다. 나 역시 저항자들을 비합리적이라고 보는 것에 마음 내켜하지 않는다. 그리고 올슨은 저항자들을 그러한 견지에서 묘사했던, 군중에 기초한 모델에 대해 훌륭한 교정책을 제시했다. 하지만 올슨의 전통 속에는 전략적 행위자들이 전략을 수립할 여지가 거의 없다. 왜냐하면 그들을 사로잡고 있는 심리는 너무나도 메말라서 별다른 설명력을 지니지 못하기 때문이다. 합리주의자들은 합리성에 관해 지나치게 협소한 견해를 가지고 있다. 즉, 그들은 그들 자신의 핵심 개념에 의해 스스로 제약당하고 있다. 합리주의자들이 그래온 것처럼, 합리성을 극대화와 등치시켜서는 안 된다. 전기와 문화적 전통이 일단 합리성의 폭을 넓히고 나면, 그것들은 게임 이론과 합리적 선택의 간결한 알고리즘을 훨씬 넘어설 수 있게 된다. 하지만 전기와 문화적 전통은 너무나도 열려 있는 관행들을 저항에 끌어들임으로써 우리가 쉽게 결과를 예측할 수 없게 하고, 너무나도 다양한 본연의 즐거움을 저항에 끌어들임으로써 우리가 적절한 조치들을 구체화할 수 없게 한다. 그러나 전기와 문화적 전통은 우리로 하여금 합리적인 것/비합리적인 것의 대비로부터 완전히 벗어날 수 있게 할 수도 있을 것이다.

우리는 나중에 전략의 논리를 검토하면서 게임 이론이 전략적 상호 작용 — 특히 의사소통이 제한된 상황에서 이루어지는 전략적 상호작용 — 에서 일어나는 상호 예상에 초점을 맞추는 것이 갖는 유용성을 입증할 것이다. 저항의 전략적 차원에 합리주의자들만큼 직접적으로 주의를 기울인 이론가들은 거의 없었다. 군중 이론의 몇 가지 통찰이 그것들을 보다 광범위한 문화적 맥락에 위치시킴으로써 소생될 수 있는 것처럼, 합리주의자들의 주요한 공헌들도 우리가 그것들을 문화적 의미와 전기적 의미들로 채울 때 강화될 수 있을 것이다. 또한 게임 이론은 전략적 상호작용의 논리가 모든 경기자에게 큰 대가를 치르게 하는 질질 끄는 갈등, 지위 양극화, 그리고 장기적 교착상태 같은 경기자들이 원하지 않는 상황에 빠지게 할 수 있다는 점 또한 우리에게 유용하게 상기시켜줄 것이다.

동원 패러다임

군중에 기초한 이론들은 1970년대에 '자원동원'이라는 새로운 형태의 이론이 출현하며 재차 치명적인 타격을 받았다. 그리고 미국에서는 많은 저항 연구자들이 여전히 자원동원이라는 틀 내에서 작업을 수행하고 있다. 대부분의 자원동원 이론가들은 사회운동이 수행하는 일에 대해 호의적인 견해를 가지고 있던, 1960년대에 성인이 된 사람들이었다. 그들의 주된 공헌은 저항이 정치의 통상적인 일부분이라는 것, 저항자들은 이치에 맞는 목표를 추구하는 정상적인 사람들이라는 것, 그리고 가용한 경제적 자원이 저항자들이 성취할 수 있는 바를 결정하는데 일조한다는 것을 보여준 것이었다. 이 전통의 극치는 다른 무엇보다도 활동가들이 활동 자금을 어떻게 마련하는지, 어떤 전술이 보다 성공적인 경향이 있는지, 그리고 국가구조가 결과를 틀 짓는 데서 어떤 역할을 수행하는지를 보여준 것이었다. 이들 연구의 일부는 실제 저항의 긴급한 상황을 다루는 활동가들에게 저항 '방법' 지침서로 읽히기도 했다. 사회의 모든 집단은 증진시키고 방어하고자 하는 이해관계를 가진다는 점에 근거하여, 저항 충동 — 이전 세대들이 두려워하며 해명하고자 했던 바로 그것 — 은 이제 당연한 것으로 간주되었다. 이 관점의 한 저명한 제창자는 모순적인 형용사들을 기꺼이 사용하여 "불평과 불만은 역사적 풍경에서 매우 영속적이고 반복되는 특징"이라고 말했다.[30] 동원 이론가들은 객관적인 사회적 조건과 그러한 조건에 대한 사람들의 인식과 해석을 합체시킴으로써, 오래 지속되어온 조건들이나 새로운 공공 정책들에 대해 도덕적 분노를 키울 수도 있는 문화적 의미들을 간과했다.

동원 이론가들은 어떤 점에서 합리주의자들이다. 그들은 공식 조직을, 그리고 때로는 정치적·역사적 맥락을 자신들의 모델에 끌어들이

---

30 Anthony Oberschall, "Theories of Social Conflict," in Ralph Turner, James Coleman and Renée C. Fox(eds.), *Annual Review of Sociology*, 4(1978), p. 298. 매우 짧은 기간에 동원 관점이 무엇인지를 분명하게 보여준 고전적 저작으로는 다음의 것들이 있다. Anthony Oberschall, *Social Conflict and Social Movements*(Englewood Cliffs, N.J.: Prentice-Hall, 1973); William A. Gamson, *The Strategy of Social Protest*(Homewood, Ill.: Dorsey Press, 1975); John D. McCarthy and Mayer N. Zald, "Resource Mobilization and Social Movements: A Partial Theory," *American Journal of Sociology*, 82(1977), pp. 1212~1241; J. Craig Jenkins and Charles Perrow, "Insurgency of the Powerless: Farm Worker Movements(1946~1972)," *American Sociological Review*, 42(1977), pp. 249~268; Charles Tilly, *From Mobilization to Revolution*(Reading, Mass.: Addison-Wesley, 1978). 이 관점을 개관하고 있는 것으로는 J. Craig Jenkins, "Resource Mobilization Theory and the Study of Social Movements," *Annual Review of Sociology*, 9(1983), pp. 527~553을 보라. 이론가들보다는 이론들을 분류하기가 더 쉽다. 그리고 이들 이론가 중 몇몇은 뒤에서 논의되는 다른 접근방법들을 발전시키는 데에도 일조했다.

며, 개인뿐만 아니라 집단과 조직 또한 비용과 이득을 계산한다고 인식한다. 존 매카시John McCarthy와 메이어 잘드Mayer Zald는 기업가적 지도자들이 이끄는 공식 조직들이 집합행위를 위해 자원을 축적하는 방식을 강조했다. 그들에 따르면, 지도자뿐만 아니라 조직도 합리적이며, 그들의 동기는 기본적으로 물질주의적이다. 잘드와 매카시는 분노한 개인들이 아니라 제도적 환경 속에서 활동하는 사람들로 구성된 저항에 가해지는 다양한 실제적 제약을 증명해왔다. 사람들은 참여하기 위해 시간이 필요하며, 조직은 생존하기 위해 돈이 필요하다. 심지어 자신의 생애를 저항단체를 설립하고 운영하는 데 바치는 전문가들로 이루어진 대규모 사회운동 산업이 성장할 수 있게 했던 것도 충분한 돈이었다. 공식 조직은 선택적 유인을 제공하거나 일정한 초기 비용을 저항단체 지도자에게 떠맡김으로써 맨커 올슨이 집합행위에 제기했던 이의들 중 많은 부분을 극복한다.[31]

잘드와 매카시가 공식 조직과 그 조직을 유지하는 데 필요한 자원들에 초점을 맞춘 것은 조직적·금전적 은유들을 통해 화려한 언어를 구사하는 데뿐만 아니라 구체적인 가설들을 만들어내는 데에도 특히 효과적이었다. 이를테면 홍보 우편물을 통한 기부자나 '고립적인 지지자들'에게 재정적으로 의존하는 것은 자원의 흐름이 그리 안정적이지 못하다는 것과 홍보에 대한 관심이 높아졌다는 것을 암시한다. 저항단체

---

31 매카시와 잘드의 초기 정식화에 대해서는 Mayer N. Zald and John D. McCarthy, *The Trend of Social Movements in America: Professionalization and Resource Mobilization*(Morristown, N.J.: General Learning Press, 1973)을 보라. 그들의 글 중 가장 널리 인용되는 것이 바로 McCarthy and Zald, "Resource Mobilization and Social Movements: A Partial Theory"이다. 이 논문과 그들의 다른 논문들은 다음의 책에 함께 수록되어 있다. Mayer N. Zald and John D. McCarthy(eds.), *Social Movements in an Organizational Society*(New Brunswick, N.J.: Transaction, 1987).

에 기부하는 사람들은 그 단체의 행위와 레토릭의 중심적 청중 − 표적 대상이나 수혜자와는 다른 − 을 이루게 될 것이다. 기부를 둘러싼 사회운동 조직들 간의 경쟁은 적대감뿐만 아니라 분화 또는 청중들의 분절 또한 가져올 수 있다. 사회운동 조직의 행동 중 많은 것 − 왜 몇몇 단체는 점점 더 보수적으로 되는가를 포함하여 − 이 그 조직의 정명定命을 이루는 언어를 통해 설명될 수 있다.[32]

　지배적 패러다임들 중의 하나인 동원 모델들은 자주 부당하게 희화화된다. 왜냐하면 저항을 연구하는 모든 대학원생이 그 모델들에 대해 비판적인 칼날을 세우고 있기 때문이다. 매카시와 잘드는 전적으로 자원분포에만 의지해서 그들의 설명을 전개하는 보잘것없는 사람들로 너무나도 자주 변질된다. 하지만 동원은 전략과 문화적 의미 또한 포함하는 다면적인 과정이다. 우리가 자원의 초기 분포와 새로운 자원을 끌어들일 수 있는 (그리고 많은 경우에 창출할 수 있는) 전략적 활동들을 구별할 경우, 자원동원은 전략적인 문화적 설득 과정으로 해석될 수 있다.

　합리주의자들과 마찬가지로 동원 이론가들은 행위의 도구적 동기를 당연한 것으로 상정하는 경향이 있다. 그들에 따르면, 집단은 전략적 이익을 위해 행위하고, 개인은 그들 자신의 이해관계를 추구하는 행위를 한다. 조직이든 또는 개인이든 간에 거기에는 대체로 일정 정도의 이기적 합리성이 존재한다. 대체로 조직적·개인적 이해관계는 문화적으로 구성되는 것이 아니라 객관적으로 규정된다고 가정된다. 비합리주의적 전통이 좌절한 성난 폭도의 이미지를 그려내고 합리주의 학파

32　다음을 보라. Mayer N. Zald and Roberta Ash, "Social Movement Organizations: Growth, Decay, and Change," in Zald and McCarthy, *Social Movements in an Organizational Society*; Frances Fox Piven and Richard A. Cloward, *Poor Peoples Movements: Why They Succeed, How They Fail*(New York: Vintage, 1977).

가 이기적인 계산적 개인들의 이미지를 조장했다면, 동원 전통은 합목적적인 공식 조직의 모습을 정교하게 그려왔다. 개인은 자신뿐만 아니라 자신이 속한 집합체와 조직에도 생길 수 있는 비용과 이익을 계산하고 그것들에 신경 쓸 수 있다. 하지만 일단 우리가 이것을 인정하게 되면, 우리는 즉시 그들이 인식하고 신경을 쓰는 집단 경계와 정체성이 무엇인지를 물을 필요가 있다. 동원 이론가들은 집단, 불만, 이해관계가 문화적으로 구성된다는 점을 인정할 경우 저항자들이 또 다시 비합리적인 것처럼 보일 수도 있다는 점을 우려하는 것으로 보인다.

많은 동원 이론가는 군중 이론가들의 심리적 환원을 거부하면서, 전기적 요인들도 (때때로 그러한 요인은 또 다른 분과학문의 영역이라는 괴상한 근거를 들며) 함께 회피한다. 동원 이론가들은 자주 객관적 자기이익이 하나의 충분한 참여 동기가 되는 힘이라고 가정한다. 하지만 이것은 우리가 저항자들이 어떠한 감지할 만한 이해관계에도 근거하지 않는 동물권리운동과 같은 운동들과 마주하기 전까지만 타당했던 가정이다. 도덕적·이타적 유인이 하나의 역할을 하는 것은 아무튼 틀림없다. 문화적·전기적 과정들은 우리가 왜 개인들이 어떤 이익에 대해서는 신경 쓰면서도 다른 것들에 대해서는 그렇게 하지 않는지를 이해할 수 있게 해준다. 그리고 심지어 이기심조차도 하나의 문화적 구성물, 즉 하나의 인식이다. 그것은 항상 즉각적으로 인식할 수 있는 것이 아니다.

자원동원을 아주 세세하게 묘사하고 있는 이미지 속에는 기업가나 조직이 주민으로부터 사용가능한 자원을 추출하기 위해 수행하는 활동들이 포함되어 있다. 그리고 가장 비싼 값이 매겨지는 자원은 돈이다. 손쉽게 측정되는 이러한 양적 자원들 외에도 동원 관점은 전체 사회세계를 자원으로 전화함으로써 동어반복적이 될 위험을 무릅쓴다. 심지어 도덕적 지지, 여론, 심리상태, 그리고 적절한 상징도 자원으로 고려되어왔다.[33] 어떤 경우에는 저항자들이 이롭게 사용할 수 있는 것이라면 그 어떤 것에도 자원이라는 명칭이 부여된다. 이처럼 명칭을 과도하게 확장하여 상이한 현상들을 다 포함시키고자 하는 것은 문제를 발생시킨다. 때때로 풍부한 전략적 또는 문화적 동학들은 축소되어 마치 그것들이 기존의 정적인 자원들인 것처럼 분석된다. 다른 경우에는 그것들의 복잡성은 유지되지만, 그런 경우에 **자원**이라는 용어는 더 이상 타당하지 않다. 자원 개념이 갖는 설명력의 상당 부분은 그 개념을 제멋대로 적용하는 것에 의해서가 아니라 그것의 사용을 제한하는 것에 의해 유지될 수 있다.

돈과 의미는 서로 다른 논리에 입각하여 작동한다. 돈이 일반적으로 사회에서 확실하고 보편적인 구매력을 지니는 반면, 문화적 의미는 자주 지역적이고 일정치 않으며 이론異論의 여지가 있다.[34] 윌리엄 갬슨

---

33 앤서니 오버샬(Anthony Oberschall)은 "권위, 도덕적 헌신, 신뢰, 우정, 스킬, 근면 습관 등등"과 같은 비물질적 자원들도 자원에 포함시키고 있다. Anthony Oberschall, *Social Conflict and Social Movements*, p. 28. 루이스 취르허(Louis Zurcher)와 데이비드 스노(David Snow)는 상징도 자원이라고 주장한다. Louis Zurcher and David Snow, "Collective Behavior: Social Movements," in Ralph H. Turner and Morris Rosenberg (eds.), *Social Psychology: Sociological Perspectives*(New York: Basic Books, 1981), p. 470. 신기욱은 하나의 자원으로서 '고양된 의식'이 갖는 중요성을 분석한다. Gi-Wook Shin, "The Historical Analysis of Collective Action: The Korean Peasant Uprisings of 1946," *American Journal of Sociology*, 99(1994), pp. 1596~1624.

34 비비아나 젤리저(Viviana Zelizer)는 돈이 경제학자들이 우리로 하여금 믿게 하려는 것만큼 그렇게 보편적인 매체가 아니라는 것을 보여주었다. 그것은 수많은 특수한 제한적 용법들을 가지고 있다. 하지만 돈은 대부분의 상황에서 문화적 신념과 감정에 비해 상대적으로 여전히 매우 보편적이다. 돈이 특별한 의미를 가지는 이유는 문화적 맥락 때문이다. Viviana A. Zelizer, *The Social Meaning of Money*(New York: Basic Books, 1994)를 보라. 리스 윌리엄스(Rhys H. Williams)는 '문화적 자원'을 그것이 다른 자원들과 동일하다는 전제하에 분석한다. 하지만 그는 그것들이 어떻게 다른지를 논하는 데 더 많은 시간을 할애한다. Rhys H. Williams, "Constructing the Public Good," *Social Problems*, 42(1995), pp. 124~144.

William Gamson, 브루스 파이어먼Bruce Fireman, 스티븐 리티나Steven Rytina
는 자원이 계산 가능하고 양도 가능하다는 유용한 주장을 하면서, 그
용어를 대체로 돈과 그것으로 구매할 수 있는 물리적 대상 — 이를테면
복사기, 휴대용 확성기, 저장 곡물, 라디오 방송국, 공장 — 으로 한정한다.[35]
돈은 제로섬 게임을 수반한다. 즉, 한 곳에 그것이 더 많다는 것은 다
른 곳에 그것이 더 적다는 것을 의미한다. 그러나 열광과 문화적 공명
은 제로섬이 아니며, 다른 사람이 사용하는 것을 빼앗지 않고서도 증
진될 수 있다. 여타 형태의 정보들처럼 상징도 무한하게 재생산될 수
있다. 상징은 또한 물리적 자원들보다 통제하기가 쉽지 않다. 심지어
작고 가난한 집단들도 뉴스매체나 컴퓨터 네트워크를 통해 상징적 메
시지들을 (비록 그들이 그것의 의미를 항상 통제할 수 있는 것은 아니지만)
퍼뜨릴 수 있다. 또 다른 차이는 의미와 감정이 특정 개인, 즉 카리스
마적 지도자와 특수한 관계를 가질 수 있고, 따라서 만약 그가 죽거나
변절하거나 신뢰를 상실한다면 그러한 것들이 사라질 수도 있다는 것
이다. 우리가 죽었을 때, 우리는 돈을 가지고 갈 수는 없지만 우리가
다른 사람들에게 불러일으킨 느낌과 생각들은 가지고 갈 수 있다. 의
미는 의례의 경우에서처럼 특정한 장소나 환경과도 유사한 관계를 맺
을 수 있지만, 돈처럼 그렇게 쉽게 다른 환경들로 양도될 수는 없다.
끝으로, 많은 문화적 관행은 사용되면 개선되거나 발전하지만, 금전적
자원은 줄어든다. 저항자는 실천을 통해 더 나은 대중 연설가가 된다.
노래와 슬로건은 유행하고 확산된다. 심지어 홍보 우편물 캠페인에서
처럼 저항단체들이 더 많은 돈을 얻기 위해 돈을 '투자할' 때조차, 그들

---

35   William A. Gamson, Bruce Fireman and Steven Rytina, *Encounters with Unjust
      Authority*(Homewood, Ill.: Dorsey Press, 1982), p. 83.

이 실제로 얻는 것은 (저축채권에 대한 보상과는 달리) 그 돈에 대한 보상이 아니다. 저항단체들은 새로운 자원들을 끌어들이기 위해 레토릭과 상징들을 이용하는 중이며, 돈을 매개로 하여 전파되는 문화적 의미는 돈이 그러하는 것만큼이나 많은 이익을 창출한다. 문화적 의미들은 생산요소와 같다. 즉, 그것들은 전파수단과 메시지 모두를 필요로 하며, 그러한 것들과 함께 어떤 보상물을 창출한다. 예술적 저항에는 단지 자원의 지출만이 아니라 다양한 관행도 포함되어 있다.[36]

동원자들은 기존의 조직과 사회적 네트워크가 성원 충원에 도움이 된다는 점에서 그것들을 이용할 수 있는 자원으로 여겨왔다.[37] 그러나 그것들은 또한 사회적 삶 자체의 요소이자 삶의 형태이고, 사람들이 살아가는 사회적 맥락이다. 자원을 추출할 수 있는 대상으로서의 주민이나 집단이 하나의 자원으로 파악될 때, 저항의 목적은 사라지고, 우리는 단지 자원 추출의 수단으로 남게 된다. 자원이 모든 것이 되어버렸다. 자원과 사회조직 모두가 저항에 중요하지만, 그것들은 합체되지 않을 때 보다 설명력 있는 개념이 된다. 우리가 앞으로 살펴보듯이, 물리적 자원과 (매카시와 잘드가 말하는) 공식 조직은 우리가 다음 장에서 자세히 검토할 '사회적 조직'보다 더 분명한 개념들이다.

어떤 사람들은 대체로 사회운동에서 문화를 대인 네트워크들로 구성된 사회구조의 한 형태로 축소해왔다. 앤서니 오버샬Anthony Oberschall

---

36 허시먼은 자비심과 시민정신 같은 집합행위의 많은 핵심적 동기는 엄밀한 의미에서 자원이 아니라고 지적한다. "그것들은 지배적인 사회경제체제가 그것들을 부적절하게 이용하고 그것들에 호소할 때 위축된다. 그럼에도 불구하고 그것들을 과도하게 설파하거나 그것들에 의지할 경우, 그것은 다시 한 번 위축되어 사라질 것이다"(Hirschman, "Against Parsimony," p. 157). 하지만 허시먼이 그러한 감상의 남용이라 부르는 것은 그보다는 왜곡이나 오용일 수 있다.

37 이에 대한 고전적 진술로는 Oberschall, *Social Conflict and Social Movements*를 보라.

은 '공동체'의 중요성을 논의하면서, 불만을 가진 집합체가 이미 조직화되어 있는 정도가 집합행위를 개시할 수 있는 그것의 능력을 증가시킨다고 말한다.[38] 찰스 틸리Charles Tilly는 집단의 두 가지 차원이 집합행위에 대해 갖는 중요성을 강조하는데, 그 하나가 잠재적 참여자들이 다른 사람들과 구별되는 하나의 범주를 형성하는 정도이고, 다른 하나는 그들이 서로를 연결하는 대인 네트워크를 가지는 정도이다.[39] 이러한 뒤르켐식 요인들은 메리 더글러스Mary Douglas의 '집단group' 관념 및 '격자grid' 관념과 유사하다. 하지만 그녀는 (틸리와 달리) 각 차원을 만들어 내고 규정하기 위해 필요한 문화적 과정들을 명시적으로 기술한다.[40] 수많은 상징과 의례들이 분류체계 속의 각각의 경계 이면에 자리하고 있으며, 규범, 감정, 습관이 네트워크의 유대를 (비록 창출하지는 못한다고 하더라도) 강화한다. 그 결과 발생하는 집합적 연대의식과 정체성이 잠재적 참여자들로 하여금 개인적 이해관계뿐만 아니라 집합적 이해관계 또한 추구하도록 고무할 것이며, 그리하여 그들은 조직구조와 선택적 (물질적) 유인이 부재한 상황에서조차 저항에 참여할 수도 있다.[41]

많은 동원 연구는 그것의 적지 않은 설명력에도 불구하고 그것 내부

---

38 Oberschall, *Social Conflict and Social Movements*; "Loosely Structured Collective Conflict: A Theory and an Application," *Research in Social Movements, Conflicts, and Change*, 3(1980), pp. 45~68.

39 Tilly, *From Mobilization to Revolution*, pp. 62~69.

40 Mary Douglas, "Cultural Bias," in *In the Active Voice*(London: Routledge and Kegan Paul, 1984); Mary Douglas and Aaron Wildavsky, *Risk and Culture: An Essay on the Selection of Technological and Environmental Dangers*(Berkeley: University of California Press, 1982).

41 Bruce Fireman and William A. Gamson, "Utilitarian Logic in the Resource Mobilization Perspective," in Mayer N. Zald and John D. McCarthy(eds.), *The Dynamics of Social Movements: Resource Mobilization, Social Control, and Tactics*(Cambridge, Mass: Winthrop, 1979).

에 자주 암묵적으로 체현되어 있는 합리주의적 가정들로 인해 제약당한다. 동원 패러다임은 개인뿐만 아니라 집단도 이해관계를 가진다는 것을 인정함에도 불구하고, 대체로 돈과 권력을 중심축으로 하는 일단의 협소한 인간 동기들에 자주 집착하며, 통상적으로 집합행위의 수단과 목적을 지나칠 정도로 날카롭게 구분한다. 아이러니하게도 자원이라는 개념이 자주 모호하게 나열되는데, 이는 아마도 그것이 과도하게 확장되었기 때문일 것이다. 이 유력한 전통에서 놓치고 있는 것이 바로 직접적 저항의 즐거움, 추구되고 있는 도덕적 전망, 그리고 정치적 활동이 동반하는 감정 ― 달리 말하면 문화와 전기의 정신적·상징적 세계 대부분 ― 이다. 전략적 행위가 거기에 존재하지만, 자원과 합체되어버리기 때문에, 그것은 자신이 마땅히 받아야 할 완전한 몫을 부여받지 못하고 있다.

정치과정 접근방식

동원 이론을 분명하게 표명했던 바로 그 이론가들 중 몇몇은 정치와 국가, 그리하여 전략을 보다 강조하는 저항 접근방식 또한 정교화해왔다. 그들 중 선두에 서 있는 찰스 틸리는 물질적 자원의 중요성을 수용하지만, 또한 동원활동을 도시화, 산업화, 국민국가의 등장, 그리고 일국―國 시장의 발전이라는 광범위한 맥락에 위치시킨다. 그는 지난 200년 동안 국민국가와 기업의 규모가 팽창함에 따라 집합행위가 어떻게 보다 대규모로 보다 조직화된 형태로 발생하게 되었는지, 그리고 그에 따라 어떻게 방어적이고 반발적이기보다는 사전행동적일 수 있게 되었는지를 보여준다. 가장 현저하게는 전국 단위의 노동조합이 산발적이고 지역적인 기계파괴와 여타의 저항 형태들을 대체했다.[42] 틸리는 **집합행위**라는 합리주의적 용어를 견지함으로써 그것과 노동조합, 정당, 그리고 여타의 보다 제도화된 정치행위 형태의 연속성을 보여주고자 한다. 비록 자원동원 이론가로 알려져 있지만, 틸리는 갬슨, 오버샬과 함께 물질적 자원에 덜 초점을 맞추는 대신 국가, 전략, 정치적 동원을 더 많이 강조해왔으며, 그럼으로써 불만과 이데올로기가 자리할 여지를 일정 정도, 그리고 엘리트의 반응이 자리할 여지를 많이 남겨두었다.[43] 그들은 정치권력에 대해, 그리고 사회운동이 직면하는 환경에 대해 강조하는데, 이는 자원과 전략적 선택 모두의 중요성을 인정하면서도 저항자들을 사회 내의 다른 전략적 행위자들과 연결하는 유익한 방법의 하나이다.

이 '정치과정' 전통 속에서 시드니 태로Sidney Tarrow, 더그 매캐덤Doug

---

42 찰스 틸리의 방대한 저작 중 역작으로 간주되는 것 몇 가지만 거론하면 다음과 같다. Charles Tilly, *The Vendée*(Cambridge: Harvard University Press, 1964); Edward Shorter and Charles Tilly, *Strikes in France 1830~1968*(Cambridge: Cambridge University Press, 1974); Charles Tilly, Louise Tilly and Richard Tilly, *The Rebellious Century, 1830~1930* (Cambridge: Harvard University Press, 1975); Charles Tilly, *From Mobilization to Revolution*(Reading, Mass.: Addison-Wesley, 1978); Charles Tilly, *The Contentious French: Four Centuries of Popular Struggle*(Cambridge: Harvard University Press, 1986); Charles Tilly, *European Revolutions, 1492~1992*(Oxford: Blackwell, 1993); Charles Tilly, *Popular Contention in Great Britain, 1758~1834*(Cambridge: Harvard University Press, 1995).

43 다음을 보라. Michael Lipsky, "Protest as a Political Resource," *American Political Science Review*, 62(1968), pp. 1144~1158; J. Craig Jenkins and Charles Perrow, "Insurgency of the Powerless"; William Gamson, *The Strategy of Social Protest*; Anthony Oberschall, *Social Conflict and Social Movements and Social Movements: Ideologies, Interests, and Identities*(New Brunswick, N.J.: Transaction, 1993); Charles Perrow, "The Sixties Observed," in Zald and McCarthy(eds.), *The Dynamics of Social Movements*; J. Craig Jenkins and Craig Eckert, "Elite Patronage and the Channeling of Social Protest," *American Sociological Review*, 51(1986), pp. 812~829.

McAdam 및 여타 이론가들은 조직적·역사적 맥락들에 정치적 맥락을 덧붙이는 모델을 분명하게 제시함으로써 '정치적 기회구조'가 저항의 전개와 결과에 결정적 영향을 미친다는 것을 보여주었다.[44] 매캐덤은 저항의 출현 이면에서 작동하는 세 가지 핵심적인 인과적 요인을 지적한다. (1) 정치적 환경, 특히 저항에 대한 국가의 반응에 따른 기회의 변화, (2) 불만을 품은 공동체의 기존 조직화 수준, (3) 저항의 성공 기회에 대한 주민의 평가(이는 반란의식 또는 인지적 해방의 수준이라고도 불린다)가 그것들이다. 이 정치과정 관점은 국가에 의해 제공되는 기회(주로 이따금씩의 국가억압의 약화)를 강조하는데, 이는 이 전통이 시민권 운동을 그것의 전형으로 사용하는 방식에 의해 얼마나 강하게 특징

---

44 Doug McAdam, *Political Process and the Development of Black Insurgency, 1930~1970*(Chicago: University of Chicago Press, 1982)을 보라. 허버트 키트셸트 (Herbert Kitschelt)는 '정치과정' 모델의 환원주의적 위험을 입증하고, 사회운동 행위를 기존 국가조직에 대한 대응으로 설명한다. Herbert Kitschelt, "Political Opportunity Structures and Political Protest: Anti-Nuclear Movements in Four Democracies," *British Journal of Political Science*, 16(1986), pp. 57~85를 보라. 이 학파가 수행해온 흥미로운 작업을 몇 가지만 뽑아보면 다음과 같다. Edwin Amenta and Yvonne Zylan, "It Happened Here: Political Opportunity, the New Institutionalism, and the Townsend Movement," *American Sociological Review*, 56(1991), pp. 250~265; Edwin Amenta, Bruce C. Carruthers and Yvonne Zylan, "A Hero for the Aged? The Townsend Movement, the Political Mediation Model, and U.S. Old-Age Policy, 1934~1950," *American Journal of Sociology*, 98(1992), pp. 308~339; Hanspeter Kriesi, Ruud Koopmans, Jan Willem Duyvendak and Marco G. Guigni, "New Social Movements and Political Opportunities in Western Europe," *European Journal of Political Research*, 22(1992), pp. 219~244; Christian Joppke, *Mobilizing Against Nuclear Energy: A Comparison of Germany and the United States*(Berkeley: University of California Press, 1993). 그들이 하나의 독특한 전통을 대표하는지의 여부(명칭과 영역에 관한 단순한 질문)와 무관하게, 나는 1980년대의 정치과정 모델들을 1970년대의 자원동원 정식화에서 직접 진화한 것으로 파악한다. 이 관점의 훌륭한 일반적 정식화의 하나이자 그것을 문화적 발전 및 여타 최근의 발전들과 연관시키려는 노력의 하나로는 다음을 보라. Sidney Tarrow, *Power in Movement: Social Movements, Collective Action, and Politics* (Cambridge: Cambridge University Press, 1994).

지어져 있는지를 보여준다. 왜냐하면 가장 강력하게 그리고 가장 지속적으로 국가로부터 억압받아온 것이 바로 그러한 운동들이기 때문이다. 이 전통에 속하는 대부분의 연구자들은 노동운동과 민권운동을 연구해왔고, 따라서 억압을 당연시한다. 매캐덤은 초기 정의에서 사회운동은 "**배제된 집단의 편에서** 사회구조의 변화를 촉진하거나 그 변화에 저항하는 조직화된 노력들로, 비제도적 형태의 정치 참여에 의지하는 것을 포함한다"라고 정의하기까지 했다.[45] 그가 말하고자 하는 것이 법적으로 또는 정치적으로 배제된 집단이라는 것을 감안한다면, 사회운동 연구는 우리로 하여금 저항자들과 국가의 상호작용에 주의를 기울이게 하는 확실한 방법의 하나이다.

과정 이론가들은 제도 외적인 전술을 사용하지 않을 수 없는 외부자나 도전자들과 제도적인 전술을 사용할 수 있는 내부자나 그 성원들을 암묵적으로 대비시키는 경향이 있다. 이러한 구별은 시민권 운동에서는 많이 나타나지만, 탈시민권 운동들에서는 나타나지 않는다. 내부자들조차 때때로 제도 외적인 저항에 의존한다. 크리스천 스미스Christian Smith는 그 자신이 과정 접근방식에 우호적임에도 불구하고 이러한 양자택일적 이분법을 다음과 같이 비판한다. "실제로 근대 사회운동의 대부분은 **얼마간의** 정치적·경제적 자원을 보유하고 있으며, 정치적 의사결정에 **제한적이나마** 접근할 수 있고, 파괴적인 정치적 영향력 행사수단**과** 제도화된 정치적 영향력 행사수단 모두를 이용하고, 기성 정치조직과 협력하는 **동시에** 새로운 운동수행 집단들을 동원하고, 회유

---

45   강조체는 내가 추가한 것이다. 이 정식화에서는 분명 기존의 집합체들만이 사회운동을 형성할 수 있다. 더그 매캐덤은 정의상 완전한 시민권을 가진 사람들로 구성된 탈시민권 운동들을 포함하여, 통상적으로 저항으로 간주되는 것 중 많은 것을 배제한다. Doug McAdam, *Political Process and the Development of Black Insurgency, 1930~1970*, p. 25.

적 레토릭, 설득적 레토릭, 적대적 레토릭들을 **한데** 섞어 자신들의 주장을 펼친다."[46]

자원이 동원 분석틀의 뿌리 깊은 은유라면, 정치적 기회구조는 대부분의 정치과정 이론의 핵심이다(그리고 정치적 기회구조 개념도 자원이 그러한 것만큼이나 과도하게 확장되었다).[47] 최근에 태로는 이를 다음과 같이 정식화했다. "내가 말하는 정치적 기회구조는 성공이나 실패에 대한 사람들의 예상에 영향을 미침으로써 그들이 집합행위에 착수하도록 유인하는 일관된consistent (그러나 반드시 공식적이거나 영속적permanent이지는 않은) 정치적 환경의 차원을 의미한다. 정치적 기회구조 이론가들은 단체 **외부에서의** 자원동원을 강조한다."[48] 이 정의는 저항의 모든 차원을 이 정식화 속으로 끌어들임으로써, 모든 것을 정치적 기회구조의 일부로 만들어버린다. 정치구조는 통상적으로 공식적이고 '상대적으로' 영속적이다('일관된'이라는 말이 이것 말고 무엇을 의미하는지를 알기 어렵다). 그러한 정치구조의 존재를 부인하는 것은 그 개념을 모호하게 할 우려가 있다. 그리고 사람들의 예상에서 변화가 일어난다면, 거기에는 문화와 전기가 관여되어 있을 것이 틀림없다. 태로의 정의에도 자원이 자리하고 있지만, 그것은 다른 사람들의 자원으로 한정된다(이것이 자원 개념의 과도한 확장인지, 아니면 정치적 기회구조 개념의 과도한 확장인지,

---

46 Christian Smith, *Resisting Reagan: The US Central America Peace Movement*(Chicago: University of Chicago Press, 1996), pp. 130~131.

47 정치적 기회구조라는 표현을 처음으로 사용한 사람이 피터 아이싱거(Peter K. Eisinger)인 것은 분명하다. Peter K. Eisinger, "The Conditions of Protest Behavior in American Cities," *American Political Science Review*, 67(1973), pp. 11~28을 보라. 시드니 태로 (Sidney Tarrow)는 다음의 글에서 그것을 정교화시켰다. Sidney Tarrow, "Struggling to Reform: Social Movement and Policy Change During Cycles of Protest," occasional paper No. 15(Ithaca, N.Y.: Cornell University Western Societies Program, 1983).

48 Tarrow, *Power in Movement*, p. 85.

제2장 고전적 패러다임들 **83**

그렇지 않으면 둘 다의 과도한 확장인지는 확실치 않다). 비록 앞의 인용구에서 가장 불분명하게 등장하는 차원이기는 하지만, 태로는 주로 전략 (다른 사람들이 자신들의 자원을 **사용하는** 방식)에 대해 언급한다. 끝으로, 집합행위를 '유인하는' 것이 무엇이든지 간에 그것이 정치적 기회구조인 것처럼 보인다는 점에서 우리는 그의 정식화에서 친숙한 순환성의 기미를 발견한다. 집합행위가 존재할 때, 유리한 정치적 기회구조가 존재한다는 것은 틀림없다. 태로가 정치적 기회구조에서 발생하는 네 가지 종류의 변화를 구체화할 때, 오직 한 가지 — 의사결정 권력에 대한 접근의 확대 — 만이 확실한 구조적 요소를 가지고 있으며, 그 요소도 일정 정도의 전략적 행위와 뒤얽혀 있다. 다른 세 가지 — 변화하는 정치적 배열, 새로운 동맹, 그리고 엘리트들 간의 분열 — 는 거의 전적으로 집단과 개인이 의식적으로 행하는 전략적 선택과 행위들로 이루어져 있는 것으로 보인다.

되돌아보면, 어떤 운동이 동원을 이루거나 승리를 쟁취하는 데 일조한 모든 것이 정치적 기회구조로 분류되는 경향이 있다. 한 극단적 사례에서는 운동을 자극한 불만조차도 그 불만이 없었다면 운동도 존재하지 않았을 것이라는 이유에서 정치적 기회구조로 분류되기도 한다![49] 과정 접근방식이 규칙, 자원, 제도를 전략 혼합strategic mix에 또 다른 요인들로 추가함으로써 게임 이론을 교정하기도 한다. 그러나 이 접근방식은 전략적 상호작용에 얼마간 초점을 맞추기는 하지만, 기회를 **구조**로 (마치 기회가 항상 또는 잠재적으로 유동적이기보다는 상대적으

---

49   크리스천 스미스는 미국의 중앙아메리카 개입 반대운동에 관한, 다른 점에서는 빼어난 저작에서 "레이건 대통령이 중앙아메리카에 대해 가지고 있던 강박적 집착"을 그 운동이 출현하게 한 정치적 기회들 중 하나로 분류하고, 부시가 레이건식 정책으로부터 후퇴한 것을 그러한 기회를 폐쇄하여 그 운동이 소멸하게 하는 데 일조한 것으로 설명한다. Christian Smith, *Resisting Reagan*, pp. 378~379.

로 영속하는 것처럼) 정식화하기 때문에 전략적 상호작용이 사라져버리는 경향이 있다. 유사하게 과정 이론가들이 (법적·행정적·정치적) 규칙을 (물질적) 자원과는 구별되는 것으로 정교화해왔지만, 그들은 자주 둘 다에 동일한 명칭을 사용함으로써 또 다시 그 둘의 경계를 무너뜨린다. (나의 도식에서 규칙은 문화 아래에 속하게 될 것이다.) **구조**라는 용어는 상대적으로 고정된 실체를 함축한다고 오해되기 쉬우며, 그리하여 자주 열려 있는 전략적 상호작용에 무관심하게 만드는 경향이 있다. 만약 전략적인 정치적 기회를 강조하는 것이 목적이라면, 거기에 **구조**라는 단어를 덧붙이는 것은 모순어법을 만들어낸다. 문화, 자원, 전략이 하나로 합체된다. 우리는 적어도 전략적 책략이 만들어지는 장으로서의 정치체계가 갖는 상대적으로 고정된 측면과 일시적인 전략적 기회를 구별할 필요가 있다.[50]

우리가 자원에 대해 그러했던 것처럼, 우리는 정치적 기회구조 개념을 확장이 아니라 제한함으로써 강화할 수 있다. 한스페터 크리지 Hanspeter Kriesi는 기회구조 개념을 "관련 행위자들의 합목적적 행위와 무관하게 운동의 발전을 결정하는 정치체계의 측면들"로 제한하자고 제안한다. 그의 목표는 내가 구조라고 부르곤 하던 것을 위해 전략적

---

50 윌리엄 갬슨과 데이비드 마이어도 유사하게 안정적 기회와 일시적 기회를 구분한다. 그러나 그들은 기회들을 선험적으로 범주화함으로써 어떤 구조적 요소는 적절한 조건하에서 다소 급격하게 변화할 수도 있다는 것을 제대로 인식하지 못한다. William A. Camson and David S. Meyer, "Framing Political Opportunity," in Doug McAdam, John D. McCarthy and Mayer N. Zald(eds.), *Comparative Perspectives on Social Movements: Political Opportunities, Mobilizing Structures, and Cultural Framings*(Cambridge: Cambridge University Press, 1996)를 보라. '환경'은 정치적 기회구조를 언급하는 또 다른 방식이다. 그러나 그것은 동일한 합체의 위험을 무릅쓴다. 왜냐하면 그것은 상대적으로 고정적인 정치구조를 언급할 수도, 또는 급속하게 변화하는 전략적 환경을 언급할 수도 있기 때문이다. '구조'와 마찬가지로 환경 개념도 상대방과 여타 참가자들이 적극적으로 전략을 수립한다는 점을 경시한다.

차원을 배제하는 것이다. 그럼에도 불구하고 그는 기회구조에 정치체계의 공식적인 제도적 구조뿐만 아니라 정치체계가 "도전자에 대처하는 비공식적 절차와 주요 전략들, 그리고 도전자와의 대결과 관련된 권력 지형" 또한 포함시키고 있다. 전략은 이 둘 모두를 변화시키는 것을 의식적으로 겨냥한다.[51] 결국 국가전략은 운동전략에 대응하여 (종종 신속하게) 전개된다. 나는 그 용어를 더욱 제한하여, 기회구조를 거의 좀처럼 변화하지 않거나 또는 서서히 변화하는 선거제도, 헌법적 권력분립 등등과 같은 정치제도에 적용하기를 더 좋아한다. 이러한 의미에서 '정치구조'는 (비록 구조가 궁극적으로는 전략적 갈등에서 발생하기는 하지만) 자원 및 여타의 것들과 함께 저항의 상당히 자율적인 차원 중 하나가 될 것이다.

과정 모델에서 문화는 그 밖의 모든 것과 마찬가지로 정치구조에 예속된다. 태로는 별 생각 없이 하나의 유력한 사례를 드는 과정에서 러시아혁명이 세계 전역의 혁명집단들에 정치적 기회를 열어주었다고 언급한다. 그에 따르면, "만약 제1차 세계대전의 종전이 제2차 세계대전의 종전보다 한층 더 강력한 운동들을 일으켰다면, 그것은 볼셰비키 혁명이 일으킨 국제적 유인과 많은 관계가 있었다".[52] 그렇다면 어떤 종류의 유인이 그 혁명을 유발했는가? 볼셰비키 혁명은 분명 자본주의 정부로 하여금 혁명운동을 더 적게가 아니라 더 많이 억압하도록 고무했다. 그리고 볼셰비키 혁명은 정치적·경제적 엘리트들을 분할한 것이 아니라 결속시켰을 것임이 틀림없다. 볼셰비키 혁명은 혁명가들이 역

---

51   Hanspeter Kriesi, "The Political Opportunity Structure of New Social Movements: Its Impact on Their Mobilization," in J. Craig Jenkins and Bert Klandermans(eds.), *The Politics of Social Protest: Comparative Perspectives on States and Social Movements* (Minneapolis: University of Minnesota Press, 1995), p.168.

52   Tarrow, *Power in Movement*, p.84.

사의 편에 서 있다는 고무적인 메시지를 통해 혁명가들을 하나의 문화적 상징으로 만들었다. 달리 말해 볼셰비키 혁명은 정치구조와 전략이 아니라 주로 문화와 전기의 영역에서 작동했다. 과정 모델에서 문화와 전기는 좀처럼 완전한 독립성을 획득하지 못한다. 이를테면 매캐덤은 인지적 해방의 중요성을 인정하지만, 사회운동의 발생을 설명하는 그의 인과적 도식에서 인지적 해방은 조직 고유의 힘 및 정치적 기회의 팽창과 함수관계에 있다.[53] 그리하여 인지적 과정 ─ 감정이나 도덕적 전망은 말할 것도 없이 ─ 은 그것의 독자적인 이론적 지위(비록 경험적 지위는 아닐지라도)의 많은 것을 상실한다. 매캐덤이 "기회와 행위 사이를 매개하는 것은 사람들, 그리고 그들이 자신들의 상황에 부여하는 주관적 의미들이다"라고 주장할 때, 그가 말하고자 하는 것은 (잠재적 저항자들이 정확히 깨닫기도 하고 그러지 못하기도 하는) 객관적으로 주어진 기회들이 존재한다는 것이다. '객관적인' 기회가 부재할 경우 문화가 그러한 기회들을 틀 짓거나 저항을 자극할 수 있는 여지는 존재하지 않는다. 매캐덤의 도식에 설정되어 있는 심층적인 구조적 변동('광범위한 사회경제적 과정들')에는 문화를 가리키는 인과적 화살표는 존재하지 않으며, 그것의 화살표가 가리키는 유일한 요인은 바로 정치적 기회구조이다. 인지적 해방은 그 성과를 거둘 수도 있고 그렇지 못할 수도 있다. 어찌되었든 간에 그것은 정치적 기회에 영향을 미치지 못한다. 구조는 자율적인 것처럼 보이는 반면, 문화는 그렇지 못하다.[54]

---

53 McAdam, *Political Process*, p. 51.

54 매캐덤은 계속해서 인지적 해방이 "[다른] 두 가지 요인과 무관한 것은 아니다"라고 말한다. McAdam, *Political Process*, p. 48. 윌리엄 슈얼 2세(William H. Sewell Jr.)는 유사한 근거에 입각하여, 틸리가 심층적인 구조적 변화에 인과적 우선성을 부여한다고 비판한다. "논의가 빈번하게 목적론적 성질을 띠게 되는 주된 이유는 대체로 주장된 원인들 ─ 자본주의 발전과 국가의 중앙집중화 ─ 이 무대 뒤, 즉 틸리의 텍스트의 바깥에서 발생하고,

인지적 해방은 문화적 과정에 달려 있으며, 그러한 과정 중 몇몇은 전략 및 정치구조와 독자적으로 존재할 수도 있다. 사람들이 억압이 완화되고 있다고 생각하기 위해서는 자신들이 수용하는 정확할 수도 있고 또는 그렇지 않을 수도 있는 정보의 조각들을 해석할 필요가 있다. 군중 이론가들이 간파하고 있었듯이, 루머는 확실한 정보만큼이나 인식을 바꾸는 데 효과적일 수 있다. 왜냐하면 루머는 자주 확실한 것으로 받아들여지기 때문이다. 과정 이론가들은 이러한 해석 필터에 대해 어떠한 말도 하지 않은 채 잠재적 저항자들이 객관적인 조건과 성공 확률에 직접적으로 반응한다는 인상을 주어왔다.[55] 객관적 조건들은 인식에 영향을 미치지만, 많은 요인 중에서 단지 한 가지 요인으로 작동할 뿐이다. 러시아혁명과 같은 사건들이 고취하는 감정은 자주 중요한 역할을 수행한다. 왜냐하면 그것은 사람들로 하여금 그들이 이길 수 있다고 생각하지 않을 때조차 (그리고 어쩌면 유리한 기회들이 부재할 때조차) 저항하게 만들기도 하기 때문이다. 법학자이자 오랜 기간 민권 활동가로 활약해온 데릭 벨Derrick Bell은 아프리카계 미국인들이 그들 자신의 삶에 존엄성과 의미를 부여하기 위해 민권투쟁을 벌여왔다고 주장한다. 하지만 벨이 그랬던 것처럼 많은 사람들은 인종차별과 인종 억압이 미국에서 결코 사라지지는 않을 것이라고 믿는다. 그는 민권운동 와중에 미시시피의 한 여성과 나눈 대화를 자세하게 언급한다. 그

그곳에서 그것들은 본질적으로 항상 존재하고 또 항상 부상하는 힘, 즉 일종의 영원한 효모균으로 가정되기 때문이다." Sewell, "Three Temporalities: Toward an Eventful Sociology," in Terrence J. McDonald(ed.), *The Historic Turn in the Human Sciences* (Ann Arbor: University of Michigan Press, 1996), p. 254를 보라.

55 베르트 클란더만스(Bert Klandermans)는 이러한 합리적 예상을 정교화한다. Bert Klandermans, "Mobilization and Participation: Social-Psychological Expansions of Resource Mobilization Theory," *American Sociological Review*, 49(1984), pp. 583~600.

가 생명을 위협하는 보복이 가해짐에도 불구하고 그녀가 운동을 계속하는 용기를 가질 수 있었던 이유를 물었을 때, 그녀는 "내가 모든 사람을 대변할 수는 없지만 나라는 사람은 늙은 여자이고 백인들을 괴롭히기 위해 살아요"라고 답했다. 벨은 이에 대해 다음과 같이 논평한다. "맥도널드 여사는 모든 경제적·정치적 권력과 총까지 가지고 있던 백인들 ─ 그녀도 이를 잘 알고 있었다 ─ 을 이길 것으로 기대하거나 예상했기 때문에 모든 것을 다 걸었다고 말하지 않았다. 도리어 그녀는 힘이 없었기 때문에 그녀의 표현으로 '백인들을 괴롭히기 위해' 용기와 결단력을 하나의 무기로서 이용해야만 했고 또 이용할 작정이었다. …… 그녀의 목표는 반항이었고 또 그러한 괴롭히기가 더 효과를 발휘할 가능성이 많았다. 그 이유는 바로 그녀가 그녀의 압제자들을 쓰러뜨릴 것이라고 예상하지 않고 자신이 할 일을 했기 때문이었다. 맥도널드 여사는 낙담도 패배도 하지 않았다. 왜냐하면 그녀가 억압에 저항하기로 결심한 순간 그녀는 승리했기 때문이다."[56] 러시아혁명은 그것이 객관적인 성공 확률을 낮추었던 바로 그 시기에조차 행위를 고취했다. 많은 사람들에게 순교는 그 자체로 보상이었다.

매캐덤은 민권운동을 전형으로 삼기 때문에 불만을 품은 공동체를 문화적 과정을 통해 만들어지는 어떤 것이라기보다는 상대적으로 고정된 실체로 상정한다. 시민권 운동은 그 운동의 근원을 이루는 어떤 집합체와 대단히 긴밀하게 연계되어 있으며, 그 집합체를 대변한다고 주장한다. 하지만 그러한 경우에조차 그 운동과 그 집합체를 연계시키기 위해서는 많은 노력이 필요하다. 매캐덤 자신의 풍부한 조사연구는

---

56   Derrick Bell, *Faces at the Bottom of the Well: The Performance of Racism*(New York: Basic Books, 1992), p. xvi.

그의 이론적 틀이 허용하는 것보다 인지적 과정 및 여타 문화적 과정에 더 많은 여지를 제공한다. 흑인 교회들이 민권운동을 지원하는 데서 수행한 (그간 많이 논의되어온) 역할을 예로 들어보자.[57] 매캐덤에 따르면, 흑인 교회는 그 신도들이 집단의 형태로 새로운 운동에 충원될 수 있는 기회만 제공한 것이 아니었다. 그는 계속해서 교회 신도들이 그 운동에서 벌인 활발한 활동, 그리고 그들의 열정과 신념에 대해 묘사한다. 저항은 많은 면에서 그들이 예배에 참석하는 역할의 확장이었다. 하지만 매캐덤은 온갖 종류의 인지적·도덕적·감정적 동학을 암시한 후, 그러한 동학을 흑인 공동체의 '이전의 통합 정도'와 결부시킨다. 즉, 그는 그것을 명백히 '구조적' 기회로부터 직접적으로 파생하는 것으로 파악한다.[58]

과정 이론가들은 또한 우리에게 저항의 물결과 보다 평온한 시기가 번갈아 일어난다고 보는 저항주기라는 대중적 관념을 제공했다. 여기서는 억압의 철폐가 결정적인 것처럼 보인다. "정치체계에 대항할 수 있는 기회가 확대되고 그것과 관련한 정보가 확산됨에 따라, 활동가들뿐만 아니라 보통 사람들도 사회적 통제의 한계를 시험한다."[59] 하지만 억압이 이 이야기의 전부는 아니다. 태로는 상호 협력적 저항단체들의 창출과 마찬가지로 상징과 프레임 또한 중요하다고 말한다. 무리 짓기 clustering라는 관념은 탈시민권 운동보다는 시민권 운동에 더 적합할 것이다. 왜냐하면 시민권 운동들은 국가에 대해 유사한 요구를 하고 있고, 따라서 만약 국가가 한 집단에 굴복한다면 다른 집단들에 저항하

---

57   Aldon D. Morris, *The Origins of the Civil Rights Movement: Black Communities Organizing for Change*(New York: Free Press, 1984).

58   McAdam, *Political Process*, pp. 128~130.

59   Tarrow, *Power in Movement*, p. 24.

기가 어려울 것이기 때문이다. 아마도 하나의 특별한 일군의 레토릭들이 시민권 운동을 뒷받침하고 있는 듯하며, 이것이 이를테면 민권운동에서 여성운동으로 쉽게 나아가게 할 수 있다.[60] 이와 대조적으로 일련의 탈산업적 운동들은 국가억압의 면에서 어떠한 분명한 변화도 일어나지 않은 상태에서 환경주의를 축으로 하여 30년 동안 운동을 이어오고 있다. 문제는 주기가 존재하지 않는다는 것이 아니라 그러한 힘의 많은 것이 문화적 요인들 — 스킬과 노하우, 감정적 고취, 기대의 상승, 공유된 레토릭, 이미지 — 에서 나온다는 것이다. 그럼에도 불구하고 그러한 문화적 요인들은 그동안 제대로 이론화되지 않은 채 남아 있다. 대부분의 과정 모델이 기초하고 있는 전형적인 시민권 운동들에서는 억압이 너무나도 현저했기 때문에 그러한 운동이 행하는 중요한 문화적 활동이 쉽게 간과되었을 수도 있다.

동원 이론가와 과정 이론가들은 저항을 그것의 역사적·조직적·정치적 맥락들에 위치시켜왔다. 다양한 행위자들의 전략적 상호작용은 그것이 구조로 이론화될 때조차 이들 전통 속에 등장해왔다. 그리고 이들 전통은 문화에 대해 이따금씩 수긍하기도 했다. 그러나 일반적으로 자발적 저항 의지를 당연한 것으로 전제함으로써(이는 억압당하거나 배제된 집단의 경우에는 그런대로 타당하다), 그러한 이론들에서 저항에 대한 설명은 결국 행위 기회에 대한 설명이 되고 말았다. 문화와 전기에 세심한 관심을 기울이지 않고는 자발적 의지와 기회를 구별하기란 쉽지 않기 때문에, 자발적 의지는 설명된 것으로 얼버무려졌다. 군중

---

60 그 누구보다도 특히 사라 에반스(Sara Evans)는 노예제폐지운동이 19세기 여성운동의 첫 번째 물결을 고무시켰고, 민권운동은 1960년대의 두 번째 물결을 고무시켰다고 주장한다. Sara Evans, *Personal Politics: The Roots of Women's Liberation in the Civil Rights Movement and the New Left*(New York: Alfred A. Knopf, 1979).

전통이 가졌던 과도하게 내적인 관심 – 심히 잘못 규명된 저항자들의 심리에 의거했던 – 은 외부 환경에 대한 거의 똑같은 정도로 치우친 관심으로 대체되어왔다. 주요 패러다임들 각각은 저항의 한 가지 차원하고만 연관된 하나의 강력한 단일한 은유 – 군중심리, 전략적 합리성, 물질적 자원, 정치적 기회 – 에 집중함으로써 다른 차원들을 그 은유의 그림자 속에 희미하게 남겨두는 경향이 있었다.

둔감한 개념들

지금까지 기술해온 각 연구 전통들은 자신의 언어, 이미지, 사례, 가설들을 가지고 있다. 그러나 그것들은 저항의 한두 개의 차원을 이해하는 데에는 적합하지만, 다른 차원들을 그러한 한두 차원으로 환원시키는 경향이 있다. 우리가 하나의 패러다임이 다른 패러다임보다 더 낫다는 점을 입증하는 방식으로 각각의 패러다임을 '검증'할 수는 없다. 왜냐하면 그것들 각각은 서로 다른 측면들을 더 잘 설명하기 때문이다. 나는 내가 각 패러다임의 강점을 확인했기를 바란다. 게다가 나는 그러한 강점들이 자주 상보적이라고 믿는다. 왜냐하면 각각의 전통이 너무나도 자주 서로 다른 기본적 차원들에 초점을 맞추고 있기 때문이다.

현실의 한 가지 측면에, 그리고 그러한 측면을 표현하는 개념이나 명칭에 지나치게 관심을 집중하는 것은 사회과학에서 여전히 계속되고 있는 위험 중의 하나이다.[61] 우리가 은유를 피할 수는 없다. 하지만

---

61 '개념의 확장'과 같은 위험들을 흥미롭게 논의하고 있는 것으로는 Giovanni Sartori,

특히 우리가 과거에 현실의 어떤 측면을 무시했던 것을 보상하고자 할 때, 우리는 자칫 그러한 은유들을 지나치게 확장하기 쉽다. 그리하여 눈에 보이는 모든 것이 그러한 은유에 적합하든 그렇지 않든 간에 자원으로 또는 정치적 기회구조로 재기술된다. 시간이 경과하면서 저항 관찰자들은 군중, 저항의 발생, 계산적 합리성, 자원, 공식 조직, 그리고 활동가들이 마주하는 정치적 기회에 순차적으로 집착해왔다. 똑같은 일이 문화에 대해서도 발생할지 모른다. 왜냐하면 문화 자체가 이미 너무나도 많은 측면을 가지고 있기 때문이다. 새로운 단어나 관념도 새로운 음반처럼 우리가 그것에 친숙해질 (때로는 지나치게 친숙해질) 때까지 반복적으로 사용된다. 다음 세대는 자주 그것의 과도한 친숙함 때문에 그것을 공격한다. 우리가 그러한 은유들 없이 연구할 수는 없지만, 우리가 우리 스스로를 하나의 단일한 은유에 묶어둘 필요는 없다. 우리는 각각의 은유의 그림자 안에서뿐만 아니라 그 그림자 밖에서도, 즉 그 은유에 의거해서뿐만 아니라 거슬러서도 작업할 수 있다. 각각의 은유는 저항의 한 가지 측면을 가장 잘 포착하는 반면, 다른 측면들은 왜곡시킨다. 여러 가지를 한데 묶는 것이 유용할 수도 있지만, 그것들을 구분하는 것 또한 필수적이다.[62] 나는 이미 아주 면밀하게 조사된 저항의 여러 측면을 문화로 대체하려는 것이 아니라 문

"Conceptual Misinformation in Comparative Politics," *American Political Science Review*, 66(1970), pp. 1033~1053을 보라. 케네스 버크(Kenneth Burke)는 은유가 자주 실재인 것처럼 받아들여지고 있음을 경고한다. Kenneth Burke, *Permanence and Change: All Anatomy of Purpose*, 3rd ed.(Berkeley: University of California Press, 1954), part 2.

62 에비아타 제루바벨(Eviatar Zerubavel)은 여러 가지를 하나의 범주로 '묶는 것'과 그것들을 상이한 범주들로 '쪼개는 것' 각각은 상이한 시점들에서 필요하거나 유용하다고 주장한다. Eviatar Zerubavel, *The Fine Line: Making Distinctions in Everyday Life*(New York: Free Press, 1991)를 보라.

화가 그러한 측면들과 어떻게 관련되어 있는지를 보여주고자 한다.

새로운 은유를 가능한 한 멀리까지 밀고 나감으로써 새로운 렌즈를 통해 현상들을 바라보는 통찰들을 만들어내는 것이 유용하다. 그러나 우리가 이것 때문에 혼란스러워할 필요는 없다. 도덕적 권위와 여론은 돈과 동일한 방식으로 작동하는 자원이 아니기 때문이다. 그리고 만약 우리가 그것들이 동일하다고 주장한다면, 우리는 많은 것을 놓치게 된다. 어떤 연구 전통을 주도하는 은유가 자주 모호하게 이론화되는 까닭도 바로 이러한 과도한 확장 때문이다. 즉, 그 은유가 지나치게 많은 것을 포괄하기 때문이다. 결국 합리주의자들은 그들이 합리성에 대해 말하는 것이 거의 무익할 정도로 합리성을 넓게 규정한다. 동원 이론가들이 자주 자원의 동학에 대해 놀라울 정도로 침묵한다면, 과정 이론가들은 정치적 기회구조에 대해 그렇게 한다. 우리가 앞으로 살펴보듯이, 심지어 정체성조차도 정체성 이론가들의 저술 속에 모호한 상태로 남아 있다. 어떤 개념은 더 많은 연구에 적용되면서 점점 덜 구체적이 될 수도 있다. 이는 우리로 하여금 다른 견해들, 즉 다른 차원들에 대해 둔감하게 만들 수도 있다.

이처럼 새로운 개념을 과도하게 확장하는 방식 중의 하나가 오직 새로운 변수 하나에만 기초하여 새로운 이론을 만들어내는 것이다. 자원과 군중동학에 정치적 기회가 덧붙여져서 설명되는 것이 아니라 새로운 개념에 근거하여 새로운 '접근방식'이 발전하고, 그것의 모델들이 다른 개념들로부터 도출된 모델들과 비교된다. 논거가 변수가 아니라 이론이라는 말로 표현된다. 과도한 확장의 또 다른 형태는 각각의 새로운 개념을 '확실하고' '객관적인' 무엇인가로 물화시키는 것, 즉 설명의 확실한 출발점으로 삼는 것이다. 군중동학, 합리성, 이해관계, 자원, 정치적 기회 개념 모두의 열성적 지지자들은 그 개념들을 사회적 맥락에 의해 틀어진 것, 즉 사회적 행위자들이 부여하는 의미에 따라 문화적으로 구성된 것이 아닌 객관적인 사실로 규정해왔다. 분명 그러한 인식의 배후에는 그러한 요인들이 문화적으로 구성된다는 것을 인정할 경우 그 요인들의 중요성이 떨어지고 그리하여 그 요인들의 지위가 설명의 근원적인 출발점에서 그것들 자체가 설명의 대상이 되는 어떤 것으로 변형될 수 있다는 두려움이 깔려 있다. **하지만 실제로 이 주요 개념들 하나하나는 객관적 사실이 아니라 문화적 산물로 분석될 수 있다.**

이러한 식의 개념의 **과도한 이론적 확장**과 나란히 내가 제1장에서 언급한 종류의 **과도한 경험적 확장**이 일어나기도 한다. 즉, 하나의 단일 사례연구나 조사에 근거한 운동동학에 관한 진술을 하나의 단일한 부류의 운동에 대한 진술로 확장하는 경향이 존재한다. 적어도 우리는 이를테면 시민권 운동, 탈시민권 운동, 종교운동, 그리고 우파 민족주의운동이 유사한 방식으로 작동하는지를 하나의 열린 질문으로 남겨두어야 한다. 과도한 이론적 확장과 과도한 경험적 확장은 쉽게 서로를 강화한다. 우선, 반핵운동에서의 기술비판이나 민권운동에서의 국가와의 상호작용처럼 특정 운동에서 한 가지 메커니즘이나 차원이 특히 부각될 수 있기 때문에, 하나의 단일 개념이 특정 운동에서 특히 중요한 것처럼 보일 수 있다. 따라서 다양한 운동으로부터 나온 증거가 부재할 경우, 단일 개념이 모든 운동에서 효과를 발휘한다고 믿기 쉽다. 사회운동 이론은 대부분 이러한 방식으로 발전해왔다. 다시 말해, 하나의 새로운 운동과 하나의 새로운 개념이 동시에 발전해왔다. 그러나 이러한 과정에는 함정이 있다.

과도한 확장이라는 동일한 종류의 위험에 처할 수 있기는 하지만, 나는 문화가 자원, 전기, 전략과 나란히 존재하는, 단지 하나의 독립적 차원에 불과한 것은 아니라고 주장할 것이다. 문화가 그러할 수 있는 경우는 그것이 연대를 고무하거나 저해하는 인지적 격자로 정의되거나 전략적 노하우의 저장소로 정의될 때이다. 그러나 모든 행위가 의도와 사고를 포함하기 때문에, 문화 또한 여타의 범주들 – 이를테면 특정 상황에서 무엇을 자원으로 여기는가, 무엇이 전략으로 작동하는가, 그리고 개인은 사회화를 통해 무엇을 왜 흡수하는가 – 로 이루어진 구성물을 포함한다. 자원도 그리고 전략도 사회적 맥락 밖에서 확인할 수 있는, 그것들을 사용하는 사람들의 정신세계와 독자적으로 존재하는 '객관적' 실체가 아니다. 휴대용 확성기나 팩스 같은 물리적 자원들조차도 효율적으로 사용하기 위해서는 익숙함, 습관, 메시지가 필요하다. 때때로 문화는 여타의 인과요인들과 대비될 수 있는 하나의 단일한 인과요인이다. 하지만 다른 경우에 (또는 다른 점에서) 문화는 그러한 여타 요인들을 규정하는 데 일조하기도 한다. 문화는 어떤 경우에는 보다 명시적이지만, 다른 경우에는 보다 암묵적이어서 행위 속에 그리고 다른 범주의 사회적 구성물 속에 묻혀 있기도 한다. 이 두 측면 간에 긴장이 존재하기도 하지만, 나는 그것이 창조적 긴장이기를 바란다. 게임 이론가, 동원 이론가, 과정 이론가들의 한계는 그들이 틀렸다는 것이 아니라 그들이 독자적인 '기정 사실'로 여기는 요인들의 커튼 너머를 애초부터 바라보지 않는다는 것이다. 내가 생각하기에는, 문화의 이러한 역할이야말로 문화적 시각이 우리로 하여금 네 가지 차원 모두가 서로로부터 자율성을 가진다는 것을 깨닫게 해주는 좋은 근거가 된다. 그리고 나는 문화의 상이한 역할들을 조심스럽게 구별함으로써 대부분의 패러다임을 괴롭혀온 과도한 개념적 확장을 피하고자 한다.

나는 단지 저항운동을 재기술해나가면서 새로운 언어를 제안함으로써 다른 접근방법들에 의해 모호해진 저항운동의 몇 가지 측면을 부각시킬 것이다. 내가 이전의 서술들을 논박하고자 하는 것은 아니다. 그러한 측면들이 잘 규정되어 있을 경우에는 특히 더 그러하다. 내가 관심을 가지고 있는 것은 저항운동의 그러한 차원들이 내가 제시하고자 하는 문화적 개념들과 어떻게 관련되어 있는지를 보여주는 것이다. 나는 사회운동의 성장, 작동, 결과를 바라보는 하나의 새로운 렌즈, 또는 유행하는 표현으로 바꿔 말한다면 하나의 새로운 서사를 제시하는 중이다. 문화의 동학과 구성주의, 그리고 그것들을 진지하게 다루기 시작한 저항 연구들을 논급하기에 앞서, 나는 저항의 기본적 차원들을 탐구함으로써 우리가 그 차원들을 합체시켜버릴 경우 잃어버리게 되는 것을 살펴볼 것이다.

- 사회운동 연구자들은 우리가 사회운동이라는 복잡한 현상을 이해할 수 있도록 하기 위해 점점 더 많은 차원을 덧붙여왔다.
- 학자들은 이전의 발견들을 자주 망각하거나, 또는 너무나도 많은 것을 포괄하기 위해 자신들이 선호하는 은유를 과도하게 확장한다.
- 새로운 개념들 또한 기존의 이론적 접근방식들을 풍부하게 만드는 데 이용되기보다는 빈번히 이론적 접근방식들로 부풀려지고 있다. 이론가들은 자신들이 선호하는 개념들을 사회적으로 또는 문화적으로 해석되고 정의된 것이라기보다는 확실하고 객관적인 것으로 보는 경향이 있다.
- 사례연구들은 그러한 은유의 과도한 확장에 어떤 제한을 가하기보다는 마찬가지로 과도한 경험적 확장을 꾀해왔다.
- 문화는 그것 나름의 변수들의 집합일 뿐만 아니라 여타 차원들의 구성에 근본적인 요소라는 점에서 다른 차원들과는 다르다.

제3장

저항의 기본적 차원들

······ 사실들이 의미망을 장악하거든

그것을 재가 되게 놓아두어라.

그렇지만 그것은 여전히 개인적인 것이다.

내적 삶이 우리에게 생각할 무엇인가를 가져다준다.

나머지는 단지 연극에 불과하다.

　　— 존 애시버리, "그렇다면 독자는 그것에 대해 어떻게 생각하나?"

　나는 다른 이론가들이 저항의 자율적 차원들을 합체시키고 있다고 비판해왔기 때문에, 내가 왜 네 가지 차원 − 자원, 전략, 문화, 전기 − 이 서로에게 환원할 수 없는 수많은 영향을 미친다고 생각하는지를 입증하기 위해 노력할 것이다. 그리고 다른 사람들이 이 목록에 경쟁 차원들을 추가하기 위해 즉각 조치를 취하고 나설 것이기 때문에, 나는 저항의 또 다른 측면들, 그중에서도 특히 정치구조, 사회적 네트워크, 공식 조직들도 검토할 것이다. 비록 몇몇 경우에는 그러한 측면들을 독립적으로 보는 것이 유용할 수 있다고 하더라도, 나는 그러한 측면들을 나의 네 가지 차원으로 환원할 수 있다고 생각한다. 〈표 3-1〉은 이들 차원 모두를 정의해본 것이다.

표 3-1 **저항의 기본적 차원들**

차원		정의
자율적 차원들	자원	물리적 기술과 그것의 능력 또는 그러한 기술들을 구매하는 돈. 하버 마스가 객관적인 물리적 세계라고 부르는 것, 그리고 그가 '도구적'이 라 칭하는 행위 형태와 관련됨.
	전략	개인과 조직이 다른 참가자들, 특히 상대방과의 상호작용에서 하는 선 택. 다른 사람들을 도구적으로 다루는 상호주관적 세계, 그러므로 하버 마스가 전략적 행위라고 부르는 것과 관련됨.
	문화	공유된 인식(감정적, 도덕적, 그리고 인지적)과 그것의 구현물. 일부는 주로 저항단체들에 의해 공유되고(운동문화), 여타의 것들은 보다 광범 위하게 공유됨. 다른 사람들을 의사소통적으로 다루는 상호주관적 세 계, 그러므로 하버마스의 의사소통적 행위와 관련됨.
	전기	전기적 경험에서 파생하는 문화적 의미, 퍼스낼리티, 자아의식의 개인 적 배열태. 내적인 주관적 세계와 관련됨.
파생적 차원들	정치구조	헌법과 법률, 선거제도, 행정적 경계들을 포함하는 정치체계의 상대적 으로 고정된 측면.
	사회적 네트워크	개인들이나 조직들 사이에서 이루어지는 상호작용, 특히 의사소통이나 협력의 유형.
	공식 조직	명확한 목적, 경계, 규정된 역할, 자원의 흐름, 그리고 다른 조직들과의 안정적 상호작용을 갖춘 법적 실체.

은유의 비약을 막는 가장 좋은 방법은 우리의 개념들이 사회세계에 구체적인 지시대상을 가지고 있다고 주장하는 것이다. 다시 말해 개념들이 우리가 얼마간 정확하게 지적할 수 있는 대상, 상황, 감정과 상응해야만 한다. 나의 네 가지 차원이 지닌 한 가지 강점은 그것들이 위르겐 하버마스Jürgen Habermas가 사회적 행위가 지향하는 것으로 보았던 네 가지 세계와 대체로 부합한다는 것이다. 그는 그러한 세계들을 꽤 상세하게 정교화해왔다. 내가 정의하는 바와 같이, 자원은 사람들이 객관적인 물리적 세계를 도구적으로 변화시키는 수단이다. 전기는 하버마스가 주관적인 내적 자아와 관련된 '표출적 행위'라고 부르는 것과 관련된다. 전략적 행위가 다른 사람들을 조작 대상으로 간주하고 문화

의 의사소통적 행위가 다른 사람들을 우리와 인식을 공유하는 주체로 간주하기는 하지만, 전략과 문화는 대인관계를 축으로 하는 사회세계에서 다른 사람들을 지향하는 행위와 인식들을 말한다.[1] 제프리 알렉산더Jeffrey Alexander는 이러한 행위 구분을 지지하지만, 모든 행위가 전략적인 것과 의사소통적인 것을 결합하고 있다는 점에서 그것은 분석적 구분이라고 유익하게 덧붙인다. 그에 따르면, "모든 행위는 해석이자 전략의 수립이다. 각 과정은 매 순간 계속해서 일어난다".[2] 하지만 우리 행위의 청중들이 시점마다 상당히 다르기 때문에, 나는 전략적인 것과 담론적인 것의 혼합이 상황과 행위에 따라 달라진다고 생각한다. 그리고 알렉산더도 나중에 이 두 요소의 상호 영향력을 논의할 때 ─ 이두 요소가 서로에게 영향을 미칠 수 있는 것은 오직 그것들을 구분할 수 있을 때뿐이다 ─ 이를 인정하는 것처럼 보인다. 그는 다음과 같이 말한다. "인식이 단지 전략 수립의 환경을 제공하기만 하는 것은 아니다. 그것은 전략적 이익 자체의 계산에 심대한 영향을 미친다. 하지만 우리는 이 상호작용의 효과가 양방향으로 작동한다는 점을 즉시 덧붙여야만 한다. 왜냐하면 해석은 얼마간 그 자체로 하나의 전략적 현상이기 때문이다. 우리는 우리가 의식하는 모든 느낌을 '이해하고자' 노력하지는 않는다. 친함과 소원함에 대한 고려, 시간, 에너지, 그리고 가용 지식의 정도 모두가 거기에서 강력하게 작동한다."[3] 보통 전략은 사회세계를 변화시키고자 하는 노력들을 포함한다. 반면 문화는 사회세계를 이해하고자 시도한다. 비록 모든 행위가 전략과 문화를 어느 정도씩은

---

1 Jürgen Habermas, *The Theory of Communicative Action*, Vol. 1, *Reason and the Rationalization of Society*(Boston: Beacon Press, 1984).

2 Jeffrey C. Alexander, *Action and Its Environments: Toward a New Synthesis*(New York: Columbia University Press, 1988), p. 312.

3 같은 책, p. 315.

100   제1부 기본적 접근방식

포함하지만, 두 차원의 논리는 다르다.

구체적 행위가 네 가지 차원 모두를 포함하고 있다는 점에서, 그리고 그 차원들을 구분하는 것은 관찰자의 행위라는 점에서 그것들은 분석적 차원들이다. 개인은 물리적인 동시에 문화적인 세계 속에서 생각하고 행위하며, 그러한 생각과 행위들은 (알렉산더의 말처럼) 전략과 문화 모두를 포함한다. 우리는 또한 여타 개인들의 네트워크들과, 그리고 (오늘날의 세계에서) 무수히 많은 공식 조직과 그물처럼 얽혀 있다.

네 가지 차원을 구분하는 목적은 우리가 상이한 개념들을 통해 말하고자 하는 것을 가능한 한 구체화함으로써 은유의 과도한 확장을 억제하기 위함이다. 자원에 대해 이야기할 때, 우리는 우리가 물리적 능력과 그러한 능력을 구매하는 돈을 염두에 두고 있다는 것을 알고 있다. 전략을 논의할 때, 우리는 사람들이 다른 사람들에게 게임의 방식으로 대응할 것으로 기대하고 또 상대방도 다시 그것에 게임의 방식으로 대응할 것으로 예상한다. **문화**라는 단어가 등장하면, 우리는 공유된 의미, 감정, 판단을 찾기 위해 허둥댄다. 왜냐하면 보통 그것들은 텍스트나 이미지들 속에 구현되어 있거나 기대에 의해 강화되기 때문이다. 저항 연구자들이 비록 전기를 좀처럼 언급하지 않지만, 전기에 대한 관심은 그들로 하여금 개인들을 관찰하게 할 것이다. 연구자들은 그러한 작업을 통해 개인들의 전기적 역사가 개인들로 하여금 어떻게 서로 다른 문화적 의미와 전략 취향들을 선택하게 했는지를 포착할 것이다. 그리고 그러한 의미와 취향들은 그간 자주 퍼스낼리티, 자아, 또는 개인적 정체성과 같은 개념들로 요약되었다. **우리가 상이한 차원들이 서로에게 어떻게 영향을 미치는지를 관찰할 수 있는 유일한 방법은 그러한 차원들을 주의 깊게 구분하는 것뿐이다.**

자원과 전략

우리는 제2장에서 주요 저항 패러다임들이 특히 자원과 전략의 차원을 정교화해왔다는 것을 살펴보았다. 비록 게임 이론이 자원과 조야한 심리학이 자리할 여지를 남겨두고 있기는 하지만, 그것은 전략의 중요성, 특히 상호 예상과 의도하지 않은 결과가 수행하는 역할을 분명하게 주장한다. 애석하게도 일단 전기와 문화라는 실체가 제거되고 나면, 소수의 균형함정들equilibrium traps — 이것은 우리에게 선택이 어떻게 이루어지는가에 대해서보다는 선택의 결과에 대해 더 많은 것을 이야기해준다 — 은 말할 것도 없고 전략적 선택에 대한 관심도 거의 남아 있지 않게 된다. 정치과정 이론가들도 저항운동을 둘러싼 환경, 그리고 그 환경 속에 있는 많은 행위자를 탐구함으로써 전략에 관심을 집중해왔지만, 그들은 자원에 대해서도 그리고 인지적 해방과 같은 문화적 과정에 대해서도 피상적으로나마 인정해왔다. 자원동원 전통에 속해 있는 저자들 대부분이 동원 전략에도 주의를 기울여왔지만, 그러한 전통은 주로 초기의 자원분포에 주로 관심을 기울이는 것으로 희화화되어왔다.

그렇지만 자원과 동원은 저항의 서로 다른 차원에 속한다. 자원을 가지고 있다는 것과 자원을 축적하고 사용한다는 것은 별개의 문제이다. 가용성은 자원의 사용에 필요조건이기는 하지만 충분조건은 아니다. 단순히 물리적인 기술적 수준에서 본다면, 탱크, 최루가스, 헬리콥터, 그리고 자동화기를 갖춘 국가가 격발식 활이나 구식 소총으로 무장한 국가보다 더 가혹한 억압 **능력**을 가지고 있다. 그러나 탱크나 최루가스의 사용 결정은 단순한 가용성 이상의 것들에 의해 좌우된다. 그것은 저항자들의 요구가 지닌 정당성, 뉴스매체가 대응하는 방식, 정치적 상대방이 그러한 조치들을 자신들의 이익을 위해 사용할 수 있는지의 여부에 대한 인식에 의해 영향 받는다. 이것들은 문화적, 그리고 특히 전략적 고려사항들이다. 게다가 퍼스낼리티 특질과 개인 특유의 감정적 반응들을 포함하는 전기적 요인들이 중요한 결정들 — 이를테면 군중과 맞닥뜨린 왕이 도망가야 하는지, 군대로 하여금 군중에게 발포하도록 명령해야 하는지, 양보해야 하는지 아니면 그들을 제압해야 하는지의 여부 — 에 영향을 미친다. 전략적 결정들은 자원에 얼마간 의존하지만 (1789년에는 최루가스가 존재하지도 않았다), 또한 문화적 의미와 전기에도 의존한다. 그러나 전략적 계산은 과거의 선택과 입장, 다른 사람들의 반응, 그리고 미래의 반응에 대한 예상과 관련된 그 나름의 부가적 논리를 가지고 있다. 전략적 상호작용은 분명 결정적으로 중요한 저항의 원료이지만, 만약 그것이 유일한 렌즈가 된다면 '갈등'이 '사회운동'을 대신하는 적절한 틀이 될 것이다. 순전히 전략적인 렌즈는 저항의 '이유들' 중 많은 것을 놓친다.

제13장에서 보다 심층적으로 탐구되는 전략적 상호작용의 논리는 두 개의 주요한 요소로 이루어져 있다. 하나는 전략적 선택에 대한 설명으로, 참여자들은 왜 참여하기로 결정하는가, 그들은 상대방과 다른 청중들을 어떻게 생각하는가를 탐색한다. 그러한 선택들에는 많은 전기적 요소들이 영향을 미친다. 전술 취향이 그러하듯, 판단은 예상된 결과와 얼마간 무관하다. 전략의 또 다른 부분은 보다 구조적이다. 사람들은 다른 사람들의 행위에 얼마간 예측 가능한 방식으로 대응하며, 그 결과 많은 갈등이 동일한 패턴을 따른다. 양극화, 급진화, 교착상태와 같은 결과들은 (게임 이론가들이 즐겨 보여주듯이) 참가자 중 어느 누구도 의도하거나 바라지 않는다. 갈등의 논리를 통해 참가자들은 그들 나름의 책략을 쓸 수 있는 여지 중 많은 부분을 상실할 수 있으며, 자신이 함정에 빠졌음을 발견하기도 한다. 몇몇 함정은 상대방이 치밀하

게 파 놓은 것이다. 그러나 여타의 함정들은 전략적 상호작용에서 발생하며(이는 모든 관련자를 매우 놀라게 한다), 때때로 모든 편에 불이익을 초래한다. 정치적 기회는 (과정 이론가들이 강조하듯이) 국가의 결정으로 인해서뿐만 아니라 모두의 등 뒤에서 작동하는 전략적 갈등의 논리를 통해 사라질 수도 있다. 전략은 개인적 선택과 그러한 많은 선택 간의 상호작용 모두를 포함한다.

전략에 자율성을 부여하는 것은 우리로 하여금 자원을 보다 완전하게 평가할 수 있게 해준다. 즉, 자원을 물리적 기술과 능력뿐만 아니라 그것들을 구매하는 돈으로도 명료하게 정의할 수 있게 해준다. 자원의 제로섬적 성격 — 갬슨과 그의 동료들에 따르면, 자원의 계산 가능성과 양도 가능성 — 은 자원을 저항자들이 추구하는 많은 다른 종류의 이익과 구별 짓게 한다. 물론 전략과 자원은 긴밀히 연관되어 있다. 즉, 우리는 전략을 통해 자원을 축적하며, 그 결과 어떤 시점에서 저항단체가 보유하고 있는 자원의 종류와 양은 그 이전의 전략과 함수관계에 있게 된다. 그리고 자원이 중요한 것은 오직 그것이 보다 광범위한 어떤 전략적 계획의 일부로 사용될 때이다(비록 그 전략이 자원을 **소멸시킬** 수 있을 뿐이라고 하더라도). 그러나 자원과 전략 간의 관계는 다양하다. 시민권 운동은 탈시민권 운동이 사용하는 전략과는 다른 전략들을 가지고 그것의 '태생적' 지지자들을 동원하기도 한다. 십중팔구 어떤 집단은 시민권 운동이 항의하는 배제적 관행들로부터 이익을 얻고 있고 따라서 운동이 보다 신속하고 가혹하게 억압받을 수도 있다는 점에서, 이 두 종류의 운동은 그것들이 운동 바깥에 있는 사람들과 맺는 관계에서도 역시 다를 수 있다. 자원은 재산의 한 가지 형태로서, 접근을 제한하는 동시에 자원의 사용방식을 제약하는 방대한 법과 관습의 망에 둘러싸여 있다. 물리적 자원을 획득하는 것은 단지 그것을 사용하기 위한 첫 번째 단계일 뿐이다.

제2장에서 자원 개념의 과도한 확장에 대해 논의할 때, 우리는 (비록 문화가 물리적 구현물에 의지하고 자원이 문화적 지식에 의존하지만) 문화적 의미와 관행들이 물리적 자원의 논리와는 다른 논리를 가지고 작동한다는 것을 살펴보았다. 문화나 전기를 한 가지 형태의 자원으로 파악하지 않는 것이 분석적으로 유용하다.

자원과 전략은 그것들의 측정 가능성에서 다르다. 전략적 선택과 프로그램들은 효과적일 수도 있지만 잘못될 수도 있다. 그것에 대한 최종적 판단은 오직 회고적으로만 가능하다. 왜냐하면 잘못된 대실수가 무적으로 보였던 선두를 한 방에 날려 보낼 수 있는 것처럼, 보다 현명한 조치나 재해석이 종종 나쁜 상황으로부터 좋은 상황을 이끌어낼 수도 있기 때문이다. 하지만 그러한 과정에서도 전략적 우위가 실제로 존재하며, 급격한 반전은 드물다. 왜냐하면 관찰자들이 누가 더 앞서 있는지를 그때그때 판단하기 때문이다. 자원은 이보다 더 쉽게 계산되고 비교된다. 하지만 보다 현명한 전략적 행위를 통해 자원을 급격히 축적시킬 수도 있다. 그렇지만 어쨌든 전략적 입장과 자원의 우세는 문화적 이점과 전기적 이점들보다 더 쉽게 평가되고 또 측정된다.

권력은 궁극적으로 자원에 의존한다. 돈을 많이 가진 사람들은 대부분의 시간을 자기 마음대로 쓸 수 있다. 자원은 예기치 못한 공격으로부터 자신을 보호하는 데 일조하며, 더욱 다양한 전략을 더욱 항구적으로 활용할 수 있게 해준다. 그러나 성공이 항상 권력이나 자원만으로 결정되는 것은 아니다. 저항은 대부분 더 적은 권력을 가진 사람들이 더 많은 권력을 가진 사람들로부터 (전략적, 문화적, 그리고 전기적 이유로) 양보를 얻어내는 것에 관한 것이었다.

자원과 전략에 관한 연구가 상당히 진전되어왔지만, 그중 어느 하나라도 완전히 이해하기 위해서는 문화와 전기에 더 많은 관심을 기울일 필요가 있다. 문화는 전략에 사용할 수 있는 자원과 선택지를 규정하는 데 일조한다. 전기적 동학은 그러한 선택을 설명하는 데 일조한다.

문화

공유된 정신적 장치와 그것의 표상으로서의 문화라는 나의 예비적 정의는 주로 문화가 자원, 전략, 전기와 분석적으로 어떻게 다른가를 보여주기 위해 고안되었다. 나아가 나는 문화가 갖는 분석적으로 분리할 수 있는 요소들, 즉 인지, 도덕, 감정을 강조했다. 이제 우리는 문화에 또 다른 구분을 추가하여, 문화가 사고 및 행위와 관련되는 상이한 방식과 문화를 만들어내는 상이한 장소를 방법론적으로 구분할 수 있다. 상이한 이론적 전통들 간의 논쟁이 자주 저항의 네 가지 별개의 차원을 허물어뜨렸던 것처럼, 문화의 성격과 관련한 견해 차이 역시 자주 문화가 여러 가지 것들로 이루어져 있다는 사실을 놓치고 있다. 논쟁은 문화가 주관적인지 아니면 객관적인지, 개인적인지 아니면 집합적인지, 베버적인지 아니면 뒤르켐적인지, 창조적인지 아니면 제약적인지, 구성적인지 아니면 하나의 결과물인지, 구조화하는지 아니면 구조화되는지의 여부를 둘러싸고 전개된다. 내가 저항의 차원들에 대한 '양자택일적' 견해보다는 '모두/그리고'의 견해를 지지해왔던 것처럼, 나는 문화가 많은 장소에서 많은 방식으로 관찰될 수 있다고 주장할 것이다. 이를테면 문화는 개인적이거나 집합적이기보다는 둘 다이다.

하지만 만약 우리가 문화의 측면들을 구별하지 않는다면, 문화는 드러나는 것보다 감추어진 것이 더 많을 수도 있다. 게리 앨런 파인Gary

Alan Fine은 문화가 "사회성원들 주위에서 소용돌이치는, 무정형의 형언할 수 없는 안개"로 연구될 때 문화가 지니게 되는 잠재적 모호함, 즉 "문화의 내용과 그 문화의 지시대상 역할을 하는 집단을 구체화하는 것과 관련한 어려움"에서 기인하는 문제에 대해 지적한 바 있다.[4] 나는 마치 한 사회의 모든 또는 대부분의 성원들에 의해 공유되는 일단의 근원적인 단일한 감정이나 인식들이 존재하기나 하는 것처럼, '하나의 문화'에 관해 말하는 것을 피할 것을 제안한다. (몇몇 경우에 그런 것이 존재할 수도 있지만, 그런 것을 가정하지 않는 편이 더 낫다.) 대신에 나는 별개의 문화적 신념, 감정, 의례, 상징, 관행, 도덕적 전망 등등에 대해 말하는 것을 택할 것이다. 그것들 중 어떤 것이 얼마나 광범위하게 공유되고 있는가는 경험적 질문일 수밖에 없으며, 그에 대한 답변이 자주 저항운동의 성공 또는 실패를 설명한다. 문화를 단일체로 보는 견해는 보다 오래된 인류학적 전통들, 프랑스 구조주의, 탤컷 파슨스 Talcott Parsons의 사회학, 그리고 마르크스주의적 계급 헤게모니 분석의 유산이다. 개인은 상호 연관된 복잡한 하나의 세계관을 가질 수도 있지만, 사회는 그럴 수 없다.[5]

나는 문화를 두 가지 주요 차원에 따라 구분할 것이며, 그것들 각각

---

4   Gary Alan Fine, "Small Groups and Culture Creation: The Idioculture of Little League Baseball Teams," *American Sociological Review*, 44(1979), p. 733.

5   마거릿 아처(Margaret S. Archer)는 예술의 해석이 전반적인 패턴을 파악한다는 점을 들어, 이 전체론적 견해와 문화에 대한 '예술적' 견해를 기묘하게 결부시킨다. Margaret S. Archer, *Culture and Agency: The Place of Culture in Social Theory*(Cambridge: Cambridge University Press, 1988). 그러나 개인들은 구체적인 것들 간을, 그리고 구체적인 작품과 보다 일반적인 의미들 간을 연결시킴으로써 예술을 창조하고 해석한다. 일부 개인들은 전체론적 전망을 가지지만, 사회는 결코 그렇게 할 수 없다. 나는 탤컷 파슨스를 따라 문화를 인지, 도덕, 감정으로 나누지만, 그것들이 하나의 공통문화를 상징한다는 그의 견해는 따르지 않는다.

은 몇 가지 부차적인 구분과 연관되어 있다. 첫째, 문화는 **암묵적인 것에서 명시적인 것에까지 이르는** 전 영역을 망라한다.[6] 문화의 가장 분명한 형태는 관념, 법적 정체성, 도덕 원리, 명명된 감정, 언어뿐만 아니라 그것들을 표현하는 인공물들 같은 명시적 구성 부분들로 이루어져 있다. 그러나 우리는 또한 우리가 완전히 분명하게 표현할 수 없는 은유, 관습, 감성, 가정들에 따라 움직인다. 우리는 사회과학자로서 모든 요소를 명확히 하기 위해 노력하지만(마치 많은 저항자가 그러한 노력을 통해 이제 막 움트기 시작한 감성으로부터 명확한 이데올로기들을 끌어내는 것처럼), 대부분의 행위자들(즉, 일반 사람들)은 많은 직관적 상식에 따라 움직이는 데 만족한다. 우리는 문제가 되는 원리를 거론하지 않은 채 도덕적 직관을 통해 어떤 것이 틀리거나 옳다고 판단하기도 한다. 문화는 이를테면 자원과 전략을 규정하는 데 보통 암묵적으로만 일조한다.

이와 긴밀하게 관련된 하나의 차원이 문화를 보다 쉽게 명시화되는 **별개의 부분들** 대 암묵적으로 남아 있을 가능성이 더 큰, 그러한 구성 요소들의 **묶음 내지 꾸러미**들로 분할한다. 별개의 관념과 도덕적 가치들이 하나로 묶여 세계관이나 이데올로기가 되기도 한다. 이를테면 화나 격분 같은 감정과 비난의 귀속 같은 인식들이 함께 묶여 하나의 부정의injustice 프레임을 형성한다. 이와 관련된 하나의 구분이 바로 문화를 하나의 정적인 의미 분류체계(대체로 명시적인)와, 오직 행위 속에서만 가시화되는 어떤 것(따라서 암묵적인)으로 나누는 것이다. 이것이 바

---

6   로버트 우스노(Robert Wuthnow)와 마샤 위튼(Marsha Witten)은 문화연구를, 그것이 문화를 사회적 삶의 암묵적 특징이라고 보는지 아니면 명시적인 사회적 구성물이라고 보는지에 따라, 그리고 그것이 문화를 만들어내는 사회적 맥락에 집중하는지 아니면 만들어진 것의 내용에 집중하는지에 따라 구분한다. Robert Wuthnow and Marsha Witten, "New Directions in the Study of Culture," *Annual Review of Sociology*, 14(1988), pp. 49~67.

로 비트겐슈타인Wittgenstein 이래로 철학자들이 **명시적 지식**knowing that **대 암묵적 지식**knowing how이라고 불러온 것이다. 우리가 비록 어빙 고프먼Erving Goffman처럼 우리가 현재 따르고 있는 규칙들을 정식화할 수 있는 능력을 가지고 있지는 못하지만, 우리는 집회에서 행동하는 방법을 알고 있다. 우리는 언어로는 분명하게 표현할 수 없는 감정과 지식을 가지고 있을 수도 있다.

두 번째의 주요한 일단의 대비는 **개인적인 것과 내적인 것**으로서의 문화라는 한편과, **공유된 것, 공적인 것, 집합적인 것**으로서의 문화라는 다른 편 — 한때 클리퍼드 기어츠Clifford Geertz가 표현했던 바로는 "머릿속의 생각과 세상 속의 생각" — 간의 대비이다.[7] 문화를 인식하는 상식적이고 전통적인 방식 중 하나는 문화를 개인들의 행위를 자극하고 인도하거나 합리화하는 의도, 신념, 가치 등등으로 파악한다. 많은 사회과학자들은 정신 상태와 행위를 연계시키는 데 커다란 어려움을 겪기 때문에, 문화를 오직 공적인 진술과 인공물로 규정하는 쪽을 택하기도 한다. 생각은 오직 개인들의 것이지만, 개인들은 자신의 생각을 매체에 표현하며, 다른 사람들은 매체를 통해 그 생각을 손에 넣을 수 있다. 그것의 대표적인 경우가 바로 예술이다. 따라서 상징은 개인의 주관적 상태와는 거의 아무런 관련이 없는, 경계와 차이의 구조화된 체계로 연구될 수 있고, 이는 문화 연구자들로 하여금 다른 사람들의 마음을 탐구하고자 할 때 따르는 곤란한 문제를 피할 수 있게 해준다. 일부 이론가들은 이러한 방식으로 의미와 해석의 쟁점들을 비켜나간다. 에릭 램보Eric Rambo와 일레인 찬Elaine Chan에 따르면, 이 전략은 "문화를 텍스

---

7   Clifford Geertz, *Local Knowledge: Further Essays in Interpretive Anthropology*(New York: Basic Books, 1983), p. 14.

트와 의미로 나누고 텍스트를 문화구조의 보편적인 객관적 영역으로 설정함으로써, 문화의 일부를 의미의 문제로부터 벗어나게 한다. 즉, 이 전략은 문화연구가 내적인 동시에 집합적인 '현상'을 연구하는 데 따르는 문제로부터 벗어날 수 있게 해준다".[8] 그러나 이러한 노력은 결국에는 실패한다. 왜냐하면 객관적 텍스트들은 여전히 개인들에게 무엇인가를 의미하고, 그들의 관념과 느낌을 틀 짓고, 그들을 특정한 방향으로 움직이게 만들기 때문이다.

내가 볼 때, **문화는 이중적이다.** 즉, 문화는 개인들과의 인터뷰를 통해서도 관찰될 수 있고, 공적 구현물의 분석을 통해서도 파악될 수 있다. 그리고 이 둘 사이에는 다양한 종류의 상응관계가 존재한다. 문화는 의미를 제공함으로써 개인을 제도화된 상징에 연결시키며, 우리는 그러한 의미를 개인의 의식 — 그들이 신봉하는 관념, 그들이 인터뷰에서 드러내는 가정 — 속에서도, 그리고 사회의 공식적인 공적 사건, 인공물, 기록 속에서도 식별해낼 수 있다. 달리 말해 문화는 공적 구현물들인 동시에 우리가 우리의 머릿속에 지니고 있는 어떤 것이다. 문화적 상징은 (구조의 일부로서) 의미를 지니고 있고 또 그것은 (개인에게도) 의미를 가진다. 문화는 지식, 과정, 성과로 구성되어 있으며, 마치 생각이 행위로 이어지듯이 그것들이 대상을 창출한다. 앤서니 기든스Anthony Giddens가 구조는 사회적 관행의 "매체인 동시에 결과"이며 구조화되는 동시에 구조화한다고 말할 때 지적하는 것처럼, 이러한 이중성은 모든 구조의 특징이다.[9] 이러한 이중성 때문에 우리는 방법론적으로 개인들

---

8   Eric Rambo and Elaine Chan, "Text, Structure, and Action in Cultural Sociology," *Theory and Society*, 19(1990), p. 635.

9   Anthony Giddens, *The Constitution of Society: Outline of the Theory of Structuration* (Berkeley: University of California Press, 1984), p. 25.

과의 인터뷰를 통해서도, 그리고 물리적 기록과 이미지를 통해서도 문화를 파악할 수 있다. 비록 우리가 때때로 개인들이 공적 상징들에 대해 생각하고 느끼는 방식에서 편차를 발견하기는 하지만, 우리는 대체로 두 가지 방식 모두로부터 동일한 의미를 찾아낼 수 있다. 공적인 진술과 의례는 사적인 충성과 완벽한 냉소주의 또는 그 둘 사이의 많은 입장과 양립할 수 있다.

공적인 것과 사적인 것 간의 대비는 또 다른 대비, 즉 문화의 **정적인 얼굴 대 동적인 얼굴**과 긴밀히 연관되어 있다. 관찰 가능한 인공물과 진술로서의 문화는 개인적 혁신을 억제한다. 왜냐하면 그러한 것들이 모여 식별 가능한 의미구조를 형성하고, 그 의미구조는 의미를 사용하는 사람들로부터 일정한 자율성을 지니기 때문이다. 우리는 우리가 좋아하는 것 모두를 말로 표현하지 못한다. 또한 우리는 우리가 바라는 것 모두를, 그리고 우리가 여전히 이해받기를 희망하는 것 모두를 믿을 수 있는 것도 아니다. 메리 더글러스는 다음과 같이 주장한다. "한 공동체의 표준화된 공적 가치라는 의미에서의 문화가 개인들의 경험을 매개한다. 그것은 몇 가지 기본적인 범주, 즉 관념과 가치들을 정연하게 정렬하고 있는 하나의 명확한 패턴을 사전에 제공한다. 그리고 다른 무엇보다도 그것은 권위를 지니고 있다. 왜냐하면 다른 사람들이 동의한다는 이유로 각자가 동의하게 하기 때문이다. 그러나 그것의 공적 성격은 그 범주들을 보다 경직적이게 만든다." 우리는 우리를 둘러싼 문화적 구조에 굴복하지 않을 수 없지만,[10] 오직 부분적으로만 그러하다. 우리는 그러한 구조를 비틀고 변형시킬 수 있다. 왜냐하면 문화

---

10   Mary Douglas, *Purity and Danger: An Analysis of the Concepts of Pollution and Taboo*(London: Routledge and Kegan Paul, 1966), pp. 38~39.

에는 주관적 요소와 전략적 요소들 또한 존재하기 때문이다. 문화는 우리가 우리 자신의 의도에 따라 이용할 수 있는 일단의 규칙들이다. 우리는 그 구조의 특정 측면 안에서 움직이며, 그것의 다른 측면들을 전복시킨다.

피에르 부르디외Pierre Bourdieu는 문화의 두 측면이 얼마나 뗄 수 없게 연관되어 있는지를 입증한다. 그는 문화를 일단의 가용한 전략이라고 기술하면서, 문화적 산물 — 그의 예에서는 결혼 — 을 카드 게임에 비유한다. "카드 게임에서 결과는 부분적으로는 패 돌리기, 즉 가지고 있는 카드에 달려 있고(카드의 가치 자체는 게임의 규칙에 의해, 다시 말해 문제가 되고 있는 사회구성체의 특징에 의해 정해진다), 부분적으로는 경기자의 스킬에 달려 있다."[11] 나의 표현으로 바꾸면, 원래의 자원분포 상태가 존재하고, 그것은 잇따라 발생하는 전략적 상호작용에 의해 변화된다. 문화가 게임과 자원의 가치를 규정하고, 게임을 하는 동안 사용되는 개별 수와 스킬들을 제공하지만, 그럼에도 여전히 혁신의 여지를 남겨두고 있다. 부르디외에게 규칙은 단지 지침에 불과하다. 그리고 그는 여타의 전통들이 사람들의 역할을 고정된 규칙들을 단순히 실행하거나 적용하는 것으로 축소시킨다고 비판한다.[12] 부르디외의 묘사

---

11 Pierre Bourdieu, *Outline of a Theory of Practice*(Cambridge: Cambridge University Press, 1977), p. 58.

12 이 비판의 배후에는 두 가지 종류의 규칙이 존재한다. 그중 하나의 규칙은 활동을 구성한다. 만약 당신이 체스 게임을 하는 동안 특정 규칙들을 위반한다면(이를테면 성장(城將)을 대각선으로 움직인다면), 당신은 더 이상 체스를 두고 있는 것이 아니다. 부르디외가 말하는 종류의 규칙은 확장되거나 깨질 수 있는 **경험적 규칙성** 그 이상에 관한 것이다. 웨딩드레스는 보통 일정한 형태를 취하고 있지만, 도발적인 새 디자인이 결혼식을 무효로 만들지는 않는다. 비록 이론가들이 그 규칙에 집착하기는 하지만, 체스의 은유는 대부분의 사회적 삶에 대해 잘못 생각하게 하기도 한다. 문화를 규칙(심지어는 암묵적인 규칙)의 적용으로 보는 모델에 대한 비판으로는 Clifford D. Shearing and Richard V. Ericson, "Culture as Figurative Action," *British Journal of Sociology*, 42(1991), pp. 481~506을 보라. 그들

는 일정한 구조를 포함하지만, 얼마간의 자유재량과 창조성도 허용한다. 결혼은 (고도의 기교를 보여주는 것일 수도 있는) 하나의 문화적 공연이다. **규칙을 깨는 것이 최선일 때, 거기에는 어떠한 고정된 규칙도 존재하지 않는다.** 문화와 여타 구조들의 이중성 때문에 사회적 삶, 특히 저항에는 예술적 기교를 부릴 수 있는 여지가 존재한다.

앤 스위들러Ann Swidler도 이를 다음과 같이 유사하게 표현한다. "문화는 일관된 방향으로 행위를 밀고 나아가는 하나의 통합된 체계가 아니다. 오히려 그것은 '공구상자'나 레퍼토리와 더 유사하다. 즉, 행위자들은 거기에서 서로 다른 부분들을 뽑아내서 자신의 행위 노선을 구축한다."[13] 스위들러는 "사회적 과정 속에서 문화가 행위에 영향을 미치는" 방식을 보여줌으로써 객관적 문화 개념과 주관적 문화 개념 모두를 피하고 싶어 한다. 그녀는 크리스마스 선물주기에 관한 시어도어 캐플로Theodore Caplow의 분석에 의거한다. 캐플로의 분석에 따르면, 사람들은 설사 자신들이 그러한 관습을 싫어하고 그 관습이 어떤 의미를 가진다고 믿지 않는다고 할지라도, 계속해서 선물을 준다. 왜냐하면 그것이 다른 사람들에게 의미를 지닌다고 믿기 때문이다. 스위들러는 "그렇다면 이 경우에 행위를 지배하는 것은 개인의 내면화된 신념이 아니라 그들의 행위가 다른 사람들에게 어떤 의미를 지니는가에 관한 그들의 인식이다"라고 결론짓는다.[14] 하지만 주관적 평가는 여전히 중

은 '명시적 지식'보다는 '암묵적 지식'을 강조한다.

13 Ann Swidler, "Culture in Action: Symbols and Strategies," *American Sociological Review*, 51(1986), p. 277.

14 Ann Swidler, "Cultural Power and Social Movements," in Johnston and Klandermans (eds.), *Social Movements and Culture*, pp. 32~33. Theodore Caplow, "Christmas Gifts and Kin Networks," *American Sociological Review*, 47(1982), pp. 383~392; "Rule Enforcement without Visible Means: Christmas Gift Giving in Middletown," *American Journal of Sociology*, 89(1984), pp. 1306~1323을 보라.

요하며, 사실 거기에는 두 개의 의미층, 즉 **다른** 사람들의 주관적 의미 (그리고 느낌과 평가)에 대한 **우리**의 지각이 존재한다. 우리의 행위가 단순히 우리의 의도를 구현하는 것만은 아니다. 거기에는 다른 사람들의 반응에 대한 서로간의 예상이라는 전략적 요소가 포함되어 있다. 스위들러가 주관적 측면을 배제했는지 아니면 객관적 측면을 배제했는지는 분명하지 않다. 오히려 그녀는 두 측면이 어떻게 상호작용하는지를 보여준 것 같다. 게다가 문화가 때때로 다른 사람들의 의도를 오인하기도 하지만, 이것이 문화가 결코 내적인 주관적 의도로 작동하지 않는다거나 또는 결코 구조화된 객관적 제약으로 작동하지 않는다는 것을 의미하지는 않는다.

스위들러는 문화의 형태들 간에 또 다른 구분을 제시한다. 즉, 행위의 목적으로서의 문화와 목적을 달성하는 수단으로서의 문화가 그것이다. 그녀는 파슨스식의 이미지를 공격하는 형식으로 궁극적인 목적과 가치가 행위를 인도하지는 않는다는 것을 보여주고자 한다. 따라서 그녀는 문화가 행위방식의 저장소로서, 습관뿐만 아니라 스킬들과도 관련되어 있다고 개념화한다. 문화는 전략의 한 형태가 된다.[15] 문화가 행위 모델과 도식, 즉 실행에 옮길 수 있는 지식을 포함한다는 것에는 나도 동의한다. 그렇다고 하더라도 그녀가 문화의 또 다른 구성요소인 목적을 배제한 이유는 대체 무엇인가? 인간은 적어도 가끔이라도 목적을 가지지 않는가? 그리고 만약 그렇다면, 문화의 세계, 즉 우리가 다른 사람들과 공유하는 신념, 열망, 도덕적 전망 말고 어디에서 목적이 나올 수 있는가?

문화적 의미와 느낌은 명시적일 수도 또는 암묵적일 수도 있다. 그

---

15   Swidler, "Culture in Action."

리고 그것은 수단과 보다 비슷할 수도 또는 목적과 보다 비슷할 수도 있다. 그것들은 공적으로 구현되어 있지만, 또한 개인의 머릿속에도 자리하고 있으며, 그곳에서 전기의 영역과 교차한다. 나는 단지 모든 것을 하나의 단일한 개념에 끼워 맞출 목적에서, 분명하게 존재하고 또 행위에 영향을 미치는 특정한 종류의 문화를 배제하는 것을 좋아하지 않는다. 엄밀한 개념적 정의도 좋지만, 우리가 문화를 포괄하기 위해서는 여러 개의 정의가 필요할 수도 있다. 나는 이 책의 나머지 부분에서 내가 명시적 의미뿐만 아니라 암묵적 의미들까지를, 가능하다면 개인과 공적 구현물 모두를 통해 포착할 수 있기를 기대한다. 랠프 월도 에머슨Ralph Waldo Emerson이 말했듯이, "우리는 상징이며, 상징 속에서 살고 있다". 우리는 문화를 이용하여 우리 자신과 우리의 세계를 만들어내며, 문화는 우리를 제약하는 동시에 우리에게 힘을 부여한다.

문화가 자원과 전략을 얼마나 깊숙하게 틀 짓는지를 분명하게 밝힐 필요가 있다. 우리는 우리의 마음속에 자리 잡고 있는 일종의 잔기residue를 가지고 타인으로부터, 그리고 우리 자신의 경험으로부터 자원을 이용하는 방법과 전략적 선택을 하는 방법을 학습한다. 특히 전략의 수립은 어떤 때에는 문화적으로 각인된 규칙들을 따르는 문제이지만, 다른 경우에는 예상을 뒤엎기 위해 그 규칙들을 악용하고 위반하고 무시하는 문제이기도 하다. 스위들러가 보여주었듯이, 전략은 문화를 행위로 표현한다. 스위들러의 주장과는 반대로 문화는 또한 우리가 전략을 수립하는 목적, 즉 우리가 자원을 축적하는 이유를 제공하기도 한다. 나중에 살펴보듯이, 그 밖에도 우리는 전략에 도덕적·감정적 가치들을 부여하며, 따라서 전략은 단순한 효력 그 이상의 것으로 평가받는다.

의미, 느낌, 심지어 자원과 전략조차 '문화적으로 구성된다'는 것이 그것들이 임의적이라거나 또는 무한히 변화할 수 있다는 것을 의미하지는 않는다. 사회적으로 구성된 의미와 관행은 우리에게 상당한 정도로 제약을 가할 수도, 그리고 똑같은 정도로 상당한 창조성의 여지를 제공할 수도 있다. 적어도 40년 동안 인문학은 인간이 세계에 대해 알고 있는 모든 것, 인간이 행하는 모든 것, 심지어 과학자들 ─ 사회과학자와 자연과학자 모두 ─ 이 하는 모든 것이 얼마나 철저하게 사회적으로 구성되는지를 인식하는 위대한 일을 수행해왔다. 즉, 우리의 모든 물리적·정신적 도구들은 얼마간은 집단이나 사회 내의 사람들이 그것에 동의하기 때문에 작동하는 문화적 관례들이다. 외부 세계와 우리의 내적 자아에 대한 우리의 인식 자체는 우리 주변의 사람들이 틀 지운 기대와 범주들에 의해 인도된다. 즉, 우리는 외부세계와 내적 자아 그 어느 것에도 직접 접근하지 않는다. 이러한 식으로 구성된 도구와 전망들이 문화이다. 우리 모두는 인지적·감정적·도덕적으로 문화적 맥락에 깊이 착근되어 있으며, 심지어는 그러한 맥락에 의해 정의되기도 한다. 정치적 기회구조, 자원, 합리성 같은 개념들은 문화적 렌즈를 통해 해석될 뿐만 아니라 처음부터 문화적 맥락에 의해 구성되고 정의된다.

사회적 구성주의는 전통적 객관주의 ─ 우리가 저 밖의 '세계'를 매우 직접적인 방식으로 이해하고 파악할 수 있다는 관념 ─ 와 철저한 상대주의 ─ 상이한 개념적 체계들이 세계를 파악하는 우리의 능력을 너무나도 제약하기 때문에 우리는 그러한 체계들을 서로 비교할 수 없다는 관념, 즉 우리의 틀이 우리를 상이한 세계들 속에 가둔다는 관념 ─ 모두를 피한다. 우리가 일단 구성주의자들과 같이 외부 세계에 대한 우리의 믿음과 그 세계의 실제 상태 간의 관계를 확실하게 알 수 없다는 것을 받아들이고 나면(우리는 근대과학이 자연을 아주 정확하게 묘사하고 있는지에 의구심을 갖지만, 그것을 확실하게 증명할 수는 없다), 우리는 더 나은 견해와 더 나쁜 견해를 선별하는 데 도움을 주는 사회적 메커니즘을 찾아 나설 수 있게 된다. 우리는 학술지의 '정밀검사' 기능, 동료의 평가, 자료수집, 표집과 통계분석의 관례, 가설과 예측들 ─ 이 모든 것은 실재에 대한 주장의 타당성을 판가름하는 방식들이다 ─ 을 검토해볼 수도 있다. 우리는 또한 그러한 '타당성 메커니즘'에서 판단을 저해하는 요소들을 찾아볼 수도 있다. 이를테면 조사자의 명성이 그의 주장의 수용 가능성에 영향을 미칠 때, 생명공학산업의 이해관계가 과학적 연구의 재원조달에 영향을 미칠 때, 정치적 압력이 연구소들을 폐쇄할 때가 그러한 경우들이다.[16]

설사 감정, 도덕, 과학적 사실이 사회적으로 구성된다고 할지라도, 즉 그것들이 인간 관찰자와는 독립적으로, 적어도 인간이 직접적으로 접근할 수 있는 어떤 형태로 저기 바깥에 '객관적으로' 존재하지 않는다고 할지라도, 이것이 그것들이 주관적인 개인적 선택의 문제라는 것을 의미하지는 않는다. 문화는 구조화되지만 또한 제약하기도 한다. 나는 내가 믿고 싶은 것만 믿을 수는 없다. 나는 내가 키우는 코커스패니얼이 나스닥 거래소의 일일 등락에 영향을 미친다고 말할 수는 있지만, 나는 나에게조차 그것을 믿으라고 강요할 수 없으며, 내가 그것을 믿으라고 나의 친구들을 설득할 수 없다는 것은 더더욱 말할 필요도 없다. 이러한 주장은 전기적 재담이지 문화적 성과물이 아니다. 만약 내가 그것을 정말로 믿고 나의 친구들과의 토론에서 문화적으로 수용된

---

16 새로운 구성주의의 많은 것은 과학사회학에서 진전되었다. 이를테면 브뤼노 라투르(Bruno Latour)와 스티븐 울가(Steven Woolgar)는 어떤 '진술들'은 세상에 관한 사실들로 받아들여지고 다른 진술들은 그렇지 않게 되는 과정에 대해 기술한다. 진술들은 많은 수용 단계를 거친다. 그리고 어떤 시점에서는 사실로 받아들여졌던 진술도 어떤 단계에서는 자주 사실로 받아들여지지 않는다. 과학자들은 자신들의 모든 자원 ─ 재정적 후원, 개인적 명성, 그리고 제도적 협력을 비롯한 ─ 을 이용하여 다른 사람들이 자신들의 주장을 사실로 받아들이도록 설득한다. Bruno Latour and Steven Woolgar, *Laboratory Life: The Social Construction of Scientific Facts*(Beverly Hills: Sage Publications, 1979)를 보라.

증거와 논거를 거부한다면, 나는 미친 사람으로 치부될 것이다(비록 아무도 나스닥의 주가에 대해 더 나은 설명을 하지는 못한다고 하더라도). 심지어 소집단에서도 또는 두 사람 간에조차도 우리가 어떤 감정이나 신념을 놓고 그냥 '협상할' 수는 없다. 협상에는 사회 내의 권력분포에 의해, 특정 감정을 구성하는 데 이해관계가 있는 조직들에 의해, 외부 세계로부터 걸러진 수용 가능한 종류의 '증거'에 의해, 그리고 여타 다양한 제도적·문화적 관행에 의해 부과되는 제약들이 존재한다. 모든 환경단체가 단일선체 유조선의 위험을 알리고자 할 때, ≪뉴욕타임스New York Times≫에는 석유산업에 대해 독자들을 안심시키려는 모빌Mobil 사의 광고가 실린다.[17]

　각 제도적 환경은 타당한 감정 및 신념을 타당하지 못한 감정 및 신념과 구분하는 그것 나름의 기준을 가지고 있다. 과학자들은 학술지의 논문, 제도적 협력, 개인적 명성을 이용하여 서로를 설득한다. 저항단체 역시 적절한 행위와 감정을 규정하는 그것 특유의 메커니즘을 가지고 있다. 무수히 많은 타당성 메커니즘이 우리로 하여금 특정한 인식은 공유하고 그와 다른 인식은 멀리하게 하는 데 일조한다. 우리는 몇몇 관찰자가 탈근대적 조건postmodern condition이라고 명명해온 상태 ― 즉, 우리가 우리 자신의 제한된 맥락을 너무나도 잘 알고 있기 때문에 어떤 하나의 압도적인 서사를 단일한 역사서술로 받아들이기를 거부하는 상태 ― 에 놓여 있다. 포스트 모더니스트들이 자주 간과하고 있지만, 거기에서도 타당성 검증은 여전히 광범위하게 이루어지고 있다. 그러한 검증을 하는 것이 바로 제도적·역사적 맥락이다. 즉, 문화적 기준이 세계에 대

17　알리 혹실드(Arlie Hochschild)는 감정에 관한 대부분의 문헌이 직접적인 대인 간 협상에서 작용하는 구조적 맥락을 무시하고 있다는 유익한 비판을 한 바 있다. Arlie Hochschild, *The Managed Heart*(Berkeley: University of California Press, 1983), Appendix A를 보라.

한 어떤 설명이 다른 것보다 더 나은지를 판가름한다.[18] 개인들로 하여금 특정한 것을 믿고, 특정한 방식으로 느끼고, 규칙에 따라 행동하도록 강요하는 분명한 압력들이 존재한다.

요약하면, 문화는 의미와 해석에 관한 것이며, 우리는 그것들을 개인의 정신을 통해 알게 되기도 하고, 또 외부의 객체화된 구현물을 통해 알게 되기도 한다. 문화의 어떤 부분들은 기존 모델들에 쉽게 덧붙일 수 있는 별개의 실체 ─ 의례, 관념, 슬로건 ─ 로 존재하지만, 다른 부분들은 행위, 제도, 대상들 속에 보다 암묵적인 구성적 구성물로 존재한다. 문화적 관점은 합리성, 자원, 이해관계, 정치적 기회 같은 개념들을 재고할 것을 요구한다. 최근 들어 사회운동 연구자들이 문화를 자신들의 모델 속에 끌어들이기 시작했지만, 전기의 영역은 문화와 상당한 유사성을 가지고 있음에도 불구하고 여전히 재발견되기를 기다리고 있다.

전기

각 개인의 머릿속에는 문화와 전기가 둘 다 존재한다. 그가 다른 사

---

18 이러한 것들 중 어떤 것도 타당성 메커니즘이 비판될 수 없다거나 항상 의도한 대로 작동한다는 것을 함축하지는 않는다. 언론사주가 기자를 검열할 때처럼, 한 제도의 기준이 자주 다른 제도에 부과되기도 한다. 사실 이것은 하나의 전형적인 사례일 뿐이다. 오늘날의 세계를 대기업이 지배하게 되면서, 이전에는 수익성 기준이 존재하지 않았고 또 어쩌면 그러한 기준이 적절하지도 않았던 제도들 ─ 병원, 학교, 사법제도 ─ 에도 수익성 기준이 자주 활용되고 있다. Michael Walzer, *Spheres of Justice: A Defense of Pluralism and Equality*(New York: Basic Books, 1983)를 보라. 요지는 다양한 타당성 메커니즘이 우리의 규범적 판단과 무관하게 우리의 전망을 체계적으로 틀 짓는다는 것이다. 따라서 그것에 저항하거나 비판하기 위해서는 적지 않은 인지적 작업이 요구된다.

람들과 공유하는 암묵적·명시적인 정신적 구성물이 문화적인 것이라면, 공유하지 않는 구성물은 전기적인 것이다. 그러나 전기는 보다 광범한 문화의 특정 요소들이 개인의 정신적·감정적 저장고에서 사용되기 위해 선택되는 과정 또한 포함한다.[19] 따라서 전기라는 차원은 대인동학을 포함해 개인이 살아온 특이한 경험들에서 기인한다. 본래 가족에 뿌리를 두고 있는 대인 동학은 무의식적 정신 상태와 통상적으로 퍼스낼리티라고 불리는 것, 즉 느끼고 판단하고 사고하는 특정한 방식들은 고무하지만 다른 방식들은 억제하는 종류의 필터를 만들어낸다. 이러한 종류의 개인적 다양성이 의미하는 것은 저항자들이 일단의 상이한 동기들을 가지고 참여하고, 주요한 상징과 레토릭을 조금은 다른 방식으로 해석하며, 그들의 행위와 관련하여 서로 다른 열망들을 가지고 있다는 것이다. 운동과 사건을 완전하게 이해하기 위해서는 이러한 개인적 입장들에 대한 정보가 필요할 것이다. 하지만 어떤 연구자도 소수의 참여자 이상을 대상으로 하여 심층 인터뷰와 생애사적 연구를 수행할 시간을 가지고 있지 못하다. 우리는 대체로 그들의 견해와 결정이 아주 큰 영향력을 행사하는 사람들, 즉 공식적 또는 비공식적으로 지도자의 위치에 있는 사람들을 연구하는 데서 멈추며, 다른 참여자들의 경우 그 전기적 특성을 추론하는 데 그칠 뿐이다.

하지만 전기가 전적으로 특이하기만 한 것은 아니다. 그것은 심리학과 사회심리학이 몰두한 주제이기도 하다. 왜냐하면 예측 가능한 동학, 반응, 학습과정은 많은 사람들에게 공통적이며, 때로는 보편적이

---

19 나는 **전기**라는 단어를 개인들의 머릿속에서 진행 중인 것, 특히 상이한 생애 경험들에서 기인하는 개인의 특이성을 언급하기 위해 사용한다. 확실히 이것은 얼마간은 '심리적'이다. 그러나 나는 '심리적' 동학이 특이한 것과는 거리가 멀며, 언어의 학습이나 위협에 대한 감정적 반응과 같은 몇몇 경우에는 보편적일 수도 있다고 지적할 것이다.

기까지 하기 때문이다. 내가 전기를 정신활동 − 문화로부터 선택되기 때문에 문화보다 더 특수한 − 의 한 가지 수준으로 지칭한다면, 심리학은 통상 문화보다 더 광범위한 수준을 (그것도 자주 보편적인 것으로 가정되는 수준에서) 다룬다. 모든 인간은 인지적 처리능력에 한계가 있으며, 따라서 다양한 발견적 학습에 의존하여 사물을 기억하고 결정을 내린다. 이를테면 우리 모두는 중요한 타자들과 정서적 유대를 맺으며, 사랑하는 사람의 상실에 감정적으로 반응하고, 어떤 사람은 신뢰하고 다른 사람들은 불신하며, 어린 시절에 언어를 학습한 후 그것을 사용하여 자신을 세상 속에 위치 지운다. 또한 우리 모두는 출생, 죽음, 생식과 같은 실존적 쟁점들을 이해하려고 노력한다. 특정 문화로부터 의미와 감정을 학습하는 것은, 비록 그러한 의미의 내용이 문화마다 상당히 다르고 각 문화 내의 개인들이 결국에는 독특한 의미 묶음들을 가지게 되기는 하지만, 하나의 보편적 과정이다. 집단동학, 권위에 대한 반응 또는 수치심과 자부심 같은 감정을 비롯한 여타의 사회심리적 동학들은 얼마간 덜 보편적이다. 수치심의 구체적 원천이나 권위에 대한 태도는 문화와 집단마다 다르다. 이러한 사회심리학의 영역은 문화와 맞닿아 있다. 무엇보다도 문화가 감정적 반응과 정서적 유대를 포함하기 때문이다. 나는 때때로 이러한 덜 보편적인 심리적 과정들을 언급할 것인데, 내가 그것을 통해 말하고자 하는 것은 집단의 반응이나 상호작용이 문화적 의미에 근거하고 있다는 것이다. 그리고 나는 더 나아가 몇몇 경우에서 실제로 몇 가지 잠재적으로 보편적인 심리적 과정들 − 이를테면 우리가 위협감에 대응하는 방식 − 을 구별하고자 노력할 것이다. 하지만 내가 심리학에 관심을 가지는 까닭은 주로 그것이 전기적 요인들을 조명할 수 있게 해주기 때문이다.

퍼스낼리티라는 용어는 개인의 특이성을 다루기 위해 만들어진 개넘 중 가장 일반적인 것이다. 제프리 알렉산더에 따르면, 행위자들은 단순히 퍼스낼리티를 '가지는' 것만이 아니라, 어떤 의미에서는 그들이 바로 퍼스낼리티'이다'. 왜냐하면 그들의 모든 행위가 비록 그들의 내면화된 성향에 의해 유발되지는 않지만, 그것을 통해 여과되기 때문이다. 그는 계속해서 다음과 같이 말한다. "하지만 퍼스낼리티는 다시 사회적 만남 속에서 무의식적으로 받아들여진 대상들 중에서 선택된 것, 즉 유기체적 욕구와 발달과정상의 욕구에 의해 선택된 것을 표상한다. 게다가 각각의 행위하는 '나' 그리고 그 또는 그녀의 퍼스낼리티는 그 또는 그녀 자신의 삶의 서로 다른 단계에서 결정적으로 변화한다."[20] 이러한 변화에도 불구하고, 퍼스낼리티 개념은 적어도 일정한 시간적 연속성, 그리고 상이한 맥락에서도 우리가 변화시키기 어려운 고유의 반응, 스타일, 행동을 함축하고 있다. 그것들은 우리를 둘러싸고 있는 문화로부터 선택된 자질과 감정의 묶음이다.

상대적으로 의식적·합목적적이라는 의미를 함축하는 자아라는 개념은 퍼스낼리티 관념을 부분적으로 대체할 수 있다. 내가 개인적 수준에서 전기라는 차원을 가지고 말하고자 하는 바는 거기에 사람들이 크게 신경 쓰는 '자아'와 같은 어떤 것이 존재한다는 것이다. 사람들은 자신이 누구인지, 자신이 스스로를 어떤 집단과 동일시하는지, 다른 사람들은 자신을 어떻게 생각하는지, 그리고 그들의 과거, 현재, 미래가 어떻게 하나로 결합되어 일정한 잠정적 응집성을 지니게 되는지에 관심을 가진다. 사람들은 자신이 그러한 부류의 사람이라는 것에, 그리고 다른 사람들이 자신에 대해 가지고 있는 이미지들에 자부심을 가지거나 때때로 수치심을 느낀다. 사회심리학자인 토머스 셰프Thomas Scheff는

---

20   Alexander, *Action and Its Environments*, p. 323.

수치심과 자부심이 사회적 삶에서 가장 중요하고 어쩌면 보편적일 수 있는 두 가지 동기로, 협력을 가능하게 하는 접착제라고 주장하기까지 한다.[21] 철학자 찰스 테일러Charles Taylor에 따르면, 자아는 철저히 도덕적인 구성물이다. 그는 또한 다음과 같이 주장한다. "우리가 하나의 자아로 존재하는 것은 오직 특정 쟁점들이 우리에게 중요할 때이다. 자아로서의 나를 이루는 것, 즉 나의 정체성은 본질적으로 사물이 나에게 의미를 지니는 방식에 의해 규정된다."[22] 저항이 이용하는 것이 바로 자아정체성 속에 숨어 있는 이 철저히 도덕적인 의미 — 테일러는 이것이 결코 완전히 명시적이지는 않다고 말한다 — 이다. 도덕적 자아정체성은 궁극적으로 문화적 맥락에서 파생한다. 그러나 일단 만들어지고 나면, 그것은 문화적 맥락으로부터 상당한 정도의 자율성을 가질 수 있다. 다시 한 번 더 말하면, 저항의 기본적 차원들이 지닌 분석적 자율성에 관한 나의 논의는 우리로 하여금 그러한 차원들이 서로에게 영향을 미치는 방식을 경험적으로 더 잘 파악할 수 있게 해줄 것이다.

자아 관념에 대한 최근의 공격들조차 대체로 특정 자아 개념들에 의문을 제기하면서도, 개인의 행위와 의도에 어느 정도의 연속성이 존재할 가능성은 열어두고 있다. 제인 플랙스Jane Flax는 자아를 단일하고 안정적인 것으로 바라보는 관념에 대한 탈근대적 비판에 다음과 같은 단서조항을 달고 있다. "내가 탈중심화된 형태의 주체성을 제창하기는 하지만, 나는 파편화가 단일성이라는 허위의식에 대한 유일하게 바람직하거나 그럴듯한 대안이라고는 생각하지 않는다. 파편화 또한 많은

---

21   Thomas J. Scheff, *Microsociology: Discourse, Emotion, and Social Structure*(Chicago: University of Chicago Press, 1990).

22   Charles Taylor, *Sources of the Self: The Making of the Modern Identity*(Cambridge: Harvard University Press, 1989), p. 34.

위험을 수반한다. 많은 맥락에서 파편화는 온당하지 못하거나 무용하거나 해롭다. 사람들은 (옳든 그르든 간에) 하나의 견고한 핵심 자아core self를 주장하거나 구축하지 않고서도 응집성이나 장기간의 안정성을 획득할 수 있다."[23] 노버트 윌리Norbert Wiley도 실용주의에 입각하여, 상징과 감정을 기호학적으로 해석하고 만들어내고 다루는 문화적 자아에 대해 유사하게 기술했다.[24] 그는 문화적 자아는 비현실적으로 단일화된 자아라기보다는 오히려 '탈중심화된' 자아라고 주장한다. 그것은 외적으로 탈중심화되어 있다. 왜냐하면 문화적 자아가 자아의 의미를 사회세계에 크게 의존하고 있기 때문이다. 동시에 문화적 자아는 내적으로도 탈중심화되어 있다. 왜냐하면 그것이 자아의 상이한 부분들 간의, 특히 미래의 예상되거나 바라는 자아, 과거로부터 기억되고 구성된 자아, 그리고 현재의 자아들 간의 '대화'로 구성되기 때문이다. 개인들이 자신의 행위와 의도에서 일정한 응집성이나 안정성을 가지고 있는 한, 전기는 저항의 중요한 차원의 하나가 될 것이다.

문화가 개인적 의미와 보다 구조화된 공적 체계 간의 상호작용을 포함하는 것과 마찬가지로, 동일한 종류의 이중성이 전기에도 적용될 수 있다. 롬 하레Rom Harré와 그랜트 질렛Grant Gillett은 이를 '담론' 모델이라고 명명하면서, 최근의 인지심리학이 바로 다음과 같은 교훈을 준다고 주장한다. "(1) 많은 심리적 현상은 담론의 속성이나 특징으로 해석될 수 있으며, 그러한 담론은 공적일 수도 사적일 수도 있다. 공적인 것으

---

23   Jane Flax, *Disputed Subjects: Essays on Psychoanalysis, Politics, and Philosophy* (New York: Routledge, 1993), p. 102.

24   Norbert Wiley, *The Semiotic Self*(Chicago: University of Chicago Press, 1994). 이와 관련된 책으로는 Judith A. Howard and Peter L. Callero(eds.), *The Self-Society Dynamic: Cognition, Emotion, and Action*(Cambridge: Cambridge University Press, 1991)을 보라.

로서의 담론이 행동이라면, 사적인 것으로서의 담론은 사고이다. (2) 상징체계 – 이러한 견해에서 볼 때, 사고를 구성하는 –의 개인적·사적 사용은 인간환경의 주요한 특징인 개인 간 담론과정에서 파생된다. (3) 담론 속에서 감정, 결정, 태도, 퍼스낼리티 드러내기 등등과 같은 심리적 현상의 생산은 행위자들의 스킬, 그것들이 공동체에서 차지하는 상대적인 도덕적 위치, 그리고 전개되는 이야기의 양상들에 달려 있다."[25] 이러한 견해는 전기라는 차원이 문화적인 것에 의존한다는 점을 강조한다.

개인들은 주변에서 선택한 문화적 의미들을 자신들의 머릿속에 간직하고 있기 때문에, 그러한 의미들을 하나의 맥락에서 다른 맥락으로, 그리고 하나의 조직에서 다른 조직으로 운반할 수 있다. 동원 이론가와 과정 이론가들은 조직의 활동에 집중함으로써, 조직에 제대로 적응하지 못하는 개인, 조직들을 옮겨 다니는 개인, 단체에 소속되지 않은 채 집회에 참여하고 편지를 쓰는 개인들을 간과한다. 비록 무엇이 개인 저항자들로 하여금 조직적 운동에 참여하게 만드는지를 묻는 것이 매우 중요하기는 하지만, 도덕적 저항이 반드시 저항운동 속에서 발생하는 것은 아니다. 그러한 개인들은 생각과 노하우를 운동에서 운동으로 전파할 수 있으며, 그들의 삶은 공식 조직에 의해 규정되는 개별 사회운동들에 관심을 기울이는 학자들에게는 보이지 않는 방식으로 변형될 수도 있다. 조지프 거스필드Joseph Gusfield는 사회운동의 '유동성'을 논의하면서, 개인들은 운동의 '수행자'이자 운동들 간의 '전달자'로서, 자신들의 행위방식과 사고방식을 새로운 운동에 가져다준다

---

25   Rom Harré and Grant Gillett, *The Discursive Mind*(Thousand Oaks, Calif.: Sage Publications, 1994), p. 27.

고 본다.[26]

　대부분의 과정 이론가들이 가지고 있던 구조적 전망 속에서 개인들은 중요하지 않다. 시드니 태로가 다음과 같이 선언할 때, 그는 그릇된 이분법을 설정한다. "집합행위의 문제는 사회적인 것이지 개인적인 것이 아니다. 정치적 기회가 확장될 때, 그것이 동맹의 존재를 드러내줄 때, 그리고 그것이 상대방의 취약성을 폭로할 때 운동이 발생된다."[27] '발생된다'는 수동태 구문과 두 번 언급되는 '그것'이라는 불분명한 지시대상 속에서 사람은 보이지 않는다. 그러나 그러한 '사회적' 현상들은 개인 수준에도 동시적으로 위치 지어질 수 있으며, 많은 경우에서 그러한 개인들의 행위와 선택은 대단히 중요하다. 처음부터 개인을 운동의 정의에서 배제하지 않는 것이 더 낫다.

　심리학적 이론들에 대한 악평은 부분적으로는 그러한 이론의 내용 거의 대부분이 특히 20세기 전반기에 프로이트식 논의로 채워져 있다는 데서 기인한다. 1930년에 출간된 해럴드 라스웰Harold Lasswell의 『정신병리학과 정치Psychopathology and Politics』 같은 저작들은 나르시시즘, 잠재적인 동성애, 구강 의존성, 그리고 항문기 정체에 관한 논의들로 채워져 있었으며, 저항 참여가 미성숙한 활동임을 보여주는 것을 자주 목표로 삼았다.[28] 프로이트주의자들은 자아방어 과정들을 강조했으며,

---

26　Joseph R. Gusfield, "Social Movements and Social Change: Perspectives of Linearity and Fluidity," *Research in Social Movements, Conflict, and Change*, 4(1981), p. 324. 거스필드는 일찍이 1960년대에 사회운동에서 문화적 과정이 갖는 중요성을 인식한 몇 안 되는 학자들 중의 하나였다. 다음을 보라. Joseph R. Gusfield, *Symbolic Crusade: Status Politics and the American Temperance Movement*(Urbana, Ill.: University of Illinois Press, 1963); *The Culture of Public Problems: Drinking-Driving and the Symbolic Order*(Chicago: University of Chicago Press, 1981).

27　Tarrow, *Power in Movement*, p. 23.

28　Harold D. Lasswell, *Psychopathology and Politics*(Chicago: University of Chicago

프레드 그린스타인Fred Greenstein은 그러한 과정을 "개인들이 종종 자신도 모르는 사이에 자신들의 내적 갈등을 처리하려는 욕구에 자신들의 행위를 순응시키는 수단"이라고 정의한다.[29] 이는 퍼스낼리티를 무의식적으로 합목적적 행위를 방해하는 것으로 바라보는 불쾌한 관념이다. 왜냐하면 그것이 비록 아동기에 고정된 것은 아니지만 그때 발생한 장애들이 부정, 분할 또는 투영과 같은 메커니즘을 통해 우리의 환경에 대한 인식을 왜곡하고 때로는 그것에 직접적으로 대응하는 것을 방해한다고 보기 때문이다.

프로이트식 연구의 문제의식은 무의식적 동학이 우리가 우리의 환경에 대응하는 과정에서 학습하는 것을 방해할 수도 있다는 것이다. 알렉산더 역시 퍼스낼리티에 관한 논의의 결론을 내리면서, 퍼스낼리티 동학을 무의식적 감정과 등치시키는 것처럼 보인다. 그에 따르면, "행위는 체계의 환경 속에서 발생하며, 무의식적인 감정적 욕구의 적지 않은 부분이 그러한 환경 속에서 조직화된다".[30] 하지만 후기 프로이트식 에고ego심리학은 에고의 인지력과 적응적 자원들을 점점 더 강조해왔다. 에고는 이드id의 비현실적 바람들을 사회적으로 보다 수용 가능한 욕망들로 변형시키는 것으로 인식된다.[31] 보통의 성인들의 경

Press, 1930).

29   Fred I. Greenstein, *Personality and Politics: Problems of Evidence, Inference, and Conceptualization*(Princeton: Princeton University Press, 1987), p. 3.

30   Alexander, *Action and Its Environments*, p. 326.

31   이러한 전환의 두 가지 사례로는 다음을 보라. Robert E. Lane, *Political Life: Why People Get Involved in Politics*(Glencoe, Ill.: Free Press, 1959); *Political Ideology: Why the American Common Man Believes What He Does*(New York: Free Press of Glencoe, 1962). 조지 켈리(George A. Kelly)는 일찍이 1955년에 인간이 자신들의 환경에 적극적으로 관여한다는 관념에 의거하여 내적 충동을 그리 강조하지 않는 퍼스낼리티 이론을 정식화하고, 외부세계에 대한 구성물과 가정들을 공식화했다. George A. Kelly, *The Psychology of Personal Constructs*(New York: W. W. Norton, 1955)를 보라. 보다 최근

우에, 이 에고 동학은 그들의 행위를 보다 합리적이게 만들고, 그만큼 그들의 행위가 그들의 사회적 환경에 보다 현실주의적으로 순응하게 만든다. 우리가 제5장에서 살펴보듯이, 사건과 정보에 대한 장기간의 정서적 충성과 감정적 반응은 합리성과 양립 불가능하지 않다. 그것들은 결코 프시케psyche의 갑작스러운 분출도 아니고, 사건과 정보에 대한 순응도 아니다. 나는 퍼스낼리티의 특이성 대부분은 합리성으로부터의 단순한 일탈이 아니라 욕망과 대응에서 나타나는 변이로 보는 것이 더 낫다고 생각한다.

구조

저항의 기본적 차원의 리스트에는 또 다른 경쟁 차원들이 존재하는데, 그것들은 주로 특정한 사회적, 정치적 또는 조직적 '구조'의 형태를 띠고 있다. 그중에서 특히 정치구조, 공식 조직, 사회적 네트워크가 저항운동의 발흥과 쇠퇴를 설명하기 위한 출발점으로 이용되어왔다. 이 것들 각각은 적절히 구체화된다면 유용할 수도 있다. 하지만 나는 길게 볼 때 그것들은 결국 나의 네 가지 차원에서 파생한다고 믿는다. 그러한 개념들이 지닌 문제의 일부는 그것들이 '구조'로 이론화되는 방식에 있다.

에 가이 스완슨(Guy E. Swanson)은 에고 방어를 정상적인 성인들의 합리적인 적응 형태의 하나라고 방어했다. Guy E. Swanson, *Ego Defenses and the Legitimation of Behavior*(Cambridge: Cambridge University Press, 1988)를 보라. 그리고 조지 베일런트 (George E. Vaillant)도 유사하게 에고가 지닌 적응력에 대해 기술했다. George E. Vaillant, *The Wisdom of the Ego: Sources of Resilience in Adult Life*(Cambridge: Harvard University Press, 1993)를 보라.

구조는 아마도 우리가 사회과학에서 사용하는 가장 은유적인 개념일 것이다. 왜냐하면 구조의 어원이 함축하는 것처럼 사회적 삶이 벽, 바닥, 지붕 등등으로 구성되지는 않기 때문이다. 그렇지만 윌리엄 슈얼William H. Sewell에 따르면, 그것은 반드시 필요한 은유이다. 그는 구조가 물리적 자원들과 그 자원들을 이용하는 데 필요한 문화적 도식들(노하우, 절차, 가정)로 이루어져 있다고 설득력 있게 주장했다. "일단의 도식과 자원이 구조를 구성한다는 말이 적절할 수 있는 것은 시간이 흐르면서 그것들이 서로를 필요조건으로 하고 또 서로를 지탱할 때뿐이다." 자원은 문화적 도식을 구현하며, 그렇게 함으로써 그 도식을 정당화한다. "행위자들은 구조에 의해, 즉 그들이 자원을 동원할 수 있게 해주는 문화적 도식에 관한 지식과 그들로 하여금 문화적 도식을 규정할 수 있게 해주는 자원에 접근하는 것 모두에 의해 권력을 부여받는다."[32] 구조는 분석적으로 문화와 자원들로 환원될 수 있지만, 학자들에게는 일종의 신호기능signaling function을 수행한다. 어떤 연구자가 구조의 은유를 사용할 때, 그가 말하고자 하는 것은 그가 자신의 현재 목적을 위해 어떤 것을 상대적으로 고정적이고 안정된 것으로, 즉 그것 이외의 다른 무엇인가를 설명하기 위해 주어진 것으로 파악한다는 것이다. 그렇지만 슈얼은 구조가 "하나의 정확한 개념이기보다는 사회과학적 (그리고 과학적) 담론의 근원적인 또는 인식론적인 은유의 일종"이라고 말한다.[33] 안타깝게도 우리는 구조가 실재하는 것이 아니라 하나의 기호 또는 은유라는 것을 쉽게 망각한다.

앞서 출간한 책에서 나는 구조의 물화가 다음과 같은 점에서 설명을

---

32   William H. Sewell Jr., "A Theory of Structure: Duality, Agency, and Transformation," *American Journal of Sociology*, 98(1992), pp. 13, 27.

33   같은 글, p. 2.

제약한다고 주장했다. 우리는 "이를테면 사람들을 설득하거나 유리한 여론을 이끌어내는 스킬에서 나오는 비공식적 권력보다는 법적이고 성문화된 공식적인 권력을 보다 기꺼이 인정하는 경향이 있다". 둘째, 의사결정자들은 자유재량권을 행사하며, 그들의 선택은 그들의 구조적 위치뿐만 아니라 전기적·심리적 요인들에도 좌우된다. 선거, 공중의 설득, 그리고 여타의 전략들 또한 중요하다. 게다가 내가 주장했듯이, 합리화된 국가관료제의 목적들조차 항상 어떤 조직의 구조적 이해관계로부터 직접 나오지 않는다. 그러한 이해관계는 때때로 각축을 벌이고, 따라서 구성될 수밖에 없다. 끝으로, 구조는 조금씩 끊임없이 변화하며, 이따금은 크게 변화한다. 구조는 정치적 상황의 여타 측면들보다 변화하기가 더 어렵고, 따라서 덜 빈번하게 변화한다. 그러나 구조는 변화한다. 어떠한 구조도 모든 시대에 불변할 만큼 그렇게 근원적이고 고정적이지는 않다. 하지만 구조는 바로 그러한 이미지를 함축하고 있는 듯이 보인다.[34]

과정 이론가들은 자신들의 설명에서 정치구조를 그 무엇보다 중요하게 다루면서, 그것을 저항의 한 가지 기본적 차원으로 만든다. 때때로 그들은 특히 국가 간 비교에서 정치구조를 잠정적으로 고정되어 있는 것으로 본다. 저항자들은 선거제도 내에서 책략을 사용하기도 하지만, 통치체계를 당연한 것으로 간주한다. 하지만 많은 경우에 저항자들은 바로 그 정치'구조'를 변화시키기 위해 노력한다. 슈얼은 국가가 전략 수립과 권력의 너무나도 명백한 결과라는 점에 근거하여, 구조 은유를 국가에 적용하는 데 반대한다. 슈얼에 따르면, "국가와 정치구

---

34 James M. Jasper, *Nuclear Politics*(Princeton: Princeton University Press, 1990), pp. 8~9 를 보라.

조는 마치 세상의 불변의 모습인 것처럼 당연한 것으로 간주되어야 하는 것이 아니라 의식적으로 만들어지고 유지되는 것이자 투쟁과 논쟁의 대상이다".[35] 검토하는 시기 동안 구조가 변화하지 않는다고 상정하는 것이 때로는 구조는 변할 수 없는 것이라는 의미로 받아들여지기도 한다. 하지만 정치구조가 저항운동에 가해지는 제약들을 파악할 수 있는 유용한 도구임을 이따금이라도 입증하기 위해서는, 그러한 단서조항이 있어야 한다.

일반적으로 보다 장기적인 관점을 취하는 또 다른 과정 이론가들은 바로 그러한 정치구조의 변화가 기회를 제공한다고 파악한다. 하지만 우리가 살펴보았듯이, 문제는 그들이 그러한 변화 자체를 설명하지 않는다는 것이다. 그들이 자주 구조적 변화와 자원을 결부 짓기는 하지만, 그들은 대체로 구조적 변화가 문화와 전략과는 무관한 그것 고유의 논리를 따르는 것으로 생각한다. 하지만 정치체계가 행위를 제약하는 까닭은 사람들이 정치체계를 믿고 그 규칙들을 따르기 때문이거나, 또는 유력한 제도와 개인들이 자신들의 자원을 이용하여 순응을 강제하기 때문이다. 논리적 수준에서 보면, 정치구조에는 우리가 자원, 문화, 전략, 그리고 이따금은 전기를 설명할 수 있는 여지가 거의 존재하지 않는다.

저항을 설명하는 데서 하나의 자율적 차원으로 활용될 수 있는 것 중 더 나쁜 하나의 후보가 '사회구조'이다. 이는 가장 흔히 그리고 가장 오랫동안 사용된 구조 은유 중의 하나로, 거의 위험할 정도로 동어반복에 가깝다. 인간 상호작용의 유형이 사회구조가 아니라면 대체 무엇이 사회구조인가? 그것을 제외하면, 그것이 바로 우리가 설명하기 위

---

35   Sewell, "A Theory of Structure," p. 24.

해 노력하고 있는 것이라는 답변도 쓸 만하다. 사회운동을 설명하기 위해서는, 특정 개인들이 왜 어떤 일들을 함께 도모하기 위해 특정 시점과 특정 장소에 집결하는지를 설명할 필요가 있다. 그들이 이전에 다른 시점과 다른 장소에서 집결한 적이 있다고 말한다면, 그것은 얼마나 타당한 설명인가? 이것은 우리의 호기심을 조금은 해소해준다. 만약 사람들이 이전에 서로 상호작용한 적이 있다면, 그들이 다시 그렇게 할 가능성이 커지기 때문이다. 그렇다면 그들이 처음에 상호작용을 한 이유는 무엇인가? 따라서 이러한 종류의 설명만으로는 충분하지 않다. 하지만 이것이 바로 대체로 많은 구조적 개념, 특히 사회적 네트워크라는 매우 인기 있는 개념이 설명하는 것이다.

사회적 네트워크라는 개념은 저항에 관한 조사연구에서, 특히 충원 유형을 설명하기 위한 하나의 수단으로 광범하게 사용되어왔다. 그 개념은 사회구조를 조작화하는 하나의 방식이다. 네트워크 연구자의 한 사람인 마리오 디아니Mario Diani는 최근에 사회운동을 하나의 네트워크로 정의하고, 네트워크에서 발견되는 몇 가지 종류의 유대를 다음과 같이 목록화했다. "(1) 운동에 공감하거나 운동에 동원된 개인들 간의 사적 유대, (2) 조직 간 연계관계, (3) 복수의 조직에 성원자격을 가진 활동가들에 의해, 그리고 그 성원들의 사적 유대에 의해 창출되는 조직들 간의 비공식적 결합."[36] 이처럼 우리는 개인적 유대와 조직적 유

---

36 Mario Diani, *Green Networks: A Structural Analysis of the Italian Environmental Movement*(Edinburgh: Edinburgh University Press, 1995), p. 5. 사회운동에 대한 네트워크 접근방식의 또 다른 사례들로는 다음의 것들이 있다. David Knoke and James R. Wood, *Organized for Action: Commitment in Voluntary Associations*(New Brunswick, N.J.: Rutgers University Press, 1981); Edward O. Laumann and David Knoke, *The Organizational State: Social Choice in National Policy Domains*(Madison: University of Wisconsin Press, 1987); David Knoke, *Political Networks: The Structural Perspective*(Cambridge: Cambridge University Press, 1990). 이에 대한 비판으로는

대를 가지고 있다. **유대**, **연계관계**, 그리고 어떤 다른 사람과 **아는 사이**라는 단어들이 지닌 모호함은 조직 간 유대의 경우에 다음과 같은 조작화를 통해 줄어든다. "나는 두 운동조직이 (1) 특정 캠페인을 공동으로 추진하고, (2) 정기적으로 정보를 교환하고, (3) 몇몇 핵심 성원을 공유하고, (4) 하나 또는 그 이상의 핵심 성원들이 다른 조직의 핵심 성원들과 친구관계의 유대를 맺고 있을 때, 그 두 조직이 교류하고 있는 것으로 간주했다."[37] 우리는 이러한 상호작용들을 통해 무엇을 설명할 수 있는가? 저항자들이 모르는 사람보다 아는 사람을 성원으로 충원할 가능성이 더 크다는 것을 발견할 때, 또는 두 조직이 서로 정보를 교환하고 있다는 것을 발견할 때 우리가 알게 되는 것은 정확히 무엇인가? 네트워크 상호작용은 우리에게 그 자체로 흥미로운 많은 것들을 말해 주는가? 우리가 아주 빈번히 사용하는 네트워크라는 은유 이면에 어떤 자원, 규칙, 문화적 도식, 정서 유형이 자리하고 있는지를 알기 위해서는 우리가 그 은유 너머로까지 나아갈 필요가 있다. 왜 다른 네트워크가 아니라 그 네트워크인가? 성원을 충원하기 위해 기존 네트워크가 사용되는 것은 언제이고, 저항 자체로부터 새로운 네트워크가 생겨나는 것은 언제인가?

한 가지 문제는 개인적 네트워크의 효과가 자주 잘못 제시되고 있다는 것이다. 네트워크의 정치적·조직적 원천이 지닌 효과가 모종의 기존 사회조직을 과장하기 위해 과소평가되어왔다. 내가 보기에, 우리가 규칙적으로 상호작용하는 사람들은 대부분 **동료**나 **동지** 또는 **친구와 가족**인 듯하다. 각각을 차례로 살펴보자. **우리가 동료와 교제하는 이**

Mustafa Emirbayer and Jeff Goodwin, "Network Analysis, Culture, and the Problem of Agency," *American Journal of Sociology*, 99(1994), pp. 1411~1454를 보라.

37　Diani, *Green Networks*, p. 201.

유는 공식 조직이 우리의 삶을 틀 짓고, 또 그러한 조직이 하는 일의 많은 것이 네트워크에 신뢰를 부여하기 때문이다. 어떤 조직들은 우리를 주로 금전적으로 유인한다. 즉, 우리는 우리의 상호작용에 대한 보상으로 자원을 획득한다. 다른 조직들은 정치적 목적을 추구한다. 즉, 그러한 조직의 존재 자체가 곧 하나의 의식적 전략이다. 조직의 유대에 대한 디아니의 주장에서 첫 번째와 두 번째 국면은 기존의 유대가 아니라 전략적 캠페인에 참여하는 조직들이 내린 의식적 결정의 결과 쉽게 생겨날 수도 있다. 만약 그러한 유대가 캠페인 이전부터 존재했다면, 우리는 단지 그 유대가 계속되어온 이유를 설명하기만 하면 된다. 이전부터 프리덤 서머는 또 다른 자원자와 유대가 있는 잠재적 자원자들이 그러한 유대가 없는 사람들보다 운동에 참여할 가능성이 더 많다는 것을 보여주기 위해 이용되어왔다. 하지만 더그 매캐덤과 로넬레 폴슨Ronnelle Paulsen은 그 자료를 재분석했을 때, 그들은 그러한 사실이 조직 성원의식을 "대신 보여주는 것에 불과하며," 그러한 성원의식이 조직과 조화를 이루는 개인적 정체성을 수반한다는 것을 발견했다.[38]

동원에 대한 하나의 설명요인으로서의 네트워크에 달아야 하는 두 번째 단서조항은 **많은 네트워크가 의식적이고 자주 정치적인 결정으로부터 생겨난다**는 것이다. 이를테면 **동지는 우리가 그들과 사회정의 및 사회변동에 관한 어떤 관념을 공유하기 때문에 선택한 사람들이다.** 우리는 저항의 영역에서나마 바로 그러한 동지의 선택과정을 설명하고자 노력하는 중이다. 시민권 운동에 기초한 조사연구에서 나타나는 통상적인 네트워크 이미지는 남부의 흑인 공동체들이 민권운동을 벌

---

38   Doug McAdam and Ronnelle Paulsen, "Specifying the Relationship between Social Ties and Activism," *American Journal of Sociology*, 99(1993), p. 662.

이기 이전에 그러했던 것처럼 네트워크가 정치적 행위 이전에, 그리고 그러한 행위와 독립적으로 존재하는 공동체의 일부라는 것이다. 그러나 우리가 앞으로 살펴보듯이, 여타의 네트워크들은 분명히 정치적 목적을 위해 발전하며, 그 배후에 어떠한 독자적인 집합적 정체성도 가지고 있지 않다. 제7장과 제8장이 보여주듯이, 탈산업적 운동들 사이에서 공통적으로 나타나는 이러한 활동가 네트워크가 새로운 운동의 출현에 일조하기도 한다. 그러나 또한 그러한 네트워크들은 분명 특정한 대의를 위해 발전될 수도 있으며, 따라서 그 대의를 넘어서면 별다른 활력을 지니지 못한다. 이 경우 저항운동을 그것이 창출하는 네트워크의 측면에서 설명하는 것은 특히 더 동어반복적이다. 디아니는 놀랍게도 밀라노의 환경운동에서 정기적인 접촉이 거의 없었다는 것을 발견했다. 운동조직들은 세 개 이하의 다른 조직들과, 그리고 개인들은 겨우 3.5명의 다른 환경주의자들과 정기적으로 교류했다. 탈산업적 운동들은 기존의 조밀한 네트워크 없이도 출현하고 또 계속되기도 한다. 그러나 이것은 또한 시민권 운동의 기존 유대가 과장되거나 잘못 해석되어왔을 수도 있다는 것을 시사한다. 조직화된 운동으로 귀결되지 않은 조밀한 네트워크들과 통제된 비교가 이루어지지 않은 상황에서 그러한 유대가 공통적 또는 보편적이라는 것에는 의문의 여지가 있다. 유대는 성원 충원의 원인이 아니라 성원 충원에 길을 열어주는 것일지도 모른다.

네트워크가 기여할 수 있는 것 중 하나가 상이한 조직들이 처음에 어떻게 연결될 수 있었는지, 그리고 두 조직에 속한 한 개인이 어떻게 하나의 집단을 새로운 대의에 집단적으로 충원되게 할 수 있었는지를 보여주는 것이다. 심지어 그러한 유대에 대한 충성을 이해하기 위해서도 우리는 자주 개인적 특질 — 이를테면 네트워크에서 어떤 중요한 위치를 점하고 있는 사람들의 카리스마 ─ 에 의존하지 않을 수 없다. 그리고 네트워크 개념이 우리가 그 개인에 대해 어떠한 관심을 더 가지게 하는지도 분명하지 않다. 공식 조직들 간의 연계관계는 어떻게 창출되고 유지되는가? 나는 자원과 전략은 그러한 조직들 간의 접촉을 대부분 설명하는 데 반해 개인들 간의 관계는 그것의 일부만을 설명한다고 생각한다.

일단 우리가 공식적 조직의 효과와 의식적으로 창출된 유대를 분리하고 나면, 네트워크에 남는 것이 무엇인지가 명확하지 않게 된다. 네트워크는 나의 다른 기본적 차원들로 환원될 수 있을 것으로 보인다. 심지어 세 번째 유형인 친구와 가족의 유대도 대부분 정서, 즉 문화와 전기의 조합에 기초하여 설명된다. 모든 사회적 삶에는 특정한 유형의 사회적 유대가 존재한다. 프랜시스 폭스 피븐Frances Fox Piven과 리처드 클로워드Richard A. Cloward는 저항을 위해서는 최소 수준의 사회조직("얼마간의 사람, 근접성, 그리고 일정 정도의 의사소통")이 요구되지만 이는 사실 모든 인간사회 속에서 발견되는 것이라는 점을 인정한다. 그들에 따르면, "분명한 것은 사람들이 서로 관계를 맺어야 한다는 것이다. 다시 말해 그들이 일정 정도의 공통적인 정체성 의식, 불만과 적대자를 규정하는 일정 정도의 공유된 의식, 일정 정도의 의사소통 능력 등등을 가지고 있어야만 한다. 그러나 이러한 필요조건들은 그 [자원동원] 학파가 상정하는 조밀하고 지속적인 외부 관계에 의지하지 않는다".[39] 피븐과 클로워드는 사회적 네트워크가 산소와 같다고 시사한다. 우리는 그것 없이는 존재할 수 없을 것이다. 그러나 바로 이 같은 사실 때

---

39 Frances Fox Piven and Richard A. Cloward, "Normalizing Collective Protest," in Aldon D. Morris and Carol McClurg Mueller(eds.), *Frontiers in Social Movement Theory* (New Haven: Yale University Press, 1992), p. 310.

문에 우리는 네트워크가 보다 상세하게 설명되지 않을 경우 그것이 하나의 독자적인 설명변수일 수 있을까 하는 의구심을 가지게 된다.

네트워크는 또한 이상한 방법론적 편향 때문에 이득을 보기도 한다. 다시 말해 일단 어떤 메커니즘이 확인되기만 하면, 심지어 아주 작은 증거도 그것을 뒷받침하는 것으로 받아들여진다. 심층적으로 연구된 성원 충원 사례에서 참여자들의 10%가 개인적 네트워크를 통해 충원된다면, 우리는 그 사실에 감명을 받아야 하는가? 50%라면? 90%라면? 1980년대의 한 사회운동 조직의 성원에 관한 연구는 "19%가 그들이 읽는 종교 간행물을 통해 「평화를 위한 증언Witness for Peace」을 처음 접했고, 9%는 그들이 다니는 교회나 유대교회당에서의 접촉을 통해 처음 접했다"는 것을 발견했다. 비록 간행물들이 실제로 익명으로 발행되고 또 누구나 원하면 그것을 손에 넣을 수 있고 단 9%만이 직접적인 개인적 유대를 통해 충원된 상태임에도 불구하고, 그 저자는 그것을 성원 충원에서 네트워크가 갖는 중요성의 증거라고 파악한다.[40] 디아니의 연구에서도 환경주의자들과 환경조직 간의 매우 낮은 접촉빈도가 네트워크가 갖는 중요성의 증거로 받아들여진다.

이 모든 사례에서 네트워크는 다른 기본적 차원들 중 하나와 밀접하게 연관되어 있다(동료의 경우에는 자원, 동지의 경우에는 전략, 그리고 친구와 가족의 경우에는 문화의 감정적 요소). 네트워크 개념이 그러한 다른 차원들을 측정하는 방법론 외에 저항 연구에 무엇을 덧붙여주는지는 그리 분명하지 않다. 정치구조처럼 네트워크도 파생적 요소이기는 하지만, 여전히 가끔은 유용하기도 하다. 네트워크는 기본적으로 상징적·감정적 메시지들을 전달하는 데 중요할 수도 있다. 만약 네트워크

---

40   Christian Smith, *Resisting Reagan*, p. 117.

가 존재하지 않는다면, 그러한 메시지들은 홍보 우편물이나 광고와 같은 보다 익명적인 다른 매체들을 찾아야 할지도 모르기 때문이다.

구조적 영향을 가장 많이 미칠 수 있는 것은 아마도 공식 조직일 것이다. 왜냐하면 공식 조직은 일군의 자원, 법률, 규칙, 문화적 기대들이 고도로 관례화되어 있는 상태이기 때문이다. 매카시와 잘드가 그리고 있는 이미지 대부분에는 공식 조직이 포함되어 있으며, 그 공식 조직은 아마도 틀림없이 하나의 독자적 차원으로 제시될 수 있을 것이다. 그렇지만 조직은 나의 네 가지 기본적 차원을 통해 분석될 수 있다. 왜냐하면 이전의 전략적 선택의 결과로 설립된 조직은 문화적 기대와 자원이 축적된 장소일 뿐만 아니라 앞으로 전략적 선택이 이루어질 맥락이기도 하기 때문이다. 조직의 상대적 안정성의 많은 부분은 자원만큼이나 문화적 기대에서 연원한다. '구조'는 그러한 안정성에 거의 아무것도 덧붙여주지 않는다. 구조의 다른 측면들처럼 조직도 나타났다 사라지며, 우리가 설명하고 싶어 하는 것 중 많은 것이 바로 그러한 변화이다. 그러나 조직은 우리가 인지할 수 있는 실체이며, 그것에 대한 사회학적 문헌이 많기 때문에, 조직을 잠깐 (대부분의 저항조직들에게는 비참하리만큼 짧은) 동안은 주어진 것으로 간주하는 것도 가끔은 유용하다.

구조 은유가 그럴듯한 것은 그러한 은유가 사회적 삶이 개인을 제약하며 제도와 규칙에는 지속적 속성이 존재한다는 통찰을 표현하기 때문이다. 하지만 그렇게 보이는 까닭은 자원, 문화, 심지어는 전략과 전기조차도 상대적으로 지속적이고 구조화되어 있기 때문이다. 이것들 외에 또 다른 '것'을 덧붙이는 것은 불필요하다. 만약 우리가 하나의 제도가 왜 다른 제도보다 더 오래 지속되는지를 설명하길 원한다면, 우리는 곧 그들의 자원, 문화적 정당성, 전략, 그리고 지도자와 반대자의 전기 등에 의지하게 될 것이다. 구조를 설명하기 위해서는 구조를 주어진 것으로 받아들이기보다는 그것을 구성하는 측면들을 면밀히 검토할 필요가 있다.

구조적 용어들이 갖는 문제는 그러한 용어들이 무의미하다는 것이 아니라, 걸핏하면 잘못 전달된다는 것이다. 어떤 것을 구조라고 부르는 것은 그것에 대한, 특히 그것의 가변성에 대한 더 이상의 탐구를 배제하는 것이다. 단기적 현상을 설명할 때 우리는 많은 것을 주어진 것으로 간주할 수도 있지만, 장기적 발전을 설명하는 경우에는 그렇게 할 수 없다. 정치구조는 어쩌다 변화한다. 어떤 목적에서 본다면, 자원 배분과 문화적 의미 또한 너무나도 느리게 변해서 중요하지 않을지도 모른다. 그러나 그러한 차원에서 일어나는 변화야말로 자주 우리가 흥미를 느끼는 것이다. 우리는 정치구조, 네트워크 또는 공식 조직이 변화하지 않을 것이라고 **가정**해서는 **안** 된다.

예술성

지금까지 논의해온 기본적 차원들과 부차적 차원들 모두는 마치 시간이 중요하지 않다는 듯이 정적으로 연구될 수도 있다. 몇몇 게임 이론가는 심지어 시간과 가장 긴밀하게 연관된 차원인 전략조차 마치 이미 나와 있는 결과로 나아가는 기계적 단계인 것처럼 연구하기도 한다. 그러나 정적으로 파악될 때 각 차원은 왜곡되며, 그 차원들 간의 상호작용은 자칫하면 시야에서 사라질 수도 있다. 우리는 전략적 기회들을 정치구조의 측면들로 잘못 기술한다. 그리하여 우리는 전략이 어떻게 자원의 배분을 변형시키는지를 놓치고 만다. 만약 우리가 문화가 이용되고 변화되는 방식을 무시한다면, 문화는 거의 어떠한 설명력도 지니지 못할 것이다. 심지어 전기조차도 어린 시절 이래로 고정된 채 남아 있기보다는 발전하고 성장하는 차원이다. 시간이 경과함에 따라 저항자들이 이용할 수 있는 자원은 더 많아지기도 하고 또 더 적어지기도 한다. 전략은 상대방이 그 전략을 예상하고 있을 때 덜 효과적이게 된다. 새로운 감성과 레토릭이 더 설득력을 지니게 된다. 심지어 전기적 욕구와 능력도 역사를 가로질러서뿐만 아니라 저항세대들의 삶까지 가로지르며 변화한다. 역사와 변화를 인식하는 것은 우리가 한 가지 차원을 여타의 차원들에 어떻게든 우선한다고 물화하는 것을 막을 수 있다.

이 모든 차원이 변화하는 방식을 고찰하는 한 가지 방법이 예술성artfulness이라는 관념을 활용하는 것이다. 사람들은 자신들이 행하고 있는 것을 알고 있으며, 계획을 세우고 프로젝트를 발전시킨다. 그리고 그들은 자신들의 목표를 달성하려고 노력하면서 혁신을 이룩한다. 사회학자들은 개인이 구조의 단순한 담지자도, 또한 문화에 속아 넘어가는 얼뜨기도 아니라는 것을 강조하기 위해, 예술성을 자신들의 독특한 용어로 종종 '주체적 행위능력agency'이라고 부른다. 개인들은 비록 특정한 한계 내에서이기는 하지만 행위한다. 그들은 자신들의 행위와 그 결과를 모니터하고, 조정하고, 새로운 목표와 가능성을 상상하고, 다른 사람들에게 반응한다. 사회학자인 무스타파 에미르베이어Mustafa Emirbayer와 앤 미셰Ann Mische에 따르면, 주체적 행위능력은 우리가 습관과 전통의 요소들로부터 선택한다는 점에서 과거를 향하고 있지만, 우리가 행하고 느끼고 생각하는 새로운 방식들을 만들어내기 위해 실험하고 노력한다는 점에서 미래를 향한다. 이 개념은 또한 우리가 과거의 관행들을 문제시하고 앞으로 기울일 노력에 관한 결정을 내린다는 점에서 중요한 규범적 요소를 지니고 있다. 즉, 판단은 인간 삶의 의욕적 부분이다.[41] 예술은 이러한 차원들을 한꺼번에 하나로 결합한다. 왜냐하면 예술은 당연한 것으로 간주되어온 요소들을 문제시함으로써 기존 전통들을 새로운 창조물로 변형시키는 실험적 노력들로 이루어지기 때문이다. 그것으로부터 생겨나는 프로젝트들은 대규모일 수도 있고 소규모일 수도 있으며, 평생이 걸리는 작업일 수도 있고 한 달이 걸리는 작업일 수도 있다. 그리고 예술가는 각종 프로젝트 여러 개를 동시에 수행할 가능성이 많다. 저항자들도 분명 예술가들처럼 일부 현실을 비판하고 크고 작은 방식으로 미래의 대안을 실험하기 위해 기존 전통들을 재고한다. 그들은 또한 미래로 나아가는 방식들을 제시한다.

저항자들이 행하는 활동의 많은 것이 삶을 영위하고 느끼는 새로운 방식들을 만들어내는 것을 목적으로 하는 실험으로 이해될 수 있다. 특히 탈산업적 운동들은 집단 내부의 평등, 지도자와 다른 사람들 간의 관계, 민주적 의사결정 과정, 그리고 도덕성과 도구적 효율 간의 잠재적 충돌에 상당한 관심을 가지고 있다. 대부분의 시민권 운동들이 기존의 삶의 방식들 속에 포함되는 것을 추구한다면, 탈시민권 운동들은 바로 그러한 삶의 방식에 대한 불만으로부터 발생한다. 때때로 그러한 실험들은 순전히 전략적인 관점에서 본다면 성가시고 '비효율적'이다. 이를테면 합의의 강조는 어떠한 행위도 방해할 수 있다. 그러나 문화적 관점에서 볼 때, 그러한 노력은 우리가 앞으로 가지게 될 수도

---

41 Mustafa Emirbayer and Ann Mische, "What Is Agency?" Unpublished paper, 1995. 주체적 행위능력과 문화가 자주 합체되는 것은 아마도 구조/주체적 행위능력과 구조/문화가 사회학자들 사이에서 흔히 제시되는 대립들이기 때문일 것이다. 그러나 주체적 행위능력은 문화(그 자체로 구조화된), 자원, 전략, 그리고 심지어 전기에까지 영향을 미칠 수 있다. Sharon Hays, "Structure and Agency and the Sticky Problem of Culture," *Sociological Theory*, 12(1994), pp. 57~72를 보라.

있는 것에 관한 우리의 상상력의 문을 여는 중요한 결과를 낳을 수도 있다. 알베르토 멜루치Alberto Melucci와 존 로플랜드 같은 학자들이 주장했듯이, 외견상 평온한 시대에는 그러한 혁신은 대부분 무대 뒤편에서 아이디어들이 회자되고 삶의 새로운 형태들이 시도되면서 일어난다. 명시적인 정치적 프로그램 속에서는 그러한 실험은 오직 가끔씩만 시도된다.

예술성은 저항의 모든 차원에서 따로따로 또는 동시에 나타난다. 저항자들은 새로운 전략이나 오래된 자원의 새로운 사용 방법을 고안하기 위해 전통적인 문화적 수사어구나 열망에 의지하기도 한다. 그들은 근본적으로 새로운 문화적 감성을 기존의 자원과 전략들을 통해 널리 퍼뜨릴 수도 있다. 여성운동과 뉴에이지 운동이 그러하듯이, 저항자들은 그들 자신의 성원들이 가지고 있는 정신적 욕구와 느낌을 변화시키기 위해 노력하기도 한다. 몇몇 경우에 그들은 새로운 문화적 열망과 정신적 자유를 상징하는, 또는 기존 자원의 횡포로부터 그러한 열망과 자유를 해방시키는 새로운 전략들을 사용하여 여러 차원에서 동시에 변화를 추구하기도 한다. 저항자들은 크고 작은 방식으로 생각하고 느끼고 판단하고 행위하는 새로운 방식들을 실험한다. 특히 효과적인 전략 수립은 적절한 타이밍뿐만 아니라 예술적인 혁신과 선택에도 좌우된다.

전기 역시 예술성과 특별한 관계에 있다. 시간에 혁신을 덧붙인 것이 변동이라면, 전기와 그것이 수반하는 개인적 변이는 그러한 혁신에 필수적이다. 전기 속에는 특정 아이디어나 느낌을 유행시키고 확산시키는 자연선택과정이 존재한다. 새로운 전략, 기술, 문화적 요소들은 보통 개인들 — 아마도 광범한 사회적 변화에 동일하게 동시적으로 반응하는 다수의 개인들 — 과 더불어 시작된다. 그런 다음 새로운 것들의 효과를 깨닫거나 그것들이 그럴듯하다고 느끼는 저항자들 사이로 그것들이 확산되기도 한다. 그런 다음에 의미와 느낌은 그 결과가 좋을 경우 예술에 의해, 뉴스매체에 의해, 그리고 마지막으로는 여타의 제도들에 의해 채택된다. 예술가들이 새로운 전망과 표현들을 정식화하는 데 특히 능한 반면, 뉴스매체는 그것들의 확산에 특히 둔감하기 때문에 그것들을 주요 사회제도들에 대한 비판으로 인식하기보다는 생활양식으로 축소시킨다. 감성의 혁신은 전기, 그리고 보다 광범위한 문화적 과정들을 포함하는 하나의 복합적 과정으로, 자원과 전략에 의해서도 틀지어진다. 그러나 모든 문화가 그러하듯이, 그것은 개인들과 더불어 시작된다. 다윈식 심상으로 표현하면, 우리 개개인은 타고난 차이를 가지고 있으며, 특정한 선택과정을 통해 생각하고 느끼고 행위하는 새로운 방식들의 타당성과 전략적 결과를 테스트하고, 그런 다음 그것들을 거부하거나 광범하게 채택한다.

학습이라는 용어는 문화가 보다 능동적이고 개방적인 것임을 시사한다. 이러한 문화 이미지는 우리로 하여금 인간은 문화가 지시하는 것을 수동적으로 행한다고 보는 '과잉사회화된' 인간 개념을 피할 수 있도록 도와준다. 사람들은 비록 자유롭게는 아니지만 선택 가능한 신념과 느낌들 사이에서 선택한다. 그리고 그들은 기존의 역할이 적합하지 않을 때 혁신을 하기도 한다. 페이 긴즈버그Faye Ginsburg가 낙태 논쟁의 경우에서 보여주었듯이, 개인들은 자신들에게 제공되는 지배적인 이미지에 불편함을 느낄 때 자주 저항한다. 그녀는 삶의 위기는 "생애과정에 대한 문화적 이상과 개인적 경험 간의 부적합을 시사하는 것일지도 모른다"라고 말한다.[42] 심지어 누군가의 감정은 사회가 규정하

---

42   Faye D. Ginsburg, *Contested Lives: The Abortion Debate in an American Community*

는 정의와 전혀 부합하지 않을 수도 있다.[43] 지배적인 관념과 감성은 항상 간극과 모순을 지니고 있으며, 이것이 대안들에 얼마간 힘과 기회를 부여한다. 제9장에서 살펴보듯이, 모종의 부적합이라는 관념은 그들 자신이 속한 사회의 어떤 부분에 반대하는 이데올로기를 계속적으로 발전시키는 사람들에게 접근하는 방법으로 특히 유망하다. 전기적 요인들 — 자주 매우 미묘한 — 은 왜 어떤 사람들이 다른 사람들보다 기대되는 역할에 더 쉽게 적응하는지, 왜 어떤 사람들은 다른 사람들보다 더 기꺼이 또는 열성적으로 규칙들을 따르는지를 설명하는 데 도움을 줄 수 있다. 오직 저항의 가장 중요한 지도자들 — 간디, 루서, 레닌, 마오 — 의 전기만이 광범한 관심을 받아왔지만, 모든 참여자들이 유사한 전기적 역사로부터 영향을 받는다.[44] 그러한 동학은 심지어 그 동학이 시대에 뒤질 때조차 중요하다.

(Berkeley: University of California Press, 1989), p. 138.

[43] 감정에 대한 외적 예상과 내적 느낌 간에 이따금 발생하는 부적합에 대해서는 Carol Zisowitz Stearns and Peter N. Stearns, *Anger: The Struggle for Emotional Control in America's History*(Chicago: University of Chicago Press, 1986)를 보라.

[44] 이를테면 다음을 보라. Erik H. Erikson, *Young Man Luther: A Study in Psychoanalysis and History*(New York: W. W. Norton, 1958); *Gandhi's Truth: On the Origins of Militant Nonviolence*(New York: W. W. Norton, 1969); Robert Jay Lifton, *Revolutionary Immortality: Mao Tse-tung and the Chinese Cultural Revolution*(New York: Random House, 1968); Robert C. Tucker, *Stalin as Revolutionary, 1879~1919: A Study in History and Personality*(New York: W. W. Norton, 1973); John E. Mack, *A Prince of Our Disorder: The Life of T. E. Lawrence*(Boston: Little, Brown, 1976). 보다 정곡을 찌르는 것으로는 William Lanouette and Beta Silard, *Genius in the Shadows: A Biography of Leo Szilard: The Man Behind the Bomb*(New York: C. Scribner's Sons, 1992)을 보라. 정신분석적 자서전들에 대한 반성적 저술로는 H. N. Hirsch, "Clio on the Couch," *World Politics*, 32(1980), pp. 406~424를 보라.

그 어떤 것도 우선하지 않는다

과거에 마르크스주의자들이 세상에 등장했을 때, 그들은 물질적 존재양식, 즉 자원이 우선한다고 주장하기를 좋아했다. 그 주장을 가지고 서로 다른 마르크스주의 학파들은 서로 다른 것들을 말하고자 했다. 즉, 그것은 (1) 기술체계와 사람들이 보유하는 신념의 종류 간에는 직접적인 관계가 있다는 의미로, (2) 생산수단이 계급구조를 결정하며 계급갈등이 우리의 의식에 영향을 미친다는 의미로, (3) '최종심급'에서는 물질적 생산이 유일한 결정인자이지만, 그 과정 동안에는 관념에 상당한 자율성을 허용한다는 의미로, (4) 이 최종심급은 오직 경제적·정치적 위기 동안에만 발생한다는 의미로, 또는 (5) 물질적 세계와 관념적 세계는 각기 별개의 논리를 가지고 있지만 그 둘 간에는 기능적 적응이 존재할 수밖에 없다는 의미로 쓰였다. 때때로 '우선한다'는 말은 역사적 의미로 사용되었다. 즉, 사람들은 그들이 의사소통하고 텔레비전을 시청하기 전에도 물리적 형태로 존재했다는 것이다. 다른 경우에 우선성은 논리적 우선성을 의미했다. 즉, 물질적 존재양식과 이해관계가 솔직히 더 중요하다는 것이었다. 나는 오늘날 대부분의 이론가들이 우리의 물리적 세계와 그 세계에 대한 우리의 관념들이 결코 분리될 수 없다는 것을 인정하고 있다고 생각한다. 즉, 다른 하나가 없는 하나는 있을 수 없다. 그 어떤 것도 우선하지 않는다.

저항의 한 가지 차원이 가장 중요하다는 의미에서 우선한다고 말하거나 암시하는 것은, 연구조사의 특정한 경로들을 배제하는 것, 즉 우리가 발견할 수 있는 어떤 결과들을 미리 결정하는 것이다. 문화도, 전략도, 그리고 자원이나 전기도 결코 우선하지 않는다. 오직 사건들의 연대기적 흐름 속에서만 어떤 것이 다른 것에 우선할 수 있다. 심지어 역사적 연대기와 관련해서조차 우리는 어떤 주어진 시기의 자원분포나 문화적 의미들이 앞선 행위와 갈등의 결과임을, 달리 말하면 자원, 전략, 문화, 전기 – 이 중 어떠한 것도 다른 것들에 대해 논리적 우선성을 가지지 않는다 – 의 결과임을 기억해야만 한다. 사회적 삶의 예술성은 우리가 사실에 입각하여 경험적 일반화를 도출할 수 있다는 것을 보증한다 (그리고 사회과학자로서 우리는 그러한 일반화를 한다). 우리는 어떤 상황에서 무엇이 발생할 것인지를 논리적으로 추론할 수 없다. 심지어 도시화나 산업화 같은 거대 과정들조차도 결코 미리 결정되어 있지 않다.

　나는 이 네 가지 차원을 저항의 빌딩블록들building block[이 용어는 여기서만 문맥을 맞추기 위해 빌딩블록으로 표현했고, 다른 곳에서는 구성요소로 번역했다 – 옮긴이]이라고 제안했다. 왜냐하면 그것들의 자율성을 강조할 경우, 그것은 우리로 하여금 우리가 그러한 블록들로 무엇이 지어질 것인지를 미리 알 수는 없다는 것을 기억하게 하는 데 일조할 것이 틀림없기 때문이다. 충분히 오랜 시간이 지나고 나서야 모든 것을 알게 될 것이다. 결국 우선하는 것을 아는 것은 항상 나중에 오는 것을 아는 한 가지 방식이었다.

- 비록 이 책이 저항의 문화적 측면을 주로 다루지만, 적어도 네 가지 차원 – 즉, 문화, 전기, 전략, 자원 – 이 환원할 수 없는 분석적 자율성을 지닌다는 점을 염두에 둘 필요가 있다.
- 문화는 이중적이다. 문화는 구조화된 공적 상징체계들과 보다 열려 있는 개인적 의미들을 결합하고 있다.
- '구조'는 결코 보이는 것만큼 그렇게 구조적이지 않다. 즉, 구조는 변화하지 않거나 변화할 수 없는 것이 아니다. 일반적으로 구조는 나의 네 가지 기본적 차원이 서로 얽혀 있는 덩어리이다.

- 저항의 예술적 측면은 부분적으로는 전기적 요인들로 인해 개인들에게 발생한 특이성에서 비롯된다. 기본적 차원들 각각은 정적이 아니라 역동적이다.
- 그러한 차원들 중 어떤 것의 상대적 중요성은 미리 결정될 수 없다. 그 어떤 것도 우선하지 않는다.

제4장

문화적 접근방식

우리는 내적 세계를 우리의 감각기관의 도움을 받아 관찰할 수 없다. 우리의 생각, 바람, 느낌, 환상은 볼 수도, 냄새 맡을 수도, 들을 수도, 그리고 만질 수도 없다. 그것들은 물리적 공간에 존재하지 않지만, 실재한다. 우리는 그것이 우리 자신에 대한 내적 성찰을 통해, 그리고 다른 사람들에 대한 감정이입(즉, 간접적 내적 성찰)을 통해 나타날 때 그것을 관찰할 수 있다.

— 하인즈 코헛

다행스럽게도 결코 검증될 필요는 없었지만, 아마도 필시 영국인들은 해변에서, 비행장에서, 거리에서, 그리고 언덕에서 실제로 (그 문제에 대해서라면, 역시 탄산수 병을 들고) 싸웠을 것이다. 왜냐하면 처칠이 그의 동포들이 느끼는 기분을 정확히 공식화했고, 또 그 기분을 공식화하면서 그것을 별개의 실현되지 않은 사적 감정들이 아니라 하나의 공적 감정, 즉 하나의 사회적 사실로 만듦으로써 그것을 동원했기 때문이다.

— 클리퍼드 기어츠

지난 10년 동안 사회운동 연구자들은 문화의 중요성을 재발견해왔다. 그들은 불만과 세계관의 사회적 구성에 대해 저술하기 시작했다.

그들은 자주 합리주의적 접근방식과 동원 접근방식을 비판하는 방식으로 활동가들의 사회심리적 정체성 형성에 대해 기술해왔다. 그들은 정치적 행위에서 관념과 이데올로기가 수행하는 역할에 다시 초점을 맞추어왔다. 그리고 그들은 문화라는 관념을 정적인 인지적 격자를 넘어 행위양식으로까지 밀고 나갔다. 1980년대에는 유럽의 탈산업적 운동 이론가들의 저작이 영어로 번역되었다. 이는 미국의 연구자들로 하여금 문화를 재발견하게 했고, 그럼으로써 그들이 동원 접근방식과 과정 접근방식에 사로잡히는 것에 대해 재고하게 하는 데 일조했다.

심지어 동원 패러다임을 가장 지지하던 이론가들 — 문화지향적 학자들이 그렇게도 자주 공격했던 — 조차도 저항에서 문화가 갖는 중요성을 인정해왔다. 윌리엄 갬슨은 다음과 같이 말한다. "그렇다면 동원 잠재력은 강력한 문화적 요소를 가지고 있다. 그것을 이해하기 위해서는 구조적 기여요인뿐만 아니라 문화적 기여요인 또한 평가할 필요가 있다."[1] 갬슨 — 그의 1975년의 저작 『사회적 저항의 전략The Strategy of Social Protest』은 자원동원을 정의하는 데 일조했다 — 은 오늘날 동원 관점의 주요한 사각지대가 문화와 사회심리라고 말하면서, "단지 관료제적인 과정만이 아니라 마음과 정신, 그리고 발현적 과정도 여전히 이해할 필요가 있다"라고 주장한다.[2] 앤서니 오버샬과 존 매카시 또한 자신들의 최근 연구에서 문화적 구성주의를 이용해왔다.[3]

---

1   William Gamson, "Political Discourse and Collective Action," *International Social Movement Research*, 1(1988), p. 220.

2   William Gamson, "Introduction," in Mayer N. Zald and John D. McCarthy, *Social Movements in an Organizational Society*(New Brunswick, N.J.: Transaction, 1987), p. 7. 또한 William Gamson, "The Social Psychology of Collective Action," in Morris and Mueller(eds.), *Frontiers in Social Movement Theory*도 보라.

3   다음을 보라. Anthony Oberschall, *Social Movements: Ideologies, Interests, and Identities*(New Brunswick, N.J.: Transaction Publishers, 1993); John D. McCarthy,

이 장은 '새로운 사회운동' 학자들이라는, 오해를 불러일으키는 명칭을 부여받아온 유럽의 이론가들을 시작으로 하여 이러한 최근 연구의 몇몇을 탐구하고 명료화한다. 그러나 나는 이 분야의 한계 또한 면밀하게 검토한다. 지금까지 이 분야에서는 도덕(또는 특히 감정)보다는 인지에 훨씬 더 많은 관심을 기울여왔다. 그리고 문화의 '구조화된' 측면들을 강조함으로써 의미의 문제가 자주 회피되어왔다. 더 나쁜 것은 프레임과 정체성 같은 문화적 개념들이 자원이나 정치적 기회구조 개념들만큼이나 과도하게 확장될 수 있다는 것이다. 문화적 입장의 두 가지 근본적 범주인 시간과 장소 ─ 우리가 세상과 역사 속에 우리를 위치 지우는 방식들 ─ 또한 고찰할 필요가 있다. 사건과 개인의 상징적 중요성 ─ 그리고 결과 ─ 또한 마찬가지이다. 게다가 문화에는 보다 실존적인 측면들이 존재한다. 즉, 우리가 삶이란 대체 무엇인가를 숙고하는 순간들은 저항 조직자들과 이데올로기 신봉자들에게는 좋은 기회가 된다. 끝으로, 문화동학을 끌어들여 전략, 자원, 전기, 문화를 균형 잡는 하나의 견해를 수립할 필요가 있다.

탈산업 이론들

1970년대에 동원 개념이 미국 학자들의 관심을 사로잡고 있었을 때, 많은 유럽의 학자들은 1960년대와 그 이후에 발생한 동일한 저항운동들을 역사발전이라는 광범위한 전망 속에 위치시키고 있었다. 몇몇 학

"Activists, Authorities, and Media Framing of Drunk Driving," in Enrique Laraña, Hank Johnston and Joseph R. Gusfield(eds.), *New Social Movements: From Ideology to Identity*(Philadelphia: Temple University Press, 1994).

자들은 탈산업사회 ─ 경제적 생산에서 지식이 차지하는 중요성이 증대하고 또 생산활동이 물질적 재료의 산업적 가공으로부터 상징·지식·인간관계의 조작으로 이행하는 것에 기초하는 ─ 가 출현하고 있음을 감지해냈다. 학생운동으로 대표되는 새로운 정치투쟁 ─ 즉, 경제적 파이 조각을 둘러싼 투쟁들보다는 오히려 문화적 의미, 여가활동의 질, 그리고 자율성과 민주주의를 둘러싼 투쟁 ─ 이 탈산업사회를 특징짓는 것 같았다. 종래의 노동자운동(그리고 다른 시민권 운동들)과 비교할 때, 탈산업적 운동들은 국가권력의 획득 또는 심지어 입법부의 대표자 선출에조차 그리 관심이 없었고, 시민의 권리 확립도 별달리 지향하지 않았지만, 공식 조직, 특히 위계적 조직에 대해서는 더 많은 의구심을 드러냈다. 그러한 운동들이 벌인 활동의 많은 부분은 궁극적으로 국가정책의 변화를 추구하기보다는 성원들과 공중의 여타 부문들의 관행과 신념을 변화시키고자 했다. 이를테면 시민불복종은 칭찬할 만한 도덕적 행위를 뉴스보도를 통해 전파하는 것을 목적으로 했다. 노동운동이 작업장은 사적 영역이기보다는 공적 영역의 일부이며 따라서 논쟁의 대상이라고 주장했다면, 탈산업적 운동들은 한층 더 나아가 의식의 원천과 친밀한 관계들 속에서 정치적 의미를 발견했다. (내가 제1장에서 주장했듯이, 이러한 운동들은 오래전부터 있어왔지만, 특히 번창한 것은 지난 30년간이었다.)

알랭 투렌Alain Touraine은 페미니즘, 생태, 평화와 같은 명백히 다른 대의들로부터 하나의 사회운동이 출현하기를 기대했다. 다시 말해 노동운동이 산업자본주의에 대항했던 것처럼, 기술관료제 ─ 기업과 국가에 소속되어 있는 기술 전문가들의 지배 ─ 와 싸울 운동이 출현하기를 바랐다.[4] 일부 유럽 이론가들은 저항자들이 무엇을 원하는지, 그리고 그

---

4   투렌은 다음 글들에서 자신의 전반적인 이론적 입장을 분명하게 밝혀왔다. Alain Touraine,

들의 투쟁이 어떻게 그들의 '정체성'을 역사변동의 하나의 힘으로 만들어내는지에 관심을 기울였다. 다른 이론가들은 그러한 운동들이 계급보다는 젠더, 지역 또는 민족성에 기초한 집합적 정체성들을 주조하려는 시도라고 파악했다(이것이 그 후 미국에서 정체성 정치라고 불리게 된것의 전조이다). 이 두 가지 이유에서 일부 사람들은 그들에게 '정체성이론가'라는 이름을 붙였다. 보다 빈번하게는 그들은 '새로운 사회운동이론가'라고 지칭되어왔다. 하지만 이 용어는 어쩌면 시민권 운동과탈산업적 운동 간의 차이[그리고 후자의 새로움(후자는 탈시민권 운동들이취해온 것의 단지 가장 최근 형태일 뿐이다)]를 과장하는 것일 수도 있다.

알베르토 멜루치는 그러한 운동들에서 작동하는 문화적 과정을 보다 상세하게 구체화해왔다. 그러한 운동들은 도덕적 유토피아주의의수단으로, "행복, 정의, 진리에 대한 일정한 도덕적이고 총체적인 기대들"로 이루어져 있다.[5] 그는 또한 운동들이 (학자들이 통상적으로 연구하

The Postindustrial Society: Tomorrow' Social History: Classes, Conflicts and Culture in the Programmed Society(New York: Random House, 1971); *The Self-Production of Society*(Chicago: University of Chicago Press, 1977); *The Voice and the Eye: All Analysis of Social Movements*(Cambridge: Cambridge University Press, 1981); *Return of the Actor: Social Theory in Postindustrial Society*(Minneapolis: University of Minnesota Press, 1988); *Critique of Modernity*(Cambridge, Mass.: Blackwell, 1995). 그는 '사회학적 개입'이라는 자신의 방법을 사용하여 구체적인 운동들에 관해 저술해왔다. 그는 그 방법을 통해 해당 운동으로부터 선발된 참여자들(보통 상이한 구성부문들을 대표하는)을 모아, 일련의 토론을 통해 그들을 지도한다. 그는 그러한 토론을 통해 그들이 궁극적으로 그들의 '진정한' 임무에 관한 자신의 이론을 받아들이기를 바란다. 이를테면 다음을 보라. Alain Touraine, Zsuzsa Hegedüs, François Dubet and Michel Wieviorka, *Anti-Nuclear Protest: The Opposition to Nuclear Energy in France*(Cambridge: Cambridge University Press, 1983); Alain Touraine, François Dubet, Michel Wieviorka and Jan Strzelecki, *Solidarity: Poland 1980~81*(Cambridge: Cambridge University Press, 1983); Alain Touraine, Michel Wieviorka and François Dubet, *The Workers' Movement*(Cambridge: Cambridge University Press, 1987).

5   Alberto Melucci, *Nomads of the Present: Social Movements and Individual Needs in*

는) 동원 단계뿐만 아니라 잠재적 시기 또한 가진다고 주장한다. 그에 따르면, 그 시기에 "네트워크 자체의 토대를 이루는 것이자 네트워크가 매일 먹고 사는 대안적인 의미 틀이 일상적으로 생산된다. …… 잠재성이 비활동을 의미하지는 않는다. 오히려 저항 또는 대립의 잠재력이 일상적 삶의 구조 자체 속으로 스며든다".[6] 많은 활동의 경우에 청중은 국가가 아니라 사회운동 자체의 성원들이거나 또는 그들의 동료 시민들이다. 따라서 사람들이 자신의 삶을 살아가는 방식 그 자체가 하나의 도덕적 메시지이다. 멜루치가 마음속에 그리는 모습 속에서 공

Contemporary Society(Philadelphia: Temple University Press, 1989), p. 82. 또한 다음의 것들도 보라. Alberto Melucci, "The New Social Movements: A Theoretical Approach," *Social Science Information*, 19(1980), pp. 199~226; "The Symbolic Challenge of Contemporary Movements," *Social Research*, 52(1985), pp. 789~816; "Getting Involved: Identity and Mobilization in Social Movements," *International Social Movement Research*, 1(1988), pp. 329~348; "The Process of Collective Identity," in Hank Johnston and Bert Klandermans(eds.), *Social Movements and Culture*(Minneapolis: University of Minnesota Press, 1995); "The New Social Movements Revisited: Reflections on a Sociological Misunderstanding," in Louis Maheu, *Social Movements and Social Classes: The Future of Collective Action*(London: Sage Publications, 1995); *Challenging Codes: Collective Action in the Information Age*(Cambridge: Cambridge University Press, 1996). 투렌과 멜루치의 연구 이외에도 저항에 관한 탈산업적 관점을 규정하는 데 일조한 연구로는 다음의 것들이 있다. Jean L. Cohen, "Strategy or Identity: New Theoretical Paradigms and Contemporary Social Movements," *Social Research*, 52(1985), pp. 663~716; Klaus Eder, "'The New Social Movements': Moral Crusades, Political Pressure Groups, or Social Movements?" *Social Research*, 52(1985), pp. 869~890; Claus Offe, "New Social Movements: Challenging the Boundaries of Institutional Politics," *Social Research*, 52(1985), pp. 817~868; Alessandro Pizzorno, "Political Exchange and Collective Identity in Industrial Conflict," in Colin Crouch and Alessandro Pizzorno(eds.), *The Resurgence of Class Conflict in Western Europe Since 1968*(New York: Holmes and Meier, 1978). 이 관점을 개관하고 있는 것으로는 다음을 보라. Alan Scott, *Ideology and the New Social Movements*(London: Unwin Hyman, 1990); Rosa Proietto, "New Social Movements: Issues for Sociology," *Social Science Information*, 34(1995), pp. 355~388.

6   Melucci, *Nomads of the Present*, pp. 70~71.

식 조직이 항상 저항의 주요 담지자인 것은 아니다. 멜루치는 저항자들이 (연대를 구축하는) 배제 관행과 (사회의 나머지 부분에 손을 뻗치는) 포섭 관행 사이에서 균형을 유지하고자 노력할 때 벌어지는 운동 논쟁들을 추적한다. 그는 저항자들이 하나 이상의 청중을 가진다는 것뿐만 아니라 전략적 성공을 목표로 하는 행위가 의사소통에 관심을 둔 행위와 다를 수 있다는 것 또한 인정한다. 한마디로 말해서 그는 저항자들이 문화를 이용하여 새로운 전망과 정체성을 만들어내는 방식에 세심한 주의를 기울인다.

양극화된 계급갈등과 사회진화라는 또 다른 마르크스주의적 관념들은 투렌의 분석과 위르겐 하버마스의 그와 유사한 설명에서 여전히 소화되지 않은 덩어리들로 남아 있다.[7] 두 사회학자 모두 오늘날의 운동을 기술관료라는 오늘날의 지배계급과의 투쟁으로 파악한다. (과정이론가들 또한 마르크스주의적 은유에 영향을 받고 있다. 따라서 그들에게서도 국가는 자본가계급을 대신하는 일상적 억압의 원천이자 저항의 표적이 되어왔다.) 아울러 투렌과 하버마스는 진화론적 확신을 공유하고 있으며, 자신들이 새로운 사회운동이 무엇을 해야만 하는지를 알고 있다고 믿었다. 하버마스의 경우에 새로운 사회운동은 보편주의적인 의사소통을 추구하고 기술관료들의 식민화로부터 사생활을 보호해야 하는 것이라면, 투렌의 경우에 그것은 역사변동의 방향을 통제하기 위해 기술관료들과 투쟁해야 하는 것이다. 그러한 싸움의 근저에는 더 큰 자기조종능력을 향한 사회의 진화(기술관료에 의해서건 아니면 시민에 의해서건 간에)가 자리하고 있으며, 그에 상응하여 시민들의 삶에 대한 권력

---

7   Jürgen Habermas, *The Theory of Communicative Action*, Vol. 2, *Lifeworld and System: A Critique of Functionalist Reason*(Boston: Beacon Press, 1987), pp. 391~396.

자들의 침입 또한 증가한다(달리 말해 기술관료들이 승리하고 있다). 노동자들이 마르크스주의 이론가들의 분석을 받아들이지 않았을 때 마르크스주의자들이 허위의식 때문이라고 노동자들을 비판했던 것처럼, 하버마스와 투렌도 사회운동이 수행해야만 하는 싸움에 대한 분명한 생각을 가지고 있으며 또 그러한 운동이 다른 선택을 하고 있다고 비판한다. 때때로 그들의 규범적 열정이 그들의 설명 프로젝트가 설 자리를 없애버린다.

탈산업 이론가들은 다른 주요 전통들보다 문화를 더 잘 다루고, 또 집단들이 자신들을 둘러싸고 있는 세계를 틀 짓는 능력을 강조하지만, 그러한 이론가들 중 일부는 참여자들이 자신들의 의미 있는 세계를 어떻게 창조하는지를 지켜보는 대신에 여전히 그들 자신의 의미를 저항자들에게 부과한다. 투렌은 최근의 사회운동들 속에서 세계사적 행위자들을 발견하지만, 그는 자신이 '사회학적 개입' 방법을 통해 연구해온 운동들에 그것들의 적절한 역사적 역할을 납득시키는 데 어려움을 겪어왔다. 저항자들은 그들 자신의 프로젝트를 구성한다. 문화적 의미는 국가적·국제적 맥락들뿐만 아니라 많은 지역적 맥락에도 부합하도록 만들어지고 수정된다. 그리고 모든 사회에서 하위문화들은 세계에 대한 자신들의 해석을 둘러싸고 충돌한다. 한 이론가가 운동 외부로부터 끌어낸 자신의 해석을 가지고 운동을 납득시킬 수 있을 것 같지는 않다. 비록 투렌이 저항운동의 문화적 창조성이 얼마나 무한한지를 알고 있었음에도 불구하고, 그는 저항운동이 사회변동 프로그램들을 발전시킬 수 있는 능력을 신뢰하기보다는 운동이 그저 기술관료제적 제도의 프로젝트에 대응할 뿐이라고 생각했을지도 모른다. 그는 또한 (집합적 정체성의 확립과 같은) '방어적' 활동과 (제도를 통제하려는 전략적 노력과 더 많이 관련되어 있는) '공격적' 활동을 엄격하게 구분하지 않는다.

유럽인들이 **왜**라는 질문을 던지고 미국인들이 **어떻게**라는 질문을 던짐에 따라, 탈산업적 접근방식과 여타의 접근방식들 간에는 상보적인 분업이 존재하는 것처럼 보이기도 했다. 하지만 이 두 전망을 합친다고 해서 저항의 완전한 그림이 나오는 것은 결코 아니었다. 자원과 정치과정의 언어는 문화적·역사적 정체성의 언어와 결코 동맹을 맺지 않았다. 유럽인들이 지도자가 어떻게 자원을 동원하는지에 관한 경험적 연구에 거의 관심을 두지 않았다면, 미국인들은 자주 저항의 보다 광범한 의미에 관한 쟁점들을 사변철학으로 치부했다. 이 두 접근방식 간에 유익한 대화가 이루어질 수 있었던 순간에, 운동 이론은 탈산업적 운동들에서 '새로운' 것이 무엇인지를 찾고자 하는 막다른 골목으로 들어섰다.

과도한 확장의 또 다른 사례 속에서 유럽 이론가들은 탈산업적 운동에 대해서뿐만 아니라 운동 일반의 문화적 동학에 대해서도 서술했고, 그리하여 그들은 '종래의' 시민권 운동들이 최근 운동들의 풍부한 문화적 동학을 결여하고 있다고 말하는 것으로 독해되었다. 노동운동과 민권운동이 최근의 많은 운동과는 다르게 자신의 이해관계에 기초했었다는 주장은 솔깃하기는 하지만, 그러한 이미지는 이전의 운동들을 오해하게 할 수도 있다. 나는 탈산업 이론가들이 모든 사회운동이 지닌 차원들 중에서 다른 학파들이 간과해온 차원들 ─ 문화와 얼마간의 전기 ─ 을 기술하고 있다고 보는 것이 매우 유용하다는 사실을 발견했다. 만약 이 차원들이 최근의 몇몇 운동에서 보다 두드러지는 것처럼 보인다면, 이는 부분적으로 방법론적 편향 때문이다. 노동운동은 초창기에, 그리고 그것이 관료제적 노동조합에 의해 지배되지 않았을 때, 노동자로서의 새로운 정체성을 확립하려는 노력들을 포함하여 최근의 운동들에서 발견되는 풍부한 문화를 많이 지니고 있었다. 그러나 우리가 19세기부터 운동을 연구하기 위해 사용해온 수단들은 우리가 오늘날의 운동에 활용할 수 있는 참여관찰과 심층면접보다 이러한 문화적 활동을 밝혀내는 데 그리 효과적이지 않을 수도 있다.

새로운 사회운동이라는 개념은 최근의 몇몇 발전을 포착한다. 그중 하나가 지난 몇십 년간 증가해온 텔레비전의 존재이다. 이로 인해 정치운동들은 텔레비전을 시청하는 공중을 지향하는 상징적 진술들을 포함하지 않을 수 없다.[8] 게다가 새로운 참여자들은 과거의 참여자들과 다를 수도 있다. 즉, 그들은 자신들이 우려하는 경제적 안정성과 시민적 권리들을 충분히 지닌 보다 특권 있는 집단이며, 깨끗한 공기, 민주적 작업장 또는 다문화 교육과 같은 '탈물질주의적' 요구들을 추구한다. 최근의 탈산업적 운동에 참여하는 사람들의 높은 교육 수준을 놓고 볼 때, 그러한 운동은 참여자들의 자기인식 수준을 끌어올릴 뿐만 아니라 이데올로기와 관념에 대한 관심도 고무시킬 가능성이 크다.[9] 이러한 점에서 탈산업적 운동들은 대부분의 시민권 운동뿐만 아니라

---

8   토드 기틀린(Todd Gitlin)이 보여주듯이, 미디어와 운동의 상호작용은 복잡할 수 있다. Todd Gitlin, *The Whole World Is Watching: Mass Media in the Making and Unmaking of the New Left*(Berkeley: University of California Press, 1980)를 보라.

9   찰스 틸리는 미국인들이 전술을 고집스럽게 강조한다는 것을 밝히면서, 이른바 새로운 사회운동에 새로운 것은 거의 존재하지 않는다고 주장한다. 페미니즘, 환경주의, 반핵운동, 학생운동 같은 운동들은 노동운동과 완전히 동일한 전술을 이용한다. 그러나 만약 틸리의 주장처럼, 근대의 집합행위가 전근대와 다른 까닭이 정치적·경제적 제도들이 변화했기 때문이라면, 그러한 제도들에서의 작은 변화는 오늘날의 운동들에서도 작은 변화들을 가져와야만 한다. 대중매체 기술들(특히 텔레비전)은 아무런 영향도 미치지 못했는가? 시장의 지구화는? 틸리는 많은 참여자의 '지향'이 변화하는 중일 수 있음을 인정한다. 그리고 그는 매체 보도의 중요성 또한 지적한다. 왜냐하면 그것이 상징적 장소의 점거와 제3자(국가와 공중)에 대한 지향을 부추기기 때문이다. Tilly, "Social Movements, Old and New," *Research in Social Movements, Conflicts, and Change*, 10(1988), pp. 1~18을 보라. 로널드 잉글하트(Ronald Inglehart)는 '탈물질주의적 가치'에 대한 연구를 개척해왔다. Ronald Inglehart, *The Silent Revolution: Changing Values and Political Styles among Western Publics*(Princeton, N.J.: Princeton University Press, 1977)를 보라.

앞서 일어났던 대부분의 탈시민권 운동과도 다르다.

나는 유럽 전통과 미국 전통 간의 교착상태가 두 전통이 (암묵적으로) 채택해온 심리학적 가정들에서 기인했다고 생각한다. 군중 학파는 보다 거칠고 보다 비합리적인 감정들만 자신들의 도식 속으로 받아들였다. 따라서 저항자들은 집단적 환상에 빠져 있거나 세대적 반항심을 실행에 옮기는 중이었다. 합리적 선택 이론가들 — 이름 자체가 합리성을 자신들의 이상형이라고 주장하는 — 은 인간의 욕망, 동기, 심지어 합리성조차도 쉽게 인정할 수 없을 정도로 협소하게 묘사했다. 동원 이론의 지지자들은 합리성을 확장해 합리성에 새로운 전술을 학습하는 비용, 집단의 비용 및 이득과 관련된 계산, 그리고 조직적·정치적 맥락의 효과를 포함시키고 있음에도 불구하고, 합리주의적 모델에서 멀리 벗어나지는 못했다. 하지만 대부분의 동원 이론가들과 과정 이론가들은 심리학의 중요성을 전혀 인정하지 않았다. 과정 이론가들은 전략에 대한 인식을 얼마간 추가했지만, 저항자들이 어떻게 목표를 설정하고 그 목표를 달성하기 위해 어떤 책략을 사용하는지에 대해서는 거의 아무 말도 하지 않았다. 자주 마르크스주의적 이미지에 집착하는 유럽의 이론가들은 개인이 아니라 집합적인 역사적 행위자들의 심리와 동기를 기술하는 것처럼 보였다.[10] 이 모든 전통은 저항자들의 '실제' 정체성이나 이해관계를 이미 알고 있는 것으로 전제하거나 그러한 정체성

---

10   에르네스토 라클라우(Ernesto Laclau)와 샹탈 무페(Chantal Mouffe)는 마르크스주의적 전통, 그중에서도 특히 레닌주의적 전통이 누가 혁명적 행위자가 될 것인지를 미리 명기한다고, 그리고 사람들이 정체성을 창조하고 저항을 개시하는 실제 과정들을 무시한다고 비난한다. "적대감의 출현에 선험적으로 특권을 부여받은 표층이란 결코 존재하지 않을 뿐만 아니라, 급진민주주의 프로그램이 가능한 투쟁 영역에서 선험적으로 배제해야만 하는 담론 영역도 결코 존재하지 않는다." Ernesto Laclau and Chantal Mouffe, *Hegemony and Socialist Strategy: Towards a Radical Democratic Politics*(London: Verso, 1985), p. 192 를 보라.

을 일시적인 것으로 보았다. 따라서 그러한 전통들은 저항자들이 자신들의 정체성과 이해관계를 스스로 구성하는 행위를 연구할 필요성을 전혀 느끼지 못했다. 문화와 전기 ─ 서로 상보적인 동학 ─ 는 그러한 여타 전통들 각각을 유용하게 보완하고 그러한 전통들이 협력하는 데 일조할 수 있다.

탈산업 이론가들의 연구는 미국 연구자들이 문화를 진지하게 다루도록 고무했다. 정체성은 유전적 유산이 아니라 하나의 산물이다. 사회운동이 하는 일의 많은 부분이 공식 조직 바깥에서 일어나며, 그 중 대다수는 전기적 적응과 창조성으로 이루어져 있다. 이러한 관념들을 처음으로 이용하기 시작한 곳 중의 하나가 성원의 충원을 설명하는 자리였다.

프레임 정렬

문화와 사회운동을 고찰하고자 하는 미국인의 노력들 중에서 하나의 독특한 연구 프로그램으로 가장 명확하게 구체화된 것이 상징적 상호작용 이론에서 파생한 '프레임 정렬frame-alignment' 접근방식이었다. 우리는 상호작용 이론의 한 전통을 따르는 터너와 킬리언이 미시적 수준의 개인 간 상호작용이 지닌 상징적 창조성에 지나치게 초점을 맞춘 나머지 참여자들의 의식적 창조성을 과장하고 기존의 문화적 의미의 수용과 그러한 의미를 변화시키려는 노력 사이의 균형을 왜곡하기까지 한다는 것을 발견했다. 상호작용 이론의 또 다른 전통을 계승하는 양적 기법들은 사회학자들이 상호작용 지도를 만들고 그것을 규칙적인 네트워크들로 분류할 수 있게 해주었다. 이 후자가 지닌 한 가지 한계는 그것이 기계적 상호작용 – 당구공들의 상호작용처럼 – 에만 초점을 맞출 뿐, 상징적 또는 감정적 관계에는 무심하다는 것이다. 양적 기법들은 네트워크를 통한 혁신이나 정보의 흐름을 추적할 수는 있지만, 실제적 의미들을 포착하는 데에는 그리 적절하지 못하다. 네트워크가 사람들을 만나게 할 수는 있지만, 그들의 관계를 지속시키는 것은 그들이 서로에게 부여하거나 함께 만들어내는 관념, 전망 또는 감정들이다. 물리적 네트워크가 자주 중요하기는 하지만, 그 네트워크에 활력을 불어넣어주는 정신적 구성물 또한 중요하다. 실제로 사회운동의 인지적 측면에 대한 연구를 개척한 학자들 중 많은 사람이 이전에 대인 네트워크에 관한 조사연구를 수행한 경험이 있었다.[11]

동원 접근방식과 상호작용 이론의 접근방식을 결합시키고 있는 데이비드 스노David Snow와 로버트 벤퍼드Robert Benford, 그리고 그들의 동료들은 '프레임 정렬'에 관한 자신들의 연구를 통해 최근의 문화적 전환을 촉진시켰다.[12] 스노와 벤퍼드는 일련의 논문들에서 사회운동 조

---

11   John Lofland and Rodney Stark, "Becoming a World Saver: A Theory of Conversion to a Deviant Perspective," *American Sociological Review*, 30(1965), pp. 863~874를 보라. 데이비드 스노와 필립스(C. L. Phillips)는 이 모델을 적용해 정서적 유대와 사회적 상호작용이 운동에서 성원 충원과정을 설명하는 데 핵심적이라는 것을 발견했다. David Snow and C. L. Phillips, "The Lofland-Stark Conversion Model: A Critical Reassessment," *Social Problems*, 27(1980), pp. 430~437. 성원 충원에서 개인적 관계가 갖는 일반적 중요성에 대해서는 David A. Snow, Louis A. Zurcher Jr., and Sheldon Ekland-Olson, "Social Networks and Social Movements: A Microstructural Approach to Differential Recruitment," *American Sociological Review*, 45(1980), pp. 787~801을 보라.

12   다음을 보라. David A. Snow, E. Burke Rochford Jr., Steven K. Worden and Robert D. Benford, "Frame Alignment Processes, Micromobilization, and Movement Participation," *American Sociological Review*, 51(1986), pp. 464~481; David A. Snow and Robert D. Benford, "Ideology, Frame Resonance, and Participant Mobilization," *International Social Movement Research*, 1(1988), pp. 197~217; Snow and Benford, "Master Frames and Cycles of Protest," in Morris and Mueller(eds.), *Frontiers in Social Movement Theory*; Robert D. Benford and Scott A. Hunt, "Dramaturgy and Social Movements: The

직자와 잠재적 참여자들의 인지적 '프레임들'이 상황 진단, 수행해야할 것의 예측, 그리고 그것을 수행하는 동기와 관련하여 '정렬'될 필요가 있다는 것을 보여주었다. 그들은 집합행위의 프레임을 "우리의 현재 또는 과거 환경 속의 대상, 상황, 사건, 경험, 그리고 행위의 계기들을 선택적으로 강조하고 부호화함으로써 '저기 바깥의 세계'를 단순화하고 응축하는 해석도식"으로 정의한다. 프레임은 연결 짓기, 확대, 확장, 그리고 궁극적으로는 변형의 과정을 통해 운동의 관점들을 보다 광범한 문화와 연계시켜야만 한다. 잠재적 참여자들은 자신들의 기존 신념, 경험적 신뢰감, 인생 경험과 부합하는, 그리고 그들이 자신들의 삶을 묘사하기 위해 사용하는 서사들과 부합하는 프레임들을 받아들일 가능성이 크다. 더 나아가 하나 이상의 저항운동이 사용할 수 있는 근원적인 '마스터 프레임master frames'이 존재한다. 마스터 프레임이 "운동마다 특수한 집합행위 프레임들과 갖는 관계는 패러다임이 정교하게 조율된 이론들과 갖는 관계와 유사하다. 마스터 프레임이 포괄적이라면, 특수한 집합행위 프레임들은 파생적이다".[13]

프레임 정렬 이론들은 공명의 실제적 근원을 지속적으로 탐구하지는 않은 채 공명의 필요성을 기술하는 등 다소 추상적인 상태로 남아

Social Construction and Communication of Power," *Sociological Inquiry*, 62(1992), pp. 36~55.

13 Snow and Benford, "Master Frames and Cycles of Protest," pp. 137, 138에서 각기 인용함. 마스터 프레임의 두 가지 차원─즉, 마스터 프레임의 내용의 일반성과 다수의 운동에 의한 마스터 프레임의 가용성─이 여기에서 합체되고 있다. 이 두 차원은 의심할 바 없이 서로 관련되어 있지만, 완전히 그러한 것은 아니다. 스노와 벤퍼드는 이와 같은 마스터 프레임으로부터 프레임들이 연역될 수 있음을 강조하면서, 프레임들이 지닌 논리적 특징─프레임들과 잠재적 성원들 간의 공명을 설명해줄 수도 있는─을 탐색하고 있다. 그러나 그 성원들이 가지고 있는 기존 문화적 전망들 또한 프레임의 논리성만큼 중요하다. 일반성만으로는 공명을 설명하지 못한다.

있다. 한 논문에서 스노와 벤퍼드는 공명이 강화되는 것은 일련의 신념이 운동의 레토릭 속에 제시될 때라고 주장하기는 한다. 그러나 그들은 그러한 레토릭을 지나치게 확장했던 운동을 주요 사례로 들고 있다. 그것이 바로 1983년 유럽에 크루즈 미사일과 퍼싱 I 미사일을 배치하는 것을 중단시키고자 했던 노력이다. 그 운동은 페미니즘, 팔레스타인 사람의 권리 및 여타 대의를 언급하며 시작했고, 그럼으로써 일부 새로운 성원들을 끌어들였지만 다른 성원들은 잃었다. 기존의 문화적 의미를 살펴보지 않으면, '그리 지나치지는 않은' 확장과 '지나친' 확장을 구별하기란 어렵다. 새로운 주장이 현재의 예상과 양립 가능할 때, 그 주장은 신뢰를 받고 공명이 일어난다. 스노와 벤퍼드는 또한 주장의 반증 가능성이 그 주장의 신뢰성을 증대시킨다고 주장한다. 그러나 그들은 커다란 문화적 공명을 일으켰지만 면밀한 고찰에 의해 제대로 뒷받침되지 못한 사례 — 핵전쟁의 결과 중 하나로서의 핵겨울 — 를 반증 가능한 주장의 예로 제시한다.[14] 때때로 스노와 벤퍼드는 프레임의 힘을 판단할 수 있는, 순환적이거나 사후적이지 않은 '객관적인' 방법을 찾고 있는 것처럼 보이지만, 그것의 힘은 프레임의 공식적 측면만큼이나 잠재적 성원들의 기존 세계관에도 달려 있다.

프레임과 프레임을 성원 충원에 이용하는 것을 결부시켜 운동을 조망하는 작업은 운동이 문화적 의미들을 적극적으로 공식화하는 역동적 방식을 부각시켜주지만, 때로는 그러한 의미들을 성원 충원 전략으로 축소시키기도 한다. 운동 조직자와 참여자들이 새로운 의미를 주조할 수도 있지만, 그들은 기존 의미들에 호소함으로써, 그리고 그것에 기대어서 그렇게 한다. 그러한 모델들 속에서는 심지어 마스터 프레임

---

14   Snow and Benford, "Ideology, Frame Resonance, and Participant Mobilization," p. 208.

조차도 특수한 전략들과 결부 지어지는 것으로 보인다. 스노와 벤퍼드는 핵무기동결안이 상당한 동원을 자극했다는 분명한 이유에서 그것을 마스터 프레임의 한 가지 사례로 제시한다.[15] 프레임과 그것을 동원에 이용하는 것이 별개라는 증거를 발견할 때, 그러한 순환성을 피할 수 있을 것이다. 프레임이 잠재적 성원들과 공명하는 것은 분명 그러한 성원들이 이미 특정한 세계관을 가지고 있기 때문이다. 문화적 의미들은 분명히 집단과 개인에 의해 틀 지어지고 변형될 수 있지만, 그것들은 또한 언어가 우리가 어느 정도는 적응해야만 하는 일단의 기존 규칙들인 것과 마찬가지로 '저기 바깥에' 이미 존재한다.

특정 유형의 운동들에서는 기존의 신념들이 다른 어떤 것들보다 더 중요할 수도 있다. 스노와 존 로플랜드가 보여주듯이, 종교운동에 대한 연구가 문화적 동학에 대한 인식을 고무하는 것으로 보인다. 그러나 종교운동과 정치운동 간의 차이가 경시될 때, (관념과 도덕적 가치를 희생하고 조직적 동학에 초점을 맞출 때처럼) 본보기로서의 종교운동이 실제로 문화의 여러 부분을 또 다시 은폐할 수도 있다.[16] 종교적 충원에 대한 스노의 연구가 애초에 그에게 네트워크 − 그러한 네트워크를 가로질러 전파되는 문화적 메시지들에 대립되는 것으로서의 − 의 중요성을 과장하게 만들었을 수도 있다. 왜냐하면 종교운동과 정치운동을 동일한 방식으로 분석하는 것은 필연적으로 조직 동학과 네트워크 동학의 편에 서서 운동의 인지적 내용을 덜 강조하게 만들기 때문이다. 스노, 루

---

15   Snow and Benford, "Master Frames and Cycles of Protest," p. 143.

16   John Lofland, *Protest: Studies of Collective Behavior and Social Movements*(New Brunswick, N.J.: Transaction Publishers, 1985). 로플랜드는 집합행위의 감정, 군중이 느끼는 많은 즐거움, 사회운동의 내부 문화, 그리고 내가 이 책에서 다루는 여타의 많은 주제들을 기술한다. 그의 저항 연구가 지닌 문화적 풍부함은 종교뿐만 아니라 일탈에 관한 그의 연구에서 유래하는 것일 수도 있다.

이스 취르허Louis Zurcher, 그리고 셸던 에클랜드-올슨Sheldon Ekland-Olson
은 성원의 충원에서 사회적 네트워크가 갖는 중요성을 확증하는 주요
한 논문에서, 얼마나 많은 참여자가 운동을 하면서 알게 된 사람들을
통해 충원되는지를 측정할 수 있는 열 개의 경험적 활동을 찾아냈다.[17]
그중 여덟 개는 종교운동이었고, 하나는 마치 오브 다임스March of Dimes
[소아마비 구제 모금 운동 – 옮긴이](대규모의 자발적 조직으로, 이 조직과 저
항운동 간의 관련성은 확실치 않다)였으며, 하나는 겨우 31명의 낙태반대
활동가들에 관한 연구였다. 거기에 더해 그들은 자신들이 또 다른 종
교운동과 텍사스대학교 학생들 – 학부생이 확실한 – 로부터 수집한 증
거도 추가했다.

우리는 종교운동과 정치운동이 성원 충원 방식에서 다를 것으로 예
상할 수도 있다. 정치운동에 가담하는 사람들 대부분은 이미 자신들의
견해와 감정을 가지고 있다. 이를테면 그들은 낙태를 혐오하거나 동물
들을 진심으로 걱정한다. 그들은 새로운 신념체계로 대대적으로 전향
하지 않은 채 어떤 단체나 운동에 충원된다. 프레임이 잠재적 성원과
공명하는 것은 바로 그들이 특정한 세계관, 도덕적 가치, 정치이데올로
기, 정서적 애착을 가지고 있기 때문이다. 이에 반해 기존의 어떤 신념
이 사람들로 하여금 특정한 종교운동에 스스로 참여하게 하는지는 전
혀 분명하지 않다. 누군가가 성원이 아니면서도 일련정종日蓮正宗 신앙
을 가지는 것은 가능하지 않을 것으로 보인다. 여기서 성원 충원은 개
종을 수반한다. 종교운동에서 성원이 된다는 것은 그 자체가 거의 하
나의 목적이 된다. 반면에 정치운동에서 그것은 또한 하나의 수단 – 아
마도 성원이 이미 소중히 여기는 목적을 달성하기 위한 수단 – 이기도 하다.

---

17   Snow, Zurcher and Ekland-Olson, "Social Networks and Social Movements."

학생들에 대해서도 유사한 단서조항이 필요하다. 나이가 어리고 경험이 부족한 학생들은 신념이 형성되는 과정에 있기 때문에, 그들이 분명한 신념을 가질 가능성은 그리 많지 않을 것이다. 그들에게 운동으로의 충원은 신념을 변화시킬 수도 있다. 만약 그것이 사실이라면, 이는 우리가 학생에 기반을 둔 운동으로부터 일반화하는 것에 대해서도 신중을 기할 필요가 있다는 것을 의미한다. 몇몇 경우에는 프레이밍과 성원 충원이 기존 문화를 크게 이용하지만, 다른 경우들에서는 그렇지 않기도 하다.

프레임 정렬 학파는 인지적 동학에 대한 관심을 되살리기 위해서뿐만 아니라 그 동학을 동원에 결부시키기 위해서도 많은 작업을 수행해왔다. 저항운동의 관념과 이데올로기가 다시 한 번 적절한 연구 주제가 되었다. 하지만 저항 연구자들이 문화에 대해 이야기할 수 있는 유일한 방법 중 하나로서의 프레임 정렬은 지나치게 많은 일을 하도록 요청받아왔고, 그 결과 거의 모든 형태의 문화를 포괄할 수 있을 정도로 과도하게 확장되어왔다. 상호작용 이론의 전통에서 신념은 성원 충원이라는 지엽적 과정에서 그것이 수행하는 역할로 축소되는 경향이 있으며, 문화도 전략적 행위로부터 많은 자율성을 지닌 것으로 여겨지지 않는다. 만약 우리가 문화를 포착하기 위해 몇몇 부가적인 개념을 기꺼이 사용하고자 한다면, 우리는 프레이밍을 **단체나 성원 충원자들이 자신들의 레토릭과 쟁점을 잠재적 성원들에게 호소하기 위해 그것들을 정교화하는 데 기울이는 의식적인 노력**으로 한정할 필요가 있다.[18] 프레임 정렬은 문화의 창조적 잠재력을 부각시키지만, 기존의 측

---

18 매캐덤, 매카시, 잘드는 함께 쓴 저술에서, 프레이밍 개념을 성원 충원에만 한정하여 사용하는 것에 찬성한다. 하지만 그들은 문화의 여타 측면들을 포착하기 위한 어떠한 개념도 제시하지 않는다. McAdam, McCarthy and Zald, "Introduction," in *Comparative Perspectives*

면 또한 그것의 정당한 몫을 부여받아야만 한다. 프레임 정렬 이론들은 조직자와 잠재적 성원들 — 이들은 운동 레토릭의 중요한 청중이기는 하지만, 유일한 청중이지는 않다 — 간의 상호작용에 초점을 맞춤으로써, 사회운동 외부에 존재하는 보다 광범한 문화 또는 사회운동 내에서 진전되고 있는 문화는 적절히 다루지 못한다.

보다 광범한 문화

윌리엄 갬슨은 특히 자신의 책『정치를 말하다Talking Politics』에서 정치의식을 입증하기 위해 '저기 바깥에서' 미국사회에 자리 잡고 있는 문화적 의미들을 탐색해왔다. 그는 특정 쟁점(이를테면 원자력과 차별철폐 조치)과 관련된 의미들을 살펴보는 것에 더해, 미국 문화에 널리 퍼져 있는 네 쌍의 '테마'와 '반테마'를 발견했다. 기술과 관련한 지배적 테마가 '기술을 통한 진보'라면 반테마는 '자연과의 조화'이며, 권력과 관련해서는 이익집단 자유주의 대 민중 민주주의, 대인 의존성과 관련해서는 자립 대 상호의존, 민족주의와 관련해서는 지구적 책임 대 미국 우선주의가 서로 대립했다.[19] 이러한 수사어구들은 미국정치의 레퍼토리 중 일부로, 논쟁을 불러일으키는 언어의 한 종류이다. 친근한 준거점들 — 이에 대해 사람들은 긍정적 느낌과 부정적 느낌 모두를 가진다 — 로서의 **그것들은 왜 어떤 저항 이데올로기나 프레임은 청중과 공명하는 데 반**

on Social Movements: Political Opportunities, Mobilizing Structures, and Cultural Framings(Cambridge: Cambridge University Press, 1996), p. 6.

19   William A. Gamson, Talking Politics(Cambridge: Cambridge University Press, 1992), pp. 136~142.

해 다른 것들은 그렇지 못한지를 설명하는 데 도움을 준다. 이러한 쌍들이 다소 광범하기는 하지만, 그것들은 조직자들이 의지할 수 있는 기존의미들을 확립하는 데 필요한 문화적 해석의 한 가지 실례이다. 이를테면 원자력 에너지에 대한 이야기들과 관련된 미디어 프레이밍을 논의하면서, 갬슨은 진보의 일부로서의 핵기술과 인간의 통제를 벗어나 질주하는 것으로의 기술(이러한 비판이 자연과의 조화라는 반테마를 수반한다) 간의 투쟁을 추적한다.

갬슨과 다른 학자들은 자주 프레임 정렬에 기대어 동원 패러다임과 과정 패러다임들의 통찰을 포기하지 않으면서도 문화적 의미들을 진지하게 다루기 위해 노력해왔다. 갬슨, 파이어먼, 그리고 리티나는 그러한 프로젝트의 일환으로, '부정의 프레임'이라는 중요한 관념을 정교화했다. 그들은 부정의 프레임을 "현재 일어나고 있는 일이 권위체계가 참여자들이 공유하는 도덕적 원칙들을 침해하고 있다는 결론을 뒷받침한다고 파악하는 하나의 해석"으로 정의했다. "'정당화 프레임'의 하나의 대안인 그것이 불복종의 이유를 제공한다."[20] 부정의 프레임은 서로 다른 정도의 설득력을 지닐 수도 있다. 즉, 그것은 받아들여질 수도, 숙고될 수도, 또는 채택될 수도 있다. 그 저자들은 부정의 프레임의 감정적 기반, 즉 그것이 조장하는 의식과 적대감, 그리고 그것을 규정하는 분노와 격분을 분명하게 밝히고 있다. 하지만 갬슨과 그의 공저자들은 어떤 점에서는 권위와의 상호작용에 초점을 맞춤으로써, 부정의 프레임 창출과정의 여타 측면들, 이를테면 위협이 어디에서 연원하는지, 누구의 책임인지, 무엇이 적절한 감정인지, 당국이 문제를 해

---

20 William A. Gamson, Bruce Fireman and Steven Rytina, *Encounters with Unjust Authority*(Homewood, Ill.: Dorsey Press, 1982), p. 123.

결하는 데서 어떤 역할을 수행해야만 하는지를 분명하게 밝히지 않는다. 시민권 운동은 일반적으로 국가 당국에 자신들의 요구를 직접 제기하지만, 모든 운동이 그렇게 하는 것은 아니다.

우리의 보다 광범한 문화는 많은 방식으로 우리를 틀 짓는다. 갬슨의 포커스그룹 연구는 우리에게 미디어 담론이 개인적 경험 및 일반적 통념(격언, 성경 이야기, 개인적 삶과의 비유들을 포함하여)과 함께 인지적 이해의 단지 한 가지 원천에 불과하다는 것을 상기시킨다. 사람들은 많은 주제에 대해 이미 의견을 가지고 있기 때문에, 그들은 사건에 대한 미디어의 프레이밍을 해석하거나 심지어 거부하기까지 할 수 있다. 하지만 갬슨에 따르면, 서로 다른 종류의 지식들을 서로 강화하는 매우 강력한 프레임이 존재하기도 한다. 갬슨과 앙드레 모딜리아니Andre Modigliani는 개인적 견해와 미디어 프레이밍 간의 상호작용을 탐색한다. 그들에 따르면, "미디어 담론은 개인들이 의미를 구성하는 과정의 일부이며, 여론은 저널리스트와 여타의 문화 사업가들이 공적 담론 속에서 의미를 발전시키고 결정화하는 과정의 일부이다".[21]

하지만 시간이 경과함에 따라 미디어 표상들이 대중의 상식을 주조한다는 것은 분명하다. 샨토 아이엔거Shanto Iyengar는 일련의 실험들을 통해 '에피소드식' 프레이밍(여기서 미디어는 단일한 사례나 사건들을 이야기한다) 대 '테마식' 프레이밍(여기서 이야기들은 쟁점들을 보다 광범한 사회적 맥락 속에 위치시킨다)의 효과를 대비시켜왔다. 에피소드식 프레이밍은 보통 공적 문제들을 사회적으로 설명하고 해결하는 것을 방해한다. 이를테면 테러행위의 경우에 에피소드식 프레이밍은 "시청자들

---

21 William A. Gamson and Andre Modigliani, "Media Discourse and Public Opinion on Nuclear Power: A Constructionist Approach," *American Journal of Sociology*, 95(1989), p. 2.

로 하여금 사회적 또는 정치적 개혁보다는 징벌조치를 적절한 조처라고 생각하게 만들 가능성이 컸다".[22] (하지만 실업은 일관되게 개인적 행위에 귀속되는 것이 아니라 사회문제로 인식되었다.) 원인을 개인에게 돌리는 상황에서 정치적 동원이 이루어지기란 쉽지 않다. 미디어는 분명한 기사를 통해 보다 명시적으로 우리의 견해에 영향을 미칠 뿐만 아니라 그러한 종류의 프레이밍을 통해서도 암묵적으로 그렇게 한다(하지만 어떤 경로가 더 강력한지는 분명하지 않다).

뉴스매체가 영향력을 행사한다면, 그것에 접근할 수 있는 사람들, 즉 제도적 위치나 개인적 명성으로 인해 그들 스스로 '뉴스 가치가 있는' 사람들도 그러하다. 물론 정치가도 그러한 종류의 권력을 지닌다. 이를테면 데이비드 마이어David Meyer는 핵무기동결운동을 연구하면서, 1982년 무렵 이 운동에 편승했던 의회 위원들이 동결 관념을 서로 다른 여러 방향으로 뒤틀었다는 것을 발견했다. 에드워드 케네디 상원의원같이 매우 자주 뉴스에 나오는 정치인들과 비교할 때, 운동 조직자들은 쟁점을 규정할 능력을 거의 가지고 있지 않았다.[23] 민간 원자력에너지에 관한 나의 연구에서, 나는 미국의 정치인들이 안전하고 값싼 에너지를 둘러싼 논쟁을 시장 대 정부 개입의 논쟁으로 재프레이밍했다는 것을 발견했다. 이 진행 중인 이데올로기적 균열 ― 정치인들이 논쟁을 위해, 그리고 서로를 분류하기 위해 사용하는 언어 ― 이 세계에 대한 우리의 이해를 틀 짓는 이유는 정치인들이 기삿거리가 되는 사람들이기 때문이다.[24] 데이비드 마이어와 조슈아 갬슨Joshua Gamson은 유명인

22 Shanto Iyengar, *Is Anyone Responsible? How Television Frames Political Issues* (Chicago: University of Chicago Press, 1991), p. 45.

23 David S. Meyer, *A Winter of Discontent: The Nuclear Freeze and American Politics* (New York: Praeger Publishers, 1990).

24 다음의 나의 글들을 보라. James M. Jasper, "Three Nuclear Energy Controversies," in

들, 특히 록 스타와 영화 스타들이 저항의 요구에 주목하게 하는 데 유용하다는 것을 고찰해왔다(하지만 정치인들의 경우와 마찬가지로 유명인들이 쟁점을 재정의할 위험이 있다).[25] 유명인들은 한 사회의 문화적 인식, 특히 그 사회의 관심과 신뢰의 패턴들을 바라보는 유용한 창들 중의 하나이다. 기삿거리가 되는 사람들은 우리가 주목하는 사람들이다. 조직자들이 프레이밍 작업에서 사용하는 기존의 문화적 의미들을 저기 바깥에서 이해하고 싶어 하는 저항 연구자들이 활용할 수 있는 문화·정치·미디어에 관한 연구들은 무수히 많다.

운동문화

사회운동 연구자들은 여론조사, 아이엔거의 실험 또는 갬슨의 포커스그룹 연구가 아니라 참여관찰과 사례연구 같은 방법들을 선호하기 때문에, 보다 광범한 사회의 문화적 의미들보다는 걸핏하면 내부 운동 동학을 연구해왔다. 일부 학자들은 활동가들이 정치활동에서 이용하는 스킬과 역할들을 탐구해왔다. 1964년의 프리덤 서머에 관한 더그 매캐덤의 연구는 자원자들이 그들의 행동주의를 통해 삶의 일상적 과정과 스킬들을 발전시켰으며 이것들이 그 후 그들의 삶을 틀 짓는 데

Dorothy Nelkin(ed.), *Controversy: Politics of Technical Decisions*(Newbury Park, Calif.: Sage Publications, 1992); *Nuclear Politics*. 나는 프랑스, 미국, 스웨덴의 당파적 분열이 상이하며 그 결과 이들 나라에서 원자력 에너지에 대한 논쟁이 서로 다르게 프레이밍되었다는 것을 보여준다.

25 David S. Meyer and Joshua Gamson, "The Challenge of Cultural Elites: Celebrities and Social Movements," *Sociological Inquiry*, 65(1995), pp. 181~206. 유명인에 관한 보다 일반적인 연구로는 Joshua Gamson, *Claims to Fame: Celebrity in Contemporary America* (Berkeley: University of California Press, 1994)를 보라.

서 그들의 신념과 이데올로기만큼이나 중요했다는 것을 보여주었다.[26] 그들은 존 로플랜드가 '활동가' 역할이라고 부르는 것을 채택했다.[27] 틸리의 '집합행위의 레퍼토리' 개념을 통해 볼 때, 저항자들은 그들의 이전 경험들, 그들의 일상 업무와 운동 내부조직, 당국의 선택적 억압, 그리고 옳음과 정의의 통상적 기준들로 인해 다른 일들보다 특정한 일들을 더 잘하는 방법을 알고 있다.[28] 전술은 저항자들이 어떤 일을 하는지, 어떤 저항자가 그 일을 하는 방식을 알고 있는지, 그리고 그들이 어떤 도덕적 전망을 가지고 있는지에 따라 선택된다. 저항자들에게 갖는 문화적 의미가 세 가지 모두에 영향을 미친다. 심지어 저항자들이 '하는 일'도 저항자들이 하고자 하는 것에 대한 저항자들의 (사회적으로 규정된) 인식에 달려 있다.

몇몇 학자는 조직자들이 저항자들 사이에서 감정적 결속을, 그리고 그 결과 연대의식을 창출해내는 내적 과정을 고찰해왔다. 이러한 종류의 문화적 작업은 때때로 집단 지도자들에게는 명시적이지만, 일반 성원들에게는 암묵적이다. 에릭 허시Eric Hirsch는 인종격리정책에 반발하여 발생한 콜롬비아 학생운동에서 의식고양, 역량강화 의식, 그리고 레토릭의 단계적 확대와 양극화 모두가 학생들이 그 운동에 더욱 헌신하고 참여하게 하는 데 기여했다고 기술한 바 있다. 바바라 엡스타인 Barbara Epstein은 1980년대의 탈산업적 반핵운동과 평화운동들에서 페미니즘적 영성, 주술적 정치, 내부 민주주의 과정들이 저항자들의 열정과 기쁨에 기여했다고 덧붙인다. 메리 더글러스와 에런 윌다브스키 Aaron Wildavsky는 인지적 양극화가 내부 대 외부, 집단 내부의 성인聖人

---

26   Doug McAdam, *Freedom Summer*(New York: Oxford University Press, 1988).

27   John Lofland, *Doomsday Cult*(Englewood Cliffs, N.J.: Prentice-Hall, 1966).

28   Tilly, *From Mobilization to Revolution*, p. 156.

대 집단 외부의 죄인, 내부의 순수함 대 외부의 위험과 오염이라는 강력한 인식을 구축함으로써 집단 성원의식을 강화한다고 이론화했다. 비록 이러한 연구들이 인지적 과정에 초점을 맞추고 있지만, 그것들은 의도하지 않게 매우 감정적이기도 한 과정들을 부각시킨다.[29]

존 로플랜드 또한 1968년에 '청년 게토'에 대해 서술한 이후 저항운동의 내부 문화와 그 문화를 성장시킨 맥락을 묘사해왔다. 그는 군중의 기쁨과 여타 감정들 역시 기술해왔다. 그는 이론적 에세이에서 운동문화를 몇 가지 측면, 즉 특유의 목표·행위·역할의 정교화와 극화, 상징성과 감정적 표현의 발전, 그리고 한 가지 구체적 감정(즉, 동정심)의 수준으로 나누어 제시한다. 운동과 그 운동을 구성하는 단체들은 이 모든 차원에서 서로 다를 수 있다. 로플랜드는 저항운동이 사회에서 자신이 싫어하는 것에 초점을 맞추기 때문에 긍정적인 즐거운 문화를 발전시키는 데 때때로 실패한다고 주장한다. 우리가 제8장에서 고찰할 풍부한 반핵 문화에 비추어볼 때 이러한 생각은 이상한 듯 보이지만, 로플랜드의 많은 연구 중 상당수를 관류하는, 정치운동과 종교운동 간의 암묵적인 비교라는 견지에서 보면, 그것은 이해되기도 한다. 그는 종교운동의 내부 문화가 보통 더 응집적이고 감정적으로도

---

29 Eric L. Hirsch, "The Creation of Political Solidarity in Social Movement Organizations," *Sociological Quarterly*, 27(1986), pp. 373~387; "Sacrifice for the Cause: Group Processes, Recruitment, and Commitment in a Student Social Movement," *American Sociological Review*, 55(1990), pp. 243~254; Barbara Epstein, *Political Protest and Cultural Revolution: Nonviolent Direct Action in the 1970s and 1980s*(Berkeley: University of California Press, 1991); Mary Douglas and Aaron Wildavsky, *Risk and Culture: An Essay on the Selection of Technological and Environmental Dangers* (Berkeley: University of California Press, 1982). 위니 브레인스(Wini Breines)도 유사한 내적 과정을 검토한다. Wini Breines, *Community and Organization in the New Left, 1962~1968: The Great Refusal*(South Hadley, Mass.: J. F. Bergin, 1982).

더 만족스럽다고 주장한다. 로플랜드는 그의 연구 도처에서 문화가 내용과 정도 모두에서 저항단체에 따라 다르다는 것을 보여주는 데 관심을 기울여왔다.[30]

문화는 행위 속에 구현될 뿐만 아니라 동기와 목표의 형태로 작동하기도 한다. 운동의 내부를 들여다보자마자, 우리는 개인 저항자들이 수많은 참여 동기를 가지고 있으며 그 동기들은 대부분 군중 이론의 비합리적인 동기와 동원 모델과 합리적 선택 모델의 계산적인 동기 사이에 놓여 있다는 것을 알게 된다. 그들은 그들의 문화적 맥락으로부터 출현하는, 합리적이지만 항상 물질주의적이거나 계산적이지는 않은 전망과 프로젝트를 가지고 있다. 그들은 화와 좌절을 표현하기도 하지만, 순간적인 일시적 기분에서가 아니라 그들의 보다 광범한 프로젝트의 맥락에서 그렇게 한다. 그들이 자신들의 물질적 이익을 증진시키기도 하지만, 그것이 그들의 유일한 목표인 경우는 거의 없다. 그들이 저항 속에서 추구하는 목적은 다른 많은 동기들과 얽혀 있다. 그중 몇 가지만 언급하면, 성적 욕망, 동료의식, 기술관료의 결정에 대한 반발, 개인 정체성의 계발, 안전의 욕구, 직업이나 가족의 동학을 들 수 있다. 사람들이 저항할 때 무엇을 하는지를 이해하기 위해서는 저항

---

30 존 로플랜드의 중요한 에세이들 중 다수가 그의 책 『저항(Protest)』에 수록되어 있다. 특히 그 책의 제2장, 제3장, 제9장을 보라. 또한 John Lofland, "Charting Degrees of Movement Culture: Tasks of the Cultural Cartographer," in Hank Johnston and Bert Klandermans(eds.), *Social Movements and Culture*(Minneapolis: University of Minnesota Press, 1995)도 보라. 종교 및 일탈 연구와 관련된 것으로는 다음의 것들이 있다. John Lofland, *Doomsday Cult*(Englewood Cliffs, N.J.: Prentice-Hall, 1966); John Lofland and Lyn H. Lofland, *Deviance and Identity*(Englewood Cliffs, N.J.: Prentice-Hall, 1969); John Lofland and Michael Fink, *Symbolic Sit-Ins: Protest Occupations at the California Capitol*(Lanham, Md.: University Press of America, 1982); John Lofland, *Polite Protesters: The American Peace Movement of the 1980s*(Syracuse, N.Y: Syracuse University Press, 1993).

바깥에서의 그들의 삶에 대해, 그리고 그들이 그들의 삶에 부여하는 의미에 대해 많은 것을 알 필요가 있다.

C. 라이트 밀스C. Wright Mills가 지적했듯이, 우리는 동기를 다른 수준에서 바라볼 수 있다. 즉, 우리는 동기를 기존의 선호로 받아들이는 것이 아니라, 사람들이 자신들의 과거와 미래 활동을 정당화할 것을 요구받을 때 그들이 제시하는 근거로 바라볼 수도 있다. 동기는 사람들이 자신들이 처한 상황을 정의하는, 일정 정도 규범적인 어휘들이다.[31] 그들은 잠시 행위를 멈추고 동기를 언급할 필요 없이 특정 방식으로 행위하고 그 행위에 부합하는 방식으로 말하도록 학습된다. 그들은 행위하고 말하는 '방식'을 알고 있다. 그들을 예술적 저항자로 만드는 그들의 무언의 암묵적 지식은 수단과 목적, 동기와 결과로 산뜻하게 분해될 수 없다. 흐름, 망, 네트워크 — 상이한 종류의 지식과 행위를 연결하는 — 라는 은유들이 보다 더 적절할 수도 있다. 일단 운동에 참여하면, 참여자들은 자주 자신들의 전기와 가담 이유를 '고쳐 씀'으로써 운동 레토릭의 메시지를 강화한다. 성원들이 말하는 '전향의 서사'는 자주 비슷하게 들린다. 이를테면 그들은 자신들이 운동에 참여한 이유는 핵전쟁에 대한 공포 때문이지 그들의 친구가 참여하고 있기 때문이 아니라고 보고한다. 이러한 이야기들이 단순히 과거에 대한 설명에 불과한 것은 아니다. 그것은 현재의 충성심과 정체성에 대한 확인, 즉 사람들

---

31   다음을 보라. Kenneth Burke, *Permanence and Change: All Anatomy of Purpose*, 3d ed.([1934] Berkeley: University of California Press, 1954), ch. 2; C. Wright Mills, "Situated Actions and Vocabularies of Motive," *American Sociological Review*, 5(1940), pp. 904~913. 행위의 내적 원천으로서의 동기에 대한 버크와 밀스의 거부는 과도한 것일 수 있다. 왜냐하면 우리는 그러한 종류의 동기(그 단어의 상식적 용법)를 사람들의 보다 광범한 세계관 속에서 때때로 엿볼 수 있기 때문이다. 그럼에도 불구하고 나는 기존의 충동들이 결코 행위를 완전히 설명할 수 없지만 실제로 그 충동들은 그것들이 설명하고자 하는 행위의 흐름들로부터 분리되기도 어렵다는 주장을 받아들인다.

이 자신들의 삶과 중요한 기본적 가치들을 합치시키는 의례의 일종이다.[32] 로버트 벤퍼드는 저항자들이 자신들의 행위를 정당화하기 위해 사용하는 네 개의 공통적인 레토릭, 즉 문제의 심각성, 해결의 긴급성, 그들 자신의 노력의 효력, 그리고 행동 개시의 타당성을 지적한다.[33]

저항의 다양한 즐거움도 동기로 작용한다. 한 가지 만족은 집합적인 역량강화 의식과 집단연대의 표현에서 나온다. 또 다른 만족은 의례와 상징들 — 참여자들이 서로에게 말하는 신화와 설화, 그 속에서 출현하는 영웅과 악당, 하위문화 역사 속의 신성한 장소와 순간 — 에서 기인하는 스릴과 에너지이다. 그러한 상징들은 단순히 집단 충성심을 발전시키는 것에 그치지 않고, 자주 레토릭 장치들을 이용하여 현재의 갈등을 선과 악이라는 거대한 도덕적 테마들과 연계시킨다.[34] 데릭 벨이 맥도널드 여사의 사례에서 기술했던 것처럼(제2장), 악에 맞서 증언하고 '옳은 일을 하는 것'은 그 자체로 만족스러우며, 명시된 목표를 달성하기 어려울 때조차 사람들의 삶에 존엄성을 부여해준다. 저녁 뉴스에 보도되는 형태의 중요한 역사적 사건들에 참여하는 것은 또 다른 심오한 만족감을 가져다준다. 개별 참여자들은 또한 에로틱한 동기에서 정치적 목표

---

32   전향 이야기들의 이러한 '수행적' 측면을 다룬 것으로는 Peter G. Stromberg, *Language and Self-Transformation: A Study of the Christian Conversion Narrative*(Cambridge: Cambridge University Press, 1993)를 보라.

33   Robert D. Benford, "'You Could Be the Hundredth Monkey': Collective Action Frames and Vocabularies of Motive within the Nuclear Disarmament Movement," *Sociological Quarterly*, 34(1993), pp. 195~216.

34   나는 다음에서 레토릭 양식들에 대해 탐구한다. James M. Jasper, "The Politics of Abstractions: Instrumental and Moralist Rhetorics in Public Debate," *Social Research*, 59(1992), pp. 315~344. 또한 다음을 보라. Douglas and Wildavsky, *Risk and Culture*; Michael Blain, "Fighting Words: What We Can Learn from Hitler's Hyperbole," *Symbolic Interaction*, 11(1988), pp. 257~276; Marsha L. Vanderford, "Vilification and Social Movements: A Case Study of Pro-Life and Pro-Choice Rhetoric," *Quarterly Journal of Speech*, 75(1989), pp. 166~172.

와 애정생활을 동시에 추구하기도 한다. 이러한 동기들은 모두 인지적이거나 도덕적인 만큼이나 감정적이라는 것에 주목하라.

일단 운동에 참여하고 나면, 많은 사람들에게서 정치적 활동이 정체성과 삶의 방식에서 중요한 요소가 되기 때문에, 적어도 동원이라는 단어가 갖는 어떤 적극적이고 유의미한 의미에서 그들이 '동원될' 필요는 없다. 그들에게 저항활동은 하나의 즐거움이지 그저 하나의 비용에 불과한 것이 아니다. 이는 특히 운동의 성원들이 하나의 대의에서 다음의 대의로 주기적으로 이동하는 탈산업적 운동들에서 사실이다. 이를테면 위니 브레인스Wini Breines는 신좌파가 그 자신의 조직들 속에서 그들이 그리는 "바람직한 사회를 '예시하고' 구현하는 관계와 정치형태들을 운동의 생생한 관행 내에서 창출하고 지속시키기 위해" 노력했던 방식들을 기술한다. 그들에게서는 공동체의 유대가 가장 중요했다. "신좌파들은 자아의 발견과 주장을 유의미한 정치행위와 연계시켰다. 그들은 집합적인 정치행위를 통해 개인의 해방, 즉 고립·무의미함·조작으로부터 탈출했다. 그들은 파편화와 비인간성의 한가운데서 공동체를 창출하고 자아를 해방시켰다."[35] 저항운동이 바로 도구적인 수단-목적의 계산에 대한 도덕적 거부에서 생겨났기 때문에, 그것은 자주 참여자들에 의해 그들의 삶과 완전하게 조화를 이루는 것으로 인식된다. 모든 운동이 많은 참여자에게 하나의 공동체가 되거나 그 자체로 하나의 목적이 될 수 있지만, 이는 탈산업적 운동이나 종교운동들에서 특히 사실일 수 있다.

합리주의적 용어법 속에서도 운동문화는 왜 집단들이 참여의 비용과 잠재적 보상을 그들 집단의 방식으로 평가하는지를 설명하는 데 도

---

35   Breines, *Community and Organization in the New Left, 1962~1968*, pp. 6, 44~45.

움을 준다. 우리는 그것을 통해 특정 집단들이 왜 틸리가 열성분자라 부르는 것이 되는지를 이해할 수 있다. 열성분자들은 자신들이 추구하는 집합적 이득을 그것을 추구하는 데 따르는 비용에 비해 높게 평가한다.[36] 문화적·전기적 과정들 — 이를테면 인식을 유도하고 틀 짓는 의례, 상징, 그리고 상호 호의 — 이 그러한 평가를 설명하는 데 도움을 주지만, 합리주의적 접근방식과 여타의 접근방식들은 좀처럼 그러한 과정이 갖는 서로 다른 유용성을 설명하고자 하지 않는다. 열성분자들의 경우에 집단의 물질적 이익은 집합행위를 직접적으로 이끄는 규준이 되지 못한다. 우리는 합리주의자들처럼 합리성이 모든 개인에게 동일한 (계산 가능한) 함의를 가진다고 가정할 수 없다. 왜냐하면 전기와 문화가 비용과 이득 모두에 대한 평가, 즉 목적뿐만 아니라 수단을 전적으로 틀 짓기 때문이다. 불법적 저항의 결과 교도소에서 시간을 보내는 것이 어떤 사람에게는 엄청난 비용일 수 있지만, 또 다른 사람에게는 감동적이고, 심지어 중독적이기까지 한 '최상의 경험'일 수도 있다. 동료 저항자들(그들은 또한 가족, 친구, 연인일 수도 있다) 사이에서 그것은 명예의 배지일 수도 있다.[37] 비용과 이득은 저항자들이 그들 스스로에게

---

36 Tilly, *From Mobilization to Revolution*, p. 88.

37 합리주의 모델에 대한 공통적인 비판의 하나는 이른바 저항의 비용, 특히 복역 또한 집합적 경험을 만족시키고 자극할 수 있기 때문에 얼마간은 이득이기도 하다는 것이었다. 어떤 정치적 활동들은 정확한 계산을 하는 데 필요한 수단과 목적의 구분을 모호하게 만드는 것으로 보인다. 합리주의자인 데니스 청은 저항조직의 고용인들이 자신들의 봉급에 관심을 가진다는 사실(비록 그들이 자신이 좋아하는 단체를 위해 낮은 봉급을 받고 일하는 것을 받아들인다 할지라도!), 그리고 간디도 교도소에 있는 동안 자신의 법률사무소에서 일어날 수도 있을 일에 대해 걱정했다는 사실을 증거로 들면서, 저항자들이 비용과 이득을 구분한다고 답한다. 이 중 어떠한 것도 뜻밖의 일은 아니다. 그리고 데니스 청이 사소한 대립 사례를 그냥 제시한 것일지도 모른다. 왜냐하면 그는 사람들이 정의를 추구하기 위해 상당한 물질적 보상을 의식적으로 포기한다는 것을 보여주는 사례들 역시 제시하기 때문이다. 대부분의 합리주의자들과는 달리, 그는 사람들이 비용과 이득을 평가하는 방식이 다양하다는 것을 인정한다. 그러나 합리주의자들과 마찬가지로 그도 평가방식이 다양한

하는 이야기들로부터, 그들이 찬미하는 영웅들로부터, 그들이 신봉하는 도덕적 전망들로부터, 그리고 그들이 서로와 외부 세계에 대해 느끼는 방식으로부터 나온다.[38]

문화는 심지어 우리에게 합리적 행위의 기준을 제공하기도 한다. 메리 더글러스는 문화가 우리를 대신하여 우리의 사고의 일부를 수행하며, 우리가 스스로 고찰하기에는 시간이 부족한 문제들에 대한 답변을 제공한다고 주장해왔다.[39] **문화는 합리성의 경계를 정할 뿐만 아니라 그것을 규정하기도 한다. 문화는 합리성을 인식하고 판단하는 맥락과 기준을 제공한다. 따라서 합리성은 사회적 맥락 외부에서 순수한 형태**

까닭에 대해서는 거의 말을 하지 않는다. 그럼에도 불구하고 그가 제시한 사례는 그 변이의 이면에 문화적 설득이 자리하고 있다는 것을 보여준다. "몇몇 지도자들, 그중에서도 특히 마틴 루서 킹 2세(Martin Luther King Jr.)는 일반 성원들로 하여금 보석을 거부하고 교도소에 머무르는 선택을 진심으로 좋아하게 (달리 말해 그들이 **진정으로** 좋아하는 것으로 받아들이게) 만드는 데 있어 다른 사람들보다 더 유능했다. 킹은 그의 추종자들이 인종적 평등을 성취하기 위한 투쟁의 고생스러움보다는 즐거움에 집중하도록 만드는 예외적 능력을 지니고 있었다." '진정으로' 좋아하는 것을 규명하는 형이상학적 도전(데니스 청이 그의 모델을 반증 불가능한 것으로 만드는 약삭빠른 방법)을 무시할 경우, 우리는 가장 흥미로운 문제는 저항자들이 어떤 것은 비용이고 다른 어떤 것은 이득이라고 인식한다는 것이 아니라 저항자들이 비용과 이익을 그들 나름의 방식으로 평가하는 이유라는 것을 알게 된다. 데니스 청이 그가 복역과 여타의 특정 비용들이 동료들 사이에서 저항자의 입지를 증대시키기 때문에 실제로는 이득이라고 주장할 때, 그는 자신의 주장—저항자들이 그들 행위의 비용에 대해 생각한다는 주장—을 부정할 뿐만 아니라 합리주의 모델을 하나의 동어반복이게 만든다. Dennis Chong, *Collective Action and the Civil Rights Movement* (Chicago: University of Chicago Press, 1991), p. 87.

38 어니스트 보먼(Ernest C. Bormann)은 영웅의 창조가 집단연대에 대해 갖는 중요성에 대해 논의한다. Ernest C. Bormann, "Fantasy and Rhetorical Vision: The Rhetorical Criticism of Social Reality," *Quarterly Journal of Speech*, 58(1972), pp. 396~407.

39 Mary Douglas, *How Institutions Think*(Syracuse, N.Y: Syracuse University Press, 1986); Douglas and Wildavsky, *Risk and Culture*. 프랭크 도빈(Frank Dobbin)은 국가 간 비교를 통해 '합리성'이 문화적 구성물이라는 것을 훌륭하게 입증한다. Frank Dobbin, *Forging Industrial Policy: The United States, Britain, and France in the Railway Age* (Cambridge: Cambridge University Press, 1994).

로 존재할 수 없다. 서로 다른 제도적 환경들은 세상에 대한, 그리고 세상 속에서 행위하는 데 필요한 스킬들에 대한 서로 대립하는 가정들을 포함하여 그것 나름의 문화를 발전시킨다. 하나의 맥락에서 합리적인 행위가 또 다른 맥락에서는 비합리적일 수도 있다. 순교는 이익 극대화의 상황보다는 궁극적 목적의 상황에서 더 잘 이해될 수 있다. 합리주의적 전통에서 이러한 이타주의의 궁극적 형태는 이해될 수 없다. 왜냐하면 그것이 게임으로부터 개인을 완전히 제거하기 때문이다. 어떤 집단에 어떤 전술과 목표가 합리적인지는 오직 우리가 그 집단의 명시적 신념과 암묵적 정의들 — 그것들에 대해 개별 성원들이 반드시 전적으로 동의하지 않을 수도 있지만 — 을 이해할 때에만 분명해진다. 문화적 전통들은 저항의 수단과 목적을 만들어내고 수정하기 위한 (그리고 또한 수단과 목적 간의 경계를 설정하기 위한) 원료를 제공한다.

일단 우리가 저항이 가져다주는 다양한 형태의 만족감을 인정하고 나면, '합리성'은 오해를 불러일으키는 적용기준일 수도 있다. 왜냐하면 그 용어는 그것이 주어진 목적을 달성하기 위한 효율적 수단을 발견한다는 것을 의미할 때 가장 명확해지기 때문이다. 수단이 부분적으로 목적 자체가 될 때, 합리성을 판단하기란 더욱 어렵다. 몇몇 목표는 도덕적으로 부당하고, 심지어 때로는 자멸적이거나 자기파괴적일 수도 있지만, 그것들이 비합리적이라는 것을 보여주기란 더욱 어렵다. 행위 또한 주어진 목적에 비추어 그릇되거나 비효율적일 수도 있지만, 그것이 행위를 반드시 비합리적인 것으로 만들지는 않는다. 학자들은 근대 핵가족이 '합리적'인지 아닌지를 묻지 않는다. 우리 역시 저항운동에 대해 다른 질문을 던질 필요가 있다. 바꿔 말하면, 어떤 선택이나 행위는 그것이 합리적인지 아닌지를 평가할 수 있는 몇 가지 수준을 동시에 지니며, 이 수준들은 행위자들의 다양한 동기와 상응하고 그들의 제도적 환경들과 중첩된다. 합리성에 대한 어떠한 단일한 평가도 가능하지 않다. 우리 자신과 우리의 세계를 개조하기 위해 우리가 가지고 있는 스킬들 역시 운동문화의 일부를 이룬다. 대부분의 저항 연구자들이 개인과 조직의 선호와 선택 ─ 그것이 비합리적 감정에 기초하든 또는 합리적 계산에 기초하든 간에 ─ 이 집합행위로 귀결된다고 보지만, 그들은 그러한 활동이 또한 되돌아와서 그러한 선호에 영향을 미친다는 것을 망각한다. 몇몇 이론가는 집합행위가 참여자와 그들의 취향을 변화시킨다고 제안해왔다. 새뮤얼 볼스Samuel Bowles와 허버트 진티스Herbert Gintis는 정체성 형태와 연관된 집합행위의 구성적 측면을 논의한다. 그들에 따르면, "개인과 집단은 일반적으로 기존 목적을 충족시키기 위해서뿐만 아니라 그들 자신을 특정한 바람직한 속성을 지닌 개인과 집단으로 구성하거나 자신들이 그러함을 재확인하기 위해서도 집합행위에 참여한다".[40] 우리가 곧 살펴보겠지만, 운동은 참여자들이 정체성을 주조하는 데 일조한다. 찰스 틸리를 비판하면서, 제임스 룰James Rule은 집단의 이해관계에 대해 다음과 같이 주장한다.

> [집단의 이해관계는] 다양한 집단의 구조적 위치로부터 자동적으로 예측될 수 있는 것이 아니라 그것을 경험하는 집단에 의해 규정된다. 하지만 그러한 '지극히 중요한 이해관계'가 출현할 때, 관련 집단들은 그것을 그들 자신의 상징적 또는 글자 그대로의 자기 영속성에 본질적인 문제로 인식하는 경향이 있다. …… 그러한 이해관계를 옹호하는 집합행위는 표출적일 수도 또는 도구적일 수도 있으며, 목적 그 자체일 수도 또는 어느 정

---

40   Samuel Bowles and Herbert Gintis, *Democracy and Capitalism: Property, Community, and the Contradictions of Modern Social Thought*(New York: Basic Books, 1986), p. 138.

도 보다 장기적인 목적을 위한 수단일 수도 있다. 어떤 특수한 집합행위에서는 이 둘이 뒤섞이는 경향이 있다. …… 집합행위자들은 그들의 행위의 비용과 이득을 계산하여, 최소한 불가항력적인 억압은 피하고 명백한 정치적 기회는 붙잡는다. 그러나 집합행위가 다른 목적을 위한 수단이라기보다는 목적 자체인 곳에서는 행위가 발생한다는 사실만으로도 그 행위는 참여자들에게 '유익한' 일이 될 수 있다.[41]

클라우스 오페Claus Offe도 유사하게 두 가지 형태의 집합행위, 즉 이해관계의 직접적이고 계산적인 추구와 "우리가 '비용'과 '이득'으로 의미하는 바를 재정의하는 것과 관련된" 내적이고 상호작용적인 작업을 구별했다.[42] 사회운동은 목적을 추구할 뿐만 아니라 목적을 만들어내기도 한다. 그리고 때때로 사회운동은 그 자체가 목적이 되기도 한다. 이 시점에서 과제는 그러한 구성물이 어떻게 생겨나는지를 구체화하는 것이지, 그것이 생겨난다고 그저 주장하는 것이 아니다.

명명하기는 정치적 실재의 구성에서 중요한 요소의 하나이다. 거기에는 용어 – **성차별주의, 블랙 파워, 종차별** – 의 창의적 주조뿐만 아니라 문제, 대의, 책임, 해결책의 정교화 또한 포함된다. 우리가 붙이는 이름표는 세계에 대한 우리의 이해를 구성한다. 즉, 그것은 관심, 분노, 동감을 유발하고, 책임, 칭찬, 신뢰를 할당한다. 우리 자신의 집단이나 운동의 이름을 짓는 일은 정체성 창출에서 중요한 부분으로, 운동은 그 이름으로 자신의 행위를 정당화한다. 제인 젠슨Jane Jenson이 주

---

41   James B. Rule, *Theories of Civil Violence*(Berkeley: University of California Press, 1988), p. 198.

42   Claus Offe, "Two Logics of Collective Action," in *Disorganized Capitalism: Contemporary Transformations of Work and Politics*(Cambridge: MIT University Press, 1985), p. 204.

장하듯이, "운동들은 이름을 놓고 싸우고, 공동체의 안과 밖 모두에서 자신들이 선호하는 이름을 인정받고자 한다. 공동체들은 담론 공간을 놓고 경쟁하면서 그들의 현재와 미래 그 이상의 것을 상상한다. 즉, 그들은 그들의 과거 또한 상상한다".[43] 집단과 개인은 그들이 어떻게 행위해야만 하는지를 결정하는 것의 일부로, 그들이 누구인지를 결정해야만 한다.

관념과 행위 모두에서 문화는 명시적으로 그리고 암묵적으로 우리가 우리 주변의 세상, 또는 적어도 우리가 유의미한 방식으로 경험할 수 있는 세상의 일부를 규정하거나 구성하는 데 일조한다. 우리는 우리 자신의 행위를 해석하고, 우리가 특히 저항과 같은 복잡한 활동을 위해 무엇을 하고 있는지에 대해 생각한다. 문화는 의미와 해석을 포함한다. 우리가 이해관계, 자원, 합리적 전략 — 이것들 모두는 문화적 인식을 통해 구성된다 — 과 같은 명백히 '객관적인' 현상들을 다룰 때조차, 우리는 이러한 정신적 구성물들을 무시할 수 없다. 우리는 몇 가지 지점에서, 즉 성원 충원의 프레이밍 과정에서, 저항자들이 활용하는 보다 광범위한 언어들에서, 그리고 저항단체가 사기와 연대를 유지하는 내적 과정들에서 발견된 문화적 과정과 그 구성물들을 살펴보았다. 각각의 경우는 문화적 의미에 따라 청중들 — 즉, 잠재적 성원, 보다 광범위한 공중, 그리고 성원들 자체 — 을 서로 다르게 혼합한다. 하지만 우리가 정체성의 문제로 옮아갈 때, 내부 문화 대 외부 문화의 구분은 부적절하다. 왜냐하면 그것들 간에는 상당한 상호작용이 존재하기 때문이다.

---

43 Jane Jenson, "What's in a Name? Nationalist Movements and Public Discourse," in Johnston and Klandermans(eds.), *Social Movements and Culture*, p. 107.

정체성의 세 가지 종류

정체성이라는 개념은 최근의 문화적 재발견에서 유행의 최첨단을 걷고 있지만 혼란스러운 용어들 중 하나이다. 그 이유는 부분적으로는 그 용어가 프레이밍, 자원, 그리고 정치적 기회구조만큼이나 심히 지나치게 확장되어왔기 때문이다. 정체성이 때로는 운동에 내재하는 것으로, 때로는 운동에 외재하는 것으로 이론화되지만, 나는 둘 다라고 믿는다. 나는 정체성의 세 가지 주요 범주를 고찰한다. **개인적 정체성**, 즉 자신이 누구인지에 관한 의식, 다시 말해 자아의식은 속성(나는 좋은 또는 강인한 또는 현명한 사람이다), 활동과 이해관심(나는 용접공 또는 조깅하는 사람 또는 그레이트풀 데드의 팬이다) 그리고 집합체와의 동일시(나는 미국인 또는 이탈리아계 미국인 또는 남부사람 또는 해외 종군 군인회의 회원이다)를 아우른다. 이러한 정체성들은 비록 보다 광범위한 문화적 의미들을 차용하고 있음에도 불구하고, 개인의 특이한 전기에서 비롯되며, 저항의 전기적 차원의 일부를 형성한다. 우리가 알고 있듯이, 이러한 자아들은 단일하지도 고정적이지도 않지만, 급격하게 또는 예측 불가능하게 변화하지도 않는다.

집합적 정체성은 집단의 특이성, 경계, 이해관계에 대한 인식들로 이루어지는 것으로, 범주보다는 공동체에 가까운 어떤 것과 관련된다. 가장 친숙한 것으로는 카스트, 계급, 종교, 인종이나 민족성, 성적 선호, 젠더를 들 수 있다. 또한 지리에 기초하는, 그중에서도 특히 국가, 지역, 이웃에 기초하는 집합적 정체성도 존재한다. 이 모든 집합체는 개인과 운동 모두와 독립적으로 존재한다. 집합적 정체성과 개인적 정체성의 상호작용은 강력하다. 즉, 집합적 정체성이 선명할수록 내가 그 집단을 내 개인적 정체성의 일부와 동일시할 가능성은 더 크다. 그리고 개인들이 어떤 집단과 자신을 동일시할수록 그 집단의 집합적 정체성은 더 강해진다. 개인적 정체성이 (비록 타인의 영향을 받기는 하지만) 개인의 인식에 의해 규정되는 데 반해, 집합적 정체성은 성원과 비성원 모두의 인식에 의존하며, 자주 대중매체를 통해 걸러진다. 베네딕트 앤더슨Benedict Anderson은 민족을 상상된 정치적 공동체라고 기술하면서, 다음과 같이 말한다. "그것이 **상상된** 것인 이유는 심지어 가장 작은 민족조차 그 성원들은 그들의 동포 성원들의 대부분을 결코 알지도, 만나지도, 심지어는 그들에 대해 들어보지도 못할 것이지만 각자의 마음속에는 그들이 서로 교감하고 있다는 이미지가 살아있기 때문이다."[44] 낸시 휘티어Nancy Whittier의 주장에 따르면, 집합적 정체성은 "실제의 사람들이 그것에 동의하고, 그것을 규정하고, 그것에 대해 논쟁을 벌이고, 그것을 내면화하는 한에서만 존재한다. 집단에 대한 정의는 고유한 생명을 가지지 않으며, 정적이기보다는 끊임없이 변화한다".[45] 그러나 나는 어떤 정체성은 다른 정체성들보다 더 쉽게 변한다고 덧붙일 것이다. 프랜시스 스벤슨Frances Svensson은 그러한 정체성의 영향을 다음과 같이 묘사한다. "집단은 일반적인 사회적 상황에서 개인들로 하여금 행위하도록 동원하는 메커니즘으로 작동하고, 욕구와

---

44 Benedict Anderson, *Imagined Communities*, rev. ed. (London: Verso Books, 1991), p. 6.

45 Nancy Whittier, *Feminist Generations: The Persistence of the Radical Women's Movement*(Philadelphia: Temple University Press, 1995), p. 15. 나중에 그녀는 "성원들이 스스로를 여성으로 그리고 페미니스트로 규정했던 방식"에 대해 기술한다(p. 57). 내가 보기에, 스스로를 여성으로 규정하는 것이 집합적 정체성을 창출했다면, 스스로를 '페미니스트'로 규정하는 것은 운동 정체성이었다. 그러나 운동은 두 가지 종류의 정체성 모두를 구성하는 데 일조한다. 젠더는 까다로운 집합적 정체성의 하나이다. 왜냐하면 남성과 여성은 좀처럼 자신들이 상이한 공동체에 속해 있다고 느끼기에 충분할 만큼 분리된 삶을 살지 않기 때문이다. 이를테면 이성애 부부는 특히 가족 내에 존재하는 몇몇 이해관계 갈등들을 인식할 뿐만 아니라 하나의 가족으로서 공유하고 있는 이해관계들 또한 인식하고 있다.

욕망, 그리고 그것들을 성취하는 방식들을 규정하는 데 일조하며, 자아정체성 속에서 두드러지게 나타나는 강력한 정서적 애착의 장소를 만들어낸다."[46] 달리 말해 집단은 문화를 제공한다. 집합체의 정치적 동원이 분명 그것의 집합적 정체성을 증대시키지만, 집합적 정체성은 그러한 동원 없이도 가능하다.

따라서 집합적 정체성은 **운동 정체성**과 다르다. 운동 정체성은 한 무리의 집단과 개인들이 스스로를 사회변화를 명시적으로 추구하는 하나의 세력으로 인식할 때 (그리고 타인에 의해 인식될 때) 발생한다. 집합적 정체성과 운동 정체성이 자주 합체되기는 하지만, 그것들이 동일한 것은 아니다. 운동이 집합적 정체성의 이름으로, 이를테면 여성이나 아프리카계 미국인의 이름으로 행위할 수도 있지만, 동물권리나 핵무기동결운동에서처럼 꼭 그렇게 해야 할 필요는 없다. 시민권 운동은 그 운동과는 무관하게 정의되는 집합체와 연계되어 있으며, 일반적으로 바로 그 집단을 위해 공평성, 포함, 또는 몇몇 이득을 추구한다. 탈시민권 운동은 집합적 정체성과 연계되어 있지 않으며, 모든 인류, 미래 세대 또는 자연법칙의 이름으로 이야기하는 경향이 있고, 보통 비경제적 목적들을 추구한다.[47] 일부 학자들은 운동 정체성을 사회운동 **공동체**라는 개념 — 나는 이 용어를 사회적 네트워크와 문화적 이미지들을 합체시켜놓은 것이라고 생각한다 — 으로 포착하고자 해왔다.[48] 집합적

---

46 Frances Svensson, "Liberal Democracy and Group Rights: The Legacy of Individualism and Its Impact on American Indian Tribes," *Political Studies*, 27(1979), p. 436.

47 저항 문헌에서 한 가지 혼란이 발생한 까닭은 이른바 새로운 사회운동 이론가들이 빈번히 '정체성' 이론가로도 이름 붙여지고 있기 때문이다. 그러나 새로운 사회운동의 한 가지 특징은 여성운동이나 게이·레즈비언 권리운동 등 일부를 제외하면 그것이 집합적 정체성과 연계되어 있지 않다는 것이다. 그것은 개인적 정체성, 그리고 자주 운동 정체성에 관한 것이지 집합적 정체성에 관한 것이 아니다.

48 현재의 친숙한 합체 양식에서 **공동체**는 개인적 상호작용, 정서적 유대, 집단 정체성과 경계

정체성과 운동 정체성 둘 다 개인적 정체성에 기여할 수 있다. 개인적 정체성은 일반적으로 동일시들의 복잡한 혼합물로 이루어진다. **개인적 정체성은 전기 수준에 존재한다. 집합적 정체성은 보다 광범위한 문화의 일부이다. 그리고 운동 정체성은 운동의 내부 문화와 보다 광범위한 문화 간의 상호작용으로부터 발생한다.**

운동 정체성 자체는 몇 가지 수준으로 분해될 수 있다. 사람들은 자신들을 전체로서의 저항운동과 동일시하는 것에 더해, 어쩌면 자신들이 그것을 설립했다는 이유로 하나의 특정 집단과 동일시할 수도 있고(나는 이것을 **조직 정체성**이라고 부를 것이다), 직접행동과 같은 특정 전술을 사용하거나 급진적 전위대와 같은 운동의 특정 분파에 속해 있다는 것과 동일시할 수도 있으며(**전술 정체성**), 또는 몇 가지 별개의 운동에 자양분을 제공할 수도 있는 보다 광범한 활동가 하위문화와 동일시할 수도 있다(**활동가 정체성**). 나는 탈시민권 운동들에서는 대체로 활동가 정체성과 전술 정체성이 조직 정체성보다 더 강하고, 시민권 운동들에서는 대체로 그것의 근원을 이루는 집합적 정체성이 운동 정체성보다 더욱 강할 것이라고 예상한다.

이들 다양한 종류의 운동 정체성이 보여주듯이, 정체성이 어떤 근본적인 귀속적 특성으로 구성되는 경우는 드물며, 오히려 그것은 개인과 집단이 고안해야만 하는 어떤 것이다. 집합적 정체성과 운동 정체성은 적지 않은 갈등, 요구 제기하기, 절충을 조건으로 한다.[49] 문제를 더더

에 대한 의식, 그리고 함께 행위하기의 한 형태 등 다양한 것을 지칭할 수 있다. 그럼에도 불구하고 그것의 유용성은 다음의 글들에서 분명하게 나타난다. Steven M. Buechler, *Women's Movements in the United States: Woman Suffrage, Equal Rights, and Beyond*(New Brunswick, N.J.: Rutgers University Press, 1990); Paul Lichterman, "Piecing Together Multicultural Community: Cultural Differences in Community Building Among Crass-Roots Environmentalists," *Social Problems*, 42(1995), pp. 513~534.

186   제1부 기본적 접근방식

욱 복잡하게 만드는 것은 개인 정체성의 일부가 민주주의자 또는 퀘이커교도라는 것과 같은 보편적인 도덕적 원리에 대한 충성이나 헌신으로부터뿐만 아메리카 원주민이라는 것과 같은 보다 특수하고 귀속적인 충성과 헌신으로부터 나올 수도 있다는 것이다. 시민권 사례들은 때때로 이러한 선택의 복잡성을 숨기고 있다. 미국에서 흑인이라는 것은 퀘이커교도라는 것보다 더 강력하고 구속적인 집합적 정체성 ─ 비록 이것조차도 고정적이지는 않지만 ─ 을 동반한다.

또 다른 복잡성은 저항자들이 (그리고 그 문제에 관한 한, 타인들이) 자신들의 정체성에 대해 상이한 태도를 보일 수 있다는 것이다. 어떤 사람들에게 정체성은 자신들이 누구인지를 규정하는 데, 즉 자아의 핵심적 부분을 규정하는 데 일조하는 심층적 속성의 하나이다. 그 스펙트럼의 또 다른 쪽 끝은 특정 정체성과 그리 밀접한 관계에 있지 않을 수도 있다. 왜냐하면 정체성이 전략적 이유에서 또는 그 정체성이 '적합'한지를 알아보기 위한 잠정적인 시도로서 채택될 수도 있기 때문이다. 특히 운동 정체성은 시험해본 후 상대적으로 쉽게 폐기될 수 있다.

정체성의 세 가지 기본 형태 모두는 타인들과의 상호작용에 의존한다. 심지어 개인적 정체성조차도 일반적으로 우리 주변의 사람들에 의해 지지되어야 한다. 집합적 정체성과 운동 정체성 또한 방관자, 상대방, 그리고 여타 행위자들, 특히 대중매체의 인정에 의존한다.[50] 토드

---

49 다음을 보라. Scott A. Hunt, "Social Movement Organizations and Collective Identities: A Constructionist Approach to Collective Identity Claims-Making," Unpublished paper, no date.

50 행크 존스턴(Hank Johnston), 엔리케 라라냐(Enrique Laraña), 조지프 거스필드는 집합적 정체성과 개인적 정체성이 다른 사람들의 생각에 영향을 받지 않는다는 듯이 이 두 정체성을 '공적 정체성'과 구분한다. 내부자와 외부자가 하나의 정체성의 내용을 두고 다툴 수도 있지만, 나는 그것이 그 정체성이 하나의 별개의 유형임을 보장하지는 않는다고 생각한다. 그들의 유형론 또한 운동 정체성과 집합적 정체성을 통상적으로 합체하는데, 그들이 그렇

기틀린이 뉴스매체가 텔레비전 세계에서 운동 정체성들을 틀 짓는 방식을 다룬 자신의 책 제목을 통해 말했듯이, "온 세계가 지켜보고 있다".[51] 우리가 살펴보듯이, 운동 정체성은 성원의 활기를 북돋운다. 하지만 그것은 또한 그 운동의 상대방에게 빈번히 위협을 가함으로써 그 자신에 대한 역동원countermobilization을 낳기도 한다.

모든 형태의 정체성은 운동 참여자들에게 영향을 미친다. 개인들은 자신들의 자아 관념과 저항활동이 맞아떨어질 때 편안할 것임에 틀림없다. 저항 역할이 개인적 정체성의 일부가 될 때, 그것은 지속적인 참여의 강력한 유인이 된다. 집합적 정체성은 그 집단의 이해관계와 결부된 저항을 강력하게 고무한다. 운동 정체성은 또한 효력과 연대의식을 확신하게 해줄 수 있다. 제8장에서 우리는 강력한 활동가 정체성이 사람들로 하여금 원자력 에너지에 반대하는 저항으로 이끌었다는 것을 살펴볼 것이다. 하지만 모든 설명요인이 그러하듯이, 정체성은 행위로부터 유추되기보다는 행위와 무관하게 관념적으로 규명되어야만 한다. 이를테면 저항자들의 개인적 정체성을 운동의 일부로 간주하는 설명들은 자주 저항을 이용하여 정체성을 입증하는 순환논리를 취한다. 문화를 논의하기 위한 개념들이 부족한 상황에서 프레이밍처럼 정체성도 자주 너무나도 많은 것을 포괄할 것을 요구받고 있다.

개인적 정체성, 집합적 정체성, 운동 정체성들 간에 빈번하게 발생하는 긴장들은 각각의 구성된 성격, 즉 조슈아 갬슨이 "그것들의 만들

게 하는 까닭은 매우 많은 연구가 집합적 정체성이 분명하게 그 근간을 이루는 운동, 특히 시민권 운동을 대상으로 하여 수행되어왔기 때문이라는 데에는 의문의 여지가 없다. Hank Johnston, Enrique Laraña and Joseph R. Gusfield, "Identities, Grievances, and New Social Movements," in Laraña, Johnston and Gusfield(eds.), *New Social Movements*를 보라.

51   Gitlin, *The Whole World Is Watching*.

어졌지만 필수적인 성격"이라고 언급하는 것에서 기인한다.[52] 많은 개인들은 운동이 의거하는 집합적 정체성에 불편해한다. 많은 아프리카계 미국인 여성들이 초창기 이외의 여성운동들에 의해 무시당했다고 느꼈다면, 양성애자와 복장도착자들은 많은 게이권리 단체들에 의해 무시당했다고 느꼈다. 많은 운동들은 그 운동의 정체성이 기초하고 있는 집합적 정체성을 강화하는 이미지 및 스테레오타입과 싸울 때, 마사 미노Martha Minow가 '차이의 딜레마'라고 부르는 것에 봉착한다.[53] 집합적 정체성과 싸우되, 성원들을 동원할 때는 바로 그 집합적 정체성에 의지하라. 이는 낙인찍힌 집합적 정체성에 대해 저항하는 운동들에서 가장 두드러진다. 하지만 만약 집합적 정체성이 어떠한 부정적 결과도 초래하지 않았다면, 저항운동은 아마도 애초에 출현하지도 않았을 것이다. 시민권 운동이 아마도 동원을 위한 준비 태세를 가장 잘 갖추고 있을 것이다. 왜냐하면 그 운동의 잠재적 성원들이 자신들에게 법적으로 그리고 정치적으로 부여된 정체성을 이미 가지고 있기 때문이다. 그러한 운동들은 자신들에 대한 평판을 그리 우려하지 않을 수도 있다. 왜냐하면 그러한 평판이 그러한 평판에 반대하기 위해 적극적으로 이용되는 중이기 때문이다.

집합적 정체성이 기초할 수도 있는 수많은 범주 중에서 사회과학자들은 일반적으로 선택된 범주들보다는 오히려 보다 귀속적인 범주들, 특히 인종, 계급, 젠더 그리고 (점점 더) 성적 지향에 더 많이 집중한다. 왜냐하면 사회의 나머지 부분들이 정형화된 기대에 입각하여 그 집단

---

52   Joshua Gamson, "Must Identity Movements Self-Destruct? A Queer Dilemma," *Social Problem*, 42(1995), p. 390.

53   Martha Minow, *Making All the Difference: Inclusion, Exclusion, and American Law* (Ithaca, N.Y.: Cornell University Press, 1980).

들에게 귀속적 정체성을 부여하는 경향이 있기 때문이다. 하지만 그로 인해 초래되는 사회운동 연구의 편향 중 하나가 저항자들이 공유된 목표나 관념을 통해 하나가 된다기보다는 노동자나 아프리카계 미국인들처럼 어느 정도 이미 정해진 범주와 집합적 정체성으로부터 생겨난다고 가정하는 것이었다. 시민권 운동 패러다임은 이러한 경향을 강화한다. 베르타 테일러Verta Taylor와 낸시 휘티어는 구조적 위치가 공유된 의식, 정체성 또는 행위로 자동적으로 이어지지 않는다고 지적한다(하지만 그들의 모델에서 구조적 위치가 여전히 하나의 필요조건이기도 하고, 그들이 분석하는 레즈비언운동의 레즈비언들은 그들의 행동주의와 무관하게 정의될 수도 있다). 집단경계가 부각되고, 의식이 고양되고, 내·외적 협상이 이루어지고 난 다음에야 정치적 행위가 발생한다.[54]

그런데 저항문화에 대한 최근의 관심에도 불구하고, 연구자들은 저항자들이 구조적으로 규정된 확고한 물질적·정치적 이해관계에 기초하여 그들의 의식을 확립한다는 관념을 여전히 포기하고 싶어 하지 않는다. 그러나 그러한 관념은 하나의 가정이 아니라 하나의 열려 있는 경험적 질문임에 틀림없다. 모든 저항이 확실한 구조적 위치로부터 발생하는 것은 아니며, 공유된 전망으로부터 발생하는 경우도 아주 빈번하다. 참여자들은 여전히 그들의 원칙이나 행동주의에 기초하여 그들 정체성의 일부를 주조할 수 있으며, 인구학적 또는 경제적 뒷받침 없이도 운동 정체성을 형성한다. 동물을 위해 싸우는 누군가, 기술관료제에 반대하는 누군가, 또는 신을 믿는 누군가가 된다는 것이 정체성의 한

---

54   Verta Taylor and Nancy E. Whither, "Collective Identity in Social Movement Communities: Lesbian Feminist Mobilization," in Morris and Mueller, *Frontiers in Social Movement Theory*; "Analytical Approaches to Social Movement Culture: The Culture of the Women's Movement," in Johnston and Klandermans, *Social Movements and Culture*.

부분이 될 수도 있다. 그리고 이는 자신들의 삶을 정치적 활동에 헌신하는 사람들에게 특히 그러하다. 우리가 뒤에서 살펴보듯이, 운동과의 동일시(운동 정체성에 기초한 개인적 정체성)는 성공적인 조직자에게 가장 중요한 문화적 창조물들 중 하나이다. 스콧 헌트Scott Hunt와 로버트 벤퍼드는 운동과의 동일시에 기여하는 '정체성 담화identity talk'의 몇 가지 유형을 구분하는데, 결사체 선언, 각성에 관한 이야기, 잔학행위에 관한 이야기, "개인적인 것은 정치적인 것"이라는 리포트, 개인을 고무시키는 이야기, 그리고 누군가의 헌신에 관한 이야기가 그것들이다.[55]

운동 정체성은 많은 개인이 집단이나 목표에 대해 드러내는 동일시의 총합일 뿐만 아니라 바로 그 운동이 공유된 목표와 전략을 갖춘 하나의 응집적 행위자라는 인식이기도 하다. 정체성은 이러한 방식으로 사회적 네트워크와 긴밀히 결합되고, 사회적 네트워크가 정체성을 뒷받침한다고 가정된다. 자신들이 전국적인 대규모 운동의 일부라는 느낌은 자주 참여자들에게, 그리고 특히 자신들의 궁극적 성공에 대한 참여자들의 (깨지기 쉬운) 낙관주의에 중요하다. 그러나 그러한 정체성은 항상 개인적 네트워크에 의존하지는 않는 하나의 문화적 성과물이다. 1980년대 캘리포니아에서 원자력 에너지에 맞서 싸웠던 아발론 동맹Abalone Alliance의 스태프들은 디아니가 연구한 밀라노 환경주의자들만큼이나 다른 집단들과 구체적인 접촉을 거의 가지지 않았음에도 불구하고 자주 전국적 반핵운동으로 간주되었다. 이처럼 자신들을 대면적 경험에 기초해서 확립된 것으로 여기기보다는 전국적 또는 국제적 운동과 동일시하는 의식은 미디어의 분류와 묘사에 크게 영향 받는다.

---

55   Scott A. Hunt and Robert D. Benford, "Identity Talk in the Peace and Justice Movement," *Journal of Contemporary Ethnography*, 22(1994), pp. 488~517.

군중 이론 비판가들이 시사한 바 있듯이, 그러한 운동의 응집성은 대부분 허구이다. 왜냐하면 운동이 공유된 목표와 이해관계가 아닌 다양한 목표와 이해관계를 가진 다양한 집단과 개인들로 구성되기 때문이다. 하지만 정체성을 공유하고 있다는 느낌은 강력한 감정적 동기이자 없어서는 안 되는 허구이다. 이것이 바로 공유된 구조적 위치와 귀속적 속성에 기초한 집합적 정체성이 동원을 돕는 이유 중의 하나이다.

정체성은 다루기 힘든 개념이며, 자주 상이한 것들의 집합을 지칭하기 위한 조야한 꼬리표이다. 가능한 시기에 우리는 그것의 내용을 구체화하기 위한 시도를 해야만 할 것이다. 정체성은 집합행위자에 대한 인지적 이미지, 사회집단들 사이에서 인지되거나 설정된 경계, 어떤 추상적 또는 구체적인 집단 및 개인들과의 정서적 연대, 도덕적 직관과 원칙, 심지어 취향이나 행위 스타일까지 포함하기도 한다. 매우 강력한 정체성은 문화의 그러한 측면들과 융합하지만, 정체성이 항상 가장 강력한 수준에 있는 것은 아니다. 정체성이라는 용어는 행위가 특정한 자아의식, 즉 일종의 과거 경험의 잔여물을 통해 걸러진다는 인식의 하나이다.

오직 개인만이 감정을 느끼고 신념을 보유하고 집합체와 동일시하기 때문에, 운동문화와 보다 광범위한 문화 간의 구별은 언어, 정체성, 감정 등등이 형성되고 있는 장소보다는 그것들의 기원과 더욱 관련되어 있다. 저항단체 내부에서 의미를 창출하거나 유지하는 과정은 보다 광범위한 사회에서 전국적인 뉴스매체와 여타 제도들이 그렇게 하는 과정과는 다르다. 그러나 정체성의 경우가 보여주듯이, 문화적 의미들은 일단 창출되고 나면 손쉽게 제도적 경계들을 가로지른다. 내부자와 외부자 모두가 정체성의 구성에, 그리고 여타 문화적 의미들의 구성에 기여한다.

사건과 개인

문화는 연구 전통들이 잘 다루지 않는 정치적 행위의 몇 가지 측면에 초점을 맞추게 한다. 다시 말해 문화는 우리로 하여금 단일 사건과 개인, 시간과 장소의 영향력, 그리고 심지어는 삶의 의미를 결정하는 데 일조하는 존재론적 순간들에까지 주목하게 한다. 비록 대부분의 사회학자들이 단일 사건들이 아닌 통계적 집성물의 분석을 더욱 선호하기는 하지만, 일부 학자들은 저항 사건들을 종속변수로 삼아 다음과 같은 질문을 던진다. 사람들이 그러한 특정한 저항을 하게 되는 이유는 무엇인가? 과정 이론가들은 다른 현상들을 설명하기 위해 사건을 독립적 요인들로 사용하면서, 저항자들이 저항에 나설 때 그들은 사건을 자신들에게 닥칠지도 모르는 것의 징후로 간주한다고 주장한다. 일부 이론가들에게 그러한 사건이 그저 정보의 한 단편이라면, 다른 사람들에게서 그것은 인지적 처리를 필요로 한다. 우리는 이를 틸리, 태로, 매캐덤의 연구에서 살펴보았다. 문화적 관점에서 본다면, 이는 결코 만족스럽지 못하다.

단일 사건들은 강렬한 감정을 불러일으키고, 희망과 욕망을 집약하고, 이해관계를 구성하고, 심지어 정치무대 위에 새로 등장하는 집합 행위자들을 규정하기까지 함으로써 저항에 중대한 영향을 미칠 수 있다. 문화와 전기는 우리가 단일 사건이 그렇게 할 수 있는 이유를 이해하는 데 일조한다. 어떤 것을 사건으로 규정짓는 일이 무엇보다 중요하다. 왜냐하면 사건은 그것이 발생하는 데 일조한 체제, 행위 형태, 집단, 운동 또는 레토릭을 영구적으로 상징하기 때문이다. 사건은 또한 타인들로 하여금 수치심으로 인해 행위하게 만드는 도덕적 모델이될 수도 있다.

문화주의자인 윌리엄 슈얼에 따르면, 틸리는 프랑스혁명의 중요성을 이해할 수 없다. 왜냐하면 틸리는 오직 구조적 변동 — 도시화, 국민국가의 성장, 시장의 확장 — 만이 실제로 중요하다고 생각하기 때문이다. 틸리에게서는 특정한 식량폭동, 집회, 심지어는 혁명처럼 큰 사건들조차도 그러한 보다 심층적인 힘들이 산출한 결과이다. 따라서 그것들 자체는 어떠한 것의 원인도 아니다. 반면에 슈얼과 다른 사람들은 프랑스혁명이 프랑스인들(그리고 많은 다른 나라 사람들)이 정치적 행위(이를테면 프랑스혁명은 우리에게 좌파와 우파라는 구분을 주었다), 법적 권리(이제는 법인보다는 오히려 개인들에게 부착되어 있는), 그리고 국가에 대해 생각하는 방식을 광범하게 변화시켰다는 것을 보여주었다. 슈얼은 다음과 같이 주장한다. "그러한 체제변동이 주권, 정당한 형태의 정치적 행위, 그리고 시민사회의 법적·사회적 범주들의 성격과 정체성을 재정의하게 한다. 체제변동이 집합적 폭력의 역사에서 결정적인 이유는 그것이 집합적인 충성심과 행위의 토대를 상당한 정도로 재구성하기 때문이다."[56] 이처럼 법인이 아닌 경우에도 정당한 정치적 행위자가 됨으로써 개인의 권리에 기초한 시민권 운동이 가능해졌다.

사건이 꼭 프랑스혁명만큼 극적이거나 장기 지속적이어야만 우리의

---

56 William H. Sewell Jr., "Collective Violence and Collective Loyalties in France: Why the French Revolution Made a Difference," *Politics and Society*, 18(1990), p. 534. 프랑스혁명의 예술성을 유사한 방식으로 해석함으로써 이전의 마르크스주의적 해석 — 틸리처럼 보다 심원한 사회적 힘들을 강조하고 혁명을 그러한 힘들의 표면적 여진이라고 보는 — 을 대체하고 있는 것으로는 다음의 것들을 보라. François Furet, *Interpreting the French Revolution*(Cambridge: Cambridge University Press, 1981); Lynn Hunt, *Politics, Culture, and Class in the French Revolution*(Berkeley: University of California Press, 1984); Mona Ozouf, *Festivals and the French Revolution*(Cambridge: Harvard University Press, 1988); Keith Michael Baker, *Inventing the French Revolution* (Cambridge: Cambridge University Press, 1990).

사고방식을 바꿀 수 있는 것은 아니다. 핵 사고, 법원의 결정, 성공적인 시위 또는 버스승차 거부운동이 다른 사람들의 행위를 촉발시킬 수도 있다.[57] 이러한 사건들은 적극적으로는 모방하게 할 수도 있고, 또는 소극적으로는 충격, 공포, 위협감을 불러일으킬 수도 있다(제5장에서 우리는 이러한 소극적 결과들을 탐구한다). 사건이 우리에게 충격을 가하는 경우는 그것이 우리의 불안을 압축하여, 우리로 하여금 우리에게 위협을 가한다고 느끼는 것을 명명하게 할 때이다. 미디어에 의해 극적으로 보도된 스리마일 섬 원전 사고는 원자력 발전소 예정지 인근의 많은 주민이 느끼는 두려움을 구체화함으로써 그들이 자신들의 분노에 집중하게 하는 데 일조했다. 그 사고는 사고 가능성에 대한 그들의 인지적 평가를 변화시켰을 뿐만 아니라 그들의 감정과 도덕적 반감을 분명하게 표현하는 데도 일조했다. 우리의 상징세계들은 매우 급격하게 변화할 수 있다.

동원 전통과 과정 전통들에서 사건은 단지 성공 가능성이나 진압에 따른 비용에 대한 합리적 평가를 변화시키는 부가적 정보의 일부로 간주된다. 그것은 잠재적 저항자가 마음대로 처리할 수 있는 여타의 모든 정보 조각에 그저 덧붙여질 뿐이다. 그러나 이것은 눈에 띄는 사건이 지닌 특유의 발견적 기능을 놓치고 만다. 인지심리학자들이 보여주었듯이, 전적으로 합리적인 관점에서 본다면 전혀 그렇지 않을 때조차, 몇몇 정보는 다른 정보들보다 우리에게 더 많은 영향을 미친다. 이

---

57 데이비드 와딩턴(David Waddington), 카렌 존스(Karen Jones), 차스 크리처(Chas Critcher)는 촉발사건의 중요성을 입증한다. David Waddington, Karen Jones and Chas Critcher, *Flashpoints: Studies in Disorder*(London: Routledge, 1989). 하지만 그들의 논평처럼, "사건을 발화점으로 전환하는 것은 사건의 내재적 특징이 아니라 그 사건이 그 시기에 해석되는 방식이다"(p. 157). 릭 팬타시아(Rick Fantasia)는 이 과정이 얼마나 복잡할 수 있는지를 보여준다. Rick Fantasia, *Cultures of Solidarity*(Berkeley: University of California Press, 1988).

를테면 우리는 매우 널리 알려지거나 잊을 수 없는 사건들에 특별한 중요성을 부여한다. 격언이나 우화가 복잡한 도덕적 메시지의 효과적인 전달수단일 수 있는 것처럼, 몇몇 사건은 우리가 어떤 문제에 대해 느끼는 바를 집약적으로 보여준다. 그러한 사건들이 사고나 행위에 영향을 미치기 위해서는 그것들이 해석되어야만 하지만, 운동 조직자뿐만 아니라 개인도 자주 그러한 해석을 할 수 있다. 특정 사건들의 이례적 부각은 부분적으로는 문화적 의미가 전파되는 방식에, 부분적으로는 정보처리의 심리에 기초하는데, 이 둘은 동전의 양면이라 할 수 있다. 태로로 하여금 러시아혁명의 영향을 오독하게 만든 것도 바로 과정 모델의 극단적인 인지적 지향이었다. 과정 모델에서 사건은 억압의 주요한 지표이다.

개인은 타인을 고무시키는 삶을 살고 특정 이데올로기를 체화하고 용기나 열정 또는 사랑을 보여주고 극한의 고난에서 살아남으로써(또는 살아남지 못함으로써), 사건의 그것과 유사한 상징적 힘을 가질 수도 있다. 순교자가 하나의 분명한 사례이다. 조직의 설립자들 또한 일종의 아우라를 지닐 수 있다. 조직의 설립자가 종국적으로 권력을 포기할 때, 계승권이 조직 내의 위기를 촉발시킬 수도 있다. 전략적 상호작용 과정에서도 개별 지도자가 지나치게 많은 상징적 앙금을 쌓은 나머지 협상을 교착상태에 빠지게 할 수도 있다. 그리고 이 경우 유일한 출구는 그 지도자의 사임이다. 이를테면 그는 특정 입장에 과도하게 집착하여 자신의 신용이나 정체성의 일부를 상실하지 않고서는 그것을 포기할 수 없을 수도 있으며, 또는 폭력과 같은 전술에 너무나도 집착하여 자신에게 영구적으로 오명을 씌울 수도 있다. 전기와 문화적 의미가 이러한 사례들 속에서 서로에게 작동하면서, 개인들로부터 탄력적인 상징을 창출한다.

모든 사건이나 모든 개인이 똑같이 부각되는 것은 아니며, 각각의 상징적 공명은 의문시되기도 하고 또 재형성될 수도 있다. 그러나 사건과 개인은 문화적 의미들이 어떻게 주류 전통들이 놓치고 있는 방식으로 행위를 틀 짓는지를 보여주는 사례의 하나이다.

시간, 장소, 그리고 생애전환의 순간

문화는 구체적인 시간과 장소 속에 자리하고 있으며, 부분적으로는 그러한 차원에 따라 규정된다. 우리가 항상 문화 속에 착근되어 있는 것처럼, 우리는 불가피하게 장소 속에 위치 지어진다. 그리고 우리의 문화는 우리에게 우리가 시간과 공간 모두에서 어디에 존재하는지를 인식할 수 있게 해준다. 공간이 무한하고 추상적이라면, 장소는 우리가 공간에서 만드는 것, 즉 "공간과 경험의 개념적 융합물"로, 우리의 정체성과 우리의 주체적 행위능력 의식 모두에 결정적이다.[58] 문화사회학자들은 **지도**map라는 용어를 세계관이라는 의미로 느슨하게 사용하지만, 우리는 문화적 알고리즘을 우리가 거주하는 물리적 공간에도 또한 적용한다.

특정 음악 작품은 말할 것도 없이, 특정 환경과 특정 상황도 그 문화에 익숙한 사람들로부터 그것에 적합한 감정들을 자동적으로 이끌어낸다. 따라서 감정이 개인의 특이한 창조물인 경우는 좀처럼 없다. 상징의 힘은 부분적으로 그것이 사용되는 시간과 장소 ─ 종종 의례로 공식화

---

58   J. Nicholas Entrikin, *The Betweenness of Place: Towards a Geography of Modernity* (Baltimore: Johns Hopkins University Press, 1991), p. 6.

되는 — 에서 연원한다. 저항자들이 입법부를 점거하거나 법원 앞에서 피켓시위를 하는 것처럼, 많은 정치적 행위는 바로 그러한 장소의 상징성을 이용한다. 카이사르를 살해하기에 가장 좋은 장소는 국회의사당 계단이다. 특히 텔레비전의 시대에 공적 공간의 점거는 커다란 효과를 얻을 수 있고, 그리하여 저항의 장소는 주도면밀하게 선택된다.

집합적 기억의 연구자들은 장소가 역사의 특히 강력한 전달자라는 것을 보여주었다. 전쟁터, 건물, 기념비와 조각상, 강과 숲, 지역 모두는 특별한 공명을 획득할 수 있다. 왜냐하면 그것들은 특정 집단이나 민족이 자신의 역사를 어떻게 구성하는지, 즉 그들이 진실일지도 모르는 사실과 감정들로부터 무엇을 보존하기로 선택하는지를 잘 보여주기 때문이다. 어떤 것들 — 이를테면 기념비 — 은 실제로 구체적인 기억들을 표현하기 위해 고안된다. 반면에 다른 것들은 그러한 기능을 사건과의 관련성을 통해 획득한다. 우리는 그러한 장소들을 방문하고 만지고 냄새 맡을 수 있으며, 어쨌든 물리적 대상과 장소라는 실체를 통해 역사의 실재성을 믿게 된다.

장소에 대한 보다 사적인 인식들 또한 존재한다. 저항자들은 자주 특별한 장소를 보호하고자 하는데, 아마도 이는 그곳이 그들의 집을 규정하는 데 일조하기 때문이거나 그들을 일상적 삶으로부터 분리시키는 신성한 아우라를 지니기 때문일 것이다. 모든 활동이 동일한 도덕적 가치를 가지는 것은 아니며, 모든 장소가 똑같은 감정적 무게를 가지는 것도 아니다. 어떤 장소에 대한 긍정적 감정은 보통 그곳이 우리의 집이거나 이웃이라는 인식에 의거하지만, 어떤 곳의 아름다움이나 좋은 추억을 불러일으키는 능력이 그러한 감정에 도움이 될 수도 있다. 집이라는 의식은 다른 사람들과의 지역적 관계, 공유된 가치와 정체성, 어린 시절이나 가족의 유산, 연속성과 친밀성, 해당 공간을 개인화하는 능력, 물리적 구조 같은 요인들에서 파생한다.[59] 집이라는 우리의 구성물은 어쩌면 동심원처럼 중앙에서 가장 강렬하고, 이웃과 보다 넓은 지역들을 향해 밖으로 확장될수록 엷어진다. 심리학자인 제롬 브루너Jerome Bruner는 어떤 한 가족의 의미구성물을 탐구하여, 안전하고 관대하고 친밀하고 지루한 집과 위험하고 불관용적이고 거칠고 자극적인 바깥세상이 분명한 대조를 이룬다는 것을 발견했다.[60] 장소와 집에 대한 우리의 의식은 감정적으로 하나의 공동체라는 느낌 — 그 자체로 매우 유연한 — 으로 서서히 바뀐다. 우리는 우리가 공동체와 연관 짓는 어쩌면 아름다움이나 신성함과 연관 짓는 장소에 대해 긍정적인 느낌을 가진다. 조지프 거스필드는 공동체라는 개념 자체가 우리의 실제 사회적 관계를 평가하기 위한 유토피아적 척도라고 주장한다.[61] 그 결과 우리의 도덕 공동체와 연관된 장소들은 우리의 집합적 정체성을 강화하고, 그곳이 위협당할 때 우리에게 정치적 분노를 불러일으킨다.

우리는 스스로를 공간 속에 위치시키고, 우리의 감각들을 통해 공간

---

59 D. Geoffrey Hayward, "The Meanings of Home," *Human Ecology Forum*, 13(1982), pp. 2~6. 집의 의미에 대한 또 다른 사회학적 연구로는 다음과 같은 것들이 있다. Irwin Altman and Carol Werner, *Home Environments*(New York: Plenum, 1985); Anne Buttimer, "Home, Reach, and the Sense of Place," in Anne Buttimer and David Seamon(eds.), *The Human Experience of Space and Place*(New York: St. Martin's Press, 1980); Lee Cuba and David M. Hummon, "A Place to Call Home: Identification with Dwelling, Community, and Region," *Sociological Quarterly*, 34(1993), pp. 111~131; Marc Fried, "Grieving for a Lost Home," in Leonard Duhl(ed.), *The Urban Condition: People and Policy in the Metropolis*(New York: Basic Books, 1963); Graham D. Rowles, "Place and Personal Identity in Old Age: Observations from Appalachia," *Journal of Environmental Psychology*, 3(1983), pp. 299~313.

60 Jerome Bruner, *Acts of Meaning*(Cambridge: Harvard University Press, 1990), pp. 132~136.

61 Joseph R. Gusfield, *Community: A Critical Response*(New York: Harper and Row, 1975).

을 식별 가능한 장소들로 분할한다. 그리하여 그러한 장소 각각은 안전이나 위협이라는 본능적 느낌들을 전달하기도 한다. 우리 자신을 위치 짓는 데서 가장 중요한 것은 아마도 시각일 것이다. 그리고 이후의 장들에서 우리는 그래피티에 의해, 캘리포니아 해안선의 아름다움에 의해, 가시적인 환경파괴에 의해 자극받은 저항을 살펴볼 것이다. 우리의 물이 고약한 맛을 내거나 공기가 유해한 냄새를 풍길 때처럼, 미각과 후각 또한 우리를 자극한다. 비록 드문 경우임에 틀림없지만, 청각도 위협의 한 가지 원천으로 인식될 수 있다. 촉각은 보다 사사로운 감각이지만, 아주 근접 거리에서 침해당한 적이 있는 사람이라면 분명 심각한 위협을 느낄 것이다.

우리가 살고 있는 장소들에는 몇 가지 상대적으로 객관적인 측면이 존재한다. 도시화와 산업자본주의는 풍경을 체계적으로 변형시키며, 종종 저항을 자극하는 방식으로 사람들의 삶의 방식을 위협한다. 데이비드 하비David Harvey가 기술하듯이, 이 패턴에 우연한 것은 없다. "자본주의는 특정 시점에서의 자신의 이미지에, 그리고 그 자신의 필수적인 욕구에 맞게 사회적·물리적 풍경을 창조하기 위해 끊임없이 분투하지만, 그 이후의 특정 시점에서는 분명 그 풍경을 훼손시키고 부수고 심지어는 파괴하기 위해 분투한다. 자본주의의 내적 모순은 지리적 풍경의 끊임없는 형성과 재형성을 통해 표현된다."[62] 풍경에 가해지는 산업적 압력은 집합행동 이론가들이 가지고 있던 하나의 관념, 즉 사회변화의 영향하에 있는 특정 지역들에서 저항이 발생할 것으로 예상할 수 있다는 관념 ─ 저항을 만인의 정치의 정상적인 일부로 보게 될 때 상

---

62   David Harvey, "The Geopolitics of Capitalism," in Derek Gregory and John Urry(eds.), *Social Relations and Spatial Structures*(New York: St. Martin's Press, 1985), p. 150.

실되는 통찰 — 을 소생시키는 한 가지 방식일 수도 있다. 비록 물리적 환경에서의 변화가 결코 **자동적으로** 저항을 유발하지는 않지만, 산업 과정과 폐기물의 공간적 배분은 저항에 단서를 제공할 수도 있다(우리 는 다음 장에서 '님비NIMBY: not in my backyard' 운동을 검토할 것이다).

저항자들은 또한 특별한 시간관념들을 이용할 수도 있다. 그들은 역 사발전에 또는 그 순간의 긴급성에 호소한다. 많은 운동은 정치적 쟁 점에 관심을 집중시키는 천년왕국적 충동을 포함한다. 만약 당신이 세 상의 갑작스럽고 극적인 변화 가능성을 믿는다면, 당신의 정치전술은 보다 혁명적이고 덜 개혁적일 수 있다. 프랑스 혁명가들은 역사를 다 시 시작하기를, 그들 국가의 달력을 서기 1년으로 재설정하기를 희망 했다. 항상 과거의 혁명들을 능가하고자 노력했던 크메르루주는 서기 0년 — 그들 체제의 공포를 감안할 때 어울리게 — 을 선택했다. 역사의 극 적인 종말을 상상하는 기독교의 천년왕국설에서처럼, 종교는 자주 특 정 문화가 가지고 있는 근본적 시간관념의 원천이었다. 1831년 미국에 서 벌어진 광범위한 종교부흥운동이 다수의 중간계급 미국인들을 천 년왕국적 신념으로 전향시키고 난 후 이목을 끄는 일이 일어났다. 그 후 10년 동안 금주운동, 노예제도폐지운동, 도덕개혁운동들 속에서 거 대한 '저항주기'가 목도되었다. 그러한 운동들 각각은 이 세계에서 급 격하고 극적인 변화가 가능하다는 인식 — 종래의 칼뱅주의적 운명주의 하에서는 불가능했던 견해 — 에 기초했다.[63] 세속적 혁명들도 유사한 결 과들을 가져왔던 것으로 보인다. 왜냐하면 국가의 역사 또한 우리의 시간관념을 틀 짓기 때문이다. 프랑스와 미국처럼 중요한 혁명을 한

---

63 다음을 보라. Gilbert Hobbs Barnes, *The Anti-Slavery Impulse, 1830~1844*(New York: Harcourt, Brace and World, 1933); Paul E. Johnson, *A Shopkeepers Millenium: Society and Revivals in Rochester, New York, 1815~1837*(New York: Hill and Wang, 1978).

번 경험했던 국가들은 독일처럼 역사가 위대한 순간과 붕괴의 순환인 것처럼 보였던 국가들과는 상이한 시간전개 의식을 가진다.[64] 그러한 암묵적인 심원한 이미지들이 어떻게 변화가 발생하는지, 무엇이 저항 운동을 가능하게 하는지에 관한 우리의 의식을 인도한다.

문화적으로 규정된 '상황'은 시간, 장소, 사회적 역할의 조합이다.[65] 상황은 공유된 규범의 규제를 받아 기대를 촉발하지만, 우리는 그러한 기대를 따르거나 반대하거나 또는 변형시킬 수도 있다. 의례는 장소와 시간에 대한 고양된 의식을 갖춘, 고도로 양식화된 상황의 한 가지 형태일 뿐이다. 저항활동 또한 '상황화된' 기대를 가지고 있다. 이후의 장들에서 우리는 친숙한 상황들인 집, 이웃, 순례여행을 검토할 것이다.

죽음과 장례식 역시 눈에 띄는 상황들을 만들어낸다. 만약 시간과 장소가 저항자들의 정체성과 프로젝트를 규정하는 데 일조하는 문화의 두 가지 유력한 (그러나 자주 간과되는) 차원이라면, 인간 삶의 존재론적 경계들 또한 그러하다. 우리가 제1장을 시작하며 다루었던 사례들에서 살펴보았듯이, 저항자들은 그들이 처한 맥락을 벗어나기 위해 끊임없이 노력하며, 삶과 죽음에 대한 그리고 바람직한 삶의 목적에 대한 근본적인 질문들을 제기한다. 삶의 특정 순간들은 도덕적 판단, 즉 신념과 느낌에 대한 분명한 확인을 요구한다. 만약 저항자들이 진정으로 사람들의 마음을 움직이기를 바란다면, 그들은 인간조건을 규정하는 그러한 순간들 중의 하나를 특별히 잘 통찰할 필요가 있다.

새뮤얼 존슨Samuel Johnson이 지적했듯이, 죽음은 이목을 집중시킨다.

---

64 〈루드비히 2세(Ludwig II)〉와 〈우리의 히틀러(Our Hitler)〉 같은 영화들에서 한스-위르겐 지베르베르크(Hans-Jürgen Syberberg)가 보여준 것보다 독일의 독특한 역사인식을 더 잘 포착한 사람은 없었다.

65 Joshua A. Fishman, *The Sociology of Language*(Rowley, Mass.: Newbury House, 1972), p. 39를 보라.

그것은 비본질적인 관심사들을 시야에서 제거한다. 우리 자신의 죽음에 대한 예상, 사랑하는 사람의 죽음, 심지어 낯선 사람의 죽음(어쩌면 어린아이이기 때문에 또는 소름끼치는 방식으로 죽음을 당했기 때문에)까지 이 모든 것은 강렬하고 절박한 감정들을 불러일으킬 수 있으며, 우리로 하여금 기본적 가치들을 확인하거나 재고할 것을 강요할 수 있고, 정치적 노력들을 자극할 수도 있다. ACT UP의 지속적인 활동들은 AIDS의 최종 결과라는 유령에 맞서 이루어진다. 음주운전 반대 어머니회Mothers Against Drunk Driving: MADD의 많은 사람들은 아이를 잃은 후 가입하거나 지부들을 설립했고, 그 단체는 어린 소녀가 그네를 타면서 노래를 부르는 장면을 부각시키는 설득력 있는 텔레비전 광고를 내보내고 있다. 잠시 후 그 소녀가 언제 음주 운전자에 의해 살해되었는지를 시청자에게 말해주는 해설 목소리가 들린다. 셰익스피어의 마르쿠스 안토니우스Marcus Antonius가 잘 알고 있었던 것처럼, 장례식의 고양된 감정들은 정치적 동원을 가능하게 하는 맥락들이다. 아프리카계 미국인 노예들의 경우에 장례식은 대개 밤에 치러졌으며, 그들이 저항 의식을 표출할 수 있는 보호된 공간을 제공했다. 민권운동 동안에 그러한 예식들은 감정적 연대를 구축하는 데 기여했다. 이를테면 미시시피주 셀마에서 살해된 흑인소년의 장례식 이후 대규모 군중의 한 일원은 "우리는 지미Jimmy의 시신을 조지 월리스George Wallace에게 데려가서 국회의사당 계단에 내려놓기를 원했다"라고 씁쓸히 상기했다.[66] 죽음이

---

66 텔레비전 시리즈 〈아이즈 온 더 프라이즈(Eyes on the Prize)〉(PBS, 1986)의 6회분에서 방송된 한 인터뷰에서 인용함. 버넌 조던(Vernon Jordan)은 한때 "나는 장례식 이후 NAACP 지부들을 조직했다"라고 말했다[Pat Watters, *Down to Now*(New York: Pantheon, 1971), p. 46에서 인용함]. 킴 로(Kim S. Law)와 에드워드 월시(Edward J. Walsh)는 하나의 죽음으로 인해 결성된 한 저항단체를 분석한다. Kim S. Law and Edward J. Walsh, "The Interaction of Grievances and Structures in Social Movement

라는 레토릭보다 더 강력한 레토릭은 존재하지 않는다. 마이클 블레인 Michael Blain은 다음과 같이 말한다. "죽음은 처음이자 마지막으로 정치적 폭력의 궤도로 들어간다. 결국 죽음은 완전함, 총체성, 완성, 종국적인 것, 최후의 것, 그리고 최상의 것이라는 의식을 전달한다. 전적인 헌신은 죽음에 이르는 헌신이다. 죽음에의 헌신은 헌신하는 사람을 일상적 삶의 자기만족으로부터 해방시킨다."[67]

모든 사회는 인간 삶의 특정 순간에 감정적·도덕적·인지적 중요성을 부여한다. 철학자 피터 윈치Peter Winch는 그러한 순간을 우리가 인간의 바람직한 삶이란 무엇인지를 정의하는 데 일조하는 '제한적 관념 limiting notion'이라고 부르면서, 그것으로 죽음, 출생, 성관계를 지적한다.[68] 비록 기준의 내용이 상당히 다르기는 하지만, 도덕체계는 필시 그러한 순간과 관련한 기준을 가지고 있다. 그러한 생애전환의 순간은 저항을 기대하기에 좋은 지점이다. 왜냐하면 그러한 순간은 우리의 마음속 깊이 자리하고 있는 직관과 확신을 끌어내기 때문이다. 그러한 순간은 세상이 작동하는 방식에 대한 우리의 가정, 세상이 어떻게 작동해야만 하는지에 대한 우리의 기준, 그리고 완수된 전망과 완수되지 않은 전망들에 관한 우리의 감정 — 이것들이 바로 저항 조직자들이 호소하는 것이다 — 을 하나로 단단하게 결합한다. 우리의 인식과 우리의 생

Analysis: The Case of JUST," *Sociological Quarterly*, 24(1983), pp. 123~136.

67 Michael Blain, "The Role of Death in Political Conflict," *Psychoanalytic Review*, 63 (1976), pp. 259~260.

68 Peter Winch, "Understanding a Primitive Society," in Bryan R. Wilson(ed.), *Rationality* (Oxford: Basil Blackwell, 1970), pp. 107~111. 캐스린 파인 애델슨(Kathryn Pyne Addelson)은 원치 않은 임신에 관한 논의에서 소녀들이 자신들의 선택이 지닌 함의를 깊이 고려하는 '도덕적 전환의 순간'에 대해 언급한다. Kathryn Pyne Addelson, "Moral Pasages," in Eva Feder Kittay and Diana T. Meyers(eds.), *Women and Moral Theory* (Totowa, N.J.: Rowman and Littlefield, 1987)를 보라.

애전환의 순간들에 대한 위협은 도덕적 격분을 유발할 것이다. 생애전환의 순간은 자주 의례의 형태로 우리의 기본적인 도덕적 견해를 표출한다. 그 순간은 감정을 통해 도덕적으로 인식되기 때문에, 감정과 인식 모두 고양된다. 도덕적 전망, 감정, 문화적 의미들이 다른 시기에는 작동하지 않는 것은 아니지만, 그것들이 생애전환의 순간 동안만큼 그렇게 명시적으로 작동하는 것은 아니다.

생애전환의 순간이 도덕적 저항을 유발할 수 있는 유일한 순간은 아니다. 많은 잠재적인 '중대한 순간들'이 존재한다. 기든스의 용어를 빌리면, 개인들이 장기적인 궤도 위에 자신들의 삶을 위치 지우는 선택을 하는 때가 바로 그러한 순간들이다.[69] 유명한 재판, 의회청문회, 전쟁 또는 여타의 사건이 서로 다른 집단의 희망이나 공포에 피뢰침이 될 때, 사회 역시 그러한 결정적 순간들에 직면한다. 그러한 순간들은 계획된 것일 수도 또는 예기치 못한 것일 수도 있지만, 우리의 기본적인 헌신과 야망에 대해 깊이 생각하게 한다. 저항 조직자들은 죽음에 직접 직면해 있지 않은 상황에서조차 공중에게 충격을 가해 그들로 하여금 자신들의 신념에 대해 깊이 생각하게 만들고자 한다. 그러나 저항 조직자들이 가장 성공을 거두는 때는 자신들의 대의를 우리 모두가 직면하는 중대한 존재론적 문제와 연계시킬 때이다. 도덕적 저항은 우리가 우리 자신의 삶의 가치(그리고 가치들)를 이해하는 데, 그리고 우리 자신의 죽을 수밖에 없는 운명에 관한 전망을 다루는 데 도움을 준다. 우리가 우리의 생애전환의 순간들을 우리 사회의 중요한 순간들과 연계 짓는 까닭은 우리가 세계사적 과정에 부속되어 있다고 느끼기 때

---

69   Anthony Giddens, *Modernity and Self-Identity: Self and Society in the Late Modern Age*(Stanford: Stanford University Press, 1991), pp. 112~114.

문이며, 그 순간 저항의 에너지가 요동친다. 저항운동은 우리의 사적인 걱정과 혼란을 사회적 문제와 결부시킨다.[70] 그것은 현존하는 문화적 전통으로부터 인간의 생애전환의 순간에 대한 그것 나름의 이미지들을 창조한다. 예술가들처럼 활동가들도 새로운 도덕적 가능성을 창조한다.

문화를 저항 연구에 적용하기

문화는 복잡하다. 우리는 문화를 행위 이면에 놓여 있는 즐거움, 동기 또는 목표로 분석할 수도 있고, 또는 문화를 행위 그 자체를 형성하는 스킬, 습관, 취향으로 파악할 수도 있다. 문화는 개인 내부에 존재하지만, 개인 외부에도 존재한다. 문화는 운동 내부에 존재하지만, 운동 외부에도 존재한다. 문화의 구성요소들은 무엇보다도 자원과 같은 물리적 사물들이 아니기 때문에(비록 그러한 요소들이 물리적으로 구현되기도 하지만), 그러한 경계를 매우 쉽게 넘나든다. 관념과 열광과 감성이 바로 그러한 것들이다. 그것들은 때로는 친절하게도 명시적이지만, 대개는 암묵적이고 미묘하며 측정하기 어렵거나 또는 명확하게 관찰하기조차 어렵다. 하지만 이러한 방법론적 난점이 그것들을 중요하지 않은 것으로 만들지는 않는다. 결국은 우리가 사람들의 머리와 가슴속

---

70 물론 C. 라이트 밀스는 개인적 문제와 사회적 문제를 대비시키고 있다. C. Wright Mills, *The Sociological Imagination*(New York: Oxford University Press, 1959). 유사하게 게오르크 루카치(Georg Lukács)는 19세기의 위대한 사실주의 소설들의 힘이 개인의 전기를 민족의 역사적 운명과 변화에 결부시키는 능력에 있었다고 주장했다. 이를테면 다음을 보라. Georg Lukács, *The Historical Novel*([1937] Boston: Beacon Press, 1963); *Studies in European Realism*(New York: Grosset and Dunlap, 1964).

에서 진행 중인 것에 민감해질 필요가 있다.

문화를 지향하는 학자들은 그간 다른 전통들과 불편한 관계를 맺어왔다. 그중 일부는 문화를 단순히 기존의 사건이나 과정의 연쇄에 덧붙여질 수 있는 하나 또는 두 개의 새로운 변수로 환원시켰다. 다시 말해 그럴듯한 이데올로기나 프레임은 자원 또는 정치적 기회의 한 종류로 파악된다. 기존의 이론적 프레임들도 여전히 원래대로 남아 있다. 다른 학자들은 (만약 관념이 중요하다는 것을 보여줄 수만 있다면 자원동원과 같은 복합적인 전통도 기각될 수 있다는 듯이) 문화를 자원이나 전략과 어떠한 명확한 관계도 가지지 않는 전적으로 새로운 어떤 것으로 이론화하거나, 또는 더 나쁘게는 그것들과 경쟁적인 어떤 것으로 이론화해왔다. 새로운 문화적 개념들은 다른 분석틀 내부에 또는 그것과 나란히 위치 지어짐으로써, 불충분하게 구별되거나 또는 지나치게 구별되어왔다. 문화와 비문화의 자율성뿐만 아니라 그 둘 간의 상호침투 또한 인정하는 진정한 통합은 결코 이루어진 적이 없다. 문화와 자원은 동일하지 않다. 그러나 이것이 문화가 자원이 무엇인지를 규정하는 데 일조하는 것을 막는 것은 아니다.

이러한 이유 때문에 프레임 정렬이나 정체성과 같은 문화적 개념들이 남용되어, (구별하는 것이 더 나은) 다양한 현상을 포괄하게 되었다. 이러한 모호함에 대한 해결책은 우리가 자원과 정치적 기회에 대해 활용했던 것과 동일하다. 즉, 그러한 개념들에 부합하지 않는 것을 지칭하기 위한 다른 단어들을 찾아냄으로써 그러한 개념들을 제한하는 것이다. 명시적인 문화적 요소들은 암묵적이고 구성적인 문화적 정의들과 동일한 것이 아니다. 집합적 정체성이 운동 정체성이나 활동가 정체성은 아니다. 성원 충원이 중단될 때 프레이밍도 중단된다. 인지나 도덕은 감정과 동일하지 않다. 도덕적 직관조차도 도덕적 원칙과 동일하지 않다.

지금까지 재발견되어온 종류의 문화는 감정이나 도덕적 전망에 거의 관심을 기울이지 않는 고도로 인지적인 것이었다. 이를테면 스노와 벤퍼드가 말하는 '동기 프레이밍'은 동기가 거의 어떠한 감정적 내용도 지니지 않는 인지적 과정인 것처럼 들리게 한다. 정체성 또한 심층적 감정을 포함하지만, 그것은 자주 단순하게 인지적 경계의 문제로 취급된다. 마치 저항이 결국에는 갑자기 비합리적인 것처럼 보이게 될지도 모른다는 듯이, 저항자들의 감정은 그것을 연구하는 사람들에게는 여전히 불안한 것이다. 감정, 도덕, 인지 — 실제적인 노하우 속에 구현되어 있는 — 도 똑같이 중요한 문화의 구성요소들이다.

최근의 이론가들은 대부분 저항자들의 합리성을 입증하는 데 관심을 기울여왔다. 그렇다면 인지적, 도덕적, 전기적, 그리고 특히 감정적 과정들에 대한 관심은 저항자들을 합리적 존재로 바라보는 모델들을 훼손하는가? 저항운동의 분석에 문화와 전기를 되돌려놓기 위해 우리가 군중 전통의 풍부하지만 모욕적인 가정들이나 경제학자들의 메마르고 계산적인 이미지에 의존할 필요는 없다. 사람들은 자기이익을 계산하는 것 이외에도 합리적일 수 있다. 즉, 그들은 도덕, 의미, 스킬 등 자신들의 문화적 레퍼토리를 합목적적이고 창조적인 방식으로 응용한다. 보통의 성인들은 대부분 그들의 행위에서 극단적 계산이나 자멸적 행위를 피한다. 그들은 일련의 목표를 다양한 수단을 가지고 동시에 추구한다. 그리고 그들은 새로운 목표와 수단을 지속적으로 창출한다. 특히 집합행위는 세계에 대한 새로운 이해와 새로운 행위양식이 자라날 수 있는 비옥한 토양이다. 학습 — 완전하게 이성적이거나 또는 완전하게 비이성적인 존재에게는 어려운 — 이 사회운동의 중심에 자리하고 있다.

문화 — 감정을 포함하여 — 는 합리성의 정반대이기는커녕 합리성을 규정한다. 문화는 상황에 대한 평가, 잠재적 저항자들의 선호, 그들의 행위 레퍼토리를 틀 지움으로써, 개인과 조직에게 어떠한 목표가 합리적인지뿐만 아니라 어떤 전술이 합리적인지를 결정하는 데에도 영향을 미친다. 문화적 활동에 대한 관심은 저항을 합목적적이고 합리적인 것으로 분석하는 접근방식과 표출적이고 비합리적인 것으로 분석하는 접근방식 간의 간극을 극복할 수 있게 해준다. 그것은 우리가 저항자들의 다양한 목표를 이해하는 데 도움을 주고, 그리하여 우리가 그들의 성공이나 실패를 더 잘 판단할 수 있게 해준다. 사회문제와 일탈에 관한 연구를 지배하고 있는 사회적 구성주의는 여전히 사회운동 연구자들에 의해 온전히 수용되지 못하고 있다. 그리고 아마도 이는 그들이 저항을 구성된 이해관계보다는 합리적 이해관계, 따라서 그들의 생각으로는 객관적 이해관계에 근거 지우고자 하기 때문일 것이다.

문화에 덧붙일 수 있는 또 다른 측면이 그것의 창조의 순간, 즉 그것의 적극적 구성의 측면이다. 그 속에서 문화와 예술성이 조우한다. 사람들은 경제적, 기술적, 인구학적 및 여타 변화에 반응하여 새로운 감성을 창출한다. 서로 상호작용하는 집단들은 아군과 적이라는 패턴을 만들어낸다. 전술적 혁신은 저항단체와 그 상대방 간의 상호작용에서 나온다. 타고난 화자는 다양한 청중과 공명하는 새로운 프레임과 이미지들을 창조한다. 그리고 기타 등등. 문화의 창조성은 개인의 특이성에서 시작하여 그곳으로부터 퍼져나간다. 이 책의 제2부에서 우리는 문화와 전기의 경계를 세 장에 걸쳐 연구한다. 거기에서 우리는 다양한 성향과 동기를 탐구하는데, 그것들은 사람들이 저항운동에 가담하게 할 수도 또는 심지어 그들로 하여금 개인적인 저항행위를 하도록 유도할 수도 있다. 다음 장들에서 우리는 사람들로 하여금 기꺼이 저항자 역할을 하게 만드는 감정적 요인(제5장), 도덕적 요인(제6장), 인지적 요인(제7장)을 차례로 검토한다. 그러한 과정의 많은 것이 저항성원 충원자들의 도움 없이 발생하지만, 여타의 것들은 그러한 과정을 틀 짓고자 하는 그들의 노력을 필요로 한다. 개인은 자주 사회운동 연구의 범위 밖에 존재하는 것으로 규정되지만, 나는 다시 개인을 제자리에 되돌려놓기를 원한다.

- 유럽 학자들에 의해 고무받은 미국의 학자들은 최근 저항의 자율적 차원 중 하나로 문화, 특히 문화의 인지적 요소들을 재발견해왔다. 이러한 문화적 차원을 이해하고자 하는 북새통 속에서 프레이밍과 정체성 같은 개념들은 과잉확장으로 인해 위협받고 있다.
- 사건과 개인은 생각, 느낌, 행위에 상당한 상징적 영향 — 긍정적 영향과 부정적 영향 모두 — 을 미친다.
- 문화는 시간, 장소, 제도적 장치들 속에 자리하고 있다.
- 저항자들은 인간 삶의 의미에 대한 존재론적 문제들을 주기적으로 제기하거나 제기하려고 노력한다.

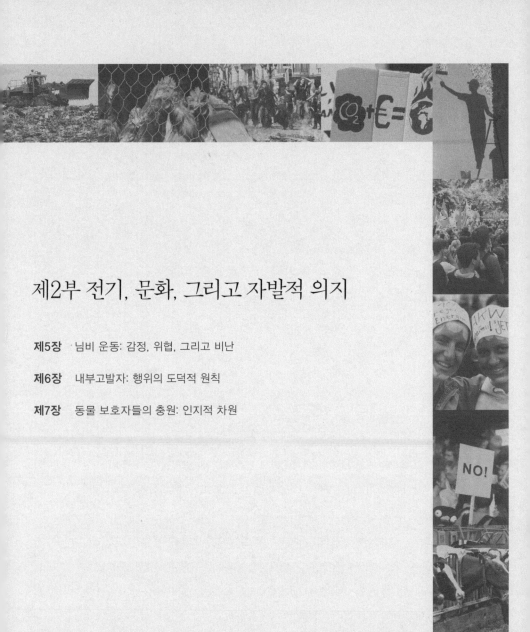

제2부 전기, 문화, 그리고 자발적 의지

많은 것이 개인들의 머릿속으로 들어와서 그들로 하여금 저항하도록 유도할 수 있다. 그들은 사건과 정보에 대해 단기적인 감정적 반응을 보일 뿐만 아니라 사람 및 사물과 오랜 정서적 유대 역시 가지고 있다. 그들은 또한 종교에서 파생하는 도덕적 직관과 원칙, 직업훈련 및 여타의 경험들, 그리고 그들이 세상을 해석하는 데 이용하는 인지적 가정과 신념도 가지고 있다. 이것들 모두는 위협이 어떻게 구성되는지에 따라 개인들로 하여금 저항에 대해 열린 태도를 가지게 하거나 또는 기꺼이 저항하게 하기도 한다. 어떤 사람들이 개인으로서 저항한다면, 다른 사람들은 열심히 기존 단체들을 찾아 나선다. 일부 사람들이 그들 자신의 단체를 설립한다면, 대부분의 사람들은 단지 성원 충원자들의 주장에 열린 태도를 가지기만 할 것이다. 자발적 저항의지를 이해하기 위해서는 우리는 개인의 전기, 그리고 문화적 관행과 의미뿐만 아니라 (인과 연쇄의 마지막 단계들에서) 공식 집단의 자원과 전략들 또한 탐구해야만 한다. 우리는 감정, 도덕, 인지적 신념이 행위 속에서 분리될 수 없음을 살펴볼 것이다.

님비 운동: 감정, 위협, 그리고 비난

환락과 궁궐 속을 방랑하더라도,

비록 초라하지만 나의 집 같은 곳은 어디에도 없네.

천상의 매력이 우리를 그곳으로 유혹하지만,

세상 끝까지 찾아도 어디에서도 결코 그런 곳을 만날 수 없네.

—J. H. 페인

1984년 9월 나는 캘리포니아 중부의 황금빛 시골을 관통하는 이정표 없는 도로를 따라 이안 맥밀런Ian McMillan이 지시하는 대로 차를 우회전 좌회전하면서 그의 목장으로 향하고 있었다. 제멋대로 지은 그의 집은 높은 산등성이를 가로지르는 계곡의 꼭대기에 들어앉아 있었고, 그의 거실에 있는 대형 전망 창으로는 20마일 밖의 태평양을 향해 굽이진 계곡과 언덕들이 보였다. 우리가 대화하는 동안 그 언덕들 너머로 서서히 해가 지면서 거실을 황금색 붉은 빛으로 채웠다. 비록 맥밀런의 나이(70대 중반)가 그의 움직임을 더디게 만들었지만, 집에 있는 총걸이를 가득 채운 총들, 현관의 안장들, 많은 챙 넓은 모자들은 그곳이 바로 실제 농장임을 보여주었다. 동시에 집 주변에 잘 배치되어 있는 들장미와 물웅덩이, 그리고 그곳에 잠시 머무는 수많은 종의 새들은 맥밀런이 평생 동안 오듀본Audubon 사회의 성원이었음을 보여주었다. 맥밀런의 가족은 1870년대 이래로 동일한 땅에서, 그러니까 오랫동안 그 지역의 일부로 살아오고 있었다.

키 크고 위엄 있는 맥밀런은 동작이 빠르지 않았다. 그는 그럴 필요도 없었다. 그는 의연함과 정직함을 보여주는 강한 풍채를 지니고 있었다. 이 두 자질은 1970년대 말에 시작된 디아블로 캐니언Diablo Canyon 원자력 발전소 반대운동에서 유용함이 입증되었다. 맥밀런의 큰 키와 그의 모자는 그가 시위운동에 참여하고 있음을 확실하게 알리는 표지였다. 그리고 그는 손자와 함께 발전소 부지에서 2주간 야영하며 그곳을 봉쇄하는 시위에 참여했다. (그 발전소는 그가 열 살 때 처음으로 태평양을 보았던 만 위에 자리하고 있다. 그때 그의 아버지는 가을 추수가 끝난 후 스프링이 달린 사륜 짐마차를 몰고 그곳으로 갔었다.) 그는 디아블로 원자력 발전소에 대항하는 저항자들의 하위문화에서 민중 영웅과도 같은 존재가 되었다. 하지만 저항자들 중 대다수는 결코 그 근처에 살고 있지 않았고, 그들 중 어느 누구도 맥밀런만큼 오랫동안 그곳에 살지도 않았다. "나는 이 땅을 사랑합니다. 나는 내가 이 땅의 일부라고 느낍니다. 이 땅은 나의 일부입니다. 이곳이 바로 나의 삶입니다. 만약 사고가 발생한다면, 그 바람은 대양 쪽에서 불어와 내 목장의 모든 것을 완전히 날려버릴 것입니다." 맥밀런은 디아블로 캐니언 주변의 땅과 디아블로 캐니언 자체에 정통했다. 그가 말했던 것처럼, 그는 거대한 콘크리트 구조물과 양립할 수 없는 그곳의 아름다움에 감사했다. "지방정부 ─ 이를테면 카운티 위원들 ─ 는 항상 개발을 목표로 합니다. 더 많은 산업은 더 많은 세금을 의미합니다. 그러나 그것은 사람들이 원하는 것이 아닙니다. 사람들은 그들의 삶을 영위하기를, 그들의 아이들을 키우기를 원합니다." 사람들은 그들의 삶을 살아갈 장소를 필요로 하며, 그 장소는 사람들이 구성하는 삶의 친밀한 일부가 된다. 그러한 장소들에 대한 위협은 근심과 불안과 공포, 그리고 더 나아가 화, 격분, 증오를 결합시키며, 복합적인 감정적 반응들을 촉발시킨다.

맥밀런의 농업적 뿌리가 땅에 대한 그의 이미지를 틀 지었다. 그는 자신의 집에서 도시가 목장들을 서서히 조금씩 먹어치우며 침입하는 것을 볼 수 있다고 말했다. 나는 그가 비유적으로 (또는 편집증적으로) 말하고 있는 것은 아닌가 하는 의구심이 들었다. 왜냐하면 나는 굽이진 언덕들 말고 다른 건물을 단 하나도 볼 수 없었기 때문이다. 하지만 그날 저녁은 약간 흐렸었다. 그는 농부들이 농장을 보존하기를 원할 것이라고 단정했다. 하지만 그러기는커녕 1960년대에 디아블로 발전소가 처음 제안되었을 때 대부분의 농부들은 그것을 지지했다. 그들은 농사보다는 돈 — 땅값과 카운티의 조세 수입 — 에 더 관심이 있었다. 맥밀런에게 땅은 생산성 — 언덕들에 흩어져 있는 소떼의 모습에서 — 과 보존 — 그와 그의 아내가 사랑하는 새들 속에 구현된 — 모두를 상징했다.

맥밀런의 땅에 대한 열정적 느낌과 디아블로 원자로에 대한 강렬한 반감은 그의 말보다 말하는 방식에서 훨씬 더 분명하게 드러났다. 8년간의 대립을 통해 다듬어진 그의 논거는 대부분 합리적이었고, 지적이기까지 했다. 하지만 그가 처음에도 동일한 논거를 제시했었는지를 알기란 불가능하다. 그러나 그의 목소리 톤에는 땅과 그 땅의 창조물에 대한, 즉 단순한 농경생활에 대한 근원적 애정이 스며들어 있었다. 디아블로의 소유주에 대해 말할 때에는 적의에 차 있었지만, 시골생활의 즐거움을 묘사할 때는 부드럽고 공상에 잠기기까지 했다. 그가 하는 말 속에서는 '사랑', 그리고 '극악한'과 같은 단어들이 여기저기서 튀어나왔는데, 그런 것들이 그의 저항을 고무시켰다는 데에는 거의 의심의 여지가 없었다. 우리가 거듭 살펴보겠지만, 인지적·도덕적·감정적 언어들이 함께 뒤엉켜 있다.

맥밀런은 개인적 저항과 조직화된 저항운동 사이에 존재하는 꽤 넓은 경계 위에서 움직였다. 그는 저항단체가 조직화되기도 전에 이웃들을 소집하고 카운티 위원들과의 모임에 참여하기 시작했다. 그리고 일단 그러한 일들이 사건을 조직하기 시작하자 그는 거기에도 참여했다. 하지만 그는 그러한 사건에 감명을 주는 전기적 신임장을 보내는 것 말고는 저항단체 자체를 유지하기 위한 일은 거의 어떠한 것도 하지 않았다. 그는 정기적인 모임에 나가지도 않았고, 기존의 동호인 단체에도 속해 있지 않았다. 그는 저항에 깊이 관여했지만, 저항운동에는 단지 부분적으로만 관여했다.

나는 인근에 있는 샌 루이스 오비스포San Luis Obispo라는 타운에서 또 다른 형태의 디아블로 원자력 발전소 반대 저항자 단체인 평화를 위한 어머니회Mothers for Peace를 만났다. 맥밀런이 산업 프로젝트에 대한 지역의 반대를 전통적 삶의 방식에 기초하여 구현했다면, 어머니회는 1970년대 말 이후 일반화된 새로운 종류의 저항자 단체의 전형이었다. 자신들의 아이들과 가정이 위기에 처해 있다고 느끼는 이 '주부전사들'은 나라 전역의 위험한 폐기물 처리장, 원자력 발전소, 그리고 여타의 많은 산업시설을 공격하기 위해 조직되었다. 그들 중 대다수가 최근에 자신들의 막내 아이를 초등학교에 보냄으로써 정치활동을 할 수 있는 자유 시간을 가지게 된 사람들이다. 그 밖의 사람들은 여전히 그들을 집에 묶어두는 아이들이 있기는 하지만, 유연한 스케줄 덕분에 무수히 많은 전화를 거는 일을 할 수 있었다. 때로는 그들은 대학교육을 받고 전문직 남편을 두고 있어서, 미디어를 성공적으로 이용하고 공개 청문회에서 그들 자신의 입장을 고수할 수 있을 정도로 충분한 문화적·정치적 스킬을 가지고 있었다. 그중 많은 사람이 도시의 과밀화 때문에 작은 타운과 농촌지역으로 이사했지만, 그들은 또한 자신들이 새로운 인근지역에서 산업시설과 환경문제들에 마주치게 된 것에 대단히 실망하고 있었다.[1]

1973년 디아블로 캐니언 원자력 발전소에 반대하기로 결심했을 때, 어머니회는 결코 순진하지 않았다. 그 단체는 베트남전쟁에 반대하여 1969년에 결성되었으며, 전쟁이 서서히 끝나가고 디아블로 캐니언 계획이 공식적 통로를 통해 서서히 진행되자 원자력 에너지를 연구하기 시작했다. 그들은 활동가 정체성, 그리고 그러한 행동주의에서 비롯된 상당한 네트워크를 가지고 있었다. 핵 문제가 분명한 정치적 이데올로기의 성격을 띠는 쟁점이 되었을 때, 어머니회는 원자력규제위원회 Nuclear Regulatory Commission: NRC가 공청회에서 자신들을 대하는 방식에 엄청난 충격을 받았다. NRC의 대표자들이 그들을 진지하게 받아들일 기색조차 보이지 않았기 때문에, 디아블로 캐니언의 소유주인 퍼시픽 가스·전기회사Pacific Gas & Electric Company는 그들에게 의구심조차 드러내지 않았다. 왜냐하면 그들은 다방면의 전문 엔지니어 단체가 제시한

---

1   최근의 많은 사회운동은 자신들의 시간을 상당히 유연하게 이용할 수 있는 주부들에게 크게 의존해왔다(동원 이론가들은 이들이 전기적으로 시간적 여유가 있는 사람들이라고 말하곤 한다). 존 매카시는 음주운전 반대 어머니회에 관한 자신의 연구에서 다음과 같은 점을 발견했다. "지부 임원들은 일반적으로 집 밖에서 일하지 않거나 파트타임으로 일하는 여성들이다. 그들은 대체로 결혼해서 집에 학령기에 달한 어린아이들을 두고 있다." John D. McCarthy, "Activists, Authorities, and Media Framing of Drunk Driving," in Laraña, Johnston and Gusfield(eds.), *New Social Movements*, p. 145. 리처드 매드슨(Richard Madsen)은 다음의 글에서 그러한 두 명의 활동가―남부 캘리포니아 토지이용 논쟁에서 반대편에 선―를 묘사한다. Richard Madsen, "Contentless Consensus: The Political Discourse of a Segmented Society," in Alan Wolfe(ed.), *America at Century's End* (Berkeley: University of California Press, 1991). 평화를 위한 어머니회와 달리 이들 주부 중 많은 사람은 맨 처음부터 활동가 정체성과 운동 정체성을 발전시켜야만 했다.

증거에 도전하는 한 무리의 가정주부들에 불과했기 때문이다. 그들과 그들의 남편들은 처음 3년 동안은 공청회에서 용감하게 그리고 화를 내며 자신들을 스스로 대변했다. 그러나 1976년부터는 변호사를 고용하기 시작했다.

그들은 또한 원자로의 위험에 대해 점점 더 많은 지식을 가지게 되었다. 맥밀런이 그들에 대해 이야기했던 것처럼, "그들이 거기서 일어서면, 사람들은 그들이 머핀이나 뭔가를 구울 것이라고 예상할 거예요. 그도 그럴 것이 그들은 우리가 그것을 먹게 그냥 놔두니까요. 나는 결코 그들의 반대편에는 서고 싶지 않습니다". 그는 그들이 그들의 아이들을 보호하는 중이라고 말한다. "그것은 마치 모퉁이를 돌아 메추라기 가족에게 차를 몰고 가는 것과 같습니다. 어미 메추라기는 발끈 성이 나서 차를 공격하고, 자신의 새끼들을 보호하기 위해서라면 어떤 희생을 치르더라도 뭐든지 할 것입니다." (저항자들이 서로에 대해 말하는 호의적인 이야기들은 지역 민중 영웅들을 만들어냄으로써 우리가 뒤에서, 특히 제8장에서 검토할 종류의 운동 내부 문화를 강화하는 데 일조한다.) 이는 땅에 대한 맥밀런의 애정과는 상이한 종류의 감정이지만, 똑같이 강력하다. 그들은 어떤 희생을 치르든 상관없이 그들의 아이들, 그들의 일상적 삶과 일상의 과정을 보호하는 데 열정적인 관심을 가지고 있는, 글자 그대로 어머니들이었다. 그리고 과거의 경험을 통해 그들은 어떤 희생을 치러야 하는지도 알고 있었다.

늙은 농부인 이안 맥밀런도, 그리고 중간계급 엄마들의 무리인 평화를 위한 어머니회도 저항자에 대한 대중적 이미지와는 부합하지 않는다. 대규모 조직들 — 공적 조직과 사적 조직 모두 — 의 네트워크가 많은 지역 거주민들에게 결국에는 '도덕적 충격'을 가하는 어떤 일을 했을 때, 다른 많은 사람들처럼 그들도 갑자기 저항자가 되었다. 그들은 그들 자신의 일만 염두에 두고, 그들의 일상의 과정에 빠져 있었다. 그러나 그들은 원자력 사고가 그들의 집을 살 수 없는 곳으로 만들고, 그들의 공동체를 유령 도시로 만들고, 비록 그들의 아이는 아닐지라도 그들의 가축을 살해할 수도 있다는 것을 갑자기 깨달았다. 그들의 집이 위안을 주는 보호능력을 상실할 수도 있고, 그들의 냉장고 속 음식이 보이지 않는 방사능에 오염되어 그들을 습격할 수도 있었다. 사람들은 방사능 질병과 암의 공포를 훨씬 뛰어넘어 이 경치 좋은 장소에 뿌리 내린 그들의 삶의 방식 전체가 끝장날 수도 있다는 것을 깨달았다.

'도덕적 충격'은 대체로 사회운동에 성원을 충원하게 하는 첫 번째 단계이다. 이 단계에서는 예상치 못한 사건이나 단편적인 정보가 사람의 마음속에 극심한 분노감을 불러일으켜, 사람들로 하여금 (동원 이론과 과정 이론이 강조하는 개인적 접촉 네트워크를 통해 또는 그것 없이도) 정치적 행동에 가담하고 싶게 만든다. 원자력 사고처럼 대단히 공개적인 사건들이나 한 아이의 죽음과 같은 개인적 경험이 촉발제가 되기도 한다. 그것들은 사건이나 공개 발표처럼 급작스러울 수도 있지만, 자신들이 유독성 폐기물 매립지 위에 살고 있음을 서서히 깨닫게 된 러브커낼Love Canal의 주민들의 경우처럼 시간이 경과함에 따라 서서히 진전될 수도 있다. 그것들은 대부분 극적이고 이목을 집중시킨다. 그러나 몇몇은 그리 대단하지 않은 것들로, 더 정확히 표현한다면 결국 행위를 자극하는 '더 이상 참을 수 없는 어떤 것'에 가깝다. 마찬가지로 충격도 새로운 어떤 것에 대한 계획으로부터 발생하기도 하고, 또는 이미 보이지 않는 피해를 입히고 있던 기존의 어떤 것에 대한 새로운 정보로부터 발생하기도 한다. 정보나 사건은 사람들로 하여금 자신의 기본적 가치에 대해, 그리고 세상이 어떤 중요한 방식으로 그러한 가치로부터 얼마나 벗어나 있는지에 대해 생각하게 만든다. 그러한 개인들은 종종 성원 충원자들이 자신들과 접촉하기를 기다리지 않고, 정치조직을 스스로 찾아 나선다. 이러한 충격들은 스리마일 섬 원자력 발전소 사고 사례에서 에드워드 월시Edward Walsh가 제기한 '갑자기 부과된 불만의 씨'와 유사하며, 이것이 성원 충원에 박차를 가할 수 있다.[2] 사건들은 강력한 상징이 될 수 있다.

도덕적 충격에 대한 반응은 매우 다양하다. 대부분의 경우에 대부분의 사람들은 정부와 기업들이 시민의 저항에 굴하지 않을 것이라고 확신하며 불쾌한 변화에 대해 체념하고 만다. 그러나 다른 사람들은 거의 어떠한 연구자들도 기술한 적이 없는 복잡한 감정과정들을 통해 자신들의 공포와 화를 정당한 분노와 개인적 또는 집합적 정치활동으로 전환시킨다. 우리의 주변에서 예기치 못한 갑작스러운 변화가 발생할 것이라는 전망은 두려움과 화의 감정을 불러일으킬 수 있다. 전자가 동원을 무력화할 수 있다면, 후자는 동원의 토대가 될 수 있다. 활동가들은 도덕적 격분과 화를 불러일으키기 위해, 그리고 그러한 감정을 배출할 수 있는 표적을 제시하기 위해 열심히 작업한다. 평화를 위한 어머니회의 한 사람은 나에게 다음과 같이 말했다. "이 주변에 있는 사

---

2   Edward J. Walsh, "Resource Mobilization and Citizen Protest in Communities Around Three Mile Island," *Social Problems*, 29(1981), pp. 1~21. 하지만 루드 코프만스(Ruud Koopmans)와 잔 빌럼 뒤벤다크(Jan Willem Duyvendak)는 새로운 불만이 불만으로 얼마나 광범위하게 해석되느냐를 궁극적으로 결정하는 것은 바로 저항단체들의 전략적 활동이라는 점을 보여줌으로써, 사건이 관찰자들에게 일정한 '객관적인' 의미를 지닌다는 관념을 합당하게 기각시킨다. 하지만 그들은 개인들이 그들 자신만의 해석을 하지는 않을 것이라고 가정하고 그리하여 문화와 전략 간에 잘못된 대립을 설정함으로써, 사건 그리고 그 사건에 대한 활동가들의 프레이밍 모두가 기존의 문화적 양식에 입각한 느낌, 판단, 사고를 통해 걸러진다는 것을 놓치고 있다. Ruud Koopmans and Jan Willem Duyvendak, "The Political Construction of the Nuclear Energy Issue and Its Impact on the Mobilization of Anti-Nuclear Movements in Western Europe," *Social Problems*, 42(1995), pp. 235~251을 보라.

람들은 모두 불안해해요. 설계도 사건 이후 특히 더 그래요. [1981년에 한 엔지니어가 두 기의 디아블로 원자로 설계도가 뒤바뀌었으며 그에 따라 구조적 지원에 수백만 달러가 부적절하게 집행되었음을 발견했다.] 그들이 도면도 제대로 읽지 못하는데, 원자로를 안전하게 작동시킬 수 있을까요? 하지만 우리가 무기력하게 가만히 있어서는 안 돼요. 사람들은 둘러앉아 '오, 맙소사'라고 생각할 수도 있고 나가서 싸울 수도 있어요. 우리가 그들을 공격 모드로 돌려놓아야 해요."

'공격 모드'는 활동가들이 촉진시키기 위해 열심히 노력하는 일군의 감정들이다. 이제 막 일기 시작한 불안과 공포가 구체적인 정책과 의사결정자들을 향한 도덕적 분노와 화로 전환되어야만 한다. 정서 패턴 —사람, 사건, 사물, 장소에 대한 긍정적 또는 부정적 느낌 — 이 활동가들이 활동을 시작하기 전에 존재한다. 만약 그렇지 않았다면, 충격은 존재하지 않았을 것이다. 자신의 집이나 환경에 대한 긍정적 느낌 — 그것들을 위협하는 것처럼 보이는 계획에 대한 강한 부정적 정서와 짝을 이루는 — 은 저항을 위한 공통의 원료들이다. 활동가들은 도덕적·인지적·감정적인 태도를 하나의 꾸러미에 함께 싸야만 한다. 이를테면 그들은 '대기업' 또는 '도구주의'를 하나의 문제로 프레이밍함으로써, 하나의 도덕적 판단 — 관료제에 의한 인간의 경시 또는 학대와 같은 — 을 제시한다. 관련 감정이 두려움에서 격분으로 전환된다. 그리하여 비난받을 누군가가 존재하게 된다.

의심과 불신, 그리고 심지어는 약간의 편집증도 사람들로 하여금 누군가를 악당으로 규정함으로써 자신들의 불만을 저항으로 만드는 데 일조할 수 있는 감정들이다. 적의 창출은 비난을 할당할 수 있게 하고, 불만을 제거하기 위해 구체적인 요구를 하게 한다. 맥밀런과 어머니회는 전문가들에 대한 깊은 불신과 자신들의 확신을 공유했다. 어머니회의 한 사람은 다음과 같이 주장했다. "그들은 완전히 거짓말을 하고 있어요. 그리고 그들은 거짓말을 공상 같은 과학적 용어들로 포장하고 있어요. 만약 그들이 거짓말을 하고 있는 것이 아니라면, 그들은 무지한 것이고, 그것이 그들의 오만을 훨씬 더 밉살스럽게 만들어요." 전문가들에 대한 이러한 불신은 미국사회에서 거의 보편적인 것이며, 심지어 그러한 불신은 과학과 기술의 이득을 인정할 때에도 드러난다. 우리가 제7장에서 살펴보듯이, 전문지식에 대해서는 좌파 성향의 비판과 우파 성향의 비판 모두가 존재하며, 두 비판 모두 직관적이면서도 고도로 정연하다. 미국인들이 과학과 기술이 약속해온 것의 어두운 면을 인식하게 되면서, 지난 30년 동안 온갖 견해들이 정교하게 다듬어져왔다. 오늘날 실제로 모든 지역 저항이 평범한 남성과 여성들이 지닌 직관 — 즉, 권력을 가진 사람들은 기회만 있다면 자신들에게 나쁜 짓을 할 것이라는 직관 — 에 호소할 수 있다. 이러한 '도구주의 비판'은 언제나 비난받아야 할 누군가를 제시한다.

맥밀런과 어머니회가 사용하는 언어는 저항의 인지적·도덕적·감정적 차원들이 얼마나 긴밀하게 결합되어 있는지를 보여준다. 맥밀런의 땅에 대한 애정은 부분적으로는 디아블로 사건의 결과에 대한 그의 이해에 의해 각성되고 있다. 어머니회의 도덕적 격분 — 이 용어는 바로 그것이 도덕과 느낌의 통합체라는 것을 보여준다 — 은 정부가 기술을 규제하기 위해 무엇을 할 수 있고 무엇을 해야만 하는지에 대한 그들의 기대에 기초하고 있다. 하지만 대개의 경우 몸의 언어로 표현되는 감정을 분명하게 말로 표현하기란 어렵다. 이를테면 맥밀런이 "나는 이 땅을 사랑합니다"라고 말할 때 드러나는 열정, 어머니회가 좀 건방진 NRC 위원단을 묘사할 때 고함을 치며 드러내는 찡그린 얼굴이 그러한 것들이다. 인지, 감정, 그리고 도덕 그 무엇도 우선하지 않는다. 거기에는 모든 것이 똑같은 정도로 존재한다.

　이 장은 지역의 '님비' 대립을 하나의 경험적 사례로 삼아, 저항에서 인지적·도덕적 과정들을 수반하는 감정적 과정들을 조명한다. 그러한 것들에는 인지된 부정의로 인한 무력화된 두려움에서부터 부정의에 대한 화와 격분에 이르기까지, 인지된 위협에 대한 다양한 반응이 포함된다. 그러한 반응들 이면에는 복잡한 정서적 격자들이 자리하고 있으며, 사람들은 그것을 통해 세상을 긍정적인 장소와 부정적인 장소, 안전한 인근지역과 위험한 인근지역, 그리고 그곳에 거주하는 죄 받을 집단과 구원받은 집단으로 나눈다. 이 장에서 우리는 특히 감정, 이 경우에는 장소에 부착되어 있는 감정이 대부분의 저항에 필수적인 두 개의 중심적 구성물, 즉 위협과 비난에 대한 의식을 틀 짓는 데 어떻게 일조하는지를 검토한다. 개인들에게는 그들로 하여금 저항할 수 있게 해주는 또는 기꺼이 저항하게 만드는 여러 일들이 발생할 수 있다. 그리고 심지어 그러한 일들은 그들이 공식 단체에 가입하기 전에, 개인적으로 저항행동을 하게 하기도 한다. 따라서 이 장과 다음 장에서 우리는 다른 무엇보다도 문화와 전기의 교차를 다룬다. (제8장에서는 사회운동 내에서 만들어지고 유지되는 감정들에 초점을 맞춘다.)

저항 감정

　세상이 어떠한지에 관한 우리의 인지적 신념, 세상이 어떠해야만 하는지에 관한 우리의 도덕적 전망, 그리고 그러한 세상에 대한 우리의 감정적 애착은 긴밀히 보조를 맞추며 행진한다. 감정은 단지 우리의 가장 내밀한 욕망과 만족에 수반하여 유발되는 것만이 아니다. 감정은 스스로를 구성하고, 우리의 생각, 정체성, 이해관계들에 스며든다. 랜들 콜린스Randall Collins의 표현에 따르면, 감정은 "연대의 '접착제'이며 갈등을 동원하는 것"이다.[3] 불안, 열광 또는 훨씬 더 강렬한 감정들은 우리의 평범한 일상의 과정들 밖의 것, 특히 정치적 쟁점에 관심을 집중시키는 데 필수적일 수도 있다.[4] 지난 15년 동안 사회학자들은 감정을 재발견해왔지만, 여전히 사회심리학 밖에서 많은 경험적 조사연구를 집대성할 필요가 있다.[5] 일부 학자들은 감정을 사회적 행위의 심장에 자리하고 있는 근본적인 동기 부여의 힘으로 이론화하는 작업을 시작하기까지 했다.[6] 토머스 셰프는 정치적 갈등을 설명하는 데서 감정이 부재하다는 것에 한탄한다. "요즈음 감정은 그림자 인생만을 살고 있다. 특히 수치심은 여타의 감정들, 그리고 개인적 동기들과 함께 논

---

3   Randall Collins, "Stratification, Emotional Energy, and the Transient Emotions," in Theodore D. Kemper(ed.), *Research Agendas in the Sociology of Emotions*(Albany: SUNY Press, 1990), p. 28.

4   불안과 열광은 분명 유권자들로 하여금 대통령 선거유세를 보다 열심히 쫓아다니고 또 후보자들에 대해 더 많이 알도록 자극한다. 조지 마커스(George E. Marcus)와 마이클 매쿠엔(Michael B. Mackuen)에 따르면, "위험은 시민들로 하여금 정치에 대해 학습하도록 강하게 자극한다. …… 감정성은 정치적 추론을 방해하기보다는 촉진하고 민주적 삶의 자질을 축소시키기보다는 강화한다". George E. Marcus and Michael B. Mackuen, "Anxiety, Enthusiasm, and the Vote: The Emotional Underpinnings of Learning and Involvement During Presidential Campaigns," *American Political Science Review*, 87(1993), p. 672를 보라.

5   미국사회학회는 1986년 감정사회학 분과를 창립했다. 그럼에도 불구하고 일반적으로 추세를 기민하게 관찰하는 사람으로 간주되는 앤서니 기든스는 그의 1991년판『사회학입문(Introduction to Sociology)』(New York: W. W. Norton)에 감정에 대한 어떠한 표제어도 싣지 않았다.

6   이를테면 Randall Collins, "The Rationality of Avoiding Choice," *Rationality and Society*, 5(1993), pp. 58~67을 보라. 게리 앨런 파인과 켄트 샌드스트롬(Kent Sandstrom)은 이데올로기가 인지만큼이나 감정에도 많이 또는 더 많이 의존한다고 주장해왔다. Gary Alan Fine and Kent Sandstrom, "Ideology in Action: A Pragmatic Approach to a Contested Concept," *Sociological Theory*, 11(1993), pp. 21~38.

의에서 빠져버렸다. 소유나 권력을 향한 욕망이 실제적인 것으로 인식되는 반면, 명예를 향한 욕망은 비실제적인 것으로 인식된다. …… 우리 문명의 대부분의 다른 사람들처럼 사회과학자들도 감정을 지나치게 부끄럽게 여기는 나머지 인과적 요소로서의 감정에 진지한 주의를 기울이지 않는다."7 대부분의 사회과학자들은 근대사회의 경향을 모방하여 감정을 합리성의 반대로 폄훼한다.

합리주의적 철학, 심리학, 상식적 사고의 오랜 전통은 감정을 신체에서 기원하는 자연적 감각 — '느낌' — 으로 보고, 감정이 그것을 경험하는 사람들의 통제권 밖에 있다고 파악해왔다. 사람들은 '감정에 사로잡혀' 있고 질투나 화 같은 열정에 '속박되어' 있다는 말을 듣는다. 왜냐하면 그러한 것들이 어지러움, 메스꺼움 또는 피로와 유사한 신체적 감각들로 간주되기 때문이다. 감정의 반박할 수 없는 신체적 징후들 — 그것이 아드레날린의 증가든 아니면 얼굴의 홍조든 간에 — 은 감정 그 자체로 여겨지고, 그런 다음에 우리는 그것에 명칭을 붙인다. 이러한 견해에서 볼 때, 감정은 우리의 보다 현명한 의도를 망쳐놓고 합리적 행위를 방해한다. 의심할 바 없이 그러한 일도 때때로 일어난다. 화가 나서 평화적인 민권운동 시위자들을 때렸던 남부의 한 보안관은 자신의 충동을 자주 (특히 그가 필름에 담겼을 때) 후회했다. 아이러니하게도 사회과학자들은 특히 감정의 본능적 차원들을 기술하기 위한 어떠한 언어도 가지고 있지 않다. 감정을 신체적 징후로 환원하는 것은 감정을 설명하려는 어떠한 노력도 포기하는 방식의 하나이다.

그러나 대부분의 감정은 합리적 행위와 대립되는 것이 아니라 합리

---

7 Thomas J. Scheff, *Bloody Revenge: Emotions, Nationalism, and War*(Boulder, Colo.: Westview Press, 1994), p.65.

적 행위의 일부이다. 인지적 과정과 도덕적 가치가 사회적으로 구성된 다면, 감정 또한 그러하다.[8] 감정은 내적 감각의 단순한 집합이라기보다는 오직 특정 상황 속에서만 이해될 수 있는 행위 또는 마음의 상태이다(이를테면 불쾌감을 수반하는 신체적 감각과 분노를 수반하는 신체적 감각들을 구별할 수 있는가?). 제임스 애버릴James Averill은 감정을 **일시적인 사회적 역할**이라고 기술한 다음, 그것을 "한 개인이 주어진 상황에서 따르는, 일단의 사회적으로 처방된 반응들"이라고 정의한다. 그러한 반응을 지배하는 규칙은 "적절한 행동에 관한 사회적 규범 또는 공유

---

8   구성주의적 입장을 명시적으로 주장하는 논문 모음집으로는 Rom Harré(ed.), *The Social Construction of Emotions*(Oxford: Basil Blackwell, 1986)를 보라. 또 다른 유용한 저작으로는 다음과 같은 것들이 있다. Francesca M. Cancian, *Love in America: Gender and Self-Development*(Cambridge: Cambridge University Press, 1987); Norman K. Denzin, *On Understanding Emotion*(San Francisco: Jossey-Bass Publishers, 1984); Ronald de Sousa, *The Rationality of Emotion*(Cambridge: MIT Press, 1987); Nico H. Frijda, *The Emotions*(Cambridge: Cambridge University Press, 1986); Artie Russell Hochschild, "The Sociology of Feeling and Emotion: Selected Possibilities," in Marcia Millman and Rosabeth Moss Kanter(eds.), *Another Voice: Feminist Perspectives on Social Life and Social Science*(Garden City N.Y.: Anchor Books, 1975); Arlie Hochschild, "Emotion Work, Feeling Rules, and Social Structure," *American Journal of Sociology*, 85(1979), pp. 551~575; Lyn H. Lofland, "The Social Shaping of Emotion: The Case of Grief," *Symbolic Interaction*, 8(1985), pp. 171~190; Catherine A. Lutz, *Unnatural Emotions: Everyday Sentiments on a Micronesian Atoll and Their Challenge to Western Theory* (Chicago: University of Chicago Press, 1988); Justin Oakley, *Morality and the Emotions* (London: Routledge, 1992); Amélie Oksenberg Rorty(ed.), *Explaining Emotions* (Berkeley: University of California Press, 1980); Stanley Schacter and Jerome Singer, "Cognitive, Social, and Physiological Determinants of Emotional States," *Psychological Review*, 69(1962), pp. 379~399; Susan Shott, "Emotion and Social Life: A Symbolic Interactionist Analysis," *American Journal of Sociology*, 84(1979), pp. 1317~1334; Robert C. Solomon, *The Passions*(New York: Doubleday-Anchor, 1976). 이를 개관하고 있는 것으로는 다음의 것들이 있다. Thomas J. Scheff, "Toward Integration in the Social Psychology of Emotions," *Annual Review of Sociology*, 9(1983), pp. 333~354; Peggy A. Thoits, "The Sociology of Emotions," *Annual Review of Sociology*, 15(1989), pp. 317~342.

된 기대들"로 구성된다.[9] 감정은 일반적으로 대상을 가지기 때문에(우리는 **무엇인가**를 두려워한다), 부분적으로 인지적 평가에 의존한다.

구성주의적 견해에서 볼 때, 감정은 자동적인 심리적 상태가 아니라 공유된 사회적 의미에 의해 구성된다. 몇몇 이론가는 신체적 변화가 거기에 존재하지만 그러한 변화들이 감정이 되기 위해서는 먼저 해석되어야만 한다고 주장한다. 반면 다른 이론가들은 몸은 오직 특정 감정과 관련된 상황에 반응할 때에만 변화한다는 보다 극단적인 견해를 취한다. 감정들에서 나타나는 많은 비교 문화적 차이와 관련한 증거는 이러한 입장을 뒷받침하는 것처럼 보인다. 그럼에도 불구하고 놀람, 화, 공포를 드러내는 얼굴 표정과 같이 몇 가지 보편적인 것이 분명하게 존재한다는 사실은 구성주의적 모델의 하나를 생각나게 한다. 그 모델에 따르면, 모든 감정의 일부 또는 대부분이 사회적으로 구성되지만 일부 타고난 표현 또한 존재한다.[10] 실제로 1차적 감정들을 분류하려는 모든 노력은 그러한 감정에 공포와 화를 포함시킨다. 그리고 몇 안 되는 1차적 감정이 문화에 따라 변화하는 훨씬 더 많은 2차적 감정보다 사회적으로 덜 구성된다는 것도 그럴듯하다.[11] 신체 상태와 보다 직접적으로 결부된 1차적 감정들은 아마도 진행 중인 정치과정에서보다는 대면적

---

9   James R. Averill, "A Constructivist View of Emotion," in Robert Plutchik and Henry Kellerman(eds.), *Emotion: Theory, Research, and Experience*, Vol. I, *Theories of Emotion*(New York: Academic Press, 1980), p. 308.

10   Claire Armon-Jones, "The Thesis of Constructionism," in Rom Harré(ed.), *The Social Construction of Emotions*. 페기 토이츠(Peggy Thoits)는 강한 형태의 구성주의 ─ 기본적인 보편적 감정이란 결코 존재하지 않는다 ─ 와 보다 약한 형태의 구성주의 ─ 기본적 감정이 존재할 수도 있지만 그것은 거의 어떠한 것도 설명하지 못한다 ─ 를 구별한다. Peggy Thoits, "The Sociology of Emotions," p. 320을 보라.

11   Theodore D. Kemper, "How Many Emotions Are There? Wedding the Social and the Autonomic Components," *American Journal of Sociology*, 93(1987), pp. 263~289.

환경 – 많은 상호작용 이론가가 연구하는 그러한 종류의 환경 – 에서 더 중요할 것이다. 왜냐하면 정치과정에서는 격분이나 자존심 같은 복합적인 2차적 감정들이 더욱 영향을 미칠 수도 있기 때문이다.[12]

이 정의는 감정을 몇 가지 방식으로 도덕과 인지에 결부시킨다. 감정은 사회적으로 학습된 신념과 가정들을 포함하고 있으며, 따라서 인지적으로 설득 가능하다. 우리의 화가 아주 극단적인 반응이라거나 또는 우리가 오해하고 있다는 것을 근거로 하여 우리는 자주 화내지 말라는 설득을 받기도 한다. 만약 감정이 신념과 맥락에 결부되어 있다면, 감정 또한 얼마간은 주어진 어떤 시점에서 그것이 적절한지 그렇지 않은지에 관한 논쟁의 대상이 될 수 있다. 감정을 지배하는 규칙들이 존재하기 때문에, 특정 감정들은 일탈적인 것으로 분류될 수도 있다.[13] 우리의 본능적인 1차적 감정들 – 만약 그러한 감정들이 존재한다면 – 조차도 우리의 기대에 의해 좌우되며, 그러한 기대는 다시 세상의 조건들에 대한 지식으로부터 파생된다.[14]

감정은 또한 자주 도덕적 가치와도 결부되어 있으며, 자주 도덕적

---

12 너무나도 많은 구성주의 프로그램들처럼 감정에 대한 이러한 견해도 사적 언어와 지식에 대한 비트겐슈타인의 비판에 빛지고 있다. 내적 느낌은 공유된 공적 언어로 표현될 때 인지 가능하다. 비트겐슈타인에서는 표현의 형식이 곧 감정 그 자체이다. "그가 기뻐한다는 것을 내가 아는 것은 그가 자신의 웃음을 느낀다거나 자신의 환호를 느끼고 듣는다고 나에게 말하기 때문인가 아니면 그가 웃고 환호하기 때문인가? …… '나는 행복하다'라는 말은 즐거운 행동의 일부이다." 많은 경우에서 우리의 행위가 우리의 감정을 구성한다. 만약 그렇지 않다면 감정은 불가해할 것이다. 언어, 행위, 감정은 아주 긴밀하게 함께 얽혀 있다. Ludwig Wittgenstein, *Remarks on the Philosophy of Psychology*, Vol. 1(Oxford: Basil Blackwell, 1980), p. 151을 보라.

13 일탈적 감정에 대해서는 Peggy A. Thoits, "Self-Labeling Processes in Mental Illness: The Role of Emotional Deviance," *American Journal of Sociology*, 92(1985), pp. 221~249; "Emotional Deviance: Research Agendas," in Kemper(ed.), *Research Agendas in the Sociology of Emotions*.

14 Hochschild, *The Managed Heart*, pp. 219~221.

규칙을 위반했다는 사실을 인지하는 것으로부터 발생한다. 롬 하레의 표현에 따르면, "시기(그리고 질투)와 같은 감정에 대한 연구는 지역의 권리와 의무, 가치기준 등 체계의 세부내용들에 깊은 주의를 기울일 것을 요구한다. 요컨대 그 지역의 도덕질서에 주의를 기울이지 않은 채 이들 감정을 진지하게 연구할 수 없다".[15] 감정이 전개되는 맥락 중의 하나가 인간의 공통 서사라는 맥락, 또는 로날드 드 수사Ronald de Sousa가 '패러다임 시나리오paradigm scenario'라고 부르는 것이다.[16] 친구의 죽음이 우리로 하여금 몇 가지 예측 가능한 감정적 단계를 통과하도록 이끄는 것처럼, 여타의 예측하지 못한 불쾌한 사건들 — 이를테면 인근의 원자력 발전소 건설계획 — 은 우리를 놀람, 슬픔, 화, 그런 다음 격분으로 이끌 수도 있다. 로버트 솔로몬Robert Solomon은 이러한 이야기 전개에 동반되는 역할들을 기술하기도 한다. 이를테면 화가 난 당신은 재판관이고, 상대방은 피고이다. 멸시당하고 있는 당신은 순수하고 결백한 반면, 상대방은 비열하고 야비하다.[17] 각각의 감정은 당신이 상대방에게 퍼붓는 일단의 말들을 포함한다. 만약 사회운동 조직자가 그의 상대방을 선의를 가지고 있지만 무지한 사람이라기보다는 원래 악의적인 사람으로 묘사한다면, 그는 상이한 언어를 사용하여 자신의 청자들에게 상이한 감정들을 불러일으키는 것이다. 감정은 우리가 세상과 관련하여 구성하는 인지적 의미, 그리고 그 의미가 수반하는 도덕적 평가와 긴밀하게 연관되어 있다. 감정이 도덕적·인지적 지식과 갈등상태에 있을 때조차 그러한 연계는 존재한다.

---

15 Rom Harré, "An Outline of the Social Constructionist Viewpoint," in Harré(ed.), *The Social Construction of Emotions*, p. 6.

16 de Sousa, *The Rationality of Emotion*.

17 Robert C. Solomon, *The Passions*(New York: Doubleday, 1976).

많은 저항운동에서 중요한 역할을 하는 동정심compassion이라는 복합적인 감정은 감정과 도덕 간의 연관성을 보다 잘 보여준다. 왜냐하면 동정심은 빈번히 도덕적 행위를 자극하기 때문이다. 철학자 로런스 블럼Lawrence Blum에 따르면, "동정심은 단순한 감정 상태가 아니라 다른 사람을 향한 복합적인 감정적 태도로, 다른 사람의 상태를 상상적으로 숙고하고, 그의 장점을 적극적으로 고려하고, 그를 동료 인간의 한 사람으로 바라보고, 그에게 특정한 정도로 강하게 감정적으로 반응하는 것을 특징으로 한다". 동정심의 도덕적 힘은 연민pity과는 대조적으로 이처럼 인간이 공유하고 있는 연대의식으로부터 나온다. 반면에 "연민의 경우에 우리는 괴로워하는 사람과 그들의 고통을 우리 자신과는 별개로 여기며, 그 고통이 그 사람을 자신과는 근본적으로 다른 존재로 규정하는 어떤 것이라고 생각한다".[18]

　　동정심은 일시적 반응이 아니라 상대적으로 안정적인 성향이다. 따라서 그것은 한 가지 중요한 구별 짓기를 예증한다. **감정은 사건과 정보에 대한 상대적으로 일시적인 반응을 한쪽 극단으로 하고 보다 안정적인 정서적 성향을 다른 한쪽 극단으로 하는 연속체를 형성한다.** 나는 정치적 결정에 화가 나지만, 특정 정당에 대해서는 계속적인 애정을 지니고 있다. 나는 체르노빌 원자력 발전소 사고로 충격을 받지만, 원자력 에너지에 대해서는 보다 근원적으로 불신한다. 부러움과 존경은 대체로 그 연속체의 중간 어디쯤에 위치하며, 화와 안도감은 단기 지

18　Lawrence Blum, "Compassion," in Rorty(ed.), *Explaining Emotions*, pp. 509, 512. 캔디스 클라크(Candace Clark) 또한 공감(sympathy)에 대해 논의한다. Candace Clark, "Sympathy Biography and Sympathy Margin," *American Journal of Sociology*, 93 (1987), pp. 290~321. 그녀는 연령, 사회계급, 성, 그리고 문제의 유형 같은 요인들 또한 중요하다는 것을 인정함에도 불구하고(p. 291), 직접적인 개인 간의 공감 교환에 보다 집중함으로써 대부분의 감정 연구가 지닌 한계를 공유한다.

속적 극단에 위치한다. 나는 장기 지속적 극단에 개인, 장소, 상징에 대한 부정적·긍정적 느낌들(증오, 사랑, 자부심)을 위치시킨다. 그러한 느낌들은 자신의 아버지에 대한 화 또는 국기를 불태우는 것으로 인한 패닉과 같은 '일시적인 사회적 역할'의 일부 배경을 이룬다. 성향은 분명 변화하지만, 그것은 단기적으로는 나의 감정적 반응을 설명하는 데 일조한다. (단기적 반응은 보다 심층적인 감상들을 강화할 수도 또는 훼손할 수도 있다.) 타모츠 시부타니Tamotsu Shibutani는 종교적 개종이 개종자의 정서적 충성심에 기초한다고 이론화했다. 만약 그가 새로운 집단의 성원들을 긍정적으로 느끼고 과거 집단의 성원들을 부정적으로 느낀다면, 그는 개종할 것이다.[19] 감정은 우리의 환경과 우리의 전기적 특이성, 목표, 이해관계, 그리고 정서 간의 상호작용을 통해 발생한다.[20]

데이비드 하이즈David Heise는 사회적 삶의 한 가지 중심적 요소로서의 정서affect에 주목한다. 모든 행위, 행위자, 환경은 정서적 요소를 지니며, 거기에는 좋음-나쁨의 차원뿐만 아니라 역능potency 차원과 활동 수준을 포착하는 차원(활발한-활발하지 못한) 또한 포함된다.[21] 하이즈

---

19 Tamotsu Shibutani, "Reference Groups as Perspectives," *American Journal of Sociology*, 60(1955), pp. 562~569.

20 심리학자인 리처드 라자루스(Richard S. Lazarus)는 감정에 대한 이러한 견해가 자신의 상황에 대한 개인의 평가로부터 나온다고 정교화한다. Richard S. Lazarus, *Emotion and Adaptation*(New York: Oxford University Press, 1991)을 보라.

21 David R. Heise, *Understanding Events: Affect and the Construction of Social Action* (Cambridge: Cambridge University Press, 1979); "Affect Control Theory: Concepts and Model," in Lynn Smith-Lovin and David R. Heise(eds.), *Analyzing Social Interaction: Advances in Control Theory*(New York: Cordon and Breach, 1988). 감정은 기분, 감상, 정서, 느낌과 결합되어 있을 뿐만 아니라 퍼스낼리티와 성격 특질과도 결합되어 있는 무정형적 범주이다. 마지막 두 가지는 특정 방향으로 행위하고 반응하는 성향으로 발전하는 경향이 있으며, 그것이 아마도 일단의 감정을 유발할 것이다. 기분(mood)은 외부의 대상 및 상황과는 더 적게 결합되어 있는 반면, 우울함을 유발하는 생각과 같은 내부의 화학적 상태와는 더 많이 결합되어 있다. 감상(sentiment)은 부모의 사랑, 국가적 충성, 또는 자연

에 따르면, 인간은 자신들의 근원적 감상을 추인하기 위해 행위한다. '이웃'이 안전과 평온이라는 긍정적 함의를 지닐 경우, 우리는 하이즈의 '정서통제 이론affect control theory'을 통해 주민이 어째서 자신의 이웃을 지키기 위해 그렇게 싸우는지를 해명할 수 있을 것이다. 의심할 바 없이 대부분의 정치적 활동은 집단, 정책, 활동에 대한 긍정적·부정적 정서에 의거하거나 그러한 정서를 창출한다.

신뢰는 정치적 생명에 막대한 영향을 미치는 일반적인 정서의 하나이다. 우리는 특정 개인, 집단, 제도는 신뢰하지만 그 밖의 것들에 대해서는 신뢰하지 않는 매우 심층적인 성향을 가지고 있으며, 우리의 충성과 동맹의 대부분도 그러한 패턴을 따른다. 과거의 경험이나 관찰에서부터 목표나 가치 또는 스타일에 대한 동의, 집합적 정체성, 그리고 어쩌면 심지어 원리로부터의 추상적 연역에 이르기까지, 이 모든 것이 우리가 누구를 신뢰하는지에 영향을 미친다. **우리는 우리가 동의하는 사람들을 신뢰하며, 우리가 신뢰하는 사람들에게 동의한다.** 나아가 정치체계에 대한 일반화된 신뢰가 정치적 행동에 영향을 미치며, 그러한 신뢰는 정부가 공적 압력을 행사하지 않고도 사태를 해결할 것이라고 가정하게 함으로써 대체로 저항을 약화시킨다. (체계신뢰는 저항하는 사람들에게 불법적인 통로보다는 합법적인 통로를 사용하도록 부추길 것이다.) 그 반대가 전문가, 관료제, 그리고 그들의 도구적 태도에 대한

에 대한 향수 어린 견해처럼, 어떤 관념이나 사람(들)에게 광범위하게 적용되는 지속적인 감정들이다. 비구성주의적 견해에서 보면, 느낌(feeling)은 자주 감정과 융합되는 신체적 징후들이다. 정서(affect)는 단지 사람, 집단, 장소, 활동, 대상 또는 관념에 대한 긍정적 또는 부정적 평가일 뿐이다. 일부 심리학자들은 감정을 그것이 긍정적 정서를 담고 있는지 아니면 부정적 정서를 담고 있는지에 따라 범주화한다. Kurt W. Fischer, Phillip R. Shaver and Peter Carnochan, "How Emotions Develop and How They Organize Development," *Cognition and Emotion*, 4(1990), pp. 81~127을 보라.

불신인 것처럼 보이기도 하는데, 이것이 바로 최근 몇십 년 동안 확산되어온 입장이다.[22]

이러한 상황을 더욱 복잡하게 하는 것은 우리가 단지 감정을 가지고 있는 것만이 아니라 특정한 양식과 특정한 방식으로 가지고 있다는 것이다. 최초의 감정사회학자 막스 셸러Max Scheler는 이를 다음과 같이 표현한다. "우리는 고통에 '굴복'할 수도 또는 고통에 맞서 싸울 수도 있다. 또한 우리는 고통을 '견딜' 수도, '받아들일' 수도, 또는 단지 '겪을' 수도 있다. 나아가 우리는 고통을 '즐길' 수도 있다(고통애호증). 이러한 문구가 의미하는 것은 감정의 **양식**, 그리고 감정에 기초한 의지의 **양식**이 단지 감정 상태에 따라 확실하게 결정되지 않는다는 것이다."[23] 취향과 분위기는 행위와 판단에 개입하는 것만큼이나 감정에도 개입한다. 레이먼드 윌리엄스Raymond Williams가 말하듯이, "우리가 이야기하고 있는 것은 충동, 자제, 어조가 갖는 특징적인 요소, 구체적으로 말하면 의식과 관계가 지닌 정서적 요소이다. 다시 말해 그것은 생각과 대립하는 것으로서의 느낌이 아니라 느낀 것으로서의 생각과 생각으로서의 느낌으로, 상호 관련된 살아있는 연속체 속에 존재하는 현존태에 대한 실제적 의식이다".[24] 부분적으로는 문화적이고 부분적으로는 전기적인 감정의 이러한 양식들은 아마도 카리스마적 지도자의 인

---

22 체계신뢰에 관해서는 다음을 보라. M. J. Rosenberg, "Cognitive Structure and Attitudinal Affect," *Journal of Abnormal Social Psychology*, 53(1956), pp. 367~372; Alan Marsh, *Protest and Political Consciousness*(Beverly Hills, Calif.: Sage Publications, 1977); Samuel H. Barnes, et al., *Political Action: Mass Participation in Five Western Democracies*(Beverly Hills, Calif.: Sage Publications, 1979).

23 Max Scheler, *On Feeling, Knowing, and Valuing*(Chicago: University of Chicago Press, 1992), p. 83.

24 Raymond Williams, *Marxism and Literature*(Oxford: Oxford University Press, 1977), p. 132.

기와 같은 현상을 설명하는 데 도움을 줄 것이다.

우리와 다른 사람들의 관계는 심지어 잠깐 동안 맺는 관계에서조차 정서와 감정으로 가득 차 있다. 우리가 잘 아는 친밀한 사람들은 우리가 결코 완전하게 구별할 수 없는 정서들의 복잡한 망으로 둘러싸여 있다. 성적 욕망 ─ 충족된 또는 단지 자극된 ─ 은 우리가 시간을 보내는 방식 ─ 보다 정확히 말하면 누군가와 시간을 보내는 방식 ─ 을 선택하는 데 많은 영향을 미친다. 우리는 자주 이방인들에 대해서조차 단순한 감정 ─ 이를테면 매력이나 혐오 ─ 을 가진다. 부모에 대한 우리의 애정이나 화는 그들과 관련된 많은 활동에 (비록 상징적으로이기는 하지만) 긍정적 또는 부정적인 정서적 부담을 가지게 한다. 우리는 그들에게 충격을 주거나 또는 그들의 관심을 얻기 위해 또는 일정 정도 어린 시절의 역학관계를 반복하기 위해 저항할 수도 있다(우리의 이러한 모든 감정이 의식적인 것은 아니다). 다른 사람들에 대한 존경 또한 우리의 선택에 영향을 미친다. 왜냐하면 우리가 그들의 모범을 따르거나 또는 그들의 인정을 받으려고 애쓰기 때문이다. 우리는 또한 장소에 대해 감정적 애착을 가진다. 따라서 우리는 특정한 장소가 위협당한다고 느낄 때 격렬하게 싸운다. 상징 또한 인지적일 뿐만 아니라 감정에 싸여 있다. 정치적 조직자들은 다양한 감정 ─ 이를테면 여러 부정의에 대한 분노, 특정 집단에 대한 동정심, 대규모 집회의 즐거움 ─ 을 일깨우고 조작하고 더 나아가 구성하는 데 일조한다. 〈표 5-1〉은 사람들을 저항과 저항운동으로 이끌고 그들을 그곳에 계속 머물게 하는 데 도움을 주는 몇몇 감정에 대해 기술한 것이다.[25]

---

25 데이비스는 정치적 행위에서 발견되는 많은 감정에 대해 논의한다. A. F. Davies, *Skills, Outlooks, and Passions: A Psychoanalytic Contribution to the Study of Politics* (Cambridge: Cambridge University Press, 1980), ch. 9.

표 5-1 **저항과 잠재적으로 관련된 감정들**

유형	가능한 결과
정서	사람이나 장소에 대한 기본적인 긍정적 또는 부정적 느낌들이 위협의식을 촉발할 수 있다.
화	많은 원천에서 유발될 수 있고, 분노와 격분을 포함하여 많은 방향으로 전환될 수 있다. 효과적인 전략에 지장을 초래할 수도 있다.
동정심, 공감, 연민	사람들은 다른 사람들의 곤경을 상상하고 그들을 돕고자 하는 욕망을 발전시킬 수 있다.
냉소, 우울	감정이라기보다는 기분으로, 변화에 대한 바람을 약화시킨다.
열광, 자부심	저항 지도자들이 고무시키고자 노력하는 긍정적 감정들. 이를테면 블랙 파워, 게이와 레즈비언의 권리와 같은 운동과 대의에 대한 열광, 그리고 그것들과 관련된 집합적 정체성에 대한 자부심.
시기, 분개	초기 군중 이론가들에 의해 과장된 감정들. 이것들은 거의 저항으로 이어지지 않으며, 보통 저항보다는 여타의 행위들로 이어진다. 하지만 이것들 또한 저항자들 사이에서 나타나기도 한다.
공포, 두려움	이것들은 우리의 일상의 과정이나 도덕적 신념에 대한 위협의식으로부터 발생할 수 있다. 그것들은 무력화될 수도 있지만, 또한 격분으로 발전될 수도 있다.
슬픔, 상실, 비통	특히 사랑하는 사람의 상실은 생애전환을 가져오고, 삶의 의미에 문제를 제기하게 하기도 한다.
증오, 적대감, 혐오	격분을 불러일으키고 책임을 귀속시키는 강력한 단계. 목적을 실제적 결과를 획득하는 것에서 상대방을 처벌하는 것으로 바꾸어놓을 수도 있다.
즐거움, 희망	우리는 역량강화의 즐거움, 저항과 정치에의 '몰입' 의식 또는 미래의 더 나은 상황에 대한 기대에 이끌릴 수 있다.
사랑	우리는 이미 운동에 참여하고 있는 사람들에 대한 에로틱한 애착 및 여타 애착을 가질 수 있다. 사랑은 또한 세상에 대한 우리의 정서 지도를 틀 짓는다.
격분, 분노	대체로 표적이 설정되거나 분석이 이루어짐에 따라 여타의 감정들에 기초하여 발생한다.
체념	냉소처럼 변화 가능성에 대한 인식을 약화시킬 수 있다.
수치심	화와 공격적 반응으로 이어질 수 있다.
의심, 편집증	자주 분노를 낳고, 책임의 소재를 분명히 한다.
신뢰, 충성	다른 감정적·인지적 반응, 동맹 패턴, 신뢰성에 영향을 미치는 긍정적인 기본적 정서.

우리가 감정 — 순간적인 '열정'이라고 이해되는 — 이 우리로 하여금 정상적으로는 할 수 없는 일들을 또는 '실제로는' 하고 싶어 하지 않는 일

들을 하게 만든다고 가정할 때, 비합리성이라는 유령이 깨어난다. 그러나 가장 순간적인 감정조차도 보다 안정적인 도덕적·인지적 신념들에 확고히 뿌리내리고 있다. 게다가 대부분의 감정은 우리의 목적 달성을 저해하기는커녕 우리가 우리의 목적을 규정하고 그러한 목적을 지향하는 행위를 하게 하는 데 일조한다. 심지어 저항자들이 남부 보안관의 분노를 그에게 불리하게 전략적으로 조작할 수 있을 때조차, 그의 분노는 그가 그러한 행동을 하게 만든 것의 중요한 일부이다. 그의 행위는 실수일 수도 있고, 전략적으로 그를 다치게 할 수도 있다. 그러나 대부분의 오인된 행위들의 원천도 감정적인 만큼이나 인지적일 수 있다.

사회학자가 아니라면 누구라도 저항의 길에 들어서게 하는 첫 단계는 화와 불만이 틀림없다고 가정할 것이다. 하지만 집합행동의 요체인 불만은 동원 이론가들의 연구에서 사라져버렸다. 그리고 그 이유는 그들이 모든 사람이 전적으로 행복하다고 가정했기 때문이 아니라 모든 사람이 항상 불만족스러워한다고 가정했기 때문이다. 합리적이고 이기적인 행위자들은 단순히 그들이 이미 가지고 있는 것을 유지하기를 바라는 것이 아니라 항상 그들의 지위, 권력, 부를 증대시키고 싶어 한다. 만약 사회 내 모든 집단이 조직화를 통해 자신들의 목적을 증진시키는 데 계속해서 관심을 가지고 있다면, 그러한 유인은 왜 어떤 집단은 자신들의 불만을 표현하기 위해 조직화하는 데 반해 다른 집단은 그렇게 하지 않는지를 설명할 수 없다. 존 매카시와 메이어 잘드는 자원이 첫 번째이고 불만이 두 번째인 '전문' 사회운동 조직에 대해 기술했다. 이들 운동조직에서 이슈 사업가들issue entrepreneurs은 그들 스스로 불만을 창출할 수 있었다.[26] 크레이그 젠킨스Craig Jenkins와 찰스 페로Charles Perrow는 "박탈당한 집단에게 불만은 항상 존재한다"라고 말했다. 그러나 이는 그 자체로 의심스러운 명제로, 대부분의 탈시민권 운동 배후에 존재하는 집단들과 같은 특권 있는 집단에 의한 저항의 문제를 미해결 상태로 남겨둔다.[27] 이러한 진술들은 분노와 격분을 창출하기 위해 광범위한 감정작업emotional work이 필요하다는 것을 간과한다. 불만을 야기할 만한 많은 이유들이 항존하지만, 불만은 여전히 그러한 상황들로부터 구성되어야만 한다.

나는 만약 연구자들이 그러한 상황들에 주목한다면, 저항 속에 자리하고 있는 다양한 감정을 발견하게 될 것이라고 생각한다. 우선, 개인들은 그들로 하여금 저항에 나서게 하는 데 일조하는 감정적 충성심과 경험들을 가지고 있다. 공포, 두려움, 그리고 그것이 동반하는 위협의식은 핵심적인 동기들이다. 사랑하는 사람의 상실 또는 보다 일반적인 문화적 상실감에 뒤따르는 슬픔 또한 한몫할 수 있을 것이다. 토머스 셰프에 따르면, 수치심과 분노 간의 교체는 많은 정치적 갈등에 동력을 공급한다. 왜냐하면 수치심이 자주 공격성을 촉발하기 때문이다.[28] 상징, 장소, 개인과 집단에 대한 기존의 부정적·긍정적 정서들이 그러하듯이, 화와 격분도 거의 항상 일정한 역할을 수행할 것이다. (제8장과 제9장에서 우리는 저항활동에서 파생하는 감정들을 검토할 것이다. 이를테면 사회변화 가능성에 대한 집합적 애착·열광·환희와 심지어는 경탄, 낙인찍힌 정체성을 재평가한다는 자부심, 그리고 에로틱한 매력부터 지루함에서 벗어나기에 이르기까지 저항의 여러 즐거움이 그것들이다.) 이제 나는 자신들의 인접 지역에 계획된 새로운 시설들에 반대하는 님비 운동뿐만 아

26 John D. McCarthy and Mayer N. Zald, "The Trend of Social Movements in America," in *Social Movements in an Organizational Society: Collected Essays.*

27 J. Craig Jenkins and Charles Perrow, "Insurgency of the Powerless," *American Sociological Review*, 42(1977), p. 251.

28 Scheff, *Bloody Revenge.*

니라 그와 관련된 운동들의 사례에 기대어, 위협과 비난 같은 복합적 구성물들이 어떻게 공포와 두려움 같은 보다 단순한 감정들로부터 발전할 수 있는지를 보여줄 것이다.

님비 운동, 그리고 여타의 위협들

1987년 4월 뉴욕 주 퀸즈Queens에서 세 명의 중간계급 이웃이 위탁 양육 아기들을 수용할 예정이었던 한 집에 불을 질렀다. 캘리포니아 주 벤투라Ventura에서는 또 다른 집이 지적 장애가 있는 한 무리의 성인들을 수용하기도 전에 방화되었다. 뉴저지 주의 퍼세이익Passaic 카운티에서는 1988년 성聖 금요일에 주 정부가 120명의 AIDS 환자를 그곳의 요양원으로 옮기는 것을 막기 위해 저항자들이 집결했다. 오하이오 주의 한 농부는 자신의 목초지 옆에 대규모 쓰레기 소각로를 지으려는 계획을 중단시키기 위해 단체를 조직했다. 미국 전역에서 가스관, 유독성 폐기물 처리장, 원자력 발전소, 공항, 공공주택, 그리고 빈민·환자·장애인을 위한 시설에 반대하기 위해 무수한 단체들이 결성되었다. 그러한 단체들은 특히 1980년대 후반에 우후죽순처럼 생겨났다. 이를테면 1987년과 1992년 사이에 전국 독성물질 반대 캠페인National Toxics Campaign과 함께 활동한 지역사회 단체의 수는 600개에서 1700개로 증가했다. 동일한 4년간 시민 유해폐기물 정보센터Citizens' Clearinghouse for Hazardous Waste와 접촉한 사람들은 2000명 미만에서 7500명 이상으로 급증했다.[29] 부유한 주택지구뿐만 아니라 가난한 주택지구들에서도,

---

29   이들 수치 및 님비와 관련한 더 많은 논의에 대해서는 Cynthia Gordon and James M.

도시지역뿐만 아니라 농촌지역에서도 지역의 반대자들이 개발업자, 대기업, 연방·주·지자체 정부들에 맞서 일어났으며, 자주 주목할 만한 성공을 거두었다. 일부 사람들은 개인적인 저항행위 — 때로는 소심한 저항행위 — 에 참여했지만, 많은 사람이 고도로 조직화된 운동을 결성했다.

님비 운동 — 지역 위협에 맞서 저항하는 단체들 — 이 증가하는 데에는 몇 가지 이유가 존재한다. 아마도 첫째는 기술 당국에 대한 불신의 증가일 것이다. 또 다른 이유는 제2차 세계대전 이래로 대규모 화학제품 산업이 성장했으며, 다른 많은 산업에서 유해 화학제품의 사용이 확산되고 있기 때문이다. 위험한 기술 또한 증가해왔으며, 그러한 기술들 중에서 가장 두드러진 것이 원자력 에너지이다. 1960년대 이래로 환경 위험에 대한 미디어의 집중적인 보도는 선진 산업국가들 전반에 걸쳐 환경의식을 고양시켰다. 게다가 공공주택과 스쿨버스 통학과 같은 지역사회의 사회적 지형을 변화시키기 위해 고안된 정부 프로그램의 증

Jasper, "Overcoming the 'NIMBY' Label: Rhetorical and Organizational Links for Local Protestors," *Research in Social Movements, Conflicts, and Change*, 19(1996), pp. 159~181을 보라. 님비현상에 관한 일반적 연구로는 다음의 것들이 있다. Nicholas Freudenberg, *Not in Our Backyards! Community Action for Health and the Environment*(New York: Monthly Review Press, 1984); Laurie Graham and Richard Hogan, "Social Class and Tactics: Neighborhood Opposition to Croup Homes," *Sociological Quarterly*, 31(1990), pp. 513~529; Denis J. Brion, *Essential Industry and the NIMBY Phenomenon*(New York: Quorum Books, 1991); Charles Piller, *The Fail-Safe Society: Community Defiance and the End of American Technological Optimism*(New York: Basic Books, 1991); Andrew Szasz, *EcoPopulism: Toxic Waste and the Movement for Environmental Justice*(Minneapolis: University of Minnesota Press, 1994); Barry G. Rabe, *Beyond NIMBY: Hazardous Waste Siting in Canada and the United States*(Washington, D.C.: The Brookings Institution, 1994); Edward J. Walsh, Rex Warland and D. Clayton Smith, *The Environmental Justice Movement: Eight Grassroots Challenges to Modern Incinerator Projects*(University Park: Pennsylvania State University Press, forthcoming).

가 또한 저항을 자극해왔다. 끝으로, 매카시와 잘드가 아주 잘 기술했던 방식으로, 오늘날에는 반대자들이 전국조직과 사회운동 전문가들 — 활력이 넘치는 사회운동산업 — 로부터 조언과 도움을 받을 수 있기 때문에, 그들이 화가 날 때 **조직화**될 가능성이 점점 더 커지고 있다.

님비 운동은 여러 형태로 출현한다. 실제로 그 어떤 것도 위협적인 것으로 인식될 수 있고, 그 어떤 인지된 위협도 저항의 표적이 될 수 있다. 동원은 통상적으로 두 개의 복합적인 구성물을 필요로 한다. 구체적으로 말하면, 공포, 두려움, 증오와 같은 날감정들raw emotions로부터 위협의식이 확립되어야 하며, 특정 집단의 사람들에게 그러한 위협의 책임을 돌려야만 한다. 위협의 상이한 원천들은 저항에 상이한 함의를 지니는 상이한 방식으로 구성된다. 내가 〈표 5-2〉에서 보여주듯이, 우리는 위협을 그것의 궁극적 원인과 그것에 가장 근접한 구현물 모두에 기초하여 문화적으로 구성한다. 우리는 위협의 궁극적 원천을 자연에도 그리고 인간행위에도 돌릴 수 있다. 어떤 경우든 위협은 인간 속에 또는 무생물적 환경 속에 직접 구체적으로 표현될 수 있다. 만약 저항이 기술적 위험과 미지의 것에 대한 공포를 둘러싸고 형성된다면, 그것은 또한 (저항자들이 생각하기에) 그들이 지나치게 많이 알고 있는 집단에 대한 혐오로부터도 발생한다. 〈표 5-2〉에는 설명되지 않은 두 가지 부가적 차원이 있는데, 그것이 바로 위협이 이미 존재하는가 아니면 미래를 위해 계획되거나 제안되어 있는가 하는 것과 우리가 두려워하는 결과가 갑자기 등장하는가 아니면 서서히 나타나는가 하는 것이다.

일부 위협은 기술, 산업과정, 만들어진 환경 속에 구현되어 있다. 이러한 위협은 갑작스러운 재앙의 형태를 취할 수도 있다. 이를테면 원자력 에너지와 같은 위험한 기술들은 지역사회 전체가 갑작스럽게 파괴될 (그리하여 앞으로 몇 세대 동안 소개되어 버려질 수도 있는) 가능성을

표 5-2 **인지된 물리적 위협의 유형**

		궁극적 원인	
		인간	자연
직접적 구현물	인간	교도소 갱생시설 공공주택 몇 가지 질병	몇 가지 질병
	환경	원자로 소각로 유독성 폐기물 처리장	홍수, 화재, 지진 그리고 여타 자연재해

증가시킨다. 실제로 찰스 페로의 설득력 있는 주장에 따르면, 그것의 하위과정들이 서로 긴밀하게 '결합되어' 있는 매우 복잡한 기술들은 불가피하게 전체 시스템의 주기적인 고장으로 애를 먹을 수밖에 없다. 왜냐하면 사소한 고장이 예측할 수 없는 방식으로 시스템 전반으로 퍼져나가기 때문이다.[30] 다른 위험들은 서서히 진행되는 만성적인 피해와 보다 누적적인 재앙의 가능성을 포함하거나 암시한다. 이를테면 저준위 방사능, 화학적 오염, 소각로는 반대자들로 하여금 과학자들이 정확히 또는 자신 있게 명기할 수 없는, 장기적인 건강상의 위험을 제기하게 할 수도 있다. 이러한 결과들은 저항운동에 의해서뿐만 아니라 법정에서도 또한 점점 더 많이 인정되고 있다. 이를테면 1989년에 에너지청은 무기재료를 생산하는 오하이오 제조공장 인근의 주민들에게 총 7300만 달러를 지불하는 데 동의했다. 이것은 에너지청이 그러한 지불을 이행한 첫 번째 사례였다. 에너지청은 건강상의 영향을 인정하는 것은 거부했지만, '감정적 고통'은 인정했다.[31] 이러한 종류의 위협

---

30 Charles Perrow, *Normal Accidents: Living with High-Risk Technologies*(New York: Basic Books, 1984).

31 Matthew L. Wald, "Energy Department to Pay $73 Million to Settle Uranium Case in

에 대응하는, 그리고 환경운동과 연계되어 있는 님비 운동들은 지역의 삶의 질을 우려하는 탈산업적 운동의 한 가지 형태로 별 이의 없이 받아들여진다.

또 다른 위협들은 사람들 속에 존재하는 것으로 구체화된다. 공공주택, 교도소, 지적장애인시설, 다양한 갱생시설은 물리적 환경의 일부일 뿐만 아니라 사회적 환경의 일부이다. 그러한 경우들에서 공포와 혐오는 서로를 강화한다. 하지만 이러한 위협들에 대한 저항은 본능적인 편견에서 발생한다기보다는 몇 가지 점에서 환경위협에 대항하는 저항과 유사하다. 어떤 저항자들은 재산 가치에 관심을 가지고 있고, 다른 저항자들은 자신들이 인식한 다른 집단의 라이프스타일 — 그들의 인식이 정확하든 그렇지 않든 간에 — 에 도덕적 충격을 받는다. 그러나 때로는 물리적 위협의식이 동반되기도 하며, 그러한 의식은 예전에는 안전하다고 여겨졌던 지역들에서 범죄가 증가할 것이라는 예측에 기초한다. 사람들의 물리적 세계가 그들에게 더 이상 안전하게 느껴지지 않을 수도 있다. 지역의 반대를 불러일으키는 위협의 대부분은 우리의 장소의식에 근거하고 있기 때문에 물리적인 것으로 인식된다. 하지만 기술이나 환경위해에 맞서는 운동들과는 대조적으로, 어느 누구도 그룹 홈group home에 반대하는 운동을 탈산업적 운동으로 분류하지 않을 것이다. 그것은 다른 사람들에 대한 사회적 통제에 관심을 가지고 있기 때문에 '반시민권anti-citizenship' 운동에 더 가깝다.

지금까지 나는 물리적 위협들에 대해서만 논의해왔다. 하지만 경제

Ohio," *New York Times*, 1 July 1989. 카이 에릭슨(Kai Erikson)은 그러한 재해의 사회적·심리적 결과들에 관해 기술했다. Kai Erikson, *A New Species of Trouble: The Human Experience of Modern Disasters*(New York: W. W. Norton, 1994). 지역사회는 그러한 트라우마를 두려워할 충분한 이유가 있다고만 말해두기로 하자.

적 위협은 저항의 또 다른 중요한 원천이며, 시민권 운동의 전통에서 본다면 더 중요한 원천이다. 일시해고, 공장 폐쇄, 임금삭감, 탈숙련화는 생계와 자존감의 기준들을 위협한다. 노동운동이 여전히 하나의 사회운동이었을 때, 그것의 많은 또는 대부분의 활동은 그러한 종류의 위협에 의해 발화되었다. 비록 노동운동의 요구가 정치적·경제적 권리의 부여를 요구하는 것으로 보다 인지적이고 추상적으로 정식화되었음에도 불구하고, 그것은 그러한 권리를 추구하는 행동주의를 촉발하기 위해 자주 감정적 위협의식을 이용했다. 한 방대한 문헌에 따르면, 초기 노동자 저항과 도시 혁명은 반발적·방어적 성격을 드러내왔는데, 왜냐하면 그러한 저항들이 자주 자신들의 생활방식의 소멸에 직면한 장인들에 의해 주도되었기 때문이다. 그 후 저항집단이 아닌 상시적인 노동조합이 노동운동을 대표하게 되고 나서야, 노동자들의 지위를 개선하기 위한 연속적이고 체계적인 노력들이 등장하게 되었다.[32] 민권운동 또한 부분적으로는 1954년 브라운 대 교육위원회 판결

32 다음을 보라. George F. E. Rudé, *The Crowd and the French Revolution*(New York: Oxford University Press, 1959), ch. 13; Jeremy Brecher, *Strike!*(Boston: South End Press, 1972); Charles Tilly and Lynn H. Lees, "The People of June, 1848," in Roger Price(ed.), *Revolution and Reaction: 1848 and the Second French Republic*(New York: Barnes and Noble, 1975); William H. Sewell Jr., *Work and Revolution in France: The Language of Labor from the Old Regime to 1848*(Cambridge: Cambridge University Press, 1980); Mark Traugott, "Determinants of Political Organization: Class and Organization in the Parisian Insurrection of June 1848," *American Journal of Sociology*, 86(1980), pp. 32~49; Craig Jackson Calhoun, *The Question of Class Struggle: Social Foundations of Popular Radicalism during the Industrial Revolution* (Chicago: University of Chicago Press, 1982); "The Radicalism of Tradition: Community Strength or Venerable Disguise and Borrowed Language?" *American Journal of Sociology*, 88(1983), pp. 886~914; David Thelen, *Paths of Resistance: Tradition and Dignity in Industrializing Missouri*(New York: Clarendon Press, 1986); Carol Conell and Kim Voss, "Formal Organization and the Fate of Social Movements: Craft Association and Class Alliance in the Knights of Labor," *American Sociological Review*,

—동일한 판결을 과정 이론가들은 국가억압 약화의 한 가지 표지라고 본다 —

이후 백인 인종차별주의 단체들이 확산됨에 따라 남부 흑인들이 느꼈던 위협감에 의해 발화되었다.[33]

시민권이라는 잘 규정된 패키지의 권리를 추구하거나 또는 자신들의 자원을 증가시키기 위해 노력하는 합리주의적 저항자들의 세계에서는 위협 같은 심리적 구성물은 거의 어떠한 역할도 하지 않는다. 왜냐하면 잠재적 참여자들이 자신들이 행위할 수 있는 기회를 기다리며 주시하는 중이기 때문이다. 하지만 사실 사람들의 주목을 끌기 위해서는 깜짝 놀라게 할 무엇인가가 필요할 수도 있다. 크레이그 캘훈Craig Calhoun은 혁명 — 많은 시민권 운동의 궁극적 형태 — 과 관련하여 다음과 같이 말했다. 혁명은 "지켜야 할 무엇인가를 가지고 있고 또 얼마간의 사회적 힘을 가지고 있는 사람들이 그들로부터 모든 것을 앗아갈 것이며 그리하여 그들에게 잃을 것이라고는 아무것도 남겨두지 않을 것이라고 **위협하는** 사회적 변화에 직면할 때 발생한다"라고 말했다.[34] 무고한 희생자와 사악한 적이라는 공통의 레토릭은 그러한 위협의식을 강화하기 위한 것이다. 그 위협이 다름에도 불구하고, 시민권 운동과 탈

55(1990), pp. 255~269.

33 브라운 판결은 태로의 러시아혁명 사례와 유사하다. 과정 이론가들이 러시아혁명을 국가억압 약화의 표지라고 보는 경향이 있는 반면, 내가 볼 때 그것이 미친 실제적 영향은 그것이 고무한 상징적·감정적 영감에 있다. 오히려 두 사건 모두는 그것들에 의해 고무된 저항운동에 당황한 엘리트들이 억압을 더욱 강화하는 결과를 가져왔다. 민권운동 조직화의 추동력 중 일부는 백인 인종차별주의자들의 위협에 대한 대응이었다. 팻 워터스(Pat Watters)가 지적하듯이, "이제는 학내 인종차별의 철폐라는 중대한 결정에 반대하는 인종차별주의가 1954년의 여름과 그 해 내내 벌어진 남부 전역의 정치적 캠페인에서 쟁점이 되었다. 그러나 선출된 지도부의 결코 그리 높지 않았던 자질은 악화되었다"(*Down to Now*, p. 43). 사람들이 위협에 대응하는 방식의 복잡한 감정적·심리적 동학은 과정 설명에서 충분히 강조되지 않는다. 하지만 이 동학이 행동주의를 때로는 강화하고 때로는 약화시킨다.

34 Calhoun, "The Radicalism of Tradition," p. 911(강조는 원저자).

시민권 운동 모두는 위협감에 대응하고 위협의식을 만들어내고자 노력한다. 그리고 그것들의 성공은 그러한 위협의식에 달려 있다. 하지만 인지된 위협에 대한 감정적 반응은 단지 시작일 뿐이다.

비난 할당하기

비난의 대상을 분명히 하는 능력 또한 저항에 결정적이며, 그 능력은 궁극적 원인의 인지와 각 위협의 직접적 구체화에 달려 있다. 위협에 대한 우리의 인식과 느낌들은 위협의 원인이 자연적인 것인지 아니면 인간에 의한 것인지, 위협이 다른 인간들 속에 존재하는 것으로 구체화되는지 아니면 무생물적 기술 속에 존재하는 것으로 구체화되는지, 위협이 이미 존재하는 것인지 아니면 계획 중인 것인지, 그리고 (또다른 차원을 덧붙이자면) 무엇이 또는 누가 위협을 유발하는지와 무관하게 위협을 해결할 책임을 누구에게 돌리는지에 따라 달라진다. 이렇듯 비난에는 **인과적** 형태의 비난과 **교정적** 형태의 비난이 존재한다. 왜냐하면 위협을 유발하는 것과 그 위협을 해결할 책임은 다르기 때문이다. 만약 사람들이 정부가 파국을 예견하거나 예방했어야만 했다고 믿거나 또는 정부가 그 이후에 돕기 위해 더 많은 일들을 했어야만 했다고 믿는다면, 그들은 정부가 실제로 그 재난을 유발했다고 믿지 않는다고 하더라도 정부에 분개할 수 있다. 책임의 이중적 의미 — 원인으로서의 책임 또는 해결책으로서의 책임 — 는 저항자들에게 유리하게 작용한다. 조직들은 자신들이 문제를 유발하지 않았음에도 불구하고 해결의 책임을 져야 할 수 있다.

우리는 보통 자연에는 책임을 묻지 않는다. 산불이나 홍수와 같은

'천재'는 어떤 집단이나 제도를 비난하는 것을 삼가게 하며, 따라서 저항으로 이어지는 경우는 드물다. 오히려 그러한 것들은 인간이 자연에 맞서 싸우게 함으로써 빈번히 광범위한 연대를 창출한다.[35] 실제로 "이타적 구호활동은 사람들로 하여금 함께 협력하여 재산과 생명을 구할 것을 요구하며, 생존자들 역시 그러한 활동에 직접 참여한다. 그러한 일들은 공동체적 결사체의 형성을 고무하고, 그러한 결사체는 일상의 과정을 복원하여 일상생활에 영속성과 예측 가능성을 재차 부여함으로써 자연에 대한 집단의 힘을 재천명하는 기능을 한다".[36] 하지만 어떤 경우에는 생존자들이 구할 것이 아무것도 남아 있지 않다고 생각하여 너무나도 망연자실한 나머지 트라우마, 우울증, 무기력이 초래되기도 한다.[37] 어느 경우든 비난받아야 할 사람은 전혀 존재하지 않으며, 따라서 저항은 찾아보기 힘들다(〈표 5-2〉의 오른쪽 하단을 보라). 우리는 이러한 종류의 사건을 부정의가 아니라 불운이라고 프레이밍한다.

---

35 Stephen R. Couch and J. Stephen Kroll-Smith, "The Chronic Technical Disaster: Toward a Social Scientific Perspective," *Social Science Quarterly*, 66(1985), pp. 564~575.

36 J. Stephen Kroll-Smith and Stephen R. Couch, *The Real Disaster Is Above Ground: A Mine Fire and Social Conflict*(Lexington, Ken.: University of Kentucky Press, 1990), p. 165. 이 저자들은 후일 중요한 것은 "사람들이 그러한 환경 속에서 변화를 해석하고 경험하는 방식"이라는 것에 근거하여 자연적 재해와 기술적 재해에 대한 자신들의 구분으로부터 뒤로 물러섰다. Kroll-Smith and Couch, "What Is a Disaster? An Ecological-Symbolic Approach to Resolving the Definitional Debate," *International Journal of Mass Emergencies and Disasters*, 9(1991), p. 361. 그러나 대부분의 사람들은 1990년 글에서 크롤-스미스와 코치가 그랬던 것처럼, 얼마간 자연적/기술적 구분 ─ 비록 그것이 고정적인 것이 아니라 문화적인 것임에도 불구하고 ─ 을 이용하여 두 경우에 비난을 상이하게 할당한다. 어빙 고프먼은 자연적 분석틀과 사회적 분석틀을 구분하고 다음과 같이 주장했다. 사회적 분석틀에서 "개인들은 다르게 묘사된다. 그들은 법적으로 행위할 수 있는 능력을 지니고 있고 따라서 그렇게 적절하게 행위할 도덕적 책임이 있는 자기 결정적 행위주체로 정의된다". Erving Goffman, *Frame Analysis: An Essay on the Organization of Experience*(Cambridge: Harvard University Press. 1974), p. 188을 보라.

37 Erikson, *A New Species of Trouble*.

위협을 유발한 책임을 사람에게 귀속시킬 수 있을 때 나타나는 보다 공통적인 한 가지 반응이 격분이다. 기업 임원들이 독단적으로 선택한 결과 발생한 것으로 인지되는 경제적 변화는 시장 동학이나 국제적 경쟁과 같은 '자연적' 힘의 불가피한 결과로 인식되는 변화들과는 다른 것으로 간주된다. 기업은 자신의 불편한 결정들을 그러한 자연법칙들에 대한 하나의 대응으로 채색하는 데 공을 들여왔고, 또 성공했다.[38] 인간이 만든 환경적 원인들은 도덕적으로 책임을 져야 할 행위자를 지목할 수 있는 정도에서 서로 다르다. 이를테면 대기오염의 원인이 불가피한 자연의 힘과 보다 비슷해 보일 정도로 널리 퍼져 있는 반면, 원자력 발전소는 확실한 소유주, 규제기관, 그리고 이웃을 가지고 있다. 우리는 다음과 같이 예측을 정식화할 수 있을 것이다. 즉, 위협의 근인 近因이 분명하게 규정될수록, 대립이 형성될 가능성은 더 커질 것이다. 인간이 만든 산업폐기물과 기술은 특히 치명적일 뿐만 아니라 누군가에 **의해** 만들어졌고, 따라서 비난받아야 할 명확한 가해자를 밝혀낼 수 있다는 점에서 '새로운 종류의 문제'를 상징한다.[39] 기술적 위협이 다른 사람이 내린 의식적 선택과 쉽게 결부될 수 있지만, 경제적 위협에 대한 인과적 비난은 자주 논쟁의 대상이 된다.

이러한 경계는 시간이 경과함에 따라 변화하며, 자주 정치적 갈등의

---

38 정치적 엘리트들 또한 자신들의 정책이 불가항력적 힘에 대한 대응이며, 자신들의 어떠한 자유재량권도 반영되어 있지 않다고 주장한다. 이를테면 James M. Jasper, "Rational Reconstructions of Energy Choices in France," in James F. Short Jr. and Lee Clarke, *Organizations, Uncertainties, and Risk* (Boulder, Colo.: Westview Press, 1992)를 보라.

39 Erikson, *A New Species of Trouble.* 또한 다음도 보라. Edward J. Walsh, "New Dimensions of Social Movement: The High-Level Waste-Siting Controversy," *Sociological Forum*, 3(1988), pp. 586~605; Edward J. Walsh, Rex Warland and D. Clayton Smith, "Backyards, NIMBYs, and Incinerator Sitings: Implications for Social Movement Theory," *Social Problems*, 40(1993), pp. 25~38.

대상이 된다. 어떤 점에서는 그러한 경계를 변화시키는 것이 저항운동이 벌이는 핵심적 활동이다. 랠프 터너는 다음과 같이 주장하면서 이를 인정한다. "통상적으로 수용 가능한 위험 인식이 크게 강화되거나 크게 약화될 때, 다른 조건들이 일조할 경우 새로운 규범이 출현한다."[40] 우리는 이제 한때 우리가 자연재해로 받아들였던 것 중 많은 것을 사람의 책임으로 돌리며, 정부가 그것에 맞서 우리를 보호해주기를 기대한다. 과학자들이 질병의 원인에 대해 더 많이 알게 됨에 따라, 그리고 공중보건, 예방접종, 공중위생 프로그램이 콜레라, 장티푸스, 천연두, 결핵 같은 살인자들의 근절을 약속함에 따라 공중보건에 대한 위협은 정부가 해결하고 예방해야 하는 사업이 되었다. 따라서 1980년대에 AIDS가 출현했을 때, ACT UP과 여타 저항단체들은 전염병을 무시한 책임을 로널드 레이건Ronald Reagan에게 돌렸다. 비록 그에게 인과적 책임이 있는 것은 아니었지만, 그는 대통령으로서 책임을 져야 했다. 정부는 또한 허리케인과 홍수에 대한 기상정보를 제공할 뿐만 아니라 대피계획도 개발한다(미국에서는 정부가 범람원에 건축하는 사람들에게 보험을 들어줌으로써 위험을 악화시키기도 한다).

사회적 원인(그리고 책임)과 자연적 원인(그리고 책임) 간의 경계는 정치적 논쟁의 대상이 되기도 한다. ACT UP과 같은 단체들은 역설적이게도 해결책에 대한 사회적 책임을 증가시키기 위해 원인으로서의 자연의 경계를 확장하기 위해 노력한다. 무고한 희생자들은 누구보다 도움을 받을 자격이 있다. AIDS 활동가들은 비난받을 수 있는, 따라서 수치심으로 인해 교정책을 마련할 수도 있는 국가기관이나 기업들을

---

40   Ralph H. Turner, "The Moral Issue in Collective Behavior and Collective Action," *Mobilization*, 1(1996), p. 9.

탐색한다. 역으로 보수적 단체들은 AIDS의 사회적 원인을 단언하고 싶어 한다. 그들은 희생자들을 비난하고 정부의 해결 책임을 제한하기 위해 동성애적 또는 난잡한 성행위가 그것의 원인이라고 파악한다. 그들은 매독에서부터 암에 이르는 많은 여타의 질병을 특징지어왔던 도덕적 색채를 AIDS에도 칠하고 있다.[41]

사실상 정부는 내가 논의한 거의 모든 종류의 위협, 심지어 자연재해에 대해서까지 비난을 받을 수 있는 다목적 악당이다. 정부는 자신이 원인이 아닐 때조차 문제를 예방, 예측 또는 해결하지 못한다고 비난받을 수 있다. 많은 경우에 정부는 새로운 시설들의 부지 선정에 연루되는데, 공공주택의 경우에서처럼 직접적으로 관여할 수도 있고 토지이용을 규제하는 능력을 통해 간접적으로 관여할 수도 있다. 그리하여 정부는 빈번히 님비 운동의 표적이 된다. 정부는 원인과 해결 모두의 영역에서 빈번히 비난받는 '2차' 표적이다.

기존의 위협과 계획된 위협은 그 원인과 해결 간의 관계가 다르기 때문에 상이한 감정적 반응을 낳을 수도 있다. 사전에 알려지지는 않았으나 현존하는 많은 위험은 그것들이 발견될 때, 특히 그 문제를 야기한 사람들이 현장을 떠났거나 더 이상 그 사업을 하지 않을 때, 트라우마와 체념을 낳는다. 인과적 책임이 있는 사람들에 대한 화는 또 다른 관련자(통상 정부기관)로 하여금 해결책을 찾도록 다그칠 것이 틀림없다. 이러한 격분을 다른 곳으로 돌리기란 그리 쉽지 않다. 그리고 문제를 실제로 일으킨 사람들에게 교정을 요구할 때, 저항은 감정적으로 우위에 있게 된다. 게다가 서서히 전개되는 기존 위협은 우리가 위협

---

41 도덕적 렌즈를 통해 질병을 바라보는 경향에 대해서는 수전 손태그(Susan Sontag)의 결핵과 암에 관한 다음의 연구를 보라. Susan Sontag, *Illness as Metaphor*(New York: Farrar, Straus and Giroux, 1978).

의 완전한 모습을 인지하지 못하게 만드는 방어기제들 — 부정, 체념 — 을 더 많이 가지고 있다.

우리는 여기서 갬슨의 부정의 프레임 개념으로 되돌아가볼 필요가 있다. 그와 그의 공저자들은 그러한 프레임을 채택하는 데서 감정이 우선적이라는 점을 분명히 알고 있었다. 왜냐하면 그들이 자신들의 실험에서 문제 삼던 당국의 유대가 주로 정서적인 것이었기 때문이다. 의심, 적대감, 화는 보다 인지적인 과정들을 통해 비난을 할당하기 훨씬 전에 생겨나기도 한다. 그들은 심리학자 로버트 자이언스Robert Zajonc의 다음과 같은 말을 인용했다. "선호는 어떠한 추론도 필요로 하지 않는다. …… 정서적 반응은 광범위한 지각적·인지적 부호화 없이도 발생할 수 있으며, 인지적 판단보다 더 큰 확신을 가지고 이루어지고, 더 신속하게 이루어질 수도 있다."[42] 갬슨과 그의 공저자들은 당국과의 만남을 고찰했기 때문에 집단이나 개인들에게 책임이 전가되는 과정을 검토할 필요가 없었다. 대부분의 시민권 운동들에서 그러한 것처럼, 그들의 사례에서 당국은 자연스러운 표적이었다. 다른 경우들에서는 비난이 보다 복잡할 수도 있다. 이를테면 많은 환경문제가 그러하듯이, 문제를 해결할 책임이 있는 사람들이 그 문제를 일으킨 사람들이 아닐 수도 있다.

후일 갬슨은 다음과 같이 말하며 부정의의 원천들을 정교화했다. "표적의 구체화는 심지어 그것이 잘못 설정되고 곤경의 실제 원인과는 거리가 먼 것을 향하고 있을 때조차 부정의 프레임의 한 가지 필수조건이다." 모든 감정 중에서도 부정의는 "마음을 뜨겁게 하고 정신을 강

---

42   Robert B. Zajonc, "Feeling and Thinking: Preferences Need No Inferences," *American Psychologist*, 35(1980), p. 151; William A. Gamson, Bruce Fireman and Steven Rytina, *Encounters with Unjust Authority*(Homewood, Ill.: Dorsey Press, 1982), p. 123.

인하게 하는 정당한 분노"와 가장 밀접하게 연관되어 있다.[43] 그다음에 그는 저항운동에서 반복되는 딜레마, 즉 비난의 구체적인 표적과 사회 문제의 구조적 분석을 조화시키는 문제를 지적한다. 저항자들은 "인간 행위자들의 역할을 과장함으로써, 보다 광범한 구조적 제약들을 제대로 이해하지 못함으로써 자신들의 화를 손쉽고 부적절한 표적에 잘못 겨냥"하기도 한다.[44]

책임소재의 명확화가 중요한 것은 그것이 악당을 만들어내기 때문이다. 우리는 나중에 제16장에서 적을 가지는 것의 유용성을 탐구한다. 그러나 많은 정치적 레토릭의 감정적 토대를 인식하는 것이 중요하다. 낙태찬성 단체와 낙태반대 단체의 뉴스레터에 대한 최근의 한 연구는 그 단체들이 "구체적인 명확한 적을 확인하고, 적의 행위를 전적으로 부정적인 방식으로 특징짓고, 부도덕한 동기를 적에게 돌리고, 적의 권력을 과장한다"는 것을 발견했다.[45] 이러한 성격 규정짓기는 저항자들의 격분과 위협의식을 강화한다. 악마화는 저항을 위한 강렬한 감정들 — 이를테면 증오, 화, 의심, 분노 — 을 부채질한다.

음주운전 반대 어머니회가 그토록 성공할 수 있었던 까닭은 부분적으로는 그 명칭이 위협과 비난 모두를 분명하게 표상하고 있기 때문이다. 조지프 거스필드가 지적하듯이, "음주운전 반대 어머니회라는 이름 자체가 의미심장한 심상을 간직한 상징들을 제시한다. '어머니회'가

---

43 William A. Gamson, *Talking Politics*(Cambridge: Cambridge University Press, 1992), p. 32.

44 Gamson, *Talking Politics*, p. 33.

45 Marsha L. Vanderford, "Vilification and Social Movements: A Case Study of Pro-Life and Pro-Choice Rhetoric," *Quarterly Journal of Speech*, 75(1989), p. 174. 또한 Michael Blain, "Rhetorical Practice in an Anti-Nuclear Weapons Campaign," *Peace and Change*, 16(1991), pp. 355~378도 보라.

그 문제를 어린이들에게 가해지는 폭력이라는 틀거리 속에 배치한다면, '반대'는 싸움과 적에 대한 감정적 의식을 제시하고, '음주운전자'는 무책임하고 자기통제력을 상실한 몰사회적인 음주운전의 이미지를 제시한다. 이 이야기에서 악당에 해당하는 것이 바로 '술 취한 살인자'이다. 음주운전 반대 어머니회는 희생자로서의 공중이라는 감정적이고 극적인 표현을 공적 무대로 끌어들였다".[46] 이름 속에 선명하게 응축되어 있는, 문제에 대한 분석이 공중에게 음주운전이라는 드라마의 등장인물들 각각에 대해 어떤 감정을 느껴야 하는지를 말해준다. 부정의 프레임과 여타의 계기들이 구체화하는 감정들이 저항을 진전시킨다.

존재론적 안전과 위험 혐오

> 즐거움을 본성으로 하는 감각들에는 본질적으로 그것을 강제하는 어떠한 것도 존재하지 않는다. 반면에 불쾌한 감각들에는 그것이 최고도로 존재한다. 후자는 변화, 즉 해방을 추진하게 한다. 그 이유는 불쾌함이 심적 에너지의 집중을 강화시키는 데 반해 즐거움은 그것의 집중을 약화시킨다고 해석되기 때문이다.
>
> — 지그문트 프로이트

인간의 공포가 복합적이고 또 제대로 이해되지 못하고 있지만, 많은 공포가 존재한다. 문화와 전기에 관한 주의 깊은 연구만이 우리가 어

---

46   Joseph R. Gusfield, *Contested Meanings: The Construction of Alcohol Problems* (Madison: University of Wisconsin Press, 1996), p. 311.

떤 집단과 개인들이 위협당한다고 느끼게 되는지를 정확하게 예측하는 데 도움을 줄 수 있다. 나는 우리의 일상의 과정 속에서 일어나는 중요한 변화들이 사소하거나 예측 가능하지 않을 경우 불안을 조장하는 경향이 있을 것이라고 생각한다. 나는 심지어 이것이 보편적인 심리적 동학에 가까운 어떤 것이라고 생각하기까지 한다. 그러나 환경에서 발생하는 어떤 변화가 하나의 위협으로 프레이밍되기 위해서는 상당한 문화적 해석을 필요로 한다.

가장 면밀하게 연구되어온 것이 기술에 대한 공포이다. 위험 분석은 1970년대 후반에 부분적으로는 왜 그렇게도 많은 지역 주민들이 그들 가까이에 들어서기로 되어 있던 새로운 기술, 특히 원자력 발전소에 반대하는지를 설명하기 위해 등장했다. 공중에 대한 많은 실험과 조사 연구를 통해 밝혀진 것은 위해의 확률에 대한 '일반인'의 판단이 전문가의 ('올바른') 판단과 다르며, 적절한 정보가 제공될 때조차 공중은 그것을 오용하는 경향이 있다는 것이었다. 부각된 가시적 사례들, 특히 뉴스매체가 보도한 사례들에 대한 사람들의 관심 집중이 평가에 편견을 가지게 했다. 치사율을 나타내는 상이한 방식들이 판단에 영향을 미쳤다. 응답자들은 표본 크기를 무시했고, 질문의 말투와 같은 무관한 정보에 영향을 받았다. 위험 전문가들은 공중이 무지하고 비합리적이라고 결론지었다.[47]

하지만 보다 공정한 연구자들은 이러한 비관적 발견들이 검사 응시자들의 비합리성 못지않게 검사의 한계를 보여준다는 것을 깨달았다.

---

47 위험에 대한 보통 사람들의 평가 속에 존재하는 다양한 편견—비록 전문가들 또한 편견을 드러낸다는 것이 증명되었지만—에 대해서는 다음을 보라. Daniel Kahneman, Paul Slovic and Amos Tversky(eds.), *Judgment Under Uncertainty: Heuristics and Biases* (Cambridge: Cambridge University Press, 1982).

검사는 "해당 주제에 관해 사람들이 가지고 있는 통상적 사고방식에 부합하는 형태의 지식을 요구할 필요가 있다. 사람들이 인터뷰를 적절하게 수행하기 위해서는 그들은 자신들이 아는 바를 표현할 수 있어야만 한다".[48] 위험 전문가들은 손쉬운 비교를 위해 모든 위해를 그것들로부터 초래되는 치사율로 환원시키는 반면, 공중은 공동체 전체, 즉 삶의 방식에 대한 파괴적 잠재력에 더 마음을 쓰는 것으로 보였다. 공중은 그들이 파국을 초래할 가능성을 가지고 있다고 인식한 기술들을, 비록 그 가능성이 희박하다고 하더라도, 싫어했다. 그들은 또한 위험이 통제 가능하고 공정하게 배분되어 있고 자원적인 것이고 미래세대에 악영향을 끼치지 않는다고 생각할 때 그 위험을 보다 기꺼이 받아들였다.[49] 공평함과 예측 가능성이 가장 중요했다. 사람들이 위험에 대해 어떻게 느끼는지는 기대되는 비용과 이득의 정확한 계산이 아니라 그들에게 무엇이 가장 중요한지에 달려 있었다. 감정을 포함하여 문화가 사람들의 선호에 영향을 미쳤다.

상황에 따라서는 거의 모든 것이 누군가에 의해 위협으로 인식될 수 있다. 다양한 위협 — 그것이 자연적인 것이든, 기술적인 것이든, 또는 사람에 의한 것이든 간에 — 에 대한 반응이 유사한 감정을 수반하기도 한다. 우리가 우리를 둘러싼 세상을 상식적으로 당연한 것으로 간주하는 방식에 관한 알프레드 슈츠Alfred Schutz의 논의에 의거하여, 앤서니 기든스는 개인의 심리적 욕구와 지속적인 사회적 상호작용이 '존재론적 안전'을 요구한다고 주장한다. 그리고 그는 존재론적 안전을 "자연세계

---

48 Baruch Fischhoff and Don MacGregor, "Judged Lethality: How Much People Seem to Know Depends Upon How They Are Asked," *Risk Analysis*, 3(1983), p. 229.

49 Paul Slovic, Baruch Fischhoff and Sarah Lichtenstein, "Facts and Fears: Understanding Perceived Risk," in Richard C. Schwing and Walter A. Albers Jr.(eds.), *Societal Risk Assessment: How Safe Is Safe Enough?*(New York: Plenum, 1980).

와 사회세계가 보이는 그대로 존재한다는 확신 또는 믿음"이라고 정의했다.[50] 그의 주장에 따르면, 평범한 일상생활은 **"예측 가능한 일상의 과정** 내에서 **신체 통제의 자율성**을 상징하는 **존재론적 안전"**에 의거한다.[51] 물리적 환경이 급격하게 그리고 예측 불가능하게 변화하지 않을 것이라는 확신은 이러한 안전의 일부를 이룬다. 그러한 환경은 해로울 수도 그리고 위협적일 수도 있다. 그러나 우리는 통상적 상황이라면 우리가 환경으로부터 무엇을 기대해야 하는지를 알고 있다. 인간은 그러한 존재론적 안전을 해칠 수도 있는 환경상의 변화를 가능한 한 막기 위해 행위할 것이다. 이것이 바로 인간이 자신의 의지에 따른 것이 아니거나 통제 불가능하거나 알 수 없는 위험들에 특히 반대하는 이유이다.

존재론적 안전의 중요성은 그것이 위협받을 때 분명해진다. 민속방법론자들은 사회적 환경과 관련한 전제들을 파괴하는 것이 사람들을 좌절시킬 뿐만 아니라 그들의 정의 의식에 충격을 준다는 것을, 심지어는 매우 인지적인 것으로 보이는 이의제기조차도 격렬한 감정을 불러일으킨다는 것을 보여주었다. 유사하게 재난에 대한 연구들은 존재론적 안전의 물리적 원천 ─ 즉, 물리적 환경 ─ 을 파괴하는 것이 (만약 사회적 결속이 그것을 상쇄할 수 있을 만큼 강력하지 않다면) 엄청난 충격을 줄 수 있다는 것을 보여주었다. 버펄로 크리크Buffalo Creek의 홍수 피해자들에 관한 카이 에릭슨Kai Erikson의 연구는 그들에게 등을 돌린 물리적 세계가 사회적 결속의 파괴와 감정적 문제 ─ 개인적 트라우마와 집단적 트라우마 모두 ─ 를 초래했다는 것을 보여주었다. 그들은 "분명

---

50   Giddens, *The Constitution of Society*, p. 375.

51   같은 책, p. 50.

자연의 작용에 대한 그들의 확신 중 많은 것을 잃었다". 그 이유는 부분적으로는 죽음이 그들의 집 안으로 곧장 들어와서 "그들의 개인적 세계 ─ 그들 삶의 자연적 환경 ─ 의 일부"였던 방과 소유물들을 더럽혔기 때문이다.[52] 홍수 피해자들은 "그들이 불행에 대한 얼마간의 자연적 면역을 상실했다는 느낌, 심지어는 세상이 더 이상 살기에 안전한 곳이 아니라는 확신이 증가했음"을 피력했다.[53] 그들의 공동체의식은 그들의 물리적 환경과 결합되어 있었으며, 그들은 더 이상 집이라고 부를 안전한 장소를 가지고 있지 않았다. 왜 그렇게도 많은 사람이 그 가능성이 통계적으로 희박할 때조차 자신들의 소유물을 상실할지도 모른다는 것에 두려워하는지는 쉽게 이해할 수 있다. 재앙은 단지 그것을 상상하는 것만으로도 사람들로 하여금 두려워하게 만들기에 충분하다.[54]

우리는 상이한 위협을 상이한 방식으로 처리한다. 그리고 카이 에릭슨은 방사능의 위협에는 특히 불안하게 만드는 무엇인가가 존재한다고 믿는다. 감각은 방사능을 포착하거나 규정할 수 없다. 왜냐하면 그

52 Kai T. Erikson, *Everything in Its Path: Destruction of Community in the Buffalo Creek Flood*(New York: Simon and Schuster, 1976), pp. 179, 176. 죽은 것처럼 변해버린 또 다른 타운의 사례로는 다음을 보라. Phil Brown and Edwin J. Mikkelsen, *No Safe Place: Toxic Waste, Leukemia, and Community Action*(Berkeley: University of California Press, 1990).

53 Erikson, *Everything in Its Path*, p. 234.

54 많은 경우에 사회적 결속이 재앙의 감정적 결과들이 오래 지속되지 않도록 해주는 데 반해, 다른 요인들은 그러한 결과들을 만들어낸다. 다음을 보라. E. L. Quarantelli, "Consequences of Disasters for Mental Health: Conflicting Views," Preliminary Paper 62, Disaster Research Center(1979); Susan D. Solomon, Elizabeth M. Smith, Lee N. Robins and Ruth L. Fischbach, "Social Involvement as a Mediator of Disaster-Induced Stress," *Journal of Applied Social Psychology*, 17(1987), pp. 1092~1112. 실제 결과는 다양함에도 불구하고, 예측된 가능성이 유사할 수도 있다. 사람들이 재앙 시나리오를 상상할 수 있다면, 그 시나리오의 객관적 가능성이 어떠하든 간에, 그 프로젝트에 반대할 수 있다.

것은 우리가 냄새를 맡을 수도 들을 수도 볼 수도 없기 때문이다. 방사능은 포착 불가능하기 때문에, 언제 어느 곳에도 존재할 수 있다. 방사능은 장차 어떤 결과를 초래할지 모르는 상태로 우리의 몸과 유전자 속으로 들어와서 그 나름의 방식으로 작동하기 때문에, 그것에는 분명한 끝이 없다. 그 세계에서 작동하는 악의 힘들은 홍수 생존자들이 두려워했던 것보다 훨씬 더 거대하고 훨씬 더 편재하는 것처럼 보인다. 희생자들은 그들 자신이 내부 깊숙이까지 영구히 오염되었다고 느낀다. 두려움은 그러한 위협이 불러일으킨 감정이다.[55] 방사능의 책임을 인간의 행위 탓으로 돌릴 수 있을 때, 보통 강렬한 분노가 뒤따른다.

경제학으로부터 나온 증거가 현상現狀의 변화를 거부하는 경향에 대해 부분적인 실마리를 제공한다. 몇몇 연구는 사람들이 "위험을 회피하는" 경향이 있음을 발견해왔다. 즉, 사람들은 심지어 더 나은 상황을 (일정 정도 알려진 확률로) 가져다줄지도 모를 도박보다 자신들이 이미 가지고 있는 상황과 효용에 더 높은 가치를 부여한다. 당신이 막 이륙하려는 비행기에 타고 있다고 가정해보자. 당신은 내려서 다음 비행기를 기다려서 좋은 대우를 받으라는 제안을 받지만 거절한다. 만약 당신이 비행기에서 내렸고 그다음에 그 내린 비행기의 좌석을 구하기 위한 가격을 매겨야만 한다면, 아마도 당신은 포기한 당신의 좌석에 당신이 막 거절한 좌석보다 훨씬 더 낮은 가격을 매길 것이다. 왜냐하면 당신은 당신이 이미 가지고 있는 것에 높은 가치를 부여하지만, 만약 그것을 이미 가지고 있지 않다면 동일한 '효용'(좌석)에 대한 대가로 훨씬 더 적게 지불할 것이기 때문이다. 경제학자들이 제시하는 예는 자주 현실과 동떨어진 꾸며낸 이야기 같은 성격을 지니지만, 한 가지 진

---

55   특히 Erikson, *A New Species of Trouble*, ch. 4를 보라.

리를 포착하고 있다. 즉, 우리는 우리가 가지고 있는 것에 대해 우리가 어떤 권한을 가지고 있다고 느끼며, 단순히 우리가 그것을 가지고 있기 때문에 그것에 높은 가치를 부여한다.[56]

만약 우리의 생활방식에서 나타나는 현저한 변화가 확실한 이득을 가져다주지 않는 한, 그러한 변화를 싫어하는 것은 거의 보편적인 심리적 성향일지도 모른다. 공장 기계화에서 원자력 발전소에 이르기까지 우리가 신뢰하지 않는, 우리와 소원한 비인격적인 관료제가 우리에게 변화를 강제하고자 할 때 저항이 발생해왔다. 위험 분석가들이 틀림없다고 가정하는 것처럼, 단지 치사율에 대한 우려만이 저항을 유발하는 것은 아니며, 장소와 일상의 과정에 대한 정서적 애착 – 집이라는 관념 속에 요약되어 있는 – 도 저항을 유발한다. 우리의 존재론적 안전 중 많은 부분이 우리가 규칙적으로 (특히 잠자리) 가는 안정된 장소를 중심축으로 하는 일상의 과정, 물질적 소유물, 그리고 가족성원들에 달려 있다. 집은 위협으로부터 우리를 보호하는 것으로 여겨지며, 따라서 집에 대한 위협은 특히 더 우리를 불안하게 만든다. 모든 반대가 생생하게 그려지는 있음직한 재난들 – 산업재해처럼 – 에만 집중되는 것은 아니다. 오히려 반대는 자주 변화의 불확실성, 그리고 기존의 상호작용 유형의 급격한 변화 가능성에서 기인한다. 변화의 종국적 결과가 무엇이든지 간에, 변화 자체가 우리의 존재론적 안전을 위협할지도 모른다. 미지의 것에는 공포가 존재한다. 미래는 생각할 수 없다는 의미에서, 그리고 단순히 알려지지 않았다는 의미에서 상상할 수 없는 것이 된다. 이러한 종류의 두려움이 지역의 반대를 자극할 수 있다. 이

---

56 경제학자들이 볼 때, 위험회피 이면에는 화폐의 한계효용체감이라는 가정이 자리하고 있다. 즉, 당신이 이미 보유하고 있는 달러가 추가되는 달러보다 약간 더 많은 가치를 지닌다. 비록 경험적 증거가 엇갈리기는 하지만, 이러한 주장은 그럴듯하다.

것은 비용-이득으로 쉽게 계산되지는 않지만, 이성적인 반응이다.[57]

---

57 우리의 환경에서 발생하는 변화에 반대하는 성향은 얼마나 널리 퍼져 있을까? 신시아 고
든(Cynthia Gordon)과 나는 누가 그들 집 (또는 그들 부모님의 집) 근처에 가상의 산업시
설이 들어서는 것에 반대할 가능성이 가장 큰지를 알아보기 위해 대학생들을 대상으로 간
단한 조사연구를 수행했다. 우리는 응답자들에게 (복합적이긴 하지만) 일반적인 산업공장
에 관한 일련의 슬라이드들을 보여주면서, 어떤 때는 원자력 발전소의 통제실에 관한 슬라
이드를 함께 보여주고 어떤 때는 보여주지 않았다. 우리는 만약 학생들이 통제실을 보고
역시 기술이 '통제권 밖'에 있다고 믿는다면, 만약 그들이 환경주의적 가치와 신념을 가지
고 있다면, 만약 그들이 교외에서 성장했고 따라서 도시 아이들보다 환경의 은혜로움을 더
많이 인식하고 있다면, 그리고 만약 그들이 사업이나 엔지니어링 이외의 직업을 생각하고
있다면, 더 많이 반대할 것이라고 예상했다. 이 연구의 시도는 실패했다. 왜냐하면 학생들
은 어떤 슬라이드를 보았는지와 무관하게 산업공장계획에 대해 **한결같이 부정적인** 태도
를 드러내는 경향이 있었기 때문이다.

슬라이드에서 그려진 장면들에는 굴뚝도, 가시적인 오염도, 극심한 교통정체도 보이지
않는다. 유일하게 묘사된 옥외 장면은 정면에 분수를 갖춘 매력적인 빌딩과 복잡한 배관
뿐이었다. (그것들은 사실 몇몇 미국 기업이 제공한 홍보 슬라이드였다.) 우리는 통제실을
묘사한 슬라이드가 학생들을 불안하게 만들 것이라고 생각했다. 그러나 그것의 존재도 그
것의 부재도 공장계획에 대한 태도에 아무런 영향을 미치지 못했다. 무해한 슬라이드들임
에도 불구하고, 응답자의 72%가 자신들 집 1마일 이내에 유사한 공장이 입지하는 것에 반
대했으며, 55%는 5마일 이내에 입지하는 것에 반대했다. 공장이 얼마나 멀어야 그들이 안
심할 수 있는지를 척도상에 표시하도록 요구했을 때, 14%만이 10마일 이내, 그리고 45%
만이 15마일 이내의 지점에 표시했다. 나머지 55%는 공장이 훨씬 더 멀리 떨어져 있기를
원했다. 현실 세계에서는 50마일 바깥의 산업공장에 적극적으로 맞서 싸우는 사람이 거의
없을 테지만, 이 조사응답들은 모든 산업공장에 대해 깊은 의구심을 드러내는 것으로 보인
다. 당연하지 않은가? 아무것도 얻을 것이 없는데, 왜 위험을 감수하겠는가?

하지만 대부분의 응답자들은 심지어 그 공장이 위험하지 않다고 생각할 때조차 그것에
반대했다. 그들 대부분은 자신들이 그것이 어떤 종류의 공장인지를 알지 못한다고 말했
다. 그러나 그 공장에 대해 알고 있고 또 그것이 '위험하지 않다'고 생각하는 응답자들조차
대부분 그것에 반대했다. 조사 후반에 그들은 일곱 종류의 공장이 나열되어 있는 하나의
목록을 제시받았고, 그 공장이 그것들 중 하나라는 말을 들었다. 그것이 이유식 공장이나
정수장이라고 생각했던 사람들도 여전히 반대했다. 명확한 위험이 전혀 없는 산업공장에
대해서조차 "위험을 감수하려 하지 않았다".

우리는 환경의 가치와 관련된 문제, 경제성장의 중요성을 다루는 문제, 기술이 통제권
밖에 있게 될 것인지의 문제, 전문가들을 신뢰할 수 있을 것인지의 문제, 그리고 인간이 환
경과 어떻게 조화를 이루어야만 하는지의 문제 등에 관한 광범한 질문을 던졌다. "기술이
우리를 압도할 것"이라는 데 동의한 또는 강력하게 동의한 사람들이 그것에 동의하지 않
는 또는 전혀 동의하지 않는 사람들보다 공장에 반대할 가능성이 더 컸다(76% 대 58%).

작은 변화라도 그것이 불이익을 가져다줄 경우에는 저항을 유발할 수 있다. 캘리포니아대학교가 학생들이 유인물을 나눠주는 곳으로 이미 익숙해진 장소인 좁은 보도에서 인쇄물 배포를 금지하는 낡은 규칙을 실행하기로 결정했을 때, 그것은 즉시 버클리 자유언론운동을 불러일으켰다.[58] 표면적으로 보기에 사소하고 악의 없는 결정이 유능한 활동가에 의해 도덕적 충격으로 가공될 때 엄청난 상징적 중요성을 지니게 되기도 한다. 한 사건이나 개인의 상징적 힘은 결코 그것이 초래할 글자 그대로의 결과로부터 예측될 수 없다. 이것이 바로 과정 이론가

여타 믿음들의 경우, 이를테면 "인간은 생존하기 위해 자연과 조화를 이루어 살아야만 한다"와 "우리의 산업화된 사회에는 그 너머로까지 확장할 수 없는 성장의 한계가 존재한다"의 경우, 공장에 반대하는 학생들의 수에서 어떤 유의미한 차이도 존재하지 않았다. 이들 질문에 대한 응답의 범위가 다양함에도 불구하고, 모든 범주의 학생들 대다수가 공장에 찬성하거나 개의치 않기보다는 그것에 반대했다. 그러한 가치와 믿음들은 반핵·동물권리·환경 활동가들에 의해 강력하게 지지된다. 하지만 그것들이 낭비 가능성이 있는 사람들과 그렇지 않은 사람들을 선명하게 구분하지는 않는다. 현실 세계에서도 사람들은 자신들이 사전에 환경적 가치를 가지고 있었든 또는 그렇지 않은 간에 지역의 반대에 휩쓸려왔다.

우리의 조사에 응한 학생들은 공장이 건강상의 일정한 위험을 제기한다고 의심하든 그렇지 않은 간에 자신들이 실제로 전혀 아는 바가 없는 공장에 대해 반대했다. 우리의 자료가 시사적인 것에 불과하기는 하지만, 나는 그것이 미지의 결과를 가져올 수도 있는 물리적 환경의 변화에 저항하는 경향이 널리 퍼져 있음을 보여준다고 생각한다. 확실한 이득이 부재한 상황에서 입지예정 시설에 찬성하거나 그 시설을 받아들여야 할 이유는 전혀 존재하지 않는다. 적극적인 반대를 촉발하기 위해서는 그 이상의 어떤 것이 필요하다. 그러나 자신의 집 가까운 곳에서 일어나는 변화를 위협적인 것으로 바라보는 성향은 중요한 전제조건의 하나이다.

비록 현대 심리학의 많은 부분이 조사에 기초하지만, 인위적 환경에 놓인 18세 응답자들의 응답에 기초한 연구는 기껏해야 시험적인 것이다. 이러한 발견이 이들 젊은 사람이 실제로도 저항단체를 조직할 것이라는 점을 시사하지는 않는다. 하지만 그것은 그들이 새로운 산업시설들에 일정 정도 경계심을 드러내고 있음을 입증해주는 것으로 보인다. 학자들 사이에는 미국이 위험을 두려워하지 않는 사람들의 나라라고 주장하는 오랜 전통이 존재한다. 그러한 포괄적 진술은 바뀔 필요가 있을지도 모른다. 적어도 특정 상황에서 우리는 곧 신중한 감정들을 드러내게 될지도 모른다.

58 막스 하이리히(Max Heirich)는 이 사소한 결정의 궁극적 영향을 분석한다. Max Heirich, *The Spiral of Conflict: Berkeley, 1964*(New York: Columbia University Press, 1971).

들이 기회를 분석하는 데서 자주 범하는 실수이다.

　나는 대부분의 사회운동의 발생에서 일정 정도의 위협의식을 발견할 수 있을 것이라고 생각한다. 논쟁을 목적으로 강력하게 제기하는 이 주장은 현재 집합행위를 지배하고 있는 이미지와 대조된다. 찰스 틸리는 자신의 정식화들 중 하나에서 최근 몇 세기 동안에 집합행위가 지역의 권리와 공동체의 방어에 기초하는 반발적 행위(다채롭고 문화적이며 공동체주의적인 저항)에서 집단의 지위와 이익을 증진하기 위한 새로운 기회를 체계적으로 모색하는 것에 기초하는 주창적 프로젝트로 이행했다고 주장한다. 관료제적 노동조합과 이익집단들은 체계적으로 기회를 탐색한다. 틸리가 볼 때, 위협에 대한 방어적 반응들은 보다 '감정적'이고, 어쩌면 (오늘날의 관료제적 세계에서) 덜 효과적일 것이다. 저항의 목적이 자원의 통제라면, 이는 의심의 여지없이 사실이다. 그러나 만약 저항의 목적이 기본적 세계관의 주장과 심리적 안전이라면, 그것은 사실이 아닐 수도 있다. 위협이 촉발한 강력한 감정들은 매우 유력한 힘으로 작동할 수 있다.[59]

59　Tilly, *From Mobilization to Revolution*, ch. 5를 보라. 과정 이론가들은 틸리처럼 사람들로 하여금 집합행위를 추구**할 수 있게 하는** 긍정적 기회들은 강조하지만, 그들로 하여금 **기꺼이** 그렇게 하게 할 수도 있는 위협의식은 강조하지 않는다. 그들은 위협받고 있다는 느낌이 새로운 기회를 찾아 나서는 것보다 덜 합리적인 과정이라고 생각하는 것처럼 보인다. 아이러니하게도 그들은 자주 위협의식이 저항자들의 **상대방**을 자극한다고 생각한다. "운동의 행위와 전술이 전달하는 인지된 위협의 정도는 그 운동에 대한 여타 집단의 반응을 결정하는 강력한 요소의 하나이다." Doug McAdam, "The Framing Function of Movement Tactics: Strategic Dramaturgy in the American Civil Rights Movement," in McAdam, McCarthy and Zald(eds.), *Comparative Perspectives On Social Movements* (Cambridge: Cambridge University Press, 1996), p. 341을 보라.

　이는 시민권의 사례들에 해당하는 것일 수도 있다. 하지만 이 사례들은 집단이 자신의 이익을 추구할 기회를 단지 기다리기만 하는 정도와 관련하여 잘못된 일반화를 하게 한다. 자신들에 대한 대우가 터무니없었다는 것을 늘 의식하고 있던 집단이 있었다면, 그것은 아마도 1950년대의 남부 아프리카계 미국인들일 것이다. 그들은 이미 비난과 관련하여 틸리 자신도 "일정량의 위협이 '동일한' 양의 기회보다 더 많은 집합 행위를 산출하는 경향이 있"음을 인정한다. 사람들은 "그들이 이미 소유하고 있는 것들의 가치를 부풀리는" 경향이 있다. 아마도 그것은 감정적 애착 때문일 것이다. 게다가 틸리에 따르면, 위협은 보다 일반화되기 쉽다. 하나의 이해관계가 위협받으면, 우리는 쉽게 다른 것들 또한 그럴 것이라고 상상한다. 하지만 그러한 예측은 그 밑에 자리하고 있는 풍부한 심리적 동학을 암시하는 것에 불과하다.[60]

진보는 근대세계의 핵심적 수사어구들 중 하나로, 더 나은 것을 향한 끊임없는 변화를 시사해왔다. 틸리가 연구한, 자신들의 이해관계를 사전에 주도적으로 추구하는 집단들은 이 슬로건과 잘 맞아떨어진다. 끊임없는 변화가 대규모 관료제 – 공적 관료제와 사적 관료제 모두 – 대부분의 의제를 설정해왔다. 하지만 이 진보 이데올로기가 우세한 것으로 보였던 지난 두 세기 내내 저항운동은 그것에 주기적으로 도전해왔다. 지난 30년간 탈산업적 운동들은 진보 관념을 명시적으로 비판해왔다. 19세기에는 노동자운동이 암묵적으로 그렇게 했었다. 사회학자들이 도덕 공동체를 재발견하면서, 변화에 반대하는 중하계급과 노동계급의 저항에 관한 연구가 뒤따랐다. 크리스토퍼 래시Christopher Lasch는 끝없는 진보에 반대하여 한계 전통a tradition of limits을 찬양하는 두꺼운 책을 집필했는데, 거기서 그는 이 진보에 대한 비판을 오늘날의 노동계급 그리고 중하계급과 연관 지었다.[61]

강력한 문화적 구성물을 가지고 있었다. 따라서 도덕적 충격은 그들의 곤경에 대한 그들의 인지적 분석에 그리 결정적이지 않았을 수도 있다. 그러나 그들조차도 그들이 행위하게 하는 데에는 에밋 틸(Emmett Till)의 죽음과 같은 감정적 충격과 위협이 필요했다.

60   Charles Tilly, *From Mobilization to Revolution*(Reading, Mass.: Addison-Wesley, 1978), pp. 134~135.

61   Christopher Lasch, *The True and Only Heaven: Progress and Its Critics*(New York: W.

갬슨과 여타 학자들이 기술한 부정의 프레임에서 정의에 대한 열정을 부추기는 것은 현존하는 부정의에 대한 화이다. 터너와 킬리언은 "대부분의, 그리고 어쩌면 모든 운동의 규범에 공통적인 요소는 현재의 조건이 부당하다는 확신"이라고 말한다.[62] 저항은 우리가 싫어하는 것을 겨냥한다. 따라서 부정적 감정들은 비록 그것들이 합리주의자들과 여타 학자들이 염두에 두었던 합리적 계산으로부터 가장 동떨어진 것처럼 보일지라도 중요한 역할을 수행한다. 위르겐 하버마스가 최근의 많은 사회운동이 공식 조직에 의한 사생활의 '식민화' 위협으로부터 발생한다고 주장할 때, 그는 이 부정주의negativism의 힘을 발견한다.[63] 프로이트가 인식했던 것처럼, 부정적 감정은 강력한 감정이다. 위협과 비난의 복잡한 상호작용 속에는 엄청난 감정적 요소가 존재한다.

끝으로, 우리가 **긍지**dignity라고 칭할 수도 있는 것, 즉 평안함과 자부심도 존재론적 안전의 한 부분을 이룬다. 이러한 느낌은 우리가 위치하는 장소 ─ 그 장소가 우리의 사회적 역할이든 아니면 물리적 환경이든 간에 ─ 에 대한 확신으로부터 나온다. 홍수와 원자력 사고는 그러한 확신을 분명한 방식으로 깨뜨린다. 경제적 박탈 또한 일상적인 생활양식의 갑작스러운 변화를 통해 긍지를 위협할 수 있다. 그러나 긍지는 지리적 정체성을 포함한 낙인찍힌 정체성들에 의해서도 무너질 수 있다. 우리는 이웃에 유독성 폐기물 집하장을 두고 있는 부류의 사람들인가? 인근 주민 누구도 원하지 않는 공공주택을 받아들이는 부류의 사람들

W. Norton, 1991).

62   Ralph H. Turner and Lewis M. Killian, *Collective Behavior*, 3d ed.(Englewood Cliffs, N.J.: Prentice-Hall, 1987), p. 242.

63   하버마스는 "새로운 갈등이 체계와 생활세계 간의 경계를 따라 발생한다"라고 주장한다. Habermas, *The Theory of Communicative Action*, Vol. 2, *Lifeworld and System: A Critique of Functionalist Reason*(Boston: Beacon Press, 1987), p. 395.

인가? 만약 우리가 소각로 계획을 지지한다면, 다른 사람들이 우리를 바보라고 생각하지 않을까? 정체성은 모든 종류의 제안과 시설이 지닌 낙인으로 인해 위협받을 수 있다.

학자들이 저항운동의 출현에 결정적이라고 지적하는 많은 현상 — 부정의 프레임, 인지적 해방, 갑자기 부과된 불만의 씨, 프레이밍 — 은 분명하게 인지적인 것으로 여겨지지만, 사실 그것들은 실제로 감정으로 넘쳐난다. 불만의 씨는 모종의 직설적인 객관적 정보처럼 생각되지만, 그것이 불만의 씨인 까닭은 단지 그것이 사람들을 불안하게 하거나 또는 격분시키기 때문이다. 여타의 집합행위 프레임들처럼 부정의 프레임의 힘도 그것이 일으키는 감정에 달려 있다. 마찬가지로 인지적 해방이라는 용어도 성공 기회에 대한 신중한 평가와 거의 관계가 없는 몇 가지 과정을 포함하여, 사람들의 전망을 해방시키는 데 작동하는 많은 비인지적 과정을 간과한다. 주의를 기울이지 않는다면, 명칭들이 우리가 현재 보고 있는 것을 왜곡할 수도 있다.

감정의 압력

저항운동에 관한 풍부한 사례연구 중 아무것이나 하나를 골라잡아 보라. 그러면 그것은 **화**, **격분**, **자부심**, **좌절**, **즐거움**, **공포**와 같은 단어들로 가득 차 있을 것이다. 색인을 들여다보라. 그러면 거기에는 **감정**이라는 항목 또는 개별 감정들을 가리키는 항목은 전혀 존재하지 않을 것이다. 결론 속에도, 가설 속에도, 그리고 이론적 장들 속에도 그러한 감정들에 대한 논의는 전혀 존재하지 않을 것이다. 감정이 거기에 존재하지만, 우리는 그것에 대해 생각하지 않는다. 감정의 편재성 자체가 우리가 숨 쉬는 공기처럼 그것을 보이지 않게 만드는 것인지도 모른다.

감정은 관념, 이데올로기, 정체성, 그리고 심지어는 이해관계에도 그것들이 하나의 동기로 작용할 수 있게 해준다. 운동 조직자와 참여자들은 그들이 인지적 격자와 도덕적 전망에 반응해야 하는 만큼이나 공포, 격분, 심지어 사랑과 같은 기존 정서와 감정적 반응들에 호소하고 의지한다. 최근의 연구자들은 저항운동의 합리성을 입증하고 싶은 바람 때문에 감정은 분명 비합리적이므로 자신들의 모델에서 최소화되어야만 한다고 (잘못) 결론 내려온 것으로 보인다. 도덕과 인지처럼 감정동학도 사회적 삶에 편재하며, 그것은 좀처럼 행위를 비합리적으로 만들지 않는다.

많은 저항자들 역시 감정의 힘을 인정하기를 꺼려하면서, 연구자들과 보다 광범한 사회를 쫓아 감정을 합리성의 반대로 폄하한다. 그들은 자신들이 객관적 조건에 가장 논리적인 방식으로 반응하고 있으며, 무엇을 해야만 하는지에 관한 결론을 도출하고 있다고 주장한다. 1980년대 초에 한 평화 활동가는 다른 단체에 대해 감정적이라고 다음과 같이 비판한다. "내가 모베Mobe를 떠난 것은 그들의 전략이 도덕적 격분에 근거하고 있기 때문이었다. …… 그들은 단지 체계에 대한 화에 의해 동기화되고 있을 뿐이다. 나는 진심으로 그것이 정당하다고 생각한다. 나 역시 화가 난다. 하지만 나는 프리즈Freeze에 끌렸고, 거기에 남아 있다. 왜냐하면 우리가 …… 논리와 상식에 의해 동기화되고 있기 때문이다."[64] 이 사람은 비록 격분과 같은 감정이 사람들을 운동으

---

64 Robert D. Benford, "Frame Disputes within the Nuclear Disarmament Movement," *Social Forces*, 71(1993), p. 690에서 인용함.

제5장 님비 운동: 감정, 위협, 그리고 비난 **265**

로 이끈다는 것을 인정함에도 불구하고, 곧바로 저항자들이 그들의 감정을 초월해서 인지의 영역에 도달해야만 한다고 주장함으로써 잘못된 이분법을 끌어들이고 있다.

위협과 비난 — 감정, 도덕, 인지를 완전히 융합하는 — 은 저항의 두 가지 결정적인 구성요소이다. 상이한 종류의 위협이 존재론적 안전을 해치는 방식에서 놀랄 만큼 유사할 수도 있지만, 상이한 위협은 비난을 상이한 방식으로 정식화하게 한다. 이를테면 우리가 제12장에서 살펴보듯이, 우리는 사회적 위협보다는 환경적 위협에 맞설 때 한층 더 보편주의적인 레토릭을 만들어낼 수 있다. 책임은 그 자체로 복합적인 구성물이며, 다양한 특수성을 드러낸다. 그것은 또한 인과적 형태와 교정적 형태로 나눌 수 있으며, 동일한 제도가 두 방식 모두에 책임이 있을 때 비난은 보다 강력해진다.

어떤 사람을 둘러싼 물리적 환경에서 일어난 변화는 저항을 자극할 수 있는 위협의 단지 한 가지 종류일 뿐이다. 내가 탐구해온 사례들 대부분은 미래를 위한 계획에 대한 반응들로, 그 결과로 어떠한 일이 일어날지와 관련한 불확실성을 담고 있었다. 즉, 그 결과가 제대로 알려지지 않았거나 또는 사고와 같은 의도하지 않은 결과가 발생할 가능성도 일정 정도 존재했다. 그것들은 **예기되는** 위협들이다. 공포와 희망은 미래를 내다보는 속성을 지닌, 그리하여 그로부터 수반되는 불확실성을 포함하는 감정들이다. 하지만 대부분의 감정은 알려진 상황과 관련한 느낌들 — 이를테면 경악, 분노, 화, 혐오 — 이다.[65] 정부가 원자력

---

65   로버트 고든(Robert M. Gordon)은 앞으로 불확실해질 것이라고 바라보는 '인식에 의한' 감정과 알려진 조건들에 대한 반응로서의 '사실에 의한' 감정을 구분한다. Robert M. Cordon, *The Structure of Emotions: Investigations in Cognitive Philosophy*(Cambridge: Cambridge University Press, 1987).

발전소 계획을 허가했다는 것에 대한 분노는 그 발전소에서 어떤 일이 일어날지와 관련한 공포와는 다르다. 대부분의 위협은 이러한 종류의 알려진 것들이며, 이는 저항의 역사에서 매우 공통적으로 나타난다. 임금삭감은 노동자의 생활양식을 위협했으며, 19세기 — 임금삭감이 일반적이었던 때 — 에 발생한 파업은 이로부터 기인한 것이었다. 젊은 흑인 남성들이 남부에서 여전히 죽임을 당하고 있었고 NAACP가 남부의 많은 주에서 불법상태에 있었다는 사실은 민권운동을 유발시킨 절박한 원인들 중의 하나였다. 심지어는 사람들의 도덕질서 의식에 위협이 발생할 수도 있다. 부도덕한 것으로 고려되는 극악한 행동이 처벌을 받지 않는 경우가 그러하다.

지금까지 내가 비록 저항의 감정동학을 논의하기 위해 환경으로부터 예기되는 위협을 주로 이용해왔지만, 강력한 충격과 감정의 또 다른 원천들이 존재한다. 명시적인 도덕체계들은 그것이 평등권에 대한 믿음이든, 종교적 신념이든 또는 직업적 규범의 고수든 간에 그것이 침해될 때 격분을 유발할 수 있다. 저항이 발생하기 위해서는, 도덕규칙과 규칙의 침해 모두가 그 자체로 규정되어야만 하며, 그러한 위협이 비난으로 이어져야만 한다. 다음 장에서 나는 '내부고발자'의 사례를 탐구하는데, 그들의 도덕규칙 — 일반적으로 그들의 직업훈련에서 파생하는 — 을 침해하는 것은 그들의 고용주들이다. 대체로 그들의 저항은 개인적 행위로 시작되었지만, 많은 경우에 그러한 행위는 결국 조직화된 운동과 결합하거나 그러한 운동을 고무했다. 이 장에서 논의한, 위험 옆에서 살 수밖에 없게 될 사람들처럼, 그러한 개인들은 그들을 충격에 빠뜨린 무엇인가에 직면했을 때 그들의 평범한 삶을 포기했다. 그들은 그들의 원칙을 무시하라는 요구를 받은 것에 의해서뿐만 아니라 그들이 거부했을 때 받게 된 대우에 의해서도 충격을 받았다. 내부고발의 사례는 저항의 도덕적 차원을 분명하게 보여준다.

- 모든 사회적 삶은 단순한 긍정적 또는 부정적 정서들에서부터 동정심이나 분노 같은 복합적 구성물들에 이르기까지 감정들로 가득 차 있다. 우리는 지속적인 정서적 충성을 사건과 정보에 대한 보다 즉각적인 감정적 반응들과 구별할 수 있다.
- 감정은 인지적 신념이나 도덕적 가치들과 분리될 수 없다. 감정은 결코 행위를 비합리적으로 만들지 않는다.
- 도덕적 충격은 사건 또는 단편적 정보가 어떤 사람을 매우 동요시킬 때 발생하며, 그가 저항에 참여할 여지를 만들어낸다. 때로는 심지어 적극적인 충원 노력이 부재하는 상황에서도 그러하다.
- 장소에 대한 애착 – 부분적으로는 존재론적 안전에 대한 욕구에 기초하는 – 은 저항을 자극할 수 있는 광범위한 정서의 한 가지 사례이다.
- 많은 저항 – 인정되어온 것보다 더 많은 – 은 그 핵심에 도덕적 충격의 결정적 요소 중 하나인 위협의식을 포함하고 있다.
- 갑자기 부여된 불만의 씨, 인지적 해방, 프레임 정렬, 부정의 프레임과 같은 표면적으로 인지적인 개념들도 감정, 특히 공포, 위협, 격분과 같은 부정적 감정들을 포함하고 있다.

내부고발자: 행위의 도덕적 원칙

선한 사람들은 법을 지나치게 잘 지키지 말아야 한다.

— 랠프 월도 에머슨

당신이 그것을 바로잡고자 하는 경우, 그것은 아주 뻔하다. 당신은 옳은 일을 하는 것이거나 잘못된 일을 하는 것 둘 중 하나이다. 그것은 흑과 백이다. 그것은 경계가 아주 분명하다. …… 그것은 매우 개인적인 일이었다. 나의 양심은 나에게 그것이 잘못된 일이라고 말했다. 당신은 당신의 도덕성을 믿거나, 그게 아니라면 도덕성을 가지고 있지 않다. 당신은 어떤 신념을 따르거나 아니면 당신의 이익에 따라 행위한다.

— 버트 베루베, 내부고발자[1]

해이트Haight 지구 북부의 클레이턴 스트리트Clayton Street에서 검은 목재로 지은 존 고프먼John Gofman 집은 등나무 때문에 거의 보이지 않는다. 안쪽의 어둑한 내부는 수많은 창문을 통해 안으로 쏟아져 들어오는 밝은 빛과 대조를 이룬다. 그 창들은 풍성한 핑크색 장미와 무수한

---

[1] Myron Glazer and Penina Glazer, *The Whistleblowers: Exposing Corruption in Government and Industry*(New York: Basic Books, 1989), pp. 98, 101에서 인용함.

초록색 나뭇잎들로 둘러싸여 있고, 그 너머로 샌프란시스코의 파스텔 빛 언덕들이 보인다. 고프먼의 처제가 만든 짓궂고 엉뚱한 조각상들 — 몇몇은 괴물 석상, 다른 몇몇은 용 — 이 집, 정원, 그리고 두 개의 납작한 지붕에 묘미를 더하고 있다. 고프먼과 그의 아내는 이 동화 같은 집에서 50년 동안 살고 있다.

존 고프먼은 이렇게 말한다. "나는 과학을 사랑한다. 과학은 매우 훌륭한 방법이며, 나는 자료에 매우 깐깐한 사람이다. 당신은 당신의 도구를 확신해야 하며, 과학은 몇몇 매우 강력한 도구를 제공한다." 과학에 대한 확신이 고프먼으로 하여금 미국의 매우 힘 있는 몇몇 사람과 기관에 지옥에나 가라고 말하는 것을 가능하게 했다. 그의 자료와 그의 도구들은 그에게 강력한 진리의식을 가지게 했고, 그러한 의식은 그로 하여금 자신이 진실을 왜곡하고 감추고 있다고 느꼈던 '이해관계자들'의 압력에 저항할 수 있게 해주었다. 자신의 도덕적 원칙에 대한 완강하고 열정적인 충성이 그의 과학 경력을 저항 경력으로 이끌었다.[2]

의학과 화학 학위 모두를 보유한 고프먼은 과학 분야에서 오랫동안 출중한 경력을 소유하고 있었다. 그는 글렌 시보그Glenn Seaborg를 도와 플루토늄을 분리해냈고, 1940년대 중반에는 여타의 몇 가지 방사성 원소를 발견하는 데 일조했다. 그는 맨해튼 프로젝트Manhattan Project[제2차 세계대전 중에 미국이 주도하고 영국과 캐나다가 공동으로 참여한 핵폭탄 개발 프로그램 — 옮긴이] 동안 로스앨러모스Los Alamos로 전근하라는 권유를 거절했다. 왜냐하면 아내가 샌프란시스코의 의과대학에 근무하고

---

2 특별히 명시하지 않을 경우, 인용구들은 1991년 5월에 내가 고프먼과 가졌던 인터뷰에서 나온 것들이다. 그의 이야기는 다듬어졌다. 인터뷰의 첫 부분에서 그가 나에게 말한 것은 10년 전에 다음 책에 포함되어 출판된 내용과 거의 동일했다. Leslie J. Freeman, *Nuclear Witnesses: Insiders Speak Out*(New York: W. W. Norton, 1981).

270   제2부 전기, 문화, 그리고 자발적 의지

있었고, 그가 생각하기에 그 프로젝트의 가장 흥미로운 과학적 작업은 이미 완결된 상태였기 때문이었다. 그는 콜레스테롤 패닉이 발생하기 20년 전인 1950년대에 버클리 소재 캘리포니아대학교에서 교수로 근무하면서, 심장병, 콜레스테롤, 지방단백질 간의 관계를 연구했다. 그의 표현에 따르면, "내가 지닌 능력은 자료를 살펴보고 그것을 분석해서 패턴을 알아내는 것이다. 이 일을 평생 할 수 있었다니 나는 운이 좋다". 심지어 고프먼은 다방면을 거치면서 행정업무를 수행했던 기간에도 매일 얼마간 자신의 실험실에서 작업하기 위해 노력했다.

1950년대 말에 심장병에 관한 개척적 연구가 완료되자, 고프먼의 관심사는 매우 소량의 유해요소들이 인간의 건강에 미치는 결과로 옮겨 갔다. 1962년에 그는 강의를 90%가량 줄이고, 샌프란시스코에서 동쪽으로 40마일 떨어진 곳에 위치한 원자력위원회Atomic Energy Commissions: AEC의 새로 확장된 로렌스 리버모어 연구소Lawrence Livermore Laboratory로 가서 실험실 하나를 마련했다. 그는 AEC가 과학에 개입하지 않고 과학이 제 갈 길을 가도록 내버려둘 것이라고 믿지 않았기 때문에, 그의 결정은 힘든 것이었다. 150명의 직원(35명의 과학자들을 포함하여)과 300만 달러의 예산보다 더 중요한 것은 다음과 같은 연구소장의 확약이었다. "그들[AEC]이 만약 당신이 방사능과 관련해 발견한 것에 대해 진실을 말하는 것을 방해하려 한다면, 우리가 당신을 지지할 것이고, [AEC를 대신해 연구소를 운영했던 캘리포니아대학교의] 평의원회가 당신을 지지할 것이다. 따라서 그들은 그러한 시도를 그냥 접을 수밖에 없을 것이다."[3]

고프먼은 AEC의 관심은 방사능의 효과에 대한 과학적 진실이 아니

---

3   같은 책, p. 89에서 인용함.

라 앞선 원자력 실험의 와중에 방사능이 방출되었던 사실이 알려지면서 당시에 격렬해진 공중의 비판을 비켜가는 것이었다는 것을 알고 있었다. 고프먼의 직감은 그것이 심각한 문제라는 것이었다. 하지만 당시에 그는 또한 "확실한 증거를 가지고 있지 않다면, 과학적·기술적 진보를 방해하지 말라. 즉, 증거가 불충분하다면 무죄이다"라는 말을 믿고 있었다. 그러나 그는 더 이상 그러한 신념을 전혀 옹호하지 않는다.

비록 그의 스승이자 AEC의 당시 수장인 글렌 시보그가 그에게 "우리가 원하는 것은 진실뿐이다"라고 확인해주었음에도 불구하고, 몇몇 사고는 AEC의 의도에 대한 고프먼의 의구심을 굳혀주었다. 리버모어에 자신의 실험실을 마련한 지 몇 주 지나지 않아, 고프먼은 워싱턴으로 소환되었다. 거기에서 그와 전국에서 모인 AEC 연구실의 몇몇 다른 사람은 한 수석 과학자를 설득하여 그가 그의 연구결과를 발표하지 못하게 하라는 요구를 받았다. 그의 연구결과는 유타 주민들이 원자폭탄 실험으로 인해 사전에 고지된 것보다 100배 더 많은 방사능 조사량에 노출되었다는 것이었다. 고프먼과 다른 학자들은 거부했고, 그 남자는 그의 연구결과를 발표했다. 유감스럽게도 고프먼의 보고에 따르면, 그가 그렇게 했을 때 거의 어떠한 소동도 일어나지 않았다.

3년 후인 1965년에 고프먼은 신 파나마운하와 같은 민간건설 프로젝트에 원자폭탄을 사용하려는 아찔한 기획의 하나인, AEC의 플로세어스 프로젝트Project Plowshares를 평가해달라는 요청을 받았다. 고프먼이 이것은 '생물학적 미친 짓'이 될 것이라고 결론지었을 때, 리버모어의 그의 부서는 '내부의 적'이라는 별명을 얻었다. 그 프로젝트는 포기되었지만, 그것은 고프먼의 결론 때문이 아니라 미국이 전 세계에 원자폭탄을 확산시키는 것을 어렵게 만든 핵무기조약 협상 때문이었다. 플로셰어스 보고서에 대한 고프먼의 반발로 얼마간의 불평이 쏟아졌지만, 보복은 없었다.

1969년의 저준위 조사량 논쟁에 대해 AEC는 다른 반응을 보였다. 그해에 ≪에스콰이어Esquire≫는 "모든 어린이의 죽음"이라는 제목의 기사를 실었다. 이 기사는 원자폭탄 실험 동안 방출된 방사능으로 인해 40만 명이나 되는 미국 어린이들이 죽었다는, 어니스트 스턴글래스Ernest Sternglass라는 이름의 물리학자가 내놓은 추정치에 기초하고 있었다. AEC는 몇몇 연구소에 스턴글래스의 주장에 대한 반박을 뒷받침해줄 것을 요구했고, 그에 따라 고프먼은 옛 학생이자 당시 동료로 일하던 연구자에게 그 연구를 평가하라고 요청했다. 아서 탬플린Arthur Tamplin은 스턴글래스가 곡선도표 하나를 오독했다고 결론 내렸다. 그는 해당 수치가 40만 명이 아니라 대략 4000명이라고 보았다. 리버모어의 동료들은 탬플린의 논박에 기뻐했지만, AEC는 사망자가 4000명이라는 그의 대안적 추정치를 좋아하지 않았다. 당국자들은 그에게 스턴글래스에 대한 비판은 대중잡지에 발표하고 사망자 추정치는 전문가들을 대상으로 하는 학술지에 발표할 것을 제안했다. 고프먼과 탬플린은 거절했다. 그리고 탬플린은 둘 다를 ≪핵과학자회보Bulletin of the Atomic Scientists≫에 발표했다.

고프먼과 탬플린은 낮은 방사능 조사량에 노출된 사람들에 관한 자료를 수집하기 시작했고, 그들이 예상 나이보다 더 젊은 나이에 죽어가고 있는 것은 아닌지 궁금해했다. 그들은 AEC의 '안전역safe threshold' 조사량 주장 ─ 그 이하의 방사능이라면 인간의 건강에 영향을 미치지 않을 것이라는 주장 ─ 에 의문을 제기하기 시작했다. 이 두 과학자는 모든 미국인이 최대치의 '안전 조사량'에 노출될 경우 그로 인해 매년 발생하게 될 사망자 수를 계산했다. 그리고 그들은 사망자 수가 1만 6000명에 달할 것이라고 제시했다(그들은 나중에 이를 3만 2000명으로 올려 잡았다). 이제 AEC는 탬플린의 연구결과를 숨기려고 시도하기 시작했다. 고프먼과 탬플린은 연구를 수행할 만한 능력이 없는 사람들이라는 소문이 퍼졌고, 고프먼은 '전前 과학자'로 언급되었다(이 두 가지 비방은 오늘날까지도 분명 고프먼을 가장 괴롭히는 것이다). AEC는 탬플린에게 그가 제출한 모든 전문 연구논문들에 대해 승인받을 것을 요구했다. 그렇지 못할 경우 그는 회합의 비용을 스스로 조달해야만 하고, 그의 연구논문을 타이핑하기 위해 리버모어의 비서를 이용할 수 없게 될 것이었다. 1970년 1월 AEC는 그의 부하 직원 13명 중 12명을 해고했다. 2년 뒤에 위원회는 고프먼에게 연구비 지원을 중단했고, 이제 악명이 높아진 그는 여타의 연방기구들로부터 지원을 받을 수 없게 되었다. 55세였던 1975년에 그는 캘리포니아대학교를 조기 퇴직했다. 비록 다소 느긋해졌고 더 이상 실험실이 없기는 하지만, 고프먼은 방사능이 초래할 결과에 대해 계속해서 글을 쓰고 강의를 하면서, 핵책임위원회 Committee for Nuclear Responsibility라는 반핵단체를 설립하여, 일하는 '은퇴생활'을 보내고 있다.

자료가 부족하기 때문에, 저준위 방사능노출 결과의 판단은 어떤 가정을 가지고 시작하느냐에 크게 좌우된다. 이 작업을 위한 가장 좋은 자료는 1945년에 어린아이였다가 이제 막 50대와 60대에 접어든, 일본의 히로시마와 나가사키 생존자들에게서 나온다. 이제야 그들이 그들 세대의 다른 일본인들보다 더 젊은 나이에 사망하는 것은 아닌지를 보여줄 수 있는 자료를 손에 넣을 수 있게 되는 중이다. 고프먼과 탬플린은 암 환자가 노출량과 대략적으로 비례하고, 안전역이란 결코 존재하지 않는다고 주장한다. 원자력 기관은 그렇지 않다고 생각한다. 그러나 확실한 증거가 없기 때문에, 어떠한 안전역도 입증된 적이 없다는 고프먼의 주장은 옳다.

고프먼은 여전히 과학을 심지어 반핵전략의 하나로 신뢰한다. 비록 그가 반핵단체들과 이야기를 나누어왔지만, 그는 그들의 몇몇 전술에 대해 다음과 같이 비웃는다. "나라면 NRC의 공청회에 내 인생의 5분도 허비하지 않을 것이다. 그것은 캥거루 재판이며, 정확히 그것을 위해 만들어진 것이다." 반핵단체들은 과학적 근거에 기초하여 원자력 에너지에 대해 논박할 수 있는 수석 과학자들을 지원하는 데 더 많은 자원을 투여해야만 한다. 왜냐하면 만약 그렇게 하지 않는다면 "사람들을 겁에 질리게 할 수는 있겠지만, 그것이 전부일 것"이기 때문이다. 어떻게든 반핵단체들은 타당한 과학적 작업을 수행해야만 한다. "만약 핵에 반대하는 사람들이 형편없는 연구를 내놓는다면, 그들은 나에게서 끔찍한 비평을 받게 될 것이다." 고프먼은 자신의 증거를 이해할 수 있는 참모가 없었기 때문에 그 증거를 사용하지 않기로 결정했던 한 유명 단체에 대해 언급하면서, 많은 환경단체와 반핵단체가 그의 (고도로 기술적인) 최신 저작의 무료 복사본을 받는 데 관심이 없었다고 말한다.

고프먼은 자신의 방사능 연구에 대한 과학적 반박이 전혀 없었다고 자랑스럽게 주장한다. 과학의 문제는 그 방법이 아니라 '잘못된 과학적 신념'이다. 과학 업무를 집행하는 사람들은 자주 이해관계의 갈등을 겪으며, 그로 인해 진리추구보다 여타의 동기를 따르기도 한다. 고프먼이 인정하듯이, 그는 "합리적 과학, 논리, 추론을 신뢰하는 선형적 사상가이다. 하나의 특정한 문제에는 하나의 답이 있다. 그 답을 M이라 칭해보자. 그것은 실재하며, 따라서 그것이 내일 바뀌지는 않을 것이다". 오랜 경험이 그에게 이 같은 신념을 굳히게 했다. "나는 자료에 대한 나의 독해에 기초하여 거듭 위험을 무릅썼다. 그리고 보통은 내가 옳았다."

그를 비판하는 사람들에 따르면, AEC가 고프먼을 대우한 방식에 대한 고프먼의 의분에는 공격적인 독선이 자리하고 있었다. 그는 자신의 과학적 발견에 대해 확신하고 있었기 때문에, 그가 사실을 발견했을 때, 그 사실을 받아들이기를 거부하는 사람들을 좀처럼 참을 수 없었다. 그는 ≪뉴스위크Newsweek≫에 "어떤 안전한 수치가 존재한다는 진술은 완전히 새빨간 거짓말이다"라고 말했다. 그는 한 비판가에게 답하며, "내가 진짜 당신에게 하고 싶은 말은 당신이 보낸 것과 같은 건방지고 무례한 편지를 쓰다니 당신이 정말 멍청이임에 틀림없다는 것이다"라고 말했다. 그리고 AEC에 대해서는 "도덕성이란 존재하지 않으며, 그들 중 누구에게도 일말의 정직성조차 존재하지 않는다"라고 말했다.[4] 그의 반대를 떠받치고 있던, 과학에 대한 동일한 신념이 고프먼에게 광야에서 홀로 울부짖는 구약의 예언자 같은 레토릭 스타일을 부여했다. 그의 저항은 여러 감정의 강렬한 혼합물(그의 과학에 대한 자부심에서부터 AEC에 대한 격분에 이르기까지), 매우 분명한 도덕적 원칙, 그리고 인지적 신념(과학적 발견, 그리고 관료제에 대한 관찰)에 의존했다.

고프먼은 과학적 이해의 추구와 자신들이 이미 답을 가지고 있다고 믿는 엔지니어들의 확신을 재빨리 대비시킨다. 그는 어떤 한 사람과 나눈 대화를 자세히 얘기한다. 그 사람은 엔지니어들이 백만, 천만 또는 십억 명 중 단지 일부만을 잃게 될 플루토늄 처리시설을 건설할 수 있을 것 ─ 무엇이 필요하든 간에 ─ 이라고 주장했다. 고프먼은 그것은 허튼소리라고 생각했다. "자신들이 무엇이든 할 수 있다고 생각하는 것, 그것은 엔지니어들의 오만이다." 반대로 고프먼은 자신이 새로운 자료를 접한다면 자신의 마음이 바뀔 수도 있으며, 과학은 항상 비판

---

4   세 인용구는 모두 다음에서 따온 것이다. Samuel Walker, *Containing the Atom: Nuclear Regulation in a Changing Environment, 1963~1971*(Berkeley: University of California Press, 1992), p. 348.

적이고 의문을 가지며 경험적 검증에 열려 있어야만 한다고 주장한다.

여기에 확실한 도덕적 전망, 일단의 규칙, 즉 과학적 방법의 규칙에 대한 신념에 의해 인도되는 한 남자가 있다. 직업윤리가 종종 도덕적 절대자의 지위를 차지하기도 한다. 이러한 믿음은 관료제적 권위를 의심하는 퍼스낼리티와 함께 고프먼이 AEC로부터의 계속되는 압력에 맞서게 하는 데 일조했다. AEC가 그의 가장 내밀한 도덕적 원칙들을 위반하고 또 그에게도 그것을 위반하도록 요구했을 때 그가 느꼈던 도덕적 충격은 25년이 지나서도 가라앉지 않는 깊은 감정을 유발했다. 고프먼은 원자력 에너지에 반대하는 저항을 하게 되었으며, 그의 전문성과 도덕적 권위는 1970년대 초반에 전국적 운동이 형성되는 데 일조했다. 피고용인이 이의제기자 그리고 그다음에 저항자가 되기 위해서는 일상의 관례에 대해 아니라고 말하는, 통상적인 게임의 규칙들에 의문을 제기하는, 그리고 가공할 권력과 고용주가 가할 수 있는 보복에 맞서는 강력한 신념체계가 필요하다. 그럼에도 불구하고 그러한 일은 빈번하게 발생한다.

도덕적 원칙

우리는 일상생활 속에서 때때로 우리가 옳지 않다고 여기는 일들을 할 것을 요구받는다. 대기업이나 정부기관을 등에 업은 상관의 요청을 받을 때, 우리 대부분은 대개의 경우 그의 말에 따른다. 우리의 일상의 관례가 지닌 관성이 우리로 하여금 우리가 요구받은 일에 대해 잠시 멈춰서 곰곰이 생각하는 것을 방해한다. 그리고 우리가 그렇게 한다고 하더라도 보복의 공포가 우리로 하여금 우리가 우리의 도덕관념에 따라 행위하는 것을 방해한다. 하지만 존 고프먼이 AEC의 요청에도 불구하고 과학의 왜곡을 거절했을 때처럼, 사람들은 이따금씩 아니라고 말한다. 이러한 '윤리적 저항자들'(또는 그들이 그들의 반대의견을 공표한다면, '내부고발자들')은 눈에 띄는 개인적 저항행위 — 아마도 우리가 탐구할 가장 독특한 형태의 개인적 저항 — 에 착수한다. 더욱이 그들 중 다수는 계속해서 조직화된 저항운동에 중요한 에너지와 영감을 제공하고, 결국에는 자주 그들 자신이 활동가가 되기도 한다. 앞 장에서 살펴본 지역의 님비 저항자들처럼, 그러한 피고용인들과 과거의 피고용인들은 권위자에게 배신당했다고 느낀다. 자신들의 도덕적 원칙에 의거할 때 잘못된 어떤 것을 하라는 요구를 받는 것은 하나의 중요한 도덕적 충격으로 작용한다. 어떤 사람들에게 그것은 그러한 원칙을 분명히 하고 재확인하는 기회가 된다.[5]

도덕은 문화의 한 차원으로, 사람들이 가지고 있는 감정과 인지적 이해들로부터 판단과 행위에 대한 함의를 이끌어낸다. 사람들이 세상

---

5   마이런 글레이저(Myron Glazer)와 페니나 글레이저(Penina Glazer)는 『내부고발자들 (The Whistleblowers)』에서 **윤리적 저항자**(ethical resister)라는 용어를 사용한다. 또 다른 전거로는 다음의 것들이 있다. Robert J. Baum(ed.), *Ethical Problems in Engineering*, Vol. 2, *Cases*(Troy, New York: Rensselaer Polytechnic, 1980); Frederick Elliston, John Keenan, Paula Lockhart and Jane van Schaick, *Whistleblowing Research: Methodological and Moral Issues*(New York: Praeger Press, 1985); J. Vernon Jensen, "Ethical Tension Points in Whistleblowing," *Journal of Business Ethics*, 6(1987), pp. 321~328; Marcia A. Parmerlee, Janet P. Near and Tamila C. Jensen, "Correlates of Whistle-Blowers' Perceptions of Organizational Retaliation," *Administrative Science Quarterly*, 27(1982), pp. 17~34; Robert Perrucci, Robert M. Anderson, Dan E. Schendel and Leon E. Trachtman, "Whistle-Blowing: Professionals' Resistance to Organizational Authority," *Social Problems*, 28(1980), pp. 149~164; Alan F. Westin(ed.), *Whistle Blowing! Loyalty and Dissent in the Corporation*(New York: McGraw-Hill, 1981). 이 장의 일부는 다음의 글에 의거하고 있다. Mary Bernstein and James M. Jasper, "Whistleblowers as Claims-Makers in Technological Controversies," *Social Science Information*, 35(1996), pp. 565~589.

을 묘사하는 방식과 사람들이 세상 속에서 마땅히 해야만 하는 행위방식은 오직 사회과학자들의 '가치중립'이라는 이데올로기 속에서만 분리할 수 있다. 만약 당신이 태아를 그것의 신체기관의 모습, 주변 환경의 의식, 지문이라는 측면에서 볼 때 보통의 인간과 유사한 '태어나지 않은 아기'라고 인식한다면, 당신은 낙태를 살인으로 비난할 가능성이 크다. 구체적인 사회적 관행과 신념들은 거의 필연적으로 감정적·도덕적 중요성을 부여받는다. 따라서 거의 40년 전에 해럴드 가핑클 Harold Garfinkel이 그의 실험들에서 보여주었듯이, 당신의 인식에 대한 위협은 당신을 단지 당황하게 하는 것만이 아니라 도덕적으로도 격분시킨다. 적절한 행동에 대한 자신들의 상식적 가정이 위반되었을 때, 가핑클 실험의 피실험자들은 "놀람, 어리둥절함, 충격, 불안, 당황, 화"로 반응했다.[6] 존재론적 안전은 인지적이고 감정적이지만, 또한 도덕적이기도 하다. 저항은 무엇보다도 도덕적 전망과 관련한 것이다. 왜냐하면 참여자들은 세상이 어떠해야만 하는지 — 하지만 어째서 그러하지 않은지 — 에 관한 주장을 하고 있기 때문이다. 저항은 자주 참여자로 하여금 세상이 어떠한지, 그리고 어떠해야만 하는지를 깨닫게 하는데 도움을 준다.

근대세계에서 우리의 도덕적 전망은 대체로 앞으로 펼쳐질 좋은 사회에 대한 청사진들(유토피아들) — 그 사회에서 노동과 보상의 분배는 어떻게 이루어질 것인지, 어떤 종류의 활동들이 촉진되고 고무될 것인지, 어떤 유형의 의사결정이 일어날 것인지 — 로 이루어진다. 대부분의 도덕적 전망은 또한 개인들에게 바람직한 삶의 (적어도 암묵적인) 이미지들을 담

---

6   Harold Garfinkel, *Studies in Ethnomethodology*(Englewood Cliffs, N.J.: Prentice-Hall, 1967).

고 있다. 그러한 이미지들은 좋은 사회를 바람직한 삶의 기회를 제공하는 사회라고 보았던 고대 그리스와 로마의 도덕철학들에서 보다 두드러졌다. 오늘날 우리는 실현 가능한 사회를 건설하기 위한 계획에 보다 집중한다. 왜냐하면 우리에게는 세부적인 것들까지 완성할 수 있는 스킬과 추진력을 지니고 있는, 대규모의 지적·직업적 계층들이 있기 때문이다. 그러나 저항운동은 개인들에게 할 일을 제공한다. 즉, 그것은 개인들로 하여금 자신들의 삶을 구성하는, 그리고 그들의 그러한 삶에 의미를 부여해주는 활동들을 하게 한다. 적어도 저항 자체가 바람직한 삶의 일부가 된다. 좋은 사회와 바람직한 삶은 자주 저항자들의 도덕적 전망 속에서 재결합된다. 저항자들이 활동가로서의 개인적 정체성을 발전시킬 때 특히 더 그러하다.

도덕은 어떤 종류의 만족을 제공하는가? 그것은 실제로 유토피아에 도달하는 데서 얻는 만족이 아니라 그것을 위해 애쓰는 데서 얻는 만족이다. 오스카 와일드Oscar Wilde의 말처럼, "유토피아라는 땅을 포함하지 않는 지도는 그 어떤 것도 쓸모없다". 그것은 우리가 우리의 개인적 행위를 올바른 길로 인도하는 즐거움, 즉 우리가 도덕적이라고 인식하는 삶이 동반하는 내재적 보상이다. 앨버트 허시먼은 거의 예술성에 대한 정의라고 할 수 있는 한 정식화에서, 그러한 행위를 "애씀과 성취의 융합(그리고 혼동)"이라고 말하는데, 이는 다시 미래의 사건을 미리 맛보는 즐거움에 기초한다.[7] 도덕과 예술에서 애씀은 얼마간 목표이기도 하다. 아미타이 에치오니Amitai Etzioni는 합리주의자들을 비판하면서, 도덕적 헌신에 기초하는 행위는 여타의 즐거움을 추구하는 행위들과 근본적으로 다르다고 주장한다. 그는 도덕적 행위는 "정명, 일

---

7   Albert O. Hirschman, "Against Parsimony," p. 150.

반화, 그리고 (타인에게 적용될 때) 대칭성을 반영하며, 내재적으로 동기화된다"라고 말한다. 즉, 도덕은 장기적인 헌신을 반영하며, 따라서 보통 변화하는 상황하에서도 유지된다. 우리의 도덕이 보다 즉각적인 즐거움과 상충될 때, 우리가 항상 전자를 선택하지는 않는다. 하지만 우리가 그러한 선택을 할 때, 우리는 더욱 뜻깊은 만족을 경험한다.[8]

전적으로 그러한 것은 아니지만, 우리가 어떤 부류의 사람이든지 간에, 옳은 일을 하는 것은 타인뿐만 아니라 우리 자신과도 소통하는 하나의 방식이다. 합리주의자에게 명성은 자신이 원하는 것을 얻을 수 있게 해주는 순전히 도구적인 자산의 하나일 수 있다. 덜 냉소적인 시각에서 본다면, 나의 개인적 정체성은 내가 크고 작은 선택을 함으로써 시간이 경과하며 내가 만들어내는 어떤 것이다. 나는 나 자신을 하나 또는 그 이상의 집합체나 일단의 원칙들과 서로 다른 정도 또는 방식으로 동일시하며, 그러한 동일시를 드러내는 방식으로 행위한다. 그렇기에 나의 개인적 정체성 인식은 내가 앞으로 할 선택에 영향을 미친다. 개인의 전기가 중요한 까닭은 그것이 주변 문화의 단편들과 나자신이 행한 과거의 선택 및 행동에 대한 기억의 편린들을 축적하고 있기 때문이다. 집단의 성원의식은 일반적으로 그러한 정체성을 강화

---

8   Amitai Etzioni, *The Moral Dimension: Toward a New Economics*(New York: Free Press, 1988), pp. 41~42. 에치오니는 도덕적 선호에 직면하여 합리주의 모델이 처하게 되는 한계를 다루면서 다음과 같이 말한다. "많은 경제적 선택을 포함하여 도덕적 고려사항을 상대적으로 많이 '담고' 있는 선택들은 대단히 뒤집기가 어려우며(즉, 그것들은 비대칭적이다), 매우 '뭉뚱그려' 있고(또는 매우 불연속적이고), 높은 '노치효과(notch-effect)'(경계를 넘는 것에 대한 저항: 이것이 경계를 넘기 전에는 행동하기를 꺼려하게 된다. 그러나 일단 이행이 완료되면 그러한 꺼려함은 크게 감소하거나 사라진다)를 드러낼 것으로 예상된다"(p. 76). 욘 엘스터는 이러한 논지를 따라 도덕적 이타주의(다른 사람들을 돕는 것이 우리의 도덕적 의무이기 때문에 그렇게 하는 것)와 심리적 이타주의(다른 사람들을 돕는 것이 우리를 훌륭하다고 느끼게 만들기 때문에 그렇게 하는 것)를 대비시킨다. Elster, *The Cement of Society*(Cambridge: Cambridge University Press, 1989), p. 47을 보라.

한다. 종교적 원칙들은 타인들이 칭송할 때 또는 위반자들이 응징받을 때, 더 쉽게 신봉된다. 직업윤리는 그것이 명기되어 있고, 공표되고, 논의되고, 교육과정에서 가르쳐질 때 망각하기가 더 어렵다. 모든 형태의 정체성 – 개인적 정체성, 집합적 정체성, 심지어는 운동 정체성 – 은 일정 정도의 도덕적 책무를 담고 있다. 실제로 정체성은 무엇보다도 도덕적이다. 찰스 테일러가 말하듯이, "당신이 누구인지를 안다는 것은 당신이 도덕적 공간 – 즉, 무엇이 옳고 그른지, 무엇이 할 만한 가치가 있고 무엇이 그렇지 않은지, 무엇이 당신에게 의미를 지니고 중요한지, 그리고 무엇이 사소하고 부차적인지에 관한 질문들이 제기되는 공간 – 에서 자기 위치를 확인하는 것이다".[9] 정체성은 결코 순수하게 인지적인 경계가 아니다.

하지만 대부분의 저항이 반드시 옳은 일을 하는 것은 아니다. 그러나 저항은 무엇이 옳은 일인지를 말한다. 이러한 종류의 도덕적 증언은 그 자체로 하나의 중요한 실천이다. 우리는 우리 자신의 영혼을 탐사하고, 우리의 신념과 느낌에 질서를 부여한다. 우리는 가장 중요한 신념과 느낌들을 분명하게 표현한다. 우리는 또한 타인과 더불어 공개적으로 의사를 표현함으로써 한 집단의 일원으로서 자신감과 열정을 얻는다. 하지만 우리는 또한 타인을 대변하고, 그들이 그들 자신의 전망을 분명하게 표현할 용기를 가지기를 희망한다. 우리는 특정한 정식화를 시도하며, 그들이 영감을 얻기를 바란다. 우리는 세상을 묘사하기 위해, 그리고 그 속에서 행위하기 위해 새로운 언어를 제시한다.

간단히 말해서 나는 이 장에서 **평범한 사람들이 지니고 있는 도덕적 원칙들이 적절한** (그리고 얼마간 예측 가능한) **상황에 처하면 그들로 하**

---

9   Charles Taylor, *Sources of the Self*(Cambridge: Harvard University Press, 1989), p. 28.

여금 개인적·집합적 저항을 하게 할 수도 있다는 것을 입증하고자 한다. 그들의 문화체계의 여타 요소들처럼 도덕적 원칙들도 사람들로 하여금 특정 행위에 더욱 참여하게 만든다. 그러한 도덕규칙들은 명시적일 가능성이 크다. 따라서 이의제기자는 그러한 원칙들이 언제 위반되었는지를 알고 있으며, 어떤 것이 왜 잘못되었는지를 말할 수 있다는 것으로부터 자신감을 얻는다. 내부고발은 특히 개인적 저항행위를 통해 이루어질 가능성이 크다. 비록 내부고발이 도덕적 원칙에 입각한 행위의 단 한 가지 사례이기는 하지만, 그것은 과학, 기술, 전문가들을 문제 삼는 탈산업적 운동의 한 가지 중요한 사례이다. 많은 기본적 도덕원칙은 위반될 경우 유사한 도덕적 충격을 낳음으로써, 누군가로 하여금 저항하게 만들 수도 있다. 그러한 원칙들이 명시적일수록 어떤 개인이 홀로 저항할 가능성은 커진다. 반대로 암묵적인 원칙들에 가해지는 충격들은 아마도 활동가들에게 위반을 명확히 하여 희생자들을 조직화된 저항으로 이끌도록 요구할 것이다.

내부고발자

자신들의 조직 내의 무언가를 비판해온 윤리적 저항자들이 자신들의 불만을 **공개**할 때, 그들은 내부고발자가 된다. 보통 그들은 자신들 조직 내의 부정한 관행이라 여기는 것을 공개적으로 폭로하는 피고용인으로 정의된다. 내부고발자들이 위반되고 있다고 느끼는 규칙들은 직업적인 것일 수도(고프먼의 경우에서는 연구결과의 은폐가 과학의 진보를 가로막고 있었다), 법적인 것일 수도(법이 지켜지지 않거나 규제기관들이 잘못 인도하고 있다), 또는 직접적으로 윤리적인 것일 수도 있다(이를테면 실험실 동물이 학대받고 있고, 공중보건이 위협당하고 있다). 각각의 경우 그 규칙들은 도덕적 기반을 가지고 있다. 이 윤리적 저항자들은 보통 내부 절차에 따라 상황을 교정하려고 시도하지만, 자신들의 노력이 좌절되고 나면 자신들이 알고 있는 것을 공개하기로 결정한다. 그들의 분노에 대한 그들의 첫 공개적 진술이 그들의 저항 — 그리고 자주 그들의 경력 — 을 근본적으로 변화시킨다.

그러한 이의가 제기되는 근본적 원인은 어쩌면 각기 그 나름으로는 합리적일 두 부류의 규칙과 기대들이 충돌하기 때문이다. 직업적 기준의 위반이 내부고발의 가장 공통적인 원인이다. 그리고 이는 직업적 판단과 자율성이라는 한편과 대규모 조직의 통제와 수익성 욕구라는 다른 한편 간에 존재하는 거의 보편적인 긴장의 결과이다.[10] 때때로 기본적 가치를 둘러싸고 충돌이 발생할 때, 도덕적 반대를 시작하려는 '잠입자들'은 의심스러운 폐습을 밝히기 위해 조직에 들어간다. 비록 드물기는 하지만, 이를테면 동물권리운동에서 잠입자들이 출현했다. 이 운동의 성원들은 실험동물의 상태를 증명하기 위해 때때로 실험실에 취업했다.

규칙이나 기대의 충돌로 인해 이의가 처음 제기되고 나면, 그것은 개인적 특성과 일터 특성 간의 상호작용을 통해 내부고발로 발전한다. 학자들은 피고용인들이 "그들 조직의 공식 목적이나 그들 프로젝트의

---

10 이러한 긴장에 대해서는 다음을 보라. Talcott Parsons, "The Professions and Social Structure," *Social Forces*, 17(1939), pp. 457~467; W. Richard Scott, "Professionals in Bureaucracies—Areas of Conflict," in Howard M. Vollmer and Donald L. Mills(eds.), *Professionalization*(Englewood Cliffs, N.J.: Prentice-Hall, 1966); Richard H. Hall, "Professionalization and Bureaucracy," in Richard H. Hall(ed.), *The Formal Organization*(New York: Basic Books, 1972); Peter F. Meiksins and James M. Watson, "Professional Autonomy and Organization Constraint: The Case of Engineers," *Sociological Quarterly*, 30(1989), pp. 561~585.

성공적인 완수에 헌신적일 경우, 조직과 자신들을 동일시할 경우, 그리고 직업적 책임감이 강할 경우", 조직에 손해를 끼치는 정보를 공개할 가능성이 크다는 것을 발견했다.[11] 달리 말해, 그들은 다른 사람들보다 규칙에 **더** 헌신적이다. 흥미로운 것은 혼자 있기를 좋아하는 사람이나 여타의 '과민한 퍼스낼리티를 가진 사람들'이 내부고발을 하지 말라는 직업집단의 동조압력을 거역할 가능성이 더 커 보인다는 것이다. 이것이 내가 저항의 전기적 차원에 주목하는 또 다른 이유이다. 제9장에서 논의하듯이, 퍼스낼리티가 중요하다.[12]

내부고발이 발생할 가능성이 큰 일터들의 특성을 살펴보면, 의사소통과 권위 계통이 간접적이고 복잡하며, 기술적 반대를 조정하기 위한 구조가 부재하고, 피고용인들의 의심표출을 저지하는 경향이 있다. 기업의 이윤극대화 욕구가 이의를 제기하는 것을 가로막기도 하며, 이로 인해 기업은 값비싼 대가를 치르기도 한다. 그리고 조직구조에 뿌리내리고 있는 엄격한 시간표와 내부 경쟁이 관리자들과 동료노동자들로 하여금 침묵을 지키게 할 수도 있다. 사적 저항이 좌절될 때, 공적 저항이 뒤따른다.[13]

---

11 Elliston et al., *Whistleblowing Research*, p. 26. 하지만 조직 목적과의 동일시가 '고위 관리직에 대한 야망'으로 이어질 때, 이것들은 내부고발의 기를 꺾을 수도 있다. Andrew Hacker, "Loyalty—and the Whistle Blower," *Across the Board*, 15(1978), p. 67을 보라.

12 인간 동기가 지닌 고도의 복합성은 통상적으로 소설의 몫으로 남겨진다. 그리고 실제로 팀 파크스(Tim Parks)는 그의 빼어난 소설에서 한 내부고발자의 미묘한 초상을 그려낸 바 있다. Tim Parks, *Shear*(New York: Grove Press, 1993). 주인공은 자신의 의무감을 이행하기 위해서, 그리고 그의 여자 친구가 그를 부끄럽게 해서 진실하게 행동하지 않을 수 없게 했기 때문에 단조롭고 싫증난 결혼생활을 깨야 할지를 확신하지 못한다. 하지만 여기에 소설과 사회과학의 차이가 존재한다. 파크스가 그린 복합적인 초상은 그럴듯하기는 하지만, 의무감이 여타의 동기들보다 중요한 듯 보이는, 대부분의 내부고발자들을 대표하지는 못한다.

13 다음을 보라. Elliston et al., *Whistleblowing Research*; Perrucci et al., "Whistle-Blowing"; Westin, *Whistle Blowing!*

내부에서의 이의제기는 많은 동기에서 비롯될 수 있지만, 그것을 공론화하는 것은 필시 부정한 짓을 규탄하는 행위이다. 화가 나서 또는 상처 입어서 그렇게 할 때조차 그것은 전적으로 도덕적인 개인적 저항 행위이다.

　　보통 내부고발자들은 조직을 정당화하는 레토릭과 조직의 실제 행동이 일치하지 않는다고 지적한다. 이는 모든 저항자가 제기하는 강력한 논거이다. 다양한 근대사회에서 기본 가치를 둘러싼 불일치는 흔한 일이기는 하지만, 비판자들이 조직과 관련하여 말하는 것 중 모든 사람이 유죄라고 동의할 수 있는 것은 거의 없다. 그들이 하는 것 중의 하나가 조직이 거짓말을 하고 있다는 것을 간파하는 것이다. 그리고 조직이 말하는 것과 조직이 하는 것 간의 모순은 일반적으로 일종의 거짓말로 느껴진다. 이것이 바로 내부고발자의 전공 분야이다.

　　내부고발자들은 유일하게 신뢰할 수 있는 증인이다. 조직은 개인보다 많은 자원을 가지고 있고 현실에 대한 자신들의 생각을 홍보하지만, 너무도 분명하게 자기이익을 추구하기 때문에 대부분의 청중은 조직의 주장에 회의적이다. 내부고발자들이 자신들의 고용주를 비판할 때 상당한 신뢰를 받는 까닭은 그들이 조직의 이익을 추구하지 않기 때문이다. 그들의 이야기가 정직한 개인과 부패한 기업 간의 갈등, 간섭받지 않고 자신들의 전통적인 직업을 수행하고자 하는 그들의 노력, 또는 과학적 전문지식이 비열한 목적에 휘둘릴 때 노정되는 위험 등과 같은 공통의 문화적 테마들을 활용할 때, 그것은 매우 강력할 수 있다. 공중은 그러한 수사어구들에 정통하며, 즉각적으로 영웅과 악당을 분별한다.

　　내부고발은 때때로 기업이나 기관의 내부에 변화를 가져온다. 카렌 서켄Karen Soeken과 도널드 서켄Donald Soeken은 87명의 내부고발자들에 관한 조사연구에서 20%가 그들의 행위 결과 긍정적 변화가 일어났다고 보고한 것을 발견했다. "20% 중 대다수가 인사상의 변화 — 관리의 전면적 변화, 인사 관행의 수정, 인사이동이나 교체 또는 재임용 거부, 부서의 재구조화 — 를 언급했다. 여타의 사람들은 정책상의 변화, 고발, 안전의 개선 또는 FBI나 NRC의 공식수사를 언급했다."[14] 몇몇 경우에서 내부고발은 그것이 하나의 사회문제라는 공적 자각을 일으켰고, 기술, 관행 또는 산업계를 둘러싼 공적 논쟁을 야기하고 그러한 논쟁에 영향을 미치거나, 새로운 규제와 정책들을 고무했다. 내부고발자들은 공중에게 가해지는 잠재적 위험, 잘못된 공사와 설비, 개발자들이 은폐하고 있는 위험, 또는 부패와 뇌물에 대한 증언이 이루어지는 핵심적 원천의 하나이다.

내부고발자들이 중요하고 은폐된 정보를 공개함으로써 사회에 일조하지만, 그들의 고용주들은 그것을 좀처럼 그런 식으로 바라보지 않는다. 고용주들은 그러한 '내부의 적'에 분개하기 때문에, 내부고발에 대해 그들이 보이는 주된 반응은 보복이다. 내부고발자들은 자주 괴롭힘을 당하고, 전근 당하고, 해고된다. 한 예를 들면, 알래스카 횡단 송유관을 관리하는 회사인 알리예스카Alyeska는 외부인들에게 기밀정보를 제공하는 피고용인들을 알아내기 위해 사설탐정들을 고용해서 쓰레기와 전화기록을 조사했다. 그리고 그들 중 한 명을 해고했다.[15] 인신공

---

14   Karen L. Soeken and Donald R. Soeken, "A Survey of Whistleblowers: Their Stressors and Coping Strategies," Unpublished paper(Laurel, Maryland, 1987), p. 9.

15   Richard Mauer, "Pipeline Company, Stung by Critic, Goes After Whistle-Blowers," *New York Times*, 23 September, 1991을 보라. 고용주들이 내부고발자들을 괴롭히거나 중상하거나 해고한 것과 관련한 기록들은 수도 없이 많다. 실제 사례들에 대해서는 다음을 보라. Ralph Nader, Peter J. Petkas and Kate Blackwell(eds.), *Whistle Blowing: The Report of the Conference on Professional Responsibility*(New York: Grossman, 1972); Charles Peters and Taylor Branch, *Blowing the Whistle: Dissent in the Public Interest*

격은 흔히 이용되는 또 다른 전술이다. 따라서 이의제기자와 그의 퍼스낼리티 - 그의 항의가 아니라 - 가 쟁점이 된다. 뉴욕 시에서 한 교사가 지역 교육위원회의 부패를 공개적으로 비난했을 때, 그의 상대방은 그의 과거 나체 사진을 유포시켰다.[16] 서켄 부부가 연구한 87명의 내부고발자들 중 한 명을 제외하고 모두가 몇몇 형태의 보복을 경험했는데, 그중 가장 보편적인 것이 상사의 괴롭힘, 그들의 활동에 대한 보다 면밀한 감시, 업무책임의 박탈, 직무 상실, 동료들의 괴롭힘이었다(응답자의 절반 이상이 이것들 각각을 겪었다).[17] 보복은 단지 반대자들의 결심을 강화하고, (보복이 일시해고와 배척의 형태를 띨 때) 그들로 하여금 진실에 대한 자신들의 생각을 더욱 밀고 나가게 할 뿐인 것으로 보인다. 그들의 도덕적 전망은 그들로 하여금 혹독한 공격을 잘 견뎌낼 수 있게 해준다.[18]

(New York: Praeger, 1972); Leslie J. Freeman, *Nuclear Witnesses: Insiders Speak Out* (New York: W. W. Norton, 1981); Brian Martin, "Nuclear Suppression," *Science and Public Policy*, 13(1986), pp. 312~320; Brian Martin, C. M. Ann Baker, Clyde Manwell and Cedric Pugh(eds.), *Intellectual Suppression: Australian Case Histories, Analysis, and Responses*(North Ryde, Australia: Angus and Robertson, 1986). 마샤 파머리(Marcia Parmerlee)와 그녀의 동료들은 연령, 교육 또는 경험의 이유로 고용주가 높이 평가한 피고용인들이 보복을 당할 가능성이 더 크다는 것을 발견했다. 아마도 우리는 그들을 더 신뢰할 수 있을 것이다. 그리고 그렇기 때문에 고용주의 시각에서 본다면, 그들이 보다 위협적이다. 또한 고용주들은 상급 피고용인들이 내부고발을 할 때 더 큰 배신감을 느낀다. Parmerlee et al., "Correlates of Whistle-Blowers' Perceptions of Organizational Retaliation"을 보라.

16 "Wise Guys. Smearing the Whistle Blowers," *New York Observer*, 23 March, 1992.

17 Soeken and Soeken, "A Survey of Whistleblowers."

18 또한 그들은 뇌물의 유혹도 버텨낼 수 있다. 당근보다 채찍이 더 흔하기는 하지만, 법무부가 조사 중인 한 사기 사건에서 유나이티드 테크놀로지 코퍼레이션(United Technologies Corporation)은 한 중역급 내부고발자에게 대놓고 퇴직금으로 100만 달러를 제시했다. 물론 법무부가 해당 회사와 1억 5000만 달러의 합의금에 동의했을 때, 그 중역은 2000만 달러 이상을 받게 되었다. "Report of $1 Million Offer to Whistle-Blower to Keep Quiet," *New York Times*, 27 June, 1994를 보라.

내부고발은 최고의 도덕적 행위 중 하나이다. 마이런 글레이저Myron Glazer와 페니나 글레이저Penina Glazer는 내부고발자들에 관한 자신들의 광범위한 연구에서 이를 다음과 같이 명기한다. "고도로 발전된 대안적 신념체계를 가진 피고용인들만이 관리요구에 따르라는 극심한 압력을 견뎌낼 수 있다."[19] 그들은 내부고발자들에게 그러한 힘을 부여하는 세 종류의 도덕체계를 발견했다. 가장 공통적인 것이 직업훈련이었다. 또 다른 것은 종교적 신념이었다. 육체노동자와 사무직 노동자들에게 특히 중요한 세 번째 것은 공동체와의 강력한 연대였다. 그러한 연대의식은 다른 거주자들의 건강과 안전에 대한 관심을 강화했다. 물론 강력한 도덕적 신념들은 여전히 똑같이 강력한 감정들, 그리고 자주 고프먼의 자부심과 완고함 같은 퍼스낼리티 특질들과 결합해야만 했다. 이 세 가지 체계에 우리는 정치 이데올로기와 제5장에서 논의한 존재론적 안전에 대한 기대를 덧붙일 수도 있다. 〈표 6-1〉은 이러한 도덕적 열망과 기대를 제시한 것이다.

내부고발을 하는 것은 자주 생애전환을 가져온다. 그 순간에 반대자는 자신의 도덕적 가정들을 명확히 하고 그러한 가정들을 유지하기 위해 어떤 비용을 감수할지를 결정해야만 한다. 보복과 평판은 자주 윤리적 저항자들로 하여금 새로운 경력궤도에 들어가게 하고, 그 속에서 그들은 대부분의 시간을 그러한 고발을 계속하고 자신을 변호하는 데 소비한다. 많은 경우에 반대자들은 해고되며, 따라서 고프먼이 그러했듯이, 실제로 새로운 경력을 시작해야만 한다. 현재는 비록 일부 내부고발자들이 연방정부를 상대로 한 사기행위를 밝힌 대가로 보상금을 받을 수도 있지만, 대부분은 자신들의 행위로 인해 심대한 고통을 받

---

19   Glazer and Glazer, *The Whistleblowers*, p. 97.

표 6-1 **충격 받을 수 있는 도덕적 열망과 기대들**

유형	사례
직업윤리	이를테면 자신들이 안전한 구조물을 건설할 수 있을 것이라는 엔지니어들의 기대처럼, 자신의 직업을 잘 수행할 수 있을 것이라는 기대, 자신들의 회사의 규칙을 준수할 것이라는 고용주들의 기대
종교적 신념	자신들이 자신들의 종교의 원칙들을 위반하도록 강요받지 않을 것이라는 신자들의 기대
공동체에 대한 충성	자신들의 공동체의 동료 성원들이나 공동체의 물리적 환경을 다치게 하거나 위협하지 않고자 하는 공동체 성원들의 욕망, 법을 준수할 것이라는 시민들의 기대
존재론적 안전	자신의 물리적 환경이 안전하고 안정적이고 믿을 수 있다는 가정
경제적 안전	자신의 가족을 부양하고 보호할 수 있을 것이라는 기대
정치 이데올로기	옳고 그른 행위, 제도, 관행에 기초한 정치적 신념과 그 신념을 실행에 옮기고자 하는 바람

는다. 사람들이 자신들의 물질적 자기이익에 매우 반하는 행위를 할 때, 우리는 무엇보다도 그들의 행위 속에 작동하는 도덕적·감정적 논리를 탐구할 필요가 있다.

윤리적 이의제기자는 처음에는 자주 자신이 회사를 위해 최선의 행위를 하고 있다고 생각하며, 따라서 순진하게도 잘못에 대한 자신의 폭로가 환영받을 것이라고 기대한다. 그는 대체로 자신의 상관이 실수하고 있지만 그의 상관의 상관이 사태를 바로잡을 것이라고 생각한다. 자신의 고용주가 부인과 보복으로 대응할 때, 그는 그 나쁜 짓을 하나의 공통된 체계적 관행으로 바라보기 시작하고, 그런 다음 회사 자체를 비판하기 시작한다. 심지어 그럴 때조차 내부고발자는 자신의 회사가 건실한 산업계에서 유독 하나의 암적 존재라는 믿음을 계속해서 유지하기도 한다. 하지만 일부 내부고발자들은 그들의 경험에 의해 급진화되고, 그 문제들을 기술이나 산업계에 고질적인 것으로 이해한다. 그들에게 저항단체는 매력적인 동맹자가 된다.

전형적인 내부고발자들 중에서 어떤 사람들은 그들이 불평하는 문제를 다른 사람들에 비해 체계의 문제로 인식할 가능성이 크다. 규제 기관에 실망한 적이 있는 사람들 — 대체로 그 기관을 처음으로 접한 — 은 문제에 대한 공공 기관의 '해결' 자체를 문제의 일부로 파악할 가능성이 크다. 맬컴 스펙터Malcolm Spector와 존 키추스John Kitsuse는 문제를 해결하기 위한 공식적 노력이 이루어진 후에도 그것이 사회문제라는 주장이 자주 계속해서 제기된다고 주장한다. 왜냐하면 문제해결 "절차의 부적절성, 비효율성 또는 부당성과 관련한 주장이 그 자체로 사회문제를 다루는 새로운 활동을 조직화하는 조건들이 될 수 있기" 때문이다.[20] 이러한 반응은 내부고발자들 중에서도 특히 그 체계의 이상을 신뢰하고 순진하게 체계가 그 이상에 부응할 것을 요청하는 사람들 대부분에게서 공통적으로 나타난다. 많은 사람이 기술적 문제에 대한 규제 기관의 해결이 부적절하다는 것에 놀라움을 금치 못한다.

　다른 내부고발자들과는 대조적으로 잠입자들은 그들이 회사, 산업계 또는 관행에 맞서는 데 이용할 수 있는 정보를 수집하기 위한 목적에서 취업을 하기에 앞서 종종 저항단체에 가입한다. 내부고발은 그들에게 새로운 '경력'을 만들어준다기보다 단지 그들의 정치적 활동의 한 부분일 뿐이다. 그들은 이미 활동가 정체성이나 운동 정체성을 가지고 있다. 그들은 배신당했다고 느끼는 자신들의 고용주들로부터 특히 공격당할 가능성이 많다. 잠입자들이 폭로하는 정보는 그들이 의도한 바대로 저항단체들에 의해 그대로 받아들여질 것이다. 잠입자들은 논쟁에 커다란 활력을 불어넣을 수 있다. 알렉스 파체코Alex Pacheco가 1981

20　Malcolm Spector and John I. Kitsuse, *Constructing Social Problems*(New York: Aldine de Gruyter, 1987), pp. 151~152.

년에 자원봉사를 했던 연구실험실에서 찍은 사진과 상황 기록들은 그의 조직(현재 미국에서 가장 큰 동물권리 단체인 동물을 윤리적으로 대우하는 사람들People for the Ethical Treatment of Animals)과 미국 내 모든 동물권리 운동을 출범시키는 데 일조했다.

내부고발 사례들 중 소수만이 그 일이 일어난 조직에 영향을 미치고, 더 소수만이 공공정책에 영향을 미치고 있다. 그러나 영향력 있는 소수 사례들은 기술적 논쟁 및 여타 논쟁들을 통해 저항운동을 창출하고 틀 짓는 데 중요한 역할을 해왔다. 논쟁을 불러일으키는 데 내부자이자 전문가인 내부고발자들이 그렇게 많이 필요한 것은 아니다.

윤리적 저항자들과 사회운동

일부 내부고발자들은 그들의 고용주나 산업계에 맞서 저항하고 있는 단체와 접촉한다. 아마도 그들이 처음부터 그러하지는 않을 것이다. 왜냐하면 대체로 그러한 단체들은 내부고발자들이 일하는 조직과 산업계에 대해, 그리고 내부고발자들이 생애를 바쳐온 종류의 프로젝트들에 대해 매우 비판적이기 때문이다. 이를테면 한 해군 장교가 특정 사건에 마음이 상했다고 해서, 삶의 한 가지 방식으로서의 군대를 비난하는 평화주의자 단체와 즐겁게 지낼 것 같지는 않다. 원자력 발전소의 내부고발자는 특정 발전소가 잘못 건설되고 있음을 인정하면서도, 실용적인 전기의 원천으로서의 원자력 에너지 전체를 비난하는 것은 거부할 수도 있다. 그럼에도 불구하고 그들의 절박감과 협력자의 필요성은 자주 내부고발자들로 하여금 그들의 이데올로기적 차이를 극복하고 저항단체와 접촉하게 한다. 왜냐하면 그러한 단체들은 내부고발자들의 비판에 열려 있기 때문이다. 일단 내부고발 경력이 쌓이고 나면, 저항자들은 자연스럽게 동맹자가 된다.

어떤 저항단체들은 다른 단체들보다 내부고발자들을 더 잘 받아들인다. 우려하는 과학자들의 모임Union of Concerned Scientists이나 지구의 친구들Friends of the Earth과 같은 대규모의 전국 조직들은 보다 많은 전략적 관계와 자원 — 뉴스매체에 대한 접근, 정치적 접촉, 자금조달 — 을 가지고 내부고발자를 보호하거나 또는 적어도 그의 사례를 공개한다. 그리고 만약 사회운동이 충분히 대규모이고 오랜 시간 지속된다면, 그러한 전국 단체들은 이전에 속해 있던 산업계에 의해 현재 배척당하고 있는 다수의 박식한 전前 내부자들에게 일자리를 제공하기도 한다. 게다가 소수의 저항단체들은 기술적 내부고발자들에게 친숙한 전문가 언어로 말하는 과학적·기술적 전문가들을 보유하고 있다. 이들 조직은 내부고발자들이 지닌 정보의 중요성뿐만 아니라 그것을 효과적으로 활용하는 방법 또한 알고 있으며, 때때로 일자리를 제공하기도 한다. 끝으로, 정부 책임확보 프로젝트Government Accountability Project나 군수품 조달감시 프로젝트Project on Military Procurement와 같은 소수의 저항단체들은 특히 내부고발자들을 보호하는 것을 목적으로 하고 있다. 그들은 정치적 연줄을 가지고 있으며, 따라서 내부고발자들의 특수한 욕구에 대처할 수 있다.

내부고발자들은 저항의 레토릭을 자신들이 잘 알고 있는 세부 사실들에 보다 확고하게 근거시키고 도덕적 격분이나 미지의 것에 대한 공포 위에 인지적으로 구축함으로써 때때로 저항의 레토릭을 변화시킬 수도 있다. 많은 내부고발자가 전문가이고, 많은 경우 엔지니어들이기 때문에, 그들이 아주 편안하게 사용하는 언어는 엄밀한 기술적 언어이다. 저항단체와 함께 또는 그 단체를 위해 일하는 윤리적 저항자들 —

존 고프먼은 말할 것도 없이 — 은 그러한 언어에 대한 기술적 이해를 증진시키고, 저항단체의 무기에 추가적인 레토릭 차원을 제공하고, 공중이 그것에 더 많은 신뢰성을 부여하게 한다.

내부고발자들은 저항운동에 일조한다. 그러나 때로는 그 역의 상황도 발생한다. 디아블로 캐니언 원자력 발전소에 반대하는 활발한 캠페인, 그리고 특히 정부 책임확보 프로젝트의 존재는 다수의 피고용인들에게 공사 결함에 대해 내부고발을 할 수 있도록 용기를 북돋웠다. 간혹 군대에서 그랬던 것처럼, 저항자들의 주장은 피고용인들이 그들 자신의 일에 의문을 제기하게 할 수도 있다.

대부분의 전쟁이 많은 사람에게서 소중한 도덕적 규칙을 파괴하기 때문에, 전쟁과 전쟁준비는 항상 윤리적 저항자들을 양산해왔다. 베트남전쟁은 엄청난 양의 내부고발을 낳았다. 1971년에는 베트남전쟁에 반대하는 100명이 넘는 베트남전 퇴역군인이 자신들이 목격한 전쟁범죄에 대해 공개적으로 증언했다. 그리고 몇 달 후 대니얼 엘즈버그Daniel Ellsberg는 국방부 비밀보고서를 언론에 공개했다. 미국의 베트남 개입에 관한 이 비사를 쓰는 데 도움을 주었던 전쟁 입안자의 한 사람인 엘즈버그는 즉각 반전운동의 저명한 인물이 되었으며, 그 이후 지금까지 좌파 자유주의 대의를 가지고 적극적인 활동을 하고 있다. 지난 20년간 CIA, 군대, 무기 실험실, 그리고 여타 방위시설 부문에 소속된 수많은 피고용인들이 내부고발자가 되었다.[21] 그들 중 많은 사람들이 행동주의로 전

---

21 CIA 경우만을 살펴보자. 존 스톡웰(John Stockwell)은 CIA에서 "자신의 고용주들과 관련한 매우 충격적인 진실"을 알게 된 것에 관해, 그리고 그 기관 내부로부터의 개혁을 촉진시키려 했던 자신의 부질없는 노력에 대해 쓰고 있다. John Stockwell, *Search of Enemies: A CIA Story*(New York: W. W. Norton, 1978). 유사한 폭로로는 다음의 것들이 있다. Philip Agee, *Inside the Company: CIA Diary*(New York: Stonehill, 1975); Frank Snepp, *Decent Interval: An Insider's Account of Saigon's Indecent End*(New York:

향하여, 다방면에서 자신들의 이전 고용주들에게 저항하고 있다. 민간 산업체들에 대한 내부고발이 어떤 사람을 그의 이전 산업체에 대한 '배반자'로 만든다면, 군대나 방위산업에서 그렇게 하는 것은 훨씬 더 나쁜 결과를 가져온다. 내부고발자들은 자주 너무나도 불쾌한 급진화 경험을 하기 때문에, 그들이 평화운동에 참여하는 것은 자명한 선택이다.[22]

하지만 윤리적 저항자들의 기여 중에서 가장 중요하고 가시적인 것은 민간 원자력 에너지에 반대하는 운동에서 이루어졌다. 존 고프먼과 아서 탬플린은 미국의 핵 프로그램에 반대해야만 한다고 느낀 일군의 기술적·과학적 전문가들 중 최초의 인물들이었다. 또한 원자력의 경우는, 비록 상대적으로 적은 수의 내부고발자들이 저항자들과 접촉하거나 저항자가 되기는 하지만, 이들 여성과 남성이 저항운동에, 그리고 그것을 둘러싼 논쟁에 결정적일 수 있다는 것을 보여준다.

1969년의 고프먼과 탬플린 사건 직후, AEC 오크리지Oak Ridge 연구소의 몇몇 엔지니어가 당시 원자로에서 사용 중인 비상 핵 냉각 시스템이 주요 검증들을 통과하지 못했다는 것을 보여주는 정보를 '우려하는 과학자들의 모임'에 누설했다. 그 연구결과들은 새로운 원자력 발전소들을 즉각 인가하기 위해 AEC가 은폐하고 있던 것이었다. 1972년에 그 모임은 그 정보를 공표했고, AEC에 공청회 개최를 촉구했다. 그리고 거기에서 동일한 엔지니어들이 마지못해 증언했다. 1년 이상 지속된 그 공청회들은 반핵운동의 중추가 되는 반핵 참가자들의 네트워

Random House, 1977); Victor Marchetti and John D. Marks, *The CIA and the Cult of Intelligence*(New York: Knopf, 1980).

22 멜리사 에버렛(Melissa Everett)은 이들 방위산업 내부고발자 10명에 관한 이야기를 썼다. Melissa Everett, *Breaking Ranks*(Philadelphia: New Society Publishers, 1989). 원래 그들로 하여금 그렇게 하게 만든 것은 다른 내부고발자들과 동일한 대의들이었지만, 그들이 받은 대우는 보통 훨씬 더 나빴던 것으로 보인다.

제6장 내부고발자: 행위의 도덕적 원칙 **295**

크를 형성하는 데 일조했다. '우려하는 과학자들의 모임'을 설립하고 운영한 것이 엔지니어와 과학자들이었기 때문에, 기술적 내부고발자들은 정보를 가지고 그 모임에 접근하는 것을 편안하게 느끼는 것으로 보였다.[23] 존 고프먼처럼 그 사람들도 급속한 원자력 상업화를 위해 근거가 확실한 과학적·기술적 발견들이 은폐되고 있다고 생각했다.

존 고프먼 자신은 미국 전역에서 반핵단체들을 조직하고 고무하는 데 일조했다. 1971년에 그는 원자로 건설의 일시중지를 촉구하는 핵책임위원회를 설립했다. 그는 또한 원자로 계획에 대해 반대하는 수많은 지역을 돌아다녔다. 1973년에 그는 평화를 위한 어머니회 ─ 우리가 앞 장에서 만난 단체 ─ 가 베트남전쟁에서 인근의 디아블로 캐니언 원자력발전소로 관심을 돌리도록 하는 데 일조했다. 고프먼은 스리마일 섬 원자력 사고 발생 6주 후인 1979년 5월에는 펜실베이니아를 방문했다. 수많은 사람이 그가 (사고 지점으로부터 25마일가량 떨어진) 랭커스터에 소재한 프랭클린-마셜대학Franklin and Marshall College에서 한 강연을 들었다. 그리고 사회학자 에드워드 월시는 그 강연을 이렇게 평가했다. "이 외부 전문가가 [그 지역의 새로운 반핵단체들 중 하나인 서스쿼해나 밸리 동맹Susquehanna Valley Alliance의] …… 목표와 전략에 단일 요인으로는 가장 중요한 영향을 미쳤을 것이다."[24]

반핵운동이 직접행동 전술로 선회하면서 전국 신문의 1면 표제를 장식하기 시작했던 1976년에 몇몇 사람이 내부고발을 하고 나섰다. 세 명의 엔지니어가 GE에서 사직했는데, 그 이유는 회사가 결함이 밝혀

---

23 Daniel Ford, *The Cult of the Atom: The Secret Papers of the Atomic Energy Commission*(New York: Simon and Schuster, 1982).

24 Edward J. Walsh, *Democracy in the Shadows: Citizen Mobilization in the Wake of the Accident at Three Mile Island*(New York: Greenwood Press, 1988), p. 84.

진 원자로를 생산하고 있었고 그 결과 중대한 사고가 일어날 수 있다고 느꼈기 때문이었다. 다른 두 명의 엔지니어는 안전문제를 다루는 것이 자신들에게 허락되지 않았다고 느꼈기 때문에, NRC(AEC의 계승 기관)를 사직했다. 원자력 산업계로부터 배척당하고 규제기관들의 반응에 환멸을 느낀 세 명의 GE 엔지니어는 스스로 자문회사인 MHB 테크니컬 어소시에이트MHB Technical Associates를 설립하고, 종종 그들의 서비스를 시민 참가자 단체들에 판매했다.[25] NRC의 엔지니어들 중 한 사람은 '우려하는 과학자들의 모임'과 함께 일하게 되었다. 이러한 사직이 널리 보도되자, 내부고발자들이 그들 각자의 조직에서 차지하고 있던 높은 지위가 그들의 비판을 묵살하기 어렵게 만들었다.

사직하고 몇 주 후에 이 세 명의 전임 GE 엔지니어(데일 브리덴보Dale Bridenbaugh, 리처드 허버드Richard Hubbard, 그레고리 마이너Gregory Minor)가 의회의 원자력 합동위원회에서 증언했다. 그 공청회들은 그들의 GE 사직 이유와 원자력 에너지의 위험에 대한 그들의 주장을 조사하기 위해 특별히 개최된 것이다. 브리덴보는 자신의 우려가 수년 동안 서서히 진전되어온 것이라고 주장했지만, 그가 사직할 정도로 자신에게 충격을 준 한 사건에 대해 다음과 같이 묘사했다. "그 시스템을 작동하게 만들 방법이 전혀 존재하지 않는다는 것을 나에게 알게 해주고 명명백백하게 해준 것은 …… 메릴랜드의 베데스다Bethesda에서 열린 한 집회였다."[26] 브리덴보가 정확히 어떤 일이 있었는지를 명시하지는 않았지

---

25 이를테면 최근에 MHB는 '우려하는 과학자들의 모임'을 위해 신형 원자로 계획의 위험에 관한 보고서를 작성했다. MHB, *Advanced Reactor Designs*(Washington, D.C.: Union of Concerned Scientists, 1990).

26 United States Congress, "Investigation of Charges Relating to Nuclear Reactor Safety: Hearings before the Joint Committee on Atomic Energy, 94th Congress, Second Session, February 18 to March 4, 1976"(Washington, D.C.: Government Printing Office,

만, 그는 청중의 공감을 유발하기를 바라는 방식으로 그러한 도덕적 충격을 묘사했다. 그의 말은 그의 자리에 있었다면 누구라도 동일한 결론에 도달했을 것임을 암시했다.

그 엔지니어들은 원자력 에너지에 전적으로 반대하는 것은 아니라고 주장했다. 따라서 현 시스템에 대한 그들의 항의가 보다 온전한 힘을 가질 수 있었던 것인지도 모른다. 브리덴보는 다음과 같이 말했다. "나는 원자력으로 전기를 생산한다는 관념에는 아무런 기본적인 기술적 결함도 없다고 생각한다. 하지만 나는 원자력을 충분히 안전한 것으로 만들기 위해서는 아마도 그것이 군대식 시스템에 가까워져야 한다고 생각한다"(p. 28). 내부고발자들이 구체적인 문제들을 다루기 때문에, 그들은 교정조치가 취해질 가능성을 증대시킨다. 대체로 한정된 주장들이 보다 설득력이 있어 보이며, 또 그러한 해결책이 보다 실행 가능할 것으로 보인다. 그 엔지니어들은 스스로를 이데올로그가 아니라 온건주의자로 제시했다.

그 엔지니어들은 자주 정보의 통제에 대해 불평했다. 허버드는 다음과 같이 말했다. "공중은 GE 회장이 원자력에 관해 5피트 높이에 달하는 연구보고서를 검토했다고 하는 말을 그와 그들의 최고경영진으로부터 듣는다. 만약 당신이 그 인용구를 듣는다면, 당신은 아마도 그 연구가 원자력이 깨끗하고 안전하고 경제적이라고 말한다고 여기게 될 것이다. 나는 당신이 GE 사람들에게 그 보고서가 실제로 말하는 것이 무엇인지를 물어야만 한다고 생각한다"(p. 71). 안전설비의 부족, 사고의 예측, 그리고 여타의 부정적 정보가 은폐되고 있었다. 정직, 보편

1976), p. 29. 아래에서는 이 공청회에서 따온 인용구들의 경우 원문의 페이지를 괄호로 처리해서 인용한다.

성, 중용처럼, 언론의 자유도 강력한 테마 중의 하나이다. 그 엔지니어들은 그들로 하여금 저항을 하게 한 도덕적 가치들을 명시적으로 제시했다.

원자력 합동위원회의 원자력 찬성 위원 중 한 사람인 마이크 매코맥 Mike McCormack(워싱턴 주/민주당)은 쟁점을 재프레이밍함으로써 그 엔지니어들의 신뢰성을 훼손하고자 했다. 그는 그들이 종교단체인 창의적발의 재단Creative Initiative Foundation의 회원이라고 언급했다. "그분들의 사직에 대해 심상치 않은 주장들이 제기되어왔습니다. 그들이 속한 종교단체가 그들에게 그러한 방식으로 사직하도록 압력을 가해왔고, 사직이 홍보효과를 누리도록 조율되어왔으며, 그들이 캘리포니아에서 반핵탄원을 진행 중인 정치조직에 이용당하고 있다는 것이 그것입니다"(p. 42). 매코맥은 그 엔지니어들의 고발에 대해서는 어떠한 언급도 하지 않은 채, 오직 그들이 사직하게 된 동기와 그들의 사직이 이용되었다는 것만을 다루었다. (그들의 직업윤리 규약을 강화하는 종교적 신념이 그 엔지니어들의 도덕적 확신과 용기를 북돋았다는 것은 어쩌면 당연한 일이다.) 그는 원자력 에너지가 아니라 내부고발을 쟁점화하려고 시도했다. 매코맥은 저항행위 자체가 문제이고 저항자들은 기인들이라고 암시했다.

그러자 세 명의 엔지니어 모두는 자신들이 사직하면서 치렀던 막대한 개인적 희생을 주장했다. "위원님은 내가 GE라는 회사를 위해 22년간 일했다는 것을, 그리고 이 분야에 내 직업경력 전부를 바쳐왔다는 것을 이해해야만 합니다(p. 30). …… 나는 그 기간 동안 내가 적립해온 저축과 증권 외에 그 어떤 보상도 받지 않았습니다"(p. 43). 위원회의 다른 위원들은 이 지점에서 그 엔지니어들의 청렴을 옹호하면서, 대체로 내부고발자로서의 그들의 희생을 언급했다. 상원의원 존 터니John Tunney(캘리포니아 주/민주당)는 다음과 같이 말했다. "나는 당신의 용기 있는 소신에, 그리고 당신이 자신의 견해를 알리기 위해 상당한 희생으로 간주되는 것을 기꺼이 감수했다는 사실에 찬사를 보냅니다. 나는 당신이 말한 바를 매우 확신하고 있습니다"(p. 76). 그들의 물질적·직업적 희생은 그들에게 높은 신뢰성을 부여했다. 그들은 오직 진실과 도덕성에만 관심이 있었다.

나중에 매코맥은 그 엔지니어들의 신뢰성을 훼손하기 위한 또 다른 수단을 강구하는 노력의 일환으로, 전문가들 간에 견해 차이가 있을 뿐이라고 말했다. 만약 그것이 사실이라면, 그것은 내부고발과 사직이 통상적으로 수반하는 격분과 분노를 (그리고 따라서 신뢰성을) 약화시킬 것이 분명하다. 그는 이렇게 말했다. "여기에서 우리가 다루고 있는 것은 당신의 판단이 다른 사람들의 판단과 조금 다르다는 사실입니다. 당신은 그러한 이유로 그것이 안전하지 않다고 말하고 있지만, 다른 유능한 엔지니어들은 동일한 문제를 보면서도 그것이 안전하다고 말할 것입니다"(p. 60). 매코맥은 지식사회학의 속임수를 사용해서 그들의 견해가 다른 반대자들의 견해보다 결코 더 '객관적'이지 않고, 그렇기에 그들의 견해를 심각하게 취급해야 할 이유가 없다고 말하는 중이었다.

그 엔지니어들은 몇 가지 방식으로 응답했다. 그중 하나는 그들 자신의 엄밀한 전문성과 경험에 의지하는 것이었다. 허버드는 다음과 같이 말했다. "우리는 우리 생애 대부분의 기간 동안 원자로 제작에 관여해왔습니다. 따라서 우리는 이론에 대한 이야기를 하고 있는 것이 아닙니다. 우리는 실제로 진행되고 있는 것에 대한 이야기를 하는 중입니다"(p. 79). 다른 때에는 그들은 다른 엔지니어들도 자신들과 마찬가지로 생각하지만 그들을 격려하거나 보호할 기제들이 거의 존재하지 않기 때문에 나서지 않는 것이라고 주장했었다. 이러한 점에서 볼 때,

그 엔지니어들도 내부고발(또는 타당한 의사소통)을 원자력의 안전성과는 거리가 있는 쟁점으로 전환하고 있다. 그러나 그들은 결코 엔지니어로서의 자신들의 강한 개인적 정체성들을 포기하지 않았으며, 가능할 때마다 자신들의 전문지식에 기초하여 자신들의 주장을 정당화했다. 이는 거의 모든 전문직 내부고발자에게서도 마찬가지이다. 왜냐하면 그들에게서 활동가 정체성은 이미 직업에 의해 지배되고 있는 개인적 정체성과 접목되어 발전될 수밖에 없기 때문이다. 맨 처음에 그들에게 내부고발을 할 용기를 부여한 것도 바로 그러한 개인적 정체성이었다.

우리는 이 필기록들에서 가장 미시적 수준에서 일어나는 문화적 의미들을 둘러싼 투쟁을 볼 수 있다. 그 엔지니어들의 동기는 무엇이었는가? 그것이 원자력 에너지에 대해 갖는 보다 광범위한 함의는 무엇인가? 종교적 관점들은 얼마나 타당한가? 사회문제 연구자들은 실재의 구성을 둘러싼 논쟁 속에서 이루어지는, 그러한 종류의 '주장제기'를 종종 탐구해왔다. 이것이 바로 사회운동이 하는 일이지만, 저항에 대한 연구는 대체로 그러한 활동들을 무시해왔다. 여기에서 사용된 레토릭의 레퍼토리들 속에는 문화가 작동하고 있다. 엔지니어들의 증언은 대부분 사실에 입각하고 있었지만, 토론은 항상 그들의 동기로 되돌아갔다. 왜냐하면 그것의 근원적 맥락이 자신들의 일자리를 사직한 그들의 극적인 도덕적 행위였기 때문이다. 사실들은 과학적 맥락이 아니라 도덕적·감정적 맥락 속에 자리하고 있었다.

엔지니어들의 증언은 얼마나 효과적이었는가? 엔지니어들 간의 의견 불일치라는 사실(묘하게도 매코맥으로 하여금 자신감을 되찾게 한 것) 그 자체가 많은 공중의 성원들을 점점 더 혼란스럽게 했지만, 그들의 사직은 반핵운동을 고조시켰다. 몇 달 지나지 않아 입법자들이 원자력 에너지원에 대해 점점 더 회의적이게 됨에 따라 오랫동안 원자력 에너지의 주창자로 여겨졌던 합동위원회 자체가 해산되었다. 몇 년 되지 않아 몇몇 의회 위원회 의장들은 원자력 산업을 공격한 것으로 인해 정치적 이득을 보게 되었다. 많은 요인 — 비용, 안전성, 공중의 반대를 포함하여 — 이 미국의 원자력 산업을 잠식해 들어갔지만, GE 엔지니어들의 사직과 증언은 가장 가시적인 저항행위들 중 하나였다. 원자력 에너지에 대한 그들의 회의적 주장은 곧 대다수 미국인들에 의해 수용되었다.

내부고발자들은 전국적인 반핵운동에 기여한 것은 물론 개별 원자력 발전소를 둘러싼 여러 싸움에서도 현저한 역할을 수행했다. 1977년에 원래 국가안보 부문에서의 내부고발자들을 돕기 위해 설립된 정부 책임확보 프로젝트는 몇몇 민간 원자력 발전소를 자신들의 프로젝트 대상으로 삼았다. 그 단체는 내부고발자들에게 용기를 북돋아주었고, 법정에서 그들을 보호했으며, 그들의 폭로를 이용하여 원자력 발전소들을 폐쇄하거나 변경하기 위해 노력했다. 정부 책임확보 프로젝트는 건설 중이던 두 기의 원자력 발전소를 폐쇄하는 데 일조했다. 정부 책임확보 프로젝트는 또한 커맨치 피크Comanche Peak 원자력 발전소 감독위원회 내에서 대표권을 획득했다. 하지만 정부 책임확보 프로젝트가 NRC 인허가위원회에 제소하지 않는다는 데 합의했기 때문에, 그 화해는 논쟁을 불러일으켰다.

내부고발자들은 반핵운동의 레토릭 무기를 크게 강화시켰다. 기술전문가들인 그들은 발전소들이 안전하지 않다는 반핵운동의 기술적 주장에 특히 신뢰성을 부여했다. 1972년에 개최된 비상 핵 냉각 시스템에 관한 공청회 이후 반핵 참가자들은 그들의 초점을 호수의 기온 상승이나 적은 수준의 방사능 방출과 같은 환경 쟁점에서 파국적 사고의 위협과 같은 안전 쟁점으로 이동시켰다. 불완전한 콘크리트, 잘못된 용접, 그리고 여타의 부주의한 건설 관행들이 주요 쟁점이 되었는데, 이는 부분적으로는 무수히 많은 내부고발자들이 개별 발전소들에서 그러한 문제들을 제기했기 때문이었다. 관심이 시설 및 원자력 발전소 건설 산업의 전반적 능력으로 옮아갔다. 일부 내부고발자들이 특정 발전소의 결함에 이목을 집중시켰다면, 세 명의 GE 엔지니어를 포함하여 다른 사람들은 포괄적인 설계 문제들, 그리고 건강과 안전에 미치는 장기적 결과의 비판에 관심을 집중시키는 데 일조했다.[27] 그들의 실제적인 불평에 더해, 윤리적 저항자들은 또한 규제기관들과 원자력 산업이 의도적으로 공중을 기만하고 부정적 정보를 은폐했음을 폭로했다. 이 폭로들이 없었다면, 아마도 반핵운동은 10년 또는 그 이상 동안 그 자체를 유지할 수 없었을 것이고, 그것이 행사했던 것보다 훨씬 더 적은 영향 — 비록 간접적이긴 하지만 — 을 정책에 미쳤을 것이다.

기술관료제의 희생자들

기업과 국가는 때로는 사람들의 집 근처에 혐오시설을 입지시키기로 결정하는, 때로는 그들로 하여금 불쾌한 행위를 수행할 것을 요구하는 도덕적 충격을 가함으로써 그들을 저항으로 밀어 넣는다. 지역의 저항자들과 조직 내부의 저항자들 모두는 일반적으로 비정치적이었던

---

27 초기의 원자력반대에서 환경쟁점이 지배적이었던 것에 대해서는 Dorothy Nelkin, *Nuclear Power and Its Critics: The Cayuga Lake Controversy*(Ithaca, N.Y.: Cornell University Press, 1971)를 보라. 그리고 쟁점의 진화와 미국 반핵운동의 전반적인 역사에 관해서는 Jasper, *Nuclear Politics*, chs. 7, 11을 보라.

시민들로, 그들의 격분이 그들의 삶을 변화시킨 사람들이다. 하지만 일단 그들이 정치적 활동의 아드레날린을 느끼고 나면, 그들 중 대다수는 계속해서 적극적으로 활동하게 된다. 통상적인 경우 그러한 저항자들은 자신들이 명백한 희생자라고 느끼며 시정을 강력하게 요구한다. 그들의 두 번째 도덕적 충격은 자신들이 호소의 대상으로 삼은 정치인이나 국가기관들이 자신들을 무시할 때 발생한다. 그들은 정부가 사회계약의 목적 — 즉, 부당하고 부정한 간섭으로부터 시민을 보호해야 한다는 것 — 을 위반했다고 생각한다(이것은 대부분의 경우 정당화될 수 있다). 그들 자신의 대의제정부에 의해 무시당하고 있다는 인식에 따른 그들의 격분은 자주 그들의 애초 불만만큼이나 중요하다. 특히 선량한 중간계급 시민들은 정부가 자신들의 편에 설 것이라고 기대한다. 에머슨이 이 장의 제사題詞에서 말했던 것처럼, 옳은 일을 하는 것과 법을 준수하는 것이 양립할 수 없는 때가 있다.

내부고발자들은 신뢰성이라는 귀중한 자산을 보유하고 있다. 그들이 그들 자신의 이익에 반하는 말을 공개적으로 하고 있고 또 보복의 위협에 직면해 있기 때문에, 그들의 청중은 보통 그들이 진실과 정의에 관심이 있다고 결론짓는다. 나도 동의한다. 대부분의 내부고발자는 도덕적 원칙들에 의해 마음이 움직여서 개인적 저항에 나선 사람들 중 주목할 만한 사례이다. 그들이 하는 일은 매우 어려운 것이다. 따라서 그들은 점점 더 그것을 '옳은 일' — 어려운 시기 동안 그들을 지탱하게 하는 호칭 — 로 정의하게 된다. 물론 그들이 도덕적으로 추동된 저항자들의 유일한 사례인 것은 아니지만, 그들의 도덕적 입장은 내부고발로 인해 그들이 빈번히 겪는 고통에 의해 부각된다. 고통은 레토릭의 힘을 가지고 있으며, 따라서 내부고발자들은 저항운동에 하나의 축복이다.

내부고발자들은 그들이 사용하는 전문적 언어와 증거 이상으로 그들이 누구인지를 통해서도 저항운동을 고취시킬 수 있다. 즉, 그들은 움직이는 수사어구, 즉 용감한 사람들과 무자비한 조직들에 관한 도덕적 이야기의 화신이다. 그들 자신의 삶이 그들의 최고의 예술작품인 많은 예술가들처럼, 내부고발자들 역시 자신의 역사가 강력한 증거이자 상징이다. 그들은 개인으로서 도덕적·감정적·인지적 메시지들을 나른다. 그들의 선의에도 불구하고 그들의 경험이 다수의 청중에게 전파되어 그들이 통제할 수 없게 됨에 따라, 그러한 신격화가 자주 발생한다. 그들 자신의 신체보다 그들의 고통과 용기를 생생하게 표현하는 것은 어디에도 없다.

지난 30년간 탈산업적 저항단체들이 급격하게 증가하고, 그것들 대다수가 과학과 기술의 관행들에 명시적으로 의문을 제기하면서, 오늘날 내부고발자들은 대체로 그들이 의지할 수 있는 컨설턴트, 변호사, 조직을 가지고 있다. 그러나 그들 중 거의 어떤 사람도 자신들이 내부를 고발하려고 결정할 당시에는 그러한 사실을 알지 못한다. 대체로 그들의 첫 저항행위는 매우 고립된 채로 일어난다. 그들은 자신들의 도덕적 가치를 지키기 위해 자신들의 안락한 삶을 포기한(그리고 많은 사람이 자신들이 그렇게 하고 있다는 것을 알고 있다), 용감한 사람들이다. 그들은 무엇이 도덕적으로 비열한지를 결정할 때도, 그리고 자신들의 이야기를 할 토론장을 찾을 때도 즉흥적으로 그렇게 한다. 그들은 스스로 새로운 도덕적 삶, 정체성, 경력을 창조한다. 그리고 그들은 괴롭힘과 박탈에도 불구하고 한결같이 그것을 결코 후회하지 않는다.

복잡하고 위험한 기술과 대규모의 강력한 관료제를 갖추고 있는 선진 산업사회에서 문제와 규칙위반을 지적하는 내부고발자는 어려우면서도 중요한 역할을 수행한다. 내부고발자들은 그들의 상관과 조직이 지닌 모든 권력에, 즉 거의 확실한 보복에 꿋꿋하게 맞서야만 한다. 그럼에도 불구하고 그 수는 님비 운동이 번성해온 것과 동일한 많은 이유에서 지난 20년간 증가해왔다. 그 이유로는 첨단기술 산업과 직업의 폭발적 증가, 복잡한 기술과 그 기술에 책임이 있는 기업들에 대한 더 커진 '탈산업적' 의구심, 그 결과 기술적 논쟁들을 점점 더 기꺼이 보도하는 뉴스매체, 그리고 내부고발자들을 정당화하고 보호하는 지원 저항단체들을 들 수 있다. 대부분의 님비 운동과 내부고발자들은 산업과 기술에 대해 확산되고 있는 탈산업적 심문의 일부이다.

내부고발자들의 중요성은 그들의 수와 함께 증가해왔다. 왜냐하면 그들은 어떤 다른 방식으로는 획득할 수 없는 위험과 부패에 대한 정보, 그리고 때로는 저항에 박차를 가할 뿐만 아니라 사회가 공공의 건강과 안전을 보호하는 데에도 일조하는 정보를 종종 제공하기 때문이다.[28] 그들의 잠재적 중요성을 인식함에 따라 1986년에 제정된 연방 법률은 연방 내부고발자들이 폭로한 사기의 경우 정부가 되찾은 돈의 일정 비율을 내부고발자들이 가질 수 있게 했다. 그 후 이 프로그램을 통해 되찾은 금액들이 증가하고 있으며, 그 액수는 대략 총 10억 달러

---

28 정보의 중요한 도관으로서의 내부고발자에 관한 사례들은 많다. 미국항공우주국은 챌린저 호의 사고뿐만 아니라 발사가 치명적일 수 있음을 경고했다고 폭로한 내부고발자들에 의해서도 크게 흔들렸다. 다음을 보라. Diane Vaughan, "Autonomy, Interdependence, and Social Control: NASA and the Space Shuttle Challenger," *Administrative Science Quarterly*, 35(1990), pp. 225~257; *The Challenger Launch Decision: Risky Technology, Culture, and Deviance at NASA*(Chicago: University of Chicago Press, 1996). 다른 내부 고발자들은 여전히 이름이 공개되지 않고 있지만, 언론에 핀토(Pinto)의 연료탱크에 관한 포드사(Ford)의 추산, 그리고 토양오염에 대한 후커 케미컬(Hooker Chemical)사의 우려를 고발하는 메모의 사본을 전달했다. 다음을 보라. Mark Dowie, "Pinto Madness," in Robert J. Baum(ed.), *Ethical Problems in Engineering*, Vol. 2, *Cases*(Troy, New York: Center for the Study of the Human Dimensions of Science and Technology, Rensselaer Polytechnic, 1980), pp. 167~174; Baum, *Ethical Problems in Engineering*, pp. 28~34. 하나의 사회문제를 인지하는 이 같은 초기 단계에서 보통 내부고발자에게 뉴스매체는 핵심적인 접촉상대이다.

에 이른다.[29] 하지만 대부분의 내부고발자는 그저 물질적 불이익들을 당할 뿐이다. 내부고발의 주된 만족은 여전히 강력한 도덕적 진술을 한다는 것, 즉 옳은 일을 한다는 것으로부터 나온다.

내가 사회운동에서 감정이 지니는 중요성을 부각시키기 위해 님비운동을 이용했던 것과 마찬가지로, 나는 내부고발자들이 그들의 도덕적 이상을 고찰하고 경청할 수 있는 좋은 사례라는 것을 발견했다. 존재론적 안전 ─ 우리가 앞 장에서 침해되는 것을 살펴보았던 ─ 에 대한 암묵적 기대와는 대조적으로 이 도덕적 원칙은 가장 명시적인 형태의 문화이기 때문에, 내부고발자들은 무엇이 잘못인지에 대해 좀처럼 혼란스러워하지 않는다. 또한 우리는 그들의 도덕적 규칙이 그들이 저항에 가담하기 전에 존재했다는 것을 알 수 있다. 달리 말해 인과관계가 확실해 보인다. 즉, 도덕적 원칙이 저항에 기여한다. 많은 개인이 이미 존재하는 도덕적 원칙을 가지고 있고, 그것의 위반이 그들을 저항하도록 만든다. 개인들로 하여금 저항하도록 고무시킬 정도로 충분히 강력할 수 있는 도덕체계로는 어떤 것들이 있는가? 종교적 도덕체계들이 그렇다는 것에는 의심의 여지가 없다. 이를테면 1980년대 중앙아메리카에 대한 군사개입에 반대한 운동은 처음에는 그들의 종교적 신념을 정치에 적용했던 사람들의 창작품이었다.[30] 우리가 살펴본 것처럼, 직업윤리 또한 거의 종교적인 열정을 통해 유지될 수 있기 때문에, 저항을 고무할 수 있다. 자신의 공동체를 보호하고자 하는 욕망과 마찬가

---

29   John Holusha, "A Whistle-Blower Is Awarded $22.5 Million," *New York Times*, 1 April, 1994를 보라.

30   크리스천 스미스는 『레이건에 저항하기(Resisting Reagan)』에서 종교가 수행하는 현저한 역할을 입증한다. 보다 일반적인 저항의 한 가지 원천으로서의 종교에 대해서는 Christian S. Smith(ed.), *Disruptive Religion: The Force of Faith in Social Movement Activism* (New York: Routledge, 1996)을 보라.

지로, 정치적·이데올로기적 신념들도 도덕적 저항의 또 다른 원천이다. 하지만 여타의 많은 사람들은 보다 직관적인 도덕적 감상들을 가지고 있고, 그러한 감상들은 그들이 행동을 취하기 전에 저항 조직자에 의해 육성되고 정교화될 필요가 있다. 어느 쪽이든 도덕적 전망은 감정과 인지적 신념들만큼이나 중요한 저항의 한 부분이며, 그것들로부터 분리할 수 없다.

개인들은 조직화된 단체에 가입하지 않고 (또는 가입하기 전에) 저항에 참여할 수도 있다. 상사에게 불평하고 상사와 논쟁하는 것과 같은 세속적이고 지엽적인 활동들조차도 고의적 지체, 조잡한 세공, 또는 심지어 태업 같은 무언의 저항 형태들을 넘어서는, 기존 관행에 대한 명시적인 비판의 하나이다. 내부고발은 불교 수도승의 자기희생이나 유나바머Unabomber가 보낸 소화물들처럼 매우 신중한 개인적 저항의 한 형태이다. 때때로 개인적 행위는 보다 조직화된 저항운동으로 충원되기에 앞서 이루어지지만, 항상 그러한 것은 아니다. 동원 이론가와 과정 이론가들은 그러한 행위들을 그들의 시야 바깥에 있는 것으로 규정한 다음 그것들을 무시하기 때문에, 그러한 행위들이 개인들을 언제 사회운동으로 이끌고 언제 이끌지 않는지를 물을 수조차 없다. 시민권 운동이 고무한 이미지, 즉 공식 조직은 이미 얼마간 정해진 자연적 지지기반으로부터 발생한다는 이미지들은 그러한 개인적 행위가 있을 것 같지 않은 것처럼 보이게 한다. 많은 양의 공식 교육을 받은 탈산업적 동조자들은 아마도 명시적인 도덕적 원칙과 개인적 또는 직업적 확신을 가지고 개별적으로 행위할 가능성이 많다. 우리는 심리적·전기적 도구 없이는 그러한 행위를 이해할 수 있을 것으로 기대할 수조차 없다. 우리는 두 장에 걸쳐 주로 저항의 전기적 차원과 문화적 차원을 검토했다. 왜냐하면 우리가 개인들의 신념체계, 정서적 격자, 퍼스널리티 특성, 도덕적 충격 등등에 초점을 맞추어왔기 때문이다. 그렇게 하면서 우리는 어떻게 개인들이 그들 자신의 저항행위를 수행하는지, 그리고 또한 조직화된 저항운동에 어떻게 충원되고, 심지어 때로는 어떻게 단체들을 찾아 나서거나 설립하기도 하는지를 살펴보았다. 그러나 전기는 저항의 다른 차원들과도 긴밀하게 연관되어 있다. 개인들은 자신들을 둘러싸고 있는 문화적 저장소들로부터 직업윤리, 종교적 신념, 그리고 심지어는 완고한 오만을 내면화한다. 그리고 그들은 타인들, 그중에서도 특히 그들의 고용주 및 동료들과 전략적으로 상호작용한다. 아마도 자원은 내부고발이 이루어지고 나서 그것이 이의제기자에게 발생하는 일에 영향을 미칠 때에만 중요할 것이다. 전기와 문화가 내부고발이 발생하는 이유를 설명하는 데 특히 탁월하다면, 전략과 자원은 그 후에 발생하는 일을 설명하는 데 가장 적실하다.

앞 장과 이 장에서 우리는 그들 자신의 일에만 신경을 쓰는 개인들이 어떻게 깊은 도덕적 충격을 받을 수 있는지를 살펴보았다. 그러한 충격은 보통 회사나 국가기관들로부터 비롯된다. 하지만 그것은 또한 사랑하는 사람의 죽음과 같은 개인적 비극에서 기인하기도 한다. 화와 격분은 과거의 경험이나 저항단체들과 개인적 유대가 없는 상황에서조차 자주 사람들로 하여금 저항하게 할 수도 있다. 이제 우리는 초점을 감정과 도덕에서 인지적 신념으로 이동시킴으로써, 저항단체가 감정과 신념을 전달하고 정교화하는 데서 수행하는 적극적 역할을 좀 더 살펴볼 것이다. 매우 격분한 개인이라고 할지라도 의지할 조직화된 단체가 없을 경우 쉽게 체념하고 만다. 도덕적 충격을 받았을 때, 모든 사람이 자신을 인도할 명시적인 도덕적 원칙을 가지고 있는 것은 아니다. 우리 대부분은 보다 직관적인 도덕적 감성들을 가지고 있으며, 우리가 그것들을 정교화하는 데에는 도움이 필요하다. 어떤 점에서 도덕적 분개와 감정적 느낌들은 즉각적이고 직관적인 반응들이다. 반면에 인지적 인식은 더 느리고 더 냉정하다. 그것은 자주 나중에 구체화된다.

- 명시적인 도덕적 신념이 위반될 때, 그것은 자주 화, 격분, 고통, 도덕적 충격을 낳는다. 그러한 감정들은 심지어 엔지니어들처럼 그러할 것 같지 않은 후보자들도 저항하게 할 수 있다.
- 내부고발자들은 그러한 윤리적 이의제기자들의 분명한 사례 중 하나이다. 그리고 반핵운동은 그들이 얼마나 유력할 수 있는지를 잘 보여준다.
- 직업윤리, 종교적 신념, 그리고 공동체적 연대는 도덕적 원칙의 주요한 원천들이고, 그것들의 위반은 내부고발로 이어진다.
- 과학과 기술에 대한 탈산업적 도전이 내부고발도 님비 운동처럼 흔하게 발생하는 일이 되게 했다.

동물 보호자들의 충원: 인지적 차원

문학은 사회의 의식이다. 그것은 한 시대의 사회적 감정을 표현하
는 동시에 그것을 분석하고 판단한다. 그것은 지진계처럼 사회를
뒤흔드는 충격들 ─ 여론의 흐름, 분위기, 혼란스러운 열망들, 불만,
희망 ─ 을 기록하고 상술한다.

─ 미셸린 티송-브라운

당신이 200년 전에 살고 있다고 상상해보라. 만약 당신이 전형적인
미국 ─ 또는 어떤 다른 나라 ─ 의 시민이라면, 당신은 매일의 삶 속에서
마주치는 많은 동물에 대해 어떻게 생각했을까? 당신이 걸을 수 있는
것보다 더 멀리 갈 필요가 있었을 때, 말이 당신을 데려다주었다. 말이
예상외의 반응을 보일 때, 당신은 채찍이나 날카로운 박차를 사용해서
말들을 규율했다. 만약 당신이 남자라면, 아마 사냥을 다니고 토끼나
꿩을 잡기 위해 숲으로 힘차게 달려갔을 것이다. 당신은 양과 돼지들
을 열심히 돌보고 어쩌면 어린 새끼 양을 애완동물처럼 부엌에 두기까
지 했을지도 모른다. 하지만 그것은 대개의 경우 당신이 양의 목을 베
고 그것을 해체해서 요리해 먹을 때까지 그것을 살려두기 위해서였다.

개는 몇몇 유용한 일을 했지만, 고양이는 그것이 먹어치우는 설치류들보다 더 나을 것이 거의 없었다. 고양이는 주로 축제와 정치적 시위운동들에서 자루에 넣어 불에 태우는 용도로 쓰였고, 소름끼치는 고양이 울음소리는 강렬한 인상을 남겼다. 개싸움, 닭싸움, 개 대 오소리 싸움, 심지어는 개 대 원숭이 싸움 같은 동물 싸움은 또 다른 인기 있는 오락거리였다. 여러 마리의 개를 풀어놓아 다수의 쥐를 죽이거나 황소 또는 곰을 괴롭혔을 수도 있다. 특히 '불독'은 들이받히는 것을 피하기 위해 몸집이 아주 땅딸막하게, 그리고 황소 주둥이의 부서지기 쉬운 연골을 물어뜯을 수 있도록 아래턱 힘이 강하게 개량되었다.

그 시대에 동물들은 어느 곳에나 존재했고, 애완동물이 우리 대부분이 만나는 유일한 동물인 오늘날보다 일상생활에서 동물과 훨씬 더 친밀했다. 그러나 동물에 대해 생각할 필요는 거의 없었다. 동물은 영혼을 가지고 있지 않았다. 성서는 동물이 인간의 지배를 받는다고 명시했다. 그리고 그것은 우리가 동물을 우리가 바라는 대로 사용할 수 있다는 것을 의미하는 것으로 생각되었다. 대부분의 철학자에 따르면, 동물은 느낌을 가지고 있지 않았다. 철학자들은 동물은 인간처럼 고통을 느낄 수 없기 때문에 동물이 몸부림치고 비명을 지르는 것은 반사적인 반응이라고 주장했다(정확히 말하면 사람들은 바닷가재를 끓이면서 여전히 그렇게 말한다). 설사 동물이 고통을 느낀다고 해도, 어쩌겠는가? 동물은 단지 동물일 뿐이었다. 간혹 동물의 고통을 걱정했던 시인, 사제, 또는 (가장 빈번하게는) 귀족부인들은 기인이라고, 심지어는 미쳤다고 비웃음을 샀다.

오늘날 사람들이 동물에 대해 가지는 태도는 다르다. 특히 선진 산업국가에 살고 있는 우리 대부분은 (전혀 과장해서 말하지 않더라도) 고양이가 불태워지는 광경에 크게 동요할 것이다. 우리는 그것의 끔찍한 고통을 상상할 수 있을 것이다. 왜냐하면 우리는 그들의 신경체계가 우리와 비슷하다는 것을 알고 있기 때문이다. 나아가 우리는 많은 종을 우리가 그러한 종들에게서 인지하는 감정과 성격들 — 충성심, 사랑, 애정, 심지어는 긍지나 나태함 — 에 의거하여 평가한다. 그리고 지난 15년간 우리는 비인간 동물들의 복잡한 사고양식을 이해하게 되었다. 우리는 원숭이에게 원시적인 수화를 가르쳤고, 고래가 서로에게 노래하는 것을 녹음했고, 꿀벌의 정교한 춤을 해독했다. 적어도 우리가 동물의 물리적 감각, 감정, 지각을 인식하게 됨에 따라, 동물은 점점 더 인간에게 가까운 존재가 되어왔다.

우리가 200년 전의 태도에서 얼마나 바뀌었는지를 평가하기란 쉽지 않다. 소 굴리기는 마차를 끌던 말들에 대한 학대와 마찬가지로 19세기에 영국과 미국에서 금지되었다. 그 시기의 인도적 운동은 동물이 감정, 특히 고통을 느끼는 능력을 가지고 있다고 생각했지만, 동물이 주목할 만한 인지능력을 가지고 있다고 여기지는 않았다. 동물은 여전히 인간의 보호를 필요로 하는 '말 못하는 짐승'이었다. 오늘날 우리가 논쟁을 벌이고 있는 동물보호는 우리의 선조들에게는, 심지어 인도적 사회에 속했던 빅토리아 시대의 사람들에게조차 상상할 수도 없는 일이었을 것이다. 산란하는 닭의 심리적 안녕을 위해서 얼마나 많은 빛과 공간이 필요한가? 인간의 심장수술을 위한 기술들을 개 실험을 통해 개발하는 것은 허용할 수 있는 일인가? 유기 동물 보호소에서 가져온 개로 실험하는 것은 괜찮은가? 동물을 애완동물로 기르는 것이 동물에게 부당한 것인가? 쥐는 권리를 가지는가? 연체동물은? 딱정벌레는? 방울뱀은? 이것들 모두는 수많은 쟁점 중에서도 오늘날의 동물권리운동이 매우 진지하게 제기하고 있는 쟁점들이다. 동물권리운동은 한때 상상할 수도 없는 일이었을 것이다. 하지만 오늘날 이 운동은 우리가 동물에 대해 생각하는 방식에, 그리고 부분적으로는 우리가 동물을 대하는 방식에 영향을 미치고 있다. 동물권리운동은 모피코트에 대한 소비자 수요를 감소시켰고, 새로운 상품의 독성검사 방식을 변화시켰으며, 실험실 동물의 취급에 대한 보다 엄격한 규칙을 만들게 했고, 인간이 동물과 상호작용하는 방식에 관한 공중의 의식을 전반적으로 고양시켰다(하지만 활동가들은 그들이 해온 일이 얼마 되지 않는다는 것에 좌절한다). 그 운동의 목적은 동물에 관한 과거의 견해하에서는 생각조차 할 수 없었던 것이다.

자연, 관료제, 기술, 동물에 대한 광범위한 일련의 직관과 태도에 면밀한 주의를 기울이지 않는다면, 동물권리운동과 같은 저항운동을 이해하거나 설명하기란 불가능할 것이다. 그리고 동물권리운동은 많은 가능한 운동의 단지 하나일 뿐이다. 전문가, 과학, 기술을 향한 공중의 의구심이 증가하면서, 지난 30년 동안 다른 역사 시기였다면 상상하기 어려웠을 일련의 많은 탈산업적 운동이 만개할 수 있었다. 물리적 세계에서 인간이 차지하는 위치에 대한 새로운 직관들이 한때 우스꽝스러운 것으로 여겨졌던 도덕적 전망들을 표현하는 운동들을 낳아왔다. 위험한 쓰레기 처리장, 원자력 발전소, 대학 실험실에 대한 저항이 급격히 증가했다. 유전공학, 비료, 수력발전용 댐에 대한 도전들이 출현했다. 단독으로 행동하는 미국인들은 종종 오래된 삼나무 숲에 강철못을 박아, 삼나무들을 자르기 위해 사용하는 사슬톱을 파손시킨다. 스네일 다터snail darter[퍼치과 담수어 — 옮긴이]와 점박이 올빼미는 거대 산업체들의 이익에 맞설 수 있을 만큼 충분히 강력한 권리들을 가지고 있다고 주장된다. 사람들은 자신의 정부가 새로운 무기를 개발하고 배치할 권리가 있는가라는 의문을 제기한다. **기본적인 감성들 — 부분적으로는 정서, 부분적으로는 도덕적 전망, 부분적으로는 신념인 — 이 모든 저항운동의 첫 번째 구성요소이다.**

이 장에서 나는 저항운동 출현의 몇몇 인지적 측면에 집중한다. 그러한 인지적 측면에는 기존의 신념과 직관이 포함된다. 그리고 조직자들은 그것들을 변화시키고자 할 때조차 그것들에 호소하기도 한다. 앞의 두 장에서 탐구한 감정과 도덕적 직관, 그리고 규칙이 중요한 만큼이나, 그것들을 일정한 형태로 한데 묶는 인지적 접합 또한 중요하다. 도덕적 직관이 감정을 촉발하기 때문에, 도덕적 충격과 여타의 반응들은 자주 '직감 수준에서' 시작된다. 반면에 책임의 귀속과 같은 명시적인 인지적 이해는 좀 더 시간이 걸린다. 거기에는 운동 지도자들이 이데올로기적 작업을 할 수 있는 여지가 상당히 존재하는데, 그 까닭은 그들이 감정적·도덕적·인지적 실타래들을 하나로 엮기 때문이다. 나는 가끔 반핵운동과 낙태반대운동을 언급하기는 하지만, 주로 동물권리운동을 사례로 활용할 것이다. 개인적으로 많은 저항에 착수한 이안 맥밀런과 존 고프먼 같은 사람들을 살펴보았기 때문에, 이제 우리는 운동 충원자들의 공헌을 덧붙이고자 한다. 그들은 느낌과 신념을 예술적으로 정식화하고, 기존의 감성에 호소하면서도 동시에 그것을 변화시킨다. 클리퍼드 기어츠가 예술에 관해 말한 것은 저항자들의 주장에도 똑같이 적용된다. 저항자들은 "그들이 단지 표현하기만 할 뿐이라고 주장하는 바로 그 주체성을 창출하고 재창출한다".[1]

인지적 이해

도덕과 감정은 자발적 저항 의지를 구성하는 중요한 부분들이다. 하

---

1   Clifford Geertz, *The Interpretation of Cultures*(New York: Basic Books, 1973), p. 451.

표 7-1 **인지적 의미의 수준, 그리고 그 구현물과 지지물**

유형	정의	사례
목적과 제안	현재의 관행에 대한 구체적인 명시적 정책제안이나 비판	암탉의 방목, 고통스러운 실험 금지, 핵무기와 원자로의 일시적 중지
관념, 이데올로기, 프레임	서로 다투는 명시적인 제안과 비판들의 꾸러미. 그것들이 서로 맞물려 해당 쟁점의 특정 측면을 부각시킨다.	동물권리, 사고 가능성이 있는 원자로, 만인을 위한 민권
세계관, 마스터 프레임, 전통, 정책 스타일, 테마	이를테면 근대사회에 대한 분석과 근본적 이미지들. 자주 여러 운동에 의해 공유됨.	이윤에 의해 추동되는 것으로서의 자본주의, 자연세계에 대한 인간중심적 견해의 비판, 무고하게 고통 받는 존재로서의 동물
상식, 직관, 감성	암묵적인 문화적 의미·이미지·느낌들. 대체로 초기 단계의 세계관으로, 때때로 널리 공유됨.	전문가, 자본주의 또는 도구주의에 대한 의구심, 자연과의 조화가 필요하다는 의식, 선한 존재로서의 인간 본성
응축 상징	다른 문화적 의미들에 대한 다중지시적인 시각적 또는 언어적 요약	두개골에 전극을 심고 있는 우리 속 고양이 사진 또는 아름다운 해안선 위의 원자로
타당성 구조	문화적 의미들을 타당한 것처럼 보이게 만들거나 또는 그렇지 않은 것처럼 보이게 만드는 직관과 관행들	자원이 아닌 애완동물로서의 살아있는 동물들과의 접촉, 근대 관료제적 사회 속의 삶

자료: James Jasper and Jane Poulsen, "Recruiting Strangers and Friends," *Social Problems*, 42, pp. 493~512에서 따와 변형함.

지만 변화를 위한 정치적 프로그램과 요구들은 세상이 어떻게 작동해야만 하는지 또는 우리가 그것의 작동에 대해 어떻게 느끼는지가 아니라, 세상이 작동하는 방식에 관한 인지적 주장들 속에서 정식화되어야만 한다. 저항은 대부분 이제 막 일기 시작한 감정과 도덕적 충동의 접합부에서 발생한다. 우리는 이러한 비조직화된 상식적 직관을 한쪽 끝으로 하고 고도로 정교화된 정치적 강령이나 과학적 정식화를 다른 한쪽 끝으로 하는, 가장 암묵적인 것부터 가장 명시적인 것까지를 아우르는 연속체를 따라, 다양한 수준의 인지적 의미들이 저항 속에서 작동하고 있음을 감지할 수 있다. 편의를 위해 나는 〈표 7-1〉에 그러한

개념을 그것을 구체화하는 상징과 그것을 뒷받침하는 타당성 구조들과 함께 열거해놓았다.[2]

그것들의 밑바탕에는 상식적 가정, 이미지, 감성이 존재한다. 그것들은 자주 널리 공유되며, 따라서 다양한 저항자가 그것들에 호소할 수 있다. 심지어 그것들은 그 범위에서 전국적으로 또는 국제적으로 공유될 수도 있다. 다른 한편 그것들은 널리 공유되지 않을 수도 있다. 왜냐하면 그것들의 암묵적 성격이 합의를 보장해주지는 않기 때문이다. 그것들은 이제 막 일기 시작한 감정들로 남아 있다. 자신들의 입장에 대한 논거를 발전시키기 전에도, 사람들은 어떤 쟁점에 관해 자신들이 어떻게 느끼는지를 자주 ('본능적으로') 알고 있다. 세계에 대한 그들의 암묵적 이해가 시민들에게 저항 가능성을 '열어'준다. 따라서 사람들은 명시적인 운동 이데올로기들과 마주할 때, 그것을 이해할 수 있다. 이를테면 많은 미국인은 동성애가 자연법칙에 반한다는, 도시가 퇴폐적이라는, 또는 어린아이들이 경제적 자원이기 때문이 아니라 그 자체로 귀중하다는 직관을 지니고 있다. 원자력 발전소, 유해 쓰레기 매립지, 공업단지에 대한 지역의 반대자들은 자주 자신들이 '그러한 것들' 중 하나가 자신들 근처에 있기를 원하지 않는다는 것만을 알고 있을 뿐이며, 그들이 전국적 단체와 접촉할 때에야 비로소 하나의 반대 이데올로기를 발전시킨다. 어떤 사람은 다음과 같이 말한다. "나는 처음에는 내가 그것[원자력 발전소]을 왜 싫어하는지 알지 못했어요. 그것은 그저 나를 두렵게 했어요. 하지만 내가 원자력과 핵폐기물에 관해

---

2   〈표 7-1〉을 포함하여 이 장의 일부는 다음 글에서 따와 고쳐 쓴 것이다. James M. Jasper and Jane D. Poulsen, "Recruiting Strangers and Friends: Moral Shocks and Social Networks in Animal Rights and Anti-Nuclear Protests," *Social Problems*, 42(1995), pp. 493~512.

더 많은 것을 읽었을 때, 나는 [그것에 반대하기 위한] 많은 타당한 논거 — 내가 다른 사람들에게 말할 수 있는 논거들 — 을 발견했죠." 이러한 직관들은 자주 속담과 격언에 표현되어 있지만, 우리는 그것들을 심층 인터뷰를 통해 보다 면밀하게 검토할 필요가 있다. 시와 유머가 자주 사회학보다도 더 명확하게 그것들을 포착한다.

사회운동은 궁극적으로 지지자들의 '감성'에 의거한다. 이 감성이라는 단어가 신념, 도덕, 감정 간의 긴밀한 관계를 포착해준다. 보다 명시적인 신념들이 기초하는 기반으로서의 그러한 직관 — 레이먼드 윌리엄스가 '느낌의 구조structures of feeling'라고 불렀던 것 — 은 사람들이 그들이 좋아하는 것과 싫어하는 것, 그들이 타당하다고 생각하는 것과 타당하지 않다고 생각하는 것, 그들이 신뢰하는 사람과 신뢰하지 않는 사람을 구분하는 데 일조한다. 철학자 찰스 테일러는 그것을 다음과 같이 제시한다. "내가 어떤 사람을 이해하게 되는 때는, 내가 그의 감정, 그의 열망, 그가 그 자신과 다른 사람들에게서 훌륭하다거나 하찮다고 생각하는 것, 그가 갈망하는 것, 그가 질색하는 것 등등을 이해할 때이다."[3] 동물보호의 경우에서처럼, 이러한 감각, 감성, 감상이 우리가 어떤 쟁점을 터무니없다고 생각하는지, 그리고 우리가 어떤 쟁점을 지지하도록 설득할 수 있다고 보는지에 영향을 미친다. 광범위한 역사적 조건들은 그것들을 서서히 변화시킨다.

이러한 직관들이 발전하기 위해서는, 그것을 뚜렷한 세계관으로 표현할 시인과 저항자들이 필요하다. 그러한 직관들은 그것을 지니고 있는 사람들에게 여전히 대체로 암묵적으로 존재하지만, 동일한 사회의

---

3   Charles Taylor, "Understanding and Ethnocentricity," in *Philosophy and the Human Sciences*(Cambridge: Cambridge University Press, 1985), p. 119.

다른 집단 사람들이나 다른 역사적 시기들과 비교할 때 분명해진다. 이 직관들은 저항 조직자들이 명시적인 입장들을 제시하는 데 이용하는 원료로, 그들은 그것에서 사람들이 단지 모호하게 느끼거나 믿고 있을 뿐이었던 것의 함의를 이끌어낸다. 이를테면 크리스틴 루커Kristin Luker는 낙태반대와 낙태찬성 활동가들의 세계관을 기술했는데, 그들의 대립적인 직관들 속에는 여성의 생애, 가족, 섹슈얼리티, 생식에 관한 상이한 정식화들이 포함되어 있었다.[4] 또 다른 예들로는 동물은 무고한 피해자라는 믿음, 기술이 우리의 통제권 밖에 있다는 믿음, 공산주의자들은 사악하다는 믿음이 있다. 갬슨이 테마와 반테마라고 불렀던 것, 그리고 스노와 벤퍼드가 마스터 프레임이라고 지칭한 것과 유사하게, 그러한 전망들은 종종 논쟁을 벌이는 두 측 모두가 채택할 수 있는, 그리고 관련 저항운동들도 분명히 채택할 수 있는 친숙한 준거, 수사어구, 이야기들을 제공한다. 평화, 환경, 동물보호를 지향하는, 그리고 원자력 에너지에 반대하는 탈산업적 운동들은 그러한 구성물들의 많은 것을 공유하고 있다.

가장 명시적인 수준에서 우리는 관념과 이데올로기 ─ 즉, 저항운동(또는 정당, 또는 심지어 일부 개인)이 지지하는, 분명하게 규정된 일련의 명시적인 신념과 가치들의 집합체 ─ 를 가지고 있다. 이데올로기의 정식화 ─ 이는 저술하고 강연하는 지식인들의 작품인 경우가 많다 ─ 는 저항운동의 성원, 잠재적 성원, 그리고 공중에게 일관성 있는 프로그램을 제시할 필요가 있는 조직화된 저항운동에서 중요한 활동의 하나이다. 먼저 그러한 활동은 레이철 카슨Rachel Carson의 『침묵하는 봄Silent Spring』이

---

4   Kristin Luker, *Abortion and the Politics of Motherhood*(Berkeley: University of California Press, 1984).

제7장 동물 보호자들의 충원: 인지적 차원 319

1960년대에 출현한 환경운동을 자극했던 것처럼, 운동의 결성에 일조할 수도 있다. 또한 지식인들이 운동의 감상을 그들의 가장 급진적인 결론으로 몰아갈 때처럼, 그러한 지식인의 작업이 운동 목표의 방향을 바꾸어 놓을 수도 있다. 그러한 일이 1960년대 중반에 민권운동에서 얼마간 발생했다.[5] 비록 그러한 관념들이 직관과 세계관에 깊이 뿌리 박고 있지만, 동일한 세계관이 여러 개의 이데올로기를 발생시키기도 하고, 때로는 역으로 동일한 이데올로기가 상이한 세계관들을 가진 사람들에게 호소하기도 한다. 스노와 벤퍼드가 말하는 프레임은 이데올로기와, 그리고 그들의 마스터 프레임은 세계관과 유사하다. 이데올로기는 대체로 이론적 근거가 덧붙여진 세계관이다. 동물은 중요한 특질을 인간과 공유하기 **때문에** 권리를 지닌다는 믿음이나, 원자로가 사고를 일으키기기 쉬운 복잡한 시스템이기 **때문에** 위험하다는 믿음이 바로 그러한 것들이다.[6]

거기에는 명시적이지만 포괄적인 강령적 진술 외에도 세계관이나 심지어는 상식에 의해 상징적·논리적으로 뒷받침되는 구체적 제안이나 정책목표들(핵동결, 동물복지 법안, 낙태금지, 원자로 일시중지) 또한

---

5   Herbert H. Haines, *Black Radicals and the Civil Rights Mainstream, 1954~1970* (Knoxville: University of Tennessee Press, 1988).

6   대부분의 전통이 공적 진술에 상당한 회의주의적 태도를 보여왔지만, 운동 이데올로기들은 자주 연구되고 있다. 마르크스주의적 허위의식 관념(주변에 존재하는 보다 위험한 개념들 중 하나)에 얼마간 영향을 받은 동원 연구자들은 고상한 레토릭으로 은폐한 채 추구되고 있는 '실제적' 이해관계들 ─ 직업권력, 계급위치, 지위 ─ 을 탐색해왔다. 이 도구적 가정은 이데올로기가 직접적 행위 프로그램이라는 정반대의 가정만큼이나 관행의 문화적 착근성을 오해하고 있다. 말하기 방식은 많은 동기와 청중들을 동시에 지니는, 그 자체로 복잡한 관행이다. **이데올로기**라는 용어를 (분석자는 진리를 가지고 있지만 그의 반대자들은 이데올로기를 가지고 있다고 볼 때처럼) 과학적 주장의 반대말로 간주하는 일반적인 용법, 특히 마르크스주의자들의 용법으로부터 그 용어를 구출해야 할 시간이다. 우리 모두는 (다소 일관된) 일단의 명시적인 강령적 믿음들을 가지고 행동한다.

존재한다. 놀랍게도 좁게 한정된 제안들이 종종 더 크고 근본적인 세계관의 차이를 상징하게 되기도 한다.[7]

제안, 관념, 세계관, 직관은 보통 태생적 친화성을 가지고 있으며, 따라서 하나의 수준이 다른 수준으로부터 논리적으로 연역될 수 없거나 하나의 관념이 다른 관념과 필연적으로 연관되어 있지 않을 때조차 예측 가능한 꾸러미로 발견된다. 앞서 출간한 책에서 나는 '정책 스타일'이라는 개념을 사용해서 암묵적인 가정과 명시적인 문제해결 기법들이 되풀이되는 일련의 논의들 속에서 어떻게 무리를 이루고 있는지를 보여주었다. 이를테면 비용-이득 레토릭은 근대사회에서 효율적인 자원배분이 갖는 중요성에 대한 암묵적인 느낌, 그러한 배분을 기술하기 위해 경제학자들이 정교화시킨 세계관, 그리고 정책선택들을 판단하기 위한 구체적인 알고리즘에 기초한다. 나는 비용-이득 레토릭을 문제해결 기법으로서의 물리적 리엔지니어링에 기초하는 기술적 열광, 그리고 기본적인 도덕적 가치들로부터 옳고 그름을 직접적으로 판단해내는 생태학적 도덕주의와 대비시켰다. 이 세 가지 대립적인 정책 스타일 간에는 예측 가능한 오해들이 존재했다.[8]

그러한 것들이 갖는 의미 중 어느 것도 고정적이지 않다. 첫째, 그것들은 그것들을 타당한 것처럼 만드는 광범위한 역사적 조건들이 변화함에 따라 변화한다. 사회학자들은 자주 **타당성 구조**plausibility structure라는 용어를 사용하여 정신적 틀과 공명하는 경제적, 정치적, 그리고 여타의 구조와 관례들을 포착한다.[9] 이를테면 자연세계가 가진 것으로

---

7 저항이 아닌 정치사회학으로부터 한 가지 예를 들어보자. 1980년대 말 스웨덴의 세 주요 정당은 스웨덴이 11기, 12기, 아니면 13기의 원자로를 보유해야만 하는지의 여부를 둘러싸고 뜨겁게 다투고 있었다. 이 사소한 차이는 원자력 에너지에 대한 매우 상이한 근본적 태도들을 상징했고, 결국에는 정부를 실각시켰다. Jasper, *Nuclear Politics*, ch. 12를 보라.

8 같은 책, 특히 ch. 2.

가정되었던 악의는 그것이 도시화, 산업화, 그리고 여타 근대성의 부수물들을 통해 길들여짐으로써 그리 받아들일 만한 것이 되지 못한다. 늑대는 더 이상 숲에서 나와 우리의 양을 죽이지 않는다. 우리의 먹을 거리는 더 이상 좋은 날씨에 좌우되지 않는다(단지 가격에 좌우될 뿐이다). 그러나 우리는 거의 어떠한 의미도, 심지어 상식 수준에서조차 한 사회에서 보편적으로 공유되지는 않는다는 것 또한 알 수 있다. 아직도 땅을 경작하며 자연의 변덕의 지배를 받는 사람들은 여전히 자연의 생생한 악의를 믿고 있을 수 있으며, 그에 따라 자연의 미덕을 낭만적으로 묘사할 가능성이 적다. 이안 맥밀런 같은 사람이 있기는 하지만, 농장주들이 환경주의자나 동물보호론자가 될 것 같지는 않다. 사회의 상식이 그 사회의 정치 프로그램들보다 더 보편적으로 공유된다고 생각하고 싶기는 하지만, 그렇다는 증거는 거의 존재하지 않는다.[10] 명시적인 프로그램이 암묵적인 의미에 기초한다는 지적은 그것이 정반대일 수 있음을 내비치는 것으로 보인다. 하지만 명시적인 제안과 관념

---

9 다음을 보라. Peter L. Berger and Thomas Luckmann, *The Social Construction of Reality* (New York: Doubleday, 1966); Peter L. Berger, *A Rumor of Angels: Modern Society and the Rediscovery of the Supernatural*(Garden City, N.Y.: Doubleday, 1970). 나는 **타당성 구조**라는 용어가 지나치게 거창하다고 생각한다. 왜냐하면 그것이 기존 신념들과 그러한 신념들을 뒷받침하는 일상적 관행들 모두에 적용되기 때문이다. 버거는 『천사들의 소문(A Rumor of Angels)』에서 다음과 같이 말한다. "우리가 이 모든 요인―실재에 대한 사회적 정의들, 그러한 정의들을 당연한 것으로 간주하는 사회적 관계들뿐만 아니라 보조 치료요법과 정당화들―을 합할 때, 우리는 문제가 되고 있는 개념의 전체 타당성 구조를 가지게 된다"(pp. 35~36). 과거와 현재의 경험들이 정신적 격자를 틀 지으며, 그 격자가 다시 세상에 대한 새로운 정보와 주장들을 걸러낸다. 경험과 신념 모두 우리가 타당하다고 생각하는 것을 결정하지만, 그것들을 합체하지 않고 구별하는 것이 유용하다.

10 사회의 상이한 분파들이 공유하는 어떠한 공통의 문화나 지배이데올로기도 존재하지 않는다는 점을 강력하게 주장하고 있는 것으로는 Nicholas Abercrombie, Stephen Hill and Bryan S. Turner, *The Dominant Ideology Thesis*(London: George Allen and Unwin, 1980)를 보라. 또한 Michael Mann, "The Social Cohesion of Liberal Democracy," *American Sociological Review*, 35(1970), pp. 423~439도 보라.

들이 암묵적인 의미보다 더 논쟁의 대상이 되기도 하는 까닭은 오직 저항운동들이 그러한 제안과 관념을 홍보함으로써 그것들을 논쟁의 대상으로 만들기 때문이다.

기본적인 가정과 세계관 또한 공식 학교교육을 포함한 현재의 경험 — 감정적 경험과 인지적 경험 모두 — 에 의해 분명히 변화될 수 있다.[11] 이를테면 우리 대다수는 곰곰이 생각해보면 우리의 다른 신념이나 관행들과 부합하지 않는 것으로 판명날 수도 있는, 세계에 관한 직관들을 가지고 있다. 우리가 제12장에서 보다 상세하게 살펴보겠지만, 어떤 사회에나 항상 공중뿐만 아니라 저항운동 자체의 해석 프레임과 상식을 틀 짓는 일을 하는 개인, 단체, 기관들이 존재한다.[12] 윌리엄 갬슨과 앙드레 모딜리아니는 한 사례연구에서 원자력 에너지에 대한 미디어의 프레이밍과 공중의 프레이밍 간의 관계를 추적하여, 스리마일 섬과 체르노빌의 원자력 사고 이후 두 프레임 모두에서 '진보' 꾸러미로부터 '탈주' 꾸러미와 양면적인 '악마의 거래' 꾸러미로 전환이 일어나고 있음을 발견한다.[13]

---

11 교육이 정치적 태도와 어떻게 연관되어 있는지를 서로 다르게 묘사하고 있는 것들로는 다음을 보라. Seymour Martin Lipset, *Political Man: The Social Bases of Politics*(Garden City, N.J.: Anchor, 1960); Herbert H. Hyman and Charles Wright, *Education's Lasting Influence on Values*(Chicago: University of Chicago Press, 1979); Mary R. Jackman and Michael J. Muha, "Education and Intergroup Attitudes: Moral Enlightenment, Superficial Democratic Commitment, or Ideological Refinement?" *American Sociological Review*, 49(1984), pp. 751~769; Jo Phelan, Bruce G. Link, Ann Stueve and Robert E. Moore, "Education, Social Liberalism, and Economic Conservatism: Attitudes Toward Homeless People," *American Sociological Review*, 60(1995), pp. 126~140.

12 토드 기틀린은 뉴스매체가 1960년대에 심지어 저항자들이 그들 자신의 운동을 인식하는 방식까지도 어떻게 변화시켰는지를 보여주었다. Todd Gitlin, *The Whole World Is Watching*(Berkeley: University of California Press, 1980).

13 William A. Gamson and Andre Modigliani, "Media Discourse and Public Opinion on Nuclear Power: A Constructionist Approach," *American Journal of Sociology*, 95(1989),

저항운동은 그 나름의 내부 분업을 가지고 있으며, 특히 지식인들은 그러한 새로운 의미들을 만들어내는 책임을 맡는다. 운동과 국가를 대치시키는 이미지, 또는 공식 조직과 그 조직이 대변하고 자원을 동원하는 사람들을 대비시키는 이미지들 속에서는 그러한 내부 분업이 시야에서 사라지기 쉽다. 가장 유력한 지식인들 중 몇몇은 조직화된 단체들에 소속되지 않은 채 독자적으로 활동하기도 한다. 내부고발자들처럼 그들의 저항행위는 그들의 저술로 이루어지는 개인적인 것이다. 특히 운동의 초기 단계에서는 증거의 노련한 정식화나 축적이 성원 충원자와 그들의 청중 모두에게 강력한 영감을 부여할 수 있다.[14]

비록 내가 이러한 의미 수준을 마치 순수하게 인지적인 것처럼 제시했지만, 우리가 그것의 작동을 살펴볼 때, 우리는 그것이 또한 다량의 도덕과 감정 꾸러미를 가지고 있다는 것을 알게 될 것이다. 최근 몇 년간 이러한 의미들에 대한 연구가 적지 않게 이루어져왔지만, 우리는 그것이 어떻게 저항을 틀 짓는지를 이해하기 시작했을 뿐이다.

응축 상징과 도덕적 충격

잠재적 성원들이 그들의 신념을 재배열하고 그것에 의거하여 행위하는 경험을 하게 해보고 싶어 하는 저항 조직자들에게 신념의 변화 가능성은 하나의 좋은 기회가 된다. 제5장에서 우리는 우리의 물리적

---

pp. 1~37.

14 사회운동의 인지적 차원에서 지식인이 수행하는 역할을 강조하는 최근의 연구로는 다음을 보라. Ron Eyerman and Andrew Jamison, *Social Movement: A Cognitive Approach* (University Park: Pennsylvania State University Press, 1991).

안전과 집에 대한 의식에 가해지는 도덕적 충격들을 살펴보았다. 제6장에서는 일터에서의 도덕적 충격에 관심을 기울였다. 이제 우리는 우리가 읽고 보고 학습하는 보다 추상적인 것으로부터 기인하는 (자주 활동가들의 노력에서 기인하는) 충격들을 살펴볼 것이다. 우리는 개인이 취할 수 있는 행위에서 조직화된 단체들의 집합적 저항으로 옮겨간다.

조직자들의 창조적 노력과 기존의 문화적 의미들 간에는 내가 문화의 이원성이라고 명명했던 것에 상응하는 복잡한 균형이 존재한다. 그 스펙트럼의 한쪽 끝에서 조직자들은 널리 공명하는, 그렇지만 여전히 저항을 산출할 수 있는 (또는 소수의 잠재적 성원들과 상당히 공명하는) 기존의 상징과 명칭들을 발견하기도 한다. 그들은 또한 사람들이 이미 알고 있고 이해하는 것에 새로운 함의를 추가함으로써 종래의 테마와 수사어구들을 재창조할 수도 있다. 끝으로, 가장 창조적인 극단에서 이데올로기 신봉자들은 시인의 역할을 한다. 즉, 그들은 새로운 용어와 이미지들을 가지고 출현하고 있는 느낌의 구조들을 정의한다. 시드니 태로는 조직자들이 문화적으로 호소할 때 마주치는 문제들을 지적한다. 왜냐하면 프레임 정렬이 "항상 쉽고 명료하거나 논쟁의 여지가 없는 것은 아니기" 때문이다. "첫째, 운동 지도자들은 다른 운동들, 미디어 에이전트들, 국가와 문화적 우위성을 놓고 경쟁한다. 그러한 경쟁자들은 자주 그들이 마음대로 활용할 수 있는 매우 강력한 문화적 자원들을 가지고 있다. 둘째, 그들 사회의 문화에 너무나도 잘 적응하는 운동은 대항력을 상실하고, 그들의 호전적 지지자들을 소외시킨다. 셋째, 운동 참여자들은 자주 사건에 대해 그들의 지도자와는 다른, 그들 나름의 '독해'를 한다."[15] 문화적 공명은 말할 수 없을 정도로 미묘

---

15 Tarrow, *Power in Movement: Social Movements, Collective Action, and Politics*

하고, 따라서 보통 왜 몇몇 주장과 프레임은 인기를 끄는 데 반해 다른 것들은 실패하고 마는지를 사후적으로 설명하는 데 이용될 수 있을 뿐이다.

저항자들의 창조성은 부분적으로는 그들이 다양한 수준의 의미를 표현하기 위해 상징들을 그것도 자주 동시에 고안한다는 데서 나온다. 문화구조 속에서 그러한 상징들이 차지하는 위치에 따라 어떤 상징은 다른 상징들보다 더 강력하다. 에드워드 사피어Edward Sapir는 '지시적 상징referential symbol'과 '응축 상징condensation symbol'을 대비시켰다. 지시적 상징이 상대적으로 간단한 의미를 지닌다면, 응축 상징은 "무의식 속에 자리하고 있는 점점 더 깊은 뿌리들을 자극하고, 그 상징의 감정적 특성을 그 상징의 원래 의미와는 전혀 다른 유형의 행위나 상황들로 확산시킨다".[16] 특정 대상과 분류도식들 — 이를테면 동물, 젠더, 그리고 심지어는 '위'와 '아래' — 은 그저 "사고에 유익하게 이용할 수 있을" 뿐이다.[17] 그것들은 마치 금속막대가 번개를 끌어들이거나 자석이 금속 부스러기들을 끌어들이는 것처럼, 부여된 의미와 함의들을 끌어들인다. 그것들이 힘을 지니는 두 가지 이유는 그것들이 심층적 감정을

(Cambridge: Cambridge University Press, 1994), p. 123.

16 Edward Sapir, "Symbolism," *Encyclopedia of the Social Sciences*, Vol. 14(1935), pp. 493~494.

17 위와 아래, 높고 낮음 간의 보편적 대비에 관해서는 Barry Schwartz, *Vertical Classification: A Study in Structuralism and the Sociology of Knowledge*(Chicago: University of Chicago Press, 1981)를 보라. 상징과 분류도식에 관한 인류학적 고전들로는 다음의 것이 있다. Claude Lévi-Strauss, *Structural Anthropology*([1958] New York: Basic Books, 1963); *The Savage Mind*([1962] George Weidenfeld and Nicolson, 1966); Mary Douglas, *Purity and Danger: An Analysis of the Concepts of Pollution and Taboo* (London: Routledge and Kegan Paul, 1966), *Natural Symbols: Explorations in Cosmology*(London: Barrie and Jenkins, 1973); Victor Turner, *The Forest of Symbols: Aspects of Ndembu Ritual*(Ithaca, N.Y.: Cornell University Press, 1967); Clifford Geertz, *The Interpretation of Cultures*(New York: Basic Books, 1973).

가지고 있으며(사피어는 그것들이 "자아에게 매우 중요한, 억눌린 감정적 요소와 관련되어 있다"라고 언급한다), 다수의 의미 및 함의들과 공명하기 때문이다. 젠더, 종種, 기술, 국가(그리고 미국에서는 인종)는 우리 모두가 조우하고 우리 자신을 세계 속에 위치 지우기 위해 사용하는 경계와 범주들을 시사한다. 즉, 그것들은 우리에게 마치 '집'이 의미하는 것과 같은 어떤 것을 의미한다.

동물은 인간 역사 전체에 걸쳐 강력한 응축 상징이었다. 거의 모든 사회에서 인간은 동물에게 인간의 관심사를 투영해왔다. 인간은 동물을 때로는 인간이 아닌 것의 상징으로(자연 대 문화에서처럼), 그리고 때로는 인간인 것의 상징으로(인간은 돼지, 개, 영계, 그리고 훨씬 더 심한 것으로 불린다) 이용해왔다. 초기 동굴벽화 속에 등장하는 신성한 것의 화신에서부터 맨더빌Mandeville의 꿀벌사회의 사회질서 이미지, 그리고 중세의 늑대 이미지 속에 존재하는 야생에 대한 공포에 이르기까지, 모든 사회에서 동물은 문화적 의미의 풍부한 저장소이다. 활동가들이 발견해왔듯이, 응축 상징으로서의 동물은 막강한 힘과 유연성을 지니고 있다. 동물을 바라보는 방식은 문화마다 다르지만, 동물은 심원한 상징의 대상이 되기 위해 항상 거기에 존재한다.

사회운동 조직자들은 그러한 응축 상징들을 이용하여 성원을 충원한다. 즉, 그들은 전략적 행위를 이용하여 문화적 의미를 전달한다. 강렬한 응축 상징은 성원들을 끌어들일 것이다(하지만 그것이 다른 사람들을 쫓아버릴 수도 있다). 반면에 약한 상징은 그들을 무관심한 채로 남겨둘 것이다. 상징 그 자체는 다중의 것을 지시한다. 왜냐하면 그것은 문화적 의미의 상이한 수준들, 또는 단일 수준 내의 상이한 문화적 의미들을 내포하기 때문이다. 강한 상징은 세계관과 상식 속에 착근된 암묵적 가정들을 내포하기 때문에 명시적 주장에 신뢰성을 부여할 수 있다. 상징의 역할은 청중 속에 유대감을 불러일으킨다는 점에서는 내포적이라고 볼 수 있고, 청중의 세계를 창조하는 데 일조한다는 점에서는 구성적이라고 볼 수 있다. 내가 보기에 상징은 두 가지 일 모두를 수행한다. 유효한 상징들은 잠재적 성원들과 공명하거나, 적어도 그들의 주의를 끈다. 하지만 그러한 공명은 항상 한 사회 내에 이미 분포하고 있는 문화적 의미들이 어떤 것인지에 좌우된다. 새로운 의미들은 기존의 의미들과 얼마간 적합성을 지니고 있어야만 하며, 두 의미 모두는 그러한 의미를 간직하고 있는 사람들의 일상적 삶과 조화를 이루어야만 한다.

매우 인상적인 도덕적 충격은 강력한 응축 상징 속에 구현되고, 그것으로 환언될 수 있으며, 그것에 의해 압축된다. 이는 조직화된 단체에 의한 충원에서 특히 그러하다. 도덕적 충격이 고용주나 당국에 의해 초래된 불만에 의해서만 발생하는 것은 아니다. 운동 조직자들은 가가호호 방문하기('설파하기'), 공항과 여타의 분주한 장소들에 탁자 설치하기('홍보대 설치하기') 또는 사람들의 집에 소책자 발송하기('우편 홍보') 등을 통해 외부인들에게 자신들의 레토릭을 이용하여 호소함으로써 그들 사이에서 불만을 산출하기 위해 안간힘을 쓴다.[18] 호소는 또한 공개 전시(이를테면 도서관에서의 전시), 공개 강연, 그리고 (물론) 광고를 통해서도 이루어진다. 특히 홍보 우편물 기술은 '브로커들'이 잠재적 기부자들의 명단을 손에 넣고 거래함에 따라 소규모 산업으로 발전했다. 이러한 조처들에 수반되는 막대한 비용은 우리에게 자원이 여전

---

18 존 로플랜드는 '실체 있는(embodied)' 접촉과 '실체 없는(disembodied)' 접촉을 구별한다. 하지만 어떤 경우든 충원자들은 인상적인 시각적 또는 언어적 레토릭을 통해 외부인들의 관심을 끌어야만 한다. John Lofland, *Doomsday Cult*(Englewood Cliffs, N.J.: Prentice-Hall, 1966).

히 중요한 요소의 하나이며, 그러한 호소가 얼마나 널리 퍼질 수 있는지를 결정하는 데 일조한다는 것을 상기시켜준다. 그러한 간청에 응하는 외부인들의 비율은 매우 낮지만(왜냐하면 대부분의 사람들이 그러한 간청에 관심을 기울이지 않거나 공감하지 않기 때문이다), 그럼에도 불구하고 저기 바깥에는 친구, 가족, 지인들보다 외부인들이 훨씬 더 많이 존재한다. 낮은 반응-비율조차 절대적 수치에서는 상당할 수 있다. 즉, 그 절대치는 사회적 네트워크들이 제공할 수 있는 것보다 훨씬 더 클 가능성이 있다.[19]

정치적 설득이 논리적 추론을 수행하는 작업인 것처럼, 레토릭의 설득력이 오직 말한 것의 내용에만 달려 있는 것은 아니다. 레토릭이 보이지 않는 암묵적인 감정과 도덕적 직관에 호소하기만 하는 것은 아니다. 거기에는 또한 그 자체로 주의를 끌고 또 행위를 정당화하는 문체

---

19 동원 이론가와 과정 이론가들은 사회적 네트워크를 강조하기 때문에, 그들이 보다 익명적으로 전파되는 문화적 의미의 중요성을 인정하기란 쉽지 않다. 이를테면 존 매카시는 낙태찬성운동이 충원에 이용할 수 있는 사회적 네트워크를 가지고 있지 못했다고 기술했다. 이러한 '사회적 하부구조의 부족'으로 인해, 그 운동은 상징적 호소를 통해 그것을 지지하는 '감상의 풀'에 도달하기 위해 홍보 우편물 발송기술을 이용해야만 했다. John D. McCarthy, "Pro-Life and Pro-Choice Mobilization: Infrastructure Deficits and New Technologies," in Zald and McCarthy, *Social Movements in an Organizational Society*를 보라. 매카시가 낙태찬성 사례를 그것이 **결여하고** 있는 사회적 네트워크의 측면에서 분석하기 때문에, 그는 홍보 우편물을 발송하는 단체들이 어떠한 문화적 작업들을 수행할 필요가 있는지, 또는 왜 어떤 홍보 우편물 호소는 효과가 있고 다른 것들은 그렇지 않은지를 충분히 탐구하지 않는다. 하지만 그 운동이 그러한 속성을 '결여'하고 있음에도 불구하고, 그 운동은 홍보 우편물을 통한 호소를 크게 늘려왔다. 이는 운동활동에 절대적으로 필요한 것으로서의 기존 네트워크가 갖는 중요성에 상당한 의문을 던지고 있다. 홍보 우편물을 통한 호소는 대법원 판결과 같은 도덕적 충격들을 이용할 뿐만 아니라(각각의 낙태반대 판결들은 낙태찬성단체들에 회원과 기부금이 넘쳐나게 했다. 이를테면 전국낙태권 행동연맹(National Abortion Rights Action League)의 경우 대법원의 1989년 웹스터(Webster) 판결 직후 6개월 만에 회원이 75%가량 늘어났다), 수사적·시각적 이미지들을 통해 그것 나름으로 충격들을 만들어내기 위해 노력한다. 대부분의 호소는 위기·충격·격분 의식을 유발하기 위해 노력한다.

와 어조도 존재한다. 로버트 벤퍼드는 그러한 정당화 어조를 구성하는 네 가지 요소, 즉 문제의 심각성, 해결책 발견의 시급성, 그 해결책을 산출하는 데서 집합적 저항이 갖는 효력, 그리고 행위의 적정성에 대해 기술했다. 이것들은 주장의 단순한 내용을 넘어서 그 주장의 행위 맥락과 관련되어 있는 측면들로, 단순한 분석을 넘어 하나의 정치적 기획을 수반한다.[20] 팻 워터스Pat Watters가 민권운동을 기술하면서 다음과 같이 인정하듯이, 그러한 문체가 갖는 힘의 일부는 감정적인 것이다. "남부 기독교 지도자 회의Southern Christian Leadership Conference: SCLC 참여자들의 주장에 따르면, 중요한 것은 말이 아니라 킹 박사가 표출했던 감정적 어조였다. …… 그들에 따르면, 대중집회에서 모든 말을 이해할 수는 없었던 사람들은 자주 그 어조에 반응했다."[21] 레토릭의 설득적 예술성은 자주 명시적으로 말해지지 않은 것 속에, 이를테면 말씨, 매너, 예의바름, 감성 그리고 (주요 주장에 단지 수반될 뿐이기 때문에 명확히 밝히기 어려운) 여타 요인들 속에 존재한다.[22]

행위에 나설 것을 권고하는 것에 더하여 저항자들의 레토릭을 통한 호소가 가져다주는 또 다른 중요한 결과가 바로 의미의 명료화 경향이다. 즉, 그것은 덜 명확한 의미들을 보다 명확한 의미들로 진전시킨다. 막스 베버Max Weber가 보여주었듯이, 이것이 바로 얼마간은 근대성이 의미하는 것 — 즉, 분업의 확대와 그와 더불어 점점 더 전문화되는 제도와 전문가들(이전에는 사람들이 생각하지 못했던 것들에 대해 생각하는 것을 직업으로 하는 사람들) — 이다. 저항은 근대사회가 기본적인 세계관과 도

---

20   Benford, "'You Could Be the Hundredth Monkey,'" pp. 195~216.

21   Watters, *Down to Now*, p. 217.

22   Robert Hariman, *Political Style: The Artistry of Power*(Chicago: University of Chicago Press, 1995)를 보라.

덕을 숙고하는, 즉 내적 감성을 구체화하는 주요 메커니즘들 중의 하나이다. 대부분의 저항운동은 우리로 하여금 우리의 직관에 대해 숙고하게 하기 위해, 우리가 이전에 당연한 것으로 간주했던 관행들에 의문을 제기하게 하기 위해, 그리고 우리가 우리의 직관들로부터 이데올로기들을 끌어내게 하기 위해 노력한다. 동물권리운동으로 되돌아가서 그러한 일들이 어떻게 발생했는지를 살펴보자.

동물에 대한 재평가

우리 선조들은 솔직히 비인간 종에 대해 우리 대부분이 오늘날 가지고 있는 직관과는 다른 직관을 가지고 있었다. 그들의 의식(그 시대의 '상식')은 동물이 인간보다는 곡물이나 목재와 더 비슷하다는 것이었다. 동물은 우리가 소비하는 원료들이었지, 민감한 물리적 감각과 정교한 정신활동을 갖춘 피조물이 아니었다. 부분적으로는 근대과학 덕분에 오늘날 대부분의 미국인은 동물이 진화적 기원에서뿐만 아니라 신경체계에서도 인간과 매우 가깝다는 것을 알고 있다. 우리는 동물에게 상당한 동정심을 가지고 있다. 우리 중 일부는 너무나도 동정심을 가진 나머지 동물들에게 기꺼이 광범한 권리를 부여하기도 한다.

도로시 넬킨과 나는『동물권리운동』에서 그러한 도덕적 감상이 지난 몇백 년 동안 점진적으로 변화해온 방식을 보여주려고 노력했다.[23]

---

[23] James M. Jasper and Dorothy Nelkin, *The Animal Rights Crusade: The Growth of a Moral Protest*(New York: Free Press, 1992). 나는 다음의 글에서 동물보호운동에서 관념이 수행하는 역할에 초점을 맞춘 바 있다. Jasper, "Sentiments, Ideas, and Animals: Rights Talk and Animal Protection," in Stuart Bruchey, Peter Coclanis and Joel Colton(eds.), *Ideas in Social Movements*(New York: Columbia University Press, forthcoming).

역사상 대부분의 사회는 (200년 전의 우리 선조들처럼) 동물에 대해 이중적인 접근방식을 가지고 있었다. 대부분의 사회는 몇몇 동물을 애완동물로 키우면서, 그것들과 감정적 유대를 형성했다. 하지만 사람들은 다른 동물들을 자원으로 착취하고 먹고 입고 그리고 농사에 이용했다. 그들은 그러한 태도에서 어떠한 모순도 발견하지 못했다. 근대 서구 유럽과 미국에서 도시화와 산업화 이후에야 비로소 이 이원론이 전복되었다. 그 결과 오늘날 고기는 깔끔하게 손질되고 플라스틱 용기에 포장되어 상점에 진열된다. 그리하여 우리가 대부분 애완동물로 만나는 살아있는 동물들과 그 고기의 관계는 거의 눈에 띄지 않는다.

비인간 종에 대한 새로운 관념들은 16~17세기 유럽에 뿌리를 두고 있다. 당시 그곳에서 농업이 아닌 도시에 의해 틀 지어진 타당성 구조를 습득한, 독특한 중간계급이 출현했다. 이 새로운 상업적 환경은 노르베르트 엘리아스Norbert Elias가 '문명화과정'이라고 칭했던 것을 가속화시켰고, 그 과정을 통해 유럽인들은 타인의 감성에 대한 관심을 학습했다. 그들은 더 이상 바닥에 침을 뱉지 않았고, 자신들의 소매에 코를 풀지 않았으며, 또한 같은 접시로 함께 먹지 않았다.[24] 이처럼 독특한 개인적 정체성과 감정적 욕구에 관한 인식이 증가하면서 나타난 한 가지 결과가 아이들이 더 이상 작은 어른이 아니라 소중히 여겨지고 보호되어야 할 특별한 존재로 여겨진 것이었다. '감상화sentimentalization'

---

24 서구 역사의 문명화과정에 관해서는 다음을 보라. Norbert Elias, *The History of Manners*, Vol. 1 of *The Civilizing Process*([1939] New York: Pantheon, 1978); Philippe Ariès, *Centuries of Childhood*(New York: Vintage, 1962); Yi-Fu Tuan, *Segmented Worlds and Self*(Minneapolis: University of Minnesota Press, 1982). 개인의 감정에 대한 의식의 증가가 보다 정교화된 테이블 매너와 더 많은 사생활의 욕구를 낳았다. 한때 주인과 같은 방에서 잠을 잤던 하인들은 이제 저택의 다른 부속건물이나 층에 배치되었고, 아이들은 자신의 방을 가지게 되었다.

과정 속에서 경제적 필요가 아닌 사랑과 애정이 가족을 하나로 묶는 접착제가 되었다.[25] 16세기와 17세기의 그림들에서 가족과 실내 공간이 피터르 브뤼헐Pieter Breughel 같은 예술가들의 군중 장면과 공공장소들을 대체하기 시작했다.

애완동물은 새로운 부르주아 가족과 집이라는 친밀한 감정적 범위 안으로 편입되었고, 자주 가족 초상화에 등장했다. 18세기 초 쯤에 많은 사람들은 자신들의 애완동물에 사람의 이름을 붙였고, 그것을 매장하고 그것을 위해 묘비명을 썼으며, 간혹 그것에게 유산을 남겼다. 수레와 마차를 끄는 말들을 제외하면, 도시 거주자들은 점점 더 동물과 도구적 접촉을 하지 않게 되었다. 그들은 더 적게 사냥했고, 쟁기질을 할 땅을 더 적게 가졌으며, 더 적은 수의 동물을 도살용으로 사육했다 (사육에서 마지막으로 제외된 것이 뒷마당에서 키우던 소수의 닭들이었다. 닭은 20세기 중반에서야 맨해튼에서 사라졌다). 이제 그들이 접촉하는 동물은 주로 애완견이었다. 그 결과 그들이 동물을 기본적으로 경제적 목적에 기여하기 위해 존재하는 자원들로 파악할 가능성은 줄어들었다. 동물은 이제 인간의 중요한 감정적 욕구를 충족시키고 사랑과 충성을 제공할 수 있게 되었다. 16세기에서 현재에 이르는 긴 과정에서 동정심과 동료애가 동물에 대한 가장 보편적인 감정이었던 학대를 대체하게 되었다.[26] 오늘날 동물에 대한 우리의 가장 내밀한 직관들은 서

25 다음을 보라. Edward Shorter, *The Making of the Modern Family*(New York: Basic Books, 1975); Viviana A. Zelizer, *Pricing the Priceless Child: The Changing Social Value of Children*(New York: Basic Books, 1985).

26 서유럽에서 길들여진 동물들의 용도와 동물들에 대한 태도를 역사적으로 다룬 연구로는 다음의 것들이 있다. James Turner, *Reckoning with the Beast: Animals, Pain, and Humanity in the Victorian Mind*(Baltimore: Johns Hopkins University Press, 1980); Keith Thomas, *Man and the Natural World*(New York: Pantheon, 1983); Yi-Fu Tuan, *Dominance and Affection: The Making of Pets*(New Haven: Yale University Press,

로 다르다.

18세기에 일어난 과학의 발전 또한 동물의 재평가에 기여함으로써, 우리의 감성뿐만 아니라 우리의 명시적인 세계관들도 다시 틀 지었다. 박물학자들은 인간과 동물 간의 유사성에 기초한 분류법을 발전시켰다. 지질학자들은 지구의 나이를 연구했고, 복잡한 종의 진화에 관해 심사숙고했다. 콩트 드 뷔퐁Comte de Buffon 등은 인간과 원숭이 사이의 잃어버린 연결고리를 탐색했다. 그러한 과정의 극치가 찰스 다윈 Charles Darwin이 1859년에 출간한『종의 기원Origin of Species』이었다(그는 뒤이어 1871년에는『인간의 유래The Descent of Man』를 출간했다). 이 책은 당시에 증대하고 있던 믿음, 즉 인간과 동물이 공통의 조상으로부터 유래한다는 믿음과 그것이 시사하는 둘 간의 온갖 유사성들을 뒷받침 했다. 그 후 다윈은 종을 가로지르는 감정의 공통된 생리적 원천을 입증하기 위해『인간과 동물의 감정표현The Expression of the Emotions in Man and Animals』을 집필했으며, 인간의 정신능력이 동물보다 성질이 아닌 정도의 면에서 우월하다고 주장했다.[27]

동물에 대한 이러한 재고는 19세기에 영국과 미국에서 가속화되었고, 사회계급의 경계를 넘어 확산되었다. 산업화와 도시의 성장으로 인해 자연이 중립화되고 교외의 잔디밭과 정원, 그리고 멋진 풍경화로

1984); James Serpell, *In the Company of Animals*(New York: Basil Blackwell, 1986); Harriet Ritvo, *The Animal Estate*(Cambridge: Harvard University Press, 1987); Joyce E. Salisbury, *The Beast Within: Animals in the Middle Ages*(New York: Routledge, 1994).

27   Charles Darwin, *The Descent of Man and Selection in Relation to Sex*([1871] Princeton, N.J.: Princeton University Press, 1981); *The Expression of the Emotions in Man and Animals*(New York: D. Appleton, 1896). 또한 George Louis Leclerc, Comte de Buffon, *Natural History, General and Particular*(London: T. Cedell and W. Davies, 1812)도 보라.

축소됨에 따라, 사람들은 자연의 잔인함과 폭력성을 모르는 체하며 자연을 순진무구하고 좋은 것으로 낭만화할 수 있게 되었다. 그리하여 동물은 그 감정능력에서 인간과 단지 유사할 뿐만 아니라 사람보다 우월하다고까지 생각되었다. 동물은 표리부동하지도 또한 불친절하지도 않았다. 동물은 순진무구하고 무력했으며, 더할 나위 없는 동정심의 대상이 되었다.

최근 몇 년 사이에 동물보호를 지지하는 도덕적 직관과 세계관들은 더 널리 확산되고 있다. 도시화와 산업화가 계속되어왔고, 오늘날 미국인의 3%만이 농업에 종사하고 있다. 애완동물 소유가 계속해서 늘어왔고, 그 결과 현재 미국 가구의 60%가 애완동물을 보유하고 있다. 사람들이 자주 자신들의 동물에게 수상쩍은 인간의 취향을 투영하면서, 그러한 동물의 의인화가 계속되고 있다. 그들은 자신들의 개에게 밍크 스톨, 병에 든 생수, 채식주의자의 저콜레스테롤 음식을 사준다. 애완동물들은 치과교정술, 성형수술, 심장박동 조절, 심지어는 시티촬영까지 받는다. 인간은 자신들의 '반려동물companion animal'을 가족의 완전한 성원으로 대우한다. 따라서 그것들에게 말을 하고, 그것들의 사진을 가지고 다니고, 그것들의 생일을 축하하고, 그것들이 자신의 침대에서 자는 것을 허락한다.

19세기 인도주의운동 이후에 뜻밖의 추가적 진전이 이루어지면서, 동물의 의사소통과 인지에 관한 최근의 연구결과들이 공중의 의식 속으로 스며들어왔다. 가장 인상적인 작업은 우리와 유전자를 98.5% 공유하는 침팬지와 의사소통하려는 노력들이었다. 침팬지는 수화나 키보드 상징을 통해 100개가 넘는 단어들을 완전히 익힐 수 있으며, 심지어 그 단어들을 새로운 방식으로 서로 잇는 학습까지도 할 수 있다. 한 침팬지는 오이에 대한 상징이 없자, '녹색 바나나'를 달라고 했다. 동료 침팬지들에게 처음으로 소개된 또 다른 침팬지는 그들에게 중요하게 여겨지지 않자, 그들을 "벌레…… 검은 벌레"라며 멀리했다. 수화를 숙달한 침팬지들은 수화를 사용하여 혼자 있을 때는 혼잣말을 하고, 다른 침팬지들에게, 심지어는 그들의 움직이지 않는 장난감들에게까지 말을 건다. 침팬지들은 단어들을 분류할 만큼 비약적으로 발전하기도 한다. 그 침팬지들 중 두 마리에게 17개의 명사를 도구와 음식으로 분류하라고 요청하자, 그 둘은 그것들 가운데 오직 하나만을 혼동했다. 한 침팬지가 스펀지를 음식이라고 말했지만, 그 침팬지는 울타리 주변에서 스펀지를 이용하여 엎지른 청량음료를 흡수시켜 게걸스럽게 먹고는 했었다.[28] 우리는 이제 확실히 동물을 그들의 충성심뿐만 아니라 그들의 지능으로도 평가한다. 그리고 우리의 동정심이 확장되어 개와 고양이 같은 귀엽고 사랑스러운 종뿐만 아니라 고래와 돌고래 같은 '영리한' 종까지 동정심 대상에 포함시키게 되었다. 동물들은 이제 더 이상 '말 못하는 짐승'이 아니다. 제2차 세계대전 이래로 그러한 과학적 진전은 텔레비전의 자연 프로그램들과 ≪내셔널 지오그래픽National Geographic≫의 학술논문들에 의해 뒷받침되며, 다른 종의 인지능력에 대한 대중의 평가를 증진시켰다. 사람들은 점점 더 동물이 "인간과 유사하다"고, 즉 비슷하게 느끼고 생각할 수 있으며 따라서 아마도 유사한 권리들을 지니고 있다고 보게 되었다.[29]

---

28 Deborah Blum, *The Monkey Wars*(New York: Oxford University Press, 1994), p. 19.

29 동물의 지능에 관한 대중적인 연구로는 다음의 것들이 있다. Blum, *The Monkey Wars*; Dorothy L. Cheney and Robert M. Seyfarth, *How Monkeys See the World*(Chicago: University of Chicago Press, 1990); Donald R. Griffin, *Animal Thinking*(Cambridge: Harvard University Press, 1984); *Animal Minds*(Chicago: University of Chicago Press, 1992); R. J. Hoage and Larry Goldman(eds.), *Animal Intelligence*(Washington, D.C.: Smithsonian Institution Press, 1986); Eugene Linden, *Apes, Men, and Language*(New York: Saturday Review Press, 1974); *Silent Partners: The Legacy of the Ape Language*

자연전시회들과 과학적 발견들로 인해 우리는 그간 보다 명시적인 세계관과 이데올로기의 영역으로 옮아왔다. 사람들은 '객관적인' 과학적 사실들을 언급함으로써 자신들이 동물에게 동정적인 이유를 말할 수 있게 되었다. 그들은 애완동물들과의 접촉과 그것들에 대한 사랑, 즉 자기 자신의 삶에서 동물이 차지하는 위치에 대해 이야기할 수 있다. 그들은 자신들이 생각하는, 동물과 인간 간의 관계가 무엇인지 — 즉, 동료애, 위계 또는 지배 — 를 묘사할 수 있다. 지난 30년간 엄청나게 변화해온 것이 바로 그러한 세계관이다.

한 사회에서 도덕적 감상에 이견이 없는 경우는 거의 없다. 이를테면 많은 사람들이 주장해온 바에 따르면, 산업적 제조부문에의 고용은 경제성장을 중심적 가치로 만들며 자연세계를 변형될 일단의 원료들로 바라보게 한다. 그리고 서비스부문의 노동이나 상징들을 다루는 노동은 자연을 심미적으로 평가하게 하고, 개인 간 정의正義에 더 높은 가치를 부여하게 한다. 그리고 그것은 또한 관료제를 비판하게 하고, 민주주의에 관심을 가지게 하고, 억압을 혐오하게 한다.[30] 이것이 바로 '탈산업적' 전망이다. 반면 농업에 종사하거나 사냥을 하는 사람들은 당연히 동물을 감상적으로 다룰 가능성이 적고, 그것을 자원으로 바라보는 것에 집착할 가능성이 더 크다.[31]

Experiments(New York: Times Books, 1986); Stephen F. Walker, *Animal Thought* (London: Routledge and Kegan Paul, 1983). 더글러스 키스 캔들랜드(Douglas Keith Candland)는 다른 종과 의사소통하려는 노력을 인간으로서의 우리의 본성의 중요한 일부로 본다. Douglas Keith Candland, *Feral Children and Clever Animals: Reflections on Human Nature*(New York: Oxford University Press, 1993),

30 다음을 보라. Ronald Inglehart, *The Silent Revolution*(Princeton, N.J.: Princeton University Press, 1977); Stephen Cotgrove and Andrew Duff, "Environmentalism, Middle-Class Radicalism, and Politics," *Sociological Review*, new series, 28(1980), pp. 333~351.

오늘날의 사회에서 다른 사람이 아닌 애완동물과 함께 살고 있는 사람들은 특히 동물을 그들 자신의 감정 범위에 포함시킬 가능성이 더 클 것이다. 그들이 애완동물들과 지속적으로 벌이는 접촉이 그들로 하여금 자신들의 '반려동물들'로부터 일련의 감정, 사고, 의도들을 인지하게 (또는 투영하게) 할 것이다. 그러고 나면 그러한 동물들은 인간과 동일한 복잡한 퍼스낼리티를 가지고 있는 것처럼 보일 것이다. (심리학자들은 혼자 사는 사람이 애완동물의 죽음에 더 많이 슬퍼하며, 보다 깊은 감정적 애착을 표시한다는 것을 발견했다.)[32] 동물의 능력과 권리에 대한 강력한 주장들은 그러한 사람들에게 보다 타당한 것처럼 보일 것이며, 고통 받는 동물의 이미지들은 그들에게 특히 충격적일 것이다. 동물권리 저항자들을 대상으로 하여 내가 실시한 조사연구는 저항자들이 평균적인 성인 미국인보다 애완동물을 키울 가능성이 더 많고, 다른 사람과 함께 살 가능성은 더 적다는 것을 발견했다.[33] 미국 성인들의 대략 1/3이 미혼인 데 비해 나의 응답자들의 경우 2/3가 미혼이었다. 응

---

31 스티븐 켈러트(Stephen R. Kellert)는 동물에 대한 상이한 시각들의 분포를 기록해왔다. 다음을 보라. Stephen R. Kellert, "American Attitudes Toward and Knowledge of Animals: An Update," *International Journal for the Study of Animal Problems*, 1(1980), pp. 87~119; (with Miriam O. Westervelt), "Historical Trends in American Animal Use and Perception," *International Journal for the Study of Animal Problems*, 4(1983), pp. 133~146; "Perceptions of Animals in America," in R. J. Hoage(ed.), *Perceptions of Animals in American Culture*(Washington, D.C.: Smithsonian Institution Press, 1989); *The Value of Life: Biological Diversity and Human Society* (Washington, D.C.: Island Press, 1995). 미국인들의 단 7%만이 여전히 사냥을 한다. 사냥의 문화적 함의에 대해서는 Jan E. Dizard, *Going Wild: Hunting, Animal Rights, and the Contested Meaning of Nature*(Amherst, Mass.: University of Massachusetts Press, 1994)를 보라.

32 John Archer and Gillian Winchester, "Bereavement Following Death of a Pet," *British Journal of Psychology*, 85(1994), pp. 259~271.

33 이 조사연구의 세부사항에 대해서는 부록을 보라.

답자의 80%가 애완동물을 키웠고(이는 전국 가구의 61%가 애완동물을 키우는 것과 대비된다), 오직 2%만이 애완동물을 키우지도 않고 또 키워본 적도 없다고 말했다. 그들의 개인적 경험과 그것이 만들어낸 도덕적 감성이 그들로 하여금 동물권리 조직자들이 사용하는 응축 상징에 특히 민감하게 만들었다.

　신앙심이 깊은 많은 미국인들은 그러한 동물의 의인화에 덜 개방적이다. 왜냐하면 유대-기독교 전통의 요소에 기초한 그들의 세계관에서 동물은 명백히 인간에게 종속되어 있으며, 우리의 목적을 위해 이용 가능하기 때문이다. 그들의 견해는 18세기 미국인들이 보유했던 견해의 최신판이다. 창세기의 근본주의적 독해는 인간에게 세상의 나머지에 대한 '지배권'을 부여한다. 그리고 인간은 그 나머지 것들을 이용하여 욕구를 충족시킨다. 근본주의적 기독교인들은 진화론에 회의적이다. 왜냐하면 진화론이 공유된 가계도에 기초하여 인간과 다른 종들 간의 가족적 유사성을 시사하기 때문이다. 이와 대조적으로 대부분의 동물권리 저항자들 – 그 운동을 선도하는 잡지 ≪애니멀스 어젠다The Animals' Agenda≫가 수행한 조사에 따르면, 무려 65% – 은 스스로를 두 종 간의 보다 많은 평등을 함축하는 마스터 프레임에 개방적인 무신론자와 불가지론자로 칭한다. 캐럴린 슈트Carolyn Chute는 자신의 소설 『이집트 메인의 빈 가족The Beans of Egypt, Maine』에서 몇몇 종교적 태도를 포착한다. 한 아이가 그녀의 어머니에게 묻는다.

> "닭하고 물고기도 천국에 가?"
> "아니"라고 말한다.
> 그녀는 속삭인다. "왜 아니야?"
> "오직 인간만이 신의 모습대로 만들어졌거든."

보니 루는 얼굴을 찌푸린다. "매들린의 닭 중에 어느 것도 천국에 못 간다는 말이야?"라고 작은 소리로 말한다. 그녀의 한숨에서는 깨 끗하고 깊은 작은 호수 같은 냄새가 난다.

"그래 맞아, 보니 루."

"물고기는?"

"사람만 간다니까."

그녀는 각별히 친밀하게 속삭이면서, 손가락으로 내 얼굴을 쓰다 듬는다. "사람이 최고구나, 그렇지?"[34]

남성보다는 여성이 동물권리 메시지들을 더 잘 수용하는 도덕적 직 관과 세계관을 가질 가능성이 더 커 보인다. 나와 다른 사람들의 조사 연구들에 따르면, 적어도 참여자들의 70%가 여성이다. 몇 가지 이유 가 개인 인터뷰에서 제시되었다. 여성들이 점점 더 많이 노동인구로 통합되고 있음에도 불구하고, 여성들은 여전히 남성보다 훨씬 더 많은 시간을 자녀를 돌보는 양육활동에 할애하며, 이는 동물을 보호가 필요 한 무고한 희생자로 묘사하는 호소에 열린 마음을 가지게 한다. 사라 루딕Sara Ruddick은 자녀양육에서 여성들이 수행하는 치우친 역할이 그 들에게 남성보다 더 많은 '모성적 사고'를 하게 하고, 그것이 바로 여성 들이 또 다른 탈산업적 운동인 평화운동에 참여할 가능성이 더 큰 한 가지 이유라고 주장해왔다.[35] 동물권리운동과 평화운동이 일정 정도 중첩됨을 감안할 때, 동물보호에도 동일한 주장을 제기할 수 있을 것

---

34 Carolyn Chute, *The Beans of Egypt, Maine*(New York: Ticknor and Fields, 1985), p. 177. 출판사의 허락을 맡아 인용함.

35 Sara Ruddick, *Maternal Thinking: Toward a Politics of Peace*(Boston: Beacon Press, 1989).

이다. 동물보호에서 모성적 사고의 인과적 효과가 훨씬 더 강력할지도 모른다. 왜냐하면 동물보호와 자녀보호 간에는 상징적 유사성이 존재하기 때문이다(19세기에는 많은 단체가 둘 모두를 추구했다). 게다가 여성은 사냥(사냥꾼의 90%는 남성이다), 도살, 경주와 같이 동물에게 자원의 역할을 부여하는 활동에 참여할 가능성이 더 낮다. 심지어 어머니가 아닌 여성들조차 전통적인 양육과 공감적 감정을 고무하는 무수한 젠더 사회화 기제들과 마주한다. 한 활동가가 자랑스럽게 말하듯이, "여성들은 평생 다른 사람들을 돌보도록 가르침 받는다. 우리가 그것을 연구용 동물들에게 적용하리라곤 아무도 예측하지 못했을 뿐이다". 끝으로, 몇몇 동물권리 단체 ― 가장 두드러지게는 동물권리를 위한 페미니스트 모임Feminists for Animal Rights ― 는 페미니즘적 쟁점들을 동물해방에 연계시키기 위한 일을 열심히 수행한다.

정치 이데올로기 또한 동물권리운동의 문화적 토양을 마련하는 데 일조해왔다. 대부분의 동물 활동가들은 좌파 성향의 이데올로기를 가지고 있다. 나의 응답자들의 34%가 자유주의자라고 주장했고, 또 다른 31%가 진보적 또는 급진적 좌파라고 주장했다(≪애니멀스 어젠다≫의 조사도 거의 동일한 결과를 보였다). 따라서 동물권리 조직자들의 호소는 좌파-자유주의 용어들로 포장된다. 즉, 그들에 따르면, 대기업은 그들의 무분별한 이윤을 추구하는 과정에서 동물을 학대하고, 소비자문화는 "마스카라의 색조 하나를 더" 고안하기 위한 토끼 실험을 부추기고, 농업관련 산업은 무자비한 기술을 이용하여 농장 동물의 고통을 한층 더 증가시킨다. 동물권리 주장들은 자본주의 기업과 시장을 사악한 것으로 묘사하는 세계관의 소유자들과 정부규제를 권고하는 이데올로기의 소유자들에게 호소하는 방식으로 프레임 지어진다.

그러한 이데올로기들은 부분적으로는 다른 저항운동들의 행동주의를 통해 발전한 것들이다. 다른 어떤 대의들에 관여한 적이 있었는지를 물었을 때, 동물권리 저항자들은 평화/군축을 가장 많이 언급했으며, 그 뒤를 이어 민권, 인권, 그리고 인종차별반대를, 그다음으로 환경주의, 여성운동, 베트남전, 미국의 군사개입 반대, 그리고 반핵운동을 언급했다. 이 풍부한 행동주의 문화가 상징과 주장의 양성소이며, 이것이 바로 스노와 벤퍼드가 말하는 '마스터 프레임'이 개별 운동을 넘어서는 이유이다.

이러한 기존의 감성, 세계관, 정치 이데올로기들에 더해, 근대 동물권리운동은 그 힘을 모으기 위해 몇몇 잊을 수 없는 명칭과 응축 상징을 이용해왔다. 철학자 피터 싱어는 1975년에 자신의 책 『동물해방 Animal Liberation』에서 **종차별주의**speciesism라는 용어와 함께 충격적인 이미지와 증거로 넘쳐나는 책을 내놓았다. 그 책은 활동가들이 성원의 충원에서 사용할 수 있을 섬뜩한 사진, 수상쩍은 동물실험 사례, 그리고 논거들의 금광이었다. 그 책은 그 새로운 운동을 하나로 묶는 데 일조했으며, 그 운동의 성전이 되었다. 다른 철학자들 또한 중요한 관념들을 제공했다. 넬킨과 내가 지적했듯이, 그들은 그 새로운 운동의 산파들이었다. 그중에서도 특히 동물**권리**라는 관념은 비록 싱어의 공리주의적 접근방식에서는 발견되지 않지만, 미국의 정치적 전통과 광범위하게 공명했고, 한 가지 중요한 프레임이자 강령이 되었다. 그것은 대중적인 슬로건이었지만, 철학적 수준에서 본다면 어떤 근거로 비인간 종들이 단순한 보호가 아닌 권리를 부여받을 수 있는지는 불확실하다.

이종연대Trans-Species Unlimited 뉴욕 지부의 한 지도자는 기존 신념에 호소하는 것과 그 신념을 변화시키려는 노력 간에 존재하는 갈등을 인정했다. "당신은 사람들이 있는 곳에서 시작해야만 해요. 그것이 당신이 그들을 그 밖의 어떤 곳으로 데려갈 수 없다는 것을 의미하지는 않아요. 당신은 때로는 그렇게 할 수 있고, 때로는 그렇게 할 수 없어요. 당신은 **그들**과 동행해야만 해요. …… 그것을 예측하기는 어려운 일이지만요." 이종연대의 지도자들은 권리개념이 철학적으로 혼란스럽다고 생각했기 때문에, 그 개념을 좋아하지 않았다. 하지만 그 개념의 매력은 막대했으며, 그 조직은 결국 자신의 이름을 동물권리동원Animal Rights Mobilization으로 바꾸었다! "우리는 케이브 때문에 반려동물이라는 용어도 좋아하지 않았어요[그 조직의 설립자 조지 케이브George Cave는 애완동물의 소유에 반대하는 글을 쓴 바 있다]. 그러나 반려동물이라는 용어는 [애완동물 소유주들에게 호소력을 가짐으로써] 성원을 충원하는 최고의 방법이었어요. 우리는 다른 쟁점들의 경우에는 …… 개혁이 아니라 철폐를 요구함으로써 일을 더 잘 처리했거든요." 예술가들과 그들의 청중들처럼, 조직자들과 그들의 추종자들도 그들의 레토릭과 신념을 서로 틀 짓고 조정한다.

인구통계, 감정, 정치적 신념들이 동물권리 조직자들의 호소가 그들이 호소했던 사람들과 공명한 이유를 설명하는 데 도움을 준다. 도시와 도시 근교에 사는, 그러면서 전통적인 종교적 세계관을 가지고 있지 않고 좌파-자유주의적이었던 사람들 중 그들의 애완동물들에게 특별한 애착을 가지고 있는 사람들이 동물보호 주장에 특히 더 귀를 기울였다. 하지만 그들 모두가 동물 활동가나 후원자가 된 것은 분명 아니었다. 또한 그러한 특성들을 가지지 않는 어떤 사람이 그 운동에 참여하는 것이 불가능한 것도 아니었다. 그러나 이러한 타당성 구조와 기존 신념들은 참여 가능성에 상당한 영향을 미쳤다.[36] 바로 거기에 저

36 구조적 분석을 선호하는 학자들은 많은 사람이 운동의 목표 또는 그 목표의 배후에 존재하는 타당성 구조를 공유하지만 그들 중 오직 소수만이 실제로 참여할 것이라고 주장한다. 그들은 독일의 평화동원에 관한 베르트 클란더만스와 디르크 외게마(Dirk Oegema)의 홍

항단체들이 새로운 성원들을 충원하고 보다 광범위한 공중 사이에서 공감을 얻을 수 있는 여지가 존재했다. 시민들이 인간과 다른 종들 간의 관계에 대해 이제 막 제기되기 시작한 가정들에 대해 상이한 견해를 가지고 있었기 때문에, 그들이 그러한 느낌들을 분명히 하게 되면서, 그들은 자주 대립적인 결론에 도달했다. 물론 일부 사람들은 그들의 마음을 바꿨지만, 대부분은 그렇지 않았다. 하지만 그 논쟁에 참여했던 모두는 그들의 직관과 그들이 드러낸 이데올로기들을 조화시키기 위해 노력했다.

이 저항운동의 결과 많은 미국인이 인간과 다른 종들의 관계에 대해 분명한 이데올로기를 발전시켜왔다. 그들은 동물이 왜 권리를 가지는지 아니면 가지지 않는지에 대해, 연체동물과 갑각류가 드러내는 의식의 차이에 대해, 그리고 살아있는 동물의 실험에 대한 대안에 대해 이야기할 수 있다. 종들에 대한 그러한 정도의, 상대적으로 새로운 명료화는 지식인과 저항자들로부터 나온다. 활동가들이 자연 저술가와 텔

미로운 연구를 지적한다. 이 두 학자는 대규모 시위 전과 후에 시민들을 인터뷰했다. 그들은 74%가 그 사건의 목표에 동의했지만 그들 중 오직 4%만이 그 시위에 참여했다는 것을 발견했다. 하지만 첫째, 동의하지 않은 26%와 동의한 74%를 확실하게 분화시킨 것은 신념이었다. 둘째, 대부분의 사회운동 연구와 마찬가지로, 그 연구결과도 그 운동의 목표에 대한 동의의 정도가 어쩌면 예외적으로 높은 하나의 단일 사례로부터 일반화되었을 수 있다. 반대로 오직 5%의 시민들만이 대의를 지지하는 사례에 대한 유사한 연구가 비참여자들을 더 잘 예측해줄 수도 있다. 셋째, 클란더만스와 외게마는 모든 형태의 평화저항이 아닌 하나의 단일 사건의 참여를 연구했다. 가장 헌신적인 저항자조차 모든 저항에 참여하지는 않는다. 넷째, 그 조사와 같은 조사연구들(그리고 태도와 행동 간에 거의 어떠한 관계도 발견하지 못하는 대부분의 연구들)이 갖는 한 가지 한계는 그 조사들이 문화적 의미를 측정하기 위해 사용하는 수단들이 조야하다는 것이다. 그러한 수단들로는 저항의 목적에 대한 피상적인 인지적 동의 이상의 것을 거의 포착할 수 없다. 조사연구를 활용하는 학자들은 의미와 행위 간의 연계성을 좀처럼 찾아내지 못하는 반면 심층면접과 생애사를 활용하는 학자들은 거의 항상 그 연계성을 포착하는 것은 우연이 아니다. Bert Klandermans and Dirk Oegema, "Potentials, Networks, Motivations, and Barriers: Steps towards Participation in Social Movements," *American Sociological Review*, 52(1987), pp. 519~531을 보라.

레비전 제작자들, 대중적인 철학자와 심리학자들, 심지어는 대학교수들의 생각을 널리 퍼뜨림에 따라, 이들 모두는 청중이 동물에 대한 그들의 직관을 통해 사고하는 데 일조한다.

나는 오늘날의 동물권리운동을 출현시킨 몇 가지 인지적 전제조건들을 추적한 바 있다. 동물에 대한 감상화가 일어나기 위해서는 먼저 광범위한 감성의 변화가 필요했다. 그리고 그다음으로 세계관이 명료화되어야만 했다. 즉, 19세기에 그러한 전망에 동물의 감정과 고통이 포함되었다면, 제2차 세계대전 이후에 그러한 전망은 그것 내로 동물의 인지능력을 받아들였다. 한층 더 구체적으로 말하면, 철학자와 활동가들이 그러한 느낌과 신념들을 분명하게 표현하는 응축 상징과 주장들을 정교하게 만들어낼 필요가 있었다. 하지만 이데올로기 신봉자들도 특히 시적인 또는 잊을 수 없는 용어를 만들어냄으로써 대중의 신념체계를 재구조화한다. 문화는 끊임없이 변화하지만, 서로 다른 부분들은 서로 다른 비율로 변화한다. 서구문화의 감상화가 우리 사회를 지배하기까지는 수백 년이 걸렸다. 동물권리의 정치적 프레임은 1980년대에 수많은 미국인들 사이에서 급속하게 확산되어, 수백만 명 이상에게서 반향을 불러일으켰다. 운동 이데올로기 신봉자들은 마음 깊은 곳의 감성에 다가가기 위해 마치 시인처럼 새로운 생각과 느낌들을 표현하는 동시에 틀 짓는 언어를 찾고자 고군분투한다.

공유된 테마들

세계관은 응집적인 하나의 꾸러미로 한데 묶이는 일단의 의미들을 함의하는 것으로 보인다. 그러나 그것은 실제로는 갬슨의 표현을 빌리면 따로따로 사용될 수 있는 별개의 테마들의 집합으로 이루어진다. 달리 말해 거기에는 누구든지 사용할 수 있는 공통의 어휘를 구성하는 이미지와 수사어구들이 존재한다. 그것들은 전체 문장(주장)을 구성하는 데 이용하는 단어와 같다. 미국에서 권리 담화, 신이나 과학에 대한 언급, 전문가들에 대한 비판은 광범위한 공명을 일으키지만, 그것들은 서로 대립적으로 사용될 수도 있으며, 심지어 (여성의 권리 대 태아의 권리에서처럼) 반대자들에 의해 사용될 수도 있다. 한 사회의 정치문화에 관한 연구 ― 어떤 테마와 이미지들이 사용되는지, 시간이 경과함에 따라 그것들이 누구에 의해 어떻게 변화했는지, 그것들이 다른 사회에서 사용되는 것과 어떻게 다른지, 그것들이 어떻게 친숙한 주장들로 만들어지는지 ― 는 저항 연구자들로 하여금 프레이밍이 어떻게 이루어지는지, 언제 공명이 일어날 가능성이 크고 또 언제 그렇지 않을 것 같은지, 언어가 저항자들을 충원하는 데서 실제로 어떻게 작동하는지를 더 잘 이해할 수 있게 하는 데 도움을 줄 수 있을 것이다.

동물권리운동, 반핵운동, 그리고 심지어 낙태반대운동들은 서로간의 차이에도 불구하고 미국사회의 저기 어딘가에 존재하는 유사한 근본적인 문화적 수사어구들을 이용해왔다. 특히 그러한 운동들은 기술을 통한 진보와 대비되는, '자연과의 조화'라는 갬슨의 테마에 자주 의지했다. 이러한 감성은 과학과 기술에 대한 양가감정, 관료제와 '도구적 합리성'에 대한 비판, 그리고 진보에 대한 일반적 의구심과 연관되어 있었다. '자연과의 조화'라는 테마가 지난 30년간 지지를 받아왔음을 보여주는 증거는 상당히 많다. 투렌은 그 테마가 '기술관료제'에 반대하는 수많은 일단의 탈산업적 운동을 뒷받침하고 있다고 주장한다.[37] 많은 운동이 도구주의 비판을 중심축으로 하는 문화적 이미지와 테마들에 의지하고 있다. 거기서 도구주의는 인간과 자연을 수단의 지위로 전락시키고, 도구(관료제, 시장, 기술)를 목적으로 격상시킨다고 정의된다. 도구주의에 대한 공포, 불안, 격분은 근대사회에 공통적인 것이며, 따라서 프레임 정렬을 위한 많은 노력에서 좋은 출발점이 되고 있다. 그것들은 도덕적 쟁점을 제기하게 하는 자연스러운 수단들이다.

그러한 테마들은 조사연구 자료에서도 나타난다. 반핵 저항자와 동물권리 저항자들에 관한 나의 조사에서 나는 일군의 질문을 통해 인간과 환경의 관계를 다루었다.[38] 두 단체 모두의 응답자들은 탈산업적 진술들 — "우리는 환경을 심각하게 남용하고 있다"는 진술과 "인류는 생존하기 위해 자연과 조화롭게 살아야만 한다"는 진술 — 에 거의 만장일치로 동의했다. 응답자들은 또한 "인간은 자신의 목적을 위해 자연환경을 개조할 권리를 가진다"라는 진술에는 동의하지 않았다. 두 단체의 대다수

---

37 나는 낙태반대운동이 문화적 의미와 생활양식에 대해 관심을 보이고 있음에도 불구하고, 낙태반대운동을 그것의 심히 종교적인 이데올로기 때문에 '탈산업적' 운동으로 분류하지 않을 것이다. 그러나 그 운동이 탈시민권 운동의 하나라는 것은 확실하다. 탈산업적 운동들에 관해 더 알고 싶다면, 투렌의 많은 다른 저작 중에서도 다음을 보라. Alain Touraine, *The Voice and the Eye*(Cambridge: Cambridge University Press, 1981). 로널드 잉글하트와 그가 영감을 준 방대한 조사연구는 1960년대 이후에 좌파 성향의 정치에 대한 그들의 분석에서 탈물질주의적 가치가 핵심을 차지하게 만들었다. Ronald Inglehart, *The Silent Revolution*(Princeton: Princeton University Press, 1977). 이와 관련된 연구들 중 몇 가지만 소개하면 다음과 같다. Russell J. Dalton, Scott Flanagan and Paul Allen Beck(eds.), *Electoral Change in Advanced Industrial Countries: Realignment or Dealignment?*(Princeton: Princeton University Press, 1984); Scott C. Flanagan, "Changing Values in Industrial Societies Revisited: Towards a Resolution of the Values Debate," *American Political Science Review*, 81(1987), pp. 1303~1319; Ronald Inglehart, *Culture Shift in Advanced Industrial Society*(Princeton: Princeton University Press, 1990). 찰스 필러(Charles Piller)는 다음의 책에서 오늘날 미국에서 새로운 기술에 대한 의구심과 저항이 널리 퍼져 있음을 증명하고 있다. Charles Piller, *The Fail-Safe Society: Community Defiance and the End of American Technological Optimism* (New York: Basic Books, 1991).

38 나의 항목들은 대부분 다음의 글에서 따왔다. Riley E. Dunlap and Kent D. Van Liere, "The 'New Environmental Paradigm': A Proposed Instrument and Preliminary Results," *Journal of Environmental Education*, 9(1978), pp. 10~19.

표 7-2 **반핵 저항자와 동물권리 저항자의 선별된 가치와 신념들(단위: %)**

진술	반핵 저항자		동물권리 저항자	
	찬성	반대	찬성	반대
인류는 생존하기 위해 자연과 조화를 이루어 살아야만 한다	99	1	98	1
우리는 환경을 심각하게 남용하고 있다	98	2	99	1
인간은 자신들의 욕구에 맞게 자연환경을 개조할 권리를 가진다	18	71	11	82
우리의 산업화된 사회에는 그 너머로까지 확장될 수 없는 성장의 한계가 존재한다	72	11	68	14
우리는 기술이 우리를 압도하게 내버려둘 위험에 처해 있다	84	10	86	8
우리는 우리의 삶을 틀 짓는 중요한 결정들에 점점 덜 관여하고 있다	88	7	88	6
기술의 이득이 그것의 부정적 결과보다 더 크다	20	54	12	69

자료: James Jasper and Jane Poulsen, "Recruiting Strangers and Friends," *Social Problems*, 42, pp. 493~512.

성원들은 "우리의 산업화된 사회에는 그 너머로까지 확장될 수 없는 성장의 한계가 존재한다"라는 데 동의했다. 〈표 7-2〉는 그러한 진술과 응답을 제시해놓은 것이다. 많은 학자가 그러한 진술들을 환경운동의 성원들 역시 지니고 있는 '새로운 환경패러다임'의 핵심 신념들로 분리해왔다. 일반 모집단의 표본들과 환경주의자들을 비교한 연구들은 그러한 일군의 신념들이 환경 활동가들을 공중과 구별할 뿐만 아니라 기업과 노동계 지도자들과도 구별한다는 것을 발견했다.[39] 사람들은 의심할 바 없이 그러한 느낌 때문에 그러한 운동들에 참여한다. 그러나 그러한 운동들 또한 사람들이 그러한 신념들을 세련화하고 합리화하

---

[39] 유사한 조사결과를 보여주고 있는 것들로는 다음을 보라. Stephen Cotgrove, *Catastrophe or Cornucopia: The Environment, Politics, and the Future*(Chichester and New York: John Wiley and Sons, 1982); Dunlap and Van Liere, "The 'New Environmental Paradigm'"; Lester W. Milbrath, *Environmentalists: Vanguard for a New Society* (Albany: State University of New York Press, 1984).

고 표출하는 언어를 만들어내는 데 일조한다.

관련된 일군의 신념들은 기술이 우리의 통제권 밖에 있다고 묘사한다. 두 표본 모두 "우리는 우리의 삶을 틀 짓는 중요한 결정들에 점점 덜 관여하고 있다"라는 진술과 "우리는 기술이 우리를 압도하게 내버려둘 위험에 처해 있다"라는 진술에 강하게 동의했다. 많은 사람이 그러한 통제권을 결여하고 있는 것에 정부를 포함시켰으며, "우리는 정부가 공중의 건강과 안전을 보호할 것임을 신뢰할 수 있다"라는 진술에 동의하지 않았다. 과학과 기술이 가져다줄 수 있는 이득들에 대해서도 유사한 회의론이 존재했다. 이 두 묶음의 가치와 신념 모두가 동물권리, 반핵, 환경, 그리고 많은 다른 탈산업적 운동을 뒷받침하는 문화적 프레임의 핵심 부분을 이루고 있다.[40]

사회운동 지도자들은 시각적·언어적 레토릭을 고안하여, 반反도구적 직관들을 하나의 명시적 프레임으로 만든다. 이와 관련된 신념과 공포가 동물권리운동과 반핵운동의 문헌들에 나타나는데, 그것들은 자주 분명한 분석들보다는 카툰, 그래피티, 사설 속에서 더 많이 나타난다. 디아블로 캐니언 발전소의 건설을 반대하는 단체인 아발론 동맹은 평화를 위한 어머니회와 함께 ≪지금이 그때이다It's About Times≫라는 회보를 1979년부터 1985년까지 거의 매달 발간했다. 대부분의 앞

---

40   이들 조사의 응답들은 이전 연구가 옳다는 것을 입증한다. 다음의 글들은 여기서 보고한 가치 및 신념과 유사한 가치 및 신념을 발견했다. Anthony E. Ladd, Thomas C. Hood and Kent D. Van Liere, "Ideological Themes in the Antinuclear Movement: Consensus and Diversity," *Sociological Inquiry*, 53(1983), pp. 252~272; James Scaminaci III and Riley E. Dunlap, "No Nukes! A Comparison of Participants in Two National Antinuclear Demonstrations," *Sociological Inquiry*, 56(1986), pp. 272~282. 수전 스펄링(Susan Sperling)은 다음의 책을 쓰기 위해 인터뷰한 동물권리 저항자들 사이에서 강력한 환경적 가치들과 마주쳤다. Susan Sperling, *Animal Liberators: Research and Morality* (Berkeley: University of California Press, 1988).

표지에는 원자력 기술을 기괴한 거인, 미쳐 날뛰는 티라노사우루스, 빨갛게 불타오르는 해골로 묘사하는 카툰들이 실렸다. 인간은 죽었거나 아니면 죽어가고 있는 것으로 그려졌고, 자주 거대한 해골의 손에 짓이겨지고 있었다. 연방정부는 때로는 핵미사일로 조립된 인조인간으로, 때로는 게슈타포 같은 관리로 묘사되었다. ≪지금이 그때이다≫의 카툰과 사설들은 그 위협을 인간의 통제권 밖에 있는 기술, 자연세계의 파괴, 정부의 공모라는 테마들을 통해 규정했고, 그것들에 책임을 물었다.

폭력, 무력, 환경재앙은 동물권리 문헌들에서도 등장한다. ≪애니멀스 어젠다≫에 기고하는 패트릭 그린빌Patrice Greanville은 동물권리를 보다 광범위한 환경쟁점들과 명시적으로 결부시켰다. "왜냐하면 동물해방과의 친화성이라는 면에서 그 어떤 다른 대의도 정치적 생태학을 능가하지 못하기 때문이다." 그는 "임박한 재앙", 그리고 "**동의가 아닌 힘에 기초한** 근원적인 착취논리" 같은 표현을 사용했다.[41] 동물 활동가들은 원자력 에너지와 같은 거대하고 추악한 산업에 초점을 맞추기보다는 올가미, 우리, 덫에 걸린 귀여운 털 복숭이 동물들의 사진을 이용하여 희생자들을 강조했다. 비난보다는 위협에 초점을 맞추었던 반핵운동보다 명시적으로 정치적이지는 않았지만, 동물권리운동도 아주 드물게는 정부의 공모를 표적으로 삼았다. 그러나 국립보건원National Institutes of Health과 국립약물남용연구소National Institute on Drug Abuse같이 생물의학 연구에 자금을 대는 기관들은 악당으로 묘사되었다. 탈산업적 레토릭에서 대규모 조직과 그것에 소속된 관료적 전문가들은 항상

---

41   이 인용구들은 각기 다음의 글에서 따온 것이다. Patrice Greanville, "The Greening of Animal Rights," *The Animals' Agenda* 7, No. 7(1988), p. 36; "In the Name of Humanity," *The Animals' Agenda*, 7, No. 1(1988), p. 36.

비난의 대상이다.

오늘날 거의 모두가 전문가들과 그들의 도구주의를 공격한다. 낙태 반대운동 − 그 운동의 매우 상이한 권리 편향적 세계관과 이데올로기에도 불구하고 − 도 동일한 전거들을 많이 이용한다. 그 운동은 자주 의사를 냉혹한 출세주의자로, 그리고 과학을 무신론적인 것으로 그린다. 인간의 삶은 (마땅히 그래야만 하듯이) 신의 통제하에 있거나 그것이 아니면 (현재 그러하듯이) 전문가의 통제하에 있는 것으로 묘사된다. 가족이라는 사적인 도덕적 영역은 도구적이고 무정한 관료와 전문직업인들의 위협하에 놓여 있다고 이야기된다. 그와 동시에 그 운동의 몇몇 적 − 자살과 안락사의 합법화에 찬성하는 사람들 − 또한 근대사회의 전문가들이 개별 시민들로부터 개인적 결정에 대한 통제권을 빼앗고 있다고 비판한다.

이 모든 운동은 기술관료제를 적으로, 즉 대규모 관료제를 이윤이나 출세주의에 의해 추동되고, 인간의 욕구에 무감각하고, 인간의 통제권을 넘어서는 복잡한 기술들에 대해 통제권을 행사하는 것으로 묘사한다. 그러한 운동들은 도구적 기법과 합리성에 대한 도덕적 기준과 정치적 통제를 요망한다. 미국사회에서 대규모 조직에 대한 공포와 의구심이 확산되고 있기 때문에, 운동 지도자들은 상식과 세계관의 수준에서 그러한 감정들에 그럴듯하게 그리고 성공적으로 호소할 수 있다. 매우 상이한 운동들이 동일한 테마를 이용하여, 자본주의에 대한 탈산업적 비판에서부터 영혼 없는 근대성에 대한 종교적 공격에 이르기까지 서로 대립하는 다수의 이데올로기들을 구성할 수 있다.

충원에 대한 설명

　제5장, 제6장과 함께 이 장의 목적은 사람들에게 저항운동에 가담하게 하는 문화적 과정들을 보여주는 것이었다. 일부 사람들이 홀로 저항한다면, 다른 사람들은 가입할 단체를 적극적으로 찾아 나선다. 그러나 여전히 다른 사람들은 충원자들의 편지, 전화, 또는 방문을 기다릴 것임에 틀림없다. 내가 이 장에서 보여주었듯이, 사람들의 직관과 세계관은 성원 충원자의 특유한 레토릭이 줄 수 있는 도덕적 충격을 필요로 할지도 모른다. 이 모든 것의 마지막 단계는 개인들이 조직화된 저항운동에 참여하기 시작하는 것이다. 그리고 아마도 이것이 바로 사회운동 문헌에서 가장 많이 연구된 과정일 것이다.

　개인들이 운동 성원들과 조우하기 전부터 그들이 어떻게 운동에 참여할 준비가 되어 있을 수도 있는지를 강조하는 것은 운동 연구가 통상적으로 행동주의에 기여하는 구조적 위치들에 집중해온 것과 뚜렷이 대비된다. 운동의 충원을 탐구하는 대부분의 학자들은 도덕적 충격과 응축 상징이 아니라 사회적 네트워크에 초점을 맞추어왔고, 그러한 경향은 동원 이론과 과정 이론 모두에서 뚜렷하다.[42] 대부분의 학자들은 자신들이 가지고 있는 근원적인 이미지, 즉 공식 조직이 자연적 지지기반으로부터 사람과 자원을 동원한다는 이미지 때문에, 일단 운동

---

[42]　사회적 네트워크가 누가 충원되는지를 설명해준다는 것은 사회운동 연구의 가장 확실한 발견들 중 하나로 여겨지고 있다. 문헌들을 검토하여 이를 입증한 논문이 바로 David A. Snow, Louis A. Zurcher Jr. and Sheldon Ekland-Olson, "Social Networks and Social Movements: A Microstructural Approach to Differential Recruitment," *American Sociological Review*, 45(1980), pp. 787~801이었다. 동일 저자들의 글 "Further Thoughts on Social Networks and Movement Recruitment," *Sociology*, 17(1983), pp. 112~120도 보라.

이 진행되고 나면, 이상하게도 운동의 기원이나 출현과 운동의 충원을 분리시켜왔다. 일반적으로 협력행위를 위해서는 근접성이 필수적이다. 공장체계의 초기 주창자 중 한 사람이었던 앤드류 유어Andrew Ure는 카를 마르크스Karl Marx에 앞서 공통의 불만을 지닌 사람들의 물리적 집중이 행위의 한 가지 필수요건이라고 주장했다. "제조업은 방대한 인구를 하나의 좁은 회로 속으로 자연스럽게 응축시킨다. 그것은 비밀음모에 모든 편의를 제공한다. …… 그들은 저속한 생각에 정보와 에너지를 전달한다. 제조업의 많은 임금은 투쟁에 자금줄을 제공한다."43 이 근접성은 산업화 동안의 노동자들에게도, 도시화 동안의 아프리카계 미국인들에게도, 그리고 아마도 '청년게토' 내의 학생들에게도 마찬가지인 것으로 보인다.44 과정 이론가와 동원 이론가들은 그러한 집중이 사회의 조직화를 수반했음에 틀림없다고 주장해왔다.45

우리가 앞에서 사회적 네트워크 개념의 모호함을 살펴보았을 때, 나는 네트워크가 발휘하는 효과의 많은 부분이 그것보다는 공식 조직에서 기인한다고 주장했다. 이를테면 앨던 모리스Aldon Morris는 아프리카계 미국인들의 교회가 만남의 공간을 제공하고 자금을 조달하고 개인적 접촉을 할 수 있는 장이 되어줌으로써 민권운동의 출현에 결정적이

---

43 E. P. Thompson, *The Making of the English Working Class*([1963] New York: Vintage, 1966), p. 361에서 인용함.

44 노동자들과 관련해서는 Edward Shorter and Charles Tilly, *Strikes in France, 1830~1968* (Cambridge: Cambridge University Press, 1974)을 보라. 아프리카계 미국인들과 관련해서는 Doug McAdam, *Political Process and the Development of Black Insurgency, 1930~1970*(Chicago: University of Chicago Press, 1982)을 보라. 학생들과 관련해서는 John Lofland, "The Youth Ghetto," in *Protest*(New Brunswick, N.J.: Transaction Publishers, 1985)를 보라.

45 다음을 보라. Oberschall, *Social Conflict and Social Movements*; Snow et al., "Social Networks and Social Movements."

었다는 것을 발견했다.[46] 그 극단적인 경우가 '단체 충원bloc recruitment'
으로, 이 경우 (거의 항상 조직에 기초하고 있는) 네트워크 전체가 집단으
로 운동에 합류한다.[47] 이를테면 버스에 가득 탄 기독교 근본주의자들
이 남녀평등헌법수정안에 반대하기 위해 주州의회를 방문했을 때, 그
들을 조직하고 이끌었던 것은 그들의 목사들이었다. 매캐덤과 폴슨은
충원에 영향을 미치는 개인적 접촉의 효과로 보였던 것이 실제로는 조
직의 성원의식과 그러한 성원의식이 수반하는 정체성에서 기인하는
것이었다는 사실을 발견하고는 놀라워했다.[48] 단체의 성원들은 일반적
으로 많은 문화적 의미들을 공유하며, 그 결과 그들은 이전에 가지고
있던 관심사들의 논리적 확장으로 보일 수 있는 새로운 쟁점들로 충원
된다. 네트워크 또는 조직 성원의식은 때때로 어떤 종류의 기본적 유
대 — 때로는 시민권 운동을 뒷받침하는 집합체들 속에 존재할 수도 있는 것
으로, 아마도 아프리카계 미국인 공동체가 그것의 극단적인 사례일 것이다 —
가 아닌 정치적 목적을 위해 자주 이전에 했던 선택들을 반영한다.

충원된 성원들은 저항에 참여하는 것이 "전기적으로 가능해졌기" 때
문에 그렇게 하는 것이 틀림없다고 주장되어왔는데, 이는 그들이 이제
해고당할 직업을 가지고 있지 않거나 또는 집에 돌봐야만 하는 어린아
이들이 없다는 것을 의미한다.[49] 이상한 것은 그러한 장벽들이 구조적

---

46   Morris, *The Origins of the Civil Rights Movement*.

47   앤서니 오버샬은 『사회갈등과 사회운동(Social Conflict and Social Movements)』에서 단
     체 충원에 관해 기술했다.

48   Doug McAdam and Ronnelle Paulsen, "Specifying the Relationship between Social Ties
     and Activism," *American Journal of Sociology*, 99(1993), pp. 640~667. 조 프리먼(Jo
     Freeman) 또한 다음 글에서 조직 네트워크의 역할을 강조한다. Jo Freeman, "The Origins
     of the Women's Liberation Movement," *American Journal of Sociology*, 78(1973), pp.
     792~811.

49   다음을 보라. John D. McCarthy and Mayer N. Zald, "The Trend of Social Movements in

인 것으로, 다시 말해 마치 그러한 역할들이 일관된 개인적 정체성을 틀 짓는 데서 개인의 심리와는 무관하게 자동적으로 영향을 미치는 것처럼 이론화되어 왔다는 것이다. 아마도 전기상으로 가능함이라는 변인은 폭력으로 이어지거나 누군가를 장기간 교도소에 가게 할 수도 있는 활동에 성원을 충원하는 과정을 설명할 때, 가장 효력을 발휘할 것이다. 재차 말하지만, 아마도 그러한 장벽들은 탈시민권 운동보다는 시민권 운동에서 발견될 가능성이 더 클 것이다.

충원에 영향을 미치는 것으로 알려진 또 다른 요인은 이전에 행동주의에 참여했던 경험이다.[50] 이전에 저항자였던 사람은 보다 쉽게 다시 저항자가 될 수 있다. 그들은 적절한 문화적 스킬을 가지고 있고 저항의 잠재적 즐거움을 알고 있다. 또한 그들은 계속해서 활동가 정체성을 가지고 있을 수도 있다. 그리고 그들은 과거의 정치적 행위에서 유래한 개인적 네트워크들을 가지고 있다.[51]

America," in Zald and McCarthy, *Social Movements in an Organizational Society*; Doug McAdam, "Recruitment to High-Risk Activism: The Case of Freedom Summer," *American Journal of Sociology*, 92(1986), pp. 64~90.

50 다음을 보라. Max Heirich, *The Spiral of Conflict: Berkeley, 1964*(New York: Columbia University Press, 1971); William A. Gamson, Bruce Fireman and Steven Rytina, *Encounters with Unjust Authority*(Homewood, Ill.: Dorsey Press, 1982); Doug McAdam, *Freedom Summer*(New York: Oxford University Press, 1988).

51 나의 논의가 의도하는 것은 어떤 이론가가 언급한 적이 있는 모든 변수를 목록화하는 것이 아니라 충원을 설명하는 주요 요인들을 중점적으로 다루는 것이다. 존 로플랜드가 전자에 가까운 작업을 수행한 적이 있고, 그 결과 16개의 요인 목록을 얻었다. 그는 하나의 묶음 (생물학적 요인, 보다 심층적인 동기, 자아개념, 신념과 사회화, 적극적 추구, 이득계산/합리적 선택, 그리고 실험)에 개인적 원인들이라는 명칭을 부여한다. 그러나 그는 구조적 원인들이라는 항목 아래에 거시구조(정치적 기회구조), 조직의 성원의식, 이전의 행동주의, 그리고 이전의 접촉/네트워크뿐만 아니라 그가 구조적 변수와 상황적 변수라고 부르는 것 모두―갑자기 부과된 불만의 씨, 상황적 스트레스, 전기상으로 가능함, 강제적 설득, 그리고 정서적 유대―또한 포함시킨다. 내가 볼 때, 이 마지막 묶음은 특히 문화적·전기적 해석에 크게 의존하는 기제들을 포괄하기 위해 구조라는 은유를 과도하게 확대한 것으로 보

하지만 조직의 성원의식과 개인적 접촉은 충원에서 중요하다. 왜냐하면 그것들이 조직자와 잠재적 참여자들이 의사소통을 할 수 있게 하여, 사회문제에 대한 공통의 정의와 그것의 해결을 위한 공통의 처방에 도달할 수 있게 해주기 때문이다. 달리 말해 사람들의 근접성에 초점을 맞추는 고도로 구조적인 접근방식의 핵심에는 "집합행위의 직접적 추진력은 여전히 인지적인 것이다"라는 인식이 자리하고 있다.[52] 그리고 나는 거기에 정서적인 것을 덧붙일 것이다. 왜냐하면 개인적 네트워크의 효과 중 많은 것이 그것이 표상하는 정서적 결속에 크게 의존할 것이 틀림없기 때문이다. 조직의 성원의식, 과거의 행동주의, 개인적 접촉이 전기적 결속과 문화적 의미의 중요한 담지자들이기는 하지만, 문화적 의미가 그토록 중요하다고 하더라도, 문화적 의미가 개인적 상호작용의 밖에서 사람들을 직접 설득할 수는 없지 않은가? 지금까지 논의한 세 개의 장에서 잠재적 성원들에게서 자발적 참여의지를 만들어내는 것으로 기술된 메커니즘에 비추어볼 때, 특히 그러하다.

이러한 질문들에 답하기 위해서는 그러한 네트워크들이 어떻게 다른지를 다시 한 번 더 언급할 필요가 있다. 일부 네트워크들은 동원 모델과 과정 모델에서 발견된 패턴과 맞아떨어진다. 남부 아프리카계 미국인들의 네트워크처럼, 정치적 활동에 앞서 존재하는 기존의 공동체와 집합적 정체성이 그러한 것들이다. 다른 네트워크들은 원래는 관련된 다른 대의를 위한 다른 몇몇 정치활동에서 발전되어 활동가 정체성에 의해 결합된 동지 네트워크와 조직들이다. 그러나 미국에서 흑인이

인다. 그의 더할 나위 없는 다음의 저작을 보라. John Lofland, *Social Movement Organizations: Guide to Research on Insurgent Realities*(New York: Walter de Gruyter, 1996), ch. 8.

52 Doug McAdam, John D. McCarthy and Mayer N. Zald, "Social Movements," in Neil J. Smelser(ed.), *Handbook of Sociology*(Beverly Hills: Sage Publications, 1988), p. 713.

라는 것 또는 여성이라는 것 또는 노동계급이라는 것은 자발적이지 않다면, 이들 네트워크와 조직은 자발적이다. 따라서 반핵활동을 위해 설립된 단체들은 핵미사일 배치에 반대하는 저항에 충원될 수 있었다. (우리는 다음 장에서 이러한 종류의 활동가 하위문화를 탐구할 것이다.) 셋째로, 네트워크가 운동 정체성에 기초하여 발전하다가, 오직 한 종류의 대의에 반대하는 저항만을 위해 형성되고, 그리하여 단지 그 쟁점만을 위해 사람들을 그 네트워크 속으로 충원할 수도 있다. 이 경우 여전히 네트워크와 조직이 존재하지만, 그것들은 성공적인 충원의 결과이지 그 대의의 결과는 아니다. 민권운동이 첫 번째 유형의 네트워크의 한 가지 사례라면, 디아블로 캐니언 원자력 발전소에 반대하는 운동은 두 번째 유형을 대표하고, 동물권리운동은 세 번째 유형의 적절한 사례 중 하나이다.

나는 제인 폴슨Jane Poulsen과 함께 별도의 논문에서 동물권리운동을 이용하여 개인적 네트워크가 새로운 성원을 충원하는 유일한 방법이 아니라는 것을 보여주었다.[53] 결국에는 외부인들이 운동에 참여하며, 동물권리운동과 낙태반대운동을 포함하는 몇몇 운동은 주로 새로운 성원들로 구성된다. 개인적 접촉이 운동의 메시지를 전파하는 한 가지 수단이라면, 보다 비인격적인 미디어를 통해 제공되는 도덕적 충격은 또 다른 수단이다. 인지적 의미, 감정, 도덕은 두 메커니즘 모두에서 중요하지만, 그 중요성은 외부인의 충원에서 보다 더 두드러진다. 운동은 외부인들을 충원함으로써 그 특유의 네트워크를 구축한다.

개인적 네트워크를 통해 친구를 충원하는 것과 비인격적인 미디어를 통해 외부인을 충원하는 것 간의 이러한 차이는 나의 동물권리와

---

53   Jasper and Poulsen, "Recruiting Strangers and Friends."

반핵 표본들에서 분명하게 드러났다. 디아블로 저항자들에게 그 운동에 연루되게 했을지도 모르는 요인들의 목록이 갖는 중요성을 평가해 달라고 요청했을 때, 그들 대다수는 구체적인 사건, 이전의 행동주의, 그리고 가족과 친구를 매우 중요한 것으로 꼽았다. (그러한 '사건들'조차도 주로 응답자들이 참여했던 집회, 저항, 그리고 국민투표였다.) 응답자들의 오직 7%만이 이전의 행동주의도 가족과 친구도 중요하지 않았다고 말했다. 이는 사회적 네트워크가 거의 모든 응답자들을 운동으로 끌어들이는 데 일조했다는 것을 말해준다. 우리가 제8장에서 살펴보듯이, 이 참여자들은 오랜 활동가 네트워크의 일부였다. 이와 대조적으로 동물권리 저항자들은 27%가 이전의 행동주의도 가족과 친구도 중요하지 않았다고 말했다. 대신에 동물권리 응답자들은 주로 '여타' 범주(78%)와 '독서'(72%)가 자신들이 운동에 참여하는 데 매우 중요한 영향을 끼쳤다는 항목을 선택했다. '여타' 범주에 속한 응답의 대부분은 독서, 정보 청취, 그리고 텔레비전 시청을 포함하고 있었다. 디아블로 응답자들의 경우에는 10%가 안 되는 사람들만이 '여타' 범주에 속하는 활동들을 언급했다(애석하게도 그들에게는 '독서'라는 항목이 제시되지 않았다). 반핵 저항자들의 경우 51%가 이전의 행동주의가 자신들이 디아블로 캐니언에 관여하는 데 매우 중요한 역할을 한 것으로 평가한 데 비해, 동물권리 표본의 경우는 33%가 그렇게 평가했다.[54] 반핵 활동가

---

54 줄리언 매캘리스터 그로브스(Julian McAllister Groves)도 노스캐롤라이나 한 지역의 한 동물권리 단체 회원들과 가진 인터뷰에서 25%가 전국적 단체들에서 발송한 회원 홍보용 우편물을 통해, 또 다른 25%는 특히 가두 탁자에서 배포한 그 단체의 문헌을 통해, 그리고 20%는 그 단체에 대한 광고와 신문기사를 통해 그 단체에 대해 처음 알게 되었다는 유사한 발견을 했다. 그 단체는 상당한 수의 외부인들을 충원한 운동단체의 하나이다. Julian McAllister Groves, "Animal Rights and Animal Research"(Ph.D. diss., Chapel Hill, N.C.: University of North Carolina, 1992)를 보라. 제프 굿윈은 뉴욕에서 있었던 사형반대 집회의 참여자들에 관한 조사에 기초한 미발표 연구에서 응답자들의 40%만이 개인적 접촉을

들은 디아블로 캐니언에 반대하는 운동을 조직할 때 기존의 활동가 네트워크들을 활용했다. 그러나 동물권리 조직자들은 자신들의 대의를 위해 그들 자신의 네트워크를 발전시켜야만 했다. 하지만 어떠한 단체도 민권 활동가들이 했던 방식으로 정치적 동원을 하는 데 이미 존재하는 네트워크에 의존할 수 없었다.

사람들은 충격을 주기 위해 고안된 강력한 이미지들로 가득 찬 동물권리 문헌을 통해 충원되었다. 우리는 우리가 동물들이 느끼고 있는 것을 '알고 있다'고 생각하기 때문에, 우리가 사진 속의 동물이 행복한지 아니면 불행한지에 관한 이야기를 들을 필요는 없다. 우리는 그 증거가 확실하고 직접적이라고 믿는다. 동물권리운동의 충원에 사용되는 시각적 이미지들은 선한 것 대 악한 것에 기초하는, 단순하지만 효과적인 구조를 가지고 있다. 거기에는 때로는 야생에서, 그리고 때로는 사랑이 깃든 가정에서 만족스러운 삶을 살아가는 행복한 동물들의 사진들도 있다. 그러한 사진들 옆에는 불행한 동물들의 사진이 배치되어 있다. 찔려 죽은 황소, 굶어 죽은 개, 곤봉에 맞은 새끼 바다표범, 두개골에 전극을 심은 고양이, 우리 속에서 두려움에 떠는 신경과민의 원숭이와 유인원, 화장품 실험으로 인해 충혈되고 고름으로 가득 찬 눈을 가진 흰 토끼가 그것들이다. 그러한 동물들은 사악한 힘의 무고한 희생자들로 제시된다. 행복한 동물과 희생된 동물 간의 대비는 운동 문헌에서 신중하게 조직화되어 있다. 동물권리 활동가들은 인간의 아기들과 가장 비슷해 보이는 동물, 즉 눈이 크고 머리가 크고 '귀여운' 동물의 사진을 이용한다. 처량하게 울거나 울부짖는 동물, 붉은 피를

통해 그 집회에 대해 들었으며, 36%는 포스터를 통해 알게 되었고, 23%는 그저 그 옆을 지나가는 중이었다는 것을 발견했다.

흘리는 동물, 털북숭이 동물은 모두 보는 사람들이 그것들을 더 쉽게 의인화할 수 있기 때문에 동정심을 유발한다.[55] '가족'이라는 환경 속에 있는 동물들조차도 행복하거나 그것이 아니라면 극악무도하게 파괴된 것으로 그려진다(선한 것과 악한 것 간의 동일한 대비). 이를테면 자신의 새끼 시체 옆의 엄마 바다표범, 엄마를 빼앗긴 새끼 원숭이, 부모 없이 죽어가는 새끼 코끼리가 바로 그것들이다.

동물권리 저항자들은 처음에 자신들의 주의를 사로잡았던 도덕적 충격들을 있는 그대로 묘사하면서, 자신들을 그 운동으로 이끄는 데서 그러한 시각적 이미지들이 중요했음을 증언한다. 뉴저지의 한 활동가는 "나는 그것에 대해 많은 생각을 해본 적이 전혀 없었어요"라고 말했다. "하지만 나는 어느 날 가두에 설치된 탁자 옆을 지나가다가 그 끔찍한 사진들을 보았어요. **저것이** 우리나라 최고의 가장 과학적인 연구실 안에서 벌어지고 있는 일이란 말인가? 내 고양이와 비슷하게 생긴 얼룩 고양이 한 마리가 있었지만, 머리에는 두개골 대신 모종의 전극들이 심어져 있었어요. 나는 바로 그 거리에 서서 그것에 대해 잠깐 생각해보았어요. 그리고 나는 그 문헌들 모두를 집으로 가져갔어요. 나는 그 일이 중단되어야만 한다는 판단을 내렸어요"(개인적 인터뷰, 1990년 5월). 다른 사람들도 우편으로 운동 문헌을 받자마자 또는 애완동물 입양 클리닉에서 그러한 문헌을 집어 들자마자 유사한 깨달음을 얻게 되었다고 이야기한다.

응축 상징이 주는 충격의 진가는 낙태반대운동의 충원에서도 분명하게 나타난다. 태아는 낙태반대 활동가에게 하나의 강력한 응축 상징

---

55   Gordon M. Burghardt and Harold A. Herzog Jr., "Beyond Conspecifics: Is Brer Rabbit Our Brother?" *BioScience*, 30(1980), pp. 763~768.

이다. 왜냐하면 그것이 어린아이, 탄생, 모성, 가족 가치, 생명 그 자체를 함축하기 때문이다. 콘딧Condit은 활동가들이 태아를 응축 상징으로 만들어내는 방식들을 묘사한다.[56] 그들은 '태어나지 않은 아기'라는 재기 넘치는 모순어법을 사용한다. 그들은 조그마한 발 모양의 작은 옷깃 핀들을 나누어준다. 그들은 그들의 슬라이드 프레젠테이션이 아기에서 태아로 거꾸로 작동하도록 설정함으로써, 보는 사람이 태아를 식별할 수 없는 얼룩이 아니라 인간으로 보도록 돕는다. 동물 활동가에게 동물이 그러하듯이, 태아는 낙태반대론자들에게 무고한 희생자들이다. 그리고 누군가를 죽인다는 생각은 많은 새로운 성원들을 낙태반대운동으로 끌어들이기에 충분한 도덕적인 모욕이다. 세상에 대한 어떤 신념들, 특히 종교적인 신념들은 일부 사람들로 하여금 응축 상징으로서의 태아에게 다른 사람들보다 더 민감하게 만든다. 대가족, 유산, 또는 신생아의 사망과 같은 특정한 생애 경험도 마찬가지이다. 그들은 "그들의 가치가 임신을 그들 삶의 중심으로 만들어버린 사람들"이다.[57]

그 결과 낙태반대운동 또한 초기 단계에는, 다시 말해 그 운동이 자신들에게 단체 참여자들을 공급한 근본주의적 교회들과 동맹을 맺기 전에는 많은 외부인을 충원했다. 많은 낙태 저항자들이 1973년의 로대 웨이드Roe v. Wade 판결의 충격으로 운동에 참여했다. 크리스틴 루커는 다음과 같이 말한다. "우리가 인터뷰했던 사람들의 대다수가 그 어떤 해보다 1973년에 낙태반대운동에 가담했다. 그러한 일은 이전에도 그 이후에도 없었다. 그리고 거의 예외 없이 그들은 그 판결이 내려진

56 Celeste Michelle Condit, *Decoding Abortion Rhetoric: Communicating Social Change* (Urbana: University of Illinois Press, 1990), ch. 5.

57 Kristin Luker, *Abortion and the Politics of Motherhood*, p. 145.

바로 그날 그 대의에 동원되었다고 보고했다."[58] 이 판결의 충격 — 이 충격은 응축 상징으로서의 태아와 낙태에 기초했다 — 은 충원에서 운동의 활동보다도 더 중요했다. 루커가 연구대상으로 삼은 캘리포니아 표본에서 낙태반대 활동가들의 2/3가 이러한 방식으로 자발적으로 충원되었다. 시간이 경과함에 따라 운동 정체성이 활동가 정체성으로 발전할 수 있는 것과 마찬가지로, 처음에는 하나의 특수한 운동을 위해 구축된 네트워크 역시 그다음에는 관련된 운동들에 충원될 수 있는 활동가 네트워크로 발전할 수도 있다.

반핵 저항자들은 동물권리 저항자나 낙태반대 저항자들보다 기존 활동가 네트워크에 더 긴밀하게 연루되어 있었다. 디아블로 원자력 발전소 반대 저항자 중 한 사람은 다음과 같이 말했다. "나는 여전히 혁명에 관심이 있었고, 원자력 에너지는 환경주의만큼이나 어리석은 개혁주의적 쟁점인 것처럼 보였어요. 친구들은 내가 틀렸다고, 즉 자본주의와 군국주의, 그리고 사회정의가 쟁점이라고 나를 설득하려 했지만, 그건 쉬운 일이 아니었어요." 또 다른 사람은 다음과 같이 말했다. "내가 디아블로에 처음 왔을 때, 나는 이미 중앙아메리카에 대한 군사개입에 반대하는 것에 더 큰 관심을 가지고 있었어요. 그럼에도 내가 내려갔던 것은 내 친구들 중 많은 수가 그렇게 할 예정이었기 때문이에요. 그래서 승차하기가 쉬웠죠." 디아블로 저항자들의 대부분은 이미 자본주의에 대한 분석을 공유했고, 많은 사람이 자본주의하의 원자력 에너지에 대한 분석을 공유하고 있었다. 그들을 동원하기 위해 필요한 것은 그러한 특정 쟁점과 시위뿐이었다. 응축 상징과 도덕적 충격이 갑작스러운 전환을 가져올 수 있는 데 반해, 친구들을 설득하는

---

58   Luker, *Abortion*, p. 137.

데에는 시간이 필요하다. 둘 다 프레임 전환을 수반하지만, 상이한 과정을 통해 그렇게 한다.

반핵 동원에 강력한 활동가 네트워크들이 존재했다는 것이, 응축 상징이 불필요했다는 것을 의미하지는 않는다. 응축 상징은 새로운 성원들을 그 네트워크로 끌어들이는 데서, 그리고 (우리가 다음 장에서 살펴보듯이) 하위문화에 대한 그들의 감정적 충성을 유지하는 데서 중요했다. 반핵 활동가들의 성실한 노력 덕분에, 부분적으로는 통상 원자로에 부속되는 거대한 콘크리트 냉각탑의 시각적 형상 때문에, 이제 원자로는 많은 사람들에게 효과적인 응축 상징이다. 원자로는 다양한 것들과 결합할 수 있다. 하나는 그것의 '인공성man-madeness'이다. 원자로가 아름다운 또는 태초의 모습을 간직한 해안선과 강에 건설될 때, 그것은 특히 공격의 대상이 된다. 또 다른 것은 그것이 함유한 방사능으로, 이는 결국 핵무기를 함의하게 될 수도 있다. 그것의 인공성과 방사능이 합쳐져서 불필요한 기술복합체라는 또 다른 함의를 산출할 수도 있다. 원자로가 사회적 정명으로서의 경제성장 또는 공익기업의 이윤 추구와 결합될 수도 있다. 원자로의 규모가 경제적 생산과 통제의 집중을 함의할 수도 있다. 특히 오늘날에는 중대한 원자력 사고들이 미디어를 통해 알려져왔기 때문에, 원자로는 사고가 초래하는 대단히 파괴적인 결과를 연상시킨다.[59] 실제로 1979년의 스리마일 섬 사고는 전

---

59 몇몇 연구는 원자폭탄과 원자로가 지닌 의미들의 복잡한 뒤섞임을 탐구해왔다. Colette Guedeney and Gèrard Mendel, *L'Angoisse Atomique et les Centrales Nucléaires*(Paris: Payot, 1973); Paul S. Boyer, *By the Bombs Early Light: American Thought and Culture at the Dawn of the Atomic Age*(New York: Pantheon, 1985); Spencer R. Weart, *Nuclear Fear: A History of Images*(Cambridge: Harvard University Press, 1988); Françoise Zonabend, *The Nuclear Peninsula*(Cambridge: Cambridge University Press, 1993).

국적인 도덕적 충격을 불러일으켰으며, 강력한 응축 상징의 하나가 되었다.

앞에서 묘사한 반핵 카툰은 동물권리 잡지들의 사진과는 뚜렷이 대비된다. 반핵 카툰은 아직 만화가의 프레임을 공유하지 못하는 외부인들에게는 감명을 주지 못할 것이다. 그것들은 쟁점의 긴박함을 암시하는 데 더 알맞다. ≪지금이 그때이다≫의 사진들은 대체로 시위에 관한 것들이었고, 그것의 뉴스 또한 거의 대부분 (반핵운동뿐만 아니라 관련된 운동들의) 저항 사건들에 관한 것이었는데, 이는 기존의 연대를 강화하기 위한 것이었다. 이와 대조적으로 동물권리 문헌과 벽보들에서 너무나도 흔히 볼 수 있는 사진들(특히 일부 유명한 사진은 포스터와 소책자들에 자주 반복되기 때문에)은 분명 외부인들을 설득하기 위해 제작된다. 사진들은 "이게 현재 상태"라는 분위기를 풍긴다. 그리고 그러한 특별한 사진들은 충격을 주기 위해 신중하게 선택된다. 일찍이 수전 손태그Susan Sontag는 비록 사진이 기존의 관례와 인식에 의지함에도 불구하고 사진은 우리에게 조정되지 않은 현실의 환영을 제공한다고 지적했다. "어떤 생각지도 못한 빈곤지역에 관한 뉴스를 전해주는 사진이 여론의 주의를 환기시킬 수 있으려면, 적절한 느낌과 태도의 맥락이 있어야 한다. …… 사진이 시사하는 바는, 카메라가 기록하는 세상을 우리가 받아들일 때 우리가 세상에 대해 알게 된다는 것이다."[60]

도덕적 충격에 기초하는 자기충원 또는 충원에 대한 열린 마음이 가능한 것은 사람들이 자신들의 마음을 상하게 할 수 있는 감성과 세계관을 이미 지니고 있기 때문이다. 심지어는 개인적 확신이 서지 않는 상황에서조차 격분할 수 있다. 운동 성원들의 심리에 대한 더욱 진전

---

[60]   Susan Sontag, *On Photography*(New York: Farrar, Straus, Giroux, 1977), pp. 17, 23.

된 연구는 언젠가 우리에게 이 첫 번째 단계들에 대해, 그리고 그것에 관여하는 복잡한 느낌과 신념들에 대해 더 많은 것을 말해줄 것이다. 현재로서는 독자적인 집합적 정체성들에 기초하는 네트워크, 이전의 정치적 행동주의에서 유래하는 네트워크, 그리고 새로 생겨나고 있는 대의들을 위해 만들어진 새로운 네트워크를 통한 충원을 대조해보는 것만으로도 충분할 수 있다. 문화와 전기는 충원의 결정적 부분들로, 우리가 충원이 어떻게 이루어지는지를 이해하기 위해 사회적 네트워크라는 개념을 깨뜨릴 때에만 포착할 수 있는 것이다.

변화하는 세계

저항자들은 세상을 변화시키기에 앞서 다양한 정신세계(처음에는 그들 자신의 정신세계를, 그리고 나아가 잠재적 성원들의 그것까지)를 변화시킬 필요가 있다. 저항자들은 때때로 그저 이미 가지고 있는 의미들에 호소하기만 하면, 어쩌면 그 의미들의 함의를 이끌어내기만 하면 될 수도 있다. 많은 명칭이 그러한 인지적 의미들의 상이한 측면들을 포착하기 위해 사용되어왔다. 하지만 그러한 측면들 모두는 저항을 산출하는 데서 세계에 대한 사람들의 신념이 갖는 중요성을 지적한다. 저항자들은 새로운 응축 상징들을 발견하는 데서, 기존의 감성, 세계관, 이데올로기들을 재배열하는 데서, 그리고 많은 사람이 직관적으로만 느꼈던 것을 명시적으로 만드는 데서 대단히 창조적이다. 그들은 토니 모리슨Toni Morrison이 예술가들이 수행하는 것이라고 말하는 것, 즉 "문화에 반응하기 — 즉, 명료하게 하기, 해석하기, 가치화하기, 번역하기, 변형시키기, 비판하기…… —"를 실행하는 중이다.[61] 때로는 저항자들 역시 보다 심원한 구조적 변화들에 그저 대응하여, 발생하고 있는 변화를 분명하게 밝히는 것에 그치기도 한다. 하지만 대체로 그들은 그 이상 의 것을 한다.

도덕적 충격은 많은 형태로 다가온다. 제5장과 제6장에서 나는 몇몇 사람에 의해 부당한 것으로 인식되는 일을 하거나 또는 그러한 일을 피고용인들에게 요구하는 대규모 조직에 의해 외부로부터 가해진 도 덕적 충격들을 살펴보았다. 이 장에서 나는 운동 조직자들이 어떻게 그들 자신의 레토릭을 통해, 그리고 또한 그들이 기댈 수밖에 없는 근 원적인 정신적 구성물들을 통해 충격을 가하고자 노력하는지를 강조 해왔다. 어떤 경우든 간에 도덕적 충격과 여타 충원 동학의 인지적 측 면들은 그들의 도덕적·감정적 측면들 없이는 설명할 수 없다. 이를테 면 부정의 프레임은 그들의 인지적 이해에 중요한 만큼이나 그들의 화 와 격분에도 중요하다.

제5장부터 제7장까지에서 우리는 무엇이 개인들로 하여금 충원자 들의 주장에 마음을 열게 하고, 심지어 때로는 스스로 저항하거나 저 항단체들을 찾아 나서게 하는지를 보여주려고 노력했다. 이미 운동을 이루고 있는 조직 네트워크들을 통해 저항에 대한 설명을 시작하려는 경향이 존재하지만, 그러한 설명은 사람들을 잠재적 운동 성원으로 만 들고 또 기꺼이 운동에 참여하게 만들기도 하는 전기와 문화 수준에서 발생하는 것들을 무시한다. 이러한 자발적 저항 의지는 먼저 단체를 설립하고 나중에 성원을 충원하는 사람들을 이해하는 데 특히 중요하 다. 단순히 자발적 참여 의지를 가정한 채 기회를 설명해서는 안 된다.

---

61   Toni Morrison, *Playing in the Dark: Whiteness and the Literary Imagination* (Cambridge: Harvard University Press, 1992), p. 49.

개인적 동학을 포착하기란 어렵지만, 그렇다고 해서 그것이 저항에서 덜 중요한 것은 결코 아니다. 이제 운동이 사람들을 충원하고 난 후 운동 속에서 어떤 일이 일어나는지를 살펴보아야 할 시점이다. 나는 앞으로 네 개의 장에 걸쳐 운동문화를 살펴볼 것이다. 나는 상징, 의례, 연대, 즐거움으로 가득 찬 활동가 하위문화를 논의하는 것에서부터 시작할 것이다.

- 만약 저항자들이 다른 사람들을 충원하고자 한다면, 그들은 기존의 직관, 세계관, 관념에 기초하여 그렇게 할 필요가 있다.
- 하지만 그들은 그렇게 하면서 그러한 느낌을 상이한 방식으로 창조적으로 명료화할 수 있는 자유를 상당 정도 가지고 있으며, 때로는 그 느낌을 정교화하는 과정에서 그것을 변형시키기도 한다.
- 저항문화의 확립에 결정적인 문화적 의미들은 지인들의 개인적 네트워크를 통해, 공식 조직을 통해, 그리고 보다 덜 개인적인 미디어를 통해 외부인들에게 전달된다.
- 잠재적 성원들의 머릿속에 존재하는 문화와 전기는 충원을 설명하는 데서 저항단체들이 적극적으로 이용하는 전략과 자원만큼이나 중요하다. 이 두 측면은 분리될 수 없다.
- 도덕적 충격이 저항으로 이어지기 위해서는 명확한 인지적 차원뿐만 아니라 감정적·도덕적 차원들 또한 지니고 있어야만 한다.

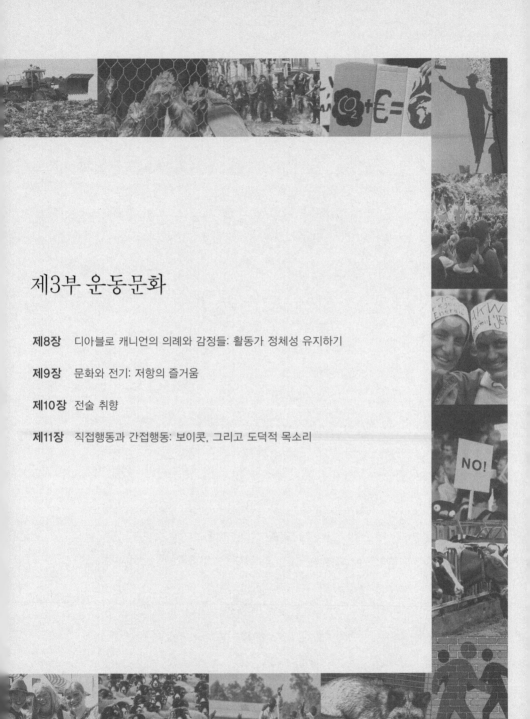

제3부 운동문화

일단 개인이 단체에 충원되고 나면, 또는 일단 운동이 확립되고 나면, 운동 내부의 문화적 동학은 충원과 관련된 동학들과는 다르게 작동한다. 이제 가장 중요한 질문은 왜 사람들은 또다시 저항을 시작하는가, 왜 그들은 자주 상당한 정도의 시간, 노력, 위험, 돈이 요구되는데도 저항 운동에 여전히 충성을 다하는가, 그리고 왜 그들은 다른 활동이 아닌 특정 활동에 참여하는가 하는 것이 된다. 충성과 선택은 때때로 의례와 상징을 통해 강화되는, 참여자들이 느끼는 즐거움 및 만족과 관련되어 있다. 저항자들은 특히 전술을 포함하여 많은 결정에 직면하며, 그러한 결정은 그들의 운동이 발전시켜온 종류의 내부 문화에 의해 영향 받는다. 전기적 특이성 또한 개인들이 저항으로부터 끌어낼 즐거움에 영향을 미친다.

/ 제8장 /

디아블로 캐니언의 의례와 감정들: 활동가 정체성 유지하기

[기도라는 바로 그 행위에 의해] 한 남자가 흥분하여 더 많이 기도하고, 더 겸손하게 그리고 더 격렬하게 신음소리를 낸다. 신체의 움직임이 그것에 선행하는 정신의 움직임 없이는 그러한 움직임이 일어날 수 없음에도 불구하고, 신체의 그러한 움직임이 가시화되고 외부화되었을 때, 나는 어떻게 그렇게 되는지를, 그리고 어떻게 신체의 움직임을 유발하는 보이지 않는 내부 움직임 자체가 강화되는지를 알지 못한다. 그리고 이러한 방식으로 신체의 움직임에 선행하여 그러한 움직임이 일어나도록 만들었을 수도 있는 마음의 성향은 그러한 신체적 움직임이 일어나기 때문에 더욱 강해진다.

— 아우구스티누스, 『죽은 사람들에 대한 보살핌에 대하여』

1981년 9월 23일 추분. 한 소규모 집단이 캘리포니아 해안에 건설 중인 디아블로 캐니언 원자력 발전소를 에워싸고 있는 황금빛 언덕을 걸어서 오르고 있었다. 그들 아래 저 멀리에서는 디아블로 봉쇄가 한창 진행 중이다. 2주간의 부지 점거는 수주 간의 투옥으로 이어졌고, 많은 참여자들은 그것을 통해 그들 삶에서 가장 감동적인 경험을 하고 있었다. 아발론 동맹 스태프의 한 사람인 제프 메리데스Geoff Merideth와 그의 동호인 단체는 모종의 가을 의례를 행하고 싶었지만, 방법을 알지 못했다. 그래서 그들은 봉쇄에 참여하고 있는 또 다른 동호인 단체인 매트릭스Matrix와 접촉했고, 두 단체는 원자로보다 더 위쪽으로 걸어 올라갔다. 그들은 샌프란시스코 베이 에어리어San Francisco Bay Area의 페미니스트이자 이교도 영적 지도자인 스타호크Starhawk의 인도하에 언덕 꼭대기에 의례용 원을 그리고, 그 마술적 공간에 발을 들여놓는다. 그들은 거울을 이용하여 태양 광선을 원자로 건물에 쏘고, 그 안의 사악한 힘들을 자멸시키기 위해 불러낸다. 방사능은 전기의 주요 원천들 중 궁극적으로 태양에서 나오지 않는 소수의 것들 중 하나이기 때문에, 9월의 캘리포니아의 부드럽고 눈부신 태양 광선은 육중한 콘크리트 구조물과 그 안의 복잡한 기술에 반대하는 저항에 함께 참여하는 것처럼 보인다. 의례 참여자들은 자연의 완벽한 아름다움과 경외감을 느끼며 신처럼 행동하는 인간들의 노력에 큰소리로 항의한다.

원자로는 방대한 양의 냉각수를 필요로 하며, 그러한 까닭에 통상적으로 강, 호수, 해안 — 인간의 역사 내내 특별한 성스러운 아우라를 부여받았던 장소들 — 을 끼고 건설된다. 인간의 상상력 속에서 그곳은 요정과 정령, 그리고 여타의 수호신들이 사는 장소였다. 캘리포니아 해안에는 아름답지 않거나 특별하지 않은 장소가 거의 없다. 그리고 디아블로 캐니언은 퍼시픽 가스 앤 일렉트릭 컴퍼니Pacific Gas and Electric Company가 원자력 발전소를 건설하고자 시도했던 세 번째 해안지역이었다. 이안 맥밀런이 바다를 처음 본 장소이기도 한 그곳은 여름 동안 목초지가 바싹 마르면 황금빛으로 변하는 아름다운 구불구불한 언덕들 사이에 자리하고 있다. 그들이 스타호크처럼 보이지 않는 정령과 힘들을 믿든 믿지 않든 간에, 디아블로 원자력 발전소에 반대해 저항했던 사람들은 부분적으로는 그러한 환경이 지닌 힘에 마음이 움직였다. 그 (주로) 무신론자들에게조차 디아블로 캐니언은 성스러운 장소였다.

의례가 힘을 발휘하기 위해서는 그것이 꼭 오래된 것이야 할 필요는 없다. 스타호크는 반핵운동의 신념체계를 이용하여 그것을 위한 의례를 만들어냈으며, 그 속에서 태양 에너지는 방사능 에너지와 날카롭게 대비된다. 저항자들이 자신들이 불러낸 보이지 않는 힘을 정확히 어떤 식으로 믿었는지는 중요하지 않다. 가장 중요한 것은 그 활동이었다. 이 의례처럼 의례들이 명시적이고 목적의식적일 필요는 없다. 모든 종류의 집합적 관례들이 유사한 목적에 기여할 수 있다. 춤추기, 노래하기, 야영하기, 체포되기, 심지어는 모임 개최하기까지 이 모든 것이 집합적으로 이루어진다면 참여자들을 한데 묶을 수 있다.

집합적 의례는 참여자들에게 그들의 기본적인 도덕적 책무를 상기시키고, 강렬한 감정들을 불러일으키고, 집단과의 연대의식, 즉 '우리 의식we-ness'을 강화한다. **의례는 한 집단이 지닌 신념의 상징적 구현으로, 중요한 시간과 장소에서 행해진다.** 조너선 스미스Jonathan Smith의 표현에 따르면, 의례는 '관심을 끄는 한 가지 방법'으로,[1] "그것이 중요하고 특별하다"는 기대를 참여자들에게서 불러일으킨다. 의례는 거기에서 일어나는 일 — 신념과 신화에 대한 언급, 연대와 집단의 경계에 대한 단언, 변화된 의식상태 — 의 중요성을 증대시키기 위해 일상과 분리된 시간과 장소, 그리고 활동을 설정한다. 명시적인 의례들은 보통 종교적이기 때문에, 사원, 교회 또는 성지와 같은 신성한 장소들을 포함하여 신성한 것을 규정한다. 의례는 고도로 응축적이고 다중적인 언어적 상

---

1   Jonathan Z. Smith, *To Take Place: Toward Theory in Ritual*(Chicago: University of Chicago Press, 1987), p. 103. 스미스는 츠빙글리(Zwingli)와 로욜라(Loyola) 같은 저자들이 성찬식이 상징적이고 내적인 중요성을 지닌다고 주장함으로써 의례에서 물리적 장소가 갖는 중요성을 내적 공간으로 대체한 이후 오늘날 근대 기독교 신학이 의례를 '공허'하다고 보는 경향이 생겼다고 주장한다. 따라서 물리적 행위는 내적이고 정신적이고 영적인 행위에 비해 무의미하게 되었다. 이것 외에도 현대 지식인들이 종교의 힘을 과소평가하는 경향도 존재한다. 하지만 참여자들에게 의례는 여전히 흥미로운 것이다.

징들을 포함하며, 의식 자체가 거행되는 동안 의식적으로 생각할 수 있는 것보다 더 많은 의미들을 암시한다. 우리는 또한 의례가 표준적이고 반복적인 행위라고 생각하는 경향이 있다. 스타호크의 새로운 의례조차도 기존의 상징적 요소들을 끌어들였고, 그리하여 일반적인 추분관례의 하나가 될 수 있었다. 의례의 반복적 성격뿐만 아니라 기본적 신념의 확인 또한 참여자들을 세상에 대한 심오한 진리와, 그리하여 과거와 미래와 연결시켜주는 것처럼 보인다. 의례는 근원적 영속성과 질서에 관한 것이며, 고양된 감정을 통해 도덕적·인지적 신념을 강화한다.

많은 형태의 의례는 저항운동이 건재하게 살아남을 수 있게 해주는 매우 중요한 메커니즘이다. 의례는 운동의 많은 문화적 과정이 하나의 감정적 형식 속에서 서로 협력하게 한다. 의례는 기존의 감정들을 강화할 뿐만 아니라 새로운 감정들을 구성하는 데에도 일조한다. 메리 더글러스는 의례를 언어와 비교하면서 다음과 같이 말했다. "의례는 그것이 아니었더라면 결코 알 수 없었을 것에 대한 지식을 가질 수 있게 해준다. 의례는 경험을 외면화하여 만천하에 드러낼 뿐만 아니라 경험을 그러한 방식으로 표현함으로써 경험을 수정한다."[2] 우리가 제7

---

2 Douglas, *Purity an Danger*, p.64. 의례에 관한 인류학의 고전으로는 다음의 것들이 있다. Mary Douglas, *Natural Symbols: Explorations in Cosmology*, 2d ed.(London: Barrie and Jenkins, 1973); Clifford Geertz, *Negara: The Theatre State in Nineteenth-Century Bali*(Princeton: Princeton University Press, 1980); Victor Turner, *The Ritual Process: Structure and Anti-Structure*(Ithaca, N.Y.: Cornell University Press, 1969). 또한 다음도 보라. Joseph R. Gusfield, *The Culture of Public Problems: Drinking-Driving and the Symbolic Order*(Chicago: University of Chicago Press, 1981); David I. Kertzer, *Ritual, Politics, and Power*(New Haven: Yale University Press, 1988). 그럼에도 불구하고 문화적 의미를 연구하는 대부분의 학자들은 여전히 그것을 의례화된 행위 속에 체현된 것으로서가 아니라 정적인 인지체계로 분석할 가능성이 더 크다. 이를 저항에 적용하고 있는 것으로는 다음을 보라. Robert D. Benford and Lester R. Kurtz, "Performing the

장에서 살펴보았듯이, 의례는 저항 지도자들이 도덕적 감성을 표현하고 구체화하고 변형시키는 방식이다.

의례는 또한 창조성의 여지를 제공한다. 창조성은 그 행위 속에서도, 그것이 유발한 감정 속에서도, 그리고 공연의 기교 속에서도 발휘될 수 있다. 교황이 거행하는 미사가 특별한 것처럼, 특정 참여자의 특별한 카리스마가 의례의 의미에 깊이를 더할 수도 있다. 왜냐하면 그 개인은 그 의례가 표현하고자 하는 바로 그 신념을 체현하고 있기 때문이다. 특히 의례와 관습 모두는 예술적 표현에 원료들을 제공한다. 그것들은 모든 사람이 어떻게 행동할 것이라고 기대하게 한다. 그 기대가 종국적으로 충족되기 전에, 우리는 그 기대로 인해 애태울 수도 있고, 우리가 그 기대를 발전시킬 수도 있고, 또 활용할 수도 있다. "신은 세부적인 것에 깃들어 있다"라는 격언은 예술작품들과 의례에도 적용된다. 세부적인 것이 예술성의 여지를 제공한다. 하지만 그것은 또한 그러한 응축 상징 덕분에 의미를 전달한다. 심지어 기대로부터의 사소한 의도적 이탈조차도 주의를 끌며, 그것은 때로는 인정받기도 하지만 때로는 비난받는다. 마지막으로, 의례는 우리가 이 장에서 고찰할 것, 즉 운동 내부에서 만들어지는 집합적 감정과 정체성의 결정적 구성요소이다. 앞의 세 장에서 우리는 사람들로 하여금 저항에 참여하게 하는 데 일조하는 문화적·심리적 동학을 분석했다. 이제 우리는 진행 중인 운동의 내부 문화를 살펴볼 것이다.

아발론 동맹은 활동가 정체성에 기초한 활동가 네트워크의 좋은 예이다. 아발론 동맹은 자신의 네트워크와 집합적 정체성을 민권운동처

Nuclear Ceremony: The Arms Race as a Ritual," *Journal of Applied Behavioral Science*, 23(1987), pp. 463~482.

럼 얼마간 이미 존재하던 집합체에 근거하지도 않았고, 우리가 검토한 동물권리 네트워크처럼 하나의 대의를 위해 구성된 운동 네트워크도 결코 아니었다. 아발론 저항자들을 고무시켰던 유대는 디아블로 캐니언이 하나의 쟁점으로 채택되기 전부터 정치적 행위를 위해 발전되고 있었고, 그 이후에도 지속되었다. 그들은 네트워크가 정치 프로그램의 원인과 결과 모두일 수 있음을 보여준다.

집합적 감정

제5장에서 나는 개인으로 하여금 정치적 행위를 하도록 자극하거나 그것에 열린 마음을 가지게 하는 데서 감정이 갖는 중요성을 개인이 실제로 활동을 하게 되기 이전에 작동하는 메커니즘에 주로 초점을 맞추어 기술했다. 일단 어떤 사람이 참여하기 시작하면, 그는 자신의 감정, 도덕, 인지를 틀 짓는 데 일조하는 새로운 사회적 과정에 들어간다. 그의 기본적인 직관은 저항과정에서 변화하지 않을 수도 있지만, 보다 명시적인 관념과 표현들은 변화할 가능성이 크다. 왜냐하면 저항자들은 함께 자신들의 도덕적 전망이 지닌 함의들을 숙고하고, 자신들의 목표를 표현하는 언어를 만들어내고, 그 목표를 달성하는 데 착수하기 때문이다. 주변 세계에 대한 감정까지는 아니라 하더라도, 동료 저항자들에 대한 그의 감정은 변화될 가능성이 크다. 많은 저항운동은 이때 가장 창조적이다.

저항운동 내부에서 만들어지는 감정은 앞에서 고찰한 감정들, 즉 처음에 사람들로 하여금 충원에 열린 마음을 가지게 하는 개인적 느낌과 대조된다. 두 종류 모두 비록 그들의 사회적 환경에 의해 틀 지어지지

만, 처음의 느낌은 존재론적 안전이나 직업윤리와 같은 기존의 도덕적
틀에서 나온다. 저항운동 내부에서 창조되는 느낌들은 직관적 전망을
이데올로기와 제안들로 정교화하기 위한 (자주 명시적인) 시도들이다.
원자력 발전소 예정지 근처에 살고 있는 농부의 격분은 반핵운동이 체
계적인 대항 이데올로기로 축조하고자 노력하는 직관이다. 그 농부가
처음에 '간섭하기 좋아하는 외부인들'이라고 본 것이 '기술관료제'로 발
전되고, 공포는 격분으로 발전된다. 감정이 동일할 수도 있지만, 지도
자들은 그 감정을 강화하거나 재정식화하거나 다시 프레이밍하는 일
을 한다. 때로는 우리가 우리 자신의 느낌을 어떻게 느껴야만 하는지
가 쟁점이 된다. 이 작업의 상당 부분은 충원과정에서도 계속되지만,
그것은 운동 내부에서도 지속된다. 왜냐하면 운동에의 충원과 운동의
유지가 많은 부분 동일한 과정에 의존하기 때문이다.

　한 가지 예를 들어보자. 1960년대 후반의 여성운동은 여성의 화를
불러일으키고 정당화하고 이름 짓는 것이 핵심 임무의 일부였다. 무수
한 의식고취 단체들에서 여성들은 남편, 아버지, 고용주, 그리고 타인
들에 대한 자신들의 분노에 죄의식을 덜 느끼도록 학습받았다. 실제로
화가 긍정적인 것으로 여겨졌을 뿐만 아니라 대체로 회원이 되기 위한
필요조건이었다. 알리 혹실드Arlie Hochschild는 이 과정에 대해 다음과
같이 기술했다. "변화를 위한 사회운동들은 '나쁜' 감정들을 괜찮은 것
으로 만들고, 그다음에는 그것들을 유용한 것으로 만든다. 그러한 운
동들은 자신들의 관점에 의거하여 나쁜 감정들을 '합리적인 것'으로 만
든다. 그러한 운동들은 또한 그러한 감정을 가시화한다."[3] 베르타 테일
러와 낸시 휘티어에 따르면, 여성단체들은 우울, 공포, 죄의식을 포함

3　　Hochschild, "The Sociology of Feeling and Emotion," p. 298.

하여, 많은 여성들이 그들의 구조적 위치로 인해 가지게 된 부정적 느낌들을 변화시키기 위해 주기적으로 노력한다.[4]

나는 한때 동물권리 단체에 참여하여, 저항자들이 싫어하는 행동을 하는 과학자, 모피상, 그리고 여타의 사람들에 대해 저항자들이 어떻게 느껴야만 하는지를 놓고 토론했다. 그들이 그 사람들을 미워해야만 하는가? 그들이 계몽되지 않은 것에 대해 그들을 불쌍히 여겨야 하는가? 그들을 교육하려고 노력해야 하는가? 그때 제기된 한 가지 제안은 개인적 판단을 절대 삼가자는 것이었다. 왜냐하면 사람들에게 그러한 일을 하도록 강제한 것은 바로 근대사회의 제도적 요구와 구조였기 때문이다. 이러한 탈개인화 노력은 만약 사악한 일이 벌어지고 있다면 어떤 사람이 틀림없이 그것을 하고 있기 때문이라고 누군가가 지적하면서 실패했다. 비록 근대사회의 모든 사람이 도구적 관료제의 희생자라는 점에 근거하여 증오에 얼마간 동정심이 가미되기는 했지만, 그 단체는 그 악당들 그리고 그들이 수반하는 격분을 잊지 않았다. 그리고 연설과 플래카드들은 계속해서 그 이름들을 거명했다. 그러한 감정의 결과는 많은 동물권리 단체가 개별 과학자들을 악마화하는 데서 분명하게 드러난다. 동물 연구자들은 자신들의 삶의 다른 곳에서는 아마도 결코 그 원천을 발견할 수 없을 공격적인 감정들을 표현하는, 극도로 불쾌한 편지와 전화 메시지를 받는다. 그러한 편지는 억압적인 남부 보안관처럼 수령인들이 그것을 전략적으로 이용할 때 역효과를 낳을 수도 있다. 이를테면 반유대주의를 증오하는 내용을 담은 우편물을 받은 사람들은 동물권리운동을 손상시키려는 노력의 일환으로 그 편

---

4   Verta Taylor and Nancy Whittier, "Analytical Approaches to Social Movement Culture: The Culture of the Women's Movement," in Johnston and Klandermans, *Social Movements and Culture*.

지들을 언론과 공유하면서 희색이 만연하곤 했다. 정치적 갈등에서 공통적으로 나타나는 패턴대로 각각이 상대편을 악마화한다.

보다 인상적인 것은 아마도 감정이 운동에의 참여에 의해 정교화될 뿐만 아니라 창조된다는 점일 것이다. 그리고 그러한 느낌들은 운동에 참가하기 전의 개인에게서는 발전할 수 없던 것이다. 저항운동 내에서 만들어지는 많은 감정 ─ 이를 **상호적** 감정이라고 부르자 ─ 은 사람들이 서로에 대해 계속 진전시키는 느낌들과 관련되어 있다. 그러한 감정들에는 우정, 사랑, 충성이라는 긴밀한 정서적 유대뿐만 아니라 경쟁, 질투, 분노와 같은 그것들에 대한 부정적 대응물 역시 포함된다. 그것들은 서로 결합하여 제프 굿윈Jeff Goodwin이 운동의 '리비도 경제libidinal economy'라고 불렀던 것을 창조하며, 에로틱한 쾌락을 포함하여 저항의 많은 즐거움을 산출한다. 에로틱한 동기는 운동에 참여하는 것을 설명하는 데뿐만 아니라 애정관계가 시들해졌을 때 운동을 그만두는 것을 설명하는 데서도 우리가 깨닫고 있는 것보다 더 중요할지도 모른다.[5] 또한 상호적 감정들에는 지도자와 추종자들이 많은 운동 속에서 서로에게 느끼는 복합적인 감정과 성원들이 서로에 대해 느끼기 시작하는 극도로 중요한 신뢰가 포함된다.

그와 동시에 다른 감정들 ─ 이를 **공유된** 감정이라고 부르자 ─ 은 특정 단체에 의해 의식적으로 유지되지만, 그 단체는 성원을 그 감정의 대상으로 삼지 않는다. 단체는 외부인들에 대한 화 또는 정부정책에 대한 격분을 집합적으로 창출하거나 정교화한다. 단체는 어떤 개인과 제도는 신뢰하지만, 다른 개인과 제도들은 불신한다. 공유된 감정의 힘

---

5   Jeff Goodwin, "The Libidinal Constitution of a High-Risk Social Movement: Affectual Ties and Solidarity in the Huk Rebellion," *American Sociological Review*, 62(1997), pp. 53~69를 보라.

은 그 감정을 함께 표출하는 것에서, 즉 그 감정이 공유된다는 것을 인지하고 선언하는 것에서 나온다. 따라서 그것은 막스 셸러가 '공통의 느낌feeling-in-common'이라고 불렀던 것이 된다.[6] 바로 이 집합적 표출이 운동 정체성을 창출하는 데 일조한다.

상호적 감정과 공유된 감정은 비록 별개의 것이지만 서로를 강화한다. 원자력 발전소에 대한 격분의 공유 정도에 따라 상호적 감정인 타인에 대한 애정이 강화된다. 그 이유는 바로 사람들이 그러한 감정들을 동일한 방식으로 느끼기 때문이다. 그들은 우리와 같고, 따라서 우리는 그들을 이해한다. 역으로 상호간의 애정은 새로운 공유된 감정이 쉽게 만들어지는 맥락의 하나이다. 당신이 타인들을 좋아하기 때문에, 당신은 그들의 감정을 받아들이고 싶어 한다. 내가 개인들과 관련하여 말했듯이, 당신은 당신이 동의하는 사람을 신뢰하고, 당신이 신뢰하는 사람에게 동의한다. 상호적 감정과 공유된 감정 모두는 저항단체 내의 연대를 촉진한다. 그러한 감정들은 운동과의 동일시를 위한 핵심 원천들이다.

규모는 집합적 감정을 발생시키는 것과 관련된 요인의 하나임에 틀림없다. 왜냐하면 10명, 50명, 또는 500명으로 구성된 단체들에서 일어나는 대면적 상호작용은 상이하기 때문이다. 각각의 유형의 감정동학을 구분하는 것이 유용할 것이다. 몇몇 관련 증거에 따르면, 비록 수천 명의 부흥회가 어떤 점에서는 효과적일 수 있지만, 장기적인 감정적 헌신을 유발하는 데에는 더 작은 교회(말하자면 50명)가 더 큰 교회보다 더 나을 수도 있다.[7]

---

6   Max Scheler, *On Feeling, Knowing, and Valuing*(Chicago: University of Chicago Press, 1992), p. 54. 공유된 감정은 뒤르켐의 기계적 연대 개념에, 그리고 상호적 감정은 그의 보다 분화된 연대 개념에 대체로 상응한다.

집합적 감정들, 그중에서도 특히 상호적 감정들은 저항의 즐거움과 연계되어 있다. 그리고 우리는 그 즐거움의 많은 것을 다음 장에서 논의할 것이다. 가장 명백한 것은 우리가 좋아하는 사람들과 여러 가지 방식으로 함께하고 있다는 즐거움이다. 다른 즐거움들은 집단동작이나 노래에 몰두하는 것과 같은 집합적 활동의 기쁨으로부터 나온다. 이것은 낯선 사람들과 함께할 때조차 만족스러울 수 있으며, 물론 그들은 서로 더 이상 낯선 사람들로 느껴지지 않는다. 아발론 동맹의 사례는 집합적 감정의 광범한 영향력뿐만 아니라 그러한 감정의 의식적 배양 또한 보여준다.

아발론 동맹

아발론 동맹은 1976년 샌 루이스 오비스포에 소재한 디아블로 캐니언 원자력 발전소에 대해 '직접행동'(봉쇄와 부지 점거 같은 불법적 활동들)을 행사하기 위해 결성되었다. 그 성원들은 주로 원자력규제위원회 NRC의 공청회에서 법적 개입을 활용하던 지역 저항자들인 평화를 위한 어머니회와 함께 활동했다. 또한 반핵운동은 이 시기에 전국적으로도 직접행동 전술을 채택했는데, 이는 보다 급진적인 전술과 이데올로기를 선호하는 비지역 반대자들이 지역 반대자들과 결합했기 때문이었다. 급진주의자들은 부지 야영과 물리적 봉쇄작업을 통해 빌Whyl의 발

---

7   로저 핑크(Roger Finke)와 로드니 스타크(Rodney Stark)는 규모의 쟁점을 직접적으로 검증하지는 않지만, 농촌의 작은 교회들이 번성하는 반면 도시와 교외의 큰 교회들은 침체되는 경향이 있다고 지적한다. Roger Finke and Rodney Stark, *The Churching of America 1776-1990: Winners and Losers in Our Religious Economy*(New Brunswick, N.J.: Rutgers University Press, 1992), ch. 6을 보라.

전소 건설을 중단시킨 독일 반핵운동의 명백한 성공에 감명을 받았다. 그 운동은 체포되기 위해 법을 위반하고 그것을 통해 도덕적 진술을 표명하는 통상적인 시민불복종 그 이상이었다. 농민 사보타주와 노동자 연좌파업의 전통을 잇는 이 전술은 직접적인 방해를 포함했다. 미국의 활동가들은 뉴햄프셔New Hampshire의 시브룩Seabrook에서 제일 먼저, 그다음으로는 전국의 여타 장소들에서 유사한 직접행동들을 시도했다. 이 새로운 충원의 물결과 함께 방대한 미디어 보도가 동반되었고, 전국적인 반핵운동으로서의 그들의 정체성 의식을 재확인하게 되었다.[8]

아발론 동맹은 1977년과 1978년 두 번의 대규모 집회를 히로시마 원폭투하 기념일에 맞춰 개최했다. 1978년 시위에는 대략 5000명이 참가했으며, 500명이 체포되었다. 디아블로 원자력 발전소 반대 노력들은 1979년 3월에 발생한 스리마일 섬 사고로부터 추진력을 얻었고, 그 사건 이후 전국에 걸쳐 일어난 몇몇 저항사건은 디아블로 캐니언에 모인 4만 명의 집회에서 정점에 달했다. 디아블로 발전소가 첫 번째 저출력 시험low-power testing 인증을 받고 난 후인 1981년 9월에는, 2주간에 걸쳐 아발론의 봉쇄와 야영이 계속되었고, 2000명 이상이 참여했다. 스타호크가 앞에서 묘사한 의례를 거행한 것이 바로 이 직접행동 동안이었다. 어쩌면 그녀의 마술이 먹혔던 것인지도 모른다. 봉쇄를 끝내기로 계획한 바로 그날, 전기회사의 한 엔지니어가 건설 중에 발생한 설계도 오독으로 인해 광범한 개보수가 필요하게 되었다고 공표했다. 이 재건설은 3년간 지속되었고, 그동안 동맹 소속의 많은 동호인

8   나는 미국 반핵운동의 형성을 논의한 바 있다. Jasper, *Nuclear Politics*(Princeton: Princeton University Press, 1990), ch. 7. 또한 Christian Joppke, *Mobilizing Against Nuclear Energy*(Berkeley: University of California Press, 1993)도 보라.

단체가 여타의 쟁점들로까지 관심을 돌리기 시작했다.

1984년 여름 NRC는 두 기의 디아블로 원자로 중 하나에 또 다른 저출력 시험을 인증해주었다. 수년에 걸친 저항, 부지 점거, 건설추문에도 불구하고 결국 저항자들은 실패한 것처럼 보였다. 하지만 2주 후 8월 첫째 일요일, 그들 중 1000명이 아발론 동맹이 조직한 연설과 체포당하기를 위해 오후에 발전소 정문에 모여들었다. 그날 오후의 프로그램은 디아블로 캐니언의 역사와 위험에 관한 연설을 한 후 수십 명의 저항자들이 정문을 연좌봉쇄한 것에서 정점에 달했는데, 그들 대부분은 나머지 군중들의 환호를 받으며 스스로 체포되었다. 한 구경꾼이 "엄청나게 많은 행동들을 하고 난 후에 그들은 그저 의례를 마무리하고 있을 뿐이다"라고 말했던 것처럼, 전체 과정은 양측 모두에게 만족스러워 보였다. 거의 100명이 체포되었다. 이 집회 동안 한 친구와 나는 이 장과 제7장에서 사용한 (그리고 부록에 기술한) 자료들을 수집했다.

아발론 동맹 및 그와 유사한 반핵단체들은 1970년대 말 미국과 유럽의 많은 지역에서 발전된 비폭력 직접행동 하위문화의 일부였다. 그 문화는 평등주의·페미니즘·평화주의·생태주의 가치에 의해, 그리고 공동체를 창조하려는 노력과 합의적 의사결정에 집중하는 내부 절차에 의해 규정되었다. 즉, 그것은 유럽의 이론가들이 탈산업적 운동이라고 기술한 것을 특징으로 했다. 이 '대항문화 네트워크'는 또한 자발적인 법률 위반, 지나치게 더디거나 내성을 지니고 있다고 여겨지는 통상적인 정치적 통로의 기피, 사람들에게 가해지는 폭력의 거부, 뉴스매체가 보도하는 모범적인 도덕적 행위(특히 시민불복종)에 대한 관심, 그리고 관료제와 위계질서 ─ 심지어는 그 단체들 자신의 내부구조 속에 존재하는 ─ 에 대한 비판을 공유했다.[9] 특히 페미니즘과 생태주의에 기초한 그 문화의 이데올로기는 개인의 자율성을 주장하고, 억압(성차별주의, 인종주의, 그리고 여타의 편견들을 포함하여)을 거부하고, 자본주의를 비판했다. 거기에는 대규모 조직에 대항하여 "작은 것이 아름답다"라고 주장하는 무정부주의적 의구심과 도구적 합리성에 대한 좌파 성향의 비판도 존재했다. 일부 탈산업적 활동가들은 상품과 서비스의 시장분배에 반감을 가지고 있었지만, 다른 활동가들은 시장이 국가 관료제에 맞서는 보호막이라고 보았다. 하지만 대부분은 시장을 전적으로 규제되지 않은 상태로 남겨놓을 수 없다는 것에 동의했다.

이 문화가 (특히 미국에서) 선호한 조직 형태는 동호인 단체였다. 이 단체들에서는 적은 수의 사람들(보통 10명에서 15명)이 서로를 뒷받침하고, 함께 의사결정하고, 하나의 팀으로 직접행동을 수행했다. 동호인 단체는 자율적인 단위들이었다. 따라서 때로는 한 저항운동에서 또 다른 운동으로, 특히 1980년대 초에는 원자력 에너지에서 그대로 평화운동으로 옮아가기도 했다. 그것은 때로는 기존의 개인적 네트워크들 ―몇몇 단체는 공통의 교회 성원, 이웃, 직업, 또는 이데올로기에 기초했다― 을 정치적 운동 내부의 활동가 네트워크들과 연결시키기도 했다. 그리

---

9 이 네트워크는 특히 새로운 사회운동 이론가들의 노력을 통해 미국보다는 유럽에서 더 철저하게 연구되어왔다. 제4장에서 인용된 연구들에 더해 다음의 것들을 보라. Hanspeter Kriesi, "Local Mobilization for the People's Social Petition of the Dutch Peace Movement," *International Social Movement Research*, 1(1988), pp. 41~81. 미국과 관련한 연구들로는 다음을 보라. Steven E. Barkan, "Strategic, Tactical, and Organizational Dilemmas of the Protest Movement Against Nuclear Power," *Social Problems*, 27(1979), pp. 19~37; Barbara Epstein, "The Culture of Direct Action: Livermore Action Group and the Peace Movement," *Socialist Review*, 82/83(1985), pp. 31~61; *Political Protest and Cultural Revolution*(Berkeley: University of California Press, 1991). 해리 보이트(Harry C. Boyte)는 다음의 책에서 조금 더 광범위한 종류의 저항운동들을 조사한다. Harry C. Boyte, *The Backyard Revolution: Understanding the New Citizen Movement* (Philadelphia: Temple University Press, 1980). 데이비드 마이어와 낸시 휘티어는 여성운동이 평화운동에 미친 영향을 고찰한다. David S. Meyer and Nancy Whittier, "Social Movement Spillover," *Social Problems*, 41(1994), pp. 277~298.

고 그것은 대개는 정치적 충성심과 정치적 행위에서 발전된 동지들의 네트워크였다. 단체의 회원들이 서로에 대한 강한 애착을 발전시킴에 따라, 그들은 정치활동에서 생겨나는 상호적 감정을 체현했다.

아발론 동맹에 참여한 동호인 단체들의 이름은 그들의 목적과 성향에 관한 메시지를 전달한다. 이를테면 세계의 눈The Eyes of the World, 매트릭스, 원자력 발전소 반대 안초비 보존No Nukes and Hold the Anchovies, 사랑과 격분Love and Rage, 솔라 스핀스터스Solar Spinsters, 와일드 앤 태키스Wild and Tackeys, SABOTSociety against Blatant and Obnoxious Technology(시끄럽고 해를 입히기 쉬운 기술에 반대하는 모임 − 이는 또한 사보타주의 프랑스어 어원으로, 19세기의 노동자들이 새로운 기계를 움직이지 못하게 할 때 썼던 나막신을 가리킨다)이 그것들이다. 자기 단체의 이름을 짓는 일 − 그리고 이것이 선언하는 조직 정체성 − 은 자신이 저항하는 악폐에 이름을 부여하는 것만큼이나 중요할 수 있다. 아발론 동맹이라는 이름이 지닌 가볍고 익살스러운 느낌은 정교한 사회적·역사적 분석과 결합되어 있었다.

이 하위문화의 성원들은 1960년대의 운동들이 했던 것과 같은 가시적인 지도자 만들어내기를 의식적으로 회피했다. 동호인 단체라는 구조가 그러한 것을 (특히 업무교대를 통해) 저지했고, 활동가들은 1960년대에 또는 1960년대로부터 한 가지 교훈을 학습했다. 한 사람은 내게 이피Yippie인 자신이 미디어 또는 (재판을 통해) 정부가 '지도자'를 만들어내도록 내버려두는 것이 갖는 위험들을 어떻게 학습하게 되었는지에 대해 말해주었다. 아발론의 주 단위 사무소의 스태프들은 업무를 교대했으며(네 명의 전일제 활동가는 스스로를 무정부주의자라고 칭했고, 사회변화를 위해 노력하는 많은 운동에서 일해왔다), 동호인 단체들의 연맹에 의해 신중하게 통제되었다(이것은 계속된 알력의 원천 중 하나였다).

내부 민주주의에 대한 이러한 관심은 그 단체들의 감정적 욕구에 대한 인식, 즉 회원들 간의 감정적 결속을 (심지어 그러한 결속이 효율성을 방해할 때조차) 확립하고자 하는 바람에 의거한 것이었다.

직접행동 단체들은 또한 "합의에 의한 의사결정" – '페미니즘적 과정' 이라고도 부르는 – 을 통해 연대를 구축했다. 즉, 쟁점에 대한 토의는 강력한 도덕적 반대의견을 가진 개인이 집단의 결정을 방해할 수도 있다는 단서하에 모든 참석자가 동의할 때까지 계속될 것으로 기대되었다. 선진 자본주의사회에서 대부분의 조직은 명료한 주장에 높은 가치를 부여하며, 참여자들의 느낌은 개의치 않은 채 객관적인 사실에 입각한 증거와 잘못된 입장을 밝혀낼 수 있는 비판적 절차를 지지한다. 이와 대조적으로 페미니즘적 과정은 참여자들의 느낌과 감정에 (그것들로부터 교훈을 이끌어낼 수 있는지 그렇지 않은지와 무관하게) 높은 가치를 부여했다. 누군가가 이야기한 것은 진지하게 다루어야만 했고, 따라서 틀린 것으로 즉각 공격을 받아서도 안 되었다. 인간의 감정적 반응의 맥락이 담론을 제약했다. 하나의 입장은 다른 모든 입장을 반증함으로써 성립한다는 관념은, 모든 관점 – 아무리 비실제적이고 세련되지 못한 입장이라 할지라도 – 이 한 가지 입장으로 병합된다는 관념으로 대체되었다. 만약 그렇게 될 수 없다면, 어떠한 입장도 채택되지 않았다. 이 과정은 좀처럼 분명하고 간결한 입장에 도달하지 못했다. 왜냐하면 그러한 입장이 그것에 동의하지 않는 사람들을 소외시킬 위험을 무릅써야 할지도 모르기 때문이었다. 참여자들의 느낌이라는 진실은 사실이라는 진실만큼이나 중요했다.[10]

---

10 일군의 페미니스트 학자들은 이 두 절차를 지식(knowing)의 '분리'방식과 '연계'방식이라고 명명해왔다. Mary Feld Belenky, Blythe McVicker Clinchy, Nancy Rule Goldberger and Jill Mattuck Tarule, *Women's Ways of Knowing: The Development of Self, Voice,*

학계의 관찰자들이 (대외적 목표의 효율적 달성이라는 전략적 기준을 이용하여) 공식적인 정치적 목표 달성 능력의 감소라고 비판했던 것은 도리어 운동 하위문화의 감정적 욕구들을 반영하는 것이었다. 이 경우 명시적인 목표는 회원들 간의 연대라는 긍정적인 정서적 유대를 구축하기 위한 것이자 합의가 지배하는 사회적 질서를 '예시하기' 위한 것이었다. 하지만 그러한 절차가 때때로 효과적인 행위를 불가능하게 했다. 저항의 문화적 논리와 전략적 논리는 때로는 갈등을 빚기도 했지만, 때로는 그렇지 않았다.[11]

아발론 동맹은 성원들의 연대를 발전시키는 데 상당한 시간을 쏟았다. 바바라 엡스타인은 "월례 회의에서 사람들은 함께 식사를 하고, 함께 파티를 하고, 노면에 깐 침낭 속에서 나란히 밤을 보냈다"라고 묘사했다.[12] 지역 동호인 단체들은 회원들을 한데 묶는 그들 나름의 정기적인 활동을 했다. 그러다가 이따금씩의 직접행동들이 모두를 디아블로 캐니언으로 한데 불러 모았고, 매우 격렬한 시기에는 함께 생활했다. 그러한 활동들은 의례와 같았고, 그 속에서 사람들은 자신들의 심층적인 도덕적 가치들을 규정했는데, 이 경우에 그러한 가치들은 참여민주주의를 중심축으로 하고 있었다. "그것은 과도하게 고무된 뉴잉글랜드

---

  and Mind(New York: Basic Books, 1986). 둘 모두는 '절차적' 형태의 지식 — 수용된 지식 및 주관적 지식과 대립하는 것으로서의 — 이다. 이들 저자는 '구성된' 지식이 그러한 모든 형태의 지식을 통합하기를 희망한다.

11 몇몇 관찰자는 효과적인 행위와 내적 연대 간의 긴장에 주목해왔다. Wini Breines, *Community and Organization in the New Left, 1962~1968*(South Hadley, Mass.: J. F. Bergin Publishers, 1982); Barkan, "Strategic, Tactical and Organizational Dilemmas of the Protest Movement Against Nuclear Power"; Gary L. Downey, "Ideology and the Clamshell Identity: Organizational Dilemmas in the Anti-Nuclear Power Movement," *Social Problems*, 33(1986), pp. 357~373.

12 Epstein, *Political Protest*, p. 99.

타운과 같았다. 디아블로에서 일어나고 있던 것의 일부가 바로 그것, 그러니까 자치였다. 우리는 우리가 진정으로 믿고 있던 모델을 적용하는 중이었다. 그것은 우리의 이데올로기를 실행하는 것이었다."[13]

강력한 감정적 애착은 여타의 문화적 과정들 — 영적 이미지와 영감, 윤색된 이야기와 영웅들을 담고 있는 운동에 관한 민속신화, 다수의 노래와 춤, 그리고 신체적 접촉 — 에 의해 강화되었다. 캘리포니아의 직접행동 운동들을 하나로 결합시킨 것은 정치적 분석과 전략의 공유뿐만이 아니라 경험을 공유하고 있다는 의식과 정서적 유대였다. 그리고 직접행동 전략은 다시 성원들을 증강시켰다. 1981년 봉쇄에 참여했던 한 사람은 다음과 같이 말했다. "그곳은 식별 가능한 지도자가 존재하지 않는 하나의 타운이었다. 모든 사람은 평등했고, 모든 사람은 서로를 껴안으며 돌아다녔다. 믿을 수 없을 정도의 유대가 존재했다."[14] 그러한 과정들은 아발론 동맹 성원들 사이에 강력한 공동체 의식을 확립하는 데 일조했다. 그들은 자신들이 공유하고 있는 감정, 도덕적 전망, 신념들로부터 의도적으로 연대를 만들어냈다. 모든 사회운동이 문화적 과정에 의존하지만, 디아블로 원자력 발전소 반대운동에서 문화적 과정은 특히 광범위하고 널리 퍼져 있었을 뿐만 아니라 의식적으로 고안되고 발전되고 홍보되었다. 아발론 동맹은 저항운동을 유지하는 데 일조하는 감정적 과정과 여타 문화적 과정들을 아주 잘 보여준다.

시민권 운동은 보통 그 밑에 깔려 있는 집합적 정체성 — 비록 그것이 항상 또는 잠재적으로 변화하고 있다고 할지라도 — 을 당연시할 수 있다. 탈시민권 운동은 그렇게 할 수 없으며, 따라서 정치적 목적에 기초하

---

13 같은 책, p. 112에서 인용함.
14 같은 책, p. 111에서 인용함.

여 활동가 정체성, 운동 정체성, 조직 정체성을 확립하기 위해 상당한 시간을 투여한다. 탈시민권 운동은 민권운동 조직자들이 당연시할 수 있었던 종류의 사회적 네트워크들과 그것이 수반하는 연대를 창조해야만 했다. 아프리카계 미국인의 프로테스탄티즘에 기초한 민권운동 의례들은 문화적으로 실로 다채롭게 존재했기 때문에, 그 의례들이 스타호크가 그랬던 방식으로 고안될 필요는 없었다. 그것들은 수십 년간 존재해왔기 때문에, 보다 엄격하게 재가공될 수 있었다.

노래와 춤이라는 관례

1984년에 내가 처음으로 아발론 동맹의 샌프란시스코 사무소로 그 운동의 스태프를 만나러 갔을 때, 나는 그들 중 네 명이 춤추기를 끝마칠 때까지 열린 문에서 기다리고 있어야만 했다. 그것은 당시에 유행하던 힘차고 현란한 스타일이 아니라 1960년대의 느리고 엉성한 스타일의 춤 — 마이클 잭슨보다는 우드스톡에 가까운 — 이었다. 그 춤은 자기성찰적이고 치료요법적이며 최면요법적이었다. 때때로 스태프 성원들은 서로를 어루만졌고, (얼마간) 조화를 이루며 흔들거렸다. 나는 어떻게 해야 할지, 또는 내가 마주친 것이 무엇인지를 확신하지 못한 채 어색하게 기다렸다. 그들이 나중에 설명해준 바에 따르면, 그들은 스태프 모임을 막 끝낸 상태였으며, 그것은 모임이 유발했을지도 모르는 불화와 신경질적 에너지를 씻어내고 그들의 연대를 재확인하는 그들의 방식이었다.

노래하기와 춤추기는 의례에서 자주 발견되는 두 가지 활동으로, 그것들은 음악, 신체활동의 통일, 신체 접촉을 통해 의례에 필수적인 감

정을 충전시킨다. 에밀 뒤르켐이 '집합적 흥분'에 대해 처음으로 기술한 이래로, 이러한 활동들이 그러한 흥분을 창조하는 데서, 그리고 참여자들을 또 다른 국면으로, 즉 그들이 보다 영묘한 현실이라고 느끼거나 어쨌든 다른 현실이라고 느끼는 것으로 이동시키는 데서 결정적이라는 것은 분명해졌다.[15] 아우구스티누스가 기도하는 사람의 사례를 들어 지적했듯이, 행위 그 자체가 행위를 창조하고자 하는 의지를 강화한다. 많은 점에서 노래하기와 춤추기(그리고 행진에서부터 인간사슬에 이르기까지의 여타 형태의 통일된 동작들)는 군중 이론에서 진리의 요체이자, 대규모 집단이 일정 정도의 조화와 통일성을 달성할 수 있고 자기들끼리 이야기하는 소규모 집단들을 침묵시킬 수 있고 또 모두의 관심을 집중시킬 수 있는 하나의 계기이다. 물론 그러한 조화가 결코 자동적으로 일어날 수는 없다. 왜냐하면 참여자들이 춤과 노래를 알고 있어야만 하기 때문이다. 그리고 **모든** 참여자가 참여한다고 가정하기도 어렵다. 하지만 뒤르켐은 중요한 과정들을 지적했다.

앨던 모리스가 민권운동에서 불린 기독교 찬송가와 흑인 영가들 속에서 발견한 것처럼, 노래하기는 군중 화합의 전율을 기본적인 우주론적 신념에 대한 진술들과 결합시킬 수 있다. "전진하는 기독교 전사들", "최후의 심판날이 다가오고 있다", 그리고 「우리는 승리하리라」와

---

15 군중 이론에 영감을 준 사람 중의 한 명인 뒤르켐은 노래와 춤이 군중의 집합적 흥분을 유지하는 데 필수적일 수 있다고 말했다. "그리고 협력을 유지하고 동작을 일치시킬 수 있게 해주는 어떤 질서를 유지시키는 상태가 마련되지 않고서는 집합적 감상은 스스로를 집합적으로 표출할 수 없다. 따라서 그러한 몸짓과 외침은 자연스럽게 율동적이고 규칙적이 되는 경향이 있다. 노래와 춤은 여기에서 유래한다." Durkheim, *The Elementary Forms of the Religious Life*(New York: Free Press, 1965), p. 247. 윌리엄 맥닐(William H. McNeill)은 다음의 책에서 통일된 동작(춤추기뿐만 아니라 행진, 교련 등등)이 갖는 감정적 힘에 대해 광범위하게 논의하고 있다. William H. McNeill, *Keeping Together in Time: Dance and Drill in Human History*(Cambridge: Harvard University Press, 1995).

같은 노래들은 근본적인 신념과 서사를 구체적으로 언급함으로써 캠페인에 성서적 권위를 부여했다. 위대한 지도자 — 모세, 예수, 마틴 루서 킹 2세 — 의 공식 견해들은 기운을 북돋는 메시지였다. 다방면에 걸친 종교적 훈련은 거의 모든 흑인 참여자들이 그 음악을 알고 있었다는 것을 의미했고, 그 음악은 큰 소리로 연대감을 창출했다. 노래는 우리가 내부자인 것처럼 느끼게 하는 데 일조하는 공유된 지식의 한 형태이다. 그러나 여전히 가장 중요한 것은 감정이다. 모리스는 다음과 같이 킹의 경우를 인용한다. "개회 찬송가는 오래되고 친숙한 '전진하는 기독교 전사들'이었다. 엄청난 청중이 기립해서 노래할 때, 바깥의 목소리들 — 교회 건물은 대규모 집회를 수용할 수 없었다 — 은 교회 안의 합창 소리를 높아지게 했고, 천국 그 자체의 찬란한 메아리 같은 강력한 울림이 있었다. …… 이 수천 명의 사람들의 열광이 마치 돌진하는 해일처럼 모든 것을 휩쓸었다."[16] 이보다 더 강력한 감정적 재료를 상상하기란 쉽지 않다.

춤 역시 세상에 대한 기본적인 입장들을 표출할 수 있다. 주디스 린 한나Judith Lynne Hanna는 "무용단이 변화를 일으키고자 하는 의식적인 집합적 노력의 하나가 되었던" 사례들을 기술해왔다. 산업화된 나라들에서 근대의 춤은 그 자체로 얼마간 복장 스타일의 제약과 여성의 몸에 대한 기대에 맞서는 하나의 반항이었다. "노브라, 노코르셋, 맨발이라는 근대 무용수의 자유로운 복장 스타일은 많은 자유, 그리고 새로

---

16   Aldon D. Morris, *The Origins of the Civil Rights Movement*(New York: Free Press, 1984), p. 47. 모리스는 그의 책 전반에 걸쳐 그 운동이 흑인 교회로부터 빌려온 풍부한 성서 이야기와 노래들을 언급한다. 〈아이즈 온 더 프라이즈〉 비디오 시리즈에 일부 사용된, 그 운동의 영화 속 장면 또한 노래의 힘을 포착하고 있다. 팻 위터스는 다음의 책에서 그 노래들 다수와 그것이 갖는 중요성에 대해 자세히 이야기한다. Pat Watters, *Down to Now*(New York: Pantheon, 1971).

워진 다양한 자아 이미지를 상징했다."[17] 사회적 태도와 열망은 글자 그대로 인간의 자세와 몸짓 속에 체현되고, 그리하여 춤은 도덕적 전망과 감정을 단호하게 표현한다. 춤은 양식화된 언어의 하나로, 의례의 일부로서 또는 그것 나름의 의례화된 형태 속에서 메시지를 전달할 수 있다. 아마도 가장 중요한 것은 춤이 집단의 신체 동작을 주의 깊게 조화시킴으로써 통일성을 전달한다는 사실일 것이다. 이는 "공연자와 관찰자에게 똑같이 개인적·집단적 힘에 대한 의식을 불러일으킨다".[18] 이것이 바로 춤이 집합적 연대, 역량강화, 그리고 애착을 구축하는 데 극히 중요할 수 있는 이유이다.

아발론 동맹으로 되돌아가보자. 그 군중 중에서 내가 1984년에 조사할 수 없었던 유일한 분파는 그날 춤추는 데 시간을 보내고 있었던 30명 또는 40명의 사람들로, 그들은 다른 저항활동들은 안중에도 없는 듯이 보였다. 그들도 스태프들처럼 1960년대의 엉성한 내성적인 몸부림으로 춤을 추고 있었으며, 그것은 다른 사람들에게 인상을 남기기 위한 것이라기보다는 자신의 내적인 영적 삶을 재정리하기 위한 것이었다(캘리포니아 대항문화의 흔적은 제단을 만들고 꽃과 인공물들을 흙에 흩뿌리는 사람들에게서도 똑같이 분명하게 나타났다. 그 응답자들은 조사에 의

---

17 Judith Lynne Hanna, "Dance, Protest, and Women's 'Wars': Cases from Nigeria and the United States," in Guida West and Rhoda Lois Blumberg(eds.), *Women and Social Protest*(New York: Oxford University Press, 1990), pp. 335, 343.

18 Judith Lynne Hanna, *To Dance Is Human: A Theory of Nonverbal Communication* (Austin: University of Texas Press, 1979), p. 128. 물론 모든 매체와 마찬가지로 춤은 다양한 메시지를 전달할 수 있다. 모리스 블로크(Maurice Bloch)는 의례화된 춤이 기존 구조에 도전하는 집단의 능력을 축소시킴으로써 전달 가능한 메시지를 제한하기 위해 사용될 수도 있다고 주장한다. Maurice Bloch, "Symbols, Song, Dance, and Features of Articulation: Is Religion an Extreme Form of Traditional Authority?" *Archives Européenes de Sociologie*, 15(1974), pp. 55~81.

구심을 가지고 대했다. 하지만 대개는 4쪽에 달하는 설문지를 살펴보고, 질문에 논평을 갈겨쓰고 그것을 서로 논의하는 데 한 시간 내지 그 이상을 보냈다. 그들에게는 질문지에 응답하는 것조차 개인적인 행위가 아니라 [그들 삶의 많은 것이 그러하듯이] 집합적이고 정치적인 행위였다).

노래하기와 춤추기는 의례가 매우 성공적일 때 그 의례가 창조하는 행복한 분위기에 기여한다. 그러한 분위기는 참여자들의 정체성과 신념뿐만 아니라 그들의 힘을 확인해주는 것이기도 하다. 뒤르켐이 인식했듯이, 집합적 의례와 집회는 당신이 당신보다 더 큰 어떤 것에 참여하고 있음을 암시한다. 즉, 그것은 당신이 역사의 일부이거나, 도덕적으로 인정받고 있거나, 한 집단에 진정으로 소속되어 있다고 느끼게 한다. 의례의 감정들은 인지적·도덕적 전망들 또한 강화한다.[19]

행동주의라는 하나의 문화

캘리포니아의 직접행동 하위문화는 많은 탈산업적 운동을 뒷받침해온 활동가 네트워크의 일종이다. 아발론 동맹의 연대는 오랜 역사를 지닌 공유된 정치활동 위에 구축되었다. 그중 가장 유명한 것은 물론 그것이 디아블로 원자력 발전소 반대와 반핵활동에 깊숙이 관여한 것이었다. 1984년 저항에 참가하기 위해 24마일 이하를 이동해온 사람이 42%였다면, 25마일에서 149마일을 이동해온 사람이 17%, 150마일

---

19 존 로플랜드는 자신의 책 『저항』의 "군중의 기쁨(Crowd Joys)"이라는 장에서 이러한 감정들을 묘사한다. 위기의식과 번갈아가며 찾아오는 집합적 행복감에 관한 또 다른 훌륭한 연구로는 Benjamin Zablocki, *The Joyful Community: All Account of the Bruderhof, a Communal Movement Now in its Third Generation*(Baltimore: Penguin, 1971)이 있다.

에서 250마일을 이동해온 사람이 29%, 250마일 이상을 이동해온 사람이 12%였다. 저항자들은 또한 상당한 시간을 투여했다. 반핵활동에 한 달에 5시간 이하를 쓴 사람이 54%, 5시간에서 9시간을 쓴 사람이 22%, 10시간에서 19시간을 쓴 사람이 9%, 20시간 이상을 쓴 사람이 15%였다. 또한 거의 모든 사람이 그 운동에 돈을 기부했다고 주장했다. 전년도에 전혀 기부하지 않은 사람은 단지 15%뿐이었고, 30%가 20달러 미만을, 21%가 20달러에서 49달러를, 11%가 50달러에서 99달러를, 24%가 100달러 이상을 기부했다. 응답자들은 1984년에 자신들의 가장 직접적인 목표 - 즉, 디아블로 캐니언 폐쇄 - 를 달성하는 데 실패한 것으로 보였던 캠페인에 많은 것을 바쳤다.

하지만 대부분의 응답자에게 반핵활동은 자신의 활동가 전기에서 단지 당시의 단계일 뿐이었다. 많은 사람이 1960년대의 정치운동으로부터 영향을 받은 코호트 출신이었다. 즉, 25세 이하가 22%였다면, 25세에서 40세가 60%, 40세 이상이 18%였다. 그들은 자신들이 성인이 되었을 때의 자신들의 정체성을 만들어내고자 노력하는 젊은이들이 아니었다(왜냐하면 그들 중 일부만이 개인적 정체성에 대한 자신들의 관심을 설명하기 위해 새로운 사회운동에 관해 이야기했기 때문이다). 많은 연구가 보여주듯이, 1960년대에 정치적 활동을 했던 사람들은 일반적으로 그 후에도 여전히 활동하고 있었다.[20] 디아블로의 경우에 사람들이 저

---

20 정치적 '세대'라는 개념은 자주 공유된 문화적 의미와 행위를 나타내는 용어로 사용되어왔다. 이 개념은 매우 자주 카를 만하임(Karl Mannheim)과 연관 지어진다. Karl Mannheim, "The Problem of Generations," in Paul Kecskemeti(ed.), *Essays on the Sociology of Knowledge*([1928] London: Routledge and Kegan Paul, 1952). 1960년대에 성인이 된 세대에게 정치적 활동이 미친 영향과 관련해서는 다음과 같은 많은 문헌이 있다. James M. Fendrich and Alison T. Tarleau, "Marching to a Different Drummer: Occupational and Political Correlates of Former Student Activists," *Social Forces*, 52(1973), pp. 245~253; James M. Fendrich, "Keeping the Faith or Pursuing the Good Life: A Study in the

항에 참여하게 된 이유는 그것이 정치적 활동을 중심축으로 하는 하위 문화를 이어가고 있었기 때문인 것으로 보인다. 이 하위문화의 프로젝트, 스킬, 상호지원, 상호적 감정들이 (일부 관찰자들이 정치적 활동에 고질적인 문제라고 생각하는) 활동가들의 '소진'을 막는 데 일조했다.[21] 그들의 계속되는 활동가 정체성이 그들로 하여금 디아블로 캐니언 원자력 발전소에 반대하는 투쟁에 보다 쉽게 가담하게 했다.

나는 참여자들에게 그날 그들을 디아블로에 오게 만든 것은 무엇인

Consequences of Participation in the Civil Rights Movement," *American Sociological Review*, 42(1977), pp. 144~157; M. Kent Jennings, "Residues of a Movement: The Aging of the American Protest Generation," *American Political Science Review*, 81(1987), pp. 367~382; Gerald Marwell, Michael T. Aiken and N. J. Demerath III, "The Persistence of Political Attitudes Among 1960s Civil Rights Activists," *Public Opinion Quarterly*, 51(1987), pp. 359~375; Jack Whalen and Richard Flacks, "Echoes of Rebellion: The Liberated Generation Grows Up," *Journal of Political and Military Sociology*, 12(1984), pp. 61~78; James Max Fendrich and Kenneth L. Lovoy, "Back to the Future: Adult Political Behavior of Former Student Activists," *American Sociological Review*, 53(1988), pp. 780~784; Doug McAdam, *Freedom Summer*(New York: Oxford University Press, 1988). 보다 일반적인 논의로는 다음을 보라. Anthony Esler, "'The Truest Community': Social Generations as Collective Mentalities," *Journal of Political and Military Sociology*, 12(1984), pp. 99~112; David Knoke, "Conceptual and Measurement Aspects in the Study of Political Generations," *Journal of Political and Military Sociology*, 12(1984), pp. 191~201. 하워드 슈먼(Howard Schuman)과 재클린 스콧(Jacqueline Scott)은 그러한 세대들을 각 코호트의 청소년기 후반과 성인기 초반에 있었던 두드러진 사건들과 연계 짓는다. Howard Schuman and Jacqueline Scott, "Generations and Collective Memory," *American Sociological Review*, 54(1989), pp. 359~381. 세대를 지극히 작은 세세한 마이크로 코호트(micro-cohort)로 분할한 최근의 탁월한 연구로는 Nancy Whittier, *Feminist Generations: The Persistence of the Radical Women's Movement*(Philadelphia: Temple University Press, 1995)가 있다. 세대를 보다 일반적으로 다룬 논의로는 David I. Kertzer, "Generation as a Sociological Problem," *Annual Review of Sociology*, 9(1983), pp. 125~149를 보라.

21 앨버트 허시먼은 이러한 견해를 압축적으로 보여준다. Albert O. Hirschman, *Shifting Involvements: Private Interest and Public Action*(Princeton, N.J.: Princeton University Press, 1982).

표 8-1 **반핵 행동주의를 이끈 요인으로 언급된 사건들(단위: 명)**

스리마일 섬 사고	28
이전의 집회와 시위	14
1981년의 디아블로 봉쇄	8
디아블로 문제 전반	7
회의와 토론회	6
리버모어 활동	6
발전소와의 근접성	5
원자력 사고	5
반전 활동	4
강의	4
미사일 반대활동	4
시브룩의 반핵활동	4
1984년 민주당 전당대회	3
원자력규제위원회의 공청회	3
여타의 환경 행동주의	3

지, 그리고 보다 일반적으로 그들을 반핵 행동주의로 이끈 것은 무엇
인지를 물었다.[22] 중요한 것으로 가장 자주 언급된 것은 사건이었다.
그렇지만 중요한 사건들에 기입한 사람들은 이전의 행동주의에 기입
한 사람들보다 확실히 더 적었다. 〈표 8-1〉은 촉매작용을 한 각각의
사건을 언급한 응답자의 수를 제시한 것이다. 참여자들이 자신들이 세
상의 현상에, 다시 말해 원자력 에너지의 위험에 직접적으로 반응하는
중이라고 주장했기 때문에 당연히 사건이 많이 언급될 수밖에 없었다.
우리는 각 사건들이 갖는 상징적 힘을 살펴보았다. 그러나 〈표 8-1〉의

---

22 정확한 표현은 "다음의 각각은 당신이 반핵활동에 적극적으로 참여하게 되는 데 얼마나
중요했는가?"였다. 그들은 각 항목들, 즉 친구, 뉴스매체, 다른 대의를 추구한 이전 행동주
의, 구체적인 사건, 그리고 기타에 대해 "매우 중요", "다소 중요", 또는 "중요하지 않음"이
라고 답할 수 있었다. 마지막 세 가지 범주에는 그것이 어떤 행동주의인지, 어떤 사건인지
또는 어떤 여타 요인인지를 명기하도록 공란을 남겨두었다.

표 8-2 반핵 행동주의를 이끈 요인으로 언급된 이전의 행동주의(단위: 명)

반전활동	37
환경주의	19
페미니즘, 여성운동, 그리고 남녀평등헌법수정안	12
핵 군축	11
민권	9
동물권리	8
선거정치	7
징병 저항	6
중앙아메리카	6
게이권리	4
그린피스	4
1981년의 디아블로 봉쇄	3
노동조합주의	3

항목들 중에서 소수만이 스리마일 섬 사고와 동일한 의미에서의 역사적 사건이다. 대다수의 항목은 원자력 발전소에서 기인하는 위험, 사고 또는 위협이 아니다. 또한 그것들은 정치적 결정이나 규제를 위한 결정으로부터 발생한 것도 아니다. 또한 그것들은 핵무기 원료의 확산과 관련된 사건도 아니다. 오히려 그것들은 응답자 자신들이 참여했던 반핵 및 그와 관련된 활동들이다. 충격적인 미디어 보도 사건이자 도덕적 충격이었던 스리마일 섬 사고가 목록의 맨 앞에 위치한다. 그러나 조직자들은 나에게 스리마일 섬이 중요했던 이유는 부분적으로는 사람들의 불안을 일정한 방향으로 돌릴 준비가 되어 있던 조직들이 존재했기 때문이었다고 말했다. 더욱이 스리마일 섬 사건 이후 10일 만에 샌프란시스코에서는 대규모 집회가 열렸고, 그것은 사람들을 반핵 활동으로 끌어들였다. 전체적으로 보면, 응답자들이 참여했던 활동과 사건이 그들이 미디어에서 본 단순한 사건들보다 더욱 중요했다. 스리

마일 섬이 도덕적 충격을 준 중요한 사건이었지만, 사람들 자신의 행위도 운동에 대한 충성심을 확립하는 데 바로 그것만큼 중요했다.

응답자들은 또한 1960년대의 정치운동에까지 거슬러 올라가는 이전의 행동주의에 대해서도 기술했다(〈표 8-2〉). 반전 범주는 아마도 대부분 베트남전쟁 반대활동으로 이루어져 있을 것이다. 왜냐하면 많은 사람이 그것을 명시했고, 다른 사람들도 정확히 그 나이에 해당했기 때문이다. 환경주의와 페미니즘 — 이 둘은 직접행동 문화의 심장에 위치한다고 일컬어진다 — 도 역시 중요했다. 오직 한 사람만이 1976년의 캘리포니아 반핵 국민투표를 언급했다. 그 이유는 많은 사람이 당시에 몇몇 대의에서 활동하기는 했지만 반핵운동이 일어나기 시작한 것은 1970년대 말에 이르러서였기 때문일 것이다. 인터뷰에서 몇몇 저항자들은 자신들이 친구와 동료 활동가들에 의해 반핵운동이 '희망 없는' 중간계급과 개혁주의자들의 운동이 아니라고 설득당했다고 말했다. 한 사람은 다음과 같이 말했다. "나는 당시[1976년]에 마오주의자였고, 지금도 여전히 진정한 혁명을 바라고 있어요. 점점 덜 바라기는 하지만요. 근데 원자력 에너지 반대가 급진적 대의라고요? 말도 안 되는 소리죠. 그 당시였다면, 나는 그것에 관여하지 않았을 겁니다. 몇 년이 지나고, 내 여자 친구가 나의 마음을 바꾸어놓았어요. …… 그건 쉬운 일이 아니었어요. 실은 그녀는 내가 그것을 진지하게 받아들이지 않는다면 나를 버리겠다고 위협했거든요"(보다 에로틱한 동기).

활동가 정체성이란 무엇인가? 한 대의에서의 활동이 또 다른 대의에서의 활동으로 이어지는 이유 중 하나가 바로 개인적·집합적 효력의식이다. 즉, 그것은 자신의 참여가 실제로 영향을 미칠 수 있다는 느낌 — 운동 활동가들이 '역량강화'라고 부르는 것 — 때문이다. 그들은 이 강력한 감정을 조장하는 활동들, 즉 힘겹고 감정적인, 심지어는 고통스럽기까지 한 지속적인 집합적 경험들에 대해 분명하게 진술한다. 시위와 행진도 영향을 미치지만, 복역이 훨씬 더 강력한 영향을 미친다. 캘리포니아 직접행동 문화에서 가장 큰 역량강화를 가져다준 사례는 1981년의 디아블로 봉쇄였다. 그 기간 동안 참여자들은 함께 야영을 하고, 함께 의사결정을 했으며, 그런 다음 함께 투옥을 견뎌냈다. 그 봉쇄에 참가하고 운동을 지속했던 거의 모든 사람이 그것에 대해 보통은 개종과 관련하여 사용하는 종류의 강렬한 용어들을 가지고 이야기했다. 그리고 개종의 경우에서처럼, 일부 참여자들은 그러한 스타일을 거부하고 운동을 완전히 떠나버렸다. 이것이 처음에는 남아 있던 사람들의 열정을 동요시켰지만, 궁극적으로는 강화시켰다. 그 외의 몇몇 디아블로 점거도 유사한 결과를 가져왔다. 이것이 바로 〈표 8-1〉의 '사건들'에서 응답자들이 직접 참가했던 정치활동을 가장 자주 언급했던 이유이다. 즉, 그러한 활동들은 그들에게 그들 자신의 힘을 의식하게 했다. 1981년 봉쇄 이후에 운동에 가담한 어떤 사람은 다음과 같이 논평했다. "나는 봉쇄를 경험했던 사람들을 항상 얼마간 질투해왔어요. 그들은 믿을 수 없을 정도의 유대를 가지고 있었고, 또 항상 가지고 있을 겁니다."

활동가 정체성에는 많은 요소가 작용한다. 이를테면 스킬과 노하우, 뜻하지 않은 위험에 못지않은 저항의 잠재적 즐거움에 대한 깨달음, 분명한 정치 이데올로기와 프로그램과 구체적 목표, 그리고 이 모든 것을 뒷받침하는 친구와 동지들의 네트워크가 그것들이다. 저항 네트워크의 분석은 종종 대인 간 유대를 지적하는 것에 만족함으로써, 그것이 수반하는 습관, 효력 의식, 역할 기대들 또한 정치적 행동주의를 뒷받침한다는 것을 정교화하지 못했다. 무엇이 우선하는지를 말하기란 불가능하다. 친구, 심지어는 가족이 어떤 사람을 정치적 행동주의로 이끄는 데 중요하지만, 그 후에 그 사람은 운동 내부에서 또 다른 접촉들을 전개한다. 일단 사람들이 운동에 참여하게 되면, 하위문화는 그들을 환영하며, 실제적 편의(사건에 대한 정보 제공, 교통수단의 공유) 뿐만 아니라 정서적 유대를 통해 그들의 참여를 지속시킨다. 그들은 이전과 동일한 참여 비용 및 이득과 마주하지 않는다. 다음의 논평이 지적하듯이, 이득은 증가하고 비용은 감소한다. "당신은 빠져들 거예요. 거기에 더해 당신은 당신에게 깨달음을 주고, 당신에게 교통수단을 제공하고, 그저 삶을 더 즐겁게 만들어주는 사람들을 만나게 될 거예요." 바로 거기에 정치적 활동을 하는 사람들의 하위문화가 존재한다. 그들의 친구, 가족, 지인들 또한 정치적 활동을 하며, 그들은 그러한 행동주의가 자신들 삶의 중요한 일부라고 느낀다. 5년간 반핵활동을 한 다음에 4년 동안 여성문제와 관련된 활동을 해온 지역 활동가에게 무엇이 그를 계속해서 활동하게 했는지를 물었을 때, 그녀는 다음과 같이 대답했다. "거기에는 그것을 통해 흘러나오는 완벽한 영적 에너지 망이 존재해요. 나의 동료 활동가들 중 많은 수가 또한 개인적인 친구들이기도 해요(실제로 내 친구들 대부분이 적극적으로 활동을 하고 있고, 그게 도움이 돼요). …… 게다가 거기에는 내가 배워온 모든 것, 그러니까 원자력 에너지뿐만 아니라 조직화에 관한 모든 것이 있어요. 더할 나위 없는 것은 내가 그것을 내가 사랑하는 사람들로부터, 그리고 내가 사랑하는 사람들과 함께 배웠다는 거예요. 내게는 또한 때때로 문자 그대로 아주 적극적으로 활동하는 세 명의 연인이 있었어요."

대부분의 하위문화들처럼 활동가 네트워크도 일반적으로 연령, 직업, 사회적 배경, 교육의 유사성에 기초한다. 그리고 나의 표본은 이 모든 것에서 주변의 캘리포니아 주민들과 다르다. 결혼 여부는 그들이 선택한 라이프스타일을 보여준다. 단지 25%의 응답자만이 배우자와 함께 살고 있다고 말했으며(15세 이상의 캘리포니아 주민의 경우에는 53%가 그러했다), 22%가 이혼했거나 별거 중이었고, 40%는 결혼한 적이 없다고 말했으며, 12%는 '동거 중'이라고 말했고, 0.1%가 미망인이었다. 가족을 가지는 것이 사람들로 하여금 정치적 저항 사건에 참여하는 것을 불가능하게 만들지는 않지만, 결과적으로 가족을 가지지 않는 것은 (삼십대의 사람들에게) 자주 의식적인 결정에 따른 것이다. 처음에는 객관적인 인구학적 또는 구조적 특성처럼 보이는 '전기상으로 가능함'이라는 변인도 얼마간은 하나의 정치적 선택의 결과이다. 아발론 동맹의 한 스태프는 자신의 가정(그녀 자신, 남성 배우자, 두 명의 아이, 그리고 두 명의 다른 성인)이 부분적으로는 가족이면서 부분적으로는 동호인 단체이기도 하다고 했다. 왜냐하면 그녀의 열 살짜리 아들의 양육까지도 합의를 통해 실행하고 있기 때문이다.

직업 또한 정치에 반영되어 있었다. 응답자들은 도움을 제공하거나 대인과 접촉하는 직업, 개인적 자율성을 가지는 직업, 그리고 어떤 것 — 사람들뿐만 아니라 식물계와 무생물 대상들까지 — 을 형태 짓거나 양육하는 일을 하는 직업들을 가지고 있는 경향이 있었다(〈표 8-3〉을 보라). 교사, 활동가, 간호사, 비서를 비롯하여 정원사, 조경사, 목수, 예술가들이 많았다. 한 '페미니스트 양봉가'는 서비스부문에서는 아니지만 키우는 일을 하고 있었다. 그녀 또한 분명 매우 정치적이었다. 나아가 템페 제조업자, 식물치료사, 목양업자와 같은 직업들이 그러한 대항문화를 대표했다. 한 정원사는 다음과 같이 말했다. "이건 재미있는 일이에요. 나는 소똥을 삽으로 치우기 위해 [대학 졸업 후] 로스쿨을 포기했어요. 그러나 나는 이 일을 사랑해요. …… 나는 밖에서 햇볕 속에서 일해요. 그리고 그 누구도 나를 부려먹은 적이 없어요. 나는 20년간 넥타이를 매본 적이 없어요."[23]

여타의 직업 특징들은 개인적 자율성이 응답자들에게 중요하다는 것을 확인시켜주었다. 그들은 우리가 제7장에서 살펴본 반도구적 가치들에 따라 살아가는 중이었다. 그들은 대규모의 관료제적 조직들을 기피해왔다. 54%가 자신들은 일하면서 다른 어느 누구의 감독을 받지도, 그리고 돌봄을 받지도 않는다고 말했다. 그들에게 어느 정도 규모의 기업이나 조직을 위해 일하고 있는지를 물었을 때, 22%가 오직 자기 자신을 위해 일한다고 말했다(이에 비해 피고용 캘리포니아 주민의 10%, 그리고 모든 성인 캘리포니아 주민의 6%만이 '자영업'을 하거나 자신의 회사에 고용되어 있다). 29%만이 그들의 고용주가 100명 이상을 고용하고 있다고 말했으며(반면 미국 전체 노동인구의 거의 절반이 그러하다), 이들 중 다수가 교사와 같은 정부 피고용인들이었다. 한 사람은 "나는 히피가 아니지만, 대기업을 위해 일하느니 차라리 급사해버릴 것이다"라고 말했다.

특정한 라이프스타일과 일에서의 자율성 이외에도, 응답자의 직업과 수입에 비해 헌저하게 높은 그들의 교육수준은 높은 수입보다도 그 자체의 즐거움들을 위해 직업이 선택되었음을 시사한다. 무려 33%가 대학원에 상응하는 공부를 마쳤고, 23%가 대학을 졸업했으며, 또 다른 32%는 얼마간 대학을 다녔고, 단지 12%만이 고등학교나 그 이하에서 공부를 마쳤다. 그러니까 56%가 대학 졸업자들이었다. 반면 당시 캘

---

23 이 사례들은 탈산업적 운동들을 '신중간계급'(교육받고 부유하고 영리추구 부문 바깥에 위치하는)과 결부시키려는 경험적 노력들이 왜 일반적으로 실패했는지를 보여준다. 참여자들은 일이 교육뿐만 아니라 원예를 뜻할 때조차 자율성과 일정한 기술적 특질이 주는 만족감을 느끼기를 원한다. 그들은 단순히 '서비스부문' 출신도, 그리고 쉽게 식별할 수 있는 어떤 다른 계급 분파 출신도 아니다. 다음을 보라. Steven Cotgrove and Andrew Duff, "Environmentalism, Middle-Class Radicalism, and Politics," *Sociological Review*, 28 (1980), pp. 333~351; Hanspeter Kriesi, "New Social Movements and the New Class in the Netherlands," *American Journal of Sociology*, 94(1989), pp. 1078~1116.

표 8-3 **반핵 응답자들의 직업(단위: 명)**

학생(39명은 전일제, 20명은 또 다른 직업을 병행)	59
교사	29
정원사, 조경사, 원예사	17
목수, 목세공사, 가구 제작자	9
활동가	8
예술가	7
웨이트리스와 웨이터	7
간호사	6
비서	6
엔지니어(대부분 전기 엔지니어)	6
자원봉사자	6
가사 담당자	6
가사 도우미	5
사회사업가	5
작가	4
대학교수	4
농부와 목동	4
실업자	4
전기기사	4
부기 계원과 회계원	4
신문기자	4
소규모 사업체 소유주와 경영자	4
퇴직자	3
심리 전문가	3
관리자	3
변호사	3
육체노동자	3

해당자가 2명인 직업: 관리인, 생물학자, 비디오 영화 제작자, 인류학자, 사서, 의료 보조원, 트럭 운전사, 판매원, 컴퓨터 전문가, 공장 노동자, 우체국 직원, 실험실 기술자, 음악가

해당자가 1명인 직업: 라디오 프로그램 프로듀서, 심리학자, 자동차 정비사, 아나운서, 지게차 운전자, 상점 매니저, 교장, 프로그램 코디네이터, 해양 생태학자, 경영 보좌역, 사진사, 전지사(剪枝士), 댄스 교사, 생물학자, 주택 페인트공, 마케팅 매니저, 미디어 컨설턴트, 기계 설계자, 기와장이, 천공 조작원, 의사 보조원, 의료 담당 비서, 공무원, 미술상, 일광욕실 설치자, 카운슬러, 발명가, 직업적 치료요법사, 컴퓨터 시스템 분석가, 물리학자, 과학자, 조사 전문가, 건축업자/보트 제작자, 구매 대행자, 박물학자, 주방 매니저, 광고업자, 전화교환원, 마사지 치료사, 미용사, 지압사, 탐방기자, 화학자, 생태학자, 보석상, 성직자, 아동치료사, 미술애호가, 식물치료사, 목양업자, 템페 제조업자, 양봉가, 수명 연구가

주: 몇몇 응답자는 하나 이상의 직업을 제시했으며, 그것들 모두를 목록화했다.

리포니아 거주 성인의 경우 16%만이 대학을 졸업했다. 어림잡아 응답자들의 1/5이 학생이었다. 하지만 이들의 1/3은 또 다른 직업을 가지고 있기도 했다(응답자들 대부분 나이로 추정컨대, 그 직업이 아마도 주된 일일 것이다). 즉, 그들에게 교육은 삶의 한 단계가 아니라, 삶의 한 방식이었다.

하나의 단일한 직접행동 하위문화라는 묘사는 조사결과 속에서 지역 저항자와 비지역 저항자들의 혼합으로 인해 다소 모호해진다. (이 불편한 연합에 대해서는 나중에 제10장에서 기술할 것이다.) 나의 응답자 모두가 아발론 동호인 단체들에 속해 있거나 이 활동가 하위문화의 일원이었던 것은 아니다. 일부는 호기심 많은 지나가던 사람들이었고, 다른 일부는 (그 회원 중 많은 수가 집회에 참여했던 평화를 위한 어머니회처럼) 디아블로 캐니언 원자력 발전소에는 반대했지만, 아발론 동맹에는 속해 있지 않았다. 나는 우연히 참가한 사람들 대부분을 식별할 수 있다고 생각한다. 왜냐하면 그들이 저항에 참여하기 위해 보다 짧은 거리를 이동해왔기 때문이다. 즉, 대부분이 지역민들이었다. 아래에서 나는 25마일 이하를 이동한 사람들과 그 이상을 이동한 사람들을 가끔 대비시킴으로써, 활동가 하위문화를 대표했던 것은 그 누구보다도 비지역민들이었다는 주장을 강화할 것이다.

디아블로 캐니언 원자력 발전소에 반대하는 저항이 심지어 그 발전소가 인가를 받음으로써 실패한 것처럼 보였던 이후에도, 그리고 논란이 되었던 전국의 다른 원자력 발전소 대부분에서 직접행동 저항이 자취를 감추고 난 이후에도 지속되었던 이유는 무엇인가? 디아블로 하위문화의 감정동학은 운동의 '합리적' 또는 도구적 생명이 끝났음에 틀림없던 시기에도 운동을 결집시키기에 충분할 정도로 강력했다. 나는 그러한 집합적 감정을 낳은 세 가지 요인, 즉 캘리포니아 활동가 하위문화에서 디아블로 캐니언이 갖는 상징적 위치, 동원과 전술적 노력들, 그리고 표출적 목표와 도구적 목표를 결합시킨 개인적 동기들을 살펴볼 것이다. 하위문화에 대한 정서적 충성심이 그것들 각각에 영향을 미쳤다.

감정적 공명과 동기

저항자들은 서로에게, 그리고 그들이 공유하고 있는 역사에 강한 충성심을 가지고 있었다. 디아블로 캐니언은 캘리포니아 직접행동 하위문화의 역사와 신화에서 중심적인 위치를 차지하고 있었다. 몇몇 아발론 스태프들은 나에게 활동가들이 디아블로 캐니언에 감상적 애착을 가지고 있으며 또 다른 어떤 곳에서 벌이는 행동을 위해서보다 훨씬 더 즉각적으로 그곳에 오곤 했다고 말했다. 그러한 애착은 디아블로가 캘리포니아의 많은 정치적 활동가들에게 불러일으킨 깊은 공명으로부터 나왔다. 즉, 많은 동호인 단체의 결성을 비롯한 집합적 역사, 영웅과 이야기들로 이루어진 풍부한 문화가 뒷받침하는 강한 감정적·상징적 함의, 그 논쟁을 원자력 에너지의 운명을 상징하는 것으로 묘사한 전국적 뉴스매체가 고조시킨 상징적 중요성, 그리고 아름다운 장소가 바로 그러한 공명을 불러일으킨 요인들이었다. 악마를 의미하는 그 이름 또한 선과 악을 강조하는 하위문화의 레토릭에 일익을 담당했다. 한 플래카드에는 "악마를 지옥으로 보내라"라고 쓰여 있었다. 우리가 바로 앞 장에서 살펴보았듯이, 아발론 동맹이 발행한 신문은 디아블로 캐니언과 원자력 에너지를 악마, 죽음, 거만한 군사관료제, 어릿광대, 그리고 핵미사일로 묘사했다. 개인과 사건이 특별한 상징적 중요성을 지닐 수 있는 것과 마찬가지로, 장소도 그러할 수 있다.

디아블로 캐니언의 시각적 아름다움이 그곳을 신성한 장소로 발전하게 하는 데 결정적이었다. 광활하게 펼쳐진 경치가 저항자들 ─ 또는 모든 방문자 ─ 이 그 환경의 진가를 알아보게 하는 데 일조했기 때문이다. 윌리엄 프루던버그William Freudenburg와 로버트 그램링Robert Gramling은 근해의 석유시추 반대가 왜 루이지애나가 아니라 캘리포니아에서 일어났는지를 설명하면서, 중요한 지역적 차이, 즉 캘리포니아의 해안선이 매우 가시적인 데 반해 루이지애나의 그것은 진흙 늪으로 인해 접근이 불가능하고 발을 들여놓을 수 없다는 사실을 발견했다. 캘리포니아 해안선의 90%가 도로를 통해 도달할 수 있는 데 비해, 루이지애나는 단지 12%만이 그렇게 할 수 있다. 우리의 눈이 어떤 장소의 특징을 볼 수 있을 때, 특히 그것을 보는 것이 곧 그것의 진가를 알아보는 것일 때, 우리는 상상력을 통해 그 장소를 보다 멋지게 규정하고 방어할 수 있다.[24]

눈부신 날씨는 어떤 장소의 특별한 성격 또는 그 장소에서 행한 이벤트를 더욱 부각시켜준다. 조직자들이 1월보다 6월에 집회를 개최하는 것은 단지 참여자 수 때문만은 아니다. 야외 이벤트들은 특별한 스릴, 그리고 자주 즐거운 카니발 분위기를 만들어낸다. 저항단체들 중 일부는 어쩌면 나쁜 날씨를 감수할지도 모른다. 이를테면 모피반대 시위자들은 11월에 행진할 수밖에 없는데, 그때가 바로 사람들이 코트를 사는 시기이기 때문이다. 그렇다면 동물권리운동의 경우에 누가 그들의 연례 실험동물의 날을 4월 초로 잡은 것일까? 캘리포니아의 누군가

---

24   William R. Freudenburg and Robert Gramling, *Oil in Troubled Waters: Perception, Politics, and the Battle Over Offshore Drilling*(Albany: State University of New York Press, 1994), p. 83을 보라.

라면 몰라도 뉴잉글랜드의 누군가는 아닐 것이다. 날씨가 좋을 때는 지구 전체가 동맹자인 것처럼 보인다. 좋은 날씨는 환경운동과 그와 관련된 운동들에게 하나의 중요한 상징이다. 의례와 마찬가지로 좋은 날씨는 감정을 고조시킨다.

나는 사건들이 집합적 기억 속에서 더 크게 느껴질 수 있으며 또 창시적 사건들보다 더 그런 것은 없다고 주장해왔다. 때때로 그러한 사건들은 프랑스혁명처럼 거대한 창시적 사건들이다. 다른 사건들은 저항단체의 설립처럼 그 규모면에서 더 작다. 디아블로 캐니언이 특별한 공명을 불러일으킨 이유는 부분적으로는 엄청나게 많은 캘리포니아 동호인 단체들이 그곳에서 활동을 벌이기 위해, 특히 극적인 1981년의 야영을 하기 위해 설립되었기 때문이다. 장소는 분명 개인만큼이나 카리스마를 지닐 수 있다.

정기적인 예배 참석이 종교인들에게 중요하지만, 중요한 그리고 아마도 먼 거리에 있을 성지로 이따금 순례여행을 하는 것 역시 그러하다. 동호인 단체들이 정기적으로 지역 활동을 수행했지만, 디아블로 캐니언은 신성한 (그리고 매우 아름다운) 장소로 순례여행을 할 수 있는 기회를 제공했다. 빅터 터너Victor Turner는 순례여행의 중요성을 기술해왔다. **통상적인 사회구조 밖에 있는 신성한 장소로의 순례여행은 일상적 유대의 완화, 공동체의식의 고조, 강한 감정성, 기적을 위한 신성한 시간을 수반한다.** 빅터 터너와 에디스 터너Edith Turner의 말에 따르면, "여행자의 가장 내밀하고 가장 소중한 공리公利적 가치들과 밀접하게 연관된, 신중하게 계획된 먼 곳으로의 특정 형태의 여행은 하나의 '문화적 행동양식'인 것처럼 보인다. 만약 그러한 여행이 종교적으로 허락되거나 권장되거나 장려되지 않는다면, 그것은 다른 형태를 띠게 될 것이다".[25] 신성한 장소와 역사에 대한 이러한 의식이야말로 직접행동이 다른 장소들에서는 자취를 감추었음에도 불구하고 디아블로에서는 계속되었던 이유들 중의 하나이다(기물 파괴를 둘러싼 극심한 갈등이 클램셸 동맹Clamshell Alliance을 파괴하지 않았더라면, 뉴햄프셔의 시브룩은 그와 유사한 마술적 흡인력을 가지고 미국 직접행동 운동에 영감을 주었을지도 모른다). 저항자들은 특별한 감정적 동기들을 계속해서 가지고 있었다.

문화적 구성물로서의 순례여행과 집은 뚜렷하게 대비된다. 우리가 이미 살펴본 '집'은 피난처, 안전, 그리고 위로를 제공한다. 그곳에서는 그 어떠한 일도 '일어나지' 않는다. 집은 존재론적 안전의 중요한 기둥 중 하나이며, 독특한 감정들을 (실제로 항상 그러한 것은 아니지만 상징적으로) 제공한다. 이와 대조적으로 순례여행과 그 장소는 여러 생각을 하게 하는 특별한 장소이다. 순례여행의 감정은 일상적으로 소비되기에는 너무나도 강렬하다. 집은 안전하고 관대하고 친밀하며 다소 지루한 반면, 외부세계는 자극적이지만 위험하고 자비심이 없다. 어떤 사람들에게 '진정한 자아'가 집과 관련되어 있다면, 다른 사람들에게서 그것은 순례여행과 여타 공적 사건들로 인해 변화된 현실과 관련되어 있다.

지역 저항자들 — 이들은 아발론 동호인 단체들에 소속될 가능성이 다소 적었다 — 은 디아블로 캐니언에 상이한 중요성을 부여했다. 왜냐하면 그것이 그들의 집 근처에 있었기 때문이다. 자신들의 집을 보호하고자 하는 동기는 아발론 성원들의 순례여행 욕망만큼이나 강렬했다. 하지

25 Victor Turner and Edith Turner, *Image and Pilgrimage in Christian Culture: Anthropological Perspectives*(New York: Columbia University Press, 1978), p. 241; Victor Turner, "Pilgrimages as Social Processes," in *Dramas, Fields, and Metaphors: Symbolic Action in Human Society*(Ithaca, N.Y.: Connell University Press, 1974).

만 1984년 무렵에 지역민들은 가동 중인 원자력 발전소 인근에 살기 위해서는 반드시 필요한 체념과정을 이미 시작했을지도 모른다.[26] 지역민들은 우리가 제5장에서 검토한 공포와 불안을 가지고 있었다. 다시 말해 직접적인 감정, 즉 자신들의 집에 대한 위협감이 그들로 하여금 저항에 참여하게 만들었다. 비지역민들은 얼마간은 저항 그 자체의 즐거움에서 기인하는 다른 감정들을 가지고 있었다. 한 지역 활동가는 자신의 동기와 비지역민들의 동기를 대비시키려고 애쓰면서 이렇게 말했다. "놀라운 것은 [다른 지역에서 온] 사람들이 디아블로를 엄청나게 걱정하고 있다는 거예요. 그들에게는 이곳에 마술적인 무엇인가가 있나 봐요."

사회운동 내에서 만들어지는 두 부류의 집합적 감정 – 공유된 감정과 상호적 감정 – 이 여기서 융합되었다. 무엇보다 봉쇄와 투옥이라는 동일한 감정적 경험들이 참여자들에게 서로에 대한 유대를 강화했으며, 그것들이 디아블로 캐니언을 둘러싼 유사한 화와 격분의 느낌들, 그리고 마찬가지로 낯선 효력감과 무력감을 구성하는 데 일조했다. 그들의 서로에 대한 애정과 디아블로 캐니언을 둘러싼 공유된 격분이 저항 참여에 대한 그들의 비용과 이득의 평가를 변화시켰다.

---

26 연구자들은 발전소가 가동을 시작하자마자 또는 가동이 임박할 때 지역의 반대가 자주 지지로 바뀐다는 것을 발견했다. Gérard Dumenil, "Energie Nucleaire et Opinion Publique," in Francis Fagnani and Alexandre Nicholon, *Nucléopolis*(Grenoble: Presses Universitaires de Grenoble, 1979); Joop van der Pligt, J. Richard Eiser and Russell Spears, "Attitudes Toward Nuclear Energy: Familiarity and Salience," *Environment and Behavior*, 18(1986), pp. 75~93; Joop van der Pligt, *Nuclear Energy and the Public* (Oxford: Basil Blackwell, 1992), ch. 4.

감정과 자원

저항자들의 감정적 유대와 활동가 정체성은 참여자들을 저항에 동원하는 데 필요한 자원을 극적으로 줄여주었다. 한 예를 들어보면, 아발론 동맹의 샌 루이스 오비스포 사무소는 지역 동호인 단체들의 제안으로 1984년 시위를 계획했다. 그 사무소는 지역 동호인 단체들을 소집하고 아발론 동맹이 발행하는 월간 신문 ≪지금이 그때이다≫에 공고를 게시함으로써, 그 사건을 홍보했다. 그러나 계획자들은 최소한의 노력만 했다고 보고한다. 한 사람은 "우리는 대체로 그저 날짜를 정하기만 하면 됐고, 그다음에는 전화 통화에 얼마간의 시간이 들었다"라고 말했다.

지난 8년간 뉴스레터와 접촉 네트워크를 만들기 위해 아발론 동맹은 어떤 일을 수행해왔는가? 지도자들이 지출한 시간과 돈은 결코 크지 않았다. 아발론 동맹은 합리주의 모델과 동원 모델에서 자주 중요하게 여기는 도구들을 가지고 있지 않았다. 그것은 참가한 사람들을 보상할 (그리고 다른 사람들에게는 주지 않고 보류할) 어떠한 물질적 유인도 가지고 있지 않았으며, 강제적인 제재규약도 없었고, 주 단위의 최소한의 공식 조직과 지도부만을 가지고 있었다. 게다가 동호인 단체들은 주 단위 사무소를 설립하고 그것을 계속해서 통제해왔지만 통제받지는 않았다. 아발론 동맹은 그 이름이 보여주듯이 지역 단체들로 구성되었다. 주 단위 사무소의 스태프는 그저 유급 피고용인에 불과했다. 동맹의 결정에 참여하기 위해서는 스태프조차도 그들 자신의 동호인 단체를 조직해야만 했다. 왜냐하면 개인은 회원이 될 수 없었기 때문이다. 동맹에는 어떠한 공식 지도자도 없었다. 많은 탈산업적 저항들처럼, 그것은 지극히 '느슨하게 구조화된' (분산되고 분절된) 운동이었다.[27]

활동가 네트워크가 공식적 조직들을 만들었지만, 그 조직들은 그 하위문화로부터 거의 어떠한 자율성도 가지지 못했다. 하지만 중요한 피드백이 존재했다. 주 단위 스태프는 특히 뉴스레터를 발행하고 정치적·법률적 최신 사실들에 대한 정보를 축적함으로써, 단체들이 그들의 행위들을 조율하는 데 일조했다. 그것이 하위문화의 연대를 강화했다. 그러나 그 조직들은 합목적적인 자원의 추출자와 동원자라기보다는 이 문화적 네트워크의 한 단면 또는 부산물로 파악하는 것이 보다 유용할 것이다. 그것은 조이스 로스차일드-휏Joyce Rothschild-Whitt이 중앙의 권위와 위계를 가지지 않고 업무교대를 활용하며 물질적 유인을 최소화하고 공유된 정치적 가치와 공동체의식에 의해 추동된다고 정의한 '집산주의적 조직collectivist organizations'이었다.[28] 퇴니에스Tönnies의 오래된 구분을 활용하면, 그것은 합목적적 조직보다는 수단과 목표의 경계가 분명하지 않은 공동체와 더 유사하다.

샌프란시스코 베이 에어리어에서 150마일이나 이동해온 한 저항자는 다음과 같이 말했다. "나는 디아블로 캐니언을 위해서라면 언제든 시간을 낼 겁니다. 그것이 슬프고 좌절감을 낳을지라도, 그것은 나에게 중요할 것입니다. 그것이 나의 정치적 삶이고, 그들이 나의 동지들입니다." 디아블로로의 여행은 어떤 잠재적 이익에 견주어 계산되는

27   Luther P. Gerlach and Virginia H. Hine, *People, Power, and Change: Movements of Social Transformation*(New York: Bobbs-Merrill, 1970); Anthony Oberschall, "Loosely Structured Collective Conflict: A Theory and an Application," *Research in Social Movements, Conflicts, and Change*, 3(1980), pp. 45~68.

28   Joyce Rothschild-Whitt, "The Collectivist Organization: An Alternative to Rational-Bureaucratic Models," *American Sociological Review*, 44(1979), pp. 509~527. 또한 다음도 보라. Joyce Rothschild and J. Alien Whitt, *The Cooperative Workplace: Potentials and Dilemmas of Organizational Democracy and Participation*(Cambridge: Cambridge University Press, 1986).

비용이 아니었다. 그것은 그 사람의 정치적 삶의 일부이자 정치를 하기 위해 그가 선호하는 일단의 일상적 과정의 일부였다. 그는 계속해서 그가 거기에서 알게 된 사람들에 대해, 그가 몰아내려고 했던 사람들에 대해, 그리고 자신의 이전 저항 경험들에 대해 이야기했다. 내가 그 사람을 가장 좋게 판단해보면, 그는 비용과 이득을 혼동하지도 않았고, 그것들의 경계를 모호하게 하지도 않았고, 또 심지어 (이것이 정확할 수도 있지만) 단순히 비용보다는 이득에 더 많은 가치를 부여하지도 않았다. 거기에는 너무나도 많은 종류의 비용, 그리고 특히 이득들이 존재한다. 따라서 그것들을 한데 묶어 비교할 수 있는 간단한 방식은 존재하지 않는다. 디아블로에 가는 것은 그 사람이 어떤 사람인지와 많은 관계가 있으며, 그러한 기준에서 시간과 돈은 통상적으로 중요하지 않다. 그 여행은 또한 일종의 습관이지만, 생각이 없는 사소한 습관이 아니라 사려 깊은 도덕적 습관이다. 심지어 비용이 저항 참여의 도덕적 중요성을 증대시킬 수도 있다.[29]

동료 저항자들에 대한 감정적 충성은 그들 저항의 모든 측면에 영향을 미쳤다. 활동가 하위문화의 핵심을 이루고 있던 비지역민들은 전술과 조직구조조차도 얼마간은 하위문화를 강화하기 위해 선택했다. 디아블로 원자력 발전소와 싸우기 위한 앞으로의 전술을 묻는 조사의 설문에서 지역민들은 (보다 개인주의적인) 로비활동과 편지쓰기를 더 선호하는 것 같았던 반면, 비지역민들은 (보다 집합적인) 시민불복종을 더 선호했다. 지역민들에게 디아블로 캐니언 원자력 발전소 건설을 중단

---

29 크리스천 스미스는 자신이 조사했던 활동가들이 "실제로 그들의 행동주의의 '비용'을 비용으로 경험하지 않았다"라고 말할 때, 이와 유사한 어떤 것을 포착한다. 스미스의 발견에 따르면, 개인적 비용을 따지는 데 더 많은 시간을 들였던 사람들이 실제로도 대의에 더 많이 헌신했다. Christian Smith, *Resisting Reagan*, pp. 192~193을 보라.

시킬 수 있는 그들의 능력 이외에 연대구축 전술은 그리 가치가 없었다. (그들에게 전술이 솔직히 중립적인 것은 아니었지만, 우리가 제10장에서 살펴보듯이, 그들의 취향은 아주 달랐다.)

정서적 유대를 동원에 이용되는 모종의 '자원'으로 보는 것은 독특한 견해이다. 왜냐하면 정서적 유대는 저항의 목표와 이득은 물론 저항의 인지된 비용까지도 규정하기 때문이다. 소중한 공동체와 함께 캘리포니아 해안을 따라가며 화창한 오후를 보내는 것을 비용을 통해 가장 잘 분석할 수 있을 것 같지는 않다. 무엇이 비용이고 무엇이 이득인지를 결정하는 것은 문화적·감정적 맥락이다.

목표와 기대

저항자들의 기대와 목표 또한 그들의 감정적 충성에 의해 틀 지어졌다. 나는 조사에서 응답자들에게 그날의 저항에서 가장 가능할 것 같은 결과가 무엇이라고 생각하는지를 물었다. 베르트 클란더만스Bert Klandermans가 주장했듯이, 기대는 저항 참여의 합리성을 설명하는 데서 결정적인 매개변수이다. 사람들이 행하는 것은 얼마간은(그러나 전적으로는 아니다) 그들이 달성할 수 있다고 생각하는 것에 달려 있다.[30] 〈표 8-4〉는 다양한 답변을 제시한 응답자들의 수를 목록화한 것이다.

아홉 명의 응답자들이 직접적인 외적 목표, 즉 인가의 취소, NRC 공

---

30 Bert Klandermans, "Mobilization and Participation: Social-Psychological Expansions of Resource Mobilization Theory," *American Sociological Review*, 49(1984), pp. 583~600. 하지만 인지적 해방이라는 매캐덤의 개념처럼, 클란더만스의 기대도 성공 가능성에 대한 계산이자 그러한 가능성에 각 참여자가 기여하는 정도에 대한 평가이다. 그는 기대를 틀 짓는 문화적·전기적·전략적 요인들뿐만 아니라 또 다른 참여 이유들 또한 경시한다.

표 8-4 **디아블로 원자력 발전소 반대 저항의 '가장 가능할 것 같은 결과'**

공중 지향: 미디어 보도, 여론의 유도, 교육, 홍보	99명(36%)
전혀 없음, 별로 없음	42명(15%)
연대의 표출, 운동의 구축: 운동의 강화, 운동의 계속 유지, 상호지지, 역량 강화, 에너지의 유지, 연대	40명(15%)
감정의 표출: 우리가 여기에 있다는 것을 그들에게 보여주기, 우리가 화나 있다는 것을 그들에게 보여주기, NRC의 나쁜 면 보여주기, 감정의 방출, 우리의 활동에 대한 좋은 느낌 전달하기	25명(9%)
직접적 결과: 더 많은 조사, 지연, 발전소 폐쇄, 인가의 취소	9명(3%)
활동자 고무시키기, 내부고발자 나서기	3명(1%)
기적	2명(1%)
무응답	59명(22%)

주: 몇몇 중복 응답으로 인해 백분율 총합은 102이다.

청회의 재개최, 원자로 폐쇄를 열망했다. 대부분의 합리주의적 접근방식과 동원 접근방식에서는 이것들이 '실제' 목표, 즉 저항의 실질적 목표들이다. 그 후에 인터뷰한 한 저항자는 다음과 같이 말했다. "새크라멘토의 어떤 정치인이 우리에게 귀를 기울여 재고하게 할 기회, 또는 NRC의 누군가의 아내가 여기로 휴가를 보내러 와서는 그것에 대단한 관심을 가지게 된 후 돌아가서 자신의 남편에게 이야기하여 더 많은 공청회를 열게 할 기회는 항상 존재해요." 원자로가 막 인가를 받았다는 것을 감안할 때, 이 작은 희망도 실현될 것 같지 않았다. 따라서 그러한 결과를 기대하는 것은 (희망사항을 결과로 만들 현실적 기제가 전혀 존재하지 않는다는 의미에서) 마술적 형태의 사고를 하는 것과 거의 같았다. 하루 종일 아발론 동맹의 지지를 구하고 다녔던 한 여성은 글자 그대로 기적의 가능성을 믿었다(또 다른 한 응답자가 그랬던 것처럼). "[1981년] 봉쇄 직후에 어떤 일이 일어났었는지를 기억하나요? 그들은 뒤바뀐 설계도를 발견했고[그것이 건설을 지연시켰다], 우리는 오늘 여기에서 더할 나위 없이 많은 에너지를 얻었고, 그건 매우, 매우 강력한 것입니다." 터너 부부가 말했듯이, 순례여행은 기적의 시간이다.

25명의 응답자들은 저의 없이 감정을 표출하는 것에, 즉 NRC와 원자로 소유주에게 자신들의 화를 표출하는 것에, 그들의 좌절감을 방출하는 것에, 그리고 그들의 활동에 좋은 느낌을 받는 것에 만족하는 것으로 보였다. 만약 우리가 어떤 일이 일어날 것으로 기대하지 않았던 사람들을 거기에 포함시킨다면(그들의 참여를 그러한 식의 표출적인 것 말고 다른 것으로 이해하기란 어렵다), 그 수는 67명으로 늘어난다. 한 사람은 다음과 같이 말했다. "그건 카타르시스의 하나예요. 나는 그 어떤 일도 일어나지 않을 거라는 걸 알고 있지만, 화가 나 있었어요. 그리고 마찬가지로 화가 난 다른 사람들과 함께 있다는 것은 기분이 풀리게 해주죠. 그 자식들은 아직 우리에게 어떠한 관심도 보인 적이 없어요. 하지만 그것이 우리가 중요하지 않다는 것을 의미하지는 않아요. 우리는 여기에 있고 그리고 우리는 열을 올리고 있어요." 다른 사람은 이렇게 말했다. "디아블로를 중단시키기에는 너무 늦었어요. 하지만 아무도 듣고 있지 않다고 하더라도, 얼마간 마지막 만세를 부르는 것, 그러니까 우리가 여전히 옳다고 서로를 위로하는 것은 기분을 좋게 해주죠." 세 번째 사람은 "나는 그 주변에서 살아야만 하는 불쌍한 사람들에게 얼마간의 동정심을 보여주고 싶었어요"라고 말했다. 세 명의 저항자 모두 감정 표출을 언급했지만, 아무도 군중 이론가들처럼 그것을 좌절한 개인의 행위로 인식하지 않았다. 그들은 디아블로 원자력 발전소 반대운동의 공유된 감정과 상호적 감정 모두를 보여주었다.

40명의 응답자들은 운동을 직접 언급했다. 즉, 운동 에너지의 유지, 역량강화의 느낌, 상호지지, 연대가 그것이다. "디아블로는 그저 전투의 하나일 뿐입니다. 우리는 다른 곳에서 동일한 사람들, 그리고 동일한 생각과 싸우게 될 것입니다. …… 단결하는 것이 중요합니다." 다른 99명의 사람들은 (비록 간접적으로이기는 하지만) 그 결과로 원자력 에너지를 감축하거나 미디어 보도, 공중 교육, 여론을 통해 공중에게 다가감으로써 '그 대의'를 강화할 수 있었던 것을 언급했다. (많은 사람은 자신들의 활동가 정체성을 반영하여, 원자력 에너지 자체의 운명과 무관하게 '그 대의'를 광범위한 사회정의의 추구로 이해했다.) 그 운동 또는 광범위하게 해석된 '그 대의'를 강화하는 것이 응답자들 대부분이 기대하는 것이었다.

그러한 기대들은 그것들이 처음 생겨났을 때보다 서로 더 잘 조화를 이룸으로써, 도구적인 것과 표출적인 것, 합리적인 것과 비합리적인 것, 또는 인지적인 것과 감정적인 것 간의 어떠한 단순 대비에도 의구심을 드러냈다. '표출적' 반응은 울분을 발산할 필요를 느끼는 개인들뿐만 아니라 다른 사람들과의 정서적 유대를 새롭게 하기를 바라는 사람들에게서도 드러났다. 사회정의에 관심을 가지고 보다 광범위한 문화를 구축하고자 하는 바람이 원자로를 즉각 중지시키려는 바람보다 더 중요했다. 두 목표 모두 실제적이지만, 그것들은 서로 다른 청중, 그리고 얼마간 서로 다른 결과들을 지향하고 있었다. 그리고 운동과의 연대를 '표출'하는 것은 운동을 강화하는 도구적 효과도 가져다주었다. '아무 말도' 하지 않은 사람들조차 자주 자신들의 참여가 그 하위문화를 강화했다고 느끼고 있었다. 활동가 하위문화가 새로운 성원을 끌어들이고 기존 성원의 의욕을 강화한다는 것도 마찬가지로 중요했다. 디아블로로의 여행, 대규모 군중, 체포되기, 이 모든 것이 더해져서 하나의 집합적 의례가 되어, 그 하위문화를 소생시키는 데 도움을 주었다. 활동가 하위문화에서 신성한 장소로서의 디아블로가 갖는 지위, 그리고 순례여행 중이라는 저항자들의 의식이 그 의례를 강화했다. 따라서 시위가 디아블로 원자력 발전소를 중지시킬 가능성은 거의 존재하지 않았음에도 불구하고, 그것이 그 운동에 의미 있는 실질적인 (부분적으로는 의도된) 결과들을 가져왔던 것으로 보인다. "그들은 그저 의례를 마무리하고 있을 뿐이다"라고 불평했던 사람은 분석에서는 옳았지만, 그것을 유감스러워하지는 말아야 했다. 의례가 중요하다.

지역민들과 비지역민들의 반응은 여기에서도 달랐다. 지역민들은 아무 일도 일어나지 않을 것 같다고 예상했고(비지역민들의 10%와 비교하여 23%), 표출적인 반응을 드러냈고(비지역민들의 4%와 비교하여 17%), 그리고 즉각적인 열망들을 지녔다(비지역민들의 1%와 비교하여 6%). 비지역민들은 운동지향적 반응들을 나타내는 경향이 있었다(18% 대 10%). 비록 이것들이 큰 차이는 아니지만, 그것은 지역민들(활동가 하위문화의 일부일 가능성이 더 적은)이 운동을 구축하는 데에는 관심이 덜하고, 보다 체념적이거나 단지 발전소를 중지시키는 데 더 관심이 있다는 것을 보여준다. 하위문화에 대한 사람들의 충성심 강도가 사람들의 운동 목표에 영향을 미침을 알 수 있다.

저항의 감정적 하부구조

아발론 동맹 하위문화 내부에서 창출된 상호 충성심과 공유된 감정이 실제로 디아블로 원자력 발전소 반대 저항운동의 모든 측면을 틀 지었다. 수년에 걸쳐 저항자들은 그들의 정치적 활동에 기초하여 활동가 정체성과 운동 정체성 모두를 발전시켰다. 그들은 그들의 저항으로부터 자신들이 원하는 것을 규정했지만, 또한 그들이 생각한 것은 가능한 일들이었다. 저항의 인지된 이득과 인지된 비용 모두가 부분적으로는 저항자들이 자신들의 충성심과 역량강화감을 통해 창출한 느낌, 판단, 신념에 의해 결정되었다. 비용과 이득이 결정에 영향을 미치는 정도, 또는 영향을 미치는 수준들 또한 그러한 집합적 감정들의 영향을 받았다. 그들의 공유된 감정과 상호적 감정이 그들의 수단과 목표 모두를, 그리하여 그들에게 무엇이 합리적인지를 틀 지었다. 어떤 운동이 지속되기 위해서는 저항의 집합적 감정들이 결정적이다. 만약 감정이 연대의 접착제라면, 운동은 감정적 하부구조에 좌우된다. 아우구스티누스가 말했듯이, 행위는 신념을 강화하는 데 중요하다. 우리가 도덕적 전망을 가장 납득할 수 있는 경우는, 우리가 그것을 표출하여 명확한 의미를 갖춘 의례들 속에 구현시킬 수 있을 때이다. 노래하기, 춤추기, 그리고 여타의 집합적 활동들은 저항의 필수적인 부분이다.

모든 사회운동은 문화를 가지고 있으며, 그 속에서 활동은 그것에 의미를 부여하는 신념 및 느낌들과 뒤얽힌다. 비록 내가 운동의 내부 문화의 감정적 측면을 강조해왔지만, 그것을 도덕적·인지적 측면과 분리하는 것은 (또다시) 불가능했다. 디아블로 활동가들은 그들의 상호적인 감정적 유대를 숨김없이 드러냈고, 그 유대를 구축하고 유지하기 위해 열심히 노력했다. 그러한 특수한 감정들은 저항의 기원보다는 저항의 지속을 더 잘 설명해줄지도 모른다(저항의 기원을 설명하는 데서는 제5장에서 논의한 기존 감정들이 더 중요할 수도 있다). 디아블로 저항은 직접행동 저항이 다른 장소들 대부분에서 사라지고 난 이후에도 존속되었다는 점에서 특이했다. 그것은 심지어 디아블로를 둘러싼 싸움이 패배한 것처럼 보였던 (그리고 패배했다) 때에도 지속되었다. 그것은 저항의 배후에 존재하는 하위문화의 힘 때문이었고, 또한 디아블로가 그 하위문화에서 신성한 성지로서 수행한 독특한 역할 때문이었다. 협소한 도구적 기준에서 판단한다면 비합리적으로 보일 수도 있을 저항활동도 참여자들의 하위문화가 집합적으로 구성한 유인들에 비추어 보면 합리적으로 보인다. 공동체의 정서적 유대 강화와 같은 집합적 목표의 추구에서 그 어떤 것도 비합리적이지 않다.

모든 운동은 성원들 간의 감정적 유대를 창출하고 또 그 유대에 좌우되지만, 동일한 정도로 그렇게 하지는 않으며, 동일한 결과를 낳지도 않는다. 디아블로 캐니언은 하나의 극단적인 사례일 수도 있다. 왜냐하면 반핵운동의 직접행동 진영이 그것의 문화적 창조성에 그 어떤 저항운동들에서보다 더 신경 쓰고 있었기 때문이다. 많은 탈산업적 운동은 종교의례와 같은 것들을 모방하거나 재창조하려고 시도한다. 왜냐하면 그것이 민권운동에 큰 도움이 되었기 때문이다. 그러나 상당수의 운동들은 풍부한 내부 문화를 창조하려고 시도하지 않으며, 그렇게 하는 데 성공하지도 못한다. 일부 운동들은 집합적 활동에 전혀 참가하지 않는 외부 사람들로부터 홍보용 우편물을 통해 기부받는 것에 더 많이 의존한다. 그리고 집합적 감정들을 유발시키는 사람들 모두가 그러한 감정의 도움을 받지도 않는다. 에로틱한 매력은 커플들을 운동 안으로뿐만 아니라 운동 밖으로도 유도할 수 있다. 감정의 강렬함 자체가 소진될 수도 있다. 하지만 전반적으로 볼 때, 나는 활력 있는 내부 문화를 가진 운동들이 번성할 가능성이 더 클 것이라고 생각한다 (그렇지만 무엇이 그러한 활력을 창출할지를 예측하기란 쉽지 않다).

카리스마는 일반적으로 개인의 속성으로 분석되어왔지만, 장소, 사건, 집단도 동일한 종류의 감정적 충성심을 고무할 수 있다. 카리스마는 모든 문화의 이중성에 의지한다. 즉, 느낌, 사고, 판단은 새롭거나 심오한 방식으로 한 사람이나 하나의 사물 속에 구체화되며, 그럼으로써 정서적 충성을 유발한다. 사람이 문화적 감성을 적극적으로 정식화하거나 변형시킬 수 있는 반면, 무생물 대상이나 사건은 그러한 감성을 단지 상징할 수 있을 뿐이다. 어느 쪽이든 카리스마를 발생시키는 것은 카리스마적인 사람이나 사물이 청중에 대해 갖는 문화적 의미, 그리고 그것들이 그러한 의미에서 차지하는 상징적 위치이다. 예술작품의 인기처럼, 그것은 개개의 구현물과 주변 문화 간의 상호작용에서 발생한다.[31]

이 장은 고도로 감정적이고 자주 의례적인 집합적 활동들에서 파생하는 저항의 만족감에 초점을 맞추어왔다. 그러한 만족은 운동, 즉 활력 있는 운동문화가 낳은 가장 두드러진 성과 중 일부이다. 그리고 이 문화가 참여자들에게 강력한 운동 정체성 의식과 내부 운동관행들을 제공함으로써 엄청난 연대를 산출한다. 그러나 거기에는 운동에 관여한 개인들의 전기와 퍼스낼리티에 달려 있는 만족감을 포함하여 저항 활동이 제공하는 많은 즐거움이 존재한다. 그리고 아마도 가장 내밀한 만족감은 삶 전체를 사회변화를 추구하는 일에 헌신하고 있다는 데서 나올 것이다. 이것은 심오한 의미와 개인적 정체성의 한 가지 원천일 수 있다. 다음 장에서 나는 진행 중인 저항운동이 참여자들에게 주는 즐거움을 좀 더 깊이 탐구하기 위해 전기적 차원으로 돌아갈 것이다.

• 저항운동은 의식적이든 그렇지 않든 간에 참여를 고무하거나 억제할 수 있는 다양한 감정적 과정을 발생시킨다.
• 노래하기, 춤추기, 그리고 여타의 의례화된 활동들은 연대, 기쁨, 그리고 다른 긍정적 감정들을 창출하는 데 일조할 수 있다.
• 공유된 감정과 상호적 감정은 서로를 강화한다. 물리적 장소는 자주

---

31 파트리시아 바시엘레프스키(Patricia L. Wasielewski)는 카리스마의 쌍방향적 원천들을 검토한다. Patricia L. Wasielewski, "The Emotional Basis of Charisma," *Symbolic Interaction*, 8(1985), pp. 207~222.

그곳의 아름다움이나 그곳의 역사로 인해 운동문화에서 중요할 수 있다. 그리고 그곳에서의 활동은 신성한 순례여행이 될 수도 있다.

- 저항을 중심으로 하여 형성되는 개인적 네트워크는 단지 정보나 자원이 흐르는 통로로서만이 아니라 공유된 감정과 상호적 감정들을 수반한다는 점에서도 얼마간 중요하다.
- 저항자들은 그들이 공개적으로 표명한 도구적 목표만큼이나 그들의 하위문화와 네트워크를 강화하는 데에도 신경을 쓸 수 있다.

제9장

문화와 전기: 저항의 즐거움

내 머리 위

허공에서 나는 자유를 본다. ······

저기 어딘가에

신이

있음에 틀림없으리라.

— 민권 찬가

······ 고결한 여성들과 샌들 애용자, 그리고 수염 난 과일주스 애호
가들로 이루어진 음산한 부족이 죽은 고양이에게 달려드는 청파리
들처럼 '진보'의 냄새를 향해 떼 지어 오고 있다.

— 조지 오웰

1984년에 내가 제프 메리데스를 처음 만났을 때, 그는 나를 친구처럼
한 대 쳤다. 그것은 다정함과 다른 사람들에 대한 배려를 진심으로 나
타내는 방법의 하나이다. 그의 자기비하적인 유머는 자신의 자신감을
다른 사람에 대한 관심으로 조절하고 있음을 보여준다. 그리고 사려 깊
은 총명함은 그가 여러 해 동안 중요한 사회적 현안들에 맞서 싸워왔음
을 암시한다. 다소 헐렁한 세련된 옷차림을 하고 있는 36살의 메리데스
는 거의 허리까지 오는 말총머리로 한껏 멋을 냈다. 그는 1980년대에

그러한 헤어스타일이 유행하기 오래전부터 이미 그런 스타일을 하고 있었다. AIDS 피해자를 위한 주택을 찾는 일을 하고 또 그의 삶을 사회 변화의 최전선에서 보냈음에도 불구하고, 그는 심히 (아마도 정신적으로 겠지만) 느긋해 보였다. 그는 최근 그토록 많은 저항운동들을 일으켜온 탈산업적 감성과 관념들의 축소판이다.[1]

제프는 그의 십대를 뉴욕의 거리에서 보냈다. 13살 때 그는 노동계급 수양부모 ─ 알코올중독 아버지와 물리적 학대를 일삼았던 어머니 ─ 에게서 도망쳐 나와 그리니치빌리지로 갔다. 그때가 1968년 9월로, 그는 곧 비정상적인 교육을 받을 처지에 놓였다. 그는 처음에는 리빙 시어터Living Theater의 단원들에게 속았지만, 곧 궁지에 몰린 말종들Up Against the Wall Motherfuckers[뉴욕을 근거지로 하는 무정부주의자 동호인 단체 ─ 옮긴이]의 일원이 되었다. 다음 해에 그가 지금도 여전히 기꺼이 동일시하고 있는 단체에 합류했을 때, '제프 마더퍼커Geoff Motherfucker'는 '제프 이피Geoff Yippie'가 되었다. 1970년 봄에 많은 다른 사람들처럼, 제프는 폭력혁명이 임박했다고 믿었고, 따라서 스스로 무장했다. 15살 때 그는 무장 강도죄로 유죄선고를 받았다.

매사추세츠 데덤Dedham의 시립 교도소에 수감되었을 때, 힘들 것 같은 교도소 생활 ─ 그는 비쩍 마른 백인 아이에게 그곳 생활은 매우 힘들다는 것을 알고 있었다 ─ 이 그를 정신 차리게 했고, 그는 자신이 생각해낼 수 있었던 모든 신에게 많은 약속을 했다. 적어도 하나의 신이 그의 말에 귀 기울였음에 틀림없다. 왜냐하면 그는 투옥된 지 101일 후인 1971년 1월에 풀려났기 때문이다. 이미 혁명에 대한 기대는 틀어졌고, 국가억

---

1   내가 메리데스를 처음 만난 것은 1984년 여름 아발론 동맹을 연구할 때였지만, 여기에 제시된 정보는 대부분 1991년 5월에 진행한 긴 인터뷰에서 나온 것이다.

압의 압박은 커진 상태였다. 법무부가 불시 소탕으로 5000명의 운동 지도자들을 체포할 계획을 세웠다는 루머가 돌고 있었다. 제프는 그 후의 석 달을 약물재활센터에서 보냈는데, 그는 그곳에서 사용되는 기법들이 사람들의 중독을 약물에서 프로그램 그 자체로 전환시키는 것에 불과하다고 판단했다. 그는 고등학교로 돌아갔고, 그럭저럭 그의 또래집단보다 단지 몇 달 늦게 학교를 졸업했다.

그다음에 메리데스는 뉴욕의 로어 이스트사이드Lower East Side에서 도망자들을 위한 카운슬러로 1년을, 버펄로에서 세간의 이목을 피하려고 노력하면서 또 다른 1년을, 그리고 뉴팔츠New Paltz에서 라디오 쇼를 진행하고 뉴욕 주립대학교 지방 캠퍼스에서 캠퍼스 밖 학생 주택 프로그램을 개발하면서 3년을 보냈다. 결국 그는 자신이 관료적인 사람이 되어버렸다는 느낌을 가지게 되었고, 그의 '안으로 파고들기' 전략에 의문을 품기 시작했다. "당신이 어떤 제도 내에서 일을 잘할수록, 그것은 그 자리가 하는 나쁜 일을 상쇄하는 데 이용되죠. 그럼 조직은 이렇게 변명할 수 있지요. '그렇다, 우리는 좋지 않은 일도 한다. 그렇지만 우리가 다른 한편에서 하고 있는 이 모든 좋은 일도 좀 봐라.'" 제프는 사회제도가 각각의 새로운 세대의 에너지 넘치는 젊은이들을 끌어들여 그들에게서 활력을 빼앗는 것에 의존한다고 말한다. "나는 만약 그들이 그렇게 하기를 중단하면, 즉 거대 제도 속으로 들어가는 것을 중단하면 어떤 일이 일어날지를 생각하는 것을 좋아해요." 1978년 가을에 그는 오래된 야망을 실현했다. 즉, 그는 캘리포니아로 이사를 갔다.

샌프란시스코 베이 에어리어에서 제프는 1979년에서 1982년까지, 그리고 1985년에서 1988년까지 장애인권리 단체를 위해 일했다. 그 사이에, 구체적으로 말하면 1985년 3월에 아발론 동맹의 스태프들이 그저 조직의 생명을 유지하기 위해 그들의 시간 대부분을 기금 모금에 할애하기보다 스스로 해고되기로 결의했던 때까지, 그는 동맹 스태프의 한 명으로서 디아블로 캐니언 원자력 발전소에 맞서 싸웠다. 1988년 이후에 제프는 수개월을 독일에서 보냈고, 그다음 수개월을 진보의 길Progressive Way(통합의 길United Way에 대한 좌파 성향의 한 대안)의 캠페인 책임자로 지냈다. 1989년 11월부터 1991년 8월까지는 진보단체들에서 일자리를 알아보았다. 그는 각 일자리마다 200~300명이 응시하는 상황에서 누가 고지식한 백인 남자를 고용했겠느냐고 말한다. 제프는 형편에 따라서는 작가로, 또는 소작인과 노동자의 권리와 같은 문제에 노력을 기울이는 변호사들을 위해 일하는 사설탐정으로, 여러 대안적인 일을 하면서 놀았다. 마침내 오클랜드의 가톨릭 자선단체가 AIDS 희생자들에게 주택을 공급하는 일에 그를 고용했다. 그 일은 그와 맞지 않는 것처럼 보였지만, 그 지위는 그가 진보적인 주택건설 작업을 하면서도 그것으로 돈을 벌 수 있게 해주었다.

제프는 여전히 자신을 장난삼아 이피와 동일시한다. 그리고 그는 이피를 "무아경과 기쁨의 정치를 믿는" 어떤 사람이라고 정의한다. 이피들은 항상 그들의 정치 속에 즐거운 기운의 문화와 유머를 가지고 있었으며, 그것이 그들로 하여금 자신에 대해 지나치게 진지하게 생각하지 않게 해주었다. 이를테면 제프가 뉴팔츠에서 관료처럼 행동하고 있었을 때, 그는 자신이 그러한 일탈을 통해 "부정한 이득을 취하고" 있는 것은 아닌가 하는 생각을 했다. 비록 그러한 죄명이 부당하다고 느꼈지만, 그는 자신의 몫을 매번 라디오 쇼에 가져가서, 쇼가 끝난 후 스태프들와 써버리는 예방조치를 취했다. 대항문화와 잠시 접촉했을 뿐이지만, 제프는 다음과 같은 점을 깨달았다. "만약 우리가 1970년의 혁명에서 성공했다면, 곤경에 처했을 겁니다. 우리는 새로운 사회에서 살 준비도, 새로운 사람이 될 준비도 되어 있지 않았거든요. 특히 우리는 성차별주의, 즉 우리 내부의 돼지도 처리하지 못한 상태였어요."

메리데스는 1970년대에 이루어진 가장 중요한 발전이 페미니즘과 집산주의의 확산이라고 본다(그가 볼 때, 그것들은 우리가 앞 장에서 살펴본 것처럼 새로운 사회를 미리 보여주는 행위방식들이다). 그는 이피가 마르크스-레닌주의 혁명가들보다 그러한 새로운 관점들에 더 열려 있었다고 생각한다. 왜냐하면 그에 따르면, "우리의 정치는 이데올로기보다는 개인적 욕구와 애착에 의해 추동되고 있었기" 때문이다. 비록 그가 마르크스-레닌주의 단체들에서 함께 일했던 많은 사람들 ─ 특히 그들이 힘든 일을 처리하는 능력 ─ 에게 경탄했지만, 그는 그들이 독선적이라고 생각한다. 왜냐하면 그들은 자신들이 과학적으로 옳은 분석, 즉 사회적 삶의 근저에 있는 진정한 법칙을 발견했다고 믿기 때문이다. 그 결과 그들은 사람들의 말에 진지하게 귀 기울이는 것이 아니라 단지 그들을 조종할 수 있을 뿐이다. 그리하여 그들은 메리데스를 "실천에서는 공산주의자이지만 이론에서는 자유주의자"라고 비난했다. 하지만 그러한 비난은 그를 기쁘게 한다. "나는 사람들과 이야기를 나누지만, 그들은 그러지 않아요."

제프 자신의 삶은 분명 "개인적 욕구와 애착"에 의해 추동되어왔다. 그가 여전히 수양 가족과 함께 지내고 있을 때, 그는 인종차별주의에 맞서 싸우는 한 교회 단체에 가입했다. 그것은 그의 부모가 그 단체에 반감을 가지고 있었기 때문만이 아니라 목사의 딸과 알고 지내고 싶었기 때문이었다. 1989년에 독일에 체류했던 것과 유사하게, 그는 로맨틱한 이유에서 로체스터로 이사했다. 그는 만족스러운 개인적 삶이 중요하다고 느꼈다. 그리고 그의 정치적 목표는 모든 사람이 균형 잡힌 삶을 살 수 있게 하는 것이다. 그가 30년간 정치를 해온 이유는 그가 정치를 즐겼기 때문이다. 그렇기 때문에 그는 그 결과 그가 무엇을 희생하게 되었는가라는 질문을 받았을 때 비웃었다. "나에게 다른 사람들을 돕는 것은 완전히 이기적인 거예요. 내가 하는 그러한 종류의 일 또한 내가 나 자신에게 공을 들이는 한 가지 방식이죠. 나는 그러한 방식으로 나 자신의 삶을 통제해요. 결국 사람들이 자신들이 하고 있는 일을 하는 이유는 그것이 자신들을 기분 좋게 만들어주기 때문이죠."

제프가 1970년대에 페미니즘의 진가를 인정하게 되었고, 1980년대 동안에 영성에 대해 학습했다면, 현재는 자신에게 '무정부적 페미니스트 이교도'라는 꼬리표를 붙이고 있다. 1960년대에 경험한 것들로 인해 혼란스러워했던 수많은 다른 사람들에게만큼이나 제프에게도 이 두 가지는 아주 적기에 발전했다. 그는 페미니즘에 관해 이렇게 말한다. "그것은 나의 인생을 구원했고, 나로 하여금 1960년대가 실패했을 때 내가 느꼈던 많은 혼란을 극복할 수 있게 도와주었어요." 그는 페미니즘과 이교주의 모두 우리의 삶과 우리의 공동체의 통제에 관한 것이라고 생각한다. "만약 내가 나 자신의 삶을 통제하고 있다면, 나는 아마 결코 당신을 통제하고 싶어 하지 않을 겁니다." 그는 정치와 사회에 관한 자신의 세속적 세계관과 조화를 이루는 우주론의 필요성을 오랫동안 느껴왔다. 비록 소규모이기는 하지만 반핵 및 그와 관련된 저항운동들의 중심에는 참여민주주의의 뿌리가 자리하고 있었다.

제프가 이교주의에 입문한 것은 1981년에 디아블로 캐니언 원자력발전소를 봉쇄하기 위해 야영을 하는 동안이었다. 우리가 살펴보았듯이, 그의 동호인 단체는 원자로 위쪽의 언덕으로 걸어 올라가서 발전소 건물에 태양 빛을 반사시켜 그 내부의 사악한 기운을 파괴하는, 추분의례를 거행했던 단체들 중 하나였다. 3일 후 발전소 소유주는 공사 마지막 단계에서 설계도가 뒤바뀌었고 따라서 그것을 바로잡기 위해 공사를 대폭 연기할 필요가 있다고 발표했다.

이교도의 마법이 제프 인생의 거대한 퍼즐의 몇 조각을 채우고 있다. 그것은 강력한 공동체 의식을 제공하는 것 ─ 대부분의 종교가 그러한 일을 한다 ─ 외에도, 우리 각각의 내부에 존재하는 신성한 것을 강조함으로써("우리 자신의 내부에 존재하는 내적 근원을 일깨움으로써 무한의 영역으로 들어간다"), 우리가 서로를 도구적 목적을 위해 이용하지 않는다는 것을 시사한다. 그것은 또한 역량강화의 한 가지 형태이기도 하다. 왜냐하면 그것은 우리가 "의지에 의해 의식을 변화시킬 수" 있게 해주기 때문이다. 무엇보다 그것은 우리를 서로에게 그리고 자연세계와 연결한다. 업보karma 개념과 유사한 '회귀의 법칙law of return'은 당신이 무엇을 하든지 간에 그것이 당신에게 세 배로 돌아올 것이라고 말한다. 그로 인해 모든 행위는 깊은 도덕적 책임감과 함께 즐거운 자기이익을 수반한다. 제프가 보기에 이교주의는 자연에 보다 가까웠던 초기 인간들을 상기시킨다. 그 초기 인간들은 근대국가, 뉴턴의 과학, 그리고 산업혁명이 발흥하던 시기에 (때로는 글자 그대로의 마녀사냥을 통해) 대량으로 살해되었다. 제프는 이 불행한 역사적 전개를 (비록 모든 일신교 전통은 아니지만) 유대-기독교 전통의 논리적 확장으로 파악한다. 현재 제프는 스타호크가 설립한 리클레이밍 컬렉티브Reclaiming Collective[여성운동을 평화와 반핵운동에서의 정치적 행동주의와 결합시키는 것을 목적으로 하는 현대 페미니즘 주술 단체 ─ 옮긴이]에서, 그리고 벤쿠버와 어퍼 미시간Upper Michigan에서 매년 여름마다 열리는 마녀캠프에서 가르치고 있다.

무엇이 제프 메리데스로 하여금 1960년대 이후 계속해서 정치활동을 하게 했는가? "나는 그것이 어떤 것일 수 있는지를, 즉 자율적인 개인들 사이의 진정한 공동체를 아주 잠시 언뜻 본 적이 있어요." 그 전망이 그로 하여금 여전히 분투하게 한다. 거기에 더해 얼마간 냉소적인 유머감각이 그로 하여금 미국에서 진보적 변화가 거의 일어나지 않았다는 사실과 마주하면서도 비통해하지 않게 한다. 그와 다른 사람들에게 동기를 제공하는 쾌활한 전망은 "페미니즘, 정치, 그리고 마약"에 뿌리를 두고 있다. 그는 소진을 자신에게는 누릴 권리가 없는 호사의 하나라고 생각한다. 왜냐하면 그는 언젠가는 그것이 모두 실현될 수 있다고 확신하기 때문이다. (그는 심지어 10년에 걸친 레이건과 부시의 대통령 임기 이후에도 이 주장을 펼칠 수 있었다.)

이 장에서 나는 전기적 차원 및 그와 관련된 심리적 동학으로 돌아가서, 저항이 참여자들에게 어떠한 종류의 만족을 제공하는지를 계속해서 논의한다. 나는 여기서 앞 장에서 다룬 집합적 감정들뿐만 아니라 사람들의 인생에 방향을 제시하고 다양한 퍼스낼리티 성향을 만들어내는 기회 또한 다룬다.

전기의 복합성

제프 메리데스의 생애는 사람들을 도덕적 저항으로 이끌고 그들을 거기에 머무르게 하는 다양한 동기를 보여줌으로써 우리가 이 책에서 계속해서 살펴보는 것들을 보강해준다. 인간은 어지럽게 배열된 감수성과 감성, 이제 막 제기되기 시작한 가정, 유토피아적 공상, 자아방어 ego defense, 그리고 명시적인 신념들을 가지고 있다. 그리고 이것들 모두가 새로운 지식, 요구, 활동들에 의해 위협당하거나 충격 받을 수 있다. 우리는 다양한 즐거움을 추구하는 한편 우리가 옳은 일이라고 여기는 것을 하려고 노력한다. 하지만 또한 우리는 일상의 과정에 매몰

되는 경향도 있다. 왜냐하면 그렇게 하는 것이 편안하기 때문이다. 궁극적으로 우리의 선택과 행위는 무수한 퍼스낼리티 기벽과 성격 특질에 의해 틀 지어진다. 대부분의 저항자들은 동기와 강박충동과 욕망의 조합에 의해 강제되고, 그중 일부는 의식적이지만 다른 것들은 그렇지 않다. 인간 동기에 관한 단순한 모델들은 그것이 합리주의적 모델이든 아니면 군중에 기초한 모델이든 간에 현실의 가장 큰 부분을 놓치고 있다. 저항운동을 구성하고 있는 개인들의 동기가 아니라 전체 저항운동의 동기를 찾는 이론들도 마찬가지이다. 따라서 저항의 전기적 차원에 대한 탐구가 절실히 요구된다.

활동가로서의 메리데스의 경력은 부분적으로는 수양부모에 대한 반항에서 시작되었다. 경력상의 변화 중 많은 것이 에로틱한 일들에서 기인했다. 그가 좇았던 ― '선택했던'이라는 표현은 지나치게 많은 예지력을 함축한다 ― 인생은 매우 단순하고 재미있었다는 점에서 또한 매력적이었다. 공정하고 즐거운 사회라는 제프의 전망은 그가 그 혼합물에 페미니즘, 그리고 그다음에 영성을 덧붙임에 따라 해를 거듭할수록 점점 더 분명해졌다. 그는 또한 사회를 변화시키기 위한 조직화에 필요한 인상적인 스킬들 ― 즉, 그로 하여금 그가 좋아하는 일자리를 (얼마간의 간격은 있었지만) 찾을 수 있게 해주었던 스킬들 ― 을 축적했다. 메리데스는 관련된 사고들로 인해 저항의 길에 들어섰지만, 일단 거기에 발을 들여놓자 그는 그곳에 머물러야 할 점점 더 많은 이유들을 발견했다. 그는 단체에서 단체로, 그리고 운동에서 운동으로 옮겨 다녔지만, 그를 끌어들인 것은 항상 운동 내부 문화가 창출한 많은 즐거움이었다.

제프가 활동가 정체성을 지니고 있다고 말하는 것이 우리의 이해에 많은 기여를 하는가? 그러한 정체성을 가진 누군가가 있다면, 분명 그가 그러할 것이다. 하지만 일단 우리가 그의 목표, 즐거움, 스킬, 감성들을 전기의 수준에서 특정화하고 나면, 우리는 '활동가 정체성'이 기본적으로 그러한 모든 구체적 특징의 대용물이라는 것을 알 수 있다. 그것이 유용한 대용물일 수 있는 것은 우리가 저항자 표본과 여러 번에 걸친 인터뷰를 할 시간이 없을 때이다. 하지만 우리는 그러한 정체성을 별개의 '사물'로 물화하는 것에는 신중을 기할 필요가 있다. 적어도 이 사례에서 나타나는 활동가 정체성의 한 가지 흥미로운 특징은 그것이 한 개인의 속성처럼 보인다는 것이다. 왜냐하면 제프가 그러한 정체성을 뒷받침할 거의 어떠한 네트워크도 가지고 있지 않은 (그리고 설사 있다손 치더라도 개인적 네트워크만 가지고 있는) 새로운 도시로 이사할 때, 그는 그 정체성을 함께 가지고 가기 때문이다. 그는 그러한 유대들을 빠르게 발전시킨다(그러나 그것은 단지 그가 활동적이고 또 비슷한 생각을 가진 개인들을 만나기 때문이다). 그는 이 정체성을 유지하기 위해 문화적 의미뿐만 아니라 전기적 의미에도 의지하지만, 자원이나 여타의 구조적 요소들에는 그리 많이 의지하지 않는다.

저항운동 연구자들은 메리데스와 같은 개인들에 관해 너무나도 아는 것이 없다. 학자들은 유명한 혁명가들에 관한 소수의 전기들을 제외하고는 겨우 최근에야 '생애과정' 분석을 통해 개별 저항자들의 삶에 관해 학습하기 시작했다.[2] 메리데스는 자신의 삶과 동기들을 숙고하는 데 여러 해를 보낼 정도로 유별나다. 지속적인 대화조차도 모든 저항

---

2 이탈리아 사회학자 도나텔라 델라 포르타(Donatella della Porta)는 생애사 연구에 찬사를 보낸다. 왜냐하면 그것이 면접자가 질문을 하는 조사연구나 심지어는 심층면접과도 대조적으로 일련의 긴 대화들을 통해 주체로 하여금 그 자신의 이야기를 할 수 있게 하기 때문이다. 생애 전체의 맥락에 주목하는 것은 무엇보다도 복합적인 감정적·인지적 동기들을 포착하는 데 도움이 된다. Donatella della Porta, "Life Histories in the Analysis of Social Movement Activists," in Mario Diani and Ron Eyerman(eds.), *Studying Collective Action*(London: Sage, 1992)을 보라.

자로부터 그러한 통찰을 끌어내지는 못할 것이다. 그 결과 우리는 빈번히 '정체성'을 우리가 진정 알고 싶어 하는 많은 것을 위한 하나의 대용물로 사용한다.

문학은 인간행위의 미묘한 차이를 포착하여 그것을 독자에게 보여주는 데서 자주 사회과학을 능가해왔다. 이를테면 조이스 캐럴 오츠Joyce Carol Oates는 최근 한 단편소설에서 한 살인자의 사형집행에 반대하기 위해 자신의 주州의 수도로 가는 호프Hope라는 이름의 고등학교 2학년 학생을 묘사한다.[3] 오츠는 그 저항사건을 그 소녀와 이해력이 부족한 그 소녀의 아버지의 힘든 관계라는 맥락에, 그리고 학교에서 최근 생겨나고 있는 그녀의 개인적 정체성이라는 맥락에 위치시킨다. 그녀는 지금 ― 그때는 1960년대 말이다 ― 은 자신을 피하는 흑인 학생들과의 우정을 한때 소중히 여겼었다. 그리고 그 사형수는 그들 중 하나의 친척이다. 인종, 동정심, 그리고 현재의 사건에 대한 인식은 그녀 ― 머리 좋은 다루기 힘든 소녀 ― 가 자신의 야만적인 아버지와 떨어져 있을 수 있는 수단이 된다. 단 한 번의 (아마도 그녀 인생에서 유일할) 도덕적 저항행위가 최근 형성되고 있던 그녀 자신의 개인적 정체성 ― 그녀 아버지의 정체성과 대비되는 ― 에 대한 그녀의 직관들을 구체화한다.

저항조직들에 초점을 맞추는 연구는 그것만큼이나 중요한 저항의 경력, 저항자들의 퍼스낼리티, 그리고 저항의 즐거움을 시야에서 놓치고 있다. 그러한 연구에서 저항은 즐거움이나 정체성의 원천이 아니라 합목적적 조직을 활동의 주 무대로 하여 목적에 도달하는 한 가지 수단이다. 동기는 하나의 전통에서는 자기이익의 추구로, 또 다른 전통

---

3   Joyce Carol Oates, "Capital Punishment," in *Heat and Other Stories*(New York: Dutton, 1991).

에서는 화나 좌절로 축소된다. 반대로 예술성의 이미지는 저항이 전략적 목적, 실행상의 즐거움과 고통, 그리고 행위를 자극하는 동시에 행위가 수반하는 다양한 감정을 항상 겸하고 있음을 시사한다. 메리데스의 삶의 일관성은 그가 속했던 조직으로부터 나온 것이 아니다.

하지만 공식 조직의 규칙과 개인의 충동 간의 대립을 과장해서는 안된다. **왜냐하면 많은 저항단체가 어떤 한 사람의 작품이고 그 사람의 특이성을 반영하고 있기 때문이다.** 아마도 지역 저항단체의 대다수는 그 규모가 아주 작을 것이다. 따라서 그 단체들이 그들의 우편물 발송 목록에 아무리 많은 성원을 가지고 있거나 그들을 집회에 동원할 수 있다고 할지라도, 기본적으로 그 단체들은 엄청난 시간을 들이고 자주 막대한 돈을 보조함으로써 단체의 활기를 유지하는, 투지 넘치고 헌신적인 개인들의 작품이다. 불어동사를 빌려 표현한다면, 그 사람이 그 단체에 '생명을 불어넣는다animate'. 그러한 강한 두 퍼스낼리티 간에 발생하는 충돌은 경우에 따라서는 두 개의 단체를 만들어내기도 한다. 나는 그러한 개인들을 이해하는 것이 그러한 조직의 연구에 결정적이라고 생각한다. 왜냐하면 무엇보다도 그들은 자주 대단히 강인하고 창조적이기 때문이다. 때로는 조직의 욕구와 동학이 개인의 행위를 설명해줄 수도 있지만, 그 반대 또한 자주 사실이다.

특이성, 신경증, 그리고 잘못된 생각을 가진 개인들은 사회과학에서 골칫거리이다. 만약 각 저항운동이 다양한 전기, 충동, 목표를 가진 개인들로 이루어져 있다면, 그리고 만약 각 개인이 여러 동기를 가지고 있고 그 동기들 중 일부는 심지어 그 자신에게조차 숨겨져 있다면, 우리는 무엇을 저항의 원인이라고 말할 수 있는가? 합리주의자들이 인간 심리의 과도한 단순화를 통해 이러한 이의제기를 무시한다면, 동원 이론가들은 정신세계의 중요성을 전적으로 경시함으로써 그것에 유사하게 반응한다. 일반이론들은 정의상 개인 간 변이의 복잡성을 배제하고자 하거나, 또는 합리주의자들이 그러하듯이 그것을 시스템 속의 불규칙한 잡음으로 취급한다. 우리는 우리의 추상적 이론들, 즉 우리로 하여금 개인의 심리, 변이, 그리고 예외적인 것을 간과하도록 부추기는 편의적 가정들을 자주 실재하는 것으로 오인한다. 사회에 대한 훌륭한 관찰자라면, 자신의 겸손을 거듭 강조하기 위해서라도, 가끔은 개인들을 바라봄으로써 자신의 모델이 어떠한 동기와 상징과 전략들을 간과했는지를 파악해야만 한다. 우리는 개인 활동가들의 경력과 생애사 속에서 패턴을 발견할 수 있다. 우리는 그들의 도덕적 전망과 가치를 공식 조직이 그들에게 부과하는 요구들과 비교할 수 있다. 조직은 때때로 그들의 목적에 도움이 되지만, 어떤 때에는 조직과 그들의 목적이 충돌하기도 한다.[4] 우리는 개인들의 저항 경력을 그들의 공식 조직의 성원의식, 심지어는 지도력과 대비시킬 수도 있다. 개인들을 추적하는 것은 우리로 하여금 공식 단체와 지도자들에 의해 조직화되지 않는, 또한 새로운 조직을 발생시키는 문화적·전기적 재료들에 의해서도 조직화되지 않는, 저항의 많은 원천과 활동을 포착하게 해줄 수도 있다. 우리는 우리의 설명 속에서 다양한 전기적 요인을 찾아볼 수 있으며, 심지어 때로는 심리와 퍼스낼리티에 관한 이론들에 의거할 수도 있다.

물론 몇몇 개인은 다른 사람들보다 역사에서 더 중요한 역할을 수행하며, 그러한 이유에서 연구할 가치가 있기도 하다. 수상과 장군의 개인적 취향이 개별 농부와 노동자의 취향보다는 정책과 전투에 (그리고 아

---

4 엘리자베스 클레먼스(Elisabeth S. Clemens)와 패트릭 레저(Patrick Ledger)는 개인들이 어떻게 제도적 모순을 이용하여 사회변화를 촉진할 수 있는지를 보여준다. 다시 말해 개인은 조직의 제약에 단순히 순응하지 않는다. Elisabeth S. Clemens and Patrick Ledger, "Organizational Culture and Careers of Activism in the Woman Suffrage Movement, 1870~1920," Unpublished paper, 1994.

마도 역사에) 더 큰 영향을 미친다. 이를테면 카를 마르크스의 일단의 신념과 취향 — 특히 그의 과학에 대한 확신과 비판에 대한 강조의 불안정한 조합 — 이 나의 증조할머니의 똑같이 특이한 신념보다 사람들에게 더 많은 영향을 미쳐왔다. 정치학자와 심리학자들에게 저항 지도자의 전기는 여전히 인기를 누리고 있지만, 사회학자들은 구조와 합리주의에 사로잡혀 그러한 이해의 원천을 거부하기까지 했다. 합리주의는 모든 평범한 개인들이 동일한 환경에서 동일한 방식으로 행위할 것이라고 암시한다. 따라서 퍼스낼리티 기벽은 합리성으로부터의 예측 불가능한 일탈을 유발할 뿐이다. 그러나 중요한 지도자와 이론가들의 전망은 비록 신성한 텍스트로까지는 아니지만 유력한 진리들로 받아들여진다.

저항의 즐거움

> 도덕의 위대한 비결은 사랑이다. 그게 아니면, 그것은 우리의 본성에서 벗어나서 우리 자신을 우리 자신의 것이 아닌 생각, 행위, 또는 사람 속에 존재하는 아름다운 것과 동일시하는 것이다.
>
> — 셸리

개인들이 그들의 활동으로부터 얻는 만족은 그들의 전기와 직접적으로 연관되어 있기 때문에 정확히 그들의 전기만큼 다양할 것이다. 군중 모델은 참여자들을 불안과 공포에 압도당한 존재로 보았기 때문에 저항의 즐거움을 간과했다. 합리주의 모델은 자주 저항을 경제적 이해관계의 추구로 축소시킨다. 그것이 하나의 근본적 동기인 것은 확실하지만, 그 모델은 종국적으로 물질적 (또는 여타의) 성공에 도달하는 동안의 즐거움들을 놓치고 마는 경향이 있다.

우리는 그러한 즐거움의 하나가 로맨스라는 것을 살펴보았다. 한 여성이 워싱턴 행진에 참여하는 이유는 그녀의 여자 친구가 행진하고 있거나 그녀가 거기서 누군가를 만나기를 희망하기 때문이다. 그렇게도 많은 육체들의 흥분, 즉 집합적 역량강화의 스릴보다 더 큰 최음제가 어디 있겠는가? 토드 기틀린이 신좌파에 관해 썼던 것처럼, "대항문화의 만연과 함께 그 운동은 사람들을 사귀게 하는 섹시한 장소였다. …… 집회는 눈요기와 돌출적 행동, 그리고 침실유희의 장소였다. 어떤 지도자들은 실제로 여성들을 침대에서 충원했다. 이것이 바로 한 고전적 논쟁에서 마지 피어시Marge Piercy가 '성관계로 스태프 만들기'라고 불렀던 것이다".[5] 기틀린의 말에 따르면, 민주사회를 위한 학생연맹은 "결혼에 이르든 그렇지 않든 간에, 끊임없이 교제하고 깨지고 다시 교제하고 서로 겹치는 삼각관계들로 이루어져 있었다. 성적 긴장감이 정치적·지적 긴장감과 맞먹었다. 아니면 그 반대였던가?"[6]

내가 상호적 감정이라고 불렀던 것의 성적 형태는 통상 '두 사람 사이에' 존재하기 때문에 집단에 대한 보다 광범위한 충성심을 밀어낼 가능성이 있다. 저항의 성적 흡입력의 또 다른 측면은 이 '두 사람'이 자주 방대한 공적 참여로부터 서로의 상대에 대한 사적 즐거움으로 철수함으로써 자신들의 길로 가버리기도 한다는 것이다. 실제로 이것은 저항운동, 특히 전적인 헌신을 요구하는 운동들에서 출현하는 한 가지 악명 높은 문제이다. 제프 굿윈은 한 독창적인 평론에서 필리핀의 후크Huk 반란자들이 그 집단의 일반 성원들 사이에서 생기는 리비도적

---

5   Todd Gitlin, *The Sixties: Years of Hope, Days of Rage*(New York: Bantam Books, 1987), p. 371.

6   같은 책, p. 108.

욕망을 다루기 위해 기울인 노력들을 고찰한다.[7] 후크단은 제2차 세계 대전 이후 10년 동안 자신들의 산악 주둔지에서 전쟁을 수행하면서, 규율 문제에 끝없이 봉착했는데, 그들은 그것을 '성문제', '아기문제', '가족문제'라고 불렀다. 첫 번째 문제는 아내를 도시로 돌려보내고 새로운 '숲속 아내'를 맞고 싶어 했던 호색 반란자들을 처리하는 것이었다. 두 번째 문제는 소수의 여성 반란자들이 아기를 가지고 싶어 했던 것과 관계가 있었다. 세 번째 문제는 반란자들이 그들의 배우자와 가족을 언덕 주둔지에 남겨두기를 꺼리는 것이었다. 에로틱하고 정서적인 유대는 혁명 규율에 자주 지장을 초래하는 것처럼 보였고, 지도자들은 위반을 이유로 적잖은 반란자들을 사형에 처했다. 고립된 숲속에서 여러 해를 보내는 저항운동이 많지는 않지만, 사람들을 행동주의로 이끄는 바로 그 동일한 동기가 그들이 쉽게 그것에서 다시 빠져나가게 할 수도 있다.

군중의 흥분이 에로틱한 목적에는 하나의 수단이지만, 그것은 또한 그 자체로 하나의 목적이자, 드물지만 잊을 수 없는 하나의 즐거움이다. 뒤르켐은 우리 자신보다 더 크고 더 강한 그 무엇에 휩쓸려 들어가는 느낌을 잘 묘사했다. 그것은 종교적 무아경과 같은 일종의 기쁨이며, 자주 노래와 춤을 통해 강화된다. 우리는 이를 디아블로 원자력 발전소 반대 저항자들에게서도 보았다.

사회가 어떠할 수 있는지를 어렴풋이 감지하는 데서 느꼈던 메리데스의 기쁨도 그와 유사한 하나의 만족감이다. 그리고 희망과 바람이

---

7   Jeff Goodwin, "The Libidinal Constitution of a High-Risk Social Movement: Affectual Ties and Solidarity in the Huk Rebellion," *American Sociological Review*, 62(1997), pp. 53~69. 또한 Philip Slater, "On Social Regression," *American Sociological Review*, 28(1963), pp. 339~364도 보라.

감정적 흥분을 인지적 계획 및 도덕적 전망과 결합시킨다. 예측이 바람을 여타의 감정들과 다르게 만든다. 바람은 세상을 변화시키기 위한 프로젝트들로 이어진다. 프로젝트는 지역적이고 개인적일 수도 또는 야심차고 지구적일 수도 있다. 그것은 크고 작은 성공기회를 가질 수도 있다. 그것은 현재와 미래를 하나로 단단하게 묶음으로써, 우리의 삶에 방향, 목적, 몰입감을 제공한다. 시간의 경과에 따른 프로젝트의 성공적 진전은 가장 심층적인 즐거움의 하나로, 알래스데어 매킨타이어Alasdair Macintyre의 표현을 빌면, 그러한 즐거움이 인간이 의미를 창출하기 위해 필요로 하는 종류의 서사를 제공한다. 이것이 최상의 예술이며, 이때 삶은 최고로 예술적인 상태가 된다.

매킨타이어는 자신의 '관행practice' 개념을 통해 이 심층적 만족감을 포착하고자 한다. 관행은 "사회적으로 확립된 일관되고 복합적인 형태의 특정한 협력적 인간 활동으로, 그러한 형태의 활동에 내재하는 선은 그러한 형태의 활동에 고유한 그리고 부분적으로는 그러한 활동을 규정하는 미덕의 기준들을 달성하려고 노력하는 과정에서 그러한 활동을 통해 실현된다. **그 결과 그러한 미덕을 달성하는 인간의 능력, 그리고 그와 관련된 목적과 선에 관한 인간의 개념들이 체계적으로 확장된다.** 이러한 의미에서 틱택토Tic-Tac-Toe 게임도, 풋볼 공을 솜씨 있게 던지는 것도 관행의 사례가 아니다. 그러나 풋볼경기는 관행이며, 체스 또한 그러하다".[8] 매킨타이어가 좋아하는 게임 은유는 체스이다. 왜냐하면 체스에는 엄격한 한계 내에서 고도의 기교적 전략을 사용할 수 있는 여지가 광범하게 존재하기 때문이다. (그 한계가 너무나도 엄격하고 명확해서, 체스는 사회적 삶을 위한 은유로도, 심지어는 전략적 행위를 위

---

8 Alasdair Macintyre, *After Virtue: A Study in Moral Theory*(Notre Dame, Ind.: University of Notre Dame Press, 1981), p. 175; 강조 첨가.

한 은유로도 오해의 소지가 있다.) 매킨타이어는 관행을 그것 고유의 내재적 가치를 전혀 지니지 않는, 순전히 어떤 외적 목적(이를테면 돈)을 달성하는 데서 그것이 지닌 효율성으로 인해 실행되는 도구적 활동과 대비시킨다. 합리주의 모델은 이해하지 못하는 방식이겠지만, 우리는 급료와 같은 외적 보상이 아니라 활동 그 자체의 만족이라는 내적 보상을 위해 자주 관행에 참여한다. 이것이 바로 무급의 저항자들이 그들과 반대되는 유급의 국가나 기업 대변인들과 다른 중요한 점들 중 하나이다.

문화와 관행 — 서로 긴밀하게 관련된 개념들 — 은 풍부한 감정 경험에서부터 빼어난 직무 수행에 이르기까지 많은 내적 보상을 제공한다. 심지어 하나의 문화 속에서조차 결혼하는 방식, 운전하는 방식, 담배 피우는 방식, 또는 정부활동에 저항하는 방식에는 여러 형태가 존재한다. 그것들 각각은 목적을 달성하거나 공식 정책을 중단시키는 것과 같은 그것의 결과와 무관하게 그것 자체로 얼마간 만족스러울 수 있다. 그럼에도 불구하고 근대사회에서 어떤 활동들은 다른 활동들보다 예술성의 여지를 더 많이 가지고 있다. 예술의 생산물 자체가 패러다임이 되기도 하고 또 어원이 되기도 한다. 그리고 오늘날 우리가 개인의 창조성에 부여하는 엄청난 가치는 더욱 그렇게 되게 한다. 기업 경영은 또 다른 사례이다. 최고 경영자들은 책략을 이용할 수 있는 상당한 자유를 누려왔으며, 자신들의 능력을 발휘하여 자신들의 조직의 직무를 규정지어왔다. 관례화될 수도 있었던 직무가 여타의 직무들로 분할되었다. 쇼샤나 주보프Shoshana Zuboff에 따르면, "경영자의 활동이 보다 합리화된 과정 속에서 점점 더 프로젝트화되어 실현됨에 따라, 경영자는 자신의 직무의 정수 — 그것에 작동하는 지식의 예술적 표출 —를 더욱 자유롭게 즐길 수 있게 되었다".[9] 저항 — 예술, 과학, 기업 경영과 함께 — 은 그 스펙트럼의 한쪽 끝에서 고도로 기교적인 작업을 통해 그것에 고유한 만족을 얻을 수 있는 기회를 많이 제공한다. 저항에는 특히 그것이 자기이익이 아니라 도덕적 전망에 의해 추동되는 경우 상당한 정도로 창조력을 발휘할 여지가 있다.

예술적 창조성이 주는 만족의 일부는 '몰입flow'감에서 나온다. 미하이 칙센트미하이Mihaly Csikszentmihalyi의 용어로 몰입은 "사람들이 어떤 활동에 지나치게 몰두하여 그 외의 어떤 것도 중요한 것으로 보이지 않는 상태이다. 즉, 사람들은 경험 그 자체가 너무나도 즐거워서, 순전히 그것 자체를 하기 위해 심지어는 막대한 비용도 불사할 것이다".[10] 칙센트미하이에 따르면, "우리 각각은 비록 모호하다고 할지라도 우리가 죽기 전에 성취하고 싶어 하는 것에 대한 어떤 그림을 가지고 있으며", 우리는 그것을 성취하는 방식으로 크고 작은 프로젝트를 실행한다.[11] 우리가 앞에서 예술성을 논의할 때 살펴보았듯이, '프로젝트'가 중요한 이유는 그것이 우리로 하여금 미래의 일정한 성취에 주목하여 우리의 과거와 현재를 이해하게 하기 때문이다. 프로젝트는 매킨타이어가 정의한 관행이 지닌 매력과 칙센트미하이의 몰입 개념이 주는 흥분을 제공한다. 저항활동은 그와 동일한 많은 내재적 즐거움을 포함하고 있다. 타인을 설득하는 솜씨, 새로운 조직 형태를 정교하게 만드는 솜씨, 사회세계의 일부를 재명명하거나 또는 사회 그 자체를 틀 짓고자 노력하는 솜씨, 이 모든 것이 직업이나 관행이 주는 즐거움이다.

하지만 저항의 예술성은 위험을 수반한다. 많은 저항자가 경험을 통

9   Shoshana Zuboff, *In the Age of the Smart Machine: The Future of Work and Power* (New York: Basic Books, 1988), p. 108.
10   Mihaly Csikszentmihalyi, *Flow: The Psychology of Optimal Experience*(New York: Harper and Row, 1990), p. 4.
11   같은 책, p. 9.

해 서서히 학습하는 장인이 되기보다는 추상적인 설계도를 가지고 작업하는 건축가나 멀리서 단순한 법령들을 만드는 입법가가 되기를 원한다. 그들은 메리데스가 사회적 관련성이 아니라 이데올로기에 의해 추동된다고 비판했던 마르크스주의자들처럼 그들 자신의 문화적 착근성을 잊거나 부정한다. 착근성과 예술성이라는 개념은 저항운동을 평가하기 위한, 그리고 일반이론에 기대어, 그들 자신을 규정하는 문화적 전통들을 무시하는 사람들을 비판하기 위한 근거를 마련해줄 것이다. 우리는 일부 저항자들이 많은 결함을 지닌 문화 모델을 가지고 작업함으로써 문화의 제약적 측면은 보지 못하고 오직 문화의 창조적 측면만을 보고 있다고 말할 수도 있을 것이다. 제16장에서 크메르루주를 고찰할 때, 우리는 이를 살펴볼 것이다.

우리는 삶 전체를 예술적 방식으로, 즉 창조적으로 자유재량을 가지고, 그리고 규칙을 단순히 준수하는 것만이 아니라 규칙을 정교화하거나 파괴하며 살 수도 있다. 소수의 사람만이 저항 및 그와 관련된 활동들에 자신들의 삶을 할애한다. 그리고 그러한 활동들은 그들의 삶에 근대사회에서는 보기 드문 긍지와 목적의식을 부여한다. 예술가나 소명의식을 느끼는 종교지도자들처럼, 그러한 사회비판자들은 그들의 도덕적 목소리를 연마함으로써 대체로 매우 만족스러운 삶을 영위한다. 저항의 즐거움 중 어떤 것은 사소하고 덧없다. 그러나 의미 있는 삶을 위해 (좌절에도 불구하고) 분투하는 것은 찰스 테일러가 "지고선 hypergoods — 즉, 다른 선들과 비교할 수 없을 정도로 중요할 뿐만 아니라 그러한 선들에 대해 평가하고 판단하고 판결하는 기준점 또한 제공하는 선 —"이라고 부르는 것 중 하나이다.[12]

---

12   Charles Taylor, *Sources of the Self: The Making of Modern Identity*(Cambridge,

실제로 인간이 사회적 삶에서 이끌어내는 모든 즐거움이 저항운동에서도 발견된다. 공동체 의식과 정체성, 진행 중인 교제와 타인과의 유대, 다양한 대화·협력·경쟁과 그것들에 대한 도전이 그러한 것들이다. 그중 어떤 즐거움은 일상생활의 일과 속에서는 손에 넣을 수 없다. 군중의 도취감, 우리의 프로젝트로 역사를 전진시키고 있다는 의식, 또는 단순하게 저녁 뉴스거리가 되고 있다는 의식, 다른 사람들과 함께 일하고 있다는 의식, 목적의식을 공유하고 있다는 느낌이 그러한 것들이다. 그리고 아마도 그 무엇보다도 도덕적 원칙의 천명이 그러할 것이다.

집합적 흥분의 한 측면을 구성하는 것이 **역량강화**이다. 이는 자신들이 변화를 이루어낼 수 있다는 참여자들의 느낌, 즉 자신들이 개인적 권력과 집합적 권력 모두를 가지고 있다는 느낌을 묘사하기 위해 활동가들이 사용하는 용어이다. 더그 매캐덤은 인지적 해방이라는 자신의 관념으로 유사한 것을 포착한다. 이 용어는 변화가 가능하다는, 즉 우리가 더 이상 억압적 조건들을 참고 받아들일 필요가 없다는 갑작스러운 깨달음을 의미한다. 거기에는 성공의 기회에 대한 인지적 평가와 함께, 그 일을 추구하는 것으로부터 파생하는, 다시 말해 공통의 도덕적 목적을 위해 함께 일한다는 느낌에서 기인하는 감정적 스릴이 포함된다. 그리고 우리가 살펴보았듯이, 성공이 가능한지에 대한 합리적 계산은 저항의 다른 만족감들이 존재하는 한, 필요하지 않을 수도 있다.

저항은 보다 지적인 즐거움 또한 제공한다. 나는 우리의 기본적인 도덕적 가치들을 분명히 하는 능력과 기회가 저항에서 중요한 위치를 차지한다고 주장해왔다. 파예 크로스비Faye Crosby는 심지어 불평하기

Mass.: Harvard University Press, 1989), p. 63.

조차도 너무나 무력해서 보다 적극적으로 저항할 수 없는 사람들이 할수 있는, 한 가지 중요한 인간 활동이라고 말한다. 크로스비는 또한 불평하기가 우리로 하여금 과도하게 단순화된 악마가 아닌 복합적인 인간존재로서의 우리의 적들에게 초점을 맞추게 하는 데 일조한다고 주장한다.[13] 불평과 비판은 분명 인간의 가장 기본적인 특질에 속하며, 우리로 하여금 보편적 인간본성에 더 가깝게 다가가게 하는 것일 수도 있다. 집합적 저항행위뿐만 아니라 개인적 저항행위 또한 그러한 만족을 가져다줄 수 있다.

저항의 즐거움에 관한 이 목록은 모든 사람이 달려 나가 저항에 참여해야만 한다는 것이 아니라 저항에는 실제로 고통 또한 존재한다는 것을 시사한다. 어떤 운동들은 내가 기술한 집합적 기쁨과 여타의 즐거움들을 솔직히 더 적게 가져다준다. 다른 운동들은 상당한 정도의 희생을 요구한다. 보통 전업 저항자들은 의료보험, 유리한 경력, 그리고 여타의 물질적 이익을 포기한다. 후크단처럼 많은 사람이 평범한 사생활의 즐거움 중 일부를 포기하도록 요구받는다. 또 다른 사람들은 유별나게 생각하고 느끼고 살고자 한다는 낙인이 찍히거나 그런 오해를 받는다. 어떤 사람들은 그들의 생명 그 자체를 위험에 빠뜨린다. 하지만 대부분의 사람들은 저항의 즐거움과 사생활의 즐거움 간에 존재하는 상쇄관계를 알고 있다는 점에서 제프 메리데스와 다르다. 그리고 대부분의 사람은 주로 후자의 즐거움을 선택한다. 저항에서 느끼는 즐거움의 종류와 정도는 운동에 따라서뿐만 아니라 개인에 따라서도 다르다. 어떤 사람은 그러한 즐거움을 다른 사람들보다 더 강렬하게 느낀다.

---

13   Faye J. Crosby, "Why Complain?" *Journal of Social Issues*, 49(1993), pp. 169~184.

저항의 이유는 초기의 개인적 동기들 — 부당한 대우에 대한 내부고발자들의 격분, 지역의 오염에 대한 공포 — 에서부터 적극적 저항의 보다 집합적인 관행들 — 행진과 집회, 그리고 그로부터 나오는 즐거움과 집합적 흥분 — 에 이르기까지 다양하다. 저항에 이르는 경로들이 너무나도 많고, 또 일단 저항에 참여하면 너무나도 많은 만족감을 느낄 수 있기 때문에, 적절한 문화적·전기적·구조적 상황이 주어지면, 누구라도 저항에 이끌릴 수 있는 것처럼 보인다. 많은 군중 이론가가 그렇게 생각했던 반면, 다른 사람들은 누가 참여하는 경향이 있는지를 설명하기 위해 소외와 같은 개인적 특질들을 찾아 나섰다. 최근의 연구자들 또한 모든 사람이 이해관계를 지니기 때문에 누구라도 그것을 추구하기 위해 운동에 가담할 수 있을 것이라고 가정해왔다. 나는 거의 모든 사람이 저항에 참여할 정도로 무언가에 깊은 관심을 기울인다고 생각한다. 하지만 또한 참여 가능성을 약간은 높여주는, 즉 흥분된 시기뿐만 아니라 활기 없는 경직된 시기에도 활동을 계속하게 하는 데 일조하는 퍼스낼리티 특징들이 있을 수도 있다.

기인들, 그리고 상층 선동가들

'기인들' …… '전문적인 상층 선동가들'.
— 1969년 하원의원 체스터 얼 홀리필드가 반핵 저항자들에게 한 말

내가 수전 존슨Susan Johnson을 인터뷰한 곳은 워싱턴에 있는 푸드 포 소트Food for Thought였다. 그곳은 부르주아적이고 관료제적인 도시 속에 자리하고 있는 좌파 대항문화의 피난처이다. 대부분의 도시에는 여러

저항 스타일 — 지난 한 시대의 홀치기염색 옷과 장발, 또 다른 시대의 검정색 옷, 반백의 머리, 마조히즘적 장신구 — 이 뒤섞여 있는, 그와 같은 장소들이 있다. 그날 저녁 연회에서는 포크싱어들과 성난 정치적 록커들이 번갈아 등장했고, 적어도 100개의 정치적 대의들이 게시판 — 그것은 내가 사는 블리커 스트리트에 서 있는 가로등 기둥의 확대판이다 — 에 성명서 형태로 제시되어 있었다. 약간 늦게 도착한 수전은 게시판을 (짜증날 정도로 오래) 훑어보고 나서는, 내게 다가와서 앉은 다음 자신을 소개했다. 그녀의 첫마디는 "당신은 대략 내가 예상한 대로인 것 같군요"였다. 그녀는 질문을 하면 "음, 분명하진 않은데"라면서도 자세히 말했다. 그녀는 그다지 무례하지도 않았지만, 좀처럼 다정하지도 않았다. 그녀는 또한 언뜻 보더라도 그녀가 참여해온 단체들의 환심을 산 적이 없어 보였다. 그리고 그녀는 자신이 오랫동안 다양한 좌파 및 자유주의 저항단체들에서 겪어온 퍼스낼리티 충돌들을 하나하나 열거했다.

수전이 거슬리는 퍼스낼리티를 지닌 유일한 저항자인 것은 결코 아니다. 대부분의 사람이 그랬던 것처럼, 내가 린든 라로슈Lyndon LaRouche의 추종자들을 처음 만난 것은 공항에서 한 사람이 나에게 "턱수염이 있는 사람도 원자력 발전을 지지할 수 있다"라고 외쳤을 때였다. 나의 경우라면, 그는 잘못 짚었다. 그러나 나는 그가 다른 사람들에게 우호적인 인상을 주는 것에 정말 무관심하다는 점에 끌렸다. 라로슈의 섬뜩한 경제 분석이 지닌 과학적 정확성을 너무나도 확신하는 그의 추종자들은 단지 그것이 입증되기를 기다리고 있을 뿐이었다. 그들은 괴팍한 퍼스낼리티로 인한 과민함에 더해 오만한 확신을 드러냈다.

저항 경력을 쌓아나가는 사람들의 퍼스낼리티를 조사하는 것은 유행에 뒤진 일이다. 왜냐하면 그들이 당신이나 나와 결코 다르지 않다는 것은 현재 합의가 이루어진 사항이기 때문이다. 도덕적 충격은 누구에게나 (적어도 집과 도덕체계를 가진 사람이라면, 그리고 세상에 대한 느낌들을 가진 사람이라면 누구에게나) 발생할 수 있다. 매카시와 잘드가 주장했듯이, 저항은 직업과 경력을 예기해주기도 한다. 로이스 깁스 Lois Gibbs는 러브 커낼의 그녀의 이웃들과 관련한 의외의 사실들로 인해 극심한 도덕적 충격을 받았지만, 그녀는 시민 유해폐기물 정보센터 Citizens' Clearinghouse for Hazardous Waste라는 성공적인 저항단체를 설립하여 여전히 활동하고 있다.[14] 하지만 평생의 대부분을 활동가로 지내는 사람들이 물리적으로 궁핍하다는 점을 고려한다면, 어쩌면 개인적 강박관념을 포함하는 여타의 요인들 또한 작용하고 있을지도 모른다. 군중 전통이 저항자들의 퍼스낼리티에서 나타나는 병리적 측면들에 주목했다면, 합리적 선택 학파와 동원 학파는 보편적 합리성을 주장하는 것으로 응답했다. 하지만 보다 문화적인 접근방식은 두 극단 모두에 상당한 의구심을 드러낸다. 행위는 (동원 이론가들이 인정하듯이) 불완전한 지식과 정치구조들의 편차에 의해 제약받을 뿐만 아니라, 문화적 의미들에 의해 복잡한 방식으로 구성되기도 한다. 퍼스낼리티는 문화에 의해 틀 지어진다.

문화는 많은 방식으로 전기와 심리에 원료를 제공한다. 개인들은 자신을 문화적으로 규정된 다양한 집단과 동일시한다. 그들은 정치적 경험을 포함하여 그들 자신의 과거 경험을 미디어의 렌즈를 비롯한 많은 문화적 렌즈를 통해 해석한다. 그리고 그들은 자신들을 둘러싸고 있는 문화 저장소로부터 스킬과 습관, 가치와 신념, 직관과 원칙들을 끌어내어 특이하게 혼합한다. 아마도 어린 나이에 내면화된 무의식적 동일

---

14 다음을 보라. Lois Marie Gibbs, as told to Murray Levine, *Love Canal: My Story*(Albany: State University of New York Press, 1982); Adeline Cordon Levine, *Love Canal: Science, Politics, and People*(Lexington, Mass.: D.C. Heath, 1982).

시조차도 우리가 해석한 환경을 반영할 것이다. 공포, 화, 위협 — 이것들은 보편적인 심리적 반응일 수도 있다 — 은 문화마다 적어도 그것의 내용과 계기에서 다르다.

나는 퍼스낼리티에 대한 연구가 가능하다는 것을 지적하는 방식으로 퍼스낼리티와 관련하여 매우 잠정적인 몇 가지 제안을 하고 싶다. 하나는 저항자들에게는 그들에게서 자주 인지되는 '기인 기질'이 존재한다는 것이다. 이는 거의 당연한 일이다. 왜냐하면 그들은 통상적으로 한 사회의 공통적인 (아마도) 합의된 의미와 양식들 중 일부에 반대하기 때문이다. 나는 이것이 그들이 우리보다 새로운 시각과 통찰을 획득하는 데서 결정적인 사회적 역할을 할 수 있는 이유 중의 하나라고 믿는다. 그러한 기인 기질은 개인적 속성보다는 주류에서 벗어나 있는 감성들과 더 관계가 있다. 나는 이 대안적 감성들의 기원에 대해 더 많이 알고 싶다.

똑같이 잠정적인 나의 두 번째 제안은 어떤 사람들로 하여금 사회적 관례와 그것 주변에 안주하는 것으로부터 비판적인 거리를 유지하게 하는, 일종의 굴하지 않는 강직함과 관련되어 있다. 내부고발자들은 자주 그들의 직업윤리 규칙들에 대한 강직한 신념과 그들에게 계속해서 가해지는 사회적 압력을 견뎌내는 외톨이 능력을 겸비하고 있다. 나치로부터 유대인들을 구출했던 구조자들에 관한 연구는 이 극단적 이타주의자들이 강력한 반대압력에도 불구하고 도덕적 원칙을 고수할 만한 자질을 지니고 있다는 것 말고도 몇 가지 점에서 독특하다는 것을 발견했다.[15] 때로는 오만함, 반항 기질, 또는 규칙 엄수에 의해 강화

---

15   Philip P. Hallie, *Lest Innocent Blood Be Shed: The Story of the Village of Le Chambon and How Goodness Happened There*(New York: Harper and Row, 1979); Nechama Tec, *When Light Pierced the Darkness: Christian Rescue of Jews in*

되는 완고함이 저항자들을 키우는 것인지도 모른다.

마이클 월저Michael Walzer는 저항에 유리한 퍼스낼리티의 역사적 기원을 제시하기도 했다. 월저는 후일 세속적 혁명들을 고무한 새로운 성격유형 역시 16세기에 청교도 '성인들'이 고안해낸 것이었다고 생각한다. '비인격적인 이데올로기적 규율'이 '비범한 자기확신과 대담함'을 북돋운다.[16] 같은 생각을 지닌 집단에 의해 길러진 강고한 개인적 양심이 사람들에게 가장 혁명적인 저항행위를 추동할 수 있는 자기통제력과 확신을 가지게 한다. 완고함, 이데올로기적 확신, 그리고 주변성 의식이 하나의 강력한 조합을 이루기도 한다.

때때로 행동주의는 정상적 상황이라면 못마땅해 보일 수도 있는 개인적 특질에 뿌리하고 있다. 제프 메리데스는 '적응을 잘하는' 아이가 아니었으며, 존 고프먼은 자신의 과학적 신념에 오만했다. 특이성이 중요한 까닭은 바로 그것이 어떤 사람들로 하여금 세상 — 또는 자료 — 을 다르게 보도록, 다르게 느끼도록 또는 다르게 행동하도록 이끌기 때문일 수도 있다. 퍼스낼리티 효과는 아마 사소할지도 모른다. 그러

Nazi-Occupied Poland(New York: Oxford University Press, 1986); Kristin R. Monroe, Michael C. Barton and Ute Klingemann, "Altruism and the Theory of Rational Action: An Analysis of Rescuers of Jews in Nazi Europe," in Kristin Renwick Monroe(ed.), *The Economic Approach to Politics: A Critical Reassessment of the Theory of Rational Action*(New York: Harper-Collins, 1991); Eva Fogelmann, *Conscience and Courage: Rescuers of Jews During the Holocaust*(New York: Anchor, 1994). 구조자들에 관한 또 다른 연구들은 서로 다른 퍼스낼리티 특질들을 지적해왔다. 그중에서 사제와 같은 도덕적 지도자의 자발적 솔선수범을 논의하고 있는 것으로는 Samuel P. Oliner and Pearl M. Oliner, *The Altruistic Personality: Rescuers of Jews in Nazi Europe*(New York: Free Press, 1988)을 보라. 그리고 공통의 인류애에 대한 분명한 인식이라는 퍼스낼리티 특질을 다루고 있는 것으로는 Kristen Renwick Monroe, *The Heart of Altruism: Perceptions of a Common Humanity*(Princeton: Princeton University Press, 1996)를 보라.

16 Michael Walzer, *The Revolution of the Saints: A Study in the Origins of Radical Politics*(Cambridge: Harvard University Press, 1965), p. 317.

나 진실은 우리가 어쨌거나 아무런 증거도 가지고 있지 않다는 것이다. 우리가 앞서 살펴보았듯이, 저항자들의 심리에 대한 군중 이론가들과 다른 사람들의 탐구는 그 어떤 증거와도 반대로 단순히 저항자들을 무언가 결함이 있는 사람으로 가정한다. 그 후 동원 이론가와 과정 이론가들은 단지 소수의 증거만을 가지고 그 역을 가정해왔다. 어느 누구도 그 쟁점에 대해 설득력 있는 경험적 조사연구를 수행한 적이 없었다.

그러므로 특정 유형의 퍼스낼리티가 장기간의 저항 경력을 고무하거나 그러한 경력들에서 싹틀 가능성은 여전히 존재한다. 1936년에 조지 오웰George Orwell은 여행을 다니다가, 잉글랜드 북부 산업지대에서 일을 했으며, 그 결과로 강력한 사회주의 운동의 필요성과 그 뿌리에 대해 기록한 책『위건 부두로 가는 길The Road to Wigan Pier』을 집필했다. 일터와 가정의 끔찍한 상태는 사회의 부에 대한 사회주의적 재분배의 필요성을 확실하게 입증했다. 오웰은 변화를 위한 운동을 선동하던 사람들에게 그리 깊은 인상을 받지 못하고 다음과 같이 불평했다. "사회주의자들이 운집한 곳이라면 어디든지 간에 (실제로 불안을 조성하는) 괴짜들이 무서울 정도로 넘쳐났다. 때때로 우리는 단지 '사회주의'와 '공산주의'라는 단어들이 그 속으로 영국의 온갖 과일주스 애호가, 나체주의자, 샌들 애용자, 섹스광, 퀘이커교도, '자연치료' 돌팔이, 평화주의자, 페미니스트를 자력을 가지고 끌어들이고 있다는 인상을 받는다."[17] 오웰에게 이 저널리즘적 심부름을 보냈던 레프트 북 클럽Left Book Club의 편집자들 중 한 사람은 그 책의 날카로운 비평들을 부드럽

---

17   George Orwell, *The Road 10 Wigan Pier*([1937] New York: Harcourt Brace Jovanovich, 1958), p. 174.

게 할 서문을 쓰는 수밖에 없다고 느꼈다. 그럼에도 불구하고 오웰은 많은 저항운동 조직자와 관련한 한 가지 진실을 포착했다.

괴짜crank라는 단어는 소화불량을 암시하면서, 불쾌한 신맛을 낸다. 우리는 또 다른 극단에서 무색의 과학적 언어를 채택하여, 그들의 견해가 사회의 끝자락에 분포하는 '열외자outliers'에 대해 말할 수도 있을 것이다. 나는 **기인**kook이라는 용어를 더 좋아하는데, 부분적으로는 그 용어의 사촌인 **기인 기질**kookiness 때문이다. 많은 관찰자(이를테면 체스터 홀리필드Chester Holifield)가 기인 기질을 저항운동의 명백한 속성으로 보고 있다. 보통 이들 용어가 칭찬을 의미하지는 않지만, 나는 우리가 그러한 용어들을 통해 저항의 유동성, 팽창성, 창조성을 포착할 수 있기를 바란다. 괴짜 기질보다는 기인 기질을 칭송하기가 더 쉽다. 우리는 근본적 변화를 위한 운동들이 변화를 갈망하는 사람들을 끌어당기지만 그럼에도 불구하고 그들의 목적이 운동 설립자나 조직자들의 그것과 정확히 일치하지 않는다는 것에 놀라지 말아야 한다. 최소한 그들은 자신들의 적의 적에게 이끌린다. 오웰의 비문에 쓰여 있듯이, 진보에 대한 단순한 열망도, 그리고 진보의 이름으로 말하는 누군가에 대한 호감도 흔히 있는 일이다.

저항자들은 기인으로 여겨진다. 이는 대체로 그들이 사회의 합의에 동의하지 않기 때문이다. 이것이 바로 (당연히) 그들이 사회 및 그 사회의 합의를 변화시키고 싶어 하는 이유이기도 하다. 새로운 의견과 새로운 관점이 출현하기란 항상 쉽지 않지만, 내가 마지막 장에서 상세하게 설명하듯이, 그것들은 도덕적 감성을 평가하는 데 중요한 사회적 지식과 기회를 제공할 수 있다. 우리가 사회운동의 창조성을 소중히 여기기 위해 '특별한' 견해들을 (랭R. D. Laing, 토머스 사즈Thomas Szasz, 그리고 어쩌면 미셸 푸코Michel Foucault가 광기를 칭송하는 것처럼) 칭송할 필요는 전혀 없다. 우리가 어떤 관점이 공적 담론의 검증에서 살아남을지, 어떤 것이 상식이 될지, 그리고 어떤 것이 역사적 각주가 될지를 미리 예측할 수는 결코 없다. 그러나 우리는 그것들의 확산을 환영할 수는 있다. 왜냐하면 우리가 앞서 살펴보았듯이, 몇몇 특이한 관점이 다른 사람들에 의해 채택될 때 그러한 관점의 차이가 사회변화를 가능하게 하기 때문이다. 『제49호 품목의 경매Crying of Lot 49』를 분석한 프랭크 커모드Frank Kermode에 따르면, "엄청난 일탈은 공유되면 분파라고 불리고, 그렇지 않으면 편집증이라고 불린다".

많은 저항자가 드러내는 기인 기질은 그들의 대안적인 라이프스타일에서 나온다. 특히 탈산업적 운동들에서 사람들은 새로운 삶의 방식들 — 즉, 제도가 한결같이 소비주의를 조장하는 사회에서 지속되기 어려운, 보다 고상하거나 보다 생태학적인 관행들 — 을 산출하려고 노력한다. 대부분의 시민권 저항자들은 일관된 대안들을 산출하기보다는 이미 존재하는 생활양식들 속에 포함되고 싶어 한다. 따라서 그들은 주류의 눈에 정상적으로 '보이도록' 애쓸지도 모른다. 이를테면 네이션 오브 이슬람Nation of Islam[미국의 흑인 이슬람교 단체 — 옮긴이]의 나비넥타이와 짧은 머리는 다소 놀라운 신학적 믿음을 숨겨준다. 게다가 탈시민권 운동들의 밑바탕에는 어떤 분명한 집단도 존재하지 않기 때문에, 그러한 운동들은 자신들의 목표와 스타일을 공유하는 누구에게라도 잠재적으로 열려 있다(오웰의 괴짜들도 배척될 수 없다). 반면에 배제된 집단에 속한 사람들에게는 자신들의 시민권 운동이 유일한 참여수단일 수도 있다. 따라서 그러한 시민권 운동은 많은 상이한 개인적 스타일을 지닌 사람들을 끌어들일 것이다. 하지만 관례적 양식을 가지지 않은 사람보다는 그것을 가진 사람들이 훨씬 더 많기 때문에, 아마도 후자가 더 우위를 점할 것이다. 따라서 탈시민권 저항자들은 (고기와 가죽제품을 거부하고, 머리를 기르거나 독특한 옷을 입고, 전통적인 직업과 그 보상을 기피하기 때문에) 시민권 운동의 성원들보다 더 이상해 보일 수도 있다.

저항자들 스스로가 그들의 기인 기질을 재차 보증하기도 한다. 이를테면 동물권리 저항자들은 "모든 위대한 운동은 반드시 세 단계, 즉 조롱, 토의, 채택을 거친다"는 존 스튜어트 밀John Stuart Mill의 말을 인용하기를 좋아한다.[18] 그들은 조롱을 채택이 뒤따를 것임을 보여주는 증거라고 해석한다. 이것이 1969년에 홀리필드가 비웃었던 반핵 저항자들에게 일어났던 일이다. 왜냐하면 10년 안에 미국인들 대다수가 원자력 에너지에 대한 그들의 의심을 공유하게 되었기 때문이다. 나는 저항자들의 관점이 일반적으로 처음에는 조롱당한다고 생각한다. 하지만 몇몇은 그 단계를 결코 넘어서지 못한다. 그러나 그러한 주변성은 그것에 걸맞은 퍼스낼리티를 가진 사람들에게는 그 자체로 하나의 힘의 원천일 수 있다. 모르몬교Mormons의 설립자인 조지프 스미스Joseph Smith는 "하느님은 내가 박해받는 것을 기뻐할 만큼 나를 기묘하게 만들었다" (그의 경우에 그것은 행운을 가져다준 특질이다)라고 말했다. 이 암시를 좇아 역사가인 로렌스 무어R. Laurence Moore는 미국의 많은 종교단체에게 자신들의 아웃사이더 지위에 대한 강렬한 의식은 하나의 주요한 자산이었다고 주장한 바 있다.[19] 동일한 말을 많은 저항단체에 대해서도 할 수 있다. 어떤 사람들은 다른 사람들이 저항의 약점 중 하나라고 여길 수도 있는 것에 긍정적 가치를 부여한다.

---

18 Tom Regan, *The Case for Animal Rights*(Berkeley: University of California Press, 1983), p. vi에서 재인용함.

19 R. Laurence Moore, *Religious Outsiders and the Making of Americans*(New York: Oxford University Press, 1986).

저항의 즐거움과 나란히 똑같이 강렬한 고통이 뒤따를 수도 있다. 조지프 스미스가 학습했듯이, 고통은 물리적일 수도 있고, 때로는 치명적이기까지 하다. 실망, 기진맥진, 좌절, 공포도 존재한다. 때때로 저항자들은 그러한 것들을 호전시킴으로써, 그것들을 그들의 활동의 중요성을 나타내는 상징으로 만들기도 한다. '지고선'의 추구는 한 수준에서는 만족스러운 동시에 또 다른 수준에서는 고통스러울 수 있다. 심지어는 그것이 고통스럽기 때문에 더 만족스러울 수도 있다. 대개의 경우 저항의 고통이 너무나도 큰 나머지 결국에는 지지자들이 일상의 과정으로 돌아간다. 국가에 의한 군사적 또는 치안상의 조치는 그렇게 만드는 데 악명 높을 정도로 효과적이다. 우리 사회에 대한, 특히 우리 사회의 경제적·정치적 지도자들에 대한 적극적 비판에는 비용이 따른다.

저항의 심리

기껏해야 퍼스낼리티는 누군가를 저항으로 이끄는 데 일조할지도 모르는 한 가지 요인일 뿐이다. 터너와 킬리언은 퍼스낼리티의 효과를 분별하기 위해 노력해왔다. 그들은 "우선, 우리는 아마도 보다 믿을 수 있는 근거에 입각하여, 상이한 종류의 동기가 사람들로 하여금 일반화된 운동을 하기에 용이한 지형들을 찾아 나서게 하기보다는 상이한 종류의 운동들로 이끈다고 가정할 수 있을 것"이라고 말한다. 나는 더 나아가 하나의 단일한 운동이라고 할지라도 거기에는 다양한 이유에서 참여하는 사람들이 포함되어 있다고 말할 것이다. 그런 다음에 터너와 킬리언은 "각각의 운동은 그 성원들의 태도와 동기를 변화시키고 따라서 독특한 태도는 성향만큼이나 그들이 운동에서 경험한 것을 반영한다"라고 주장한다. 태도가 퍼스낼리티와 완전히 동일한 것은 아니지만, 이것은 타당한 지적이다. 터너와 킬리언은 그다음으로 다음과 같이 주장한다. "어떤 사람이 참여하고 있는 운동은 그것이 어떤 운동이든지 간에 개인의 기존의 욕구를 표현하는 한 가지 수단이지만, 그러한 욕구들은 그를 운동으로 이끄는 데 결정적이지 않았을 수도 있다." 이 언급 또한 동기가 너무나도 복합적이고 다양해서 '결정적인' 하나를 다른 것들과 구분하기 어렵다는 것만 제외한다면, 또 다른 탁월한 주장이다. 끝으로, 그들은 "어떤 사람들은 그들로 하여금 사회운동에 무차별적으로 참여하게 하는 퍼스낼리티를 가지고 있을지도 모른다"라고 고백하고 있다는 점에서 어쩌면 나보다도 한걸음 더 나아간다.[20] 자신들의 퍼스낼리티로 인해 좀 더 쉽게 참여하는 사람들조차도 결코 **무차별적으로** 참여하는 것은 아니다.

애석하게도 우리는 저항에서 퍼스낼리티가 수행하는 역할에 대해 실제로 어떠한 경험적 증거도 가지고 있지 못하다. 군중 이론가들은 퍼스낼리티가 중요한 역할을 수행한다고 가정했지만, 그것을 입증하지는 않았다. 최근의 이론가들은 퍼스낼리티가 거의 또는 어떠한 역할도 하지 않는다고 가정했지만, 역시 그것을 입증하지 않았다. 태도 및 가치와 관련한 증거 — 그것만으로는 전혀 충분하지 못하다 — 는 퍼스낼리티 요인들을 건드리는 작업을 시작하지도 않고 있다. 대부분의 최근 이론가들이 믿고 있듯이, 만약 개인이 이론적으로 그리고 방법론적으로 중요하지 않다면, 퍼스낼리티와 심리 역시 중요하지 않을 것이다.

차이 속에 창조성이 자리한다. 제프 메리데스가 묘사하는 저항의 기

20　Ralph H. Turner and Lewis M. Killian, *Collective Behavior*, 3d ed., pp. 336~337.

뿜은 장난 같아 보이는 예술이 갖는 잠재력과 매우 유사하다. 예술은 우리가 '시험 삼아 시도해볼' 또 다른 현실을 창조한다. 이 또 다른 세상은 종종 우리의 매일의 삶보다 더 실제적인 것처럼 느껴진다. 왜냐하면 우리가 거기에서 우리의 '진정한' 자아를 시험해보고, 보통은 우리의 매일의 일상적 과정들이 덮고 있는 더 심원한 진리와 정체성을 통찰해볼 수 있기 때문이다. 철학자 한스게오르크 가다머Hans-Georg Gadamer는 우리가 그러한 전망에 빠져 어떻게 행위자로서의 우리 자신에 대한 우리의 일상적인 도구적 의식을 망각하게 되는지를 기술했다. 저항자들이 창조하는 세상에 의해 저항자들이 바뀔 수 있는 것처럼, 우리는 예술작업의 세계에 빠질 때 다른 사람이 된다. 가다머에게 연극은 춤이 그러하듯이 우리를 그것 속으로 휩쓸리게 하는, 마음을 빼앗는 활동이다. 그것은 그것 나름의 규칙과 현실을 가지고 있기 때문에, 우리는 자신을 연극 속에 '빠뜨림'으로써 우리의 통상적 주체성에서 벗어나 무언가 다른 것의 일부가 될 수 있다. 게임과 춤은 우리가 게임을 하고 춤을 출 때이외에는 존재하지 않으며, 잠시 동안 우리는 플레이어나 무희의 역할에 빠져든다. 여기서 우리는 뒤르켐이 집합의례에 대해 묘사한 것과 유사한 것들을 발견할 수 있다.[21]

운동문화는 온갖 부류의 사람들에게 만족감을 제공하며, 운동은 다양한 사람들을 끌어들인다. 앞 장에서 우리는 운동 정체성과 활동가 정체성을 강화하는 감정적 유대에 대해 고찰했다. 이 장에서 우리는 운동에서 배출구 또는 즐거움을 발견할 수 있는 다양한 심리적 기질과 그러한 다양한 즐거움을 탐구했다. 저항자들은 그들이 하는 것을 즐기

---

21   Hans-Georg Gadamer, *Truth and Method*([1960] New York: Crossroad Publishing, 1982).

며, 그들이 즐기는 것을 한다. 만약 그게 아니라면, 그들은 고통과 비용이 그들을 압도할 때, 저항을 그만두게 될 것이다. 다음 장에서 나는 저항의 전술을 보다 구체적으로 살펴보면서, 그것 역시 참여자들에게 즐거움을 제공한다고 주장한다. 그리고 참여자들이 그들의 전술을 선택하는 이유는 얼마간은 단지 전술의 효력 때문이라기보다는 그것이 주는 감정적·도덕적 만족 때문이다. 달리 말해 전술은 참여자들에게서 변치 않고 지속되는 취향을 보여주며, 그러한 취향은 그들의 전략적 상호작용이나 학습과 얼마간 무관하다.

- 저항은 수많은 복잡한 동기, 스킬, 즐거움 — 활동가 정체성의 원료 — 에 의해 지속된다.
- 저항에는 고통과 손실 또한 넘쳐나며, 그것들은 사람들이 참여에서 이탈하는 데 일조한다.
- 유별난 퍼스낼리티 특질 — 완고함, 그리고 심지어는 기인 기질을 포함하여 — 은 오랜 기간의 저항활동을 떠받치는 데 유익한 필수품으로, 저항자들에게 무엇이 즐거움이고 무엇이 고통인지를 규정하는 데 도움을 줄 수 있다.
- 개인들은 공식적 저항조직이 자신들의 욕구에 부합할 때 그곳을 들락거린다.

제10장

전술 취향

> 취향은 분류된다. 그리고 취향은 분류하는 자를 분류한다. 그들의
> 분류체계에 따라 분류된 사회적 주체들은 그들이 아름다운 것과 추
> 한 것 간에, 품위 있는 것과 비천한 것 간에 만들어낸 구별에 의거하
> 여 그들 자신을 구별 짓는다. 그리고 그 과정에서 객관적 분류체계
> 속에서 그들이 차지하는 위치가 표현되거나 드러난다.
>
> — 피에르 부르디외

내가 평화를 위한 어머니회의 한 사람에게 아발론 동맹에 대해 물었
을 때, 그녀는 웃으면서 그녀의 눈동자를 굴렸다. 그녀는 천천히 단어
를 고르면서 이렇게 말했다. "글쎄요, 그들에게는 나름의 어떤 매력이
있겠죠. 우리는 우리가 해야 하는 것 이상으로 그들과 관계하지 않아
요. 왜냐하면 그들이 우리를 미치게 만들거든요." 하지만 나중에 그녀
는 다음과 같이 말하며 그들을 인정했다. "우리는 그들이 그들 자신의
일을 하면서 거기에 있어줘서 기뻐요. 그들은 무엇보다도 언론보도와
관련해서 큰 영향력을 행사해왔거든요." 우리는 평화를 위한 어머니회
가 원자력규제위원회의 공청회에서 증언하고 여타의 법적 전술들을
추구했던, 주로 중년의 중간계급 지역 거주민들이라는 것을 알게 되었

다. 그들의 회원과 대항문화적인 아발론 동맹의 성원은 거의 중첩되지 않았다.

　두 단체 모두 열정과 성의를 가지고 "그들 자신의 일을 하면서" 디아블로 캐니언 원자력 발전소 건설을 중단시키고자 노력했다. 그들은 상이한 '전술 취향'을 가지고 있었고, 그것이 그들로 하여금 상이한 행위 경로를 선호하게, 그리고 그들 사이에 확실한 분업이 일어나게 했다. 어머니회가 법적 수단을 통해 반대하기로 함으로써 법정을 이용하고 불법활동을 피했다면, 아발론 동맹은 불법적이고 초법적인 행위들을 후원했다. 여기에 저항운동들의 한 가지 공통된 특징이 존재한다. 그것은 저항운동이 상이한 전술을 선호하고 자주 다소 상이한 도덕적 감성들을 가지고 있는 단체들 간의 불편한 연합으로 이루어져 있다는 것이다. **운동**이라는 용어는 자주 이 엄청난 차이를 눈에 보이지 않게 한다. 많은 경우에서 그 단체들은 서로 별 관계가 없으며, 심지어는 서로를 싫어하기까지 한다.

　운동 정체성은 개인적 또는 조직적 연계가 그리 없는 상태에서 비슷한 생각을 하는 다른 사람들이 거기서 유사한 목표를 위해 활동하고 있다는 의식에 기초하여 형성될 수도 있다. 이를테면 아발론 동맹 스태프들은 다른 반핵단체들과 어떠한 정례적인 관계도 맺고 있지 않았다. 마리오 디아니는 밀라노 환경운동의 네트워크를 치밀하게 분석하여, 거기서 평균 정도 규모의 단체들이 세 개 이하의 다른 단체들 – 바로 그 대도시에 있는 – 과 정기적으로 접촉하고 있음을 발견했다.[1] 시민권 운동이 종종 전국 조직을 힘과 가시성의 한 가지 표지로 보는 반면, 최근의 탈시민권 운동은 대체로 전국 조직을 피한다. 1960년대에 뉴스

1　　Mado Diani, *Green Networks*(Edinburgh: Edinburgh University Press, 1995).

매체가 소수의 저명한 지도자와 단체들에 초점을 맞춤으로써 보다 광범위한 신좌파 및 그와 관련된 운동들을 어떻게 왜곡시키고 결과적으로 그 토대를 침식했는지를 보아왔기 때문에, 1970년대와 1980년대에 결성된 탈산업적 단체들의 지도자들은 눈에 띄는 지도자와 중앙집중적인 조직을 피하기 위해 애썼다. 그들은 사회의 분권화에 대한 신념을 가지고 있었고, 그들의 운동 속에서 그것을 실천했다. 대부분의 저항운동이 다양한 전술을 추구하는 다양한 단체를 포함하고 있었지만, 그것은 탈산업적 운동들에서 특히 (그리고 의도적으로) 그러했다.

어머니회와 아발론 동맹은 하나의 공통의 동맹 유형, 특히 기술이나 환경의 위험에 대항하는 운동에서 저항 표적의 인근에 사는 사람들과 그렇지 않은 사람들 간의 동맹 유형을 아주 잘 보여준다. 1960년대 중반에 미국에서 첫 번째로 일었던 대규모 원자로 주문 물결은 보통 입지로 선정된 장소 인근에 살고 있는 사람들에게서 산발적인 저항을 불러일으켰지만, 대부분의 원자로가 반대에 부딪히지는 않았다. 1970년대 초반에 처음에는 원자로의 환경적 결과(바닷물의 온도 상승, 방사능 유출)를 우려하는, 그리고 그다음으로는 사고 가능성을 우려하는 전국 단체들이 출현했다. 전문가들 간의 논쟁과 국립 원자력 에너지 연구소들 내부의 비판이 그러한 쟁점에 대한 공중의 관심을 이끌어내는 데 일조했다. 에너지 정책이 1973년과 1974년의 석유위기 이후 신문의 헤드라인을 장식했을 때, 랠프 네이더Ralph Nader와 다른 사람들이 그 운동에 전국적 목소리를 실어주었다. 운동 정체성이 처음으로 출현하여, 분산되어 있던 저항자 단체들 ― 전국 단체들로부터 다른 어떤 것도 거의 얻지 못했던 ― 을 일신시켰고 또 그 단체들에 확신을 심어주었다. 주된 반대전술이었던, NRC 청문회에서 증언하는 것에 의회 로비활동이 추가되었다. 그것들은 아주 관례적인 전술이었다.

1975년과 1976년에 시작된 반핵운동은 극적인 새로운 전환의 하나가 되었다. 뉴햄프셔의 시브룩 발전소에 반대했던 클램셸 동맹이 벌이기 시작한 불법적 직접행동, 특히 부지 점거가 전국의 많은 지역에서 벌어지던 반핵운동들로 급속히 확산되었다. 그러한 전술과 함께 비폭력 교육이 실시되고 동호인 단체에 기초한 조직구조가 눈에 띄게 드러나기 시작했다. 갑자기 생겨났던 '동맹들' — 아발론 동맹, 세이지브러시 동맹Sagebrush Alliance, 사와로Saguaro, 아르마딜로Armadillo — 은 동호인 단체들의 동맹이었다. 이 단체들은 이전의 반핵조직들의 법적 소송을 경멸하고, 그 대신에 부지 점거, 야영, 대규모 집회를 선호했다. 몇몇 단체는 건물이나 설비를 파괴하는 데 기꺼이 나서기도 했다. 모두 법을 위반하는 데 거리낌이 없었고, 때로는 며칠 또는 심지어 몇 주를 교도소에서 보냈다. 우리가 살펴보았듯이, 아발론 동맹이 전형적인 예였다. 새로운 전술과 함께 원자력 에너지를 대기업의 무제한적 이윤추구 및 대기업과 미국정부의 공모와 결부시키는 새로운 이데올로기가 만들어졌다. 그 새로운 이데올로기는 민간 원자력 에너지의 역사를 그것의 군사적 기원에까지 밟아 올라가며, 원자력 확산을 문제 삼기 시작했다.

그러는 가운데 새로운 전술과 이데올로기가 새로운 부류의 반핵 활동가를 끌어들였다. 동호인 단체에 참여한 사람들 대부분은 클램셸 동맹에 대한 또는 독일의 빌에서 유사한 부지 점거가 성공한 것에 대한 소식을 듣고 고무된 사람들이었다. 하지만 그들은 반핵운동에게는 새로운 사람들이었다. 그들은 더 젊고, 더 좌파적이며, 더 이데올로기적이었고, 원자력 발전소에 의해 직접 영향을 받을 가능성이 적었다. 그들은 지역 참여단체들과도, 그리고 그것의 전국 조직들과도 거의 관계가 없었다. 내가 수행한 디아블로 조사결과에 대한 요인분석은 비지역민들이 '작은 것이 아름답다'는 가치에 훨씬 더 관심이 있고 기술과 과학에 대해 더 의구심을 가지고 있다는 것을 보여주었다. 비지역민들은 단지 디아블로 캐니언 원자력 발전소를 중단시키는 것보다 더 광범위한 의제를 가지고 있었다. 실제로 1984년 이후 아발론 동맹의 스태프들이 벌이는 활동이 중앙아메리카, 핵무기, 그리고 여타의 쟁점들로 확대된 반면, 샌 루이스 오비스포의 지역 저항자들은 여전히 디아블로에 초점을 맞추고 있었다.

이상형의 한 극단에는 캘리포니아 전역에서 온 저항자들이 있었다. 그들 대부분은 잘 다듬어진 정치적 입장을 가지고 있고 빈번히 비전통적인 생활방식을 견지하는 전일제 정치활동가들로, 그들에게 디아블로는 기술변화와, 경제성장 또는 이윤을 맹목적으로 추구하는 기술관료제의 또 다른 한 가지 사례에 불과했다. 다른 극단에는 지역의 중간계급 저항자들이 있었다. 그들은 광역적인 정치적 쟁점들보다는 디아블로를 폐쇄시키는 데 더 많은 관심이 있었지만, 이번과 이전의 경험들을 통해 정부의 일처리 방식과 기술에 환멸을 느끼게 되었다.[2] 1979년의 스리마일 섬 사고 이전에는 일반적으로 지역민들이 디아블로 원자력 발전소 반대 활동을 벌였던 반면, 비지역민들의 대다수는 그 사고 이후에 활동을 시작했다. 물론 일부 지역민들은 그들이 디아블로 원자력 발전소 건설을 반대하기 때문에 아발론의 대항문화 속으로 흡수되었다. 그러나 지역민 대 비지역민은 반핵운동의 두 분파를 아주

---

2   알랭 투렌과 그의 연구집단은 프랑스 반핵 갈등에서 지역민(대체로 주부들)과 비지역민 간의 유사한 분열—심지어 공개적이기까지 한 갈등—을 발견했다. Alain Touraine, Zsuzsa Hegedüs, François Dubet and Michel Wieviorka, *Anti-Nuclear Protest* (Cambridge: Cambridge University Press, 1983). 유사한 동맹을 가지고 있는 지역들에서 지역민들과 직접행동 하위문화 간의 관계는 팽팽하지만 공생적이다. Edward J. Walsh, *Democracy in the Shadows*(New York: Greenwood Press, 1988). 공생관계는 대체로 지역민들에 의해 조직화가 시작되었을 때, 또는 1979년 스리마일 섬 사고 이후 월시가 연구한 사례에서처럼 그러한 조직화가 가능성이 있는 것처럼 보일 때 출현한다.

잘 대표한다.

　나의 조사에서 지역민과 비지역민에서 나타나는 '유보' 응답은 그 형태에서 서로 달랐다. 조사연구가 갖는 바이어스의 하나는 응답자에게 그 조사가 제시하는 질문에 대해 어떤 입장을 표명할 것을 강요한다는 것이다. 그렇기 때문에 '모름'이라는 응답의 수는 한 집단이 조사자와 동일한 언어로 이야기하는 정도를 보여주는 것일 수도 있다. 이 사례에서 지역민과 비지역민 모두는 원자력 에너지와 핵무기, 과학과 기술, 환경, 그리고 경제성장에 대해 분명한 견해를 가지고 있었다. 그러나 기업과 정부, 그리고 그들 각각의 역할과 관련된 질문에서는, 비지역민보다 지역민이 응답을 '유보'한 경우가 더 많았다(그 비율은 대략 25~30% 대 10~15%였다). 직접행동 하위문화가 보다 급진적인 정치적 입장을 가지는 것에 더하여 그러한 종류의 정치적 질문에 대해 보다 명확한 응답을 하게 할 가능성이 컸다.

　〈표 10-1〉은 지역민과 비지역민 간의 또 다른 차이들을 보여준다. 비록 지역과 비지역 활동가들 모두가 정치활동의 이력을 가지고 있었지만, 그러한 활동은 후자의 집단에서 보다 뚜렷하고 강력했다. 25마일 이상을 이동한 사람들 중에서는 65%가, 반면에 25마일 이하를 이동한 사람들 중에서는 39%가 이전의 행동주의가 자신들이 반핵 행동주의에 가담하는 데 매우 중요했다고 응답했다. 유사하게 도시지역에서 온 사람들 중 75%가 그렇다고 말한 반면, 여타 지역 출신들은 45%가 그렇다고 응답했다. 또한 '환경 급진주의자들'의 71%가 그렇다고 말한 데 비해 환경 개혁주의자들의 45%와 환경 순응주의자들의 37%가 그렇다고 말했다(각 집단의 정의는 그들이 환경적 목표를 달성하는 데 얼마나 많은 구조적 변화가 필요하다고 생각하는지에 기초했다). 다른 한편 이들 범주 사이에 친구, 미디어, 그리고 사건의 상대적 영향력에서는 유의미

표 10-1 **지역민과 비지역민 간의 몇 가지 차이(단위: %)**

		디아블로 원자력 발전소 반대시위를 위해 이동한 거리	
		25마일 미만 (n=114)	25마일 이상 (n=159)
정치적 성향	자유지상주의, 보수주의, 중도	12	6
	자유주의, 진보주의	79	51
	무정부주의자, 급진 좌파	17	42
	합계	99	99
환경문제를 위한 정치적 전략	순응주의자	31	24
	개혁주의자	49	39
	급진주의자	21	37
	합계	101	100
응답자들을 가담시키는 데서 이전의 행동주의가 갖는 중요성	매우 중요	39	65
	얼마간 중요	24	15
	중요하지 않음	37	20
	합계	100	100
응답자들을 가담시키는 데서 친구가 갖는 중요성	매우 중요	52	52
	얼마간 중요	31	27
	중요하지 않음	17	21
	합계	100	100

한 차이가 전혀 존재하지 않았다. 사회적 네트워크는 모든 범주의 응답자에게 중요했다. 하지만 그러한 네트워크들은 비지역민, 급진주의자, 도시사람들 ─ 운동의 직접행동 진영 ─ 과의 정치적 활동을 통해, 그리고 그러한 활동을 위해 형성되어왔을 가능성이 더 커 보였다. 지역민들은 정치적 활동 ─ 네트워크 모델이 통상적으로 묘사하는 그러한 종류의 활동 ─ 과는 무관하게 유대를 형성하고 있을 가능성이 더 컸다. 한 지역 참여자는 이렇게 말했다. "내 생각에 우리는 사친회Parent Teacher Association: PTA를 통해 서로를 알게 된 것 같아요. 반면에 아발론 사람들

은 그룹 홈에 함께 살거나, 여타 대의를 함께 해온 오랜 동지들인 것처럼 보여요." 아발론의 한 회원은 다음과 같이 말했다. "그들[지역 저항자들]은 가족이 있고, 사고가 난다면 죽게 될 거예요. 나는 그들에게 정말로 미안함을 느껴요. …… [샌프란시스코에서 온] 우리 대부분이 여기에 있는 것은 자본주의, 그리고 기술관료제와 싸우기 위해서예요. 우리는 그것 — 그러한 큰 문제들 — 이 더 중요하다고 생각하는 경향이 있지만, 자신의 아이들을 걱정하는 것과 비교하면, 그것은 아주 추상적이죠."

새로운 저항자들은 종래의 저항자들과 불편한 동맹을 형성했다. 평화를 위한 어머니회는 계속해서 선거 전략을 추구하고 NRC 청문회에서 증언했다. 어머니회의 일부가 개인 자격으로 1981년의 봉쇄를 포함하여 아발론 동맹의 행사들에 참여했지만, 조직들 간의 조화는 어려운 것으로 판명되었다. 어머니회는 아발론 스태프들을 '매우 유별나다'고 생각했다. 평화를 위한 어머니회는 직접행동 단체들이 선호하는 업무교대와 대조적으로, 각각의 일을 하기에 누가 충분한 시간, 자발적 의지, 그리고 전문지식을 가지고 있는지에 기초하는 확실한 분업을 활용했다. 그들 중 한 사람은 아발론 동맹에 대해 다음과 같이 비판했다. "업무교대가 대단한 것처럼 보이지만, 중요한 것은 누가 미디어와 손이 닿고 누가 전문지식과 노하우를 갖추고 있느냐 하는 것이죠. 이미 요령을 터득한 사람이 있는데, 그 일을 새로운 누군가에게 시킨다는 것은 바보 같은 짓이죠." 어머니회는 하위문화를 유지하는 것에 관심이 덜하고 주로 미디어, 변호사, NRC 당국자들을 상대했기에, 효율적인 행위와 논의보다는 하위문화적 유대 구축에 훨씬 더 많은 관심을 쏟는 전술들에는 관심이 없었다. 반면 아발론 성원들은 어머니회의 법적 개입이 효과가 없고 비실제적이라고 생각했다. 두 단체는 동맹을 맺어서 충분히 만족스러웠지만, 서로가 함께 긴밀히 작업할 필요가 없었기에 또한 만족스러웠다. 운동 정체성을 공유하고 있다는 의식과 공통의 목적이 두 단체 간의 상호 존중감을 키웠지만, 그것이 그들로 하여금 서로를 좋아하게 만들 수는 없었다. 1980년대 초반에 직접행동 단체들이 반핵운동을 떠나기 (그리고 대체로 새로이 성장하던 핵무기동결운동에서 활동하기) 시작했을 때도, 전국에서 지역 단체들은 여전히 활동을 계속했다.

이 장에서 나는 전술이 효력을 위해서뿐만 아니라 상징적·감정적 함의를 위해서도 선택되는가라는 질문을 던짐으로써 운동 내부문화를 계속해서 탐색한다. 달리 말해 전술은 운동문화 또는 단체문화의 일부인가? 아니면 저항자들은 자신들이 하는 일이 무엇이든 간에 단지 가장 효과적인 수단을 찾고자 노력할 뿐인가? 평화를 위한 어머니회와 아발론 동맹은 디아블로 캐니언 원자력 발전소 건설을 중단시키고자 하는 동일한 목표를 가지고 있었지만, 그 둘은 당시 벌어지고 있었던 일로부터 일관되게 서로 다른 전술적 함의들을 이끌어내왔다. 그렇다면 그들 각각은 단순히 디아블로 원자력 발전소 건설을 중단시키는 것 이외에 부차적인, 그렇지만 상이한 비도구적 목표들을 가지고 있었는가? 전술들은 저항단체 외부의 청중만을 배타적으로 지향하는가, 아니면 내부의 청중과 만족 또한 지향하는가? 어머니회의 전술은 그들이 주장하듯이 정말로 가장 효과적이었는가, 아니면 어머니회는 그들 나름의 이유에서 법적 수단을 선호했는가? 달리 말해 취향이 전략적·전술적 선택에 영향을 미치는가?

저항자들이 무엇을 하는지를 설명하기 위해서는 우리는 다음의 세 가지 연속되는 질문에 답해야만 한다. 첫째, 저항자들이 자신들이 쓸 수 있는 전술 레퍼토리를 가지는 이유는 무엇인가? 우리가 생각할 수 있는 모든 저항 형태 중에서 왜 오직 특정 형태들만이 특정 사회에서 특정한 역사적 시기에 사용되거나 또는 실제로 검토되는가? 이 질문은 가장 구조적이기 때문에 누구보다도 과정 이론가들이 가장 잘 다루어 왔다. 둘째, 가능한 전술 레퍼토리 중에서 저항자들은 왜 자신들이 쓰고 있는 전술적 경로를 선택하는가? 왜 행진이 아니라 폭탄이, 또는 편지쓰기 캠페인이 아니라 행진이 선택되는가? 셋째, 일단 저항자들이 특정 전술을 선택하고 나면, 그들은 그것을 어떻게 활용하는가? 그들은 어디에 그리고 언제 폭탄을 설치할지, 그리고 두 번째 폭탄에 불을 붙일 것인지를 어떻게 결정하는가? 이 세부사항들이 엄청난 심리적 차이 — 자주 성공과 실패 간의 차이 — 를 만들어낸다. 만약 전술의 선택이 버스나 기차보다는 자동차를 타는 결정과 같은 것이라면, 전략적 결정에는 얼마나 고속으로 운전할 것인지, 언제 차선을 바꿀 것인지, 경적을 사용할 것인지가 포함된다. 이 장에서는 전술의 선택을 검토하고, 제13장에서 다시 전술 전개과정에서 일어나는 전략적 선택으로 돌아갈 것이다. 세 가지 설명 모두에는 내부 문화와 외부 전략이 뒤섞여 있다.[3]

전술의 선택

저항자들은 그들의 전술을 어떻게 선택하는가, 즉 그들은 자신들이 실제로 행할 것을 어떻게 결정하는가라는 질문은 저항에 관한 연구에

---

[3] 전략이 전술보다 더 광범위하다고 생각하는 것이 통례이지만, 나는 전략을 우위를 확보하고자 하는 참가자들 사이에서 일어나는 상호작용으로 정의한다. 전략적 선택은 사소한 것 (대부분이 그러하다)일 수도 있고 중대한 것(전술을 전환하는 결정들을 포함하는)일 수도 있지만, 그것은 항상 다른 참가자들을 고려하여, 그리고 그들에 대한 반응으로 이루어진다. 레퍼토리, 전술적 선택, 그리고 전술의 응용에 대한 설명 모두는 심리적·전기적 동학은 말할 것도 없고 외적인 전략적 고려와 운동 내부 문화 모두의 영향을 받는다.

서 좀처럼 던져지지 않는 질문들 중의 하나이다. 군중 이론가들은 모든 비제도화된 전술을 미혹된 비합리적인 것, 즉 미숙한 정신의 산물로 치부했다. 많은 설명에서 저항은 군중의 격앙, 신흥 규범, 정치체계로부터의 소외 또는 세대 반란에 의해 추동되는 일시적인 격정으로 인식되었다. 그것은 심리적 과정, 즉 좌절과 분노의 직접적 결과로, 기존의 전략적 기회들과는 거의 무관했으며, 합리적인 선택을 포함하지 않았다.

정반대의 극단에서 저항자들에게 호의를 드러내는 최근의 관찰자들은 때때로 전술상의 변화를 기존 조건과 기회들에 대한 합리적 반응과 적응이라고 결론지었다. 동원 전통과 과정 전통 속에 있는 학자들이 저항을 합리적이고 합목적적이라고 보기 시작했을 때, 그들은 전술적 선택을 독자적인 목적을 달성하기 위한 효과적인 수단 추구의 하나로 분석했다. 전술 그 자체는 중립적인 것으로 인식되었다. 왜냐하면 저항자들에게 중요한 것은 그것의 효력이라고 보았기 때문이다. 좌절 모델이 살아남았지만, 좌절의 정의는 달라졌다. 이제 좌절은 개인들로 하여금 그들의 전술적 선호를 변화시키게 만드는, 그리하여 비합리적으로 행동하게 만들 수도 있는 그들 내부의 심리적·감정적 과정이라기보다는 봉쇄된 정치적 통로에 대한 하나의 반응이었다. 특히 정치과정 접근방식은 저항자들의 요구를 부추기거나 또는 억누르는 국가의 능력을 강조했다. 일단 외부 환경이 구체적으로 완전히 파악되고 나면, 전술은 통상적으로 그것으로부터 직접 도출되었다.[4]

---

4 조 프리먼은 여성운동의 급진적 진영과 온건한 진영이 상이한 전술을 채택했던 이유를 설명하면서, 이러한 '환경적' 요인을 강조하지 않는다. 그녀는 가치, 과거의 경험, 지지자의 준거집단, 기대되는 반응, 그리고 적들과의 관계를 요인들로 목록화하지만, 그것들을 문화적이고 전략적이며 변경 가능한 것으로 이론화하는 대신에 구조적 제약들로 기술한다. Jo Freeman, "A Model for Analyzing the Strategic Options of Social Movement Organizations," in Jo

허버트 키트셸트Herbert Kitschelt는 바로 그러한 견해를 채택하여 프랑스와 서독의 원자력 에너지 반대운동들이 왜 스웨덴이나 미국보다 더 폭력적인지를 설명했다. 그의 정치적 기회구조 접근방식은 "정치체계가 폐쇄적이고 정책실행에 가해지는 위협을 막아낼 수 있는 능력을 상당히 가지고 있을 때, 운동은 기존의 정책통로들 외부에서 조직되는 **대결적**인 파괴적 전략들을 채택할 가능성이 크다"라고 예측했다.[5] 키트셸트는 마치 반핵운동이 주류 전술들을 가지고 현재의 정치구조에 침투할 수 있는지의 여부를 시험해볼 필요도 없었다는 듯이 자신의 설명을 아주 정적인 언어로 제시한다. 그는 저항자들이 전술 선택을 학습하게 되는 문화적 과정에 대해 논의하지 않았다. 전술 선택은 동일한 사람들에 의한 시행착오일 수도, 또는 새로운 사람들에 의한 노력일 수도 있다. 그것은 전술과 전략에 대한 대립적 가정을 반영할 수도 있다. 동원 모델과 정치과정 모델들이 자주 간과하는 것은 사람들이 적어도 전술이 결과에 미치는 영향과는 얼마간 무관하게 특정 전술들을 다른 전술들보다 더 선호한다는 통찰이다. 저항자들은 분명 결과에 관심을 가지지만, 그들은 전술에도 또한 관심을 가진다.

이처럼 국가의 반응을 전술 선택의 주요 결정요인으로 강조하는 것은 통상적으로 국가에 직접 요구하는 시민권 운동들에 더 잘 부합한다. 키트셸트가 그 모델을 탈시민권 운동에 적용한 것이 여전히 설득력이 있는 이유는 국가가 원자로의 개발과 배치에 깊이 연루되어 있었기 때문이다. 그러나 그러한 국가개입은 쟁점에 따라, 그리고 국가에

Freeman(ed.), *Social Movements of the Sixties and Seventies*(New York: Longman, 1983)를 보라.

5   Herbert Kitschelt, "Political Opportunity Structures and Political Protest: Anti-Nuclear Movements in Four Democracies," *British Journal of Political Science*, 16(1986), p. 66.

따라 상당히 달랐다. 원자력 에너지가 프랑스에서는 곧 국가**였다**면, 민간 기업들이 원자로를 건설하고 운영했던 미국에서는 그렇지 않았다. 미국에서 반핵 저항자들은 청중이나 전술과 관련하여 더 많은 선택의 여지를 가지고 있었으며, 전술 취향에서 보다 많은 변이의 여지를 가지고 있었다. 키트셸트가 말하듯이, 프랑스에서 전술 선택은 문화적 논리보다는 전략적 논리에 의해 더 많이 추동되었다.

과정 이론가들이 강조하는 정치구조의 기회와 제약은 레퍼토리 내의 선택과 적용보다는 레퍼토리 자체를 설명하는 데 더 잘 부합한다. 그러나 이 수준에서 그것은 하나마나한 말이다. 법원이 없는 체제에서 저항자들이 소송을 제기하지는 않을 것이다. 선거가 없는 독재정권하에서 저항자들이 선거전략을 추구하지는 않을 것이다. 광범위한 역사적 관점에서 본다면, 레퍼토리의 변화는 흥미롭다, 하지만 일반적으로는 전술의 선택과 그 적용이 저항자들의 행위를 설명하는 데서 보다 유력한 요인들이다.

대부분의 학자들에게 전술의 선택은 솔직히 흥미를 끄는 질문이 아니었다. 그들이 볼 때, 전술은 심리적인 것, 즉 군중의 화와 감정표현의 일부이거나, 아니면 단체의 외부 효과를 극대화하기 위한 직접적 방법으로 선택되었다. 어느 쪽이든 전술은 저항자들에게 그 자체로는 거의 어떠한 의미도 가지지 않는 것처럼 보였다. 사회운동에 관한 문헌을 방대하게 개관하고 있는 최근의 한 논문은 전체 34쪽의 글 중에서 전술의 선택에 반 쪽도 안 되는 분량을 할애한 후, 윌리엄 갬슨의 『사회적 저항의 전략』을 유일한 경험적 연구로 언급한다. 하지만 갬슨의 저작은 실제로 다양한 목표와 전술이 성공에 미치는 영향을 다루지, 그것들이 그 자체로 어떻게 선택되는지를 다루지는 않는다(그 밑에는 유효성이 기준이라는 가정이 깔려 있다).[6] 전술 개혁의 속도에 관한 매캐덤의 연구에서, 그것들은 어떠한 독자적인 문화적 또는 심리적 요소도 결여한 채, 상대방과 벌이는 전략적 상호작용과 함수관계에 있는 것으로 파악된다. 그 또한 전술 개혁의 원인보다는 결과에 더 관심이 있다.[7]

저항자들이 가용한 전술들 가운데서 특정한 전술을 선택하는 방식에 관한 설명은 자주 레퍼토리 내에서 가용한 전술들의 범위를 설명하는 것에 한정된다. 찰스 틸리는 저항자들의 '집합행위 레퍼토리'를 직접 다룬다. 그에 따르면, 역사적으로 무수히 많은 활동이 이용되어왔다는 것을 감안할 때, 특정 사회의 집단들은 자신들의 집합적 목적을 추구하기 위해 놀랄 정도로 적은 수의 전술을 사용한다.[8] 저항자들은 어떤 일은 어떻게 해야 하는지 알지만, 다른 일은 어떻게 해야 하는지 알지 못한다. 또한 그들은 다른 일들보다는 어떤 일들을 더 하고 싶어 한다. 틸리는 레퍼토리를 틀 짓는 다섯 가지 요인을 열거한다. "주민들을 지배하는 옳음과 정의의 기준, 주민들의 일상의 관례, 주민들의 내부 조직, 그 주민들이 이전에 집합행위와 관련하여 축적해온 경험, 그 주민들이 속한 세상의 억압 유형"이 그것들이다.[9] 이 요인들은 주로 현재의 레퍼토리들의 다양한 내용을 설명하지만, 또한 레퍼토리들 내부에서 이루어지는 전술의 선택을 설명하는 데 일조할 수도 있다. 정치적 기회구조라는 개념이 레퍼토리라는 개념에 덧붙여질 때, 설명은 저항자들이 어떤 일들을 하는지를 보여주는 경향이 있다. 틸리가 저항자

---

6 Doug McAdam, John D. McCarthy and Mayer N. Zald, "Social Movements," in Neil J. Smelser, *Handbook of Sociology*(Newbury Park, Calif.: Sage Publications, 1988), p. 726.

7 Doug McAdam, "Tactical Innovation and the Pace of Insurgency," *American Sociological Review*, 48(1983), pp. 735~754.

8 Charles Tilly, *From Mobilization to Revolution*(Reading, Mass.: Addison-Wesley, 1978), ch. 5.

9 같은 책, p. 156.

들의 측에 **선택**의 여지를 거의 남겨두지 않는 이유는 아마도 그가 볼 때 경험을 축적하는 것은 집단이나 개인이 아니라 '주민들'이기 때문일 것이다.

이 레퍼토리들에는 아주 단순한 하나의 인지적 요소가 자리하고 있다. 그것은 저항자들이 그러한 관행들에 친숙할 것임에 틀림없다는 것이다. 하지만 거기에는 부가적인 도덕적 요소도 존재한다. 즉, 저항자들은 그 활동이 효력이 있을 뿐만 아니라 바람직하거나 세련되다고 느낄 것이 틀림없다. "옳음과 정의의 기준"은 목표뿐만 아니라 행위에도 적용되는 고도로 가변적인 문화적 구성물이다. 또한 거기에는 예술적인 전략적 요소도 존재한다. 즉, 저항자들은 자신들이 잘하는 것, 자신들이 창조적으로 또는 새롭게 할 수 있는 것을 한다. 어떤 테크닉에 능숙하다는 것은 그것에 정통하다는 것 그 이상이며, 이는 레퍼토리들 **내에서** 이루어지는 선택을 설명하는 데 일조한다. 레퍼토리와 그것들 내에서의 선택 모두는 구조적 제약뿐만 아니라 문화적 학습과 전략의 기교에도 또한 의존한다. 틸리의 레퍼토리 모델을 가지고서는 동일한 목표와 기회를 가진 집단들이 왜 그렇게 자주 상이한 전술들을 사용하는지를 설명하기 어렵다.

심지어 틸리의 복잡한 분석에서조차 전술은 여전히 상대적으로 중립적인 것, 즉 내재적인 도덕적 선호의 결과라기보다는 외적인 고려의 결과로 남아 있다. 그것은 주로 현재의 지식에 의해, 자원에 대한 상대적 접근에 의해, 그리고 다른 행위자들이 어떻게 반응할 것인지에 대한 평가에 의해 틀 지어진다. 이것이 바로 모든 '합리적' 저항자들이 레퍼토리로부터 동일한 전술을 택하게 되는 이유이다. 하지만 저항자들은 얼마간은 자신들의 내재적 가치에 의해 전술을 선택하기도 한다. 때때로 전술은 그저 즐거운 것에 지나지 않는다. 어떤 때에는 전술은 저항자들 간의 정서적 결속을 강화하는 데 일조하며, 그리하여 하위문화의 구축이 명시된 목표를 외부 세계에서 달성하는 것만큼이나 (심지어 내적 목표와 외적 목표 간에 긴장이 존재할 때조차) 중요하게 된다. 심지어 우리가 레퍼토리들을 설명하고 있을 때조차, 그리고 특히 우리가 레퍼토리들 내에서의 전술의 선택과 응용을 설명하는 중이라면, 우리는 내적인 선호와 외적인 전략적 고려의 조합에 의지하지 않을 수 없다.

전술은 결코 저항자들이 신경 쓰지 않는 중립적인 수단이 아니다. 전술은 그러한 사람들의 삶에서 감정적으로 그리고 도덕적으로 중시되는 중요한 관례들을 표현한다. 그들의 이데올로기가 그러하듯이, 그들의 활동도 저항자들의 정치적 정체성과 도덕적 전망을 표현한다. NRC 공청회에 참가하거나 바깥 거리에서 교통을 두절시키는 것은 우리의 개인적 정체성, 운동 정체성, 정부당국에 대한 태도, 그리고 그 밖의 많은 것에 대해 서로 다른 무언가를 말하는 것이다. 동일한 운동 정체성이나 활동가 정체성 내에 서로 다른 전술 정체성이 존재할 수도 있다. 그리하여 어떤 사람들이 그들 자신을 직접행동에 참여하는 부류의 사람이라고 생각한다면, 다른 사람들은 자신들이 급진적 수비대임을 자랑한다. 그리고 또 다른 사람들은 공식적인 장소에서 전문가들이나 또는 정부 대표자들을 상대하는 것을 편안하게 느낀다. 나는 운동 정체성을 초월하는 활동가 정체성이 보통 전술과의 동일시에 기초하여 구축된다고 추정할 것이다. 그렇다면 그러한 전술 정체성은 어디에서 오는가?

피에르 부르디외는 자신의 '아비투스habitus' 개념을 가지고 취향의 기원을 탐사해왔다. 시간이 경과함에 따라 그는 자신의 정의에 많은 의미층을 덧붙여왔지만, 아비투스는 가장 쉽게는 특정한 방식으로 행위하는 성향, 즉 새로운 상황과 친숙한 상황 모두에서 우리로 하여금 즉흥적으로 대처할 수 있게 해주는 유연한 "인식, 평가, 행위의 매트릭스"로 간주된다.[10] 아비투스는 명시적인 의식의 표면 바로 아래에 존재하며, 사람들이 자신들의 동료들이 말하고자 하는 것, 그리고 동료들이 일상적 관행들 속에서 하고 있는 것들을 이해하기 위해서는 공유된 아비투스가 필요하다. 아비투스는 감성이나 직관처럼 작동하기 때문에, 자발성을 지닌다. 그리고 이 자발성이 아비투스를 행위에 영향을 미치는 다른 많은 것 ― 이를테면 보다 명시적인 도덕규칙이나 합리성 ―과 구별시켜준다. 아비투스는 "아주 어린 시절의 양육에 의해 각 행위자 속에 자리 잡은 …… 내재적 법칙으로, 관행의 조정을 위해서뿐만 아니라 조정의 관행을 위해서도 필요한 전제조건이다".[11] 하지만 엄격한 규칙이나 규범들과는 다르게, 그러한 취향은 묘책을 써서 규칙을 조롱하거나 규칙에 대항하는 것을 가능하게 해준다. 취향은 어떤 생각, 느낌, 평가, 행위들을 제안하는 반면, 다른 그런 어떤 것들은 억제한다. 그러나 그것은 그러한 광범위한 경로들 내에서 책략을 쓸 수 있는 여지를 상당히 허용한다. 그러한 성향은 또한 암묵적인 도덕적 판단이기도 하다.

대부분의 문화적 감성과 마찬가지로, 전술 취향은 도덕, 감정, 그리고 인지를 결합하고 있다. 하지만 유독 인지적 차원만이 학자들에 의해 인식되어왔다. 스노와 벤퍼드도 나와 유사하게 다음과 같이 지적한다. "운동 전술은 환경적 제약 및 적응과 함수관계에 있을 뿐만 아니라 고정된 마스터 프레임에 의해 제약받기도 한다."[12] 그들이 일반적으로

---

10 Pierre Bourdieu, *Outline of a Theory of Practice*(Cambridge: Cambridge University Press, 1977), p.83. 부르디외는 다음의 책에서 아비투스를 보다 명시적으로 취향과 결부시킨다. Bourdieu, *Distinction: A Social Critique of the Judgment of Taste*(Cambridge: Harvard University Press, 1984).

11 Bourdieu, *Outline of a Theory of Practice*, p.81.

강조하는 것은 신념이지만, 그들은 가치 또한 언급한다(하지만 가치가 그 프레임의 일부를 이루는지는 확실하지 않다. 그 프레임은 순전히 인지적인 것처럼 보인다). 감정은 부재한다.

아발론 동맹 성원들의 전술 취향은 일련의 복잡한 요인들에서 생겨났다. 그들이 공식 교육을 통해 학습한 것, 대규모 관료제를 방지하는 것에 대한 그들의 관심, 1960년대식 운동의 전개에 대한 그들의 (대체로 부정적인) 반응, 1970년대 운동들 속에서 이루어진 그들의 광범위한 사회화, 사회정의에 대한 다양한 이데올로기적 약속, 그리고 많은 정치단체 내에서 발생한 민주적 절차에 대한 자의식적인 토의가 그것들이다. 유사한 요인들이 어머니회를 다소 상이한 방향으로 이끌었다. 그들 중 많은 사람은 전문직 중간계급의 딸로서, 세상이 국가의 개입을 통해 통제 가능해지기를 기대했다. 체계에 대한 그들의 신뢰가 베트남 전쟁과 디아블로 캐니언 원자력 발전소에 의해 무너지기는 했지만, 완전히 깨지지는 않았다. 전술 취향은 시간이 경과하더라도 일정한 안정성을 보이기도 한다. 이는 부분적으로는 취향이 관련 스킬과 신념의 발전에 의해 강화되기 때문이며, 부분적으로는 그것이 내밀한 성향들 속에 체현되어 있는 긍정적인 감정적·도덕적 가치평가들로 이루어지기 때문이다. 어머니회는 규칙을 준수하고자 하는 그들의 성향을 심지어 그 전략이 제대로 작동하지 않았을 때조차 결코 놓지 않았다.

어머니회는 자신들의 성공 결핍을 해결하려고 고심했다. 한 사람은 다음과 같이 말했다. "자주 우울했어요. 우리는 우리가 진지하게 받아들여지지 않는다는 것을 알고 있었어요. …… 그러나 계속할 겁니다. 가야 할 공청회가 있는 한, 끝까지 갈 겁니다. 일찍이 우리는 변호사를

---

12   Snow and Benford, "Master Frames and Cycles of Protest," p. 146.

고용했고, 그 길을 걸어왔어요." 따라서 전술은 관성과 궤도를 통해 그것 나름의 생명을 지니기도 한다. 심리적으로 매몰비용이 크게 느껴질 수도 있다. 하지만 어머니회는 자신들의 실망에도 불구하고 보다 긍정적으로 평가했다. 즉, 그들은 공청회가 아직까지는 잘되지 않았지만, 다른 공청회는 잘될 수도 있다고 생각했다. 그들은 또한 대안에 대해 부정적인 느낌을 가지고 있었다. 한 사람이 "나보고 싸움터에서 자라고?"라고 하자, 다른 사람이 "아발론 사람들도 발전소를 중단시키고 있는 것 같진 않은데, 뭐"라고 말했다.

그러한 평가는 다소 자의적인 것이었다. 왜냐하면 무엇 ― 만약 그런 것이 있다면 ― 이 디아블로 캐니언 원자력 발전소를 중단시킬 것인지 아무도 알지 못했기 때문이다. 비록 어머니회가 그들이 가장 효과적일 수 있는 일을 하고 있다고 주장했지만, 그보다는 그들은 자신들이 가장 효과가 있을 것이라고 **인식했던** 것 ― 설명이 필요한 인식 ― 을 하는 중이었다. 아발론 동맹과 어머니회 각각은 자신들의 전술이 가장 성공할 가능성이 크다고 믿었다. 그러한 믿음은 인지적인 것만큼이나 감정적·도덕적인 것에 기초하고 있었다. 그러나 두 단체 모두에서 승리가 전부는 아니었다. 아발론의 한 스태프는 다음과 같이 시인했다. "또 다른 행위[시민불복종]는 현재로선 결코 디아블로 원자력 발전소를 중단시키지 못할 겁니다. 하지만 그것은 [그녀의 개인적 정체성과 긍지를 위해, 그리고 보다 광범한 하위문화를 위해] 여전히 해야만 하는 옳은 일이죠." 거기에는 존재론적 안전의 한 변종이 자리하고 있을 수도 있다. 즉, 아주 깊이 뿌리박힌 습관화된 행위 경로들을 버리는 것은 사람들을 불안하게 만들 수도 있다. 하지만 결론은 협소하게 정의된 성공이 중요한 것의 전부가 아니라는 것이다.

동원 이론가와 과정 이론가들은 전술 취향을 자주 구조적 위치로 환원한다. 그렇다면 어머니회의 취향이 집에 아이들이 있어서 일주일 동안 야영을 할 수 없다는 전기에 의해 틀 지어졌는가? 어머니회의 한 사람은 "우리는 베트남전쟁과 관련해서도 대단히 불법적인 일들은 하지 않았다"라고 말했다. 그들의 전술 취향이 15년에 걸쳐 많이 변화한 것으로 보이지는 않는다. 게다가 그들 대다수는 아이들이 이미 대학을 다니기 위해 떠났기 때문에 전기적으로 다시 야영이 가능한 상태**였다.** 그러나 그들은 자신들이 좋아하는 전술에 머물러 있었다. 초기에 이루어진 저항의 사회화는 잊지 못할 사건들처럼 영구적인 상징적 흔적을 남길 수 있다. 하지만 구조적 유인이 문화적 취향이나 지식과 양립 불가능한 것은 아니다. 스티븐 비치Stephen Beach는 북아일랜드의 한 가톨릭권리 단체를 급진화시킨 새로운 성원들에 관한 연구에서 다음과 같이 말한다. "노동계급 개종자들이 한 세기 이상에 걸쳐 형성된 공동체의 폭력적 저항 전통에 매우 친숙했던 반면, 중간계급 학생들은 그 전통을 그리 많이 알지 못했다. 게토 청년들은 급진적 행위에 참여함으로써 자신들의 미래 경력을 해치는 것에 대해 두려워하지 않았다. 그들은 잃을 것을 거의 가지고 있지 않았다."[13] 문화와 구조는 좀처럼 대립하지 않는다. 그것들은 보통 서로를 강화한다.

틸리가 말하듯이, 자원, 그리고 '주민들'의 축적된 노하우는 저항단체가 활용할 수 있는 레퍼토리를 설명하는 데서 중요하다. 그러나 그들이 그 레퍼토리의 연장들 중에서 어떤 것을 어떻게 골라잡아 선택할 것인지를 설명하기 위해서는 문화, 전기, 그리고 저항의 기술에 더 많은 주의를 기울일 필요가 있다. 게다가 그들이 한때 선택한 전술을 저

---

13 Stephen W. Beach, "Social Movement Radicalization: The Case of the People's Democracy in Northern Ireland," *Sociological Quarterly*, 18(1977), p. 312.

항에 어떻게 적용하는지를 설명하기 위해서는 내적 요인과 외적 요인 모두의 중요성을 포함하여 미묘한 심리적 차이에 훨씬 더 많은 주의를 기울일 것이 요구된다. 타이밍이나 뜻밖의 사건과 같은 전략적 고려사항들도 중요한 역할을 수행한다. 저항자들이 기존 레퍼토리들을 단순히 이용하기만 하는 것은 아니다. 그들은 그러한 레퍼토리를 혁신하고, 서로 다른 시기에 서로 다른 조합들을 만들어낸다. 레퍼토리, 레퍼토리 내에서의 전술의 선택, 그리고 전술의 전략적 적용은 외부의 기회와 여타 참가자들이 취하는 조치들에 의해서뿐만 아니라 운동의 내부 문화와 개인적 전기에 의해서도 영향 받는다.

내부 갈등

상이한 목표가 분명히 그럴 수 있는 것만큼이나, 상이한 전술 취향도 동일한 운동 내의 상이한 단체들 간에, 그리고 하나의 단일 단체 내에서 갈등을 초래할 수 있다. 사회운동 조직들 간의 특히 기부금을 둘러싼 경쟁은 동원 이론가들, 누구보다도 매카시와 잘드가 간파한 중심적인 통찰의 하나였다.[14] 때때로 상이한 단체들이 동일한 청중을 겨냥할 때, 직접적인 경쟁이 일어난다. 즉, 동일한 홍보용 우편물 발송목록에서 기금을 모금하고, 동일한 뉴스매체의 관심을 두고 분투하고, 동일한 적을 공격하고, 동일한 국가권력을 상대할 때 그러하다. 때때로

---

14 그러한 청중들을 선별하고자 하는 매카시와 잘드의 가장 최근 노력으로는 다음을 보라. John D. McCarthy, Jackie Smith and Mayer N. Zald, "Accessing Public, Media, Electoral, and Governmental Agendas," in McAdam, McCarthy and Zald(eds.), *Comparative Perspectives on Social Movements*.

경쟁 단체들은 그들의 청중을 분할함으로써 직접적인 경쟁을 피할 수 있다. 이를테면 급진주의자들과 온건주의자들은 각각 자신의 지지자들, 그들 자신의 일단의 적들, 그리고 심지어 그들이 상대하는 국가기관을 가진다.

전술상의 긴장은 대립적인 전술 취향을 가지고 들어온 서로 다른 새로운 성원 코호트들 사이에서 자주 발생한다. 역사학자 폴 존슨Paul Johnson은 낙태, 금주, 그리고 여타의 개혁운동들에 관해 저술하면서, 어떻게 "1830년대 초반에 새로 개종한 복음주의자들이 그러한 조직들 모두에 침투하여 그것들 대부분을 장악했는지"에 대해 기술한다. 급격한 변화를 바라는 천년왕국적 희망에 의해 추동된 그들은 새롭고 보다 급진적인 일련의 전술들을 끌어들였다.[15] 민권운동에서 병존하는 세대들 간의 전술 분열은 부분적으로는 '전기상으로 가능함'이 낳은 실제적 결과의 하나로 분석되어왔다. 이를테면 학생들은 간이식당에서 긴 오후를, 교도소에서 여러 날을, 심지어는 미시시피에서 여름을 보낼 수 있다. 하지만 연좌농성은 어떤 전술이 저항자들에게 적합한지를 발견하는 문제 그 이상이었다. 학생들은 SCLC의 설교자들과 그들의 운동진영보다 더 급진적인 개인적 정체성과 운동 정체성들을 가지고 그들 자신을 위한 영역을 개척하는 중이었다. 버스 보이콧(그들도 자주 참여했다)은 효과가 없었던 것이 아니라, 학생들의 최근 스타일과 맞지 않았다.

낸시 휘티어는 1960년대 후반부터 1980년대 초반까지 진행된 오하이오 주 콜럼버스에서 일어난 여성운동에 초점을 맞추어, 세대 간 분

---

15   Paul E. Johnson, *A Shopkeeper's Millennium: Society and Revivals in Rochester, New York, 1815~1837*(New York: Hill and Wang, 1978), p. 6.

열에 대한 매우 상세한 연구를 진행해왔다. 운동이 변화함에 따라, 새
로운 성원들의 경험도 크게 달라졌다. 그리하여 "각각의 마이크로 코
호트는 여성운동 역사의 특정 시점에서 여성운동에 가담했고, 상이한
활동들에 참여했으며, 그들만의 정치문화를 가지고 있었고, 페미니스
트들의 집합적 정체성을 변화시켰다. 각 코호트는 페미니스트로서의
'자격'을 가진 것으로 규정되는 사람, 쟁점, 언어, 전술, 또는 조직구조
의 유형을 다르게 정의했다. 자아표현, 언어 사용, 그리고 정치문화에
의 참여가 개인들을 자신들의 마이크로 코호트와 동일시하는 데 일조
한다". 그녀의 문화적 분석은 그러한 상이한 감성들이 어떻게 여성운
동에서 균열을 일으켜 전술의 변화를 가져왔는지를 보여준다. (운동의
문화적 활동들에 대한 그녀의 강조는 또한 여성운동이 시민권 운동인 것만큼
이나 탈산업적 운동이었음을 보여준다.)[16] **세대 간 분열이 발생하는 이유
는 각각의 새로운 코호트가 보다 광범위한 사회에서 발생하는 문제뿐
만 아니라, 기존의 운동 활동가들, 그들의 활동, 그리고 그들의 정체성
에도 반응하고 있기 때문이다.** 새로운 성인들은 사회의 나머지를 변형
시키는 것만큼이나 그들이 참여하는 운동들을 변화시키는 것에도 관
심을 가지고 있을 수 있다.

　우리가 아발론 동맹과 평화를 위한 어머니회와 관련하여 살펴보았
듯이, 서로 다른 분파들은 종종 효과적인 전략적 분업을 시행한다. 이
것은 대체로 그들이 상이한 청중들에게 집중한다는 것을 의미한다. 온
건한 단체는 보다 광범위한 공중에게, 그리고 보다 급진적인 단체는

16　Whittier, *Feminist Generations*, p. 56. 휘티어는 동원 접근방식과 과정 접근방식들이 외
　　적 기회와 적극적 동원의 수준에 초점을 맞춤으로써 문화적 정체성이 주조되어 개인들에
　　게 지속적으로, 어쩌면 그들의 남은 생애 동안 계속해서 영향을 미친다는 것을 놓치고 있
　　다고 지적한다(p. 83).

활동가들 자체에 초점을 맞출 수도 있다. 로버트 벤퍼드에 따르면, "오스틴 평화운동의 경우에 온건한 SMOs[사회운동 조직들]는 여론을 동원하는 것을 목표로 하는 문제 확인 기술과 여타의 프레이밍 활동을 세련화했다. 다른 한편으로 급진적 단체들은 지지자들이 행동을 취하도록 자극하기 위한 방편들을 개발했다".[17] 하지만 그러한 전문화의 효력이 의도된 것은 아니었다.

저항운동 내부에 존재하는 취향의 다양성이 항상 명백하게 드러나는 것은 아니다. 정책목표 ─ 정의의 평등, 투표권 ─ 나 응축 상징 ─ 고통 받는 동물 ─ 은 다양한 전술 선호를 하나의 응집적인 사회운동처럼 보이게 하나로 묶을 수 있다. 그러나 많은 내부 동학이 취향들 간의 갈등, 특히 분파들 및 동맹들 간의 갈등에 의해 영향 받는다. 전술 취향에서의 다양성이 저항운동을 붕괴시킬 수도 있다. 클램셸 동맹이 악명 높은 사례 중의 하나로, 그것은 재물파괴, 특히 1978년의 시브룩 원자력 발전소 부지 점거를 위해 울타리를 자를 것인지의 여부에 대한 상이한 태도들로 인해 분해되었다. 겉으로 보기에 사소한 이 쟁점이 동맹 내에 다양한 의견 불일치를 만들어냈다. 이를테면 "폭력과 비폭력의 경계를 어디에 두어야만 하는가, 주요 쟁점에 대해 합의에 이르지 못할 때 무엇을 해야만 하는가, 그리고 지도부의 정당한 역할은 무엇인가" 하는 것이 그것들이었다.[18] 동맹의 해체는 부분적으로는 동일한 단체 내에 다양한 전술을 유지하면서도 모든 사람으로 하여금 동일한 노선을 따르도록 강제하려고 시도한 것에서 기인했다. 분파는 통상적

---

17   Robert D. Benford, "Frame Disputes within the Nuclear Disarmament Movement," *Social Forces*, 71(1993), p. 697. 오스틴 단체들이 이데올로기적으로 달랐던 만큼이나 전술 선호에서도 많이 달랐다는 것이 분명함에도 불구하고, 벤퍼드는 그 차이를 이데올로기적 차이 ─ 그리고 그로 인한 분명한 전술 불일치 ─ 로 기술하는 경향이 있다.

18   Epstein, *Political Protest*, p. 75.

으로 발생하는 (그리고 자주 건강한) 결과이다. 하지만 동맹이 철사 절단기를 기꺼이 사용하려는 사람들을 위해 새로운 단체를 파생시켰을 즈음에는, 의견 불일치가 참여자들의 감정적 열의를 이미 식게 만든 상태였다. 그럼에도 불구하고 그 사례는 조직의 설립과 조직 형태 또한 성원들의 취향을 반영하는 전술적 선택의 하나라는 것을 보여준다.

청중이 누구든 간에 저항단체들은 레토릭을 이용한 프레이밍을 통해 청중에 호소한다. 그들은 쟁점을 규정하고, 근원적 가치들에 호소하고, 긍정적·부정적 정서와 상징을 연결시키고, 새로운 정보와 관점을 확산시키려고 노력한다. 그들의 모든 메시지가 말로 전달되는 것은 아니다. 행위 그리고 전술의 선택은 온갖 종류의 신호를 보낸다. 즉, 그것들은 어떤 집단이 자신의 집단에게 그 집단의 명시적인 주장들을 펼치는 것만큼이나 많은 것을 외부자에게 말한다. 문화적 설득 또한 그 자체로 전술의 한 형태인 조직 형태들을 통해 이루어진다.

조직의 취향

저항자들은 여타의 전술들에서만큼이나 조직 형태에서도 많은 취향을 드러낸다. 공식 조직은 그러한 저항자들의 전략 선택에서 비롯된다. 조직이 단지 어떤 문제를 해결하는 가장 효율적인 방식인 것만은 결코 아니다. 조직의 구조, 내규, 결정, 관행들은 부분적으로는 다양한 청중에게 메시지를 전달하기 위해 고안된 상징과 신화이다.[19] 이를테

---

19 소수의 사회학자들의 연구가 이 '신제도적(neoinstitutional)' 통찰을 정교화해왔다. 예를 들면 다음과 같다. John W. Meyer and Brian Rowan, "Institutionalized Organizations: Formal Structure as Myth and Ceremony," *American Journal of Sociology*, 83(1977), pp.

면 기업은 자신들이 효율적이고 수익성이 있다는 메시지를 전달하고 싶어 한다. 사회운동 조직 또한 이를테면 홍보용 우편물 발송을 통해 지지를 호소할 때, 자신의 효력을 지적하고 싶어 할 수도 있다. 다른 저항조직들은 특히 자신들의 주요 청중이 자신들의 성원들로 이루어져 있을 때, (우리가 아발론 동맹과 관련하여 살펴보았듯이) 자신들이 민주적이고 도덕적이라는 메시지를 전달하고 싶어 할 수도 있다.

아발론 동호인 단체들은 의식적으로 비공식적인 비위계적 형태의 조직을 목표로 삼았다. 그리고 이것은 최근의 탈산업적 운동들의 가장 주목할 만한 특징 중 하나이다. '집산주의적 조직'의 비공식주의를 채택하고 있는 그러한 단체들의 도덕적 전망은 일반적으로 어떤 집단절차가 최상인지 ─ 이를테면 그 절차가 민주적이어야만 하는지 또는 합의 지향적이어야만 하는지 ─ 를 담고 있다. 그러한 단체의 목표 중 대부분은 자신들의 단체가 자신들의 가치에 부합하도록 단체를 틀 짓는 일일 것이다. 모든 저항단체가 그 정도까지 공식 조직의 창출을 피하는 것은 아니다. 어떤 단체들의 도덕적 취향에는 자신들의 단체가 유의미한 방식으로 작동하는 것이 전혀 포함되어 있지 않을 수도 있다. 절차는 때때로 단체의 지도자가 규정한 더 큰 대의에 의해 희생될 수도 있다. 대

340~363; John W. Meyer, "The Effects of Education as an Institution," *American Journal of Sociology*, 83(1977), pp. 53~77; John W. Meyer and W. Richard Scott, with B. Rowan and T. Deal, *Organizational Environments: Ritual and Rationality*(Beverly Hills: Sage Publications, 1983); Paul J. DiMaggio and Waiter W. Powell, "The Iron Cage Revisited: Institutional Isomorphism and Collective Rationality in Organizational Fields," *American Sociological Review*, 48(1983), pp. 147~160; Lynne G. Zucker, "Institutional Theories of Organizations," *Annual Review of Sociology*, 13(1987), pp. 443~464; Walter W. Powell and Paul J. DiMaggio(eds.), *The New Institutionalism in Organizational Analysis* (Chicago: University of Chicago Press, 1991); Frank Dobbin, *Forging Industrial Policy: The United States, Britain, and France in the Railway Age*(New York: Cambridge University Press, 1994).

부분의 시민권 운동들은 강력한 지도자들을 용인해왔다. 이를테면 초기 민권운동에서 설교자들의 권위는 막강했다. 어떤 단체들에서 의사결정이 모든 성원의 참여에 의해 민주적으로 이루어진다면, 다른 어떤 단체들에서 그것은 한 지도자나 소수의 지도부에 의해 이루어진다. 또한 그러한 과정이 그 단체의 도덕적 전망의 일부를 이루고 있을 수도 있다. 지도자의 권위가 신으로부터 직접 나오는 것으로 인식되기도 했다. 이를테면 신의 율법이 집단의 내부 절차에 우선하기도 한다.

자신의 공식 조직을 느슨하게 구조화하고 있는 운동은 이데올로기, 신념, 도덕적 전망 간의 연대를 더욱 **필요로** 할 수도 있다. 루터 게를라흐Luther Gerlach와 버지니아 하인Virginia Hine은 느슨하게 구조화된 운동들이 이용할 수 있는 결속력들로, 개인적 유대와 이데올로기뿐만 아니라 '의례활동' 또한 지적한다.[20] 동일한 연속선을 따라 이를 더욱 정교화할 수도 있다. 존 로플랜드는 가장 조직화되고 자신의 성원들에게 가장 많은 요구를 하는 조직에서부터 최소한의 요구를 하는 조직에 이르는, 서로 다른 다양한 그 외 유형을 상상력을 동원하여 다음과 같이 분류했다. "(1) 자원자들에 의해 유지되는 결사체, (2) 스태프들을 고용하는 사무소, (3) 군인들을 배치하는 군대, (4) 가구주들로 구성된 코뮌, (5) 노동자들로 이루어진 집합체, (6) 유토피아주의자들이 사는 유토피아."[21] 아마도 각각은 상이한 개인적 선호 및 지역 문화와 상응할 것이다.

---

20 Gerlach and Hine, *People, Power, and Change*, p. 57. 또한 Bruce Fireman and William A. Gamson, "Utilitarian Logic in the Resource Mobilization Perspective," in Mayer N. Zald and John D. McCarthy(eds.), *The Dynamics of Social Movements* (Cambridge, Mass.: Winthrop, 1979)도 보라.

21 John Lofland, "Social Movement Locals: Modal Member Structures," in Lofland, *Protest*, p. 204.

엘리자베스 클레먼스Elisabeth Clemens는 아발론 동맹 시기와는 아주 다른 시기, 즉 100년 전 노동운동의 시기에 이루어진 조직 형태의 선택에 대해 기술해왔다.[22] 그녀는 이전의 사회운동 이론이 공식 조직을 극히 단순하게 관료제적인가 또는 그렇지 않은가, 그리고 관료제적 기구가 존재하는가 또는 부재하는가를 기준으로 평가한다고 비판하면서, 조직 형태의 내용 또한 조직의 주장과 거의 동일한 방식으로 전략과 충성심을 프레이밍함으로써 그것들에 영향을 미친다는 것을 보여준다. '우애적' 형태의 조직이 경제적 이해관계를 경시하고 정치적 행위를 억제하는 경향이 있었다면, 콕시의 군대Coxey's Army[오하이오의 기업가 제이컵 콕시Jacob Coxey가 이끈 실업자들의 저항행진으로, 1894년 워싱턴으로 행진했다 – 옮긴이]와 같은 '군사적' 형태들은 남북전쟁 이후 수십 년 동안 광범위한 애국적 반향을 일으켰지만, 폭력적인 억압을 유발하는 경향이 있었다. '직능'조합들은 정치적 이익보다 경제적 이익을 강조한다는 악명을 초래했다. 비록 클레먼스가 그러한 조직 형태들이 가져오는 결과에 더 흥미를 가지고 있지만, 그러한 조직 형태의 차이가 태생적 동맹에 대한 서로 대립되는 관념들과 더불어 노동자 정체성에 대한 확연히 다른 이미지들에서 기인한다는 것은 분명하다. 조직은 하나의 전술 형태로, 인지적 프레임, 도덕적 취향, 그리고 실제적 노하우를 반영한다. 조직 형태는 그 조직이 어떤 부류의 저항자들로 이루어져 있는지를 보여주는 분명한 메시지를 전달한다.

만약 전술 취향 – 조직의 취향을 포함하여 – 이 운동의 내부 동학에 관한 질문들을 해명해준다면, 그것은 또한 시간의 경과에 따라 운동에

---

22   Elisabeth S. Clemens, "Organizational Form as Frame: Collective Identity and Political Strategy in the American Labor Movement, 1880~1920," in McAdam, McCarthy and N. Zald(eds.), *Comparative Perspectives on Social Movements*.

서 일어나는 변화를 설명하는 데에도 도움을 준다. 운동단체가 보다 관료제적으로 되는 것은 언제인가? 그것이 보다 급진적으로 되는 것은 언제인가? 그것이 분열을 겪는 것은 언제인가? 저항운동의 급진화는 기존 성원들 사이에서 좌절감이 발생한 결과인가, 아니면 상이한 전술 취향을 지닌 새로운 성원들이 유입된 결과인가?

시간의 경과에 따른 변화

어떤 저항단체들이 시간이 경과하면서 보다 급진적이 된다면, 어떤 단체들은 보다 온건해진다. 운동 전체도 한 부류의 단체가 미디어에서 보다 많은 주목을 받거나 보다 성공하고 있는 것처럼 보일 때, 또는 새로운 단체가 출현하여 운동의 방향을 변화시킬 때 자주 그러한 방식으로 변화한다. 그러한 변화는 운동단체들 간의 경쟁에서 기인한다. 승자는 운동 정체성에 그들의 자취를 남긴다. 이는 그들이 재정적 지원을 획득하고, 미디어의 관심을 받고, 정치인들에게 접근하고, 관련 운동들과 호의적인 조직과 동맹을 맺는 데 성공한 덕분이다.

저항운동의 급진화는 역사적으로 정치평론가들을 괴롭혀온 문제 중 하나이다. 군중 이론가들에게 대부분의 저항은 지나치게 급진적이었는데, 이는 (요구와 행위들을 예측 불가능하고 위험한 것으로 만드는) 비합리적 격정에 기초하고 있기 때문인 것처럼 보였다. 보다 최근의 이론가들이 볼 때, 저항자들은 좀처럼 비합리적이지 않았고, 급진화는 여타의 정치적 기회들이 차단되었을 때 발생했다. 보다 일반적으로는 문화와 마찬가지로 전술 취향이라는 개념도 과도하게 비합리적인 이미지와 과도하게 합리적인 이미지 간의 이러한 교착상태에 하나의 대안을 제공해줄 수 있다. 사회운동의 급진화는 화를 표출하거나 효율적인 수단을 계산적으로 탐색하는 것이라기보다는 다양한 전술에 대한 합리적 평가, 그러한 전술에 대한 도덕적·정서적 가치부여, 그리고 이전의 전술에 전혀 가치를 부여하지 않는 새로운 참여자들의 충원이 서로 결합되어 있는 복잡한 과정이다. 새로운 성원들은 그들과 함께 상이한 전술 취향들을 가지고 들어옴으로써 자주 전술의 변화를 불러일으킨다. 하지만 운동이 수행하는 여타의 문화활동들에서처럼, 저항하는 동안 기존의 취향과 그러한 전술의 변화 간에 상호작용이 발생한다. 새로운 성원들이 정치적 경험을 많이 했을수록, 그들이 새로운 운동에 참여할 때 그들의 전술 취향은 더욱 강해진다.

저항운동들은 상이한 방식으로 점점 더 급진적이 되기도 한다. 통상적인 모델에서 저항자들은 어떤 전략이 잘 먹히는지를 파악하기 위해 다양한 전술을 시도한다. 그리고 급진적 전술이 보다 효과적이라는 것이 입증되면, 그것이 운동 전반으로 확산된다. 단체들은 서로로부터 학습한다. 당국에 대한 호소는 자주 실망스러운 것으로 입증되고, 그리하여 저항자들을 더욱 격분하게 만든다. 이 유형은 키트셀트의 정치적 기회 접근방식과 일치한다. 두 번째 유형에서 다수의 활동가들은 자신들이 저항의 최첨단에 서 있다는 것을 축으로 하여 자신들의 정체성을 확립한다. 따라서 그들은 항상 다른 활동가들보다 한발 앞서는 보다 급진적인 전술을 채택함으로써 그들 자신의 운동을 확대한다. 셋째로, 운동의 새로운 성원들은 기존 저항자들이 보이는 것과는 다른 (그리고 보다 급진적인) 전술 취향을 그들과 함께 가지고 들어온다.[23]

---

23 급진화에는 적어도 두 가지 차원이 존재한다. **이데올로기** 급진화는 보다 광범하고 포괄적인 목표들의 채택을 수반한다. **전술** 급진화는 한 사회에서 그리 널리 수용되지 않거나 또는 참여자 측의 더 많은 헌신을 요구하는 전술의 사용을 수반한다. 여기에서 나의 주된 관

새로운 성원들이 상이한 전술 취향을 가지고 있기도 하다. 이는 그들이 보다 온건한 전술들을 사용하는 현재의 저항단체들의 효력을 부정적으로 평가하기 때문이거나, 또는 그들이 특정 전술과 밀접하게 관련된 정체성을 가지고 있기 때문이다(하지만 이는 순환논법 방식으로 그들이 특정 전술을 선호한다고 말하는 것이다). 이를테면 1960년대의 신좌파는 관료제와 자본주의의 문제뿐만 아니라 구좌파의 정치적 전술에도 또한 반발했다. 아니면 새로운 성원들이 그들과 함께 여타의 저항 경험들에서 나온 상이한 전술 취향들을 가지고 들어올 수도 있다. 그렇기에 휘티어가 보여주듯이, 전술 취향들은 저항 코호트와 연관되어 있을 수도 있다. 이것이 바로 특히 탈산업적 운동들 사이에서 전술 혁신이 한 운동에서 또 다른 운동으로 급속하게 확산되는 이유이다. 저항자들은 노하우를 확산시킬 뿐만 아니라 자신들이 학습하는 전술들에 긍정적 가치를 부여한다. 그 결과 그 전술들은 단지 하나의 수단일 뿐만 아니라 얼마간 하나의 목적이 된다. 어떤 전술들은 즐거움을 준다. 언젠가 한 동물권리 시위 참가자는 나에게 다음과 같이 말했다. "나는 [입법자들에게 대학 행정가들에 관한] 편지를 쓰고 전화를 거는 것을 몹시 싫어해요. 그건 지루한 일인 데다가, 어차피 그들은 아무런 관심도 보이지 않아요. 하지만 (나도 이것이 섬뜩하다는 것을 알지만) 나는 이러한 행진은 좋아해요. 나는 [모피] 상점들을 향해 소리 지르는 것에서 흥분을 느껴요." 어떤 사람들은 그들이 전혀 즐거워하지 않는 전술들을 고수한다. 이를테면 디아블로 원자력 발전소 반대 저항자는 다음과 같이 말했다. "[그녀 단체의] 회합은 지루해요. 회합은 제자리를 맴돌

___

심사는 전술 급진화이다. 하지만 나의 설명에는 전술 급진화에 이데올로기 급진화가 미치는 영향이 일부 포함되어 있다. 이데올로기 급진화에 대해서는 제16장에서 보다 면밀하게 살펴볼 것이다.

아요. 그러나 회합은 민주주의에 중요해요. 만약 당신이 인민권력에 관심이 있다면, 당신은 회합을 가져야만 해요." 하지만 우리는 이 경우에서 이제 막 시작된 확고한 취향보다는 명시적인 이데올로기에 기초하여 의식적 선택이 일어나고 있음을 더 많이 본다. 많은 탈시민권 운동에서는 참여자들의 전술 취향을 틀 짓는 데서 과거의 행동주의가 보다 중요할 수도 있다. 왜냐하면 그들이 시민권 운동의 참여자들보다 한 운동에서 또 다른 운동으로 옮겨갈 가능성이 많기 때문이다.

프랜시스 폭스 피븐과 리처드 클로워드는 시간이 경과함에 따라 저항자들이 신중한 지도자와 조직 생존의 요구에 의해 보다 온건해진다고 주장함으로써, 운동의 새로운 성원들이 보다 급진적인 운동 전술의 채택에서 결정적일 수도 있는 이유를 하나 더 추가한다. 만약 이것이 사실이라면, 새로운 단체와 새로운 성원들은 조직 생존의 압력으로부터 상대적으로 자유로울 수도 있다. 우리가 태생적 급진주의에 대한 피븐과 클로워드의 낭만적인 이미지에 대해 어떻게 생각하든 간에, 우리는 관료제적 압력의 부재가 새로운 성원들로 하여금 다른 전술 취향들을 추구하게 할 수도 있다는 것에 동의할 수 있다. 그들은 자유롭게 혁신할 수 있다.[24]

저항자들은 특정 종류의 활동을 자발적으로 수행할 수 있는 능력에 기초하여 활동가로서의 정체성을 발전시킨다. 저항자 정체성은 집회와 행진에 참가하는 누군가의 정체성일 수도 있고, 기업 연구소들을 파괴하는 누군가의 정체성일 수도 있고, 폭탄을 제조하는 누군가의 정체성일 수도 있다. 그것들은 매우 독특한 정체성이다. 그리고 하나의

---

24 Frances Fox Piven and Richard A. Cloward, *Poor Peoples Movements*(New York: Pantheon, 1977).

정체성에서 다른 정체성으로 쉽게 전환할 수 있다고 생각할 만한 이유는 전혀 존재하지 않는다. 전술 취향이 지속되는 까닭은 부분적으로는 그것이 우리의 자아의식을 틀 짓기 때문이다.

새로운 성원들이 현재의 활동들에 만족하지 못할 때, 그들은 종래의 단체들을 변형시킬 뿐만 아니라 새로운 단체들을 설립하기도 한다. 그들은 현 단체들에 소속되어 있는 특정 부류의 사람들(흑인 대학생들 대 SCLC의 설교자들) 때문에, 또는 그 단체들이 선호하는 전술들 때문에, 그 단체들을 좋아하지 않을 수도 있다. 어떤 경우에는 그들이 현재의 단체들을 장악할 수도 있다. 하지만 다른 경우에는 그들이 만드는 새로운 단체가 그들이 필요로 하는 혁신, 변화, 또는 급진주의의 상징이 되기도 한다. 때로는 새로운 단체들이 너무나도 달라서, 새로운 운동 정체성이 종래의 운동 정체성과 함께 형성되기도 한다.[25]

우리가 되풀이하여 활용하는 사례들 중의 하나를 살펴보자. 보다 급진적인 '동물권리'운동이 1980년 무렵 형태를 갖추기 시작하기 전에, 100년 동안 미국에는 가축을 보호하기 위한 운동이 존재하고 있었다. 그 후 현존하는 수천 개의 단체들 대부분은 지역의 동물애호 단체들로, 그것들은 고양이와 개의 과잉 개체 수를 통제하는 데 일조했고, 비인간 종, 특히 포유동물들이 관대한 대우를 받도록 하기 위해 노력했다. 범위 면에서 전국 규모인 단체는 수십 개였지만, 보다 포괄적인 종들을 보호하고자 했던 단체들은 소수였다. 그 단체들은 코호트에 의해서도 구별될 수 있다. 미국동물애호협회Humane Society of the United States를

---

25 급진화의 각 사례는 특정 저항운동 내에서 진화한 것과 새로운 저항운동에서 출현한 것으로 분류될 수 있다. 따라서 때때로 흑인 민족주의 운동은 민권운동과 구별되며, 직접행동 운동은 지역 반핵운동과, 윤락여성 구조 운동은 낙태반대운동과, 동물권리운동은 동물보호운동과 구별된다. 새로운 단체들은 보통 새로운 이름표와 운동 정체성을 채택하여, 자신들이 종래의 단체들보다 더 급진적임을 나타낸다.

포함하여 1950년대에 설립된 몇몇 단체는 주인을 잃은 애완동물들이 실험실에서 생을 마감하지 않게 하는 데 특히 관심을 기울였다. 클리블랜드 아모리 동물기금Cleveland Amory's Fund for Animals을 비롯하여 1960년대와 1970년대에 설립된 몇몇 단체는 덫 놓기, 종 소멸, 그리고 고등학교 생물수업과 같은 다양한 활동에 역점을 두었다. 하지만 1970년대 후반부터 동물에 관심을 가진 사람들의 새로운 네트워크가 출현하기 시작했다. 그들은 과거 세대의 활동가들과 실제로 협력하기보다는 자신들의 활동에 의해 고무되었다. 그들은 그들 자신을 종래의 운동과 뚜렷이 구별 지었고, 뉴스매체는 그들로 하여금 스스로를 '새로운' 운동으로 기꺼이 선언하도록 부추겼다. 한 활동가는 다음과 같이 말했다. "동정심으론 충분치 않았어요. 우리 모두는 진지한 운동들은 진지한 이데올로기를 가지고 있다는 것을 알고 있었어요. 우리 대다수는 좌파 출신이었어요. 그리고 우리는 작은 체구의 노부인 이미지를 좋아하지 않았어요." 이러한 개인들의 네트워크가 점차 성장하여, 1980년대 초반에는 수백 개의 급진적인 동물권리 조직이 설립되었다.

반핵운동과 마찬가지로 이 새로운 성원들은 과거 동물복지단체 성원들보다 더 젊고 정치적으로 더 좌파였다. 즉, 그들은 새로운 정치세대였다. 두 단체를 즉각 비교할 수 있는 통계치가 존재하지는 않지만, 이 두 종류의 단체 성원들은 그러한 차이가 존재한다고 믿는다. 1989년에 한 동물권리 활동가는 다음과 같이 말했다. "만약 당신이 오늘날 동물을 돕는 데 관심을 가지게 된다면, 당신은 동물권리 단체에 가입해서 집회에 참석할 것입니다. 만약 당신이 10년 전에 관심을 가졌더라면, 당신은 동물애호 단체에 가입해서 길 잃은 동물들을 도왔을 것입니다." 이전의 정치적 경험들이 일부 새로운 동물 활동가들의 전술 취향들을 틀 짓고 있었는데, 이는 몇몇 중요한 인물이 다른 저항운동들에 관여해왔기 때문이었다. 비록 활동가들의 활자화된 증언이 다른 운동들의 지적 영향력을 추적하게 해주지만, 여러 인터뷰에서 그들은 전술 취향의 또 다른 원천들을 인정한다. "나는 1970년대 말 대학에 다닐 때 체포되기 시작했고, 그것은 [1980년대 초] 핵무기동결운동에서도 계속되었어요. …… 따라서 [1989년의 생체해부 반대 저항에서] 거리에 앉아 있다가 뉴욕대학교 앞에서 체포된 일은 별 것 아니었죠."

이러한 훈련을 한 새로운 동물권리 단체들은 전술 면에서 종래의 차분했던 동물애호 단체들보다 더 공격적임이 입증되었다. 1979년에 출범한 동물해방전선Animal Liberation Front은 동물을 이용하는 연구실험실들에 대해 일련의 비밀 습격을 감행했고, 수백만 달러어치의 손해를 유발했으며, 수백 마리의 동물을 '해방시켰다'. 다른 전술들은 공개적으로 추구되었다. 이를테면 화장품업계의 거인 로레알L'Oreal의 뉴욕 본사에서 열린 '토하기 대회'에서, 저항자들은 그 회사의 동물실험이 '그들을 역겹게 만든다'는 것을 보여주기 위해 거대한 변기에 토하는 체했다. 시 셰퍼드Sea Shepherd[해양생물 보호 단체 — 옮긴이]에서 작은 보트들을 타고 포경선들에 맞서는 것을 학습한 한 저항자는 그 단체에서 여름을 보내고 돌아와서, 현재 세계에서 가장 큰 동물권리 단체인 '동물을 윤리적으로 대우하는 사람들'을 공동 설립했다. '동물을 윤리적으로 대우하는 사람들'은 국립보건원의 사무실들을 점거해왔고, 동물해방전선의 대변단체로서 정기적인 활동을 전개하고 있다.

물론 전술은 다양한 청중을 대상으로 하며, 그리하여 전략적 관심사 또한 전술 선택을 틀 짓는다. 어떤 단체는 재물파괴를 하고 싶지만, 뉴스매체, 국가기관, 그리고 대부분의 공중이 그러한 전술을 심히 혐오한다는 것을 알고 있을 수도 있다. 각 단체는 잠재적 지지자들 — 중요한 청중의 하나 — 에게 자신이 경쟁자보다 동물을 구하기 위한 일을 더 많이 하며 또 증거를 놓고 보더라도 자신의 활동이 자주 더 급진적이라는 것을 보여주기 위해 노력한다. 일례로 이종연대는 전국적인 홍보용 우편물 발송이 경쟁력을 잃고 있음을 인식하고, 자신의 이름을 ARM!(동물권리동원Animal Rights Mobilization)으로 바꾸고, 그 단체의 봉투를 스프레이 페인트칠을 한 그래피티처럼 보이는 글자체로 인쇄했다. 자신을 비합법 전술과 연관시키려는 그러한 노력은 그 단체를 구하기에는 너무 늦었었다. 하지만 그것은 동물권리 단체들 사이에 형성된 공통의 인식, 즉 급진주의가 성원들의 마음을 끈다는 인식을 반영하는 것이었다. 종래의 단체들도 동일한 호소력을 인식하고, 자신들의 기금 모금을 호소하는 데 얼마간 동일한 쟁점들을 이용함으로써 더 급진적인 레토릭을 채택했다. 종래의 단체들이 자신들의 레토릭을 급진화한 이유는 얼마간은 그들이 공중의 감상 속에서 일어나고 있던 변화를 목격했기 때문이지만, 또한 스태프 성원들이 새로운 이데올로기를 채택했기 때문이기도 했다. 하지만 그러한 단체들은 자신들의 전통적 활동들을 계속하는 것을 더 선호했기 때문에, 좀처럼 새로운 권리 단체들의 성원들을 모방하기 위해 자신들의 전술을 변화시키지는 않았다.

우리는 지금까지 전술 변화의 몇 가지 원인을 살펴보았다. 하나는 중추적인 청중인 과거와 미래의 지지자들로부터 기금을 모금할 필요성에서 파생한다. 또 다른 상대적으로 도구적인 기제는 어떤 전술이 효과를 발휘할 가능성이 큰지 — 무엇이 우리의 적들을 놀라게 할 것인가를 포함하여 — 에 대한 전략적 평가이다. 또 다른 원인은 참여자들의 개인적 정체성 욕구 속에 자리하고 있다. 그들은 저항의 최첨단을 걸고 있다는 것에, 전술적으로 혁신적이라는 것에, 그리고 다른 저항자들이 하지 않는 일들을 하고 있다는 것에 자부심을 가지고 있다. 하지만 이 모두는 저항자들 자신의 성향과 취향을 배경으로 하여 발생한다. 비록 내가 급진화라는 한 가지 경우를 논의했지만, 이 요인들 각각은 때때로 정반대 방향, 즉 온건화로 이어질 수도 있다. 다시 말해 어떤 활동가들은 온건한 정체성들을 보유하고, 어떤 잠재적 기여자들은 보다 온건한 전술들을 선호한다. 온건함은 아마도 공중의 광범위한 분파들을 설득할 필요가 있을 때, 더 효과가 있을 것이다.

십인십색

저항자들이 사회에서 무엇이 잘못되었는지에 대한 직관과 신념을 가지고 있는 것처럼, 그들은 잘못된 것을 변화시키는 적절한 방식에 대한 느낌도 가지고 있다. 상이한 종류의 저항자들로 이루어진 상이한 단체들이 전략적인 이유에서 효과적으로 협력할 수도 또는 서로를 용인할 수도 있다. 그러나 또 다른 수준에서 그 단체들은 서로에 대한 '혐오'를 결코 극복하지 못할 수도 있다. 그러한 취향들은 깊은 곳에서 작동한다.

저항자들은 자신들이 적절하다고 느끼고 평가하는, 그리고 즐길 수 있는, 그리고 또한 어느 정도 능숙하게 활용할 수 있는 전술들을 사용한다. 선택된 전술에 대한 그들의 투자가 그들로 하여금 그 전술들이 가장 효과적이라고 믿도록 부추긴다. 전술이 하나의 목적에 이르는 중립적인 수단은 결코 아니며, 얼마간은 개별적인 선호를 반영한다. 우리는 그러한 취향이 가져오는 한 가지 빈번한 결과, 즉 저항단체들이 보다 급진적인 전술을 시도하는 과정을 검토했다. 사회운동이 서로로부터 학습하기 때문에(한 운동 출신의 개인들이 또 다른 운동에 가담할 때 특히 더 그러하다), 전술 혁신은 지난 30년간 운동들을 가로지르며 확산되어왔다. 케빈 에버렛Kevin Everett에 따르면, 행진과 집회는 30년 전보다 더 광범위하게 활용되고 있으며, 이는 전술 취향에서 광범위한 변화가 일어날 수 있다는 것을 보여준다. 심지어는 선출된 관료들조차도 집회와 행진에 점점 더 많이 참여하고 있다.[26]

운동들로 하여금 새로운 전술을 채택하도록 이끄는 것은 대개 새로운 참여자의 유입이다. 그들은 종종 가담과 함께 그들 자신의 단체들을 만들기도 한다. 그들은 자신들이 속해 있던 여타의 캠페인들로부터 그러한 전술들을 학습해왔다. 그러나 그들은 현재 전술의 전략적 효과 또한 평가한다. 그들은 현재의 단체가 활용하고 있는 전술들이 결코 효과적이지 못할 것이라고 판단하여, 그것을 애써 시도하려고 하지 않을 수도 있다. 예술적 취향들도 동일한 방식으로 크게 변화한다. 한 예술가가 그의 관객에게 도전할 수 있지만, 더 젊은 세대가 그 예술가의 스타일의 진가를 인정할 때까지는 대체로 그저 거부당하기만 할 뿐이다. 토머스 쿤Thomas Kuhn은 과학혁명이 어떻게 종래의 패러다임에 헌신적이지 않은 새로운 젊은 과학자들에 달려 있는지를 기술하면서 동일한 지적을 한 바 있다.[27]

저항자들 역시 승리하기를 원한다. 그들은 효과적이지 않다는 것이 확실한 전술들 — 하지만 이에 대한 명확한 판단이 항상 가능하지는 않다 — 을 좀처럼 고수하지 않을 것이다. 그들은 내적 목표와 외적 목표들 간의 균형을 유지하려고 노력하지만, 좀처럼 전자가 완전히 지배하도록 내버려두지는 않을 수도 있다. 하지만 목표에 대한 이러한 양자택일적

---

26   Kevin Everett, "The Growing Legitimacy of Protest in the United States, 1961~1983" (paper presented at the American Sociological Association annual meeting, Miami, Florida, 1993).

27   Thomas S. Kuhn, *The Structure of Scientific Revolutions*(Chicago: University of Chicago Press, 1962).

사고는 잘못된 것일 수도 있다. 순전히 외적인 도구적 목표들만을 가진 운동이 존재하지 않는 것처럼, 오직 효력을 위해서만 선택된 순수하게 중립적인 전술과 전략도 결코 존재하지 않는다. 모든 것이 의미를 부여받는다. 많은 경우에서 전략과 문화적 차원들은 충돌한다.

나는 저항자들의 전술 선택을 설명하는 문제가 긴밀하게 연관된 다음의 두 가지 문제와 다르다고 주장해왔다. 그 하나는 저항자들의 전술 선택이 이루어지는 광범한 레퍼토리들을 설명하는 문제이다(문헌들은 이 문제를 자원과 정치적 기회를 통해 다룬다). 다른 하나는 그들이 시간이 경과함에 따라 그러한 전술들을 적용하는 방식에서 일어나는 변화 ― 그 뉘앙스, 유예와 망설임, 스타일 ― 를 설명하는 문제이다. 이 미묘한 선택들은 그것에 대응하여 다른 참가자들, 특히 상대방에 의해 이루어지는 전략적 선택들에 크게 좌우되기 때문에 좀처럼 다루어진 적이 없다. 우리는 이를 제13장에서 검토할 것이다. 이 장에서 나는 전술 선택에 관한 질문을 레퍼토리에 관한 질문으로 축약하는 연구자들이 외적 요인들을 강조하는 것과는 대조적으로, 전술 선택에 영향을 미치는 내적 요인들에 초점을 맞추었다. 세 가지 문제 모두는 종국적으로는 운동의 내적 요인들뿐만 아니라 외적 요인들 또한 포함한다.

운동문화가 저항자들에게 무엇을 제공하는지를 살펴보기 위한 마지막 노력으로, 우리는 소비자 보이콧으로 돌아간다. 보이콧의 한 형태, 즉 지역 보이콧은 일단의 다양한 활동을 벌일 수 있게 해준다. 보다 구체적으로 그것은 집합적 환경에서 도덕적 목소리를 낼 수 있는 기회를 제공한다. 두 번째 유형, 즉 전국적 보이콧은 그러한 기회를 훨씬 덜 제공한다. 이 둘은 상이한 청중들에게 호소하며, 상이한 방식으로 작동한다. 지역 보이콧이 많은 소비자의 행동을 변화시킴으로써 그 효과를 발휘한다면, 풍부한 집합적 생명력을 결여하고 있는 전국적 보이콧은 좀처럼 효과를 보지 못한다. 전국적 보이콧은 거의 항상 미디어 보도의 홍보를 통해 효과를 발휘한다. 노동운동과 민권운동이 지역 보이콧을 했다면, 탈산업적 운동들은 전국적 보이콧을 전개한다. 두 유형의 보이콧은 상이한 문화적·전략적 수단들을 가지고 상이한 청중들을 표적으로 한다.

- 전술 취향은 운동문화의 한 측면으로, 얼마간은 전술의 효력과 무관하다.
- 저항자들이 무엇을 하는지를 설명하기 위해서는, 우리는 가용한 레퍼토리, 그 레퍼토리 내에서의 전술 선택, 그리고 그러한 전술의 적용에서 이루어지는 미묘한 선택들을 설명해야만 한다. 이 세 가지 모두는 외적 제약과 기회뿐만 아니라 운동 내부 문화에 의해서도 영향을 받는다.
- 저항자 중 많은 경우가 그들이 운동에 충원될 때 기존의 전술 취향을 가지고 있다. 그리고 그것이 자주 운동의 내부 분화와 변화를 초래한다.
- 조직 형태는 전술의 일종으로 파악될 수 있다. 그리고 운동문화는 자주 그것의 명백한 효력과는 무관하게 특정한 조직 형태들을 선호한다.
- 취향 간의 충돌은 시간이 경과함에 따라 이루어지는 동맹, 분열, 그리고 급진화나 온건화와 같은 운동동학을 설명하는 데 일조한다.

제11장

직접행동과 간접행동: 보이콧, 그리고 도덕적 목소리

내 발은 피곤하지만, 내 정신은 활력이 넘쳐요.

— 나이가 많다는 이유로 몽고메리 버스 보이콧에서

중도하차하라는 권유를 받았을 때, 마더 폴라드가 한 말

1832년 잉글랜드에서 태어난 찰스 커닝엄 보이콧Charles Cunningham Boycott은 거의 50년 후에 아일랜드에서 그의 이름이 집단배척의 정치 전술을 위해 전유되었을 때 불멸하게 되었다. 보이콧이라는 단어는 곧 거의 모든 유럽 언어에서 원래 단어 그대로 등장하여, 새로이 부활한 저항 형태를 위한 유용한 이름표가 되었다. 한때 영국 육군 대위였던 보이콧은 아일랜드 시골에서 지주가 되어, 그곳에 영국과 같은 지주계급 제도를 도입하는 데 일조했다. 하지만 아일랜드 농민들은 영국의 지주계급 제도를 혐오했을 뿐만 아니라 광범위한 암묵적 권리들 또한 주장하고 있었다. 토지를 둘러싸고 벌어진 이 투쟁이 역사상 최초의 보이콧에 보이콧이라는 명칭을 부여하게 만들었다. 1873년에 보이콧

은 아일랜드의 암석이 많은 서부 해안에 위치한 메이오Mayo 카운티에서 얼마간의 토지를 임차했으며, 그 토지 소유주가 가진 다른 지역 자산들의 관리인으로 일하기로 결심했다. 그리고 그의 첫 번째 임무는 38명의 소규모 소작농들로부터 소작료를 거둬들이는 것이었다. 그는 곧 2류 농부이자 퉁명스럽고 쩨쩨한 관리자라는 평판을 얻게 되었다.[1]

그로부터 6년 후 성장하고 있던 자치운동의 일환으로, 메이오에서 기존의 토지법을 개혁함으로써 지역 농민들의 이익을 증진하기 위해 아일랜드 토지연맹National Land League이 결성되었다. 이 연맹은 1879년의 기근 동안 급속하게 성장하여, 한 집회에 2만 명에서 3만 명에 이르는 사람들이 참여할 정도로 메이오 카운티에서 강력한 힘을 발휘했을 뿐만 아니라 그 지역 너머로까지 확대되었다. 토지연맹은 다음의 두 가지 전략을 추구했다. 퇴거 통지가 송달되는 것 막기(이 전략은 실패했다)와 퇴거에 의해 가용하게 된 토지를 다른 소작인들이 임대하는 것 저지하기가 그것이었다. 연맹은 지주의 권력이 비현실적인 소작료를 기꺼이 지불하려는 새로운 소작인들을 찾을 수 있는 능력에서 나온다고 생각했다. 1880년 9월의 한 연설에서 전설적인 아일랜드 자치주의자인 찰스 스튜어트 파넬Charles Stewart Parnell은 이 '쫓겨난 소작인의 땅을 빌리는 사람들'에게 대처하기 위한 전술을 분명하게 명시했다.

어떤 사람이 다른 누군가가 퇴거당한 농장을 빌릴 경우, 그를 만난다면 길가 쪽으로 피해야만 하고, 시내의 거리에서도 피해야만 하며, 상점에

---

1   나의 설명은 조이스 말로(Joyce Marlow)의 아주 세세한 설명을 따르고 있다. Joyce Marlow, *Captain Boycott and the Irish*(New York: Saturday Review Press, 1973). 또한 다음도 보라. Thomas N. Brown, *Irish-American Nationalism, 1870~1890*(Philadelphia: Lippincott, 1966); T. H. Corfe, "The Troubles of Captain Boycott," *History Today*, 14(November, 1964), pp. 758~764, and (December, 1964), pp. 854~862.

서도 피해야만 하고, 페어웨이와 장터에서, 그리고 심지어는 예배당에서 조차 피해야만 한다. 그를 경원시함으로써, 그를 도덕적 수도원에 집어 넣음으로써, 마치 그가 옛날의 문둥이인 양 그를 나머지 주민들로부터 고립시킴으로써, 그에게 자신이 저지른 범죄에 대한 당신의 혐오를 보여주어야만 한다.[2]

파넬은 소작농 공동체들이 그들의 성원들을 동조하게 하는 데 이용했던 중세 전통에 의지하여, 소작농들이 서로를 통제하는 한 가지 방법으로 이 전략을 고지했다. 그러나 연맹은 그 전술을 보이콧 대위와 직접 맞서는 데 혁신적으로 이용했다.

파넬이 연설하고 난 다음 며칠 간, 전년도의 흉작으로 인한 소작료 조정을 둘러싸고 보이콧과 그의 소작농들이 말다툼을 벌이는 동안, 성난 군중이 보이콧의 저택으로 행진하여 그의 실내·외 모든 피고용인에게 그의 일을 해주지 말 것을 설득했다. 곧 그 지역의 대장장이, 세탁부, 심지어는 우편배달부까지 자신들의 서비스 제공을 거부했으며, 상점 주인들은 자신들의 상품을 보이콧 집안에 판매하기를 거부했다. 보이콧 가족은 여러 방면에서 경찰의 보호를 받음으로써 예상된 폭력을 피했지만, 그 새로운 전술은 훨씬 더 큰 효과를 발휘했다. 보이콧 부부는 생필품들을 먼 거리에서 배로 가져와야만 했고, 자신들의 광대한 집안과 가축들을 스스로 보살펴야만 했다.

새로운 단어가 만들어졌지만, 런던의 신문들이 그 이야기를 알게 될 때까지 몇 주 동안은 그것은 여전히 순전히 지역적인 일이었다. 보이콧 대위 스스로가 ≪타임스Times≫에 자신이 받은 대우를 상세히 설명

---

2 Marlow, *Captain Boycott and the Irish*, p. 134에서 인용함.

하는, 분노로 가득 찬 편지를 써 보냈다. 그리고 다른 불온한 사례들을 보도하기 위해 그 지역에 파견되었던 ≪데일리 뉴스Daily News≫의 한 통신원이 보이콧의 상황에 대한 칼럼을 썼다. 다른 보도들도 뒤따랐다. 그리고 보이콧을 지지하는 기금 모집 운동이 전개됨에 따라, 보이콧은 잉글랜드에서 하나의 대의와 같은 어떤 것이 되었다. 또한 영국 군대가 보이콧 가족을 보호하기 위해 파견되었고, 그들은 몇 주 지나고 나서 호위를 받으며 소유지를 떠나 12월 1일 잉글랜드로 향했다. 첫 번째 근대 '보이콧'은 큰 승리를 거두었으며, 그 전술은 거의 즉각적으로 아일랜드 전역에서 채택되었다. 보이콧이라는 단어는 훨씬 더 큰 성공을 거두어 전 세계로 확산되었다.

농민들의 환경에서 어떤 구조적 또는 전략적 기회가 변화하여 이 새로운 형태의 행위가 만들어진 것은 아니었다. 농민들이 새로운 전술을 생각해냄으로써 보이콧과 당국을 깜짝 놀라게 했을 뿐이었다. 보다 광범위한 토지연맹 운동 역시 악화되고 있던 경제와 높은 소작료라는 물리적 위협에 대한 반응이었지, 영국의 억압 수준에서 일어난 변화에 대한 반응이 아니었다. 비록 우리가 그 형태를 소작농들의 취약한 법적 지위와 한정된 자원을 통해 설명할 수 있다고 하더라도, 보이콧이 탄생한 것은 그들이 효과적인 전술을 찾는 과정에서 한 소규모 지역 단체가 잃어버린 문화적 전통을 되살려냈을 때였다.

항시적인 근접 감시로 인해 쉽게 조직화될 수 없는 피억압집단이 사용한 저항 형태를 지칭하기 위해 제임스 스콧이 사용한 용어를 빌려 표현하면, 근대적 보이콧은 '약자들의 무기weapon of the weak'로 출현했다. 과정 이론가들이 재빨리 지적하겠지만, 폭력적인 억압은 배경 조건이다. 노예와 소작농들은 좀처럼 혁명을 이루어낼 수 없다. 그러나 그들은 잦은 좀도둑질, 가로채기, 사보타주, 그리고 더디고 쓸데없는 노동을 통해 그들의 예속에 저항한다. 그들은 그러한 것들 중 어떤 것은 감독자의 감시의 눈 아래에서조차 수행할 수 있으며, 다른 어떤 것은 은밀하게 수행한다. 많은 경우 그들이 적극적·노골적으로 규칙에 저항하지 않기 때문에, 그들은 처벌받지 않는다. 그들은 또한 익명성 덕분에, 그리고 당국이 그 활동을 공표할 경우 그러한 활동을 더욱 조장하고 널리 확산시킬 우려가 있어 그것의 공표를 꺼려하기 때문에 보호된다.[3] **만약 아일랜드 소작농들과 상점 주인들이 찰스 보이콧에게 폭력적인 공격을 가했다면, 그들은 영국 군대에 의해 대량 살상되었을 것이다. 그러나 어느 누구도 소작농 소녀로 하여금 보이콧의 하녀로 일하도록 강요할 수는 없었다. 보이콧 일가를 위해 모금된 기금은 그들을 위해 하인을 고용하는 데 아무런 도움이 될 수 없었기에, 거의 어떠한 영향도 미치지 못했다.**

이 소극적인 저항은 효과적이라는 것이 입증되었다. 그것은 도덕적 기대, 목표, 격분을 함께하는 긴밀하게 결합된 공동체에 입각한 것이었다. 그리고 그 공동체는 보이콧을 그만두는 사람들을 처벌할 수 있는 능력뿐만 아니라 풍부한 문화적 생명력 또한 지니고 있었다. 집합적 정체성과 운동 정체성이 실제로 동일했다. 그러한 환경에서 보이콧은 중요한 도덕적 규칙을 위반한 어떤 사람에 맞서 공동체의 나머지 사람들의 연대를 표출하는 매우 확실한 방법의 하나일 수 있었다. 그 전술은 주로 반발적이다. 왜냐하면 공동체들은 자신들의 생활방식이 위협받을 경우 그 위협에 주저 없이 맞서기 때문이다. 그러나 그것은 광범위한 영향을 미칠 수 있다. 도덕적 연대와, 그러한 연대를 강화하

---

3   James C. Scott, *Weapons of the Weak: Everyday Forms of Peasant Resistance*(New Haven: Yale University Press, 1985).

거나 강제하는 데 필요한 개인적 접촉은 분리될 수 없다.

우리가 살펴볼 여타의 보이콧들은 지역 문화에 뿌리박고 있는 것이 아니라, 전국 매체를 통해 익명의 개인들에게 호소하는 것들이다. 이 차이는 우리가 이미 강력한 문화를 가지고 있는 운동과 그렇지 못한 운동을 비교하는 데 도움이 될 것이다. 둘 다 성공할 수 있지만, 상이한 방식으로 그렇게 한다. 상당수의 사람을 참여시키기 위해서는 일반적으로 문화적 연대의 감정들이 요구되며, 심지어는 전국적인 보이콧들조차 그러한 감정들을 모방하려고 노력한다. 대면적인 문화 공동체가 부재하는 상황에서 전국적인 (그리고 때로는 국제적인) 보이콧이 성공하는 경우는 그것이 대중매체를 통해 상징적 의미를 전파하는 데 성공할 때이다. 만약 저항이 주로 도덕적 목소리를 내는 것과 관련되어 있다는 나의 주장이 옳다면, 슈퍼마켓 통로에서 내리는 조용하고 개인적인 결정보다는 집합적 사건과 의례들이 그렇게 하는 데 더 나을 것이다. 후자가 직접행동을 하는 것이라면, 전자는 도덕적 진술을 분명하게 드러내지 않는다는 점에서 간접행동을 하는 것이다. 따라서 지역 보이콧이 보다 광범한 동원을 할 수 있다.

우리가 앞 장에서 동일한 목표가 상이한 전술들을 통해 추구될 수 있다는 것을 살펴보았다면, 이제 우리는 동일한 전술이 그것을 사용하는 사람들에게 상이한 의미들을 가질 수 있다는 것을 살펴볼 것이다. 하나의 집합적 또는 운동 정체성에 의해 결합되어 있는, 지역의 대면적 공동체의 경우에 보이콧은 보통 가시적인 물리적 연대를 과시한다. 의례와 거의 마찬가지로, 보이콧은 우리의 몸이 특정한 곳에 자리하게 한다. 즉, 그것은 우리의 몸이 버스가 아닌 인도에 있게 하거나, 다른 가게가 아닌 어떤 가게에 가게 하거나, 다른 농부가 아닌 어떤 농부를 위해 일하게 한다. 전국적 보이콧에서는 지켜보고 있는 사람이 없다.

따라서 그 저항행위는 사람들을 끌어모을 필요가 있으며, 우리는 사람들을 다른 어떤 층이 아닌 특정 층으로부터 끌어들일 수 있다. 그러한 연대는 우리가 개인적으로 알고 있는 사람들이 아니라 전국 각지의 비슷한 생각을 가진 사람들로 구성된 '가상의' 공동체에서 표출된다. 비록 탈시민권 운동과 탈산업적 운동들이 때때로 우리가 디아블로 캐니언의 경우에서 살펴본 종류의 활동가 공동체에서 생겨나기도 하지만, 그것들이 보다 추상적이고 상징적인 형태의 연대를 구축하고 있는 경우가 더 많다. 이러한 연대도 만족스러울 수 있지만, 활발한 공동체 활동만큼 만족스럽지는 못할 것이다.

메이오에서부터 몽고메리까지

미국에서 지역 형태의 보이콧이 일어난 것은 아일랜드 노동자들 — 토지연맹의 성공을 알고 있었던 새로운 이민자들 — 이 파업 도중 일에 복귀한 그들의 몇몇 동료를 외면했던 1882년이었다.[4] 그들의 노조위원장은 파업 파괴자들의 이름을 뉴욕과 아일랜드에서 공표할 것이라고 위협했으며, 그들의 친구와 이웃들로 하여금 그들과의 모든 접촉을 피할 것을 권고했다. 노동조합은 노동자들을 부당하게 대우한다고 생각한 수백 명의 제조업자들에게 그 전략을 재빨리 적용했다. 미국 노동

---

4   물론 식민지 미국은 영국 상품에 대항하는 악명 높은 '수입거부' 협약을 맺고 있었다. 보스턴 차 사건(Boston Tea Party)은 엄밀히 말해 적극적인 파괴행위였지만, 보이콧의 지원을 받아 행해졌다. 이것은 바로 내가 동료 전술(companion tactic)이라고 부르는 것이었다. Richard Brown, *Revolutionary Politics in Massachusetts*(Cambridge: Harvard University Press, 1970)를 보라. 그리고 나서 그 전술은 사라져버린 듯 보인다. 100년 후에 부활했을 때, 그것은 주로 노동운동에 의해 이용되었다.

총연맹American Federation of Labor은 부당 고용주 목록을 작성했고, 그들 중 많은 사람이 보이콧 대상으로 선정되었다. 보이콧은 파업의 엄청난 비용을 피할 수 있게 해주었다. 하지만 그것은 또한 많은 경우 파업을 강화하기 위해 이용되기도 했다. 보이콧은 노동계급 의식과 응집력이 높은 뉴욕과 같은 도시들에서, 그리고 제한된 지역 시장들에서 노동계급에게 물건 — 시가에서 전분, 맥주까지 — 을 파는 회사에 맞설 때 특히 효과적이었다. 정치와 소비 패턴 모두를 그 안에 포함하고 있는 적극적인 노동계급 문화가 보이콧을 대중적인 전략으로 만들었다. 당시의 거친 노사관계하에서 폭력과 협박이 보이콧을 한층 더 효과적인 전술이 되게 했다. 노동조합이 어떠한 법적 권리도 가지고 있지 못했고 또 상당한 폭력적 억압에 직면했기 때문에, 그들에게는 그러한 약자들의 무기가 필요했다.[5]

하지만 미국의 가장 유명한 보이콧은 남부의 인종차별적 교통시스템에 맞서 일어난 것들이었다. 그것들은 오랜 역사를 가지고 있다. 재건시대 동안 서배너Savannah에서는 새로운 방식으로 인종을 차별하고자 하는 철도마차에 맞서 여러 번의 저항과 적어도 한 번의 보이콧이 발생했다. 그 후 1891년부터 1906년 사이에 아프리카계 미국인들은 실제로 모든 남부 주에서 인종차별을 하는 노면전차들을 보이콧했다. 남부 흑인들의 권리와 긍지를 공격한 짐 크로Jim Crow 인종차별법의 물결은 위협의식과 도덕적 충격을 불러왔고, 그것들이 그러한 저항들을 자극했다. 한 신문은 재건시대 이래로 제약 없는 여행에 익숙해진 남

<hr />

5   마이클 앨런 고든(Michael Allen Gordon)은 아일랜드식 보이콧이 미국으로 이주하게 된 경위에 대해 기술한다. Michael Allen, "Studies in Irish and Irish-American Thought and Behavior in Gilded Age New York City"(Ph.D. diss., University of Rochester, 1977). 특히 제6장을 보라.

부의 흑인들이 느낀 '혐오와 당혹감이 뒤섞인' 감정에 대해 보도했다.[6] 노면전차 회사들은 새로운 제한조치들이 많은 손실을 초래하는 것으로 인식했기 때문에, 대체로 그러한 제한에 반대했다. 새로 등장하는 저항운동들에서 자주 그러하듯이, 아주 초기 — 1890년대 — 의 보이콧들은 인종차별주의 세력이 자신들의 노력 — 궁극적으로 성공을 거둔 — 을 배가했던 해인 1901년 이후의 보이콧들보다 더 성공을 거두었다.

1950년대에 민권운동이 (부분적으로는 인종차별적 폭력의 물결과 전국유색인지위향상협회National Association for the Advancement of Colored People: NAACP의 빈번한 불법화에 반발하여) 발생했을 때, 인종차별 버스가 첫 번째 표적들 중 하나였다. 배턴루지Baton Rouge에서 NAACP의 합법 전술 이외의 전술들도 불사하던 민권단체들은 1953년에 백인 운전사들이 흑인은 버스의 뒷자리부터, 그리고 백인은 앞자리부터 채우던 (전혀 진보적이지 않던) 시스템을 지지하여 백인 전용좌석 제도를 폐지하는 새로운 도시규약을 받아들이기를 거부했을 때, 버스 보이콧을 조직했다. 그 보이콧은 몇 주간 지속되었고, 버스노선을 마비시켜 하루에 1600달러의 손실을 발생시켰다. 앞의 두 측면 좌석만 백인을 위해 남겨두고 뒤쪽의 긴 의자는 흑인이 이용하자는 절충안이 도출되었다. 그것은 인종차별 폐지는 아니었지만, 민권 활동가들은 승리를 주장할 수 있었다. 남부 전역의 흑인 지도자들도 그것에 주목했다.[7]

가장 유명한 민권 버스 보이콧은 1955년에 앨라배마 주 몽고메리에서 시작되었다. 몽고메리 시는 세기 전환기에 이미 인종차별을 둘러싼

---

6 August Meier and Elliott Rudwick, "The Boycott Movement Against Jim Crow Streetcars in the South, 1900~1906," *The Journal of American History*, 55(1969), p. 761에서 인용함.

7 민권 보이콧의 기원에 대한 논의로는 Aldon D. Morris, *The Origins of the Civil Rights Movement*(New York: Free Press, 1984), ch. 2를 보라.

전투장이었으며, 1955년 이전에도 (흑인들이 버스의 뒷자리에 앉기를 거부했을 때) 몇몇 사건이 발생했었다. 찰스 보이콧이 아일랜드를 떠난 날로부터 75년이 되는 1955년 12월 1일에 여자 재봉사이자 NAACP의 간사였던 로자 파크스Rosa Parks는 백인 구역의 좌석이 다 차고 난 후에 한 백인 남성에게 그녀의 좌석을 양보하기를 거부했다는 이유로 체포되었다(그녀는 어느 한쪽 인종만을 위한 구역에 있지 않았다). 그날 밤 곧바로 여러 행사가 개최되었다.[8]

침대차 짐꾼 조합Brotherhood of Sleeping Car Porters[미국 최초의 흑인 노동조직 — 옮긴이]의 임원인 닉슨E. D. Nixon과 귀족적인 백인 변호사 클리퍼드 더르Clifford Durr는 파크스의 보석금을 낸 후 그녀 가족의 집에서 협의에 들어갔다. 그들은 그것이 바로 그들이 기다려온 사건이라고 판단했다. 그들은 파크스가 백인 배심원들을 감동시킬 정도로 충분히 목소리가 부드럽고 예절 바르고 품위가 있다고 생각했다. 하지만 그녀는 완고하기도 했다. 목요일인 그날 밤 동안 앨라배마 주의 영어 교사이자 몽고메리 여성정치위원회Women's Political Council의 성원인 조 안 로빈슨Jo Ann Robinson은 몇몇 친구들을 불러 모아, 흑인들에게 파크스와의 연대의 제스처로 돌아오는 월요일에 버스를 타지 말 것을 촉구하는 공고문 3만 5000장을 등사 인쇄했다. 닉슨은 몽고메리의 흑인 정치지도자들에게 전화를 걸었고, 그들 중 50명이 다음 날 회합에 참여하여 전술을 논의했다. 그들 역시 월요일 보이콧에 동의했고, 월요일 밤 한 대

---

8 몽고메리 보이콧에 대해 아주 상세하게 설명하고 있는 것으로는 다음을 보라. Taylor Branch, *Parting the Waters: America in the King Years, 1954~1963*(New York: Simon and Schuster, 1988), chs. 4, 5. 또한 다음의 논의들도 보라. Morris, *Origins of the Civil Rights Movement*, ch. 3; Preston Valien, "The Montgomery Bus Protest as a Social Movement," in Jitsuichi Masuoka and Preston Valien(eds.), *Race Relations: Problems and Theory*(Chapel Hill: University of North Carolina Press, 1961).

형 침례교회에서 공개회합을 열기로 계획했다. 일요일에 시의 흑인 설교자들 — 그리고 한 명의 백인 설교자 — 이 그들의 신자들에게 보이콧을 받아들일 것을 촉구했다. 12만 명이라는 시의 규모(그중 4만 5000명이 흑인이었다)가 협력을 어렵게 만들었지만, 불가능하지는 않았다.

그 보이콧은 내가 '동료 전술'이라고 부르는 또 다른 저항 형태들을 수반했고 그것들의 지원을 받았다. 일반적으로 저항자들은 다양한 전술을 사용한다. 특이한 것은 여러 캠페인이 대개 보이콧이라고 불린다는 것이다. 심지어는 보이콧이 많은 전술 중 단지 하나의 전술일 때조차 그러하다. 월요일 아침 파크스가 유죄 선고를 받고 14달러의 벌금에 처해졌을 때, 500명의 지지 군중이 법원에 집결했다. 그들은 전단지나 지도자로부터 자극을 받은 적이 없는 사람들이었다. 그날 저녁에는 7시 회합을 위해 만 명이 교회에 나타났고, 그들은 교회뿐만 아니라 수 에이커에 달하는 인근 거리와 지구들을 가득 메웠다. 그들은 거기서 확성기 소리를 경청했다. 그날 새로운 몽고메리 진보연합Montgomery Improvement Association: MIA의 의장으로 선출되고 그 행사의 흥분에 고무된 마틴 루서 킹 2세Martin Luther King Jr.는 그의 얼마 되지 않은 경력 동안 (그는 겨우 26살이었다) 이전에는 도달한 적이 없던 최고의 연설가로 등극했다.

그 보이콧은 월요일을 지나고 그 주를 넘겨서 1956년까지 이어졌다. 그리고 밤의 회합 또한 참여자들의 다양한 노래와 설교, 그리고 증언과 함께 계속되었다. 고령과 고통을 무릅쓰고 보이콧을 받아들일 것을 주장했던, 마더 폴라드Mother Pollard라고 알려진 한 여성을 포함하여, 개인들은 그들이 기울인 특별한 노력들로 찬사를 받았다. 어떤 날 저녁에는 다른 교회들에서도 연쇄적으로 회합이 열렸다. 앨던 모리스가 보여주었듯이, 각양각색의 종교적 이미지와 활동들 — 감정적인 기도 문구와 노래, 성경의 이야기, 교훈, 그리고 비유들 — 이 민권운동의 출현에 결정적이었다.[9] 그러한 다양한 동료 전술들은 흑인들로 하여금 버스 보이콧을 사실상 만장일치로 지지하게 만들었다.

모든 효과적인 도덕적 저항이 그러하듯이, 보이콧은 다른 쪽, 이 경우에는 몽고메리의 백인 기득권층의 대응을 불러왔다. 시의회와 MIA는 12개월이나 계속된 보이콧 동안 서로 전술적 혁신과 대응들로 맞섰다.[10] 경찰국장이 법정 최저운임보다 낮은 운임을 받는 흑인 택시 운전사들을 체포하겠다고 위협했을 때, MIA는 방대한 카풀 시스템을 도입했고, 심지어는 (카풀 운동이 전국적인 뉴스가 되고 기부금이 쇄도했을 때) 여러 대의 신차를 구매하기도 했다. 그때 보이콧이 협상을 통해 종결되었다는 이야기가 신문에 실렸다. 하지만 이 계략은 하루 만에 조기에 발견되어, 일요일 설교와 광범한 탐방을 통해 퇴출되었다. 1월에는 허위 요금청구 교통위반 딱지가 카풀 운전사들에게 발부되었다. 1월 26일에는 시속 25마일 지역에서 시속 30마일로 운전했다는 혐의로 킹이 체포되었고, 이는 대규모 군중을 교도소에 운집시켰다. 그리고 그날 밤 일곱 차례에 걸쳐 연속적인 대중회합이 개최되었다. 그 뒤에 대배심은 보이콧 지도자들을 기소했다. 그러자 그 지도자들은 대규모 군중의 맨 앞에 서서 법원에 도착하여 그 사건을 승리로 전환시켰으며,

---

9   하지만 동원 전통 속에서 작업하는 모리스는 교회가 제공했던 재정적·사회적 네트워크에 보다 더 주의를 기울인다. Morris, *Origins of the Civil Rights Movement.*

10 매캐덤은 양 세력 간의 저항의 맞대응에 대해 기술하고 있다. Doug McAdam, "Tactical Innovation and the Pace of Insurgency," *American Sociological Review*, 48(1983), pp. 735~754. 나 또한 제인 폴슨과 함께 사회운동의 표적이 된 사람들이 취하는 행동들이 갖는 영향력을 살펴본 바 있다. James M. Jasper and Jane Poulsen, "Fighting Back: Vulnerabilities, Blunders, and Countermobilization by the Targets in Three Animal Rights Campaigns," *Sociological Forum*, 8(1993), pp. 639~657. 나는 이를 제13장에서 더 상세하게 검토한다.

교도소가 주는 낙인과 공포를 제거하는 데 일조했다. 그 체포는 35명에 달하는 보도기자들을 전국 각지에서 몽고메리로 불러들였고, 그들의 카메라는 대중집회에 흥분의 불을 지폈다. 그 후 킹의 재판을 취재하기 위해 모인 기자의 수는 100명으로 늘었다. 그 재판이 판례가 되는 소송사건으로 단독으로 진행된 것이었기 때문이었다(그는 패소하여 500달러의 벌금형을 받았다).

시는 MIA와의 협상과정에서 점점 더 완강해졌고, 심지어 버스회사가 파산해가고 있었음에도 불구하고 양보하기를 거부했다. 시카고의 모⽚회사는 보이콧이 흑인 승객의 99%에게 효과를 발휘했다고 주장했다. 그리고 그 회사는 나머지 백인 승객들에게 비상 인상운임을 부과했다. 몽고메리의 인종차별 버스 시스템에 도전하는 별건의 소송이 제기되고 있었다. 1956년 6월 4일 세 명의 연방판사는 몽고메리 시의 버스 인종차별이 위헌이라고 판결함으로써, 전국 각지로부터 기부금(총금액이 10만 달러를 훨씬 넘었다)을 이끌어냈을 뿐만 아니라 보이콧 참여자들의 사기 역시 끌어올렸다. 몽고메리 시 공무원들은 MIA 카풀을 무면허 도시운송 시스템의 하나로 금지하는 주 명령을 신청하는 것으로 대응했다. 11월 13일 주 명령이 허가된 바로 그날, 미국 대법원은 버스 인종차별이 위헌이라고 선언했다. 이 결정은 5주 후에 효력이 발생하는 데 반해 카풀을 금지하는 주 명령은 여전히 효력을 발휘하고 있던 동안에, 몽고메리의 아프리카계 미국인들은 그들을 지치게 했지만 최종적으로 승리한 활동을 벌였다. 즉, 매일 일터까지 걸어갔다. 거기에는 보다 고결한 하나의 도덕적 행위가 존재했다.

공식적인 억압에 더해 보이콧 참여자들에 대한 폭력의 물결이 그들을 겁먹게 했지만, 그것은 그들 자신을 더욱 위협받고 있는 도덕 공동체로 바라보게 했다. 지나가는 차에서 집으로 총알이 날아드는 것 말고도 네 곳의 흑인 침례교회와 세 명의 보이콧 지도자 집에서 폭탄이 터졌다. 두 명의 KKK 회원이 재판에 부쳐졌으나, 유죄판결은 내려지지 않았다. 보이콧이 진행 중이었던 당시에, 앨라배마 백인시민위원회 Alabama White Citizens' Council의 회원은 급격히 증가했는데, 심지어 세 명의 몽고메리 시 지방행정관들이 가입하기도 했다. 백인들의 악의에 찬 대응은 보이콧에 대한 관심을 끌어올릴 뿐이었다. 저항자들과 그들의 적은 밀착 감시되었고, 따라서 그들의 모든 행동은 그들 자신의 고통과 즐거움을 훨씬 넘어서는 힘을 가지게 되었다. 그들의 승리는 그들이 들어본 적도 없는 지역에 사는, 그들이 알지조차 못하는 사람들에게도 승리가 될 것이었다. 그들은 승리의 '이득'이 글자 그대로 계산할 수 없는 것이라는 것을 알고 있었다.

이 억압은 몽고메리에서는 보이콧이 여전히 상당한 압력과 감시하에 있는 사람들이 선택한 약자들의 무기 중 하나였다는 것을 보여준다. 그들의 주요한 힘은 그들의 도덕 공동체 속에 자리하고 있었다. 즉, 그 힘은 부정의과 저항행위의 필요성에 대한 합의, 그리고 놀랄 정도의 감정적 연대에 의거하는 것이었다. 억압의 위협과 현실은 저명한 활동가들에게뿐만 아니라 전체 공동체에도 가해지는 공격이었다. 그리고 우리가 살펴보았듯이, 위협은 하나의 강력한 자극이 될 수도 있다. 그 흑인들은 전체 공동체의 이름으로 자신들의 행동주의에 대한 처벌을 받는 중이었으며, 그 공동체는 집합적 정체성과 운동 정체성을 더욱더 융합시키고 있었다. 흑인 저항에 대한 백인의 극심한 억압은 1954년 이후에도 되살아났다. 그리고 이러한 사실은 국가억압의 완화가 운동 출현의 열쇠라고 강조하곤 하는 과정 모델들에 얼마간 의구심을 가지게 한다. 1954년의 브라운 판결은 아프리카계 미국인들에게 실제적 억압이 줄어들었다는 한 가지 지표가 아니라 저항을 고무하는 하나의 상징적 메시지였다. 1920년대 이래로 린치행위는 가라앉았을지 모르지만, 민권 행동주의는 여전히 위험하고 자주 사활을 걸어야 하는 일이었다. 이득과 마찬가지로 잠재적 비용도 측정 불가능했다.

민권 보이콧은 미국에서 도덕적 저항이 진화하던 과정의 결정적 시기에 발생했다. 그것은 변호사들이 수행함으로써 다른 흑인들이 그들의 연대와 격분을 표출할 수 있는 거의 어떠한 기회도 제공하지 못했던 NAACP의 법정 도전과 비교할 때, 강력하고 직접적인 전술이었다. 몇 해 지나지 않아 보이콧 자체는 보다 급진적인 전술들에 의해 그 빛을 잃게 되었다. 왜냐하면 더 젊은 새로운 코호트들이 민권운동에 가담해서 또 다른 형태의 도덕적 저항을 고안해냈기 때문이다. 민권운동에 고무된 다른 저항운동들도 전술에서 유사한 진화과정을 거쳤다. 하지만 1950년대 중반의 소비자 보이콧은 그것이 적어도 행진, 노래, 대중회합을 동반했을 때 도덕적 격분을 표출하기 위한 하나의 확실한 방식이었다. 그러한 동료 전술들은 아프리카계 미국인 공동체에서 연대를 구체화하고 대담하고 경험 많은 정치지도자들을 만들어내고 남부 민권운동에 대한 전국적 관심을 불러일으키는 데 결정적이었다. 보이콧은 거부이자 침묵이었다. 따라서 그것은 격분과 도덕적 전망을 시끄럽게 표출할 수 있게 해주는 전술들을 동반할 필요가 있었다. 몽고메리의 흑인 공동체, 뉴욕의 노동계급, 또는 메이오의 소작농들처럼 탄탄한 공동체들에서 그러한 접합이 용이했고, 그 결과 보이콧도 거의 완벽하게 준수되었다. 그러한 시민권 운동들에게 보이콧은 집합적 목소리를 낼 수 있는 하나의 강력한 기회였다. 우리가 곧 살펴볼 전국적 보이콧들에서는 그러한 목소리도, 연대도, 또한 이행도 그렇게 강력하지 않았다.

포도와 농장 노동자

얼마간은 1960년대에 있었던 소비자보호운동의 결과로, 보이콧은 곧 매우 상이한 영역들에서 전개되었다. 미국에서는 지난 30년간 제조업자들 — 무수한 일반 소비재들을 포함하여 — 에 맞서 수많은 보이콧이 일어났다. 환경 훼손, 동물에 대한 대우, 그리고 여성의 문화적 이미지와 관련된 탈산업적 쟁점에서부터 텔레비전 폭력을 둘러싼 도덕적 패닉에 이르는 많은 대의가 이 방식으로 추구되어왔다. 국제적인 것까지는 아니더라도 전국적인 캠페인으로서의 보이콧은 몽고메리와 같은 지역 보이콧과는 상이하게 작동했으며, 도덕적 격분을 유지하고 표출하는 데 필요한 동료 전술들을 조직하는 데에서도 더 큰 어려움들이 제기되었다. 보이콧은 더 이상 제한적인 정치적 선택지를 가지고 정치적 포함을 추구하는 사람들이 지역 환경에서 이용하는 약자들의 무기만이 아니었다. 이 새로운 전국적 보이콧들 중 가장 오래되고 가장 유명한 것이 포도에 대항한 것이었다. 그것은 약한 연대주의적 공동체에 의해 지역적 노력의 하나로 시작되었지만, 곧 확대되지 않을 수 없었고, 새로운 종류의 보이콧을 개척하게 되었다.

실제로 캘리포니아 농장노동자연합United Farm Workers of California: UFWOC은 캘리포니아 농장주들을 압박해서 노동조합을 인정하고 노동조합과 협상하게 하기 위한 수단으로 두 종류의 포도 보이콧 — 하나는 양조용 포도에 맞서서, 다른 하나는 식용 포도에 맞서서 — 을 조직화했다. 1962년 세자르 차베스César Chávez에 의해 전국농장노동자협회National Farm Workers Association로 설립된 UFWOC는 처음에는 양조용 포도 산업에서 널리 인정받기 위해 파업과 보이콧을 함께 활용했다. 해결의 실마리가 된 것은 전국적으로 알려진 상표명을 보유한 특정 회사들을 거냥하여 1965년과 1966년에 벌인 세 차례의 성공적인 보이콧이었다. 첫 번째 보이콧은 커티 사크Cutty Sark, 엔센트 에이지Ancient Age, 크레스타 블랑카Cresta Blanca 및 여타 와인과 중류주의 생산업체인 셴리Schenley에 맞선 것이었다. 두 번째 보이콧은 실제로는 트리스위트Treesweet 오렌지 주스가 주 생산물이었던 디지오르지오DiGiorgio가 표적이었다. 세 번째 보이콧은 트리부나 베르무트Tribuna Vermouth의 제조사인 페렐리 미네티Perelli-Minetti를 공격했다. 각각의 경우 노동조합은 로스앤젤레스 시장에 집중했으며, 보이콧이 소비자 수요를 줄일 기회를 갖기도 전에 매번 제조업자들은 곧바로 항복했다. 그들이 조심스럽게 키워온 기업 이미지 말고는 경쟁자들과 구별되지 않는 제품을 만들고 있었던 이들 회사는 자신들의 명성을 손상시키는 위험을 감수할 수 없었다. 1967년경에 노동조합은 5000명의 노동자를 대신해 가장 규모가 큰 아홉 개의 양조용 포도 재배회사들과 계약했다. 그런 다음 노동조합은 관심을 식용 포도 재배회사들로 돌렸다.[11]

유명 브랜드 주류들과는 대조적으로, 식용 포도는 시변 라벨 없이 팔리기 때문에, 특정 재배회사에 대해 보이콧하기가 어렵다. 따라서 UFWOC가 1967년 말에 지마라 포도원Giumarra Vineyards Corporation(미국의 가장 큰 식용 포도 재배회사)에 맞서 파업과 보이콧을 시작했을 때, 그 회사는 100개의 서로 다른 라벨을 붙여 포도를 수송하기 시작했다. 1968년 초에 노동조합은 여느 때와는 다른 새로운 보이콧 전략으로 캘

---

11   UFWOC의 투쟁에 대해서는 다음을 보라. Craig Jenkins, *The Politics of Insurgency: The Farm Worker Movement in the 1960s*(New York: Columbia University Press, 1985); Jerald Barry Brown, "The United Farm Workers Grape Strike and Boycott, 1965~1970" (Ph.D. diss., Ithaca: Cornell University, 1972); Mark Day, *Forty Acres: César Chávez and the Farm Workers*(New York: Praeger, 1971); John Gregory Dunne, *Delano: The Story of the California Grape Strike*(New York: Farrar, Straus and Giroux, 1967).

리포니아 식용 포도 산업 전체에 대해 보이콧하기로 결정했다. 1969년 5월에 노동조합은 이 보이콧을 역시 노동조합과의 협상을 거부하고 있던 애리조나 재배회사들에까지 확대했다. 이 두 주는 실제로 미국 내 식용 포도 생산의 전부를 담당하고 있었다.

노동자들은 파업 중이었기 때문에 대다수가 새로운 보이콧 운동을 조직하기 위해 전국 각지로 나갈 수 있었다. 1970년쯤 그들은 미국과 캐나다의 31개 주요 도시에서 활동했으며, 200개 이상의 다른 도시에 자원봉사자 위원회를 가지고 있었다. 적은 돈만을 받고 도시로 파견된 보이콧 조직자들은 기금을 모금하고, 자원봉사자들을 충원하여 도움을 받고, 저명한 시민들의 후원연합을 결성하고, 공개적으로 UFWOC를 대표하고, 지역 노동조합과 교회 임원들을 상대하고, 보이콧을 계획해서 실행하고, 보이콧을 선전하고, 체인점들과 협상해야만 했다. 과일과 채소를 수확하는 데 익숙한 그곳 농장 노동자들은 많은 새로운 스킬을 급히 발전시켜야만 했다. 각 도시에서 그들은 둘 또는 세 명이 처음부터 새로 저항운동을 창출해야만 했다. 그들은 자신들에게 강요된 예술성을 발휘했다.

온갖 역경에도 불구하고, 농장 노동자들은 포도를 하나의 유력한 문화적 상징으로 만들어냈다. 보이콧이 처음으로 중요한 미디어 쟁점이 되었다. 왜냐하면 그것이 리처드 닉슨Richard Nixon과 군부, 그리고 기업 세계가 노동계, 반전운동, 자유주의자, 좌파와 맞붙게 함으로써 전국 정치에서 중요한 분열을 상징하게 되었기 때문이다. 그러한 상징적 연관은 로널드 레이건과 리처드 닉슨이 프레즈노Fresno에서 개최된 공화당 집회를 포도를 먹으면서 시작했던 1968년의 대통령 선거유세 동안 출현했다. 휴버트 험프리Hubert Humphrey와 유진 매카시Eugene McCarthy는 둘 다 보이콧을 지지했고, 그것을 자신들의 선거유세 연설에서 언급했다. 1969년에 국방부는 베트남에 파병한 군대의 인력을 감축했음에도 불구하고 전년도보다 40% 많은 거의 1000만 파운드의 포도를 구매했다.[12] UFWOC가 닉슨과 펜타곤이 의도적으로 포도 재배회사들을 돕고 있다고 주장했을 때, '전쟁 포도' 쟁점이 반전단체들로부터 새로운 지지를 받았다.

이처럼 함의들이 풍부해짐에 따라 농장 노동자들은 주요 노동조합들뿐만 아니라 교회, 시민단체, 학생, 환경단체, 반전단체, 소비자단체들까지를 포함하는 광범위한 지지자 연합을 구축할 수 있었다. 보이콧을 지지한 민권단체들과 소비자단체들로는 도시연맹Urban League, NAACP, SCLC, 멕시코-아메리칸 G. I. 포럼Mexican-American G. I. Forum, 미국소비자연합Consumer Federation of America, 전국소비자연맹National Consumers League이 있었다. 수십 명의 시장, 상원의원, 하원의원들이 지지를 표명했다. 농장 노동자들과 그들의 포도는 다양한 이유로 보이콧을 지지하는 조직을 갖춘 유력한 다의적 응축 상징이 되었다. 노동조합들은 그것을 노동쟁의로 인식하고 단결권에 초점을 맞추었다. 성직자들은 비폭력과 사회정의에 대한 강조에 이끌렸다. 민권 활동가들은 경제적 평등을 위한 멕시코계 미국인과 필리핀 사람들의 투쟁에 관심을 가졌다. 소비자단체와 환경단체들은 농약에 대해 떠들어댔다. 또 다른 사람들은 보이콧을 노동자 빈곤과 싸우는 하나의 방식이라고 보았다. 소농을 대표하는 전국농민조직National Farmers Organization과 전국농민연합National Farmers' Union은 보이콧을 기업농에 맞서는 십자군운동으로 받아들였다.

보이콧은 소비자들의 포도 수요를 감소시키는 데 성공했다. 1969년의 포도 생장철이 끝날 무렵, 주요 도시 시장으로의 포도 선적이 40%

---

12   Brown, "The United Farm Workers Grape Strike and Boycott," p. 139.

나 감소했으며, 씨 없는 포도의 도매가는 30%나 하락했다. 미디어의 관심이 중요했음을 알 수 있는데, 공식적인 보이콧 조직이 없었던 도시들에서조차 포도 판매가 감소했기 때문이었다. 이를테면 1966년에서 1968년까지 샌안토니오San Antonio와 솔트레이크시티Salt Lake City로의 포도 선적은 각각 19%와 21% 정도 떨어졌다. 하지만 몇몇 도시에서는, 특히 남부에서는 판매가 늘었다. 가장 큰 판매 하락은 뉴욕(1966년에서 1969년 사이에 판매가 28%나 하락했다), 디트로이트(30% 하락), 보스턴(41% 하락), 그리고 시카고(43% 하락)와 같이 노동조합이 대규모로 조직된 도시들에서 일어났다. 판사가 노동조합의 (매우 효과적인) 제2의 보이콧들을 곧바로 종결시켰기 때문에, 노동조합은 주로 공간, 홍보물, 피켓시위자를 제공하고 사기를 진작시키는 데서 중요한 역할을 했다.[13]

1970년 봄에 전국가톨릭주교회에 속한 한 위원회의 도움으로, 세 개의 대규모 포도 재배회사가 노동조합을 인정하고 임금인상을 승인하고 특정 농약의 사용을 배제하고 분규 처리 절차를 도입하는 계약에 서명했다. 또 다른 조항은 노동조합이 수확한 포도 박스에 소비자에게는 보이지 않지만 취급자와 운송업자가 포도 산지를 알 수 있게 해주는 UFWOC 라벨 도장을 찍을 것을 요구했다. 곧 포도산업의 85%가 노동조합을 인정하게 되었다. 그리하여 5년의 파업과 2년 반의 보이콧이 종결되었다.

포도 보이콧은 전국적인 소비자 보이콧들 중에서 소비자 수요에 입증할 만한 인정된 효과 — 양측 모두에 의해 — 를 거둔 유일한 보이콧이었던 것으로 보인다. 나는 다른 어떤 전국적 보이콧에서도 이와 유사

---

13   Brown, "Grape Strike," pp. 212~215.

한 영향을 미친 확실한 증거를 발견할 수 없었다. 농장 노동자들은 어떻게 그렇게 했는가? 그들은 어떻게 그렇게 많은 사람으로 하여금 자신들의 구매습관을 바꾸도록 설득했는가?

포도를 그토록 많은 기존 조직에 의미 있는 것으로 만들기 위해서는 상당한 문화적 프레이밍 작업이 요구되었다. 하지만 그것이 이루어질 때면, 항상 거기에는 농장 노동자들을 돕는 자원과 개인적 네트워크들이 있었다. 그것뿐만 아니라 농장 노동자들과 그들의 지지자들은 일련의 새로운 전술을 정교하게 고안해냈고, 보이콧이라는 일반 개념을 새로운 방식으로 적용했다. 그들은 특정 도시들에, 그 도시들 내의 특정 체인들에, 그리고 그 체인들에 속한 특정 상점들에 집중함으로써 일련의 지역 보이콧에 필적하는 것을 수행했다. 따라서 조직자들이 개별 쇼핑객들의 호의에 의존할 필요가 없었을 뿐만 아니라, 마음이 통하는 긴밀하게 결합된 공동체 속에서 진정으로 지역적인 보이콧들에서만 통상적으로 이용할 수 있는 개인적이고 보다 강렬한 전술들을 사용할 수 있었다. 다양한 동류 전술이 그러한 지역적 운동 정체성 의식에 기여했다.

보이콧 참여자들은 개별 상점들에서 피켓시위를 했다. 소수의 쇼핑객을 돌려보내는 것만으로도 경영자들에게 우려를 자아내기에 충분했다. 왜냐하면 그 적은 비율이 체인들을 작동시키는 얼마 되지 않는 이윤폭을 줄이기 때문이었다. 보이콧 지지자가 아닌 많은 사람이 (실제의 또는 상상된) 말다툼, 위협 또는 위험 가능성 때문에 피켓시위가 벌어지고 있는 시설물에서는 쇼핑을 하지 않곤 했다. 일단 한 상점이 포도 판매를 중단하면, 피켓시위는 그 체인의 모든 상점이 포도 판매를 중단할 때까지 계속되곤 했다. 체인들은 피켓시위에 응하고 나서 며칠이 지난 후 다시 포도를 선반에 돌려놓곤 했기 때문에, 지지자들은 상점들을 주기적으로 점검하는 일을 할당받았다.

또 다른 동료 전술은 보이콧 지지자들에게 상점들이 포도 취급을 멈출 때까지 자신들이 그곳에서 물건을 사지 않을 것임을 알리는 우편엽서를 상점들에 발송하도록 권고하는 것이었다. 우편엽서는 사적인 개인적 구매거부보다도 노골적인, 때로는 격심한 비난을 할 수 있게 해주었다. 그것은 동조자들로 하여금 자신들의 도덕적 격분을 분명하게 표현할 수 있게 해주었다.

보이콧 조직은 또한 특별한 집합적 행사들을 후원했다. 이를테면 UFWOC는 국제 보이콧의 날을 정하고, 각 보이콧 위원회들에 그날을 위해 시위운동과 같은 특별한 활동을 계획할 것을 요청했다. 여타의 창조적 활동들이 피켓라인의 지루함을 덜기 위해 이용되었는데, 이를테면 언론, 정치인, 노조 조합원들을 위한 메릴랜드 이주노동자캠프 투어 같은 것이 있었다. 보스턴 보이콧 위원회는 '보스턴 포도 파티'를 개최했다. 토론토에서는 보이콧 참여자들이 '포도를 먹지 마세요'라고 쓰인 풍선을 가지고 여러 상점에 들어가서는 그중 많은 것을 어린이들에게 나누어 주었고, 몇몇 풍선을 높은 천장으로 띄워 올렸다. 그 풍선들 속에는 밝은 색상의 색종이 조각들이 들어 있어서, 화가 나서 풍선을 터뜨린 상점 직원들에게 엉망진창인 상황을 초래하게 했다.[14]

하지만 다른 전국적·국제적 보이콧들처럼 주요한 동료 전술은 미디어 보도를 끌어내는 것이었다. 보이콧 초반인 1968년 2월에 세자르 차베스는 25일 간의 단식투쟁을 계속하면서, 그것을 노동조합 내의 불화와 폭력적 언사에 대한 참회라고 불렀다. 그의 단식은 노동자들을 위해 희생하는 '성스러운 순교자' 이미지를 창출함으로써 노동자들의 사

---

14   같은 글, p. 209.

기를 끌어올렸다. 성직자들은 단식이 이루어지는 곳 주변에서 야간 미사를 열어, 그것을 지역 노동자들의 사기를 다시 진작시키고 운동 정체성을 강화하는 방식으로 이용했다. 가톨릭 신앙을 실천하고 있던 많은 노동자와 그들의 가족들은 강렬한 종교적 감정을 가지고 그것에 응했다. 신자들은 신성한 성상과 그림들을 매단 대형 십자가를 세웠고, 많은 사람이 무릎을 꿇고 야간 미사에 참여했다. 결국 단식은 처음에는 종교적 이미지에 기분 상해했던 노조 조합원들까지 끌어들였다. 그 단식은 또한 파업과 보이콧이 미디어의 집중적인 주목의 대상이 되게 했다. 지마라의 포도 재배자들이 한 지역 판사에게 차베스가 지난 가을의 피켓시위 금지 명령을 어겼다는 이유로 그를 법정에 출두하게 할 것을 요청했을 때, 농장 노동자들은 법원 통로에 침묵 속에서 그의 도착을 기다리며 무릎 꿇고 도열해 있었다. 미디어의 관심에 놀란 재배자들은 판사에게 고소를 기각시켜달라고 요청했다. 대통령 후보였던 로버트 케네디Robert Kennedy는 차베스가 단식을 끝냈던 미사에 참석했다.

보이콧이 식용 포도에 대한 소비자 수요를 감소시키는 데서 거둔 성공에도 불구하고, 그 노력은 전국적 보이콧에서는 그것 특유의 무력함을 드러낸다. 또 다른 포도와 양상추의 경우에는 수년에 걸친 단호한 모진 협상과 계속된 일련의 보이콧이 일어난 후에야 노동조합이 인정받게 되었다. 노동쟁의들이 결코 끝나지 않았지만, 보이콧이 성공하기 위해서는 하나의 단일한 구속력 있는 결정(이를테면 특정 제품의 금지나 새로운 법)이라도 얻어내야만 한다. 식용 포도 보이콧은 일시적으로 소비자 수요를 감소시킬 수 있었음에도 불구하고, 거의 어떠한 장기적 효과도 거두지 못했다. 오늘날까지도 농장노동자연합은 동일한 쟁점을 놓고 벌이는 또 다른 포도 보이콧을 후원하고 있다.

전국적 보이콧과 도덕적 격분

이제는 전국적 보이콧이 흔한 일이기 때문에, 우리 모두는 이런저런 소비재를 보이콧하라는 요구들을 받곤 했다. 그간 비파로니Beefaroni, 딘티 무어Dinty Moore 스튜, 사니-플러시Sani-Flush, 미닛메이드Minute Maid 오렌지 주스, 라이트가드Right Guard 탈취제, 지피팝Jiffy Pop 팝콘, 그리고 프레퍼레이션 에이치Preparation H에 맞선 소비자 보이콧이 있었는데, 그것들은 그들의 모기업(네슬레Nestlé, 아메리칸 홈 프로덕츠American Home Products, 코카콜라Coca-Cola, 질레트Gillette, 호멜Hormel)의 활동에 저항하기 위한 것이었다. 특정 탈취제가 아닌 다른 상표의 탈취제를 구입하는 것은 도덕적 저항에 참여하는 한 가지 손쉬운 방법이다. 하지만 전국적 보이콧이 그러한 일에 적합한가? 상표를 바꾸는 것이 도덕적 격분을 표출하는 충분한 방법인가? 사니-플러시를 생산하는 것이 어떤 회사인지를 누가 기억이나 하는가?

우리가 제품 하나를 살 때, 우리는 어쩌면 많은 일을 하고 있을 수도 있다. 구매는 당신이 어떤 종류의 사람인지에 대한 진술, 생산자(이를테면 니카라과 커피)와의 연대의 표현, 또는 한 회사에 대한 충성심("나는 포드 자동차만 몬다")을 비롯한 많은 차원을 가지고 있을 수 있다. 보이콧 활동가들이 제공하는 것이 바로 이러한 종류의 만족이다. 즉, 구매자들은 특정 핫도그가 아닌 다른 핫도그를 사면서, 또는 전문화된 상업용 제품이 아닌 베이킹 소다를 이용하여 자신들의 변기를 닦으면서, 자신들이 정치적 진술을 하고 있다고 느낄 수 있다. 저항조직들은 소비자들로 하여금 가격과 질 같은 순전히 실용적인 관심사들에 의해 추동되기보다는 그들의 구매결정에 정치적 또는 도덕적 요소를 끌어들일 것을 요구한다. 어떤 점에서 저항자들은 우리가 더 나은 정보를 가진 소비자가 되기를 원한다. 그리고 그들은 정보를 수집하는 데 드는 비용, 즉 만약 개인이 독자적으로 그렇게 해야 한다면 엄청날 수도 있는 비용을 지불한다. 소비자들은 제조업자들이 사회의 다른 성원들에게 떠넘겼기 때문에 제품 가격에는 나타나지 않는 '외부효과'들 ─ 이를테면 공해, 성차별, 조악한 노동정책, 제3세계의 유아 사망 ─ 을 고려할 것을 요구받는다. 이러한 인식은 특히 도덕적 생활양식에 대한 관심, 그리고 맹목적 소비주의에 대한 비판을 포함하여 탈산업적 감상을 가진 사람들에게서 흥미를 끈다. 보이콧 조직자들의 창조성은 그들이 이의를 제기할 수 있는 새로운 포럼, 즉 도덕적 진술을 할 수 있는 새로운 (그리고 상대적으로 용이한) 기회를 제공한다는 것이다. 거기에는 개인적으로 저항행위를 할 수 있는 풍부한 기회들이 존재한다. 소비자의 결정은 도덕적 입장을 표현하는 것일 수 있다.

그러나 소비자들이 매우 분명하고 강력하게 그렇게 하는 것은 전혀 아니다. **붐비는 슈퍼마켓 통로에서 홀로 이루어지는 침묵의 선택은 부정의 의식과 분노를 유지하기에는 불충분한 방식이다.** 이러한 형태의 정치적 저항은 특정 상표의 커피가 아닌 다른 상표의 커피를 습관적으로 살 만큼 상대적으로 별 생각 없이 행하는 일상의 과정이 된다. 그렇기에 그것은 더 이상 의식적인 도덕적 만족을 제공하지 않는다. 도덕적 격분의 표출이 가장 만족스러운 것은 그것이 다른 사람들과 함께 이루어질 때, 행위의 이유를 명확하게 기술할 때, 그리고 악당을 거명할 때이다. 가장 온건한 도덕적 저항 전략이라고도 할 수 있는 소비자 보이콧은 그 자체로 지나치게 온건한 나머지 도덕적 입장을 표현하기에는 부적절한 방식인 것처럼 보이기도 한다. 그렇지만 그것은 개인적 저항행위가 집합적 참여로 흘러드는 하나의 도관이 될 수도 있다.

현재 미국에는 200개가 넘는 소비자 보이콧 단체가 활동하고 있다.

하지만 소비자 보이콧이 많은 수의 사람을 끌어들이는 것은 오직 그것이 보다 감정 표출적인 여타의 전술들과 결합될 때뿐이다. 나는 타마라 두마노프스키Tamara Dumanovsky, 베티나 에델스타인Bettina Edelstein과 함께 1980년대 초반에 일어난 55개의 보이콧에 관한 자료를 수집했다.[15] 우리는 그 중 52개가 동료 전술을 이용했으며, 집회(또는 행진)와 피켓라인이 가장 대중적이었다는 것을 발견했다. 대부분의 보이콧이 집회, 피켓라인, 그리고 편지쓰기를 결합하고 있었으며, 일부 보이콧은 거기에 시민불복종과 광고를 더하고 있었다. 오늘날에는 전국적인 소비자 보이콧도 일반적으로 다양한 전술을 갖춘 보다 광범위한 저항 운동의 일부이다. 따라서 보이콧이 전략적 캠페인의 유일한 갈래인 경우는 거의 없다.

보이콧은 동료 전술들 덕분에 심지어는 그것이 표적 제품의 소비자 수요를 감소시키지 않을 때조차 목표를 달성할 수 있다. 보이콧이 효력을 발휘하는 것은, 기업의 의사결정자들이 당황할 때, 그들이 경제적 충격을 (옳건 그르건 간에) 예상할 때, 또는 그들이 훨씬 더 많은 정부규제의 제약을 두려워할 때이다. 이를테면 장기간에 걸친 참치 보이콧이 스타키스트Star-Kist와 여타의 회사들로 하여금 돌고래를 해치지 않는 방식으로 포획된 참치를 구매하도록 설득한 것은 의회가 기존 작업과정이 돌고래를 죽인다는 사실을 알리는 캔 라벨을 요구하는 법안을 논의하기 시작했을 때에 이르러서였다. 화장품 회사들이 살아있는 동물실험을 그만둔 것은 그들이 소비자를 잃지나 않을까 하는 두려움

---

15 우리는 처음에는 1981년부터 1986년 사이에 일어난 보이콧들 중에서 우리가 발견할 수 있었던 모든 보이콧의 목록을 작성했다. 우리는 다양한 출처, 특히 ≪내셔널 보이콧 뉴스(National Boycott News)≫를 활용하여 거의 100개에 달하는 목록을 만들었다. 베티나 에델스타인은 전화 인터뷰를 통해 그중 55개에 대한 체계적 정보를 확보할 수 있었다.

때문이었지, 소비자 감소에 관한 어떤 증거를 가지고 있었기 때문이 아니었다. 동료 전술들은 경제적 손실이 아니라 나쁜 평판을 유발한다. 그저 보이콧을 공표하는 것만으로도 보이콧 자체보다 더 많은 효력을 발휘할 수 있다.[16] 가장 효과적인 것은 개별 단체들이 각기 차례로 보이콧에 대한 자신들의 지지를 표명하는 일련의 기자회견을 여는 것이다. 전국적 보이콧이 성공하는 경우는 대체로 소비자의 감소가 아니라 정치적 목소리를 통해서이다. 오늘날의 세계에서 뉴스매체는 정치적 메시지를 전달하는 지극히 중요한 도관의 하나이다.

동료 전술은 두 가지 기능을 수행한다. 하나는 도덕적 격분을 유지하고 그것에 목소리를 부여하는 것이고, 다른 하나는 표적이 미디어의 주목을 받고 나쁜 평판을 얻게 하는 것이다. 전자가 도덕적 저항운동에 결정적이라면, 후자는 회원이 없는 관료제적 이익집단들만으로도 충분하다. 이 두 종류의 행위에는 상이한 청중들이 존재한다. 보이콧이 성공하기 위해서는 둘 다는 아니더라도 그중 어느 하나는 필수적이다. 저항자들에게 소극적인 구매 거부에 더해 적극적인 어떤 것을 하게 하는 것이 바로 동료 전술이다. 즉, 동료 전술은 참여자들이 그들의 도덕적 전망을 명료화하여 표현할 수 있게 해준다. 자유민주주의에서 대부분의 저항운동은 약자들의 무기에 의존할 필요가 없으며, 보통 보다 강력한 것, 이를테면 행진과 부지 점거, 시민불복종과 사보타주를 선호한다. 그들은 자신들의 이야기를 하고, 소리치고 크게 노래하고, 심지어는 자신들의 화를 겉으로 드러냄으로써(우리가 아발론 동맹과 관

---

16   보이콧이 주식 가격에 미치는 영향에 관한 한 연구는 처음 공표 시점에 가장 큰 영향이 발생하며, 보이콧이 종결되고 나서는 거의 영향이 없다는 것을 발견했다. 기업들을 변화하게 만드는 것은 바로 보이콧의 영향에 대한 예상이나 공포이다. Dan L. Worrell, Wallace N. Davidson III, and Abuzar El-Jelly, "Do Boycotts and Divestitures Work? A Stock Market Based Test," Unpublished manuscript, 1993을 보라.

련하여 살펴본 것들을 함으로써) 성장한다.

보이콧은 개별 소비자들로 하여금 사적 결정을 내릴 것을 요구할 때보다는 사람들에게 함께 할 수 있는 기회를 제공할 때 더욱 효력을 발휘한다. 간접행동들만으로는 분명 충분하지 못하다. 지역 공동체와 그 활동에 의존하든 아니면 동료 전술에 의존하든, 보이콧은 집합적인 도덕적 목소리를 낼 수 있는 기제들을 제공할 필요가 있다. 운동문화에 대한 공유된 이해와 감정들은 저항의 유지에 결정적이다. 개인의 느낌과 견해가 어떤 사람을 충원하는 데 도움을 주기도 하고, 얼마간 개인적 저항을 하게 하기도 한다. 그러나 저항 그 자체에서 발견되는 많은 즐거움이 없다면, 저항을 계속할 사람은 거의 없을 것이다. 우리는 이처럼 두 유형의 보이콧을 대비시키는 것으로 저항운동 내부의 문화에 관한 우리의 논의를 끝맺고자 한다. 이제 저항을 보다 광범위한 문화적 맥락에서 살펴볼 차례이다.

부정적 감정과 고통이 저항에 상처를 입힐 수 있는 것과 마찬가지로, 긍정적인 집합적 감정과 전술적 즐거움은 저항을 유지시킬 수 있다. 그러나 사회운동은 정치적 또는 문화적 진공상태 속에 존재하지 않는다. 저항자들의 행위와 진술에는 많은 청중이 존재한다. 문화적 제도와 도덕적 문지기들, 특히 미디어가 대의의 이해를 틀 지으며, 저항자들은 그것에 기반하고 또 호소해야만 한다. 다음으로 다양한 잠재적 동조자와 지지자들이 존재하고, 그들은 저항단체에 가담하거나 또는 기부금을 내도록 설득할 대상이기도 하다. 끝으로, 여타의 조직과 개인들이 저항에 호응하고, 그것이 저항자들이 활동하는 정치적 맥락을 틀 짓는다. 국가가 운동을 억압할 경우, 그러한 '맥락'이 운동을 곧바로 소멸시킬 수도 있다. 운동이 중요한 내적 동학을 가지고 있을 경우, 운동은 또한 그것 주변의 다른 행위자들과 일련의 복잡하고 자주 위험하기도 한 게임을 벌이는 전략적 행위자이기도 하다. 자원과 전략은 저항운동의 결정적 차원들로서, 이미 많은 학자들에 의해 잘 연구된 것들이기도 하다. 여전히 연구되지 않고 남아 있는 것은 그것들이 어떻게 문화에 그리고 전기에 착근되어 있는가, 그리고 그러한 모든 차원이 어떻게 상호작용하는가 하는 것이다. 다음 장에서 우리는 자원의 동원이 문화적 과정들, 특히 레토릭을 통한 타인의 설득과 뉴스매체가 제시하는 이미지에 크게 의존한다는 것을 살펴볼 것이다. 그다음 장에서는 전략들 — 그러므로 성공과 실패 — 또한 얼마간 문화의 영향을 받는다는 것을 보여줄 것이다. 그런 다음 제14장에서 우리는 그 차원들을 하나로 결합하고자 시도할 것이다.

- 보이콧은 통상적으로 시민권 운동을 고무하는 유형의 매우 억압받는 긴밀한 도덕 공동체들에서 약자들의 무기로 시작되었다.
- 보이콧이 전국적으로 확산되었을 때, 그것은 지역 보이콧들에 일조했던 도덕적 합의, 공동체의 순응기제, 그리고 상당수의 동료 전술들을 상실했다.
- 그럼에도 불구하고 보이콧은, 결국에는 보다 집합적인 저항을 만들어내는 개인적 저항을 고무하는 한 가지 방식이다.
- 소비자 보이콧은 단순히 구매의 변경을 요구할 때보다 명시적인 도덕적 전망을 위한 배출구를 제공할 때 더 많은 참여자들을 끌어들인다.
- 지역 보이콧과 전국적 보이콧의 동료 전술들은 집합적인 목소리를 낼 수 있는 기제들을 제공하며, 이것이 특히 참여자들을 만족시키는 것으로 보인다.

제4부 저항, 그리고 보다 광범위한 문화

저항운동은 진공상태에서 발생하거나 작동하지 않는다. 우리의 분석의 중심단위가 제2부에서는 개인이었고 제3부에서는 운동이었다면, 이제는 저항자들이 사회의 나머지와 맺는 관계를 살펴볼 차례이다. 보다 광범위한 환경에는 국가, 상대방, 동맹자, 뉴스매체, 공중을 비롯한 많은 행위자가 포함된다. 저항단체들이 자신들의 환경과 주고받는 가장 중요한 두 가지 상호작용은 환경으로부터 자원을 동원하는 것과 그들이 자신들의 목표를 달성하기 위해 기울이는 노력이다. 이 둘 모두는 다양하고 종종 대립적인 청중들에 대한 적지 않은 문화적 설득을 필요로 한다. 게다가 전략적 노력들은 투쟁의 모든 편에 있는 중요한 개인들 사이에 존재하는 전기적·심리적 변이들에 크게 좌우된다.

제12장

문화와 자원: 설득의 기술

우리는 단지 자원을 소비하기 위해 태어난 무리에 불과할 뿐이다.

— 호라티우스, 『서간집』

그는 레토릭을 구사할 수 없지만,

수사어구가 넘쳐났다. ……

그의 도구를 명명하도록

모든 수사학자의 규칙을 가르치기만 하면 된다.

— 새뮤얼 버틀러

1955~1956년의 몽고메리 버스 보이콧은 고난의 열두 달 동안 지속 되었다. 몽고메리 진보연합MIA은 그 기간 동안 많은 동료 전술을 통해 사기를 유지시키는 것 외에도, 자원을 찾아내어 지지자들이 활동을 할 수 있게 해주어야만 했다. MIA는 처음에는 크게 할인된 운임을 받고 운전하던 흑인 택시 운전사들에게 의존했다. 시 경찰국장이 요금을 법 정 최저운임보다 적게 받는다는 이유로 운전사들을 체포하겠다고 위 협했을 때, MIA는 대대적인 카풀 시스템을 운용하기 시작했다. 시는 보이콧 지도자들에게 거짓 혐의를 씌우는 것으로 응수했다. 하지만 그 들은 전국 각지로부터 몽고메리로 온 100명의 보도기자들을 끌어들여 값을 헤아릴 수 없는 홍보를 함으로써, 그러한 방해를 승리로 전환시

켰다. 그 후 MIA의 주장이 전국적인 뉴스가 되고 기부금이 쇄도해 들어옴에 따라, MIA는 자기 소유의 차량 몇 대를 구입했다. 시 당국자들이 카풀을 무허가 도시운송 시스템이라는 이유로 금지하는 주 명령을 얻어냈을 때, 몽고메리의 흑인들은 보이콧의 마지막 5주 동안 일터까지 걸어감으로써 자신들의 발을 최후의 자원으로 사용했다.

보이콧 참여자들은 시의 매번 조치에 대응하여, 공영 버스를 대신할 새로운 자원들, 즉 새로운 대안들 ─ 택시 네트워크, 그다음에는 카풀(처음에는 지지자들의 차량으로, 그 후에는 MIA가 구입한 차량으로), 그리고 끝으로 걷기 ─ 을 동원했다. 그들은 시작할 당시에는 돈이 거의 없었지만, 이 취약성을 기금 모금과 값싼 운임을 활용하여 극복할 수 있었다. 그들은 대안을 고안했다. 그들은 얼마간은 외부의 재정적 지원을 동원했고, 얼마간은 그들 자신의 불굴의 의지와 풍부한 책략에 의존했다. 걷기는 처음부터 이용할 수 있는 선택지였지만, MIA가 걷기라는 수단을 사용할 수 있었던 것은 오직 수개월의 저항이 산출한 활기, 낙관주의, 그리고 필사적임 때문이었다. 그것은 새로운 자원을 동원함으로써 성원들과 외부인들 모두에게 대의의 정당성과 보이콧의 잠재적 효력을 납득시켰다.

이 사례가 보여주듯이, 저항자들은 자신들을 둘러싼 사회 내의 다양한 집단 및 개인들과 상호작용한다. 과정 이론가들이 환경을 사회운동에 영향을 미치는 핵심적 요인으로 바라본 것은 옳다. 하지만 아이러니하게도 그 동일한 이론가들은 법원, 정치인, 동맹자, 지지자, 경찰, 그리고 너무도 많은 여타 행위자를 '환경'이라고 명명함으로써 그들을 저항자들에게 대응하여 의식적으로 선택하는 행위자들이라기보다는 고정된 구조로 환원하는 위험을 감수한다. 이 여타의 참가자들도 많은 점에서 저항자들과 유사한 그들 나름의 자원, 전략, 문화, 전기를 가지고 있다. 이 장에서 나는 저항운동들을 이러한 보다 광범위한 맥락에 위치시킨다. 나는 특히 자원과 전략을 운동과 나머지 사회 간의 상호작용에 의해 규정되는 것으로 분석한다.

자원은 어디에서 나오는가

나는 앞서 물리적 자원과 문화적 의미가 분석적으로 별개이며 상이한 논리에 따라 작동한다고 주장했다. 이제 나는 이 두 실체가 상호 환원 불가능하지만 서로에게 큰 영향을 미친다는 것을 보여주고자 한다. (다음 장에서 나는 문화와 전략적 행위에 대해서도 동일한 시도를 할 것이다.) 자원이 그것의 힘을 문화적 해석에 의존하기만 하는 것은 아니다. 새로운 자원의 전략적 동원 또한 기본적으로 문화적 설득과 함수관계에 있다. 보통 기존 자원들은 저항이 일어나는 동안 ― 이 과정은 인지적·감정적·전략적 동학에 크게 좌우된다 ― 에 모은 자원보다 덜 중요하다.

25년간의 조사연구가 보여주었듯이, 자원은 저항활동과 그 결과를 설명하는 데서 결정적이다. 한 단체가 얼마나 많은 돈을 이용할 수 있는지가 그것의 메시지를 새로운 청중들에게 전파하는 능력을 포함하여, 그것이 어떤 전술을 선택하는지, 그리고 그 전술들을 얼마나 잘 수행하는지를 제한한다. 이를테면 대부분의 저항단체는 ≪뉴욕타임스≫에, 심지어는 지역의 신문들에조차 전면광고를 실을 만한 여유를 가지고 있지 않다. 어떤 행사를 홍보하기 위해서는 등사판이나 복사기에 대한 접근이 반드시 필요할 수 있다. 자원 개념이 돈 그리고 돈으로 구매할 수 있는 것으로 제한될 때, 그것은 엄격한 정밀성과 측정 가능성을 가지게 된다. 우리는 그 개념이 확장되어 정치적 또는 사회적 삶의 다른 단면들을 포괄하게 될 때, 문제가 발생한다는 것을 살펴보았다. 그럴 경우 법, 공중의 태도, 사회적 네트워크, 집단 정체성, 그리고 일상의 과정과 같은 별개의 실체들 모두가 마치 유사한 동학과 결과를 가지는 것처럼 하나로 합쳐진다. 자원 개념의 힘을 소생시키기 위해서는 우리가 그것의 용도를 제한하여 자원을 전략이나 문화적 의미들과 혼동하지 말아야만 한다.

자원분포가 동원되고 변화되는 어떤 것이 아니라 대체로 미리 결정되거나 고정되어 있는 것으로 간주될 때, 또 다른 문제들이 발생한다. 특히 우리가 자원을 돈과 돈으로 구매하는 것으로 한정할 경우, 처음의 분포가 중요하기는 하지만, 그것이 결코 최종적인 것은 아니다. 몽고메리 보이콧이 그러했듯이, 많은 저항전술의 요체는 새로운 자원을 모으는 것이다. 자원에 의해 설명되는 것의 많은 부분이 전략적 결정 ─ 기금 모금 방법, 동맹 결성 방식, 미디어의 우호적인 관심을 끌어내는 방법, 쟁점의 긴급성 입증 방식 ─ 이라는 렌즈를 통해 더 잘 설명될 수 있을지도 모른다. 저항단체가 통제하는 자원들은 주로 그것의 전략, 즉 자원동원에서의 '동원'에 의존한다. 자원동원에 관한 탁월한 조사연구들은 항상 전략적 행위에 초점을 맞추어왔지만, 시민권 운동들에서 이끌어낸 가정, 즉 저항조직은 '태생적' 지지자들을 가지고 있으며 그 지지자들의 이해관계를 추구한다는 가정은 그 지지자들의 부가 한 단체가 동원할 수 있는 자원을 결정한다고 예상하게 한다. 모든 저항단체는 부유한 사람들이 더 많은 돈을 가지고 있다는 것을 알고 있으며, 따라서 저항단체는 가능하면 그들을 기부자로 삼고 싶어 한다. 하지만 기금 모금은 기부할 수 있는 사람들에게서 관심, 공감, 지지를 이끌어내려고 노력하는 하나의 문화적 과정이다. 하나의 분명한 집합적 정체성의 이름으로 말하는 그러한 운동들에서조차, 재정적 지원은 결코 자동적이지 않다.

제8장에서 디아블로 저항자들을 다루면서, 우리는 참여를 자극하는 데서 어떻게 수년에 걸쳐 구축된 상호적 감정들이 재정적 자원에 대한 일종의 기능적 대체물로 작동하는지를 살펴보았다. 나는 그러한 감정들을 자원으로 명명하는 것은 그와 관련된 개인 간 관계의 많은 것을 운동 지도자들이 하는 일종의 투자로 그릇되게 환원하는 것이라고 생각한다. 모든 참여자는 집합적 감정들을, 그로 인해 발생하는 일정한 이득을 위해서만큼이나 직접적인 즐거움을 위해 이용했고 그것에 자양분을 제공했다.

결정적인 혼동은 자원이 결과에 영향을 미치는 인과 메커니즘과 관련되어 있다. 많은 자원은 덩어리 상태로 존재하며, 그런 까닭에 최소 수준을 넘어서는 것은 불필요하다. 갬슨, 파이어먼, 그리고 리타나는 이를 '문지방가설threshold hypothesis'이라고 부르면서, 다음과 같이 지적했다. "만약 우리가 군중에게 연설할 수 있는 좋은 확성기 하나를 가지고 있다면, 20대 이상의 확성기가 무슨 소용이 있는가?"[1] **기원의 효과는 그것의 사용에서 나타나며**, 따라서 두 번째 확성기의 기여는 제한적이다. 게다가 자원이 때로는 효과적 행위에 해를 끼치기도 한다. 노동조합이 조직의 유지를 염려하여 파괴적인 살쾡이 파업wild-cat strike[조합원의 일부가 노동조합의 의사와 관계없이 독자적으로 행하는 비공인 파업 — 옮긴이]을 억제하는 것도 이 때문이다.[2] 이 경우에 자원 축적과 보호의

---

1   William A. Gamson, Bruce Fireman and Steven Rytina, *Encounters with Unjust Authority*(Homewood, Ill.: Dorsey Press, 1982), p. 88.

2   프랜시스 폭스 피븐과 리처드 클로워드가 이러한 종류의 주장을 펼치고 있다. Frances Fox Piven and Richard A. Cloward, *Poor Peoples Movements*(New York: Pantheon, 1977). 제러미 브레처(Jeremy Brecher)는 다음의 책에서 미국 역사에서 이와 동일한 동학이 우울해지게 할 정도로 규칙성을 가지고 나타난다는 것을 발견한다. Jeremy Brecher,

논리는 감정적·도덕적 격분의 논리 ― 그리고 어쩌면 효과적인 전략적 행위의 논리 ― 와 모순될 수도 있다. 조직이 부유하고 크고 강력하다는 비난은 그 조직에 대한 신뢰와 공중의 공감을 훼손한다. 더 많은 것이 항상 더 좋은 것은 아니다. 그것이 더 좋을지 그렇지 않은지는 저항자들이 자신들의 자원을 어떻게 생각하고 느끼고 이용하는지에 달려 있다.

자원이 자산의 한 형태이기 때문에 자원의 소유와 사용을 통제하는 방대한 법률과 관례들의 망이 존재한다. 가장 분명하게 다양한 제약을 받고 있는 것이 토지이다. 그리고 오늘날의 님비 운동이 토지이용을 둘러싸고 벌이는 싸움들은 그러한 제약을 확대하고자 하는 노력의 하나이다. 비록 외관상으로는 중립적이지만, 돈 역시 신탁관리, 비영리 조직, 정치기부금에 관한 규칙들을 포함한 소유와 사용의 규칙들에 둘러싸여 있다. 전화기와 같은 물리적 대상들조차 규제된다. 감시 또는 도청 장치들과 같은 국가의 중요한 자원들은 필시 법규들로 뒤덮여 있을 것이다. 따라서 물리적 대상들조차도 그것을 사용하는 방식에 대한 지식을 통해서뿐만 아니라 그것의 사용 규칙을 통해서도 문화적으로 틀 지어진다.

우리는 정치구조를 하나의 독립적인 차원으로 취급하는 사람들 때문에, 정치구조에 대해서도 유사한 주장을 할 수 있다. 정치체계는 제도적 절차와 한계에 대한, 과세와 지출에 대한, 선거 절차에 대한, 합법적·불법적 이의제기 형태들에 대한 법률 및 여타의 규칙들로 이루어져 있다. 대부분의 규칙과 법률은 전통과 유사하게 그것이 해석되는 방식에 크게 의존한다. 법, 심지어는 미국의 헌법조차도 처음에는 영구적이고 고정된 것처럼 보이지만, 보다 면밀히 고찰해보면, 공중의

Strike!(Boston: South End Press, 1972).

인식 변화, 사법적 재해석, 그리고 정치적 행위의 영향 아래 시간이 경과함에 따라 미묘하게 변화한다는 것을 알 수 있다. 보다 확고한 규칙들 ─ 선거체계, 헌법 ─ 조차도 물리적 자원과 그 자원을 이용하는 도식들의 조합이다. 행정구조 역시 해당 상황의 다른 많은 측면보다 변화하기 더 어렵고 그리하여 덜 빈번하게 변화한다는 점에서 **상대적으로** 고정적이다. 그러나 행정구조도 변화하며, 저항 전략들은 자주 바로 그 구조를 변화시키는 것을 목적으로 한다. 그러한 규칙들의 구속력은 쉽게 과장되고, 그리하여 우리에게 저항단체들이 국가와 국가의 규칙에 맞서고 있으며 그 양자 사이에 또는 그것들 주변에 다른 참가자들은 거의 존재하지 않는다는 인상을 심어준다. 마찬가지로 규칙도 해석과 변화에 열려 있기보다는 과도하게 고정된 것으로 인식될 수 있다. 일부 정치과정 모델은 이 두 가지 오류를 모두 범한다. 게임의 규칙이야말로 많은 저항자, 특히 정치체계에 참여하고자 하는 사람들이 변화시키고자 노력하고 있는 것이다. 또한 다른 사례들에서도 저항자들은 법인에서 법과 행정규칙들에 도전하고, 어떤 입법적 변화를 추구하고, 기존 규칙과 법의 재해석을 지속적으로 촉구한다. 이 과정에서 전략과 문화는 자원만큼이나 중요하다.

우리는 자원과 조직이 저항단체 내에 존재해야만 하는 정도와 그 단체가 외부로부터 자원을 끌어들여야만 하는 정도 ─ 우리가 제5장에서 살펴본 지역 저항단체들에게 특히 중요한 문제 ─ 를 둘러싼 논쟁들에서 자원의 일정한 물화를 보게 된다. 동원 이론가들은 외부인들, 특히 엘리트들이 저항자들에게 중요한, 어쩌면 필수불가결한 도움과 자원을 제공한다고 주장해왔다.[3] 앨던 모리스는 남부 민권운동에 관한 자신의

---

3   Michael Lipsky, "Protest as a Political Resource," *American Political Science Review*,

연구에서 그러한 이론가들이 북부 백인들, 뉴스매체, 그리고 연방정부가 제공하는 공적 관심과 재정적 자원을 강조한다고 비판했다.[4] 모리스는 그 대신에 흑인 공동체 내부의 토착적인 문화적 자원들, 지도력, 그리고 심지어는 재정적 지원의 중요성을 상술했다. 하지만 그는 민권운동에 가장 도움이 되었던 것은 가난한 시골의 남부 흑인들이 아닌 북부 흑인들과 도시 흑인들로부터 나오는 재정적 지원이었다고 상술했다. 모리스는 다른 사람들보다 일부 외부인들이 기여한 바를 강조하며, 또한 그 과정에서 외부인과 내부인의 경계가 그 자체로 불확실하고 유동적이며 또한 적극적으로 구성된다는 것을 보여주었다.

외부 자원을 둘러싼 논쟁은 오해의 소지가 있다. 왜냐하면 그 논쟁이 (피해를 받고 있는, 따라서 활동할 가능성이 있는) 수혜집단과 외부의 사람들 사이에 일반적으로 선명하고 고정적인 경계를 가정하는 데 반해, 활동가들은 자신들이 다루고 있는 불만의 씨에 의해 피해를 받았다고 느끼는 사람들의 수를 늘리기 위해 지속적으로 애쓰기 때문이다. 이는 시민권 운동에서조차 사실이다. 1950년대의 남부 흑인들은 자애를 호소했을 뿐만 아니라 북부 흑인들, 그리고 많은 백인 미국인에게 민권 쟁점이 그들에게도 역시 중요하다는 것을 설득했다. 그들은 화와 격분 의식을 확산시켜 불만의 수준을 끌어올리고, 그럼으로써 민권활동이 이용할 수 있는 자원들을 증가시켰다. 원자로와 같은 단일 설비

62(1968), pp. 1114~1158; Anthony Oberschall, *Social Conflict and Social Movements* (Englewood Cliffs, N.J.: Prentice-Hall, 1973); J. Craig Jenkins and Charles Perrow, "Insurgency of the Powerless," *American Sociological Review*, 42(1977), pp. 249~268.

4   Morris, *Origins of the Civil Rights Movement*, pp. 280~286. 또한 다음도 보라. Clarence Y. H. Lo, "Communities of Challengers in Social Movement Theory," and Frances Fox Piven and Richard A. Cloward, "Normalizing Collective Protest," in Morris and Mueller (eds.), *Frontiers in Social Movement Theory*.

에 반대하는 지역 저항자들에게 이 같은 **불만 확대**는 비록 어렵기는 하지만, 특히 중요하다. 하지만 거의 모든 저항단체가 불만을 확대시켜야만 한다. 이것이 바로 설득과 프레이밍의 한 형태를 이룬다. 동물권리운동이 극단적 사례일 수 있다. 왜냐하면 다른 자선운동들도 직접적인 개인적 이해관계가 걸려 있지 않은 사람들에게 호소하기는 하지만, 동물권리운동은 수혜자와 동일한 종에 속하지도 않는 사람들 사이에서 불만을 조성하기 때문이다.

수사학 — 전통적으로 화자와 청자 간의 관계를 다루는 분과학문 — 은 활동가들이 그러한 방식으로 새로운 불만, 자원, 지지자들을 '창조'하거나 모으는 주요 수단이다. 그들은 점점 더 많은 집단의 사람들에게 그들 또한 특정 조건 — 물질적 이해관계에서는 아니더라도 적어도 관념적 이해관계에서 — 에 의해 피해를 입고 있다고 설득해야만 한다. 그런 다음에야 조직자들은 추가적인 자원과 기존 조직들에 의존할 수 있다. 나는 다른 곳에서 대부분의 공개토론 참여자들이 그들 주장의 결말을 내기 위해 반박할 수 없는 근본 원리와 이미지들 — 케네스 버크Kenneth Burke가 '신의 말god terms'이라고 불렀던 것 — 을 찾으며, 그들이 의존하는 가장 중요한 두 가지 전거가 종교와 과학이라고 주장했다.[5] 심지어 소규모의 명백히 지역적인 단체들도 주기적으로 이러한 방식으로 자신들의 호소를 더 널리 전파하기 위해 노력한다. 그들이 자원과 사람들을 성공적으로 동원할 수 있는지는 얼마간은 그들의 레토릭 — 즉, 그 레토릭이 얼마나 설득력을 가지는가, 그 레토릭이 그것이 다루는 문제에 대해

---

5   다음을 보라. James M. Jasper, "The Politics of Abstractions: Instrumental and Moralist Rhetorics in Public Debate," *Social Research*, 59(1992), pp. 315~344; Scott Sanders and James M. Jasper, "Civil Politics in the Animal Rights Conflict: God Terms versus Casuistry in Cambridge, Massachusetts," *Science, Technology & Human Values*, 19 (1994), pp. 169~188.

청중	바라는 결과
상대방	설득이나 협박을 통해 직접적으로 행동을 변화시키기; 그렇지 못할 경우 신경을 자극하여 실수하게 만들고 다른 청중들을 위해 신뢰를 훼손하기
국가기관	법·정책·규제관행·행정규칙의 변화(국가의 상이한 부분들은 많은 상이한 청중들을 대표한다)
법원	불리한 법과 규칙을 불법적인 것으로 공표하게 하기
뉴스매체	쟁점에 대해 공개적으로 토론하고 자각시키기, 상식 고쳐 만들기, 방관자 공중에게 접근하기
전문가 단체	규범과 기준 바꾸기, 지지성명 끌어내기
방관자 공중	자각시키기, 감성 변화시키기, 공감과 지지 및 재정적 기부 이끌어내기
여타 저항단체	잠재적 동맹자, 자원, 전략적 지지 이끌어내기
운동 그 자체	무엇보다도 개인의 의식 변화시키기, 지속적인 행동주의를 위한 열정 강화하기

얼마나 광범한 영향을 미치는가, 그 레토릭이 청중의 기존 신념에 얼마나 부합하는가, 그리고 그 레토릭이 널리 존중되는 신의 말 또는 다른 테마를 찾아낼 수 있는가 ─ 에 달려 있다.

저항자들이 많은 상이한 청중들에게 호소하기 때문에, 무엇이 효과적인 레토릭인지를 일반화하기란 쉽지 않다. 〈표 12-1〉은 몇몇 핵심 청중과 저항단체들이 청중들로부터 얻고 싶어 할 수 있는 것을 목록화한 것이다. 한 집단을 위해 세밀하게 조율된 호소가 또 다른 집단에는 역효과를 낳을 수도 있다. 이는 청중들을 구분하기가 쉽지 않기 때문에 빈번하게 나타나는 문제이지만, 이를 예견하기란 쉽지 않다. 청중에 따라서는 위협, 비난, 부정의를 서로 다르게 구성할 것이 요구될 수도 있다. '레토릭' 분석은 문화적 의미를 메시지 발신자와 그의 청중들 간에 이루어지는 전략적 상호작용의 맥락에 위치시킴으로써 그 의미를 탐구하는 저항 연구자들에게 인기 있는 방법이다.

이들 범주 각각 내에서조차 청중들은 서로 다르다. 이를테면 운동 참여자들은 다양한 목표, 충성심, 연대, 그리고 전술 취향을 가지고 있다. 한 가지 공통적인 차이가 급진주의자들과 온건주의자들을 맞붙게 한다. 허버트 하인스Herbert Haines는 급진적 측면들이 운동의 성공에 가져오는 때로는 긍정적이고 때로는 부정적인 결과들을 연구해왔다. 저항에는 다양한 청중이 존재하기 때문에, 그 결과들은 긍정적일 수도 있고, 동시에 부정적일 수도 있다. "각 청중과 표적 집단은 그 나름의 이해관계, 그 나름의 일련의 이데올로기, 그리고 그 나름의 일단의 제약을 가지고 있고, 그것들 안에서 움직일 수밖에 없다. 급진적 측면이 동시에 대립적인 결과를 낳을 수 있다는 것은 매우 가능한 일이며, 심지어는 예상되는 일이기도 하다."[6] 그처럼 많은 복잡한 결과들은 저항 청중들 사이에 존재하는 차이에서 기인한다.

자원과 문화는 여러 상호작용을 한다. 자원의 사용은 문화적 노하우를 필요로 하며, 새로운 자원을 끌어들이는 것은 도덕적·감정적·인지적 설득에 크게 좌우된다. 보다 광범위한 문화적 맥락 또한 자원의 사용과 동원에 중요하다. 자원이 사용은 한 사회의 법과 전통에, 그리고 그것들을 둘러싼 이전의 전략적 투쟁들에 달려 있다. 그리고 동원과 관련한 문화적 설득은 얼마간은 대중매체라는 필터를 통해 작동한다. 자원이 다시 문화에 유사한 방식으로 영향을 미친다. 이를테면 부는 메시지를 전파하기 위해 뉴스보도에 의존하기보다는 홍보용 우편물 발송을 이용할 수 있는 능력을 제공한다. 부는 재기 넘치는 마케팅 전문가들을 고용할 수 있게 해주고, 뉴스 이미지, 논거, 과학적 증거를 개발할 수 있는 지식인들을 후원할 수 있게 해준다. 문화적 메시지와

6   Herbert H. Haines, *Black Radicals and the Civil Rights Mainstream, 1954~1970* (Knoxville: University of Tennessee Press, 1988), p. 10.

물리적 매체 간에는 항상 작용과 반작용이 존재한다.

레토릭의 광역화

우리는 앞에서 탐색한 지역 단체들의 유형으로 돌아가서 설득과정을 고찰해볼 수 있다. 레토릭을 확장하는 것은 시설이나 계획에 맞서 싸우고 있는 지역 단체들에게는 상당한 도전이다. 왜냐하면 동료 지역민들의 마음을 사로잡는 연대적 레토릭이 공동체 바깥의 청중들에게는 거의 어떠한 호소력도 지니지 못할 수 있기 때문이다. 비지역민들에게 그들도 어떤 점에서는 피해를 받고 있다고 설득하기란 더욱 어렵다. 레토릭의 광역화가 순전히 축복이기만 한 것은 아니다. 지역민들에게는 동맹이 필요하다. 따라서 그들은 자신들의 목표와 전술을 정교하게 만들어 비지역민들에게 호소하고 싶은 유혹을 받는다. 하지만 그들은 외부인들의 목표와 전술 취향에 의해 그들 자신의 관심사가 희석되거나 가려지기를 원치 않는다. 상이한 프레임들이 지역민과 비지역민에게 호소력을 발휘할 수도 있다. (지역민들 사이에서) 운동을 구축하는 것과 (비지역민들과 함께) 그 운동의 목표를 달성하는 것은 이러한 청중의 차이로 인해 자주 충돌한다. 각 청중에게 부합하는 문화적 메시지들을 발송하는 전략을 선택하는 일은 매우 복잡할 수 있다.

님비 운동이 활용할 수 있는 레토릭들은 그것들이 외부인들에게 얼마나 광범한 호소력을 지닐 수 있는가 하는 데에서 매우 상이하다. **특수주의적 레토릭**은 특정한 한 장소에 들어설 시설, 또는 그 계획이나 제안에 반대하지만, 그 외의 다른 장소에 그것이 들어서는 것에 대해서는 반대하지 않는다. 많은 경우에 그것이 사용할 수 있는 유일한 레토릭이다. 한 가지 사례로 공항에 대한 반대를 들 수 있다. 저항자들은 공항 일반에 대해 반대하는 것이 아니며, 단지 자신들 근처에 공항이 들어서는 것을 원하지 않을 뿐이다. 그 공항에 대한 제안이 바로 그들을 동원한 것이기 때문에, 그들은 다른 공항들에 반대할 보다 광범위한 어떠한 전략도 가지고 있지 않다. 정반대 극단에 위치하는 **보편주의적 레토릭**은 제안된 사안의 어떠한 사례에 대해서도 그것이 어디에 입지하는가와 무관하게 반대할 것이다. 대부분의 반핵 주장들은 너무나도 많은 설득적 정보를 이용할 수 있기 때문에, 비록 지역 단체들에 의해 만들어진 주장일지라도 그러한 형태를 취한다. 이 두 레토릭 사이에 현재 제안되고 있는 것을 포함하여 그러한 것들을 특정 유형의 장소에 입지시키는 것에 반대하는 **반₩보편주의적 레토릭**이 존재한다. 이를테면 어떤 사람들은 유해폐기물 부지가 인구밀집 지역에 들어서는 것에는 반대하지만 사람이 살지 않는 지역에 입지하는 것에는 반대하지 않을 수 있으며, 또는 주택가에 자리 잡은 포르노그래피 대리점과는 싸우지만 도심 한락가에 있는 그것과는 싸우지 않을 수 있다.

표적의 직접적인 공功과 과過보다는 의사결정 절차의 타당성 여부를 언급하는 네 번째의 반대 레토릭은 때때로 지역 주민들이 받는 특정한 부당한 처사를 지적함에도 불구하고 자신의 이해관계에 유리한 주장만 한다는 의구심을 피할 수 있다. 많은 지역 저항자가 국가기관이 자신들의 처지를 알게 되면 위협의 원천들을 즉각 제거할 것이라고 믿는다. 대부분의 경우에서 저항자들은 그렇지 않다는 것을 학습한다. 그들은 자주 배신감으로 인해 권력남용, 공적 책임감의 부재, 또는 기업과 국가의 유착관계에 집중하는 추가적인 레토릭을 개발한다. 사회문제를 전문으로 연구하는 학자인 맬컴 스펙터와 존 키츠스는 "그 결과 절차의 부적절성, 비효율성 또는 부당성과 관련한 주장이 그 자체로 사회문제를 다루는 새로운 활동들[특히 저항]을 조직화하는 조건들이 될 수 있다"라고 말한다.[7] 특수하기보다는 더 보편적인 이 **절차적 레토릭**은 자주 매우 강력하다. 그것은 지역 저항자들이 보다 광역적인 레토릭과 전략들을 발전시키는 일반적인 방식의 하나이다.[8]

권리를 요구하는 시민권 운동도 유사한 레토릭의 선택 문제에 직면한다. 시민권 운동은 한 극단에서 모든 인간에게 동일한 권리를 추구한다면, 또 다른 극단에서는 단지 그들 자신의 집단만을 위한 권리를 추구할 수도 있다. 시민권 운동은 그 두 극단 사이에서 자신들의 집단과 유사한 집단들의 권리 ─ 즉, 단지 여성을 위한 권리뿐만 아니라 모든 민족적·인종적 소수집단을 위한 권리 ─ 를 주장할 수도 있다. 시민권 단체들에게 그러한 권리 침해가 통상적으로 그들이 운동을 시작할 때 마주친 차별의 주요 형태이지만, 그들의 비판은 또한 정부 절차들에서 드러나는 편견을 다루기도 한다. 이와 대조적으로 탈시민권 저항자들은 처음에는 국가가 자신들의 불만을 적극적으로 처리해줄 것이라고 기대하지만, 그 기대가 좌절될 때 절차적 레토릭을 채택하기도 한다. 많은 운동이 긴밀한 공동체 내에 연대를 구축하는 특수주의적 호소들과 외부인들에 대한 보편적 호소 사이에서 이러한 딜레마에 직면한다. 이것이 바로 우리가 제4장에서 살펴본 차이의 딜레마이다.

레토릭의 광역화 ─ 지역적 주장에서 광역적 주장으로의 이행 ─ 는 많은 단체들이 이기적이라는 비난을 피하고 외부인들을 자신들의 대의에 충원하는 데 일조할 것이 틀림없다. 어떤 프로젝트를 비난하기 위

---

[7]   Malcolm Spector and John I. Kitsuse, *Constructing Social Problems*(New York: Aldine de Gruyter, 1987), p. 151.

[8]   셀렌 크라우스(Celene Krauss)는 정부의 응답 없음에 격분해서 급진화된 한 저항자를 상세하게 묘사하고 있다. Celene Krauss, "Community Struggles and the Shaping of Democratic Consciousness," *Sociological Forum*, 4(1989), pp. 227~239.

한 반∢보편적 또는 보편적 주장들이 존재한다면, 저항자들은 외부인들이나 비지역민들에게 호소할 필요가 있을 때 아마도 그러한 주장들에 의지할 것이다. 그들이 빈번히 그렇게 하는 이유는 대부분의 지역 저항이 대항하는 대기업이나 정부기관이 최종 결정들을 지역 충격들로부터 멀리 떨어진 곳에서 내리기 때문이다. 님비 운동에서 저항자들이 지역적 또는 특수주의적 레토릭을 유지하는 것은 예외적일 것임이 틀림없다. 하지만 시민권 운동이 근본적인 집합적 정체성을 강화할 필요가 있는 것처럼, 그러한 레토릭이 극심하게 권리를 침해당하고 부당하게 취급당하고 있다고 느끼는 지역민들 간의 연대를 유지하는데 도움이 될 수 있다면, 그들은 그렇게 할 수도 있다. 이를테면 환경 활동가들은 오하이오 주 서클빌Circleville의 경우에서처럼 자신들의 공동체가 '공공악public bads'을 분담하는 것 이상으로 고통 받고 있다고 주장할 수 있다. 서클빌은 심각한 배기가스와 쓰레기 매립지가 문제가 되고 있는 여섯 개의 산업공장과 환경보호국이 유해 산업폐기물 처리기금을 빌도록 지정한 두 개의 부지를 포함하고 있다. 활동가들이 서클빌에 잇따라 또 다른 공장이 들어선다는 것에 대한 격분을 더 불러일으키기 위해, 즉 서서히 절차적 레토릭으로 바뀌고 있는 주장을 펼치기 위해 모든 오염공장에 반대할 필요는 없다.

지역 레토릭이 자신들이 원하는 결과를 좀처럼 산출할 수 없을 것이라는 점을 인식하고 있는 지역 환경 저항자들은 '님비'라는 딱지를 강력하게 거부한다. 그러한 부정은 광역화과정의 일부이다. 앨라배마의 한 활동가는 다음과 같이 말한다. "나는 님비로 시작했어요. 그러나 나는 내가 그들이 그것을 파헤쳐서 그 밖의 어딘가 다른 곳으로 옮겨가기를 원치 않고 있다는 것을 깨달았어요. 우리는 우리의 태도를 바꾸어왔어요. 우리는 이 쓰레기 매립지에 관한 정보를 수집해서, 그것을 미국 전역의 사람들과 공유하는 중이에요. 우리는 님비가 되는 것을 그만두고, 니아비NIABY: Not in Anybody's Back Yard(누구의 뒷마당에도 안 된다)가 되었어요."[9]

성공적인 레토릭은 개별 성원들을 끌어들일 뿐만 아니라 조직의 동맹 역시 이끌어낸다. 그리고 이는 문화가 전략 및 자원과 연결되는 한 가지 중요한 방식이기도 하다. 지역 저항자들은 정치적 접근통로, 신망, 자원을 제공해줄 수 있는 비지역 조직들에 소속되려고 노력할 수도 있다. 신시아 고든Cynthia Gordon과 나는 그러한 조직들을 **연계조직**linking organization이라고 불러왔다. 그러한 연계조직은 저항자들이 드러내는 보편주의적 레토릭에 대한 열망에 신뢰성을 부여해준다. 실제로 그것은 지역 저항자들이 그들의 레토릭을 광역화하도록 적극적으로 고무하거나 강제할 수도 있다.[10] 그것은 지역의 이해관계가 보다 일반적인 패턴의 일부임을 보여주거나, 보다 광범위한 분배정의 의식을 제공할 수도 있다. 지역 환경단체들은 자신들에게 도움이 되는 전국 조직들을 발견할 수 있다. 그리고 주민보호 단체들은 유사한 의제들을 가진 시 또는 주 단위의 단체들을 발견할 수 있다. 잠재적 연계조직들은 이미 많은 기존 정치조직들이 존재하는 도시들에서 특히 흔하게 발견된다. 인구밀집 지역의 새로운 저항단체들은 자신들이 연계를 맺기를 바라는 (또는 연계 맺는 것을 피할 수 없는) 여타 단체들과 마주친다. 우리는 또다시 적절한 프레이밍과 전략 마련을 통해 정치적 행위를 위

---

9 Karen Stults, "Women Movers: Reflections on a Movement by Some of Its Leaders," *Everyone's Backyard*, 7(1989), p. 1에서 인용함. 버지니아 주 알링턴의 시민 유해폐기물 정보센터가 펴냄.

10 Cynthia Gordon and James M. Jasper, "Overcoming the 'NIMBY' Label: Rhetorical and Organizational Links for Local Protestors," *Research in Social Movements, Conflicts, and Change*, 19(1996), pp. 159~181을 보라.

한 새로운 네트워크들이 형성될 수 있음을 본다.

연계조직이 갖는 위험은 그것이 저항자들의 원래 관심사를 억누르거나 재해석할 수도 있다는 것이다. 스펙터와 키추스가 지적하듯이, "어떤 단체는 다른 단체들과 동맹을 맺음으로써 회원, 위세, 제도적 권위 또는 여타의 이점들을 얻을 수도 있다. 하지만 단체의 성원들은 그러한 이점들이 자신들의 쟁점을 희석하고 자신들이 거의 관심을 가지지 않는 여타의 쟁점들에 관여하는 것을 대가로 하여 손에 넣은 것이라는 점을 깨달을 수도 있다. 자신들의 문제가 자신들의 동맹자들에 의해 보다 큰 문제의 한 부분에 불과한 것으로 간주됨으로써, 낮은 우선성을 부여받을 수도 있다". 스펙터와 키추스는 이러한 조직 문제를 그에 상응하는 레토릭적·이데올로기적 문제와 연관 짓는다. "대규모 조직이 불평을 보다 강력하게 만드는 세련된 이데올로기를 제공할 수도 있지만, 일반 이데올로기는 특수한 주장을 가시화하는 데 불리할 수도 있다."[11] 위협의 원천이 확대됨에 따라, 비난도 흩어진다.

저항자들이 얼마나 넓은 지역을 피해 '이웃'이라고 생각하는지를 사전에 예측하기는 어렵다. 그것은 인구밀도, 정치적·자연적 경계, 쟁점의 성격과 같은 요인들에 따라 다를 것이다. 하지만 그러한 것들은 활동가들이 새로운 청중들에 대한 호소를 프레이밍하기 위한 원료들로서, 그리고 그러한 호소가 얼마나 잘 공명하는지를 결정하는 요소로서 중요하다. 권리 활동가들이 외부인들로 하여금 다른 사람들의 권리도 자신들에게 중요하다는 것을 느끼게 만들어야만 하는 것처럼, 동원의 성공은 얼마간은 활동가들이 얼마나 넓은 지역을 동일한 피해지역의 일부로 느끼게 만들 수 있는지에 달려 있다.

11　Spector and Kitsuse, *Constructing Social Problems*, p. 145.

소각과 통합

브루클린Brooklyn에서 발생한 두 사례 — 인종통합과 싸우는 카나시 Canarsie 사람들과 쓰레기 소각장 건설계획의 반대자들 — 는 지역 단체들이 어떻게 자신들의 호소를 확장하고 추가적인 자원들을 이용하려고 시도하는지를 보여준다. 1980년대 중반 뉴욕 시 정부는 브루클린 해군 공창에 대규모 소각장을 건설하겠다는 계획을 발표했다. 그곳은 해군이 버리고 떠난 부지로 창고들이 가득한 산업지대였지만, 인구가 밀집한 주거지역으로부터 겨우 다섯 블록 떨어진 곳에 위치해 있었다. 그곳은 매일 도시 전역으로부터 들어오는 3000톤의 쓰레기를 소각함으로써 증기와 전기뿐만 아니라 1000톤의 재 또한 만들어낼 예정이었다. 그 계획은 1984년에 처음으로 시 예산위원회의 승인을 받았지만, 주 환경보호부가 인가 여부를 결정하기 위해 공청회를 개최하고 가용한 자료를 검토하는 13년 동안 보류되었다. 1989년에 신시아 고든과 나는 그 논쟁에 흥미를 가지고 연구하기 시작했다.[12]

두 개의 지역조직이 소각로 계획에 맞서 적극적으로 싸웠다. 윌리엄스버그 안전·건강협회Williamsburg Association for Safety and Health: WAS&H는 1983년에 설립되었지만, 1984년에 소각로 계획이 공표되자 곧바로 그 사안에 집중했다. 1500명의 회원을 보유한 WAS&H는 공동체에 강력한 뿌리를 가지고 있다. 계획 부지에서 열 블록 떨어진 곳에 살고 있는 하시드Hasid파 랍비인 데이비드 니더만David Niederman이 그 단체의 대표를 맡고 있다. 1980년대 말경 그는 일주일에 15시간을 소각로 문제에 할애하고 있었다. 니더만의 종교적 입장이 WAS&H를 지역 공동체와

---

12   소각로 사례는 Gordon and Jasper, "Overcoming the 'NIMBY' Label"에서 가져왔다.

결합시키는 데 일조했으며, 그것은 카리스마적 개인이 두 개의 네트워크를 한데 결합시킨 사례의 하나가 되었다. 브루클린의 이 지역은 강력한 지역사회 단체들과 적극적인 공적 생활로 명성을 얻고 있는데, 이는 대체로 하시드 종교기관들의 힘 덕분이다. 정치와 종교는 오랫동안 서로를 강화해왔다. WAS&H는 소송비용으로 50만 달러를 모금했지만, 기금 모금과 로비활동을 하면서 그것의 법적 전략과 공동체 의식 간의 균형을 유지했다.

1988년에 또 다른 단체인, 쓰레기 소각에 반대하는 브루클린 재활용가 모임Brooklyn Recyclers Against Garbage Incineration: BRAGI이 주로 오라 예미니Ora Yemini와 그녀의 남편의 노력으로 결성되었다. 예미니는 기부금을 내고 자신에게 온 문건들을 읽는, 그린피스의 홍보용 우편물 발송 회원이었다. 한 기사가 소각로의 위험을 논한 후, 뉴욕 공익연구집단 New York Public Interest Research Group: NYPIRG이 뉴욕 시의 소각로 건설계획에 반대하는 일을 하고 있다고 언급했다. 예미니는 NYPIRG에 전화를 걸었고, 곧 그 계획에 반대하는 로비활동을 벌이기 위해 NYPIRG와 WAS&H를 따라 올버니Albany로 갔다. 니더만은 그녀에게 단체 하나를 만들 것을 제안했다. 그녀에게 필요한 유일한 것은 모든 사람이 그녀가 그 단체의 회원임을 미루어 짐작할 수 있게 해줄 레터헤드 편지지[윗부분에 개인·회사·단체의 이름과 주소가 인쇄되어 있는 편지지 — 옮긴이]뿐이었다. 그녀는 정치적 영향력까지는 아니더라도 신뢰를 얻고자 했다. 그녀는 지지자와 자원에 관한 환상을 만들어낼 수 있었다. 많은 다른 저항단체들처럼, 이 조직도 본래는 한 명의 개인이었다.

소각로 반대자들은 그들의 쟁점을 보편주의적인 용어들로 명시적으로 기술했다. 한 인터뷰에서 오라 예미니는 우리에게 다음과 같이 말했다. "소각 문제나 어떤 환경적 문제는 실제로 전국적이고 지구적인 문제입니다. 그것이 우리에게 지역을 기반으로 하여 조직화할 기회를 제공하는 것은 다만 그 지역에 위협이 자리하고 있기 때문입니다. 그러나 우리가 다루는 것이 단지 지역적 관심사에 불과한 것은 아닙니다. 그것은 일반적인 관심사입니다." 역시 그 문제에 관여하고 있던 브루클린 녹색연합Brooklyn Greens의 니콜 마이어스Nicole Meyers는 다음과 같이 말했다. "님비라는 것은 환경에 대한 관심을 이기적인 것처럼 보이게 만듦으로써 그것을 불신하게 하는 방법의 하나입니다. 소각로는 단순한 지역적 쟁점이 아닙니다. 그것은 모든 사람에게 중대한 결과를 초래합니다." 마지막으로, 워크 온 웨이스트Work on Waste: WOW의 레슬리 파크Leslie Park는 다음과 같이 주장했다. "오염은 한계를 모릅니다. 우리가 이 일에 열심인 것은 우리의 지구를 구하기 위해서입니다. 그것은 하나의 지구적 문제입니다." 이 저항자들은 환경주의라는 지구적 레토릭을 쉽게 그리고 일관되게 채택했다. 그들의 레토릭 중 어떠한 것도 특수주의적이지 않으며, 심지어는 반反보편적이지도 않다. 이를테면 어느 누구도 소각로를 해군 공창에 입지시키는 것의 부당함을 언급하지 않았다.

이러한 환경적 쟁점을 추구하는 데서 레토릭의 광역화가 설득력을 지녔던 것은 부분적으로 그 배후에 조직에 대한 신뢰가 존재했기 때문이다. 거기에는 그린피스와 시에라 클럽Sierra Club과 같은 여러 전국적 연계조직들이 있었다. 그리고 그중 몇몇이 NYPIRG처럼 전국 단체 또는 네트워크의 지역 분회였다면, 몇몇은 주 단위 조직이었다. 뉴욕 주 WOW는 쓰레기 소각에 반대하고 재활용을 장려하는 거의 50개에 달하는 단체들의 연합으로 이루어져 있었다. 그 조직은 올버니에서 벌인 로비활동을 조정하여 그 소각로와 여타의 소각로 계획들을 좌절시키는 데 일조했다. 1987년 설립된 그것의 임무는 지역 단체들에게 정보를 제공하고 그들과 전술을 공유하는 것이었다. 따라서 BRAGI와 WAS&H는 지역 단체에서 전국 단체에 이르는 환경단체들의 광범위한 네트워크와 긴밀한 연계관계하에서 활동했다. 거의 어떤 이벤트나 결정들도 한 단체에 의해 단독으로 이루어지지 않았다.

이 연계조직들은 지역 단체들이 그들과 접촉하기 전부터 해군 공창 소각로에 반대하면서, 쓰레기 소각에 대한 그들의 일반적 반대의 일환으로 그 쟁점을 독자적으로 발굴해왔다. 이를테면 WOW는 주 예산의 소각 기금에 주목해왔으며, NYPIRG와 함께 '태울 돈은 없다' 캠페인을 시작했다. 따라서 BRAGI와 WAS&H는 그들과 이미 목표를 공유하고 있던 보다 큰 조직들을 발견할 수 있었다. 이 두 단체는 기존 조직들에 흡수될 위험을 느끼기보다는 그 조직들에게 새로운 쟁점의 중요성을 납득시키려고 노력할 수 있었다.

조직의 연계와 함께 쟁점과 전략도 확대되었다. BRAGI는 곧 플라스틱 재활용 프로그램에 착수하여, 뉴욕 레스토랑들이 플라스틱을 사용하는 것을 금지하는 법령을 제정하라는 압력을 입법부에 가했고, 여타 다양한 종류의 재활용을 실시하기 위한 로비활동을 벌였다. 보편주의적 레토릭으로 인해 예미니가 자신의 쟁점 범위를 확장하지 않기란 어려웠을 것이다. 소각과 재활용은 서로에 대한 확실한 대안이었다. 따라서 하나와 싸우는 효과적인 방법은 또 다른 하나를 촉진시키는 것이다. 유사하게 WAS&H도 자신의 대의를 확대했고, 그리하여 그것은 더 이상 단일 쟁점 단체가 아니라 주택, 범죄 및 다양한 지역적 쟁점을 위해 애쓰는 상시적인 근린조직이 되었다. BRAGI가 연계조직의 일원으로 지역적·전국적 환경단체가 되는 길을 선택했다면, WAS&H는 윌리엄스버그의 유대교 조직 연합United Jewish Organizations과 연계하여 비지역적인 환경단계로 전환하기보다는 지역적인 초쟁점 단체로 전환했다. 이 두 경로가 보여준 것이 바로 해당 단체들이 자신들의 레토릭을 광역화하는 방식이었다.

1989년에 배리 코머너Barry Commoner가 ≪뉴욕타임스≫에 해군 공창 계획과 소각 일반에 관한 기명 논평을 발표했을 때, 그는 저항자들에 게 유용한 무기를 제공했다.[13] 코머너는 뉴욕 시의 사례를 이용하여 소 각에 대한 하나의 대체물로서 재활용이 지닌 장점을 주장했다. 그는 특정 계획을 소각과 관련된 일반적인 문제와 결부시킨 훌륭하고 유명 하기까지 한 과학자이자 저술가의 한 사람이었다. 사실과 수치의 권위 있는 사용이 그의 논평에 객관적 아우라를 부여했다.

지금까지 소각로 반대자들은 브루클린 해군 공창에 어떠한 건축물 을 세우는 것도 방해해왔다. 지역의 선출직 공무원들도 그 계획에 반 대해왔지만, 시 단위 정치인들의 견해는 엇갈렸다. 시장이었던 에드 코흐Ed Koch와 루돌프 줄리아니Rudolph Giuliani가 소각을 지지했다면, 데 이비드 딘킨스David Dinkins 시장은 재활용 연구가 끝날 때까지 유예를 요청했다. 딘킨스 행정부는 1991년에 유예를 해제했지만, 연구가 필요 하다고 결론지은 세 기의 소각로를 설치하기 위한 조치를 취하지는 않 았다. 보다 중요한 것은 해군 공창 소각로가 1994년까지 연방환경보호 국이나 주 환경보호부로부터 필요한 허가를 받지 못했으며, 아직까지 어떠한 작업도 시작된 적이 없다는 것이다. 이처럼 지체되는 동안, 저 항자들은 전국 환경운동조직들로 하여금 재 속에 들어 있을 수도 있는 독소들을 포함하여 소각의 위험에 대한 정보를 산출할 수 있게 했고, 그럼으로써 공중의 의구심을 증폭시켰다.[14]

---

13   Barry Commoner, "Don't Let City Garbage Go Up in Smoke," *New York Times*, 29 January, 1989.

14   소각로 반대운동에 대해서는 다음을 보라. Edward J. Walsh, Rex Warland and D.

소각로 반대자들은 전국적 환경단체와 지역 환경단체들로부터 외적 지원 ─ 재정적 지원과 레토릭 지원 모두 ─ 을 받았다. 그들은 그 단체들과 연계하여 그들 자신의 목표를 조율했고, 그 단체들을 통해 점점 더 양적으로 증가하는 과학적 자료에 의해 뒷받침되는 보편주의적 레토릭을 이용할 수 있었다. BRAGI와 WAS&H는 상이한 방식으로 그들의 레토릭과 쟁점들을 확장함으로써 님비라는 낙인을 벗을 수 있었다. 하지만 결국 그들은 소각로 계획을 연기시키기 위해 정치인들의 지지성명들을 얻어내기보다는 그들이 시와 주의 규제체계를 활용할 수 있는 능력에 크게 의존했다. 그리고 이것은 전략적 책략이 운동의 동원에 필요한 문화적 설득으로부터 얼마간 자율적이라는 것을 보여주는 표시이기도 하다.

이러한 광역화가 환경쟁점들에서 잘 일어나는 까닭은 부분적으로는 많은 연계조직 때문이지만, 또한 부분적으로는 그러한 부류의 불만들이 일으키는 문화적 공명 때문이기도 하다. 유용한 연계조직들의 존재와 문화적 이미는 동행한다. 환경조직들이 그들이 자원을 이용하여 소각에 반대하는 증거를 수집하기 훨씬 이전부터, 그 단체들의 소각반대 주장은 인지적·정서적으로 신뢰받고 있었다. 왜냐하면 명망 있는 전국적 활동가라는 그 단체들의 상징적 정당성이 그들의 주장에 신뢰를 부여하기 때문이었다.

우리는 조너선 리더Jonathan Rieder의 책 『카나시Canarsie』에 근거하여, 1970년대 중반 그곳에 거주하면서 학교를 다니기 시작한 아프리카계 미국인들에 맞서 저항했던 카나시 주민들과 소각로 반대자들을 비교할

Clayton Smith, *The Environmental Justice Movement: Eight Grassroots Challenges to Modern Incinerator Projects*(University Park: Pennsylvania State University Press, forthcoming).

수 있다. 20세기 초반에 유사한 도덕적 패닉 속에서 표적이 되었던 적이 있는 이탈리아인과 유대인의 후손이 대부분인 이 동부 브루클린 지역의 주민들은 공공주택과 공립학교 통합을 통해 잠식해 들어오는 아프리카계 미국인들과 격렬하게 싸웠다. 주로 중간계급 — 비록 때때로 간신히 그 계급에 속하기는 했지만 — 이었던 많은 카나시 주민들이 그곳으로 이사했던 것은 경제적으로 악화되고 있던 이웃들로부터 탈출하여 조그마한 정원이나마 가지기 위해서였다. 대부분의 사람이 더 먼 교외로 한 번 더 이사할 만한 여유는 없었다. 어쩌면 중간계급 지위의 불확실한 확보가 그들로 하여금 다른 사람들의 라이프스타일 속에서 나타나는 열등한 지위 표시를 특히 간절하게 찾게 만들었을지도 모른다.[15]

리더는 점점 더 많은 수의 아프리카계 미국인의 얼굴들이 그들의 인근 및 그 주변에 나타났을 때 카나시 사람들이 느꼈던 일련의 위협들에 대해 기술한다. 그들 관심사의 일부는 그들의 재산 가치에 관한 것이었고, 이는 많은 사람이 그들의 집 말고는 다른 자원을 거의 소유하고 있지 않았다는 사실에 의해 강화되었다. 다른 관심사들은 물리적

---

15 Jonathan Rieder, *Canarsie: The Jews and Italians of Brooklyn against Liberalism* (Cambridge: Harvard University Press, 1985)을 보라. 호프스태터(Hofstadter)에서부터 시작된 라이프스타일 정치에 대한 지배적 해석은 경제적 지위를 상실한 집단일수록 라이프스타일 지위에 더욱더 집요하게 집착한다는 것이었다. Joseph R. Gusfield, *Symbolic Crusade*(Urbana: University of Illinois Press, 1963)를 보라. 피에르 부르디외는 중간계급에 속하는 계층인 소매상인과 사무원들이 자신들의 지위에 대해 근본적으로 불안해한다고 분석했다. Pierre Bourdieu, *Distinction: A Social Critique of the Judgment of Taste* (Cambridge, Mass.: Harvard University Press, 1984)를 보라. 시모어 마틴 립셋(Seymour Martin Lipset)과 얼 랍(Earl Raab)에 따르면, 어떤 집단들은 과거의 특정한 집단 정체성 — 그것의 상징적 중요성이 그 사회에서 대체적으로 감소해온 — 에 기초하여, 과거에 많은 상징적 투자를 한다. 그러한 집단들은 상이한 관습을 가진 새로운 사람들을 공격함으로써 자신들의 이전의 지위를 거듭 주장한다. Seymour Martin Lipset and Earl Raab, *The Politics of Unreason: Right-Wing Extremism in America, 1790~1977*, 2d ed.(Chicago: University of Chicago Press, 1978)를 보라.

안전과 관련되어 있었다. 그들은 카나시의 어떤 부분들이 덜 안전해졌는지는 인지하고 있었으며(리더는 이것을 정확히 지적하고 있는 것으로 보인다), 따라서 자신들의 아이들이 학교에서 폭력에 노출될 것을 우려했다. 리더는 한 진보적 유대인 여성의 말을 인용한다. "대부분의 카나시 사람들은 (백인학생과 흑인학생을 융합하기 위한) 강제 버스통학에 반대해요. 그들은 자신들의 재산 가치가 하락할지도 모른다고 불안해하고 있어요. 하지만 또한 자신들의 아이들이 복도에서 죽임을 당할지도 모른다고 두려워하고 있어요."[16] 이 물리적 위협의식은 제5장에서 기술한 종류의 감정들에 의해 수반되었다.

하지만 리더가 주로 강조하는 것은 백인 카나시 사람들 스스로가 무질서하고 도덕적으로 해이하다고 인식하는 어떤 라이프스타일로부터 느꼈던 도덕적 위협이다. 아프리카계 미국인들에 대한 그들의 이미지는 개인적 경험보다는 그들이 과거에 카나시와 맨해튼 간을 운전하고 지나가며 보았던 빈민가와 인근 브라운즈빌Brownsville에서 건설 중인 공공주택 프로젝트로부터 더 많이 비롯되었다. "그래피티의 궁극적 메시지는 그 공공장소가 보이지 않는 위험들로 가득 차 있으며 더 이상 법을 준수하는 사람들에 속해 있지 않다는 것이었다. 카나시 사람들은 그처럼 명백한 기호들을 독해함으로써 빈민가 사람들에 대한 자신들의 판단에 도달했다. 브라운즈빌의 슬럼가는 그곳의 모습을 꼴사납게 만든다. 카나시는 산뜻하고 정돈되어 있으며, 바둑판 모양이 반복되는 질서 잡힌 풍경을 보여준다. 백인들이 린덴 대로Linden Boulevard 건너의 북쪽을 봤을 때, 그곳의 무질서는 그들을 꼼짝달싹 못하게 만들었다." 그 결과 "인종이 여러 사회적·문화적·경제적 박탈들에 대한 일종의 약

---

16 Rieder, *Canarsie*, p. 72.

칭"이라는 인식이 생겨났다. 그리하여 통합정책, 특히 지역 학교에서의 통합정책은 악의적인 님비반응을 유발했다. 그러한 도덕적 무질서의식은 부분적으로는 다른 집단에 대한 오해에 뿌리박고 있었다. 즉, 피상적인 접촉이 패닉 상태에 있는 사람들로 하여금 자신들의 표적을 공공의 적으로 부풀리게 만들었다.[17]

새로운 이웃에 대한 그들의 믿음이 카나시 사람들의 도덕적 불편함과 위협의식을 키웠으며, 일련의 익숙한 감정들, 즉 맨 먼저 공포, 그 다음으로 화, 격분, 경멸을 촉발시켰다. 그들은 또한 자신들을 범죄자의 희생자일 뿐만 아니라 무감각한 정치인과 관료의 무고한 희생자라고 느꼈다. 그들은 주변에서 규율, 고된 노동, 영구한 가족이라는 자신들의 기본 가치가 공격받고 있음을 감지했다. 하나의 전체로서의 관대한 사회permissive society가 그들을 위협했지만, 그들이 대응하고 나선 것은 특히 극악무도한 도덕적 몰락을 상징하는 흑인 빈민가였다. 그들이 느낀 화의 강도와 그 화가 초래한 폭력적 행위는 그들의 저항을 본능적 수준의 인종차별주의로 보이게 함으로써 외부인들로부터 불신을 받게 했다. 뉴스매체에서 인종차별주의자들로 그려진 카나시 사람들은 얼마간 수치심을 느꼈고, 아마도 그것이 그들의 화를 더욱더 부채질했던 것으로 보인다. 그들이 만들어낸 비난이라는 구성물은 안정성과 명확성을 획득하지 못한 채 원인(그들의 새로운 이웃들의 도덕적 자질)과 책임(정부가 무엇인가를 해야만 한다) 사이에 끼어 있었다.

물리적 폭력, 특히 자경단체를 조직하고 흑인들과 주먹 싸움을 벌였던 이탈리아 청년들이 휘두른 폭력은 통합에 대한 하나의 대응이었다. 이와 대조적으로 유대인 카나시 사람들은 조직화된 정치적 대응을 개

---

17 같은 책, pp. 61, 93.

시하는 데 일조했다. 리더는 각 전략 이면에 자리하고 있는 문화적 전통들을 다음과 같이 요약한다. "이탈리아인들이 원한을 풀기 위해 가족에 의지한다면, 유대인들은 폭력에 대한 국가독점을 받아들인다."[18] 전형적으로 자유주의적 또는 진보적 가족 전통을 가지고 있는 카나시의 유대인들이 계속해서 지역 민주당에 여전히 충성심을 보인 반면, 많은 이탈리아인들은 1970년대 동안 공화당원으로 돌아섰다. 유대인들은 도움을 받기 위해 그 지역의 정치클럽인 제퍼슨 민주당 클럽 Jefferson Democratic Club에 의지했다. 유대인과 이탈리아인 모두가 주도하는 옛날 스타일의 정치기구로 3000명의 회비납부 회원을 거느린 그 클럽은 시민의 자유를 지지하는 진보적 전통을 가지고 있었다. 다른 카나시 사람들은 통합에 반대하는 강력한, 그리고 심지어는 초법적인 조치들을 취했다. 그러한 조치들에는 개인적 폭력만이 아니라 군중 협박, 통합학교 보이콧, 그리고 그 클럽 소속의 주 의회 의원에 대한 선거구민의 도전도 포함되어 있었다. 비록 선거구민의 도전이 놀랍게도 승리에 근접하기는 했지만, 그러한 전술들 중 어떠한 것도 카나시 외부의 정치인과 정책 입안자들로부터 많은 동감을 얻지는 못했다.

뉴욕 시 정치인들은 시의 다른 민족적·인종적 단체들과도 제휴하고 있기 때문에 인종차별적 언어에 너그러울 수 없는 청중이었다. 카나시 사람들은 그러한 뉴욕 시 정치인들에게 의지하는 과정에서 자신들의 청중에게 잘못된 레토릭을 사용하고 있었다. 그것은 불운이었다. 왜냐하면 전국 곳곳에는 그 지역의 선동자들과 동일한 코드의 단어들을 사용하는 보수적 정치인들이 많이 있었기 때문이다. 그 지역의 선동가들은 "범죄에 대한 대중의 공포를 자극하면서, '법질서'를 하나의 행운을 가

---

18   같은 책, p. 43.

져다주는 부적으로 전환시키고 있었다. 아마도 숙련된 웅변가라면 그가 '검둥이들'에 관해 이야기하는 중이라는 의심을 거의 받지 않고도 한 번의 눈짓으로 말로 표현할 수 없는 것까지 전할 수 있었을 것이다".[19] 10년 동안 전국 정치인들과 뉴스매체는 그러한 언어와 이미지들을 정교하게 다듬어왔다. 1964년 이래로 점점 더 많은 보수적 정치인들이 특히 대통령선거에서 백인의 인종 불안과 인종차별적 감상들에 영합하면서, 민권과 인종적 평등에 대한 민주당의 지지를 하나의 정치적 부담으로 변형시켜왔다.[20] 카나시 사람들은 그들 뜻대로 사용할 수 있는 상당한 레토릭 무기를 가지고 있었지만, 그것은 시의 정치인들 가운데서 동맹자들을 발견하는 데보다는 이웃들을 선동하는 데 더 유용했다.

그러므로 제퍼슨 민주당 클럽은 카나시 저항자들에게 빈약한 연계 조직이라는 것이 입증되었다. 왜냐하면 그 클럽은 인종차별주의와 결합할 수 없어 보이는 보다 광범한 정치적 이해관계들에 매여 있었기 때문이다. 그 클럽은 저항자들의 요구 중 많은 부분을 충족시켜줄 수 있는 정치적 영향력을 가지고 있었지만, 오히려 그러한 요구들을 억눌렀다. 그 클럽은 학교 보이콧도, 그리고 또한 다른 초법적 전술들도 지지하지 않았다. 리더는 그 클럽의 영향에 대해 다음과 같이 말한다. "제도적 장치들은 어떤 종류의 발언은 침묵시키고 다른 종류의 발언들은 퍼뜨릴 수도 있다. 서로 맞물린 시민제도들의 네트워크 속에서 카

---

19 같은 책, p. 67.

20 이 과정에 관해서는 다음을 보라. Thomas Byrne Edsall with Mary D. Edsall, *Chain Reaction: The Impact of Race, Rights, and Taxes on American Politics*(New York: W. W. Norton, 1991); Stephan Lesher, *George Wallace: American Populist*(Reading, Mass.: Addison-Wesley, 1993); Dan T. Carter, *The Politics of Rage: George Wallace, the Origins of the New Conservatism, and the Transformation of American Politics* (New York: Simon and Schuster, 1995).

나시의 정치와 자신들의 유대인·이탈리아인 동맹자들을 통제했던 유대인 지도자들은 인종차별적 독설이 공적 대화로 흘러 들어오지 못하게 하려고 노력했다. …… 그 클럽은 주 의회의 흑인과 히스패닉계의 선거구에 걸쳐 있던 한 자치조직과 긴밀한 협력관계에 있었고, 따라서 자유롭게 자신의 길을 가는 하나의 자율적 단위가 아니었다."[21] 클럽에 가해지는 외적 제약들은 평균적인 지지자보다 더 세계주의적이고 자유주의적이었던 클럽 지도자들이 가지고 있던 선호를 강화시켰다. 클럽이 소유한 상당한 자원들은 선거구민의 도전이 성공하는 것을 막을 수 있었다. 이를테면 선거 당일에 클럽은 노동조합이 제공한, 그 클럽이 마음대로 사용할 수 있는 23대의 버스로 유권자들을 투표소까지 실어 날랐다. 연계조직들은 자원을 제공하지만, 지역적 요구가 여타의 중요한 조직 목표들을 훼손하지 않는 한에서만 그러하다.

카나시 사람들은 지역 저항자들이 이용할 수 있는 어떤 중요한 전략들도 개발할 수 없었다. 그들은 자신들을 도울 어떠한 비지역 엘리트도 찾아낼 수 없었다. 또한 그들은 자신들이 대의를 보다 광범위한 쟁점들과 수사적으로 연결할 수도 없었다(시 정부가 지역 공동체에 무감각하다고 비판하는 절차적 레토릭을 제외하면). 그들은 자신들이 행사할 수 있는 거부권에 대해 어떠한 통제력도 가지고 있지 않았는데, 이는 부분적으로 학교 통합과 공공주택사업이 이미 시행되고 있었기 때문이다. 그리고 그들의 연계조직은 그들의 목표를 진전시키기는커녕 축소시키고 억눌렀다. 카나시 사람들은 전략, 충원, 이데올로기에서 여전히 지역적인 상태로 남아 있었으며, 외부인들이 그들의 대의에 도움을 줄 수 있는 어떠한 연결고리도 구축하지 못했다. 그리고 그들의 대의

---

21   Rieder, *Canarsie*, p. 236.

는 거의 어떠한 뉴욕 정치인들도 기꺼이 지지하지 않는 것이었다. 그 결과 카나시 사람들의 문화적 설득 노력은 실패했다.

카나시 사람들의 공포는 소각로 반대자들의 그것과 달랐는가? 그들의 호소가 덜 강력했던 것인가? 그들이 자원을 더 적게 가지고 있었는가? 아니면 그들은 전략적으로 덜 숙련된 상태였는가? 모든 점에서 그러했다. 흥미로운 것은 상이한 차원들이 서로 얽혀 있는 방식이었다. 카나시 사람들의 자원동원과 전략적 책략은 제한적이었다. 왜냐하면 그들의 공포와 레토릭을 통한 호소가 덜 광역화되었고, 그리고 어쩌면 덜 광역화될 수밖에 없는 것이었기 때문이다. 그들은 유용한 동맹자들과 레토릭 연계를 이룰 수 없었다. 그들이 신뢰할 만한 연계조직을 가지고 있지 않다는 것이 그들의 레토릭을 통한 주장을 더욱 훼손시켰다.

다른 님비 운동들과 마찬가지로 소각로 반대자들은 일단의 비지역적 쟁점, 레토릭, 이데올로기를 활용하기 위해 열심히 노력했다. 그들 모두는 님비가 경멸적인 ─ 왜냐하면 보통 그 용도로 만들어졌기 때문에 ─ 꼬리표라고 보았다. 멀리 떨어진 외부인 청중에게 레토릭이 더욱 강력해지는 것은 그것이 비용과 이득처럼 도구적 원칙이든 아니면 사회정의처럼 도덕적 원칙이든 간에 어떤 부류의 보편적 원칙들에 호소할 때이다. 유사한 시도들에도 불구하고 소각로 반대자들은 환경주의자들이 다듬어낸 것과 같은 보다 강력한 보편주의적 레토릭을 어떻게든 찾아냈다. 거기에는 소각로에 반대하고 그 대안으로 재활용에 찬성하는 논거와 증거가 있었다. 지역 사무소를 갖춘 전국적 환경단체의 존재는 조직의 힘과 가시성을 통해 보편주의적 레토릭을 뒷받침해주었다.

카나시 사람들은 그들의 레토릭을 광역화하려는 시도를 거의 하지 않았으며, 그들의 연계조직도 그들의 우려에 공감하지 않는 것으로 드러났다. 그렇기는 하지만, 그 지역 저항자들은 그들이 혐오하는 개인들을 직접적으로 공격하기보다는 통합을 지지하는 정부정책에 대한 불평을 더 많이 늘어놓았다. (하지만 이 점에서 유대인과 이탈리아인의 반응은 대체로 달랐다.) 소각로 반대자들 또한 그들의 캠페인에서 정부의 절차적 공정성에 의문을 제기했다. 광범위한 반도구적 감상이 존재할 경우에 대규모 관료제는 좋은 표적이 된다.

제5장에서 나는 지역 위협의 환경적 원천과 사회적 원천을 대비시켰다. 위협의 환경적 원천들은 그것 자체로 보편주의적 레토릭에 자연스럽게 힘을 실어주는 것으로 보인다. 왜냐하면 동일한 기술이 인근에 자리 잡을 경우 모두가 피해를 입게 될 것이기 때문이다. 환경문제에 대한 우려가 널리 퍼져 있기 때문에, '피해 공동체'는 보다 광범위하게 기술될 수 있다. 이와 대조적으로 위협의 사회적 원천은 필연적으로 한 집단을 다른 집단에 맞서 싸우게 하며, 그 결과 저항자들은 그들이 사용할 수 있는 포괄적인 레토릭을 발견하기 쉽지 않다. (다행히 오늘날 미국사회에서 인종차별주의 레토릭은 은근한 형태를 제외하고는 좀처럼 명시적으로 제시되지 않는다. 하지만 사적으로는 그것이 흔히 사용될지도 모른다.) 대체로 환경 위협이 기존의 정치적 경계와 사회적 균열(계급, 인종, 젠더)을 초월하는 데 반해, 사회적 위협은 자주 바로 그러한 균열에 기초한다. 환경적·기술적 위협에는 그것에 반대하기 위해 활용할 수 있는 보다 명시적인 논거 또한 존재한다. 사람들은 위협의 사회적 원천에 대해서는 보다 즉각적이고 감정적으로 반응하는 반면, 환경적 원천에 대해서는 보다 이데올로기적이고 논리정연하게 반응한다.

또한 환경 저항자들이 마음대로 이용할 수 있는 종류의 정보는 사회적 위협에 맞선 저항자들이 활용할 수 있는 것보다 더 누적적이다. 전국적 환경조직들은 소각로 같은 기술의 결과에 대한 과학적 자료를 수집하여 우려하게 기술된 팸플릿으로 발간한다. 해군 공창 저항자들이 소각로를 지연시켜온 10년 동안, 환경과학자들은 소각로에 대해 상당히 많은 것들을 알게 되었다. 코머너와 같은 저술가들, 그리고 NYPIRG와 같은 단체들이 설득력 있는 사설과 소책자들에서 그 내용을 세부적으로 제공한다. 그간 강력한 레토릭 기구가 작동해왔고, 뉴스매체는 그것을 뒷받침해왔다.

편재하는 미디어

저항자들이 사람과 자원을 동원하려고 노력하는 것은 너무나도 당연한 일이지만, 그러한 노력은 저기 바깥에 존재하는 문화적 인식에 호소하는 것에 의존한다. 개인의 신념, 감정, 도덕원칙 — 모이면 '여론'이 된다고 오해하기 쉬운 것 — 은 저항자들의 그것들뿐만 아니라 여타 다양한 정식화와도 지속적으로 상호작용한다. 정치인, 신문기자와 편집자, 학교 선생, 설교자, 경찰 공무원, 그리고 다른 많은 사람이 그들이 속한 기관들과 함께 저항단체들의 주장과 의식적인 경쟁을 벌이는 데 자주 적극적으로 관여한다. 상식을 둘러싼 투쟁이 주기적으로 그리고 빈번히 발생한다. 그리고 그러한 투쟁들이 없다면, 우리는 문화적 의미의 실제적 구성을 인식하는 데 곤란을 겪을 수도 있다. 저항자들의 정신세계조차도 그러한 영향들로부터 벗어날 수 없다.

문화적 감성의 가장 확실한 형성자는 미디어이며, 그것은 또한 저항자들이 자신들의 메시지와 운동 정체성을 널리 알리는 주요 통로이기도 하다. 동원 이론가와 과정 이론가들이 볼 때 미디어가 외부 지원의 핵심적 도관이라면, 새로운 사회운동 이론가들이 보기에 미디어는 저항자들에게서 나오고 또 그들에게 흘러들어가는 문화적 의미들을 확산시킨다. 많은 문헌이 미디어가 공중에게 제시하는 것을 틀 짓는 요소들을 기술해왔다. 그리고 그러한 것들로는 청중의 기대, 저널리즘의 규범, 정보의 원천, 편집자와 임원진의 취향, 소유주와 광고주의 검열, 그리고 각 매체의 기술적 제약들이 있다. 이를테면 잊을 수 없는 짧은 시각적 장면이나 인상적인 말 한 마디가 어떤 이야기를 보다 '뉴스 가치가 있는 것'으로 만들 것이다.[22]

어떻게든 문화적 의미에 영향을 미치려는 사람들 — 자신들이 문화적 의미에 의해 틀 지어지는 와중에도 — 이 그렇게 할 수 있는 것은 그들이 보통 뉴스매체에 접근할 수 있기 때문이다. 그들은 뉴스거리가 되는 사람들이다. 그들은 성명을 발표하는 경찰 공무원일 수도, 사회조사 연구의 기금 모금자일 수도, 공청회를 여는 정치인일 수도, 기자회견을 요청하는 전문가 단체일 수도 있다. 우리가 제4장에서 살펴보았듯이, 그들은 단순히 특정 쟁점에 관심이 있는 유명 인사들일 수도 있다. 각 단체나 개인은 어떤 문제를 공론화하는 데 관심 또는 이해관계를

---

22 다음은 뉴스매체 연구들 중에서 일부를 추려놓은 것이다. Michael Schudson, *Discovering the News: A Social History of American Newspapers*(New York: Basic Books, 1978); Herbert J. Gans, *Deciding What's News: A Study of CBS Evening News, NBC Nightly News, Newsweek, and Time*(New York: Random House, 1979); Harvey Molotch, "Media and Movements," in Mayer N. Zald and John D. McCarthy(eds.), *The Dynamics of Social Movements*(Cambridge, Mass.: Winthrop, 1979); Todd Gitlin, *The Whole World is Watching*(Berkeley: University of California Press, 1980); Richard B. Kielbowicz and Clifford Scherer, "The Role of the Press in the Dynamics of Social Movements," *Research in Social Movements, Conflict, and Change*, 9(1986), pp. 71~96; Mitchell Stephens, *A History of News*(New York: Penguin Books, 1988); Ben H. Bagdikian, *The Media Monopoly*, 3d ed.(Boston: Beacon Press, 1990); Charlotte Ryan, *Prime Time Activism: Media Strategies for Grassroots Organizing*(Boston: South End Press, 1991); William A. Gamson and Gadi Wolfsfeld, "Movements and Media as Interacting Systems," *Annals of the American Academy of Political and Social Science*, 528(1993), pp. 114~125.

가지고 있다. 이를테면 경찰이나 조사연구 또는 사회사업가를 위한 자금의 증액, 우리의 도덕적 감성을 침해하는 사람들에 대한 정부의 공식적 비난, 정치인의 의제(또는 그의 경쟁자가 느끼는 당혹감)에 대한 언론의 추가적 관심, 좋은 일을 한다는 만족감이 그러한 것들이다. 개인 또는 조직의 대표자인 그들은 뉴스 가치가 있다.

도덕적 패닉 — 급격한 동원과 진압 요구를 동반하는 활동에 대한 갑작스러운 히스테리 — 은, 다양한 행위자들이 어떤 사회문제에 대한 공중의 인상을 틀 짓기 위해 다툴 때 나타나는 하나의 극적인 사례이며, 자주 새로운 저항단체들을 만들어낸다.[23] 카나시가 더 이상 확산되지 못한

---

[23] 이러한 종류의 '도덕적 패닉'은 사회운동 연구자들보다는 일탈 연구자들에 의해 더 많이 연구되어왔다. 이는 어쩌면 패닉이라는 용어가 어떤 위험에 대한 한쪽으로 치우친 (어쩌면 비합리적인) 반응을 함의하기 때문일지도 모른다. 그러나 패닉에 빠진 사람들은 우리가 제5장에서 위협 — 물리적 또는 인간에 의한 — 을 인지한 여타 집단들 속에서 살펴본 것과 동일한 과정에 종속된다.

스탠리 코언(Stanley Cohen)은 도덕적 패닉을 다음과 같이 기술했다. "하나의 조건, 에피소드, 사람 또는 일군의 사람들이 출현하여 사회의 가치와 이해관계를 위협하는 것으로 규정된다. 대중매체가 그것의 성격을 양식화하고 정형화하여 제시한다. 편집자, 주교, 정치인, 그리고 여타의 올바른 생각을 가진 사람들이 도덕적 바리케이드를 치고, 사회적으로 신뢰받는 전문가들이 진단과 해결책들을 공표한다. 모방의 방식이 진화하거나 (더 빈번하게는) 이용된다. …… 때때로 패닉은 민속과 집합적 기억 속에 남아 있는 것을 제외하고는 지나가고 나면 잊힌다. 어떤 경우에는 그것이 보다 심각한, 그리고 장기적으로 지속하는 반향을 일으킴으로써, 법과 사회정책상의 변화와 같은 변화 또는 심지어 사회가 사회 자체를 인식하는 방식에서의 변화들을 만들어내기도 한다." Stanley Cohen, *Folk Devils and Moral Panics: The Creation of the Mods and the Rockers*(New York: St. Martin's Press, 1972), p. 9를 보라.

도덕적 패닉에 대한 또 다른 고전으로는 다음의 것들이 있다. Kai T. Erikson, *Wayward Puritans: A Study in the Sociology of Deviance*(New York: Wiley, 1966); Joseph R. Gusfield, *Symbolic Crusade*(Urbana: University of Illinois Press, 1963); Troy S. Duster, *The Legislation of Morality: Law, Drugs, and Moral Judgment*(New York: Free Press, 1970); Stuart Hall, with Chas Critcher, Tony Jefferson, John Clarke and Brian Roberts, *Policing the Crisis: Mugging, the State, and Law and Order*(London: Macmillan, 1978); Jerome L. Himmelstein, *The Strange Career of Marijuana*(Westport Conn.: Greenwood Press, 1983). 미국에서 새로 힘을 받고 있는 기독교 권리가 예술과 교육에서 검열을 조상

지역 패닉의 한 가지 사례가 된 이유는 부분적으로는 뉴스매체가 즉각 그들과 동일한 패를 내놓지 않았기 때문이었다. 하지만 카나시는 통합과 인종관계를 둘러싼 보다 광범위한 전국적 패닉에 한몫했다. 정치적 갈등, 문화적 의미, 심리적 불안은 도덕적 패닉의 발생과 희생자 선택을 설명하는 데 일조한다. 이를테면 필립 젱킨스Philip Jenkins는 1970년대 말에서 1980년대 사이에 영국에서 발생한 성폭력, 아동학대, 살인, 그리고 의례적 악마주의의 쟁점들과 연관된 일군의 패닉을 연구했다.[24] 그에 따르면, 페미니스트들은 남성이 여성과 아이를 향해 주기적으로, 그리고 어쩌면 태생적으로 폭력을 행사하는 존재라는 이미지들을 조장했다. 아이러니하게도 페미니즘은 가족, 아이들, 이성애의 중요성을 단언하는 ('관대함'에 반대하는) 보수반동 세력과 동맹을 맺었다. 이 관점을 뒷받침하는 것이 법질서에 대한 광범한 우려였고, 대처 정부는 검열과 여타의 억압적 조치들을 몹시 정당화하고 싶어 했다. 젱

이고 섹스, 미약, 여타의 행동들에 대한 우려를 다요 표명함에 따라 도덕적 패닉에 대한 문헌이 최근 몇 년간 급속하게 증가해왔다. 그중 일부를 소개하면 다음과 같다. Linda Martin and Kerry Segrave, *Anti-Rock: The Opposition to Rock 'n' Roll*(Hamden, Conn.: Archon, 1988); Craig Reinarman and Harry Gene Levine, "Crack in Context: Politics and Media in the Making of a Drug Scare," *Contemporary Drug Problems*, 16(1989), pp. 535~577; Nachman Ben-Yehuda, *The Politics and Morality of Deviance: Moral Panics, Drug Abuse, Deviant Science, and Reversed Discrimination*(Albany: SUNY Press, 1990); Donna A. Demac, *Liberty Denied: The Current Rise of Censorship in America* (New Brunswick, N.J.: Rutgers University Press, 1990); Deena Weinstein, *Heavy Metal: A Cultural Sociology*(New York: Lexington Books, 1991). 이에 대한 학술문헌들을 개관하고 있는 것으로는 다음을 보라. Nachman Ben-Yehuda, "The Sociology of Moral Panics: Toward a New Synthesis," *Sociological Quarterly*, 27(1986), pp. 495~513; Erich Goode and Nachman Ben-Yehuda, "Moral Panics: Culture, Politics, and Social Construction," *Annual Review of Sociology*, 20(1994), pp. 149~171; *Moral Panics: The Social Construction of Deviance*(Cambridge, Mass.: Blackwell, 1994).

24   Philip Jenkins, *Intimate Enemies: Moral Panics in Contemporary Great Britain*(New York: Aldine de Gruyter, 1992).

킨스는 종교적 권리 또한 급속하게 성장하고 있음을 발견했다. 끝으로, 최근의 이민 증가는 영국의 문화와 정체성, 약물, 그리고 도심 지역의 타락에 대한 공포를 낳아왔다. 많은 항목의 경우 동일한 묘사가 그 시기의 미국에도 적용된다. 젱킨스에 따르면, 그가 묘사한 도덕적 패닉 대부분을 개척한 것은 바로 미국이었다.

'공공의 적' – 많은 사회악의 책임을 돌릴 수 있는 사악한 불법행위자 – 이라는 관념은 위협의식을 자극하고, 그러한 위협의식이 도덕적 동원을 추동한다. 젱킨스의 사례들에서는 게이 남성, 외국인, 악마주의자, 엘리트 범죄자 네트워크와 같은 특정한 적들이 이따금씩 확인되고 매도되었다. 어떠한 증거도 없는데도 불구하고, 광범위한 문화적 고정관념들이 그들 모두가 적으로 간주되게 했다. 대부분의 경우 어떤 한 집단이 너무나도 즉각적으로 찾아내어져서는 표적이 된다. 그리고 보통 그러한 집단은 그 사회의 정치적·경제적 제도들에 의해 또는 문화적 편견들에 의해 이미 불이익을 받고 있었다. 비난은 거의 어떠한 객관적 증거도 없는 터무니없는 문화적 믿음들에 근거할 수도 있다.

상징적 공명이 처음부터 일어나기란 어렵기 때문에, 뉴스매체와 여타의 도덕 동원자들은 그들 청중의 상식적 이해에 호소해야만 한다. 그들은 자신들의 호소를 자신들이 설득하고 충원하기를 바라는 사람들의 믿음과 경험에 공명하는 방식으로 프레이밍할 필요가 있다. 미디어를 통해 공적 쟁점에 관한 여타 주장들이 만들어지는 것과 마찬가지로, 각 패닉은 과거의 패닉들로부터 나온 상징들을 정교화하고 확장한다. 그러한 점진적인 층 쌓기는 그 증거가 얼마나 박약한지와 무관하게 각 패닉의 타당성과 위협적 성격을 증가시킨다. 잇따른 패닉들은 점점 더 터무니없는 것이 될 수도 있다. 하지만 한 가지 패닉이 차츰 잦아들거나 믿을 수 없는 것으로 여겨질 때조차도, 그것의 상징적 공명은 살아남아 미래의 문화적 동원을 위한 원료가 된다.

하지만 도덕 동원과 여타의 공적 주장들이 기존의 문화적 믿음들과 단지 공명하기만 하는 것은 아니다. 그것들은 또한 그러한 믿음을 구성하고 변형시키는 데 일조한다. 제7장에서 인지적 동학을 탐구할 때, 우리는 개인의 상식에 영향을 미치는 광범위한 사회적 과정과 저항 조직자들에 의한 적극적 프레이밍에 집중했지만, 거기에는 우리의 감성을 틀 짓고자 적극적으로 시도하는 여타의 제도들과 개인들도 존재한다. 우리의 도덕적·인지적 상식은 청중에게 접근할 수 있는 설교자, 정치인, 미디어, 그리고 다른 사람들에 의해 지속적으로 영향 받고 있다. 시민들은 미디어 이미지들의 공세를 받고 정치인이나 종교 지도자들의 가르침을 받아, 자신들의 직관과 믿음을 바꾼다. 그들은 서로 다른 위험에 주목하고, 새로운 위험을 인지하며, 새로운 불만을 중심축으로 하여 동원된다. 미디어 보도에 관한 분석은 우리가 왜 어떤 정치적 프레임이 다른 프레임보다 더 많이 공명하는지를 이해하는 것을 도와준다. 패닉이 발생하는 것은 도덕적 격분이 발생하고 그러한 격분이 자신을 위협하고 있다고 인식된 구체적 표적에 집중될 때이다. 패닉은 줄곧 벌어지고 있는 일의 한 가지 극심한 형태에 불과하며, 도덕적 문지기들이 항상 하고 있는 유형의 틀 짓기를 더 쉽게 포착할 수 있게 해준다.[25]

---

25 이 지점에서 부득이하게 안토니오 그람시(Antonio Gramsci)에게 수긍하지 않을 수 없다. 많은 저항운동은 그가 '문화적 헤게모니'라고 불렀던 것과 투쟁한다. 권력을 장악한 사람들은 그러한 투쟁과정을 통해 문화적 헤게모니가 아니었더라면 반역을 꾀하고 싶었을지도 모를 사람들의 느낌과 믿음을 틀 짓는다. 그러나 대부분의 도덕적 패닉은 헤게모니적 신념들에 도전하기보다는 그것들을 강화한다. 실제로 어떤 도덕적 패닉들은 가족을 파괴하는 '해방된 여성'에 맞서 조직적으로 반발하는 경우에서처럼, 다른 저항자들을 공공의 적으로 설정한다.

윌리엄 갬슨은 미디어가 정보의 유일한 원천이라고 주장했지만, 그것은 집합적 정체성과 운동 정체성에 특히 중요한 한 가지 원천이다. 뉴스매체는 비난을 귀속시키는 데 영향을 미친다. 그리고 우리는 이것이 저항에 결정적이라는 것을 제5장에서 살펴보았다. 아이옌거가 '에피소드식 프레이밍'이라고 불렀던 것은 시청자들이 공직자들을 비난하거나 또는 그들에게 해결의 책임을 전가할 가능성을 더 적게 만든다. 달리 말해 그것은 저항을 억제한다. 갬슨은 다음과 같이 지적한다. "만약 사람들이 단순히 미디어에 의존하기만 한다면, 부정의 프레임은 말할 것도 없고 어떤 일관된 프레임도 발견하기 어려울 것이다. 메타서사는 대체로 체계의 자기개혁적 성격에 관한 것으로, 뉴스매체가 폭로한 썩은 사과들을 제거하기 위해 작동한다. 만약 도덕적 분노가 악당들에게 손가락질을 함으로써 자극된 것이라면, 그러한 분노는 그들의 제거를 통해 신속하고 안전하게 진정된다."[26] 비난을 체계 수준에 고착시키기 위해서는 기존의 프레임 또는 저항자들에 의해 조장된 대안적 프레임이 필수적이다. 하지만 이러한 문화적 해석들의 충돌과정에서 미디어는 매우 비중 있는 경쟁자이다.

뉴스매체는 저항운동이 다루고 있는 종류의 문제들에 대한 공중의 인식을 틀 짓는 것에 더해, 운동 나름의 정체성에도 영향을 미친다. 미디어의 추인 없이는 어떠한 '운동 정체성'도 존재할 수 없을지도 모른다. 왜냐하면 미디어는 운동이 전국적 현상이라는 인식을 제공하는 데서 특히 중요하기 때문이다. 어떠한 개인이나 단체도 자체의 힘으로는 그러한 인식을 쉽게 획득할 수 없다. 토드 기틀린은 신좌파의 운동 정체성이 운동 내부의 사람들과 운동 외부의 사람들에 의해 얼마간 공유

---

26   Gamson, *Talking Politics*, p. 35.

되는 정도를 보여주었는데, 두 경우 모두에서 그것은 뉴스매체 때문이었다.[27]

뉴스매체는 우리의 상식, 다양한 정체성에 대한 정의, 그리고 대변인들이 전파할 수 있는 메시지를 틀 짓는다. 저항단체들은 자신들이 마음대로 사용할 수 있는 다른 매체들을 가지고 있다. 이를테면 홍보용 우편물, 호별 방문하기, 가두 탁자 설치하기뿐만 아니라 기성 미디어를 통한 광고가 그것들이다. 때때로 저항단체들은 공중에게 그들 나름의 인상을 정교하게 만들어내어 제시할 수도 있다. 그럼에도 불구하고 뉴스매체가 영향을 미치는 범위 때문에 그것은 저항단체들에게 여전히 보다 광범위한 문화적 풍경의 중요한 일부로 존재한다. 따라서 저항단체들은 미디어의 의제와 관련된 쟁점을 마련하기 위해, 그리고 그 쟁점이 이미 미디어에 존재한다면 미디어의 프레이밍에 영향을 미치기 위해 열심히 노력한다.[28]

자원 투입하기

소각로 반대자들에게서 보다 광역적인 레토릭의 채택은 보다 광역적인 전략과 충원으로도 이어졌다. 왜냐하면 그 쟁점이 환경운동에서 이미 활동하고 있던 단체와 개인들을 끌어들여주었기 때문이다. 사실

---

27 Gitlin, *The Whole World Is Watching*.
28 존 매카시는 음주운전 반대 어머니회의 지역 분회에 대한 한 연구에서 "단체의 단순한 존재 여부가 해당 쟁점이 그 해 동안에 미디어에 보도되는지의 여부에 강력하고 중요한 영향을 미친다"는 것을 발견했다. John D. McCarthy, "Activists, Authorities, and Media Framing of Drunk Driving," in Laraña, Johnston and Gusfield(eds.), *New Social Movements*, p. 149를 보라.

레토릭과 이데올로기는 그것에 직접 상응하는 것 – 비록 그것의 구현물은 아니더라도 – 을 조직 속에 가지고 있다. 지역 조직은 특수주의적 레토릭을 유지할 수는 있지만, 광역적 이데올로기를 적어도 설득력 있게 유지할 수는 없다. 관찰자들은 보편주의적 이데올로기가 단지 편의상 채택되어온 것은 아닌가 하는 의구심을 가질 것이다. 그러나 전국 조직들은 당연히 보편주의적 레토릭과 이데올로기를 가지고 활동하며, 지역 관심사처럼 보이는 것이 실제로는 광역적 관심사라는 것을 사람들에게 납득시킬 수 있다. 집합적 정체성에 기초한 운동에게는 단체가 그 지역사회의 성원들로 제한되어야만 하는가 아니면 모두에게 개방되어야만 하는가라는 유사한 문제가 존재한다.

소각로 반대자들은 연계조직들이 자신들과 대등하게 활동할 수 있는 동맹자들이기에 자신들이 다른 의제들을 갖춘 보다 큰 단체들로 흡수되는 것을 피할 수 있다는 것을 발견했다. 이와 대조적으로 제퍼슨 민주당 클럽은 카나시 사람들과 전혀 공감하지 못했다. 우리는 두 종류의 연계조직을 구분할 수도 있다. 하나는 비지역 조직이 모든 지역의 위협 사례들에 반대하는 입장을 가지고 있기 때문에 또는 특정 지역의 부지계획 사례가 중요하다고 이미 결론 내렸기 때문에, 비지역 조직이 지역 동맹자를 찾고 있는 경우이다. 심지어 그러한 조직 중 몇몇 – 시민 유해폐기물 정보센터처럼 – 은 지역 단체들을 지원하기 위해 설립된 것일 수도 있다. 두 번째 종류의 연계조직은 여러 쟁점에 정치적 권력을 행사하기 위해 설립된, 기존의 지역 단체이다. 그런 조직은 새로운 쟁점에 공감할 수도 또는 (카나시의 제퍼슨 민주당 클럽이 그랬던 것처럼) 공감하지 않을 수도 있지만, 새로운 쟁점이 그것의 관심을 전적으로 얻을 것 같지는 않다. 모든 운동에게 동맹자의 선택은 희석의 위험을 수반한다.

소각로 반대 사례와 통합 반대 사례 간에 나타나는 한 가지 유사성
은 계획의 근원지이다. 둘 모두에서 그 근원지는 시 관료제였다. 따라
서 둘 모두에서 저항자들의 레토릭은 지역 시민들의 욕구에 무감각했
던 관료제적 의사결정, 즉 여전히 또 다른 부담을 '강요하는' 외부의 힘
에 초점을 맞출 수 있었다. 그리고 저항자들은 절차적 레토릭을 가지
고 도구주의를 공격할 수 있었다. 이 전략은 소각로 반대자들에게 특
히 효과적이었다. 왜냐하면 환경운동이 20여 년 동안 도구주의에 대한
자신의 비판을 세련되게 다듬어왔기 때문이다. 환경운동은 정부와 기
업이 공모하여 공중의 삶의 질을 대가로 하여 단기적 이익을 추구한다
는 이미지, 즉 기업 비용을 낮추기 위해 공중에게 부정적 '외부효과'를
떠넘긴다는 이미지를 확산시켰다. 따라서 지역 주민들은 시 정부를 외
부인이라고 느꼈고, 그리하여 저항자들이 지역적 분노에 불을 붙일 수
있었다. 새로운 계획은 어떤 조직과 개인이 그것을 뒷받침하고 있는지
에 의거하여 정치적 삶 속에 존재하는 의구심, 분열, 긴장의 상징이 된
다. 즉, 그것은 이런 또는 저런 동맹을 맺게 된다.[29] 만약 시 관료제가
'외부인'으로 인식된다면, 그것은 사적 시민이 직면하는 것보다 더 큰
반대에 봉착할 가능성이 크다. 그러한 경우에 비난의 대상은 쉽게 그
리고 자연스럽게 구성된다.

두 저항 모두 계획이 초래할 불리한 결과들의 일부로 재산 가치를

---

29   나는 다음의 글에서 기존의 정치적 균열들이 전국적 무대에서 쟁점들을 어떻게 변형시키
     는지 보여준다. James M. Jasper, "Three Nuclear Energy Controversies," in Dorothy
     Nelkin, *Controversy: Politics of Technical Decisions*(Beverly Hills: Sage Publications,
     1992). 도시 정치에서 나타나는 동일한 이데올로기적 뒤틀림의 사례에 대해서는 다음을
     보라. James M. Jasper and Scott Sanders, "Big Institutions in Local Politics: American
     Universities, the Public, and Animal Protection Efforts," *Social Science Information*,
     34(1995), pp. 491~509.

언급할 수도 있었다. 하지만 소각로 반대는 그 테마를 공개적으로 드러내기를 피했다. 재산 가치는 주요한 지역적 관심사의 하나이다. 하지만 재산 가치를 행동의 명시적 근거로 제시했다면, 그것은 그 쟁점을 광역화하려는 시도를 훼손했을 것이다. 그러나 사적인 대화들에서 그것은 때때로 언급된다. 소유주들에게는 항상 걱정거리인 재산 가치는 지역 반대자들이 자신들의 이데올로기를 광역화하고자 할 때 좀처럼 제기되지 않는다. 그러나 광역적 이데올로기가 활용 불가능하거나 또는 설득력을 지니지 못할 때, 재산 가치는 반✦보편주의적 레토릭의 하나로 제시될 수도 있다. 즉, 재산 소유자들이 이유 없이 불이익을 당한다면, 그 부지는 이용되지 못할 것이다. 카나시 사람들이라면, 아마도 보다 설득력 있는 광역적 레토릭 대신에 재산 가치를 지속적이고 중심적으로 언급했을 것이다.

카나시 사람들이 인종통합을 중단시킬 수 없었던 것은 부분적으로는 그들이 자신들의 레토릭을 광역화할 수 없었고, 따라서 다른 지지자들을 발견할 수 없었기 때문이었다. 또 다른 저항자들은 주로 법정투쟁을 통해, 그리고 더 나은 환경영향보고서의 요구와 같은 지연 전술들을 통해 소각로를 막는 데 성공했다. 그들의 궁극적 성공은 그들이 법원에서 그리고 정치인들과의 관계에서 어떻게 전략을 수립하느냐에 달려 있을 것이다.

규칙과 관련하여 기억해야 하는 것은 규칙이 변화될 수 있다는 것이다. 반면 자원과 관련하여 기억해야 하는 것은 자원이 동원될 수 있다는 것이다. 어떤 때에는 자원이 고정된 맥락의 일부라면, 다른 어떤 때에는 그것은 전략적 행위의 요체 그 자체이다. 저항자들이 다른 사람들 — 의사결정자든 또는 잠재적 동맹자와 지지자들이든 간에 — 에게 호소하는 과정은 필연적으로 언어, 의미, 공명을 필요로 한다. 그들은 동맹자들에게 공통의 목적을 설득해야만 한다. 그들은 잠재적 기부자들에게 격분을 유발해야만 한다. 그들은 의사결정자들이 이해할 수 있는 언어로 말해야만 한다. 이러한 상호작용들은 감정과 의미로 충만한 자원과 전략을 필요로 한다.

동시에 당신이 설득할 수 있는 사람이 많을수록 당신이 승리할 가능성도 커지는 것과 같은 식으로, 문화적 공명은 결코 단순히 직관들을 합하는 문제가 아니다. 어떤 사람들은 다른 사람들보다 더 많은 권력을 가지고 있다. 따라서 이웃 사람 한 명보다는 연방법원 판사 한 명을 설득하는 것이 더 중요하다. 우리는 문화적 의미의 의생태학epidemiology을 포착할 필요가 있다. 즉, 어떤 집단, 직업, 정당이 어떤 직관, 동기, 그리고 목표를 공유하는 경향이 있는지를 이해할 필요가 있다. 나는 『핵정치』에서 몇 가지 중요한 세계관 — 비용-이득 접근방식, 기술주의적 열광, 그리고 생태도덕주의 — 이 국가기관과 저항단체들 내부에 어떻게 분포되어 있는지를 탐구했다. **정치적 결과와 정책 결과들을 설명하는 데서 중요한 것이 바로 문화적 상징, 도덕적 가치, 전기적 대응들이 정치적·조직적 구조들 속에 어떻게 분포되어 있는가 하는 것이다.** 이를테면 카나시 사람들의 경우에는 그들이 호소했던 뉴욕 민주당원들보다 일부 전국적 지도자들이 그들의 격분에 더 동정적이었을 수도 있다. 우리는 전략과 문화 모두가 필요하다. 즉, 하나는 다른 하나 없이는 일을 그르치기 쉽다.

사회운동에 관한 최근의 많은 문화적 연구는 동원 모델을 간편한 허수아비로 이용해왔다. 그리하여 그러한 연구들은 자주 자원이 저항에 영향을 미치거나 아니면 문화적 의미가 저항에 영향을 미치지, 둘 다가 또는 둘이 동시에 저항에 영향을 미치는 것은 아니라고 가정한다. 그렇기는커녕 자원이 이데올로기와 부정의 프레임을 널리 알리기 위해 사용되고, 문화적 의미와 레토릭이 자원의 축적을 틀 짓는다. 세계에 대한 우리의 전망을 홍보하는 데서, 즉 사회문제에 대한 주장을 제기하는 데서 자원과 조직은 운전석에 전략을 앉혀서 문화적 화물을 배달하는 운송수단이다. 사회학자들은 자원, 전략, 의미가 어떻게 상호작용하는지를 깨달을 필요가 있다.

소각로 사례에서 지역 저항은 국가조직과 규제조직에 영향력을 행사하기 위해 함께 (얼마간 효과적으로) 활동하는 조직들의 네트워크로 구성되어 있었다. 위협의식과 불안이 저항단체들의 결성에 박차를 가했지만, 그 정치적 싸움은 곧 조직사회에서 발생하는 여타 정치적 논쟁들처럼 보이게 되었다. 지역 반대자들은 돈을 모금했고, 관계자들에게 로비활동을 벌였으며, 소송을 제기했다. 그들은 대체로 설득력 있는 광역적 레토릭과 이데올로기를 채택하는 데 성공했다. 그들은 또한 자신들을 다른 비지역 조직들과 연결시킬 수 있는 연계조직들을 발견했다. 그리고 그들은 계획에 대해 일정한 거부권, 또는 적어도 지연 권력을 행사하기 위해 노력했다. 이미 시행 중인 정책에 직면한 카나시 사람들은 그러한 것에서조차 실패했다(이와 대조적으로 공공주택 계획 반대자들은 종종 그 계획들을 막는 데 성공해왔다). 끝으로, 자원과 문화적 의미가 게임의 중요한 일부이기는 하지만, 저항자들은 그 게임에서 정치적으로 행동해야만 한다. 우리는 문화적 의미들을 틀 짓기 위해 노력하는 다른 행위자들을 이미 살펴보았다. 그들 역시 저항단체들을 직접적으로 돕기 위해 또는 방해하기 위해 노력한다. 우리가 이제부터 다루는 것이 바로 이 전략적 게임이다. 왜냐하면 전략이 문화와 자원 모두를 관통하고 있기 때문이다.

• 강력한 감정과 동기는 부분적으로는 자산과 관행 속에서 새로운 가

능성을 인식함으로써, 자주 자원의 결핍을 극복할 수 있게 해준다.

- 레토릭을 통한 설득은 새로운 자원을 동원하는 데서 아주 중요한 수단이다.
- 조직 동맹자들 – 연계조직들 – 의 네트워크는 유용할 수도 또는 그렇지 않을 수도 있다. 이는 부분적으로는 동맹자들이 레토릭을 활용하여 주장들을 전파하고 봉쇄하고 재프레이밍하거나 그것에 신뢰성을 부여하기 때문이다.
- 저항자들은 얼마간은 자신들의 레토릭을 광역화하여 그것이 특수주의적이고 상황적인 것이 아닌, 가능한 한 포괄적인 것처럼 보이게 함으로써, 외부의 참여자와 지지자들을 끌어들인다. 뉴스매체는 불가피한 필터로, 대부분의 문화적 메시지는 그것을 통해 흘러나올 수밖에 없다.

문화와 전략: 국가, 청중, 그리고 성공

아이들의 놀이는 놀이가 아니라는 것에 유의해야만 한다. 그리고
아이들에게서 놀이는 그들의 보다 진지한 행위들과 마찬가지인 것
으로 여겨야만 한다.

— 몽테뉴

모든 것이 백의 응수에 달려 있었다. 만약 그 수가 적절치 못했다면,
백은 그 판의 장악력을 너무나도 쉽게 잃었을 수도 있었다. …… 흑
69수가 독할 정도로 공격적이었다면, 백 70수는 눈부신 버티기 한
수였다. 다른 사람들 중에서도 오노다Onoda는 감탄해서 할 말을 잃
었다. 그 명인은 꿈쩍하지 않고 위기를 비껴갔다. 그는 일보 후퇴해
서 재앙의 기선을 제압했다. 그 엄청난 한 수를 두기란 결코 쉽지 않
았다. 흑은 무모한 공격을 감행했고, 백은 그 한 수로 공격을 저지했
다. 흑이 이득을 보았지만, 자신의 상처에서 붕대를 풀어버린 백이
더 민첩하고 자유로운 작전을 구사하게 된 것으로 보였다.

— 가와바타 야스나리, 『바둑의 명인』

샌프란시스코 북쪽 50마일에 위치한 보데가 헤드Bodega Head는 태평
양으로 돌출한 바위곶이다. 그 지역은 봄 야생화로 가득하며, 모래해
변과 깎아지른 듯한 절벽이 어우러져 있다. 3년간의 계획과 공학적 연

구를 끝낸 1961년 6월에 퍼시픽 가스 앤 일렉트릭 컴퍼니PG&E는 급성
장하고 있는 마린Marin 카운티와 소노마Sonoma 카운티에 전기를 공급할
원자력 발전소를 건설하기 위해 부지를 매입할 것이라고 공표했다. 그
원자로는 당시로는 세계에서 가장 큰 원자로가 될 것이었으며, 따라서
그 계획은 원자력 에너지의 궁극적 상업화를 위한 중요한 한 걸음으로
전국적인 환영을 받았다. 핵분열의 매력은 아직 손상되지 않은 상태였
고, 따라서 전국 어디에서도 반대는 거의 없었다. 미국의 가장 큰 민간
공익기업은 지역의 자산 소유자들과 협상을 시작했으며, 몇 개월 만에
카운티 위원들과 주 공익사업위원회로부터 사업에 필요한 인가를 쉽
게 받아냈다.[1]

35년 전에는 상업적 원자로도 공중의 저항을 거의 불러일으키지 않
았다. 보데가 헤드에서도 마찬가지였다. 소수의 지역 거주자 ─ 자신의
소유지를 판매하기를 거부했지만 어차피 그것이 공익사업용으로 수용될 것이
라고 생각하고 있던 사람들을 포함하여 ─ 만이 전력 발전을 위한 토지압
류에 저항했다. 더 놀라운 것은 그들이 그 부지의 아름다움에 고무된
시에라 클럽Sierra Club을 비롯한 소규모 환경단체 연합과 결합했다는 것
이다. 오직 다른 엔지니어들을 상대하는 데에만 익숙해져 있던 성실한
PG&E 엔지니어들은 자신들이 다양한 시위, 반反보데가 범퍼 스티커,
그리고 자신들의 회사를 비판하는 라디오 대중가요에 휩싸여 있음을
발견했다. 저항단체들은 열 공해에서부터 우유 공급, 공기 중 방사능
방출에 이르기까지 다양한 쟁점을 제기했다. 하지만 그들은 종국적으

---

1   보데가 헤드에 관한 이야기는 다음의 책들에 기술되어 있다. Lynton K. Caldwell, Lynton
    R. Hayes and Isabel M. MacWhirter, *Citizens and the Environment: Case Studies in
    Popular Action*(Bloomington: Indiana University Press, 1976), pp. 195~204; Richard L.
    Meehan, *The Atom and the Fault: Experts, Earthquakes, and Nuclear Power*
    (Cambridge: MIT Press, 1984), ch. 1.

로는 건설을 막는 데 가장 효과적일 것 같은 것에 집중했다. 그것이 바로 샌 안드레아스San Andreas 단층이 근접해 있다는 것과 원자로 부지 바로 밑을 지나는 더 작은 단층선이 있다는 것이었다. 이 사례에서는 단층 가까이에 원자로를 입지시키는 것에 반대하는 반⁺보편주의적 주장이 모든 원자력 발전소에 대한 보편적 반대보다 더 효과적이었다.

저항자들이 새로운 전술과 불만들을 창안함에 따라, 원자로 지지자들 또한 창조적인 전략들로 대응했다. 이를테면 어느 순간 카운티 감리위원회board of supervisor는 원자로 부지를 '농업용'으로 재구분하여, 그 부지를 토지사용 허가나 공청회 없이도 공공시설 건설이 가능한 지역으로 만들었다. 지진의 공포를 논박하기 위한 특별 보고서가 제출되고, 설계 변경이 이루어졌다. 주와 지역의 기관들은 PG&E를 지지했으며, 각급 지방법원들은 (얼마간은 PG&E가 이미 그 프로젝트에 엄청나게 많은 돈을 쏟아부었다는 미덥지 않은 근거에 기초하여) PG&E에 유리한 판결을 내렸다. 하지만 연방원자력위원회는 그다지 확신이 없었고, 따라서 위원회의 스태프는 PG&E에 애매한 태도를 보이고 있었다. 그리하여 이미 대안적인 부지를 찾고 있던 그 전기회사는 자신의 보데가 원자로 계획을 철회했다. 결국 PG&E는 남쪽으로 수백 마일 떨어져 있는 곳에 부지를 선택했고, 그곳이 바로 굽이진 언덕과 해안선으로 이루어진, 당시에는 잘 알려져 있지 않았던 디아블로 캐니언이라고 불리는 지역이었다.

1964년에 소수의 평화적 저항자들은 강대한 PG&E의 보데가 헤드 원자로 계획을 중단시키는 데 성공했다. 20년 후에 가장 대규모이고 시끄럽고 오래 지속된 반핵 저항 중 하나는 디아블로 캐니언에 원자로를 설치하는 것을 막는 데 실패했다. 더욱이 디아블로 원자력 발전소 반대 저항자들의 경우에는 대규모 전국적 운동이 그들을 지지했고, 여론이 그들에게 우호적이었으며, 수많은 과학적·기술적 전문가가 원자력 에너지의 위험을 입증해주었고, PG&E는 건설 중에 뒤바뀐 설계도로 인해 곤혹스러워하고 있었다. 저항운동의 규모와 그 영향력 간에는 어떠한 연관성도 존재하지 않는가? 작은 노력이 성공한 데 반해, 대규모 노력이 실패한 이유는 무엇인가? 동원과 성공은 상이한 설명을 필요로 하는가?

이 한 쌍의 대조적인 사례가 유일한 사례는 아니다. 반핵단체들은 전국적인 반핵운동이 출현하기 전인 1960년대에 여러 기의 원자로 계획 — 보데가 헤드, 카유가 레이크Cayuga Lake, 말리부Malibu, 로이드 하버Lloyd Harbor, 니포모 던스Nippomo Dunes 같은 지역에서 — 을 중단시켰다. 이 단체들이 성공할 수 있었던 것은 전기회사들이 하나의 부지에서 물의가 발생하면 또 다른 부지를 찾으면 된다고 생각했기 때문이었다. 하지만 일단 1970년대 초반에 전국적인 운동이 구체화되자, 공익사업 기업들이 도처에서 반격에 동원되면서, 반핵단체들은 원자로 건설을 중단시킬 수 없었다.[2] 이 경우에 운동 규모와 그 결과 간에는 역의 관계가 존재했다. 즉, 반핵운동이 더 크게 성장하면 할수록 개별 발전소를 중단시키는 데에는 덜 성공적이었다. 반핵운동이 전국적으로 확산됨에 따라, 그 운동은 단지 특정 부지들만이 아니라 모든 원자로에 맞서는 보편주의적인 주장들을 채택했고, 이는 타협이나 협상의 여지를 남기지 않았다. 전국적인 운동 정체성의 출현은 저항자들의 활기를 돋우었지만, 또한 상대방에게 충격을 주고 그들이 두려움에 조치를 취하게 만들었다. 즉, 원자력산업도 우리가 저항자들에게서 보아온 동일한 종

---

2 1970년대와 1980년대에 100개 이상의 발전소가 취소되었지만, 공중의 저항이 아닌 다른 이유들 때문이었다. Jasper, *Nuclear Politics*, chs. 7, 11을 보라.

류의 도덕적 충격을 느꼈다.

　이 대비가 주는 한 가지 교훈은 성공을 정의하기가 매우 힘들다는 것이다. 이 문제는 항상 저항 연구자들을 몹시 괴롭혀왔다. 성공은 여러 형태를 취할 수 있으며, 그 형태들 간에는 어떤 분명한 관계도 존재하지 않는다. 특히 운동 동원에서 성공하는 것과 명시된 목표를 달성하는 데서 성공하는 것은 서로 관련이 없는 것처럼 보인다. 대규모 운동은 여론을 변화시킬 가능성이 더 크고, 그것이 다시 정책 변화를 촉진할 수도 있지만, 그러한 효과는 미약하고 대체로 입증되지 않은 채로 있다. 1980년대의 평화운동은 미국 역사에서 가장 대규모 운동들 중 하나였지만, 정부정책에 거의 어떠한 영향도 미치지 못했다. 그러면 특정 운동의 목표들은 서로 간에 어떻게 관련되어 있는가? 개별 발전소들을 중단시킨 것을 반핵운동이 승리를 거두었다고 할 수 있는가, 아니면 혹시 가장 미심쩍은 계획들을 포기시킨 것이 나머지 계획들의 이미지를 세련되게 만들게 해주고 만 것은 아닐까? 바로 앞 장에서 우리는 저항단체들이 얼마나 많은 상이한 청중들을 상대하고 있는지를, 그리고 그들이 그 청중들 각각에게 얼마나 다른 목표들을 (그리고 그에 따른 성공 가능성들을) 가지고 있는지를 살펴보았다.

　또 다른 교훈은 저항자들의 표적이 되는 조직들의 대응이 저항의 성공에 엄청난 차이를 가져온다는 것이다. 저항자들은 고립상태에서가 아니라 상대방의 선택과 직접적으로 상호작용하면서 자신들의 전략을 개발한다. 각 편이 상대방에게 대응할 뿐만 아니라, 저항단체들은 다른 저항자들로부터도 학습한다. 또한 상대방들도 다른 상대방들로부터 학습한다. 게다가 거기에는 다른 참가자들 — 아군, 적, 방관자들 — 이 존재하고, 그들 또한 반응하고 또 반응의 대상이 될 것임에 틀림없다. 우리는 운동과 대항운동을 얼마간 새로운 전략의 확산으로 정의할 수 있을 것이다. 왜냐하면 그 단체들이 서로로부터 학습하고 모방하기 때문이다. 조직 이론의 용어로 거기에는 '모방적 동형화mimetic isomorphism'가 존재한다.[3] 운동의 환경은 안정된 구조로 이루어지는 것이 아니라 의식적인 의사결정자들로 이루어진다. 그리고 그러한 의사결정자들이 문화적 의미를 틀 짓고 자원을 동원하며, 그들이 승리하기 위해 할 수 있는 일들을 한다.

내가 주장했듯이, 전략 선택과 상호작용은 다른 기본적 차원들과는 논리적으로 독립적인 저항의 차원들이다. 전략적 행위와 관련한 상호 예상과 게임들은 승리하기 위한 노력들이며, 어떤 수들은 다른 수들보다 더 성공적이다. 갈등에는 규칙성이 존재하며, 그것은 자원, 전기, 문화적 의미와는 얼마간 독립적인 논리를 따른다. 우리의 전술 취향이 무엇이든지 간에, 적절한 동맹자들을 발견하는 것, 우리의 상대방을 놀라게 하는 전술들을 창안하는 것, 또는 우리의 적으로 하여금 잘못을 공개적으로 인정하게 하는 것 모두가 전략적 행위에 영향을 미친다. 유사하게 당신의 취향, 신념, 감정이 전략저으로 당신을 도울 수도 또는 당신으로 하여금 실수하게 할 수도 있다. 전략 선택은 다양한 참여자들 간의 상호작용에 크게 좌우되기 때문에, 우리가 사회운동을 보다 광범위한 전략의 장場과 연관 짓기 위해서는 '갈등' 렌즈가 필요하다. 운동의 출현을 설명하기 위해 개발된 장치들 ― 프레임 정렬, 정체성, 자원동원, 도덕적 충격 ― 은 **성공을 설명하는 데서 우리에게 의외로 거의 도움이 되지 않는다. 따라서 우리는 전술적 혁신, 취약점, 실책, 신뢰성, 규칙과 같은 상이한 어휘로 눈을 돌릴 필요가 있다.**

그러나 전략은 자원, 전기, 문화로부터 단지 부분적으로만 독립적이

---

3   DiMaggio and Powell, "The Iron Cage Revisited."

다. 왜냐하면 이 모든 차원이 서로에게 영향을 미치기 때문이다. 전술과 전략은 도덕적·감정적·인지적 의미와 가치들을 담고 있다. 그리고 그것들은 문화를 구성하는 노하우의 일부이다. 전략은 다른 사람들의 예상에, 그리고 앞선 수와 의도의 해석에 좌우된다. 나는 상대방의 허를 찌르는 전략적 캠페인들을 하나로 묶는 것이 갖는 창조성, 그리고 그러한 캠페인들이 문화적 의미와 과정들과 맺는 관계 모두를 입증해내고 싶다.

제10장에서 나는 저항자들이 수행하는 것(전술의 선택)에 관한 설명, 그들이 **할 수 있는** 것(가용한 레퍼토리들)에 관한 설명, 그리고 그들이 **현재** 수행하고 있는 것(전술의 적용)에 관한 설명들을 구별했다. 전략적 고려 — 다른 참가자들이 막 수행한 것, 그들이 우리가 할 것으로 예상하는 것, 방관자들이 반발할 것 같은 방법 등등을 계산에 넣는 것 — 는 이 세 가지 모두를 설명하는 데 일조한다. 그것은 운동의 내적 요인들(성원들의 목표, 정체성, 취향, 전기)과 나란히 존재하는 외적 요인들이다. 내적인 것과 외적인 것의 상호작용이 학습을 규정한다. 왜냐하면 양편 모두의 참가자들이 자신들의 선호와 가정들을 다른 참가자들의 그것들에 견주어 시험하고 진척시키기 때문이다. 전략과 학습이 우리로 하여금 저항운동에 대한 우리의 이미지에 활력, 변화, 창조성을 포함시키게 한다.

전략 학습

지금까지 사회운동에 관한 조사연구에서 전략 선택과 상호작용을 명시적으로 이론화하는 경우는 드물었다. 동원이라는 개념이 주는 이미지는 사회운동 조직들 간의 경쟁은 물론 그것들이 지지자들로부터 추출하는 자원에도 더 초점을 맞추게 한다. 자원에 상당한 주의를 기울이는 것은 대부분의 저항자들과 상대방 간의 상호작용에 덜 관심을 가지게 한다. 왜냐하면 보통 상대방이 더 많은 자원을 가지고 있고, 따라서 장기적으로는 그들이 승리하기 때문이다. 그러나 거의 자원을 가지지 않은 사람들이 그들의 불리한 조건에도 불구하고 (바로 전략과 문화를 통해) 특정한 목표를 달성하는 데 성공하는 방식이 자주 흥미를 끈다.[4] 정치과정 언어는 전략적 상호작용에, 특히 국가와의 전략적 상호작용에 더 많이 주목한다. 그러나 정치적 기회구조라는 개념이 주는 이미지는 자주 저항자들의 상대방을 의식적인 참가자들이라기보다는 그 풍경의 일부로 만들어버린다.[5] 국가의 억압이라는 위협은 거의 어떠한 저항운동도 뭉개버리기에 충분할 정도로 항상 중대하게 느껴지지만, 보다 흥미로운 질문은 언제 그리고 왜 억압이 발생하는가, 언제 그리고 왜 국가가 하나의 단일한 참가자로 행위하는가, 그리고 청중이 국가행위에서 어떤 역할을 하는가 하는 것이다.

우리가 제12장에서 살펴보았듯이, 국가 관리들이 유일한 참가자들

---

[4] 많은 초기 동원 이론가가 전략적 상호작용에 명시적으로 관심을 드러냈던 것은 분명하다. 마이클 립스키(Michael Lipsky)는 자원의 대체물로서의 분열에 관심을 기울였다. Michael Lipsky, "Protest as a Political Resource"를 보라. 앤서니 오버샬은 『사회갈등과 사회운동』에서 운동의 틀만큼이나 갈등의 틀도 많이 사용했다. 젱킨스와 페로는 「무력한 사람들의 반란(Insurgency of the Powerless)」에서 전략적 동맹을 매우 중요한 요인으로 다루었다. 다른 한편 윌리엄 갬슨의 고전적 저작 『사회적 저항의 전략』은 다양한 전략의 결과를 다루지만, 상관관계 방법을 사용하고 있기 때문에 전략에 관한 정적인 견해를 제시할 뿐, 전략이 어디에서 비롯되는지에 관해 거의 어떠한 이야기도 하지 않는다.

[5] 더그 매캐덤은 전략 혁신에 관해 설명하면서 저항자와 상대방 간의 상호작용을 강조한다. 그러나 그는 그 상호작용이 어떻게 발생했는지 또는 그 결정들이 어떻게 이루어졌는지를 실제로 보여주지는 않는다. Doug McAdam, "Tactical Innovation and the Pace of Insurgency"를 보라. 그러한 상호작용을 기술하는 연구의 하나가 막스 하인리히의 『갈등의 나선형(The Spiral of Conflict)』이다.

인 것은 전혀 아니다. 조직의 유지라는 목적을 위해서라면, 아마도 자신의 지지자들이 저항단체 지도자들에게 가장 유력한 청중일 것이다. 그리고 물론 상대방들 — 그들의 행위가 결국에는 문제가 된다 — 도 너무나도 자의식이 강한 저항운동을 제외한 모든 운동에 하나의 중요한 청중이다. 뉴스매체는 그들 나름으로 쟁점들에 대한 인상을 만들어냄으로써, 각 쟁점이 일반 공중에게 전달되기 전에 각 쟁점을 다양한 방식으로 프레이밍한다. '여론'은 믿을 수 없는 요인이다. 가장 중요한 이유는 어떤 논쟁에 참여하는 모든 편의 사람들이 여론이라는 것이 존재한다고 생각하고 그것에 따라 행동하기 때문이다. 운동들의 주요 상호작용은 크게 다르다. 시민권 운동에게는 국가가 가장 중요하다. 왜냐하면 그 운동이 법적·정치적 권리들을 요구하기 때문이다. 탈시민권 운동은 자신의 성원들 및 더 광범위한 문화와 관계할 가능성이 크다. 상이한 청중은 상이한 전략과 전술을 필요로 한다.

전략에 관한 주요 문헌들은 국가 간 전쟁과 경제적 경쟁에 관한 연구에서 나온 것들이다. 전쟁 이론이 우리에게 특별히 도움이 되는 것은 아니다. 왜냐하면 전쟁에서 경쟁자들은 대부분의 저항단체들의 바람을 넘어서는 수준의 성공을 목표로 삼기 때문이다. 클라우제비츠Clausewitz를 연상시키는 한 이론학파는 전략을 완전한 지배 — 시민사회가 구축되어 있는 국가의 저항자들에게는 비현실적인 목표 — 를 달성하기 위해 자신의 강점과 적의 약점을 짝지으려는 것으로 파악한다. 클라우제비츠는 수적 우위가 중요하다고 믿었다. 따라서 전장에서 적의 병력을 죽이거나 무장해제하는 것이 주요 목표였다. 손자孫子를 연상시키는 또 다른 패러다임은 적을 정복하는 하나의 수단으로서의 속임수에 집중했다. 속임수는 적이 너무나도 믿을 수 없거나 사악해서 공정한 거래가 불필요하다는 것을 전제로 한다. 대체로 이 가정은 자국 청중이 적에 대해 일반적으로 낮은 평가를 하고 있는 전쟁 대부분에서 발견된다. 그러나 대부분의 시민 갈등에서 저항단체와 그 상대방이 서로를 어떻게 악마화하든지 간에, 속임수는 걸핏하면 부메랑이 되어 되돌아오는 치명적인 실책이 된다. 우리가 앞으로 살펴보듯이, 여론과 많은 국가기관들은 속임수의 증거에 비우호적으로 반응한다. 핵무기는 전략적 이론화의 또 다른 전통을 고무해왔는데, 이 이론화는 자주 양측 간 의사소통의 완전한 또는 거의 전적인 부재에 기초한다. 이러한 의사소통의 부족이 자주 저항자들과 그 상대방 간의 상호작용을 특징 짓는다. 하지만 적어도 그들은 미디어와 여타의 매개물들을 통해 간접적으로 의사소통한다. 더욱이 핵전쟁 패러다임은 제한적이다. 왜냐하면 그 패러다임은 상대편 행위에서 보다 한정된 변화를 끌어내는 것보다는 클라우제비츠식의 전쟁처럼 상대편을 파멸시키는 것을 목표로 하고 있는 것으로 추정되기 때문이다.

군사전략의 원칙은 크게 두 개의 범주로 나뉜다. 자신의 책략을 쓸 자유를 유지하는 것과 상대방의 그것을 축소시키는 것이 그것이다. 전자에는 합리적 행위에 관한 많은 진부한 문구들이 들어 있다. 후자에는 적의 군대 가운데 존재하는 분열을 이용하고 상대방의 의사소통 통로를 차단하라는 것과 같은 충고가 포함되어 있다. 군사 역사가인 리델 하트Liddel Hart는 한때 '전략과 전술의 요체'를 다음과 같이 요약했다. 적극적 전술·전략의 측면에서는 "목적을 수단에 맞춰라. …… 당신의 목표를 항상 염두에 두라. …… 가능성이 가장 적은 노선(또는 경로)을 선택하라. …… 저항이 가장 적은 노선을 개발하라. …… 대안적인 목표들을 제공하는 작전 노선을 취하라. …… 계획과 배치 모두가 유연한지(환경에 적응할 수 있는지)를 확인하라". 소극적 전술·전략의 측면에서는 "상대방이 경계를 늦추지 않고 있는 동안은 타격에 힘을 쏟지 말라. …… 한 번 실패한 경험이 있는 동일한 노선을 따라 (또는 동일한 형태로) 공격을 재개하지 말라. 상대방을 당황하게 하고 혼란에 빠뜨려라, 그리고 그렇게 함으로써 얻게 되는 모든 이점을 이용하라. '기회의 창'은 갑자기 열리고 닫히니 그것을 이용할 준비가 되어 있어야만 한다". 진부한 문구들을 제외하면, 요지는 유연성을 유지하고 상대방을 놀라게 하라는 것이다. 자원은 분명 기동성을 떠받쳐준다. 그리고 문화와 전기의 상호작용은 상대편을 놀라게 할 수 있는 능력 중 일부를 설명해준다. 나아가 대담함이나 결단력과 같은 개별 지도자들의 자질도 도움이 될 수 있다.[6]

학자들과는 달리 공동체 조직자들을 위해 집필했던 솔 앨린스키Saul Alinsky도 유사한 용어로 전략 선택을 논의했다. 1930년대부터 1972년에 사망할 때까지 전설적인 조직자의 한 사람이었던 앨린스키는 전술의 몇 가지 규칙을 정식화했다.

> 권력은 당신이 가지고 있는 것일 뿐만 아니라 적이 당신이 가지고 있다고 생각하는 것이기도 하다. …… 당신 편 사람들의 경험에서 결코 벗어나지 말라. …… 적의 경험을 넘어서는 것[달리 말해 그들을 놀라게 하는 것]이 가능하다면, 언제든지 그렇게 하라. …… 적으로 하여금 자신의 규칙 교본에 따라 행동하게 만들어라. …… 조롱이야말로 인간의 가장 유력한 무기이다. …… 좋은 전술이란 당신 편 사람들이 즐기는 전술이다. …… 지나치게 질질 끄는 전술은 싫증나게 한다. …… 압박을 계속하라. …… 통상적으로 위협이 행위 자체보다 더 두려움을 느끼게 한다[첫 번째 것과 마찬가지로 이것은 기대와 해석이 엄청나게 중요하다는 것을 의

6 B. H. Liddell Hart, *Strategy*, 2d ed.(New York: Praeger Publishers, 1967), pp. 348~349.

미한다]. …… 전술에서 주요한 전제는 작전의 개발이 반대세력을 지속적으로 압박할 것이라는 것이다. …… 만약 당신이 부정적 측면을 충분히 강하고 심하게 밀어붙인다면, 그것은 반대편으로 뚫고 나올 것이다[이는 상대편이 큰 실수를 범할 것임을 의미한다]. 성공적인 공격이 가져다주는 보상은 건설적인 대안이다[상대편이 요청한다면, 구체적인 제안을 할 준비가 되어 있어야 한다]. …… 표적을 선택해서, 그것의 간담을 서늘하게 하고, 그것을 의인화하고, 그것을 분열시켜라[비난의 구성과 할당을 구체화하라].[7]

모든 훌륭한 전략적 지침이 그러하듯, 이 지침 역시 실행자 측에 창조성과 직관을 위한 여지를 상당히 남겨두고 있다. 앨린스키와 하트 모두에게서 놀람이 중요하기 때문에, 타이밍은 전략에서 하나의 결정적 측면이 된다.

　게임 이론은 그 이론을 고무하는 데 일조했던 경제적 경쟁 모델들처럼 결정보다는 중간점에 더 많은 설명을 할애한다. 게임 이론의 극대화 노력은 동원 접근방식의 조직에 대한 강조와 얼마간 양립 가능하며, 갈등이 여러 라운드의 경기로 이루어진 연속 게임들로 인식될 때 특히 그러하다. 그러나 여러 행위자들이 함께 연속해서 진행하는 경기는 게임 이론의 단순 모델들을 곧 넘어서버린다. 게임 이론은 적어도 여러 경기자들을 게임에 참여하게 하고, 겁쟁이, 확신게임 또는 죄수의 딜레마 같은 다채로운 명칭으로 상이한 종류의 게임들 — 두 개의 선

7　Saul D. Alinsky, *Rules for Radicals: A Pragmatic Primer for Realistic Radicals*(New York: Random House, 1971), pp. 127~130. 명민한 전략가인 앨린스키에 대해서는 다음을 보라. Robert Bailey Jr., *Radicals in Urban Politics: The Alinsky Approach*(Chicago: University of Chicago Press, 1974); P. David Finks, *The Radical Vision of Saul Alinsky* (Ramsey, N.J.: Paulist Press, 1984).

택지를 가진 두 명의 행위자라는 가장 단순한 경우도 78개의 상이한 게임을 산출한다 — 을 규정한다.[8] 몇몇 실제 상황은 그러한 게임들 중 하나 또는 다른 하나와 실제로 맞아떨어지며, 두 국가 간 갈등 상황에서 특히 그렇다. 합리주의자들의 틀에 근거하여 우스꽝스러운 이론들이 아주 자주 구성됨에도 불구하고, 그 틀에는 진실의 일면이 존재한다. 합리주의자들이 가지고 있는 인간의 동기에 관한 위축된 이미지가 오해를 낳을 수도 있다. 그러나 다른 참가자들이 어떻게 반응할 것인지에 대한 정교한 예상에 입각하여 각각의 수가 결정되는 전략 게임에 관한 기술은 그렇지 않다. 토머스 셸링은 순전한 갈등의 제로섬 게임, 협력과 신뢰의 조정 게임, 그리고 각각의 요소를 결합한 혼합 동기 게임을 구분한다. 이 유용한 구분은 상이한 청중들과 상호작용하는 사람들을 연관 지을 수 있게 해준다. 즉, 대체로 저항단체들은 그들의 표적과는 제로섬 상호작용을 하고, 동맹자와 성원들과는 협력적 상호작용을 하며, 여타의 청중들과는 혼합 동기의 게임을 한다.[9] 비록 게임 이론이 좀처럼 그 결과를 예측할 수는 없지만, 그것은 몇몇 전략적 상호작용을 기술할 수 있다. 사람들이 단지 규칙을 따르기만 하는 것이 아니라 어떻게 의외의 방식으로 그것을 확대해석하고 정교화하는지에 관한 부르디외의 논의를 상기해보라.

저항 전략들을 범주화하고자 하는 대부분의 노력은 갈등과 협력 간의 일정한 대비에 의거해왔다. 한 일반적인 유형학은 그것을 저항과 설득을 포함하는 전술(이를테면 시위, 토론회, 청원), 비협력을 포함하는

---

8 Anatol Rapoport and Melvin Guyer, "A Taxonomy of 2×2 Games," *General Systems: Yearbook of the Society for General Systems Research*, 11(1966), pp. 203~214.

9 Thomas C. Schelling, *The Strategy of Conflict*(Cambridge: Harvard University Press, 1960).

586 제4부 저항, 그리고 보다 광범위한 문화

전술(보이콧, 파업, 시민불복종), 그리고 적극적 개입을 포함하는 전술(연좌농성, 직접행동, 사보타주)로 구분한다. 보다 정교한 유형학은 가장 협력적인 것에서 가장 그렇지 않은 것에 이르기까지 여섯 가지의 전략 유형 ─ 교육 전략, 개종 전략, 협상 전략, 분리 전략, 파괴 전략, 혁명 전략 ─ 으로 목록화한다. 상이한 청중들이 얼마나 우호적일 것으로 예상되는지에 따라 그들에 대해 상이한 전략이 선택된다.[10]

상호작용에 대한 이러한 상이한 접근방식들이 다루는 상황 외에도, 게임 이론에 응분의 가치를 인정하게 해주는 상황이 존재한다. 그것은 바로 모든 참가자들이 제한적으로 책략을 사용할 수 있는 능력을 가지고 있을 경우이다. 참가자 그 누구도 의도하지 않은 교착상태도 존재한다. 그런 상황은 양극화의 한 형태로부터도, 극단적인 위협의 형성으로부터도, 또는 단순히 양측이 서로를 너무 많이 혐오하게 된 나머지 협상에 필요한 신뢰를 회복할 수 없을 만큼 확대된 갈등으로부터도 발생할 수 있다. 앤서니 오버샬은 다음과 같이 선언한다. "오랜 동안 계속된 갈등은 파생적인 쟁점들을 계속해서 만들어내고, 상대편을 분파화하고, 신뢰를 파괴하고, 외부의 개입을 불러들이고, 권력에 강경파와 극단주의자들을 끌어들이기 때문에, 나의 분석의 결론은 갈등이 지속되면서 조정의 기회가 줄어든다는 것이다."[11] 분명 문화와 심리는 저항단체들이 어떻게 그러한 덫에 빠지는지를 설명하는 데 도움을 준다. 그러나 전략적 상호작용 또한 하나의 독자적인 역할을 수행한다. 하지만 또 다른 교착상태들은 소각로나 원자력 발전소가 건설되지 않

---

10   존 로플랜드는 다음에서 두 가지 유형학 모두를 제시한다. John Lofland, *Social Movement Organizations*, ch. 9.

11   Anthony Oberschall, *Social Movements: Ideologies, Interests, and Identities*(New Brunswick, N.J.: Transaction Publishers, 1993), p. 104.

고 있는 것처럼 바로 한쪽이 의도했던 것이다. 전략은 타이밍에 근거하며, 지체시키기는 가장 중요한 전략들 중 하나이다.

전략은 '연속적인 행위 결정에서 나타나는 하나의 패턴'[12]으로, 저항단체들의 행위에 스며들어 있으며, 이는 심지어 그 단체들이 상대방과 상호작용을 하기 전에도 그러하다. 따라서 관찰자들은 성원 충원자들이 잠재적 지지자들과 상호작용하는 수단인 '충원 전략'에 관해 이야기한다. 나는 주요 목적이 해당 단체 또는 잠재적 단체 내부에서의 의사소통과 협력인 경우에는 그러한 용법을 피한다. 나는 그 용어를 외부인들과의 상호작용에만, 즉 그것의 주요 목적이 보다 도구적인 조작인 경우에만 한정해서 사용하기를 좋아한다. 의사소통도 이 전략의 일부일 수 있지만, 이 경우에 의사소통은 보통 어떤 다른 목적을 달성하기 위한 한 가지 수단이다. 전략적 상호작용 속에는 합리주의자들이 너무나도 좋아하는 수단/목적 구분이 작동한다. 달리 말해 저항운동에는 담론 기능과 나란히 전략적 기능이 존재하며, 이 둘은 자주 충돌한다. 따라서 우리는 모든 것을 전략으로 환원하는 위험을 피하고자 한다.

타이밍은 많은 전략에서 미묘하게 결정적인 역할을 수행한다. 어떤 경우에는 즉각적 대응이, 갑작스러운 기회의 창이 다시 닫히기 전에 활용할 수 있는 가장 효과적인 반응이다. 다른 경우에는 지체가 엄청난 이득을 가져다준다. 그것이 우리의 상대방을 달래서 현 상태에 만족하게 할 수 있을 때, 특히 그러하다. 여하한 종류의 의외적인 일에 의거하는 전략은 완벽한 타이밍을 필요로 한다. 다른 사람들에게 생각할 시간을 거의 주지 않는 것은 그들로 하여금 평정심을 잃게 한다. 다

---

12   Henry Mintzberg and Alexandra McHugh, "Strategy Formation in an Adhocracy," *Administrative Science Quarterly*, 30(1985), pp. 160~197.

른 사람들의 행위에 대한 반응은 그것이 얼마나 신속하게 나오느냐에 따라 상이한 것을 의미하거나 수반한다. 우리는 행위 그 자체를 통해서뿐만 아니라 타이밍을 통해서도 우리 자신의 느낌과 의도에 관한 신호를 보낸다.

전략은 저항 캠페인이 이루어지는 동안에 자원, 전기, 문화와 다양한 방식으로 상호작용한다. 자원과 기존 문화적 의미들이 처음에 어떻게 분포되어 있는지가 저항자, 상대방, 국가, 그리고 여타 존재들 간의 상호작용에서 출발점의 일부를 이룬다. 풍부한 자원은 저항자들이 문화적 의미를 선전하고 보다 광범위한 전략들을 고려하는 데 일조할 수 있다. 효과적인 전략은 다시 더 많은 자원을 축적하고 우호적인 문화적 의미를 더 널리 유포할 수 있게 해준다. 아니면 우리 자신의 자원이 상대방의 전술 변화에 의해 쓸모없어질 수도 있다. 상대방의 실책과 취약점을 이용하기 위해서는 저항자들은 상대방을 그러한 방식으로 규정하고, 어떤 활동이 잘못되었음을 사람들에게 납득시키고, 효과적으로 대응해야만 한다. 문화는 자원의 정의와 배분을 틀 짓는 데 일조할 뿐만 아니라 노하우, 전술 취향과 정체성, 예술적 기교, 그리고 학습과정을 통해 전략 레퍼토리들을 제한한다. 더 나아가 모든 전쟁 연구자들이 알고 있듯이, 전략적 상호작용이 한창일 때에는 의사결정자들의 심리적 자질 ─ 전기에서 유래하는 ─ 이 극히 중요하다.

전기적·문화적으로 매우 복잡하게 일어나는 학습이 전략에서 핵심을 차지한다. 전략이 성공하기 위해서는 상대방과 다른 참가자들의 행위에 대해 신속하게 대응할 것이 요구된다. 그렇기에 전략의 성공은 우리 자신의 실수로부터 또는 훨씬 더 좋게는 다른 사람들의 실수로부터 우리가 학습할 수 있는 능력에 달려 있다. 이 급속하게 변화하는 게임의 맥락은 어려움을 낳는 동시에 기회를 제공한다. 리처드 스콧^{Richard}

Scott은 공식 조직에 대해 말하면서, 다음과 같이 언급한다. "급속하게 변화하는 환경, 관심과 무관심의 선택과정, 법률제정과정, 관성, 인지적 한계, 그리고 피드백의 모호성을 감안할 때, 조직체계가 유용한 어떤 것을 학습하기란 …… 쉽지 않다."[13] 동일한 불확실성과 도전들이 정치적 행위자들에게 복잡한 갈등 속에서 예술적 기교를 발휘하고 뜻밖의 일을 할 수 있는 기회를 제공한다. 갈등을 예측 불가능하게 만드는 동일한 요인들이 참가자들이 가진 예술적 스킬들의 중요성을 증가시킨다. 문화가 이용 가능한 광범위한 조치들의 레퍼토리를 틀 짓지만, 전기와 심리도 개별 의사결정자들의 창조성과 명민함(또는 우둔함과 병리)을 설명하는 데 일조한다.

팻 워터스는 민권운동에 관한 그의 연대기에서 전략 선택이 갖는 미묘한 복잡성과 관련한 한 가지 사례를 제시한다. 하지만 이 경우 전략은 얼마간은 동료 저항자들을 겨냥한 것이었다. 마틴 루서 킹 2세는 단 하룻밤의 설교를 위해 조지아 주 올버니를 방문했었다. 회합을 끝내는 짧은 축복기도를 하기로 되어 있었던 젊은 박사는 그 회합의 무아경과 열정에 사로잡혀 군중이 「우리는 승리하리라」를 노래하자마자 갑자기 다음날 아침에 대규모 행진을 하자고 요청했다. 킹은 그날 밤 계획대로 결코 떠날 수 없었다. 대신에 그는 행진을 이끌기 위해 머물렀고, 체포되었으며, 그리하여 올버니 운동에 헌신하게 되었고, 필요했던 미디어의 관심을 끌게 되었다. 그 지역 의사는 지역 당국뿐만 아니라 킹 박사까지 겨냥한 한 가지 신속한 전술적 결정을 내렸다(하지만 그 밖의 모든 사람에게는 그것이 그저 자발적인 것일 뿐으로 보였을지도 모른

---

13   W. Richard Scott, *Organizations: Rational, Natural, and Open Systems*, 2d ed. (Englewood Cliffs, N.J.: Prentice-Hall, 1987), p. 282.

다). 계획되었든 계획되지 않았든 간에, 그것은 묘수였다.[14]

저항의 다른 차원들과 마찬가지로 전략 개념도 과도하게 확장될 수 있다. 저항자들은 가공할 어떠한 원료도 가지고 있지 못한 순전한 전략가들처럼 보일 수도 있다. 즉, 그들은 반응해야 할 어떠한 문화적 의미도, 그들이 추구하는 어떠한 신념이나 도덕적 전망도, 어떠한 전기적 기발함이나 열정도, 만족시켜야 할 어떠한 전술 취향도 가지고 있지 않은 것처럼 보일 수도 있다. 게임 이론이 이러한 환원을 자주 감행한다면, 정치과정 접근방식은 대체로 저항자들을 문화적 전통이나 도덕적 가치를 가지고 있지 않고 오직 승리만을 바라는 순전히 전략적인 행위자들로 만듦으로써 간혹 그렇게 한다. 이를테면 더그 매캐덤이 제시한 '인지적 해방'은 기본적으로 성공이 가능하다는 평가이지 목표나 희망을 다시 설정하는 것은 아니다.

조건과 선택

갈등의 모든 당사자는 현재의 조건과 다른 사람들의 전략 선택에 대응하여 전략을 선택한다. 각 당사자들은 자신의 강점과 상대방의 약점을 이용하기 위해 노력한다. 물론 현재의 조건들 가운데서 두드러지는 것은 자원과 문화적 의미의 분포이다. 우리의 선택은 각자의 솜씨에 의해서도 틀 지어지며, 다른 참가자들이 어떻게 반응하느냐에 따라 긍정적 또는 부정적 결과를 가져올 수 있다. 거의 어떠한 수도 성공과 실패의 최종 득점을 가능하게 하는 '게임 스토퍼game stopper'가 되지 못한

---

14 Pat Watters, *Down to Now*, ch. 1.

표 13-1 **갈등에 영향을 미치는 조건과 선택들**

	조건	선택
부정적 영향	**취약점:** 유명한 장소에 대한 파괴 계획, 확실한 공적 이득 없음, 환경적 충격, 외부 전문가들의 비판, 엉성한 관리·위험한 관행·이전의 논쟁과 관련한 평판, 취약한 재정상태, 내부 분열과 알력, 조직 자체가 명시한 기준 충족 및 목표 수행의 실패	**실책:** 속임수, 대변인 또는 다른 당국자들의 오만함, 평화적 저항의 무자비한 진압, 공중 또는 뉴스매체와 소통할 수 있는 능력의 부재
긍정적 영향	**강점:** 위의 반대, 튼튼한 재정, 신뢰, 기타 등등	**묘수:** 스스로를 호의적으로 그려낼 수 있는 능력, 상대방들을 경악하게 하기, 기존 강점의 유지

다(하지만 국가억압이 자주 게임 스토퍼가 되기는 한다). 따라서 진행 중인 갈등의 대부분의 단계에서는 오직 잠정적인 점수산정만 가능할 뿐이다. 〈표 13-1〉은 현재의 조건과 전략 선택을 도식적으로 유형화한 것이다. **강점**과 **취약점**이라는 용어가 현재의 조건들을 위해 마련된 것이라면(하지만 이것들은 오직 논쟁 중에만 드러난다), **실책**과 **묘수**는 다른 참가자들의 전략에 대응하여 취해지는 행위들에 대해 사용된다. 취약점과 실책 모두는 전체 조직 수준 ─ 이를테면 논쟁에 대한 조직의 공식적 반응 ─ 에서도, 또한 공격당하고 있는 하위 수준의 프로젝트나 활동 ─ 이를테면 특정 연구실험이나 연구소 ─ 에서도 발생할 수 있다. 비록 기존 조건과 선택의 구분선이 대개는 우리가 임의적으로 선택한 출발점에서 비롯되지만(그리고 물론 일단 이루어진 선택은 다시 조건이 된다), 긍정적인 것과 부정적인 것 간의 경계는 수많은 투쟁이 낳은 결과이다. 당신의 상대방은 당신의 선택을 실책으로 만들기 위해, 그리고 당신의 조건들을 취약점으로 만들기 위해 열심히 작업한다. 당신은 그것에 맞서 작업한다. 그러한 노력들 중 일부는 다른 것들보다 더 어렵다. 이미 밝혀진 공개적인 거짓말이나 정당하지 못한 폭력을 긍정적으로 생각

하게 만들기란 (결코 불가능하지는 않더라도) 쉽지 않다. 하지만 일반적으로 훌륭한 법정 변호사들이라면 알고 있듯이, 재기 넘치는 전략은 취약점을 강점으로, 그리고 그 역으로도 만들 수 있다.

나는 제인 폴슨과 함께 저항자들과 상대방 간의 상호작용을 강조하고자 시도한 별개의 논문에서 실책과 취약점을 검토했다.[15] 일반적으로 표적 조직의 특정한 특징이나 관행들이 그 조직을 저항자들의 공격에 취약하게 만든다. 에드워드 월시는 제너럴 퍼블릭 유틸리티스General Public Utilities: GPU — 스리마일 섬 원자로의 소유주 — 가 손상되지 않은 다른 쪽 원자로의 정화와 재가동을 둘러싸고 싸움을 벌이는 동안 그것이 드러낸 '표적 취약점'을 분석했다.[16] 1979년의 사고 이후로도 GPU의 신뢰도는, GPU 자신이 원자로 제조자를 고소한 소송에서 부적절한 관리와 운영자료 위조, 원자로 기사의 승진심사에서의 부정행위, 그리고 훼손되지 않은 1호기 원자로 증기관 누수가 우연히 드러남에 따라 더욱더 손상되었다. 몇몇 엔지니어 또한 정화처리과정이 안전하게 이루어지고 있지 않다고 비난했다. 이러한 취약점이 여론, 규제기관, 선출직 공무원들에게 영향을 미쳤다. 불충분하거나 안정적이지 못한 자원, 불리한 문화적 의미나 공중의 태도, 내부의 전략 갈등이나 공개적으로 명시된 기준의 충족 실패도 취약점이 될 수 있다.

저항자들은 당연히 표적에서 프로젝트의 취약점들을 찾는다. 전국적인 반핵조직들은 디아블로 캐니언 원자로를 원자력 에너지의 상징으로 만들어냈다. 왜냐하면 그것이 지진단층 근처에 위치함으로써 극

---

15   James M. Jasper and Jane Poulsen, "Fighting Back," *Sociological Forum*, 8(1993), pp. 639~657.

16   Edward J. Walsh, "The Role of Target Vulnerabilities in High-Technology Protest Movements: The Nuclear Establishment at Three Mile Island," *Sociological Forum*, 1(1986), pp. 199~218.

단적인 초과 비용을 유발했기 때문이었다. 동물 활동가들은 고양이와 개를 이용하는 실험에 관심을 집중했다. 왜냐하면 애완동물을 좋아하는 공중을 감안할 때 쥐를 이용한 연구보다는 그러한 실험들이 더 격분을 유발하기 때문이다. 일단 어떤 조직이 저항의 주목을 받게 되면 그것의 활동들은 면밀히 감시되고, 따라서 논쟁과 무관한 문제들이 폭로될 수도 있다. 그리하여 그 조직의 능력과 신뢰에 대한 전반적인 평판이 훼손되고, 이는 그 조직에 대한 비판에 간접적으로 기름을 부을 수도 있다. 과정 이론가와 동원 이론가들이 너무나도 잘 인식해왔듯이, 엘리트들 간의 불화는 표적을 잠재적 지지자들로부터 고립시킴으로써 제도적 취약점을 만들어내기도 한다.

저항단체들도 그것에 상응하는 취약점을 지닌다. 가장 일반적인 것이 지속적인 활동을 위한 재정자원을 결여하고 있다는 것과 그것이 추구하는 목표가 공중에 의해 널리 인지되지 못한다는 것이다. 그러나 부정직, 협박 또는 폭력에 대한 세평도 내부 파벌이나 도덕성을 의심받는 지도자의 평판만큼이나 단체를 손상시킬 수 있다. 우리가 시장에서 구매될 수 있는 자원들을 넘어서자마자 바로, 이 모든 요인의 효과는 청중에게 달려 있다. 마초적인 언동 — 흑표범단이 문득 생각난다 — 은 어떤 단체로 하여금 경찰과 분란을 일으키게 하기도 하지만, 새로운 성원들을 끌어들이게 하기도 한다. 극적인 행동은 그린피스가 동조자들로부터 기부금을 더 받게 하기도 하지만, 보다 광범위한 공중이 떠나가게 하기도 한다. 모든 행위나 진술은 다양한 청중을 가지고 있으며, 따라서 특정 청중에 편향되지 않도록 신중을 기할 필요가 있다. 하나의 청중(말하자면 지지자들)을 위해 의도된 행위와 진술이 상이한 감성을 지닌 다른 청중들(이를테면 공중)에게 제공될 때, 자주 취약점이 드러난다. 상대방들은 대개 그 취약점이 어떤 결과를 초래할 것으로 해석하고 이용할 것이 틀림없다.

기존의 (그리고 상대적으로 수세적인) 취약점에 더해, 저항자들과 표적 조직들은 투쟁과정에서 현명할 수도 또는 실수일 수도 있는 다양한 전략과 전술을 적극적으로 전개한다. 각 편은 상대방을 부추겨 실수를 유발하고, 자신의 기존 취약점을 줄이고, 실책을 피하고자 한다. 많은 취약점이 그러한 상호작용을 하는 동안 드러난다. 따라서 취약점을 드러내는 것은 각 단체들이 대체로 감추고자 하는 의도와 권력구조들을 노출시키는 '사고'로 인식될 수도 있다.[17] 전략 실책은 능력, 정직, 또는 선행과 관련한 조직의 평판을 약화시킬 수 있다. 한 가지 고전적인 사례가 '황소'라는 별명을 가지고 있던 유진 코너Eugene 'Bull' Connor가 앨라배마 주 버밍햄의 평화적인 민권 시위자들에게 가한 잔인한 공격이다. 뉴스매체를 통해 전파된 그 공격은 시위자들에 대한 동정심을 전국적으로 불러일으켰다. 보다 일반적으로는 스티븐 바칸Steven Barkan은 민권 저항에 폭력으로 대응했던 남부 지역사회들이 합법적 수단을 사용하는 지역사회들보다 저항을 무너뜨리는 데서 덜 성공적이었다는 것을 발견했다.[18] (전기와 심리에 의해 추동된) 개인들의 격정적인 감정적 반응들은 그 단체나 운동에 (전략 차원에서) 실책이 될 수도 있다. 실책은 저항의 원래 원인에 덧붙여져서 새로운 쟁점이 된다. '게임', 그리고 종종 그 게임의 청중들이 원래의 불만으로부터 공평함이나 절차의 문제로 옮아가기도 한다.[19] 앨린스키가 지적하듯이, "진정한 행위는 적의

---

17   Harvey Molotch, "Oil in Santa Barbara and Power in America," *Sociological Inquiry*, 40(1970), pp. 131~144를 보라.

18   Steven E. Barkan, "Legal Control of the Southern Civil Rights Movement," *American Journal of Sociology*, 49(1984), pp. 552~565.

19   실책을 게임 이론적 관점에서 다루고 있는 것으로는 Dennis Chong, *Collective Action and the Civil Rights Movement*, pp. 62~63, 137~139를 보라.

제13장 문화와 전략: 국가, 청중, 그리고 성공   595

대응 속에 있다. 적이 적절히 자극받아 대응하게 하는 것이야말로 당신의 주요한 강점이 될 것이다".[20]

취약점처럼 실책도 객관적으로 주어지는 것이 아니며, 실수나 문제로 규정된 것임에 틀림없다. 우리는 개인의 신분이 되어버린 직업에 관한 어빙 고프먼의 서술을 빌려 이를 설명할 수 있다. "신분, 지위, 사회적 위치는 소유되고 난 다음에 드러내는 어떤 물질적인 것이 아니다. 그것은 일관되고 윤색된, 그리고 아주 분명하게 명시된 하나의 적절한 행동 유형이다. 그것은 수월하게 수행되든 서투르게 수행되든 간에, 알고 수행되든 모르고 수행되든 간에, 간계에 의해 수행되든 훌륭한 신념에 입각하여 수행되든 간에, 규정되고 묘사된 것임에 틀림없는 어떤 것이며, 실행되어야만 하는 어떤 것이다."[21] 실책이 되기 위해서는 행위가 실책으로 묘사되고 실책으로 받아들여져야만 한다.

실책과 취약점은 보통 자가당착을 드러내는 것에서 기인한다. 어떤 조직이나 단체는 자신의 명시적인 진술, 목적이나 규칙에 반하는 행위를 하거나, 고용인의 직업윤리와 같은 자신의 암묵적인 규칙에 반하는 행위를 한다.[22] 하지만 이 '내재적' 비판이 유일한 종류의 비판은 아니다. 어떤 조직은 보다 광범위한 사회의 윤리적 기대에서 벗어나 있는 것으로 보일 수도 있다(이를테면 경찰은 개로 하여금 어린 학생들을 공격하게 하지는 않는다). 그러나 그러한 규범이 항상 분명한 것은 아니다.

---

20 Alinsky, *Rules for Radicals*, p. 136.

21 Erving Goffman, *The Presentation of Self in Everyday Life*(Garden City, N.Y.: Anchor Books, 1959), p. 75.

22 물론 위르겐 하버마스는 담화 자체는 화자가 진실하며, 진실한 어떤 것을 이야기하려는 목적을 가지고 있고, 상황에 적절한 어떤 것을 말하는 중이라는 기대를 암묵적으로 담고 있다고 주장한다. 진술들은 이러한 기준들 중 어떤 것을 충족시키지 못하고 있다고 비판받을 수 있으며, 성공적인 비판은 공적 진술을 실책으로 만들 수 있다.

그리고 저항자들과 그 상대방의 활동 중 많은 것이 규범을 자신들에게 유리하게 규정하는 것을 목표로 한다.

하나의 자원으로 종종 애매하게 기술되는 **신뢰성**은 제도적 제휴관계, 단체의 성원자격, 과거의 행위들의 복합적인 결과이다. 우리가 어떤 개인이나 단체에 신뢰를 부여하는 주요한 이유는 우리가 그 개인이나 단체의 과거 행위를 관찰해왔고 그것에 안심하고 있기 때문이다. 하지만 과거의 경험이 우리의 기대에 영향을 미치는 유일한 것은 아니다. 모든 인간은 스테레오타입을 이용하여 신뢰성을 판단한다. 이를테면 우리는 기업 홍보 대행자들을 의도적으로 의심하고, 환경단체들을 신뢰하며, 억압당하는 인종집단이나 민족집단 성원들의 말을 믿어준다. 그러한 판단들은 인지적인 만큼이나 정서적이고 도덕적이다. 한 개인의 소속과 특성은 자주 그 개인의 행위실적의 완벽한 대체물이다. 게다가 신뢰성은 조직 전체 또는 개인의 한 특징이기 때문에, 한 영역에서의 신뢰성 상실은 다른 영역들을 오염시킨다. 인상관리 impression management라는 개념으로 유명한 학자인 고프먼을 다시 인용하면, "어떤 개인의 일상사 가운데 한 부분에서 지속되는 그릇된 인상은 전체 관계나 역할 — 그 일상사는 전체의 한 부분에 불과할 뿐임에도 불구하고 — 에 대해 하나의 위협이 될 수도 있다. 왜냐하면 한 개인의 활동 영역 하나에서 이루어진 불명예스러운 폭로가 그가 숨길 것이 전혀 없는 많은 활동 영역에 대해서도 의심을 품게 할 것이기 때문이다".[23]

---

23 Goffman, *The Presentation of Self in Everyday Life*, pp. 64~65. 나는 몇몇 논문에서 신뢰성을 둘러싼 저항자들과 그 상대방 간의 싸움을 기술한 적이 있다. Jasper and Poulsen, "Fighting Back"; Sanders and Jasper, "Civil Politics in the Animal Rights Conflict"; Jasper and Sanders, "Big Institutions in Local Politics."

하지만 철학자 시셀라 복Sissela Bok이 보여주었듯이, 거짓말도 때로는 정당화될 수 있다. 우리는 "[우리에게] 적대적인, 그리고 무력을 행사하거나 행사하겠다고 위협하여 또는 속임수를 통해 [우리에게] 강제력을 행사하는" 우리의 적들에게 거짓말을 하기도 한다. 왜냐하면 그들은 "공정하게 대우받을 일반적 권리를 상실했기" 때문이다.[24] 그들에게 거짓말하는 것이 정당화되는 이유는 전쟁에서처럼 그러한 적들을 물리치는 것이 무엇보다 중요하기 때문이다. 그러한 전략은 우리의 행위와 진술들의 여타의 청중일 수 있는 사람들, 즉 속임수에 눈살을 찌푸릴 가능성이 큰 청중들을 간과하거나 무시한다. 복이 지적하듯이, "정의가 거짓말을 용납한다는 신념을 가지고 적에게 거짓말을 하는 사람들은 그 거짓말들이 행위주체로서의 그들 자신에게, 피해를 입을 수도 있는 다른 사람들에게, 그리고 신뢰 일반에 초래하는 결과들을 간과하고 있다".[25] 공개적인 거짓말이 그러한 결과들 중 어떤 것을 초래할지를 놓고 열띤 논쟁이 벌어지고 있다.

거의 어떠한 행위도 자체만으로는 명백한 실책이 되지 않으며, 거의 어떠한 관행도 확실한 취약점이 되지는 않는다. 대체로 그것들은 한층더 프레이밍되고 해석되어야 하는 원료들이다. 기업들이 사고의 책임을 개인에게, 즉 '사람의 실수'로 돌림으로써 자신들의 기술과 조직이 책임이 없게 하듯이, 저항자들도 어떤 사고나 결정이 잘못이라는 것을 공중에게 납득시켜야만 한다. 심지어 잘못조차 구성된다.

---

24 Sissela Bok, *Lying: Moral Choice in Public and Private Life*(New York: Random House, 1978), pp. 141~142, 143.
25 같은 책, p. 146.

문화적 학습으로서의 갈등

저항자들이 서로로부터 학습하듯이, 그들의 상대방들도 단어, 이미지, 전술들을 공유한다(종종 저항자들보다 더 명시적으로 그렇게 한다). 저항자들에게 공격받는 조직이 효과적으로 대응하는지 아니면 서툴게 대응하는지는 자주 그 조직이 유사한 경험 – 공격을 당한 적이 있거나 또는 그들이 공격의 위험에 처해 있다고 스스로 감지하는 것 – 을 한 적이 있는지에 달려 있다. 위협당하고 있다는 느낌이 임계치에 달할 때, 조직은 대항운동을 조직하기도 한다. 현존하는 전문직협회나 동업조합들은 대항운동 조직으로서의 역할을 하며, 표적이 된 개인과 단체들에게 도움을 주고, 그들의 대응을 조율하고, 자원을 제공하고, 효과적인 전략과 전술에 대한 정보를 함께 나누기도 한다. 대항조직들은 그들의 회원들이 기존 취약점들을 은폐하고 실책들을 피하는 데 도움을 준다. 그리고 그들은 자주 저항단체들의 (특히 여론에서의) 취약점들을 직접 찾아 나선다.

더그 매캐덤은 사회운동의 성공이 운동 또는 그 상대방이 보다 신속하고 효과적으로 동원되는지의 여부에, 그리고 각 편의 전술적 창의성에 달려 있다고 말한다.[26] 윌리엄 갬슨은 사회운동이 자신의 표적을 명시적으로 거명할수록 대항조직이 보다 즉각적으로 만들어진다고 주장한다. 다른 사람들은 사회운동이 '압도적으로 승리'하지 않는 한, 그것의 성공은 대항동원을 자극한다고 믿는다.[27] 이러한 경향은 빈번히 발

---

26   McAdam, "Tactical Innovation and the Pace of Insurgency," p. 736.

27   William A. Gamson, *The Strategy of Social Protest*; Mayer N. Zald and Bert Useem, "Movement and Countermovement Interaction: Mobilization, Tactics, and State Involvement," in Zald and McCarthy(eds.), *Social Movements in an Organizational Society*, p. 254; Tahi L. Mottl, "The Analysis of Countermovements," *Social Problems*,

생하는 하나의 패턴을 낳았다. 그것은 바로 어떤 운동이 초기에 일정 정도 놀랄 만한 성공을 거둘 경우 그 운동이 더 크게 성장했을 때 그 성공을 되풀이할 수 없다는 것이다. 이를테면 남녀평등헌법수정안ERA 찬성운동이 초기에 거둔 성공은 광범위한 반발을 불러일으켰다. 왜냐 하면 그 문제가 "근본주의적 교회들에게 연결고리를 제공했고", "하나 의 집단, 구체적으로 말하면 과거 20년 동안 지위를 상실해왔고 그러 한 상실의 심리적 효과를 느끼고 있던 전통적인 주부들을 동원했기" 때문이다.[28] 수잰 스타겐보그Suzanne Staggenborg에 따르면, 낙태 합법화 운동 또한 "낙태 합법화 세력이 매우 잘 조직화되거나 강력해지기도 전에 아주 눈부신 승리 — 1973년의 낙태 합법화 — 를 달성했다".[29] 반핵 운동(그리고 앞으로 살펴보듯이, 동물권리운동)의 경우에서처럼 이들 사 례에서도 산발적인 저항에서 발전된 운동 정체성이 저항 표적에게 도 덕적 충격을 주고 그것을 위협하고 그것에 비난의 초점을 맞춤으로써, 저항 표적으로 하여금 그 운동에 대응하여 동원하도록 자극했고, 그리 하여 결국은 운동의 승리 가능성을 낮추었다.

'대항운동'은 자주 다른 사회운동들과 별개로 취급되어왔다. 때때로 대항운동은 위협에 처한 대규모 단체나 산업체들에 의해 조직됨으로써 풀뿌리 정취를 심히 결여하고 있다. 그렇지만 그 결과 그것들의 자금 조달은 일반적으로 보다 막대하고 더 안정적이다. 그러한 조직들은 자 주 소송 같은 것을 통해 저항단체를 공격하기 위해 만들어진다. 공중의 참여를 봉쇄하기 위한 전략적 소송strategic lawsuits against public participation

---

27(1980), p. 624.

28   Jane J. Mansbridge, *Why We Lost the ERA*(Chicago: University of Chicago Press, 1986), pp. 5~6.

29   Suzanne Staggenborg, *The Pro-Choice Movement: Organization and Activism in the Abortion Conflict*(New York: Oxford University Press, 1991), p. 3.

은 SLAPP라는 약어를 가지고 있을 정도로 너무나도 흔한 관행이 되었다.[30] 다른 대항운동들은 여성의 권리에 대한 반격에서처럼 앞선 사회운동의 결과들을 원상태로 되돌리기 위해 노력한다. 하지만 이 경우 대항운동들은 마치 현재의 조건들에 대항하는 여느 다른 저항처럼 활동한다. 어느 경우든 전체 갈등에 대한 분석에서 볼 때, 운동과 대항운동은 일반적으로 대칭적이다.

운동과 대항운동은 서로의 해석과 프레임을 놓고 경쟁한다. 우리는 내부고발로 되돌아가서 전략 경쟁에서 문화적 프레이밍이 갖는 중요성을 살펴볼 수 있다. 왜냐하면 거기서 우리는 대체 무엇에 관한 논쟁인지를 둘러싸고 일어나는 논전을 목도하기 때문이다. 보통 내부고발자들에 의해 공격받는 조직과 산업체들은 내부고발이라는 행위 자체를 문제가 많은 산업이나 사회보다는 이상하거나 '문제가 많은' 개인에서 비롯되는 문제로 프레이밍하는 방식으로 대응한다.[31] 이 대항주장은 내부고발자들을 불평하는 심리적 성향을 지닌 불만에 가득 찬 피고용인들, 자신들만의 정치적 의제를 가지고 세상을 소란스럽게 하는 사람들, 또는 명성을 좇는 사람들로 채색한다. 내부고발자 자신의 전기가 논쟁거리가 된다. 하나의 관련된 맥락에서 조지프 거스필드가 지적하듯이, 사회적 문제를 개인화하는 것은 흔한 제도적 전술의 하나이다. "그 상태가 개인의 질병이나 결함으로 인식되면, 거기에 하나의 사회적 기술social technology — 실제로 학습할 수 있는 지식과 스킬의 한 형태 — 이 자리할 여지가 생기게 된다. 그러한 지식은 전문직 면허의 자격요

30   George W. Pring and Penelope Canan, *SLAPPS: Getting Sued for Speaking Out* (Philadelphia: Temple University Press, 1996).

31   Patricia Morgan, "The State as Mediator: Alcohol Problem Management in the Postwar Period," *Contemporary Drug Problems*, 9(1980), pp. 107~140.

건이 되며, 그러한 전문직 종사자들은 개인들에게 [자신이] 사회적 문제임을 '자인'하게 한다."[32] 이 프레이밍은 마치 음주운전 사망의 책임을 안전하지 못한 자동차나 대중교통의 부족이 아닌 개인의 어설픈 판단에 돌릴 때처럼, 산업체들이 비난을 비껴가게 한다. 산업체들은 항상 문제를 그들 자신의 기술이 아닌 개인의 과실 탓으로 돌린다.

당연히 내부고발자는 이를테면 고용주가 드러내는 적대감을 시스템 부패의 또 다른 증거라고 재해석함으로써 '문제가 많은 개인'이라는 프레임을 거부하고, 그리하여 고용주의 보복이 내부고발자의 (종종 이전) 고용주에 대한 불만의 또 다른 하나로 추가된다. 하지만 내부고발자가 원래의 악폐뿐만 아니라 악폐를 폭로한 이후 자신이 받은 부당한 처우를 비판할 때, 그 역시 쟁점의 초점을 내부고발로 재설정하는 것을 얼마간 받아들인다. 그러고 나면 내부고발자가 처음에 비판했던 관행보다는 내부고발이라는 관행과 그것의 처리에 초점이 맞추어진다. 논쟁이 원래의 불만에서 내부고발자에 대한 대우로 이행하지만, 그럼에도 불구하고 자신이 감독자로부터 받은 학대에 대한 성실한 개인의 증언은 여전히 감동적이고 설득력이 있을 수 있다. 왜냐하면 그는 자신을 '무고한 피해자'로 호의적으로 묘사할 수 있기 때문이다.[33] 실제로 내부고발자의 레토릭 중 감정적으로 가장 강력한 것은 그가 당한 보복을 묘사하는 것이다.

매우 다른 상황에서 릭 팬타시아Rick Fantasia와 에릭 허시는 하나의 흥미로운 문화적 대상, 즉 알제리 여성들이 쓰는 베일을 사례로 제시

---

32   Joseph R. Gusfield, "Constructing the Ownership of Social Problems: Fun and Profit in the Welfare State," *Social Problems*, 36(1989), p. 433.

33   Joel Best, "Rhetoric in Claims-Making: Constructing the Missing Children Problem," *Social Problems*, 34(1987), p. 110.

한다. 베일의 의미는 혁명운동과 식민지 상대방 간의 전략적 상호작용의 일환으로 재가공되었다. 프랑스인들이 알제리 여성들을 '서구화'하려는 시도의 일환으로 베일을 쓰는 것을 금지시켰기 때문에, 그것은 자연스럽게 저항의 상징이 되었다. "여성들이 베일을 쓸 것인지 벗을 것인지의 여부는 추상적인 이데올로기적 잣대로 결정된 것이 아니라 일련의 전략적 결정으로 이루어졌다. 그리고 그 결정은 운동 자체만큼이나 상대방의 행동에 의해서도 이루어졌다."[34] 문화적 의미와 관행이 전략 무기가 된다.

알제리 해방운동이 국가행위로 인해 보다 이슬람교적으로 되었던 것처럼, 많은 운동 정체성이 상대방과 전략적으로 상호작용하는 동안에 다시 틀 지어진다. 지속적인 상징 투쟁 속에서 각 편의 성원들은 공중에게 그들 자신뿐만 아니라 상대방에 대한 이미지를 전달하고자 노력한다. 그리고 (마르크스가 계급의식이 계급갈등에서 나온다고 주장했을 때 인정했듯이) 각 편은 자신들이 상대방과 얼마나 다른지를 강조하는 조치들을 취한다. **당신이 누구인지를 당신이 아는 것은 당신이 어떤 사람이 아닌지를 당신이 알기 때문이다.** 전략이 의미, 이해관계, 정체성, 그리고 심지어는 저항자들 자신의 목표에까지 영향을 미친다.

시간이 경과함에 따라, 즉 각 편이 무엇이 가장 유리한 수일 수 있는지를 학습하고, 스스로 혁신하거나 또는 상대편의 혁신을 받아치고, 그리하여 표준적인 전술 레퍼토리 — 자주 전술 취향과 혁신의 전략적 필요 사이에 존재하는 긴장에 의해 틀 지어지는 — 가 일정한 틀을 갖춤에 따라, 운동조직과 대항운동조직 사이의 복잡한 상호작용은 자주 고정된

---

34 Rick Fantasia and Eric L. Hirsch, "Culture in Rebellion: The Appropriation and Transformation of the Veil in the Algerian Revolution," in Johnston and Klandermans (eds.), *Social Movements and Culture*, pp. 158~159.

패턴을 형성한다. 갈등이 오랫동안 지속되면서 쌓인 적의와 편집증은 종종 전략적 행위를 방해할 정도가 된다. 이를테면 갈등이론가인 모턴 도이치Morton Deutsch에 따르면, "갈등의 한편 또는 다른 한편에 의한 내재적 우월성 주장 — 그것이 정당성, 도덕성, 권위, 능력, 지식에 관한 것이든 아니면 타당성에 관한 것이든 간에 — 은 갈등이 협력적으로 해소될 가능성을 낮춘다".[35] 협상과 타협이 가장 좋은 전략임에도 불구하고, 감정과 상징적 의미들에 의해 그것들이 미리 배제되는 상황들이 존재한다. 우리의 상대방을 벌하는 것이 원래의 목표를 일부 대체하는 새로운 목표가 된다. 도이치가 경고하듯이, "파괴적 갈등은 확장과 고양 경향을 특징으로 한다. 그 결과 그러한 갈등은 자주 갈등을 일으킨 원인과 별개의 것이 됨으로써, 원인과 무관해지고 원인이 잊힌 후에도 계속될 가능성이 크다".[36] 이것이 게임 이론가들이 사랑하는 균형함정이다. 어떤 경우에는 오직 새로운 세대의 지도자들만이 그 교착상태를 깨뜨릴 수 있다.

운동과 대항운동은 전략적·전술적 창조성이 발현되는 네트워크이다. 우리는 동맹자뿐만 아니라 상대방들과의 상호작용을 통해서도 학습한다. 작은 혁신들, 특히 전술의 적용에서 이루어지는 작은 혁신들이 확산된다. 이것이 **문화적** 학습이다. 그 결과 공유된 사고와 행위 방식들이 변화한다. 불안정하고 변화하는 상황들이 단체들에게 적응을 강요하며, 이는 심지어 그것들이 작은 범위 내에서 전술 취향이나 도덕적 가치를 혁신할 때조차 그렇다. 우리가 제10장에서 살펴보았듯이, 작은 조치들이 더 큰 조치들을 기꺼이 취할 새로운 단체의 결성을 고

---

35   Morton Deutsch, *The Resolution of Conflict: Constructive and Destructive Processes* (New Haven: Yale University Press, 1973), p. 123.

36   같은 책, p. 351.

무할 수도 있다.

고양이, 원숭이, 그리고 타조

동물권리 갈등에서 나온 한 쌍의 사례가 우리로 하여금 조직들이 서로로부터 어떻게 전략을 학습하는지를 이해하는 데 도움을 줄 것으로 보인다.[37] 1987년에 이종연합TSU이라는 이름의 한 동물권리 단체가 가한 압력에 응해, 맨해튼에 있는 코넬 메디컬 스쿨Connell Medical School의 한 연구자가 오랫동안 고양이를 대상으로 하여 지속해온 약물중독 실험의 연방 지원금을 반환했다. 그 단체는 1988년에서 1990년까지 동일한 전술을 사용했음에도 불구하고 뉴욕대학교의 원숭이를 이용한 약물중독 실험을 중단시키고자 했던 노력에서는 실패했다. 두 캠페인 모두 맨해튼에 위치한 기관, 그리고 공중의 동정심이 광범위하게 존재하는 고등한 포유동물들 — 고양이와 원숭이 — 을 이용하는 실험을 공격했다.

동물권리운동은 1980년대 후반에 그 규모와 가시성에서 정점에 달했다. 특히 1981년부터 1985년까지 결성된 새로운 단체들은 얼마간은 책임연구자의 고발로까지 이어진 1981년의 실버 스프링Silver Spring 사례와 펜실베이니아대학교 트라우마 실험실에서 소름끼치는 비디오테이프들을 탈취한 1984년 사례를 비롯하여, 동물실험에 대한 몇몇 악명 높은 도전들에 의해 고무된 것들이었다. 1985년 이후 몇 년 지나지 않

---

37   이 장에서 제시된 동물권리 사례들은 Jasper and Poulsen, "Fighting Back"에서 가져온 것이다.

아 수십만 명의 사람들이 이 새로운 단체들에 가입했다. TSU는 1981년 동부 펜실베이니아에서 설립되었으며, 대체로 자율적이었던 뉴욕시 지부는 가장 큰 지부로 성장했다. 매년 11월에 그것은 5번가를 따라 내려가는 '모피 없는 금요일Fur-Free Friday' 행진 — 보통 ("모피 동물을 위하여, 그 희생은 결코 옳지 않다"라고) 꽥꽥 짖어대는 사람들에 의해 인도되는 — 을 개최했다. 매년 봄 그것은 지역의 과학적 연구 프로젝트를 표적으로 삼았으며, 1987년에는 코넬 의과대학(이타카의 본교가 아니라 맨해튼에 위치한)의 프로젝트를 대상으로 선택했다.

국립약물남용연구소National Institute on Drug Abuse: NIDA의 자금지원을 받았던 코넬 실험은 동물의 두개골에 이식된 전극을 이용하여 고양이를 대상으로 바르비투르[신경안정제 — 옮긴이]의 효과를 시험했다. 한 약리학 교수가 1973년 이래로 약 200마리의 고양이를 상대로 이 연구를 수행해오고 있었다. 동물 활동가들은 돈이 도움을 주러 가야 할 곳은 그곳이 아닌 실제 인간 중독자들이라는 것에 근거하여 자주 약물중독 연구를 표적으로 삼는다. 친숙한 종의 이용이 그 프로젝트를 여론에 취약하게 만들었다. 반면에 그 실험을 전폭적으로 지원했던 것은 자금지원 기관과 의과대학 행정처였다. 그 기관들은 어떠한 분명한 제도적 취약점도 가지고 있지 않았다.

그 캠페인은 1987년 4월 24일, 즉 세계 실험실 동물의 날 학교 밖 저항과 함께 시작되었다. 대략 350명의 사람들이 시위를 벌였고, 56명이 시민불복종을 이유로 체포되었다. TSU는 세계 실험실 동물의 날을 둘러싼 평판을 통해서뿐만 아니라 저항 전화하기와 편지쓰기를 전개하기 위해 65개의 다른 조직들과 네트워크를 형성한 것을 통해서도 성장한 동물권리 행동주의의 덕을 보았다. NIDA는 만 통 이상의 저항 편지를 받았고, 80곳의 의원 사무실이 문의를 받았다. 몇몇 과학자 — 대항전문가로 전국적인 동물권리운동에 관여한 ─ 는 고양이가 인간의 바르비투르 의존성에 적절하지 않은 모델이기 때문에 그러한 연구와 중독치료 간에는 어떠한 관련성도 존재하지 않는다고 주장하면서, 그 실험에 대한 비판의 밑그림을 그려주었다.

코넬의 관계자들은 결국에는 치명적인 실책이 된 몇 가지 놀랄 만한 조치를 취했다. 8월에 그들은 TSU 대표인 조지 케이브와 과학 고문인 머리 코언Murray Cohen ─ 그는 전국 곳곳에 있는 많은 동물권리 단체들의 고문을 맡고 있었다 ─ 을 만났다. 케이브에 따르면, 그 관계자들은 "실험이 종결"되었고, 5월에 승인된 갱신 보조금은 사용되지 않을 것이라고 말했다. 그는 코넬 위원회가 초안을 작성한 후 의과대학 후원 프로그램 부학장이 서명해서 의회의원들과 미디어에 보낸 한 통의 편지를 인용했다. 편지에는 약리학자의 연구를 옹호하면서도 "고양이 모델의 사용이 필요했던 …… 연구는 기본적으로 완료된 상태"라고 모호하게 쓰여 있었다. TSU는 승리를 주장했다.

두 달 후 해당 연구가는 고양이 연구를 계속하기 위한, 그리고 또 쥐를 사용하는 실험 모델을 개발하기 위한 갱신 보조금을 NIDA에 신청했다. 앞서의 편지를 발송했던 학장이 공동 서명한 그 신청서는 자금을 지원받았다. TSU가 이 사실을 알았을 때, 그 단체는 코넬이 거짓말을 했다고 주장하면서 편지쓰기 캠페인을 재개했다. 코넬로부터 거의 어떤 도움도 받지 못한 채 개인적 괴롭힘을 당하고 있었던 연구자는 1988년 9월 보조금을 반환했다. 코넬 관계자들은 그 실험이 '제도적 신뢰'를 유지하기 위해 이루어졌으며, 또한 그것은 연구자 자신의 개인적 결정이었다고 말했다. 그 대학은 실험 모델을 쥐로 바꾼 그녀의 연구에 자체적으로 임시 자금을 제공했다.

그것은 동물권리운동에 의해 중단된 가장 유명한 과학적 실험(그리고 유일한 실험)이었다. 그것은 또한 최후의 사례일지도 모른다. 그 사례는 동물권리 옹호자들의 '운동 정체성'을 막 인식하게 된 연구 공동체에게는 강력한 도덕적 충격이었다. 전국 각지의 성난 과학자들은 코넬에 편지를 보내, 대학이 '극단주의자들'로부터 연구자들을 보호할 책임이 있으며, 코넬의 결정은 하나의 '비참한 선례'라고 주장했다. 심지어 NIDA조차 그 대학의 '타조 같은[무사안일주의적인 ─ 옮긴이] 자세'를 공격하면서, 그 결정이 미래의 자금 조달에 악영향을 미치게 될 것임을 넌지시 비추었다. 주요 사립대학의 하나가 진행 중인 연구 프로젝트를 중단시켰다는 사실이 생물의학 공동체를 자극하여 행동을 취하게 했다. 연구에 동물을 이용하는 것을 옹호하기 위한 새로운 조직들이 설립되었다. 전문협회들이 동물권리운동에 반대하기 위한 전술들을 논의하고 또 단호한 입장을 취하고 있는 연구기관들에 조언을 하기 시작했다. 이 활동은 코넬의 사례에 의해 가속화되었다. 위협의식에 의해 추동된 강경한 대항운동이 동물권리운동과 싸우기 위해 신속하게 결성되었다.

코넬 캠페인에서 이미 승리했다고 믿었던 TSU는 1988년 봄에 뉴욕대학교(이하 NYU) 의과대학을 표적으로 삼았다. 이 사례의 실험에는 접착제와 페인트에 사용되는 일반 산업용 용매의 하나인 톨루엔을 흡입하도록 훈련된 짧은 꼬리 원숭이(고양이처럼 친숙한 종)가 관련되어 있었다. 그 연구의 목적은 톨루엔이 사용 초기 단계에서 인체에 미치는 영향을 알아내는 것이었다. 왜냐하면 아이들과 십대들이 이따금 재미삼아 톨루엔을 코로 흡입하기 때문이었다. 역시 NIDA의 지원을 받은 한 환경의학 교수가 NYU 맨해튼 캠퍼스의 북쪽 40마일 떨어진 곳에서 실험을 지휘하고 있었다.

NYU에 맞선 TSU의 캠페인은 코넬 저항과 닮아 있었다. TSU는 NYU

도서관과 행정동의 정면에 피켓을 설치하고, 의회의원들과 NYU 관계자들에게 무수한 편지를 썼다. 1988년 4월(제7장에서 기술된 조사연구가 수행된 때)에, 그리고 1989년 4월에 또 다시 거의 1000명의 시위자들이 참여했다(1987년 코넬 저항에서는 350명이 참여했었다). TSU는 코넬 캠페인에서 했던 것과는 달리 NYU 관리자들과 대화하려고 시도조차 하지 않았다.

TSU는 NYU 프로그램에 거의 어떠한 영향도 미치지 못했다. 캠페인이 새로운 지지자들을 동원하고 미디어 보도를 끌어냈기 때문에 지도자들이 얼마간의 성공을 주장하기도 했지만, 실험에서는 (보다 엄격한 보안조치를 제외하면) 어떠한 유의미한 변화도 일어나지는 않았다. TSU는 두 번째 집회(1989년)를 조직화하는 데 거의 어떠한 노력도 기울이지 않았다. 1988년 NYU에 대한 영향력 행사에 실패한 이후, 많은 TSU 성원이 그들의 관심을 다른 동물 쟁점으로 돌렸으며, 1989년 NYU 저항 직전에 있었던 TSU 회합은 NYU 행동보다는 모피에 더 많은 시간을 할애했다. 1990년 4월에는 NYU에 대항한 어떠한 저항도 일어나지 않았다. TSU의 캠페인은 사실상 종결되었다.[38]

NYU는 처음부터 캠페인에 대해 공세적 입장에 서서 '사전 행동적'으로 대응했다. 전문적인 홍보 담당자들이 뉴스매체와 상호작용하는 업무 대부분을 떠맡았지만, 연구책임자는 집중적인 홍보훈련을 받을 것을 요구받았고, 그 결과 그는 미디어에 보다 유창하게 대응할 수 있었다. 저항 바로 전날 매번 NYU는 묘수의 하나로 기자회견을 열어 표

---

[38] TSU는 당시 내부 분열을 겪었다. 그리고 그 결과 붕괴되었다. 다른 동물권리 단체들이 1991년 4월 NYU에서 시위를 벌였으며, 거의 300명에 달하는 저항자들을 끌어들였다. 그러나 그들이 초점을 맞추고 있던 것은 그러한 실험들이 아니었다. 그 이후 시위는 훨씬 더 소규모가 되었다.

적이 된 실험과 과학적 연구 일반 모두를 칭찬했다. 1988년에는 둘 다 남부 켄터키 억양을 가진, 병에 걸린 여덟 살짜리 아이와 그의 어머니를 회견에 내세웠다. 그 소년은 백혈구의 흐름을 막아 혈액응고를 방해하는 혈관종양 환자였다. 그리고 과학자들은 소년이 동물실험을 통해 개발된 처치가 아니면 살지 못할 것이라고 주장했다. 그와 그의 어머니는 동물에 대한 자신들의 사랑뿐만 아니라 몇몇 동물이 인간을 살리기 위해 희생되는 것에 대한 감사 또한 분명하게 표명했다. 다음 날 보도된 저항에 관한 대부분의 뉴스에는 그 회견에서 나온 동정적인 장면들이 포함되어 있었다.

여론을 둘러싼 싸움에서 NYU는 우리에 갇혀 희생되는 털북숭이 동물의 호소력에 필적하는 감정적 호소력을 발견했으며, 그러한 반작용으로 그 프로젝트의 취약점을 감소시켰다. 그것은 NYU를 도구적 합리성의 죄를 범한 냉혹한 관료제로 바라보는 저항자들의 프레이밍과 경쟁할 수 있었다.

NYU의 전술은 동물권리운동의 공격에 대한 가장 효과적인 대응으로 인식되었다. 전국 각지에서 생물의학 연구의 도움을 받은 적이 있는 평범한 미국인들(특히 어린이들)을 동반한 언변 좋은 홍보 담당자들이 과학자들을 대신하여 대변인 역할을 맡았다. 이제는 잘 지도받은 각별히 카리스마적인 과학자들만이 텔레비전 카메라 앞에 설 수 있게 되었다. 동물연구를 지지하는 불치병 환자 모임incurably ill for Animal Research: iiFAR이라는 이름의 협회가 대단히 헌신적이고 사람을 감동시키는 연사들을 공급했다. 과학자들은 인간성을 부여받았고, 상냥한 가족 주치의나 옆집의 이웃으로 묘사되었다. 동물권리 활동가들은 기존의 동물보호협회를 대량의 기부금으로 은밀하게 장악하고자 하는 못된 또는 심지어는 염세적인 급진적 과격파로 묘사되기도 했다. 감정에 사무치는 호소들이 상대방의 신뢰성을 훼손하기 위한 적극적인 강력한 노력들과 함께 계속 되풀이되었다. 각각은 상대편을 부유하고, 악의적이며, 막강한 것으로, 즉 비난받아 마땅한 위협으로 묘사했다.

자금지원 기관들은 NYU의 행동을 지켜보는 또 다른 청중이었다. NYU는 코넬과 NYU 실험 모두의 자금을 지원한 기관인 NIDA가 코넬의 항복에 불만을 표시해왔다는 것을 잘 알고 있었다. 나아가 코넬 사례에 뒤이은 과학계의 대응과 대항조직화가 동물권리 저항에 대한 다른 대학들의 반발을 강화했다. 그것이 NYU에 주는 메시지는 분명했다. 그것은 바로 시위자는 무시하고 자금 제공자와 공중의 환심을 사라는 것이었다. NYU 관계자들은 코넬 사태와 전국 각지의 유사한 수십 개의 논쟁을 관찰한 후에 자신들의 전략을 결정했다. 동업조합과 전문단체들은 전화 네트워크, 뉴스레터, 회합을 통해 저항자들에 대한 효과적인 대응과 관련한 정보를 확산시켰다.

코넬과 NYU는 방어적이고 반발적인 대응에서부터 적극적이고 사건 행동적인 대응에 이르는 연속선상이 두 극단으로 인식될 수도 있다. 그리고 연구기관들은 그와 유사한 경험들로부터 교훈을 끌어냈다. 주 단위와 전국 단위의 과학자 조직들이 전술에 대한 정보를 확산시킴에 따라, 표적 기관들은 NYU에서 효력을 발휘한 사전 행동적 대응을 채택할 가능성이 점점 더 커지게 되었다. 그 결과 동물권리 캠페인들이 승리하는 경우는 훨씬 더 줄어들었다. 동물권리를 위한 운동 정체성이 강력해질수록 연구 공동체는 위협, 도덕적 충격, 격분을 더 많이 느꼈으며, 그것은 다시 보다 단호한 반발로 이어졌다.

문화적 전략

이 두 논쟁의 결과가 달랐던 것은 부분적으로는 코넬의 실책, 즉 명백한 거짓말 때문이었지만, TSU도 그것을 실책으로 프레이밍하면서 그것의 극악함을 역설해야만 했다. 캠페인이 시작되었을 때, 코넬의 입장은 강경한 듯 보였고, TSU도 그렇다고 판단했다. 표적이 된 연구는 친숙한 종을 포함하고 있었음에도 불구하고 실행되었다. 코넬은 일반 공중의 선의보다는 정부의 자금지원과 졸업생들의 지원에 더 많이 의존하는 연구중심 사립 대학이다. 자금지원 기관은 실험의 중단을 바라지 않았다. 사실 그곳은 실험을 계속하기를 강력하게 원했다. 그러나 의과대학은 저항자들을 상대하면서 전략 실수를 범했다. 대학의 홍보 대리인들은 공중의 인상을 틀 짓기 위해 노력하기는커녕 상대적으로 별다른 일을 하지 않았다. 아마도 코넬은 모호한 약속들로 저항자들을 누그러뜨리면 그들이 떠나갈 것이라고 생각했거나, 저항자들이 너무나도 약해서 코넬로 하여금 겉치레 약속을 지키도록 강요할 수 없을 것이라고 생각했거나, 아니면 저항자들이 솔직히 실험이 지속되는지를 알지 못할 것이라고 생각했던 것 같다. 코넬은 연구가 종결될 것이라고 암시하는 확약을 구두로 그리고 서면상으로 했기 때문에, 수치심에 그 약속을 지키지 않을 수 없었다. TSU는 일련의 직간접적 접촉들을 통해 코넬이 평정심을 잃게 만들었다.

그 프로젝트가 매력적인 동물들을 이용하는 것이었음에도 불구하고, NYU는 그 프로젝트의 취약점과 실책을 어떻게든 최소화했다. NYU는 그 나름의 감정적 호소들을 통해 미디어의 관심을 진정시킴으로써 자신의 강경한 입장을 견지하기 위해 노력했다. NYU 의과대학의 아홉 명으로 이루어진 홍보실은 오랜 동물논쟁 경험 — NYU는 1979

년과 1986년 서로 다른 동물권리 단체들로부터 공격을 받은 적이 있었다 —
을 바탕으로 상황을 변화시켰다. 그것 말고도 그 대학은 오해받기 쉬
운 공개 논평을 피하려고 노력했다. 대학은 기자회견에서 말을 잘못하
여 곤란한 상황에 처하는 것을 피하기 위해 표적 연구자를 미디어 훈
련학교에 보냈다. TSU는 거의 어떠한 취약점도 발견하지 못했고, 어
떠한 실책도 유발시키지 못했다.

단지 일 년 차이를 두고 나온 코넬과 NYU의 대비되는 대응은 급속
하게 전개되던 동물권리 논쟁에서 일어난 변화를 반영하는 것이었다.
왜냐하면 갈등이 진전됨에 따라 저항단체와 표적들의 청중과 전략이
자주 변화하기 때문이다. 공중의 인식이 고양되고 미디어 보도가 증가
하자, 양측 모두는 우호적인 여론을 조성하고자 하는 경향을 드러냈
다. NYU가 얼마 전인 1986년에 다른 시위자들과 협상을 한 적이 있었
지만, 1988년에는 저항자들과 NYU 대표자들은 서로 이야기하기를 꺼
렸다. 대신에 양측은 자신들이 중립적인 공중을 놓고 상징적 전투를
벌이는 중이라고 생각했다.

동물권리운동의 경우에 전국적인 논쟁의 증가는 그러한 확장 전략
을 부추겼다. 전국적인 네트워크, 운동 정체성, 그리고 조직 노하우와
전술 혁신의 확산은 동물권리 조직들이 성원을 동원하고 기금을 축적
하는 데 도움을 주었다. 실험실에서 가져온 사진과 비디오테이프들이
널리 배포되었고, 그것들은 효과적인 충원장치임이 입증되었다. 하지
만 논쟁의 확대는 과학자들에 의한 대항동원 또한 자극했다. 동물 활
동가들에게서 출현한 운동 정체성은 과학자들에게 위협의식을 고조시
켰고, 누구를 비난해야 할지를 정해주었다. 표적 연구단체들은 자원을
모으고, 전술 정보와 전문지식을 공유하고, 반격을 가하기 위한 전략
을 다듬기 시작했다. 코넬에 대항한 저항자들의 승리는 주목을 요하는

하나의 도덕적 충격이었다. 그로 인해 생긴 대항조직은 미래의 표적들에게 동물권리 캠페인에 대항하면서 실책을 범하지 않을 방법을 성공적으로 보여주었다. 1980년대 후반에는 전술 정보를 공유하여 생물의학 연구를 방어하기 위해 주 단위 단체들이 무려 19개나 설립되었다. 알코올·약물남용·정신건강 관리국Alcohol, Drug Abuse, and Mental Health Administration의 국장인 프레데릭 굿윈Frederick Goodwin은 NYU의 1989년 기자회견에 직접 참석하기로 결정한 후, 다음과 같이 발표했다. "그들은 코넬에서 성공했다. 그들은 상위권 대학들로 하여금 졸업생의 기부금에 대해 걱정하게 만들었다. 대학들은 나쁜 평판을 얻었다. 그 결과 연구자는 보조금을 포기했고, 납세자들의 돈은 낭비되었다. 그리고 실제로 이것이 과학 공동체의 주목을 받게 되었다. 나는 그들이 또 다시 성공할 수 있을 것으로 생각하지 않는다. 나는 NYU가 그렇게 할 것이라고 생각하지 않는다. 나는 코넬도 재차 그렇게 하지 않을 것이라고 생각한다. 나는 우리 모두가 매우 호된 교훈을 얻었다고 생각한다."

동물권리 논쟁에서 발생한 일은 원자력 에너지에서 전개된 상황과 유사했다. 초기의 저항자들은 이따금 표적의 허를 찔러 지역적 승리를 달성할 수 있었다. 갈등이 전국적으로 확산됨에 따라 대항운동이 발전했고, 그들의 반발도 강경해졌다. 매우 효과적인 전술이 양편 모두에서 퍼져나갔고, 그리하여 전략이 예측 가능하고 덜 효과적이게 되었다. 두 산업의 자원과 정치적 영향력이 그들로 하여금 결국에는 대부분의 직접적인 공격을 막아낼 수 있게 해주었다. 그렇지만 미국인들이 원자력 에너지에 대해 그리고 동물에 대해 생각하는 방식은 크게 그리고 어쩌면 영구히 변화되었다. 그리고 또 다른 운동 목표들이 대두되었다.

청중, 전략, 목표

우리가 살펴보았듯이, 저항자들은 다양한 목표를 가지고 있다. 이를 테면 기업이나 국가정책의 변화, 공중의 감상 변화, 저항자들 자신의 개인적 성장이 그것들이다. 저항자들은 동시에 여러 목표를 가지며, 그들의 목표는 시간이 경과함에 따라 변화한다. 그리고 개별 저항자들은 한 운동 내에서 다양한 목표를 가지기도 한다. 모든 행위와 진술은 상이한 여러 청중을 가지며, 저항자들은 그 상이한 청중들로부터 서로 다른 결과들을 기대한다. 어떤 단체는 재정적 지원자들이 자신들의 활동의 효과를 인식하기를 바라기도 하고, 국가 당국자들이 자신들의 파괴 능력을 알아주기를 바라기도 하며, 공중의 성원들이 자신들의 타협 노력들을 알아주기를 바라기도 한다. 있을 수 있는 여러 청중과 그들에 대해 저항자들이 가질 수 있는 목표들을 목록화했던 〈표 12-1〉을 상기해보라.

지휘자들은 상이한 수단을 통해 상이한 청중들이 수용하는 메시지를 통제하는 방식으로 각각의 청중의 마음을 움직이고 싶어 한다. 보다 공적인 진술들은 보다 친밀한 진술들과는 어조와 의도에서 다르다.[39] 어떤 단체는 자신들의 충성심을 입증한 참여자들 간에 비밀리에

---

39 행크 존스턴(Hank Johnston)은 서로 다른 담화 환경에 대해 논의한다. Hank Johnston, "A Methodology for Frame Analysis: From Discourse to Cognitive Schema," in Johnston and Klandermans(eds.), *Social Movements and Culture*. 머리 에덜먼(Murray Edelman)은 정치와 문화에 대한 고전적 분석에서 국가는 자신의 결정이 산업에 미치는 실제적인 경제적 영향과는 상충되는 상징적 메시지들을 보다 광범위한 공중에게 자주 전한다는 것을 보여주었다. Murray Edelman, *The Symbolic Uses of Politics*(Urbana: University of Illinois Press, 1964). 그는 다음에서 이러한 노선의 연구를 계속했다. Edelman, *Political Language: Words That Succeed and Policies That Fail*(New York: Academic Press, 1977); *Constructing the Political Spectacle*(Chicago: University of Chicago Press,

진솔한 내부 토론을 벌이는 것을 특히 좋아할 수도 있다. 그러한 노력은 정보 제공자나 미디어로 인해 자주 실패하며, 따라서 동일한 진술과 행위들이 다수의 청중들에게 전달된다. 상대방은 서로 다른 청중들에게 전달되는 메시지들 사이에서 언제나 모순을 찾아내기 위해 노력한다. 왜냐하면 그러한 모순이 정직하지 못하다는 비난을 할 수 있게 해주기 때문이다. 이를테면 동물권리운동은 공개적으로는 개선을 주장하지만 '실제로는' 폐지를 원한다고 비난받았다. 우리가 공개 토론에서 온건하게 주장한 것이 마치 부정직하기라도 한 것처럼 매도되기도 한다. 이것이 하나의 운동 내부에서 상이한 단체들이 대체로 상이한 청중들과 관계를 돈독히 하게 되는 이유들 중의 하나이다. 따라서 온건주의자들이 의회를 상대로 로비를 벌인다면, 급진주의자들은 직접행동을 벌이며 강경 지지자들에게 호소한다. 하지만 대개의 경우 재정적 지원을 위해서는 그들 모두 동일한 공중 성원들에게 호소해야만 한다.

비록 레토릭이 전통적으로 화자와 청중 간의 관계와 관련한 것임에도 불구하고, 정치 분석가들은 좀처럼 그 동학을 연구하지 않는다. 공개 성명서뿐만 아니라 저항자들의 행위 또한 저항자 자신을 포함하여 다양한 청중에게 메시지를 보내기 위해 기획된다. 케네스 버크는 행위와 텍스트가 유사한 방식으로 읽힐 수 있다고 역설하면서, 스노와 벤퍼드가 공명과 관련하여 말한 것처럼, 행위나 행위자와의 동일시가 성공적 레토릭에 결정적이라고 주장했다.[40] 그러나 청중들은 동일한 메시지에 다양한 반응 ― 즉, 공포, 감탄, 질시, 격분, 협박 ― 을 보일 수 있다. 저항행위에서 청중과 메시지 ― 의도된 또는 의도되지 않은 ― 를 분류하

1988).

40   Kenneth Burke, *A Rhetoric of Motives*(New York: Prentice-Hall, 1950).

는 것은 비록 어렵지만 유용하며, 또한 전체 전략 게임을 이해하는 데 필수적이다.

다수의 목표들은 서로를 상쇄시킬 수 있다. 전쟁과 게임의 전략 은유들은 대부분의 정치적 갈등에서 (때때로 간접적으로) 발생하는 협상과 의사소통을 경시하는 경향이 있다. 폴 버스타인Paul Burstein, 레이철 아인보너Rachel Einwohner, 그리고 조슬린 홀랜더Jocelyn Hollander의 '협상 관점bargaining perspective'은 사회운동 연구의 초점을 전략적 상호작용에 맞추려는 최근의 노력 중 하나이다. 협상 관점은 "참여가 합리적인 것은 …… 단지 [그것이] 성공을 가져올 수 있을 때뿐이다"라고 가정한다는 점에서 게임 이론과 친화성을 가진다. 이 기대가 타당하기 위해서는, "사회운동이 아주 자주 성공해야만 하며, 그들의 성취가 적어도 얼마간은 참여자들의 통제하에 있는 요인들에 의해 좌우되어야만 한다".[41] 협상은 양보를 보상으로 하는 전략적 상호작용의 한 가지 형태이다. 따라서 협상 발생의 여부는 주변의 정치구조와 다양한 행위자(특히 국가)의 목표에 달려 있다. 한 단체가 여러 목표를 추구한 때, 몇몇 영역에서의 실패는 다른 몇몇 영역에서 거둔 성공에 의해 상쇄될 수 있다.

이제 우리는 특정 캠페인들에서의 성공이 어떻게 전체 저항운동의 장기적 성공을 해칠 수 있는지를 살펴볼 필요가 있다. 국가억압이 부재할 경우, 운동은 조기에 성과를 달성할 수도 있다.[42] 그러나 그것이

---

41 Paul Burstein, Rachel L. Einwohner and Jocelyn A. Hollander, "The Success of Political Movements: A Bargaining Perspective," in J. Craig Jenkins and Bert Klandermans(eds.), *The Politics of Social Protest: Comparative Perspectives on States and Social Movements*(Minneapolis: University of Minnesota Press, 1995), p. 275.

42 제인 폴슨과 나는 「반격하기(Fighting Back)」에서 이 '때 이른 성공' 패턴과 '때 이른 실패' 패턴을 대비시켰다. 찰스 틸리는 초기 단계의 운동에서 실패는 통상적인 것이라고 단정한다. 그는 소규모 동원은 자동적으로 국가의 억압을 유발할 것이라고 가정한다. 그리고 실제로도 운동이 그 억압을 극복할 만큼 충분히 성장할 때까지는, 억압은 운동에 상처를 입힌

다시 훨씬 더 신속하고 강력한 대항동원을 고무한다. 그래서 논쟁이 무르익어감에 따라, 저항단체들은 특정의 단기적인 목표들보다는 자신들의 대의를 광범위한 공중에게 납득시키는 일에 더 주의를 기울일 수도 있다. 이를테면 동물권리운동에서 미래의 성공은 개별 실험들을 중단시키는 것이 아니라 연방 법규와 정책들을 통해 이루어질 수도 있다. 과학기관들은 실험실 동물의 상태를 개선함으로써 자신들의 취약점을 줄여왔다. 그러한 성공(보다 엄격한 연방법규, 동물관리와 이용을 위한 위원회들의 제도화)은 동물권리운동이 특정 범주의 실험 또는 (몇몇 운동이 추구하듯이) 모든 살아있는 동물실험의 폐지와 같은 보다 광범한 목표를 달성하는 것을 방해할 수도 있다. 그러한 경우에 운동은 솔직히 얼마간 모순적인 목표들(개선 대 폐지)을 가지게 된다. 전략과 함께 청중도 변화한다. 하지만 약간의 성공이 운동의 열정을 식히는지 아니면 훨씬 더 급진적인 요구를 고무하는지는 여전히 미결의 문제로 남아 있다.

사회운동의 상이한 성공 형태들 간에 존재하는 보다 복잡한 관계를 밝히기 위해서는 추가적인 조사연구가 필요하다. 어쩌면 어떤 종류의 조기 성공들은 그것이 결정적인 것이든 또는 극히 사소한 것이든 간에 대항동원으로 이어지지 않을 수도 있다.[43] 어떤 종류의 실책들은 대항운동이 감추기가 매우 어려울 수도 있다. 이를테면 제도적 대응이 여러 형태로 분산되어 이루어지거나 엘리트들이 적절한 대응을 놓고 분열되어 있을 때가 그러하다.

다. 내가 볼 때, 그렇게도 많은 과정 이론과 마찬가지로 틸리의 모델도 국가의 상당한 자동적 억압에 맞닥뜨리는 시민권 운동, 특히 노동운동과 민권운동에서 영감을 받고 있다. 이는 탈시민권 운동들에서는 사실이 아니며, 그것들은 종종 때 이른 승리들을 경험한다.

43   Zald and Useem, "Movement and Countermovement Interaction."

1970년대에 운동 성공에 대한 동원 이론적 설명들은 일반적으로 사회운동 조직과 그 지지자들의 특성, 자원, 전략에 집중했다. 동원은 그 자체로 성공의 한 유형이었으며, 다른 성공들을 가져오는 것으로 여겨졌다. 정치과정 접근방식들은 관심을 과세와 지출 권력을 가진, 그리고 저항을 억압하기 위해 폭력을 사용할 수 있는 권력을 가진 국가기구들로 이동시켰다. 국가가 저항자들을 정체에 접근하고자 하는 반란자들로 간주했기 때문에, 국가는 당연히 그들의 최고의 적이었다. 다른 경우들에서 국가가 중요했던 것은 국가가 저항과 갈등의 기본 규칙들을 설정했기 때문이었다. 다른 사람들은 단순히 운동 목표가 궁극적으로는 국가정책을 변화시키는 데 있다고 가정할 뿐이었다. 가해자, 규칙 제정자, 또는 문제 해결자로서의 국가 이미지가 저항자들에게서 각기 다른 목표와 전술들을 수반하지만, 많은 모델이 (시민권 운동들이 그러하듯이) 국가가 이 세 가지 모두라고 가정한다.

국가는 "정치체계의 조직자이자 승리의 결정적 요인일 뿐만 아니라 사회운동이 표적인 동시에 후원자이자 적대자"라는 공통의 가정은 "보다 파괴적인 운동일수록 그것의 목표를 달성할 가능성이 더 크다는 진부한 주장으로 이어져왔다".[44] 민권운동에서는 폭동이 그러했다면, 노동운동에서는 연좌농성이 그러했다. 국가는 운동을 단호히 억압하든 또는 양보하든 간에 그것에 개입할 것이 틀림없다. 이 주장은 과정 이론가들이 가장 많이 연구해온 시민권 운동에 잘 맞아떨어지지만, 공중의 의식이나 문화적 변화, 미디어의 공감이나 의제설정, 그리고 참여자 자신의 변화를 목적으로 하는 최근의 많은 운동에서는 시민권 운동

---

44   J. Craig Jenkins and Bert Klandermans, "The Politics of Social Protest," in Jenkins and Klandermans(eds.), *The Politics of Social Protest*, p. 3.

만큼 잘 부합하지는 않는 것 같다. 많은 저항운동의 표적과 상대방은 국가가 아니라 시민사회의 여타 행위자들이다. 국가가 자동적으로 억압하지 않는 그러한 운동들에서는 소규모의 행위도 실질적인 결과를 낳을 수 있다. 초기의 운동이 매우 성공할 수도 있다. 우리가 살펴본 사례들이 초기에 성공한 한 가지 이유는 청중이 여전히 제한적이었기 때문이다. 다시 말해 운동이 해당 산업 전체가 아닌 하나의 전기 설비 회사, 미국 의회나 대통령이 아닌 주의 규제기관, 그리고 공중 중 소수 성원이나 뉴스매체를 청중으로 삼았기 때문이다. 모든 생물의학 공동체가 주시하고 있었기 때문에, NYU는 코넬이 그랬던 것보다 더 강경한 입장을 취했다. 정치적 현상現狀에 도전하는 것과 광범한 문화적 감성에 호소하는 것 간의 균형은 상이한 운동과 단체들에서 서로 다른 방향으로 기울어질 수도 있다.

나는 성공에 관한 질문을 제기하기 어려운 까닭은 각 저항운동이 동시에 여러 개의 목표를 추구하기 때문이라고 말한 바 있다. 심지어 국가를 상대로 하는 목표조차도 다양할 수 있다. 버스타인과 그의 공동저자들은 저항운동이 정책에 미치는 결과를 다음과 같이 여섯 가지 유형으로 나누어 설명한다. 입법자와 정책 입안자들에 대한 접근, 입법자들을 위한 의제설정, 의도한 정책의 수립, 그러한 정책들의 이행이나 완수, 의도한 효과의 달성, 그리고 정치체계의 구조적 변화가 그것들이다. 그들이 그러한 정책 결과를 운동의 성공 정도를 누증적으로 보여주는 것으로 파악하지만, 각각의 성공을 위해서는 상이한 전략들이 필요할 수도 있다.[45] 심지어 국가 내에서조차 그러한 목표 각각에 따라 저항운동이 대상으로 하는 청중은 얼마간 다르다.

---

45   Burstein, Einwohner and Hollander, "The Success of Political Movements," p. 284.

어떤 다른 목표들은 국가와 별 관련이 없다. 우리가 살펴보았듯이, 디아블로 원자력 발전소 건설 반대 저항자들은 원자로를 폐쇄하는 것은 물론 자신들의 하위문화를 유지하는 것에도 관심을 기울였다. 대부분의 운동은 활동가 정체성과 문화에 얼마간 보다 광범한 영향을 미친다.[46] 많은 싸움은 또한 보다 광범한 상징적 중요성을 가지기도 한다. 이를테면 코넬 캠페인은 전국적인 동물권리운동과 과학자들의 대항운동에 변화를 가져왔다. 만약 저항에서 서로 다른 형태의 성공이 상이한 청중들을 조건으로 하는 것이라면, 그들의 명시된 목표를 달성하는 데 실패한 운동들조차도 중요한 쟁점들에 대한 그들 사회의 인식과 프레이밍에 영향을 미칠 수 있다. 결국에는 반핵운동과 동물권리운동을 수그러들게 만든 지역적 성공보다 공중의 감성 변화가 더 중요했을 수도 있다. 공중이 원자력 에너지와 동물보호라는 쟁점에 더 주의를 기울이게 됨에 따라, 전략적 투쟁의 장, 청중, 그리고 레토릭도 변화했다. 그럼에도 불구하고 초반의 승리가 잊을 수 없는 상징적 사건이 되어, 그 논쟁과 그 논쟁이 의미하는 바에 대한 공중이 인식을 틀 짓는 데 일조한 것은 물론이다.

상이한 형태의 성공은 상이하게 설명될 필요가 있다. 우선, 운동의 성공적 동원에 기여하는 것과 그 운동이 그 목표를 달성하는 데 도움이 되는 것 간에는 때때로 거의 어떠한 관계도 존재하지 않는다. 자원, 전략, 전기, 문화는 각기 다른 모습으로 섞여서 모든 형태의 성공을 설명하는 데 도움을 준다. 자원은 법원과 국가기관들에 영향력을 행사하는 데 가장 중요할 수도 있지만, 운동 성원들을 변화시키는 데에는 가

---

46 이를테면 평화운동이 여성운동에 영향을 미친 방식에 관해서는 David S. Meyer and Nancy Whittier, "Social Movement Spillover," *Social Problems*, 41(1994), pp. 277~298을 보라. 그것이 미친 영향으로는 전술적 혁신, 이데올로기적 프레임, 조직구조를 들 수 있다.

장 덜 중요할 것이다. 전략은 상대방, 그리고 어쩌면 잠재적 동맹자들과의 상호작용에서 가장 중요할 수 있다. 아마도 문화는 운동 자신의 성원, 방관자 공중, 그리고 어쩌면 운동이 바라던 방식으로 미디어가 움직이게 하는 데서 가장 큰 인과적 영향을 미칠 것이다. 전기는 주요 의사 결정자들의 반응을 설명하는 데 도움을 준다. 그러나 이 네 가지 모두는 모든 영역에서 작동한다.

사회운동 연구자들은 자신들이 연구하는 운동이 정책에 미치는 영향을 주기적으로 추적하지만, 성공의 한 형태로서의 제도화에 만족하는 경향이 있다. 거의 어떠한 사회운동도 자신의 명시적 목표를 완전히 달성하지는 못한다. 또한 어떻게든 조직으로 살아남는 경우도 그리 많지 않다. 하지만 조직화의 실패가 운동이 문화에 미치는 상당한 영향을 덮어버릴 수도 있다.[47] 대부분의 학자가 이를 차선으로 보며 애석해한다. 하지만 나는 문화적 영향의 확산을 하나의 중요한 목표, 즉 저항운동의 가장 중요한 기여들 중 하나라고 생각한다. 나는 시민권 운동이 문화적 스테레오타입보다는 법적 지위를 더 쉽게 변화시키는 반면(민권운동이 준 교훈들 중 하나), 탈시민권 운동은 문화적 감성을 변화시키는 데 더 관심이 있으며, 더 잘 그렇게 한다고 미루어 짐작하곤 했다.

---

[47] 폴 디마지오(Paul DiMaggio)가 보고한 한 사례에 따르면, 20세기 초 몇십 년 동안 이루어진 '실험연극(little theater)' 운동은 조직화에는 실패했지만 20여 년 후 미국 연극이 순수예술 노선에 따라 개편되는 데서 지적 토대가 되었다. Paul DiMaggio, "Cultural Boundaries and Structural Change: The Extension of the High Culture Model to Theater, Opera, and the Dance, 1900~1940," in Michèle Lamont and Marcel Fournier(eds.), *Cultivating Differences: Symbolic Boundaries and the Making of Inequality*(Chicago: University of Chicago Press, 1992)를 보라.

예술적 전략

전술과 전략의 선택은 복잡한 학습행위이다. 따라서 그것은 심원한 문화적 측면을 지니고 있다. 그것은 감정, 인지, 도덕적 전망에 의해 조건지어지기만 하는 것이 아니다. 이미 이루어진 선택들은 행위의 문화적 레퍼토리들이 된다. 전통을 가지고 장난하기도 하고 전통에 맞서기도 하는 전략·전술의 대가들은 자신들의 지역 정치문화를 자유자재로 활용하여, 때로는 기대를 충족시키고 때로는 기대를 박살내기도 한다. 그리고 전략과 전술의 혁신은 어떤 다른 새로운 관념이나 단편적 정보와 마찬가지로 확산된다.

전략에 어떤 문화적 내용이나 맥락이 전혀 존재하지 않는다면, 게임 이론가들이 보다 더 치밀하게 갈등을 모의할 수 있었을지도 모른다. 그러나 여러 예외가 있기 때문에(양극화된 교착상태조차 종종 균형을 이루기도 한다), 게임은 너무나도 복잡해서 제대로 예측하기 어렵다. 대부분의 게임 이론가들은 참가자들이 종착점에 어떻게 도달하는지에 대해서는, 특히 그들이 수를 전개하는 미묘한 타이밍에 대해서는 별로 언급하지 않은 채 종착점에만 집중한다. 학습과 혁신, 다수의 청중에 대한 배려, 그리고 저항자와 상대방의 다양한 목표가 그러한 복잡성을 층층이 쌓아가기 때문에, 우리는 대부분의 전략적 상호작용을 기술할 수는 있지만 예측할 수는 없다. 결국 묘수는 의외의 수들을 찾아내는 것으로 이루어진다. **체스 게임에서처럼, 때로는 나중에도 승부를 결정지은 첫 수를 확인하기란 불가능하다. 그리고 많은 수의 중요성은 경기자들이 그다음에 그 수들을 활용할 수 있는지에 달려 있다.** 앨린스키는 전략 선택의 무제한성을 강조했다. 다시 말해 "전술은 신중하고 차가운 이성의 산물이 아니다. …… 그것은 편성표도, 그리고 공격 계획도 따르지 않는다. 사고, 당신의 행위에 대한 예측 불가능한 대응, 불가피성, 그리고 즉흥적 행동이 전술의 방향과 성격을 결정한다".[48] 그리고 앞서 내가 말했듯이, 규칙들을 파괴하기 위한 규칙은 결코 존재하지 않는다. 여기에서 결정적인 것이 예술성이다. 왜냐하면 사람들은 선택하고, 그러한 선택이 중요하기 때문이다.

저항자들과 그들의 표적은 자신들의 선제 행동과 반응이 국가기관이나 공중과 같은 여타의 청중뿐만 아니라 자신들의 상대방에게도 미칠 영향에 대해 열심히 생각한다. 만약 경찰이 얼마간의 양보가 저항을 진정시킬 것이라고 생각한다면, 그들은 그렇게 하기도 한다. 만약 경찰이 저항자들에 대한 철저한 차단과 억압이 공중으로 하여금 저항자들에 대한 동정적 반발을 불러일으킬 것이라고 생각한다면, 그들은 그러한 대응을 피할 것이다. 이것이 게임 이론의 진리이다. 즉, 각각의 조치는 모든 다른 참가자들의 기대와 후속 반응을 고려하여 내려진다.

저항자들은 다른 무엇보다도 승리하기를 원한다. 따라서 그 목적을 달성하기 위한 전략의 선택은 저항의 다른 차원들로부터 얼마간 독립적이다. 그러한 선택은 많은 참가자들 사이에서 작동하는 예측 불가능한 갈등동학에 바탕을 두고 이루어진다. 하지만 전략 게임의 중요성에도 불구하고, 우리는 전술이 우리의 목적을 달성하기 위한 단순히 중립적인 도구가 결코 아니라는 것을 알았다. 전술은 그 자체로 가치를 가지고 있다. 즉, 전술은 저항자들 사이에 연대를 구축하고, 바람직한 사회를 미리 보여주고, 다양한 즐거움과 만족을 제공하고, 민주주의와 같은 중요한 도덕적 가치들을 표현하는 데 도움을 줄 수 있다. 선택은 순전한 전략적 판단뿐만 아니라 운동문화, 지도자의 전기, 그리고 가

---

48   Alinsky, *Rules for Radicals*, p. 165.

용한 자원들 또한 반영한다. 다시 한 번 말하지만, 저항의 차원들은 밀접한 상태에서 서로에게 영향을 미친다. 우리는 저항운동이 보다 광범위한 사회와 맺는 관계를 우선은 자원의 형태와 관련하여, 그리고 그다음에는 전략과 성공의 형태와 관련하여 고찰해왔다. 따라서 이제 우리는 운동의 출현, 전략, 결과를 이해하려고 노력하면서, 저항의 기본적 차원들 간에 이루어지는 상호작용들을 요약할 수 있게 되었다.

- 운동의 성공에 대한 설명들은 상호작용적 갈등이 사용하는 전략적 언어에 의지할 필요가 있다.
- 각 편은 상대방의 취약점들을 발견하고 상대방을 자극하여 실책을 범하게 하기 위해 노력한다. 그러나 취약점과 실책은 그러한 것들로 프레이밍되고 조작되어야만 한다.
- 저항자들의 말과 행위는 다양한 청중에게 각기 다른 목적을 가지고 기획된다. 국가는 단지 하나의 청중에 불과하며, 게다가 단일한 청중도 아니다.
- 전략이 문화, 전기, 자원으로부터 얼마간 독립되어 있기는 하지만, 전략은 그러한 것들로부터 크게 영향 받는다.

제14장

균형 잡힌 접근방식을 위하여

관념과 현실 사이에
몸짓과 행위 사이에
그림자가 드리운다.
                    ─T. S. 엘리어트

지금까지 문화가 전기, 자원, 전략과 상호작용하는 많은 방식들을 살펴보았기 때문에, 나는 이제 그것들을 간략하게 종합하고자 한다. 이 네 가지 기본 차원은 저항운동의 성쇠를 설명하는 데서 어떻게 함께 활용될 수 있는가? 내가 여기서 하고 싶은 것은 연구의 서로 다른 단계들에서 한 차원이나 또 다른 차원, 또는 그들 간의 교차관계를 살펴보는 것이 어떻게 유용할 수 있는지를 보여주는 것뿐이다. 나는 이들 차원이 갖는 논리적 비중이나 우선성에 관한 가정을 피하고자 한다. 저항을 설명하는 기본 요인들의 상이한 결합 상태를 이해하는 손쉬운 방법의 하나는 지금까지 이 책을 관통하고 있는 대비, 즉 완전한 시민권을 위한 운동과 내가 탈시민권 운동이라고 지칭해온 것 간의 대비를 계속 유지하며 논의하는 것이다. 우리는 대부분의 학자들이 저항운동의 한 가지 유형을 고찰해왔으며, 그 과정에서 특히 한 가지 종류의 운동에 적합한 이론들을 발전시켜왔다는 것을 살펴보았다. 우리는 서로 다른 종류의 운동들이 존재한다는 것을 인정함으로써 어떠한 요인들이 운동을 서로 다르게 만드는지를 관찰하는 작업에 착수할 수 있다. 나는 지금까지 문화적 과정과 그와 관련된 과정들을 운동의 출현 속에서, 운동 내부에서 일어나는 선택과 내부 동학 속에서, 그리고 저항운동의 외부 맥락과 결과 속에서 살펴보았다. 이제 나는 학자들이 사회운동에 관해 반복적으로 던지는 질문들을 검토하는 방식으로 이 세 가지 국면으로 되돌아간다.

출현과 충원

왜 저항운동은 10년이나 100년 전 또는 그 후가 아니라 그것이 발생하고 있는 바로 그 시점에서 발생하는가? 몇몇 광범위한 요인이 현재와 100년 전을 대비시켜 설명해준다면, 시기상으로 보다 근접한 다른 요인들은 1년이나 5년 전이 아닌 왜 지금인지를 설명해준다. 나는 제7장에서 1780년대가 아닌 1980년대에 동물권리운동이 출현하는 것을 가능하게 했던, 동물에 대한 광범한 문화적 감성들을 강조했다. 동정심이나 공감, 인간과 유사하게 여겨지는 종들을 대하는 방식과 관련한 당혹감 등등과 같은 감정들만큼이나, 자연세계에 대한 특정한 신념과 감정, 소비자 문화, 그리고 근대과학이 동물권리운동에 중요한 필요조건들이었다. 우리는 우리의 도덕적 직관과 원칙이 충격 받고 있다는 점, 그리고 정체성과 관행들이 위협받고 있다고 느끼고 있다는 점을 지적할 수 있을 것이다. 한때는 상상조차 할 수 없었던 어떤 관심사들이 이제는 있을 수 있는 것이 되었다.

마찬가지로 장기적인 관점에서 볼 때, 저항운동을 조직하는 데 필요한 자원과 전략 수행 능력 역시 역사적으로 변화해왔다. 찰스 틸리는 엄청나게 높아진 주거 밀도, 그 어느 때보다 더 거대한 도시들의 증가, 그리고 방대한 수의 노동자들을 보유한 공장과 여타 작업장들의 출현 모두가 어떻게 사람들로 하여금 그들이 원할 때 그들 자신을 더 쉽게 조직화할 수 있게 해왔는지를 서술하기 위해 방대한 양의 연구를 수행해왔다. 민주적 참여를 위한 공식 절차들이 국가들을 가로질러, 그리고 의사결정 영역들을 가로질러 확산되어왔다. 윌리엄 슈얼에 따르면, 프랑스혁명 이후 수십 년이 채 지나지 않아 새로운 형태의 결사체들이 발전했는데, 그것들은 무엇보다 경제적 이해관계의 추구를 중심으로 조직됨에 따라 시민권 운동에 매우 적합한 것이었다(이는 구조적 장치와 문화적 장치가 어떻게 서로 협력하는지를 보여주는 한 가지 좋은 사례이다).[1] 미디어는 그러한 노력 및 이미지들과 나란히 새로운 관념들을 전파하고 새로운 이해관계들을 구성해갔다. 시드니 태로는 18세기 후반과 19세기 초반의 '인쇄혁명'을 강조했다.[2] 우리는 제2차 세계대전 이후의 운동들을 설명하기 위해 정치적 정보와 문화적 감성의 전달자로서의 텔레비전을 마찬가지로 강조하곤 했다. 보다 최근에는 컴퓨터가 정보의 저렴한 확산을 도와왔다. 매카시와 잘드가 그들의 연구에서 설명했듯이, 이 모든 것 외에도 일인당 부가 증가하고 있으며, 그에 따라 점점

---

1   William H. Sewell Jr., *Work and Revolution in France*(Cambridge: Cambridge University Press, 1980); "Collective Violence and Collective Loyalties in France," *Politics and Society* 18, pp. 527~552.

2   Tarrow, *Power in Movement*, part 1.

더 많은 사람들이 저항에 할애할 자유재량 자원들을 가지게 되었다.

그러한 구조와 자원들은 조직화 능력을 설명하지만, 구체적으로 어떤 운동들이 조직화될 것인지에 관해서는 거의 어떠한 것도 말해주지 않는다. 추측컨대 이는 배제된 집단들은 '태생적', 그리고 통상적으로는 경제적 이해관계들을 가진다는 가정에 근거하고 있기 때문일 것이다. 하지만 새로운 기술적·재정적 자원들과 보다 응집적인 공동체적 유대도 문화와 연결되어 있다. 그것들은 메시지의 전달을 통해 문화와 직접적으로 연결되어 있을 뿐만 아니라 집단경계를 변화시키고 정체성에 영향을 미치고 목적의식을 고취하는 식으로 간접적으로도 문화와 연결되어 있다. 과거의 전략적 갈등들이 그러했듯이, 다른 자원들에 대한 통제력과 함께 미디어에 대한 소유권과 통제력은 그러한 구성물들을 둘러싼 투쟁에 영향을 미친다.

일반적인 역사적 변동에 덧붙여 우리는 보다 구체적인 위협, 부정의 프레임, 비난의 구성 ─ 그것들이 초기 활동가, 미디어 또는 개인 그 누구에 의해 이루어진 것이든 간에 ─ 을 근인으로 살펴볼 필요가 있다. 그것들이 바로 구체적 불만, 공식적 레토릭, 목표, 정체성을 규정하고, 저항세력을 결집시킨다. 전기와 문화는 우리가 그러한 계기들의 배후에서 이루어지는 해석 작업을 이해하는 데 도움을 줄 수 있다. 가장 빈번하게 도덕적 충격을 주는 것은 단지 탄압 가능성을 전조하는 것을 훨씬 넘어서는 상징적 함의를 지닌 사건들이다. 왜냐하면 그러한 사건들은 개인들에 의해서뿐만 아니라 미디어에 의해서도 널리 보도되고 해석되기 때문이다. 그것들은 널리 퍼져 있지만 완전히 구체화되지는 않았을 수도 있는 감성, 즉 아직은 초기 상태에 있지만 상징화될 수 있는 감정구조에 호소한다. 여기에는 이미 전략적 행위가 개재되어 있다. 왜냐하면 그러한 촉발사건들은 일반적으로 국가, 상대방, 또는 다른 정치적 참가자들 쪽에서 이루어지는 결정이나 여타 행위들로부터 생겨나기 때문이다. 때때로 운동 조직자들은 적극적 호소를 통해 도덕적 충격을 촉발시키기도 한다. 잠재적 저항자들이 사건이나 레토릭을 어떻게 해석하는지가 그것들이 운동을 촉발하는 데 기여할지를 결정하게 될 것이다. 우리는 제5장에서 위협과 비난의 심리적·전기적 차원들을 탐색하는 것을 단지 시작했을 뿐이다. 비록 보다 의식적 자각이 필요하기는 하지만, 사건과 마찬가지로 개인들도 운동과 관련한 욕망과 감정을 내포할 수 있다. 즉, 개인들도 단체를 설립하거나 카리스마적인 지도자가 될 수도 있다. 전기적 특질, 이를테면 청중들에 대한 그들의 특별한 감성이 그들이 그렇게 하거나 그렇게 될지를 설명하는 데 도움을 줄 수 있다.

시민권 운동을 전형으로 삼고 있는 전통은 다소 다른 견해를 취한다. 그 전통은 문화적 해석을 강조하기보다는 불리한 처지에 있는 집단의 성원들은 항상 그들의 지위를 개선하기 위한 방법을 찾고 있다고 가정한다. 그 결과 적극적인 해방운동이 출현할 수 있게 해주는 결정적 요인들은 억압 정도의 변화 및 성공 가능성과 관련되어 있다. 게다가 억압받는 사람들의 운동은 그 용어가 함축하듯이 특정 수준의 실제 불이익에 맞서 싸우는 것이다. 그들의 불이익이 다른 누군가의 이익을 의미하기 때문에, 저항자들은 처음부터 반격을 당할 가능성이 크다. 그러한 집단의 기저에 깔려 있는 감성, 이해관계, 집합적 정체성은 시간이 경과함에 따라 구성된 것임에 틀림없지만, 그것들은 자주 단기간 내에 주어진 것으로 간주된다. 이와 대조적으로 탈시민권 운동들은 일반적으로 자신들의 운동 정체성과 활동가 네트워크를 창조해야만 한다. 이것은 그들이 종종 상대방을 기습적으로 공격할 수 있으며, 심지어는 그들 자신의 활동을 통해 적을 만들어낼 수도 있다는 것을 의미한다.

운동들 간의 이러한 차이 이면에는 문화적 요인들과 여타 요인들 간의 서로 대비되는 조합과 상호작용이 자리하고 있다. 앞서의 논의들을 요약하면, 잠재적 지도자와 여타 저항자들은 부정의를 인식할 뿐만 아니라 그것을 공론화하고 어쩌면 시정하기 위한 기회까지 감지해야 한다. 일단 광범위한 문화적 필요조건들이 존재하면(일단 원인을 상정할 수 있게 되면), 우리는 어떤 쟁점에 가장 민감할 것 같은 개인들을 찾아낼 수 있다. 여기서 우리는 문화적 요인과 전기적 요인 모두를 고려할 필요가 있다. 문화적 의미들은 불균등하게 분포되어 있다. 따라서 어떤 사람으로 하여금 다른 사람들보다 특정 쟁점을 더 많이 인식하고 그것에 대해 더 우려하게 하는 성향을 낳는 특정 직업, 지역, 성적 선호, 종교, 또는 여타의 관행들이 존재할 수 있다. 이를테면 목동과 어부는 비록 동물보존에 대해 걱정할지는 몰라도, 솔선하여 동물권리를 염려하지는 않을 것이다. 따라서 우리는 일상 관행, 문화적 의미, 그리고 사회적 쟁점들 간의 선택적 친화성을 탐색할 필요가 있다. 우리가 감제적 동조자들의 범주를 확인하고 나서 그들이 어떤 문화적 감성은 채택하고 다른 감성들은 거부하는 선택과정을 고찰할 때, 어쩌면 전기 — 적절하게 구체적으로 언급된 — 가 왜 그 사람들 중 일부는 쟁점을 인지하고 다른 사람들은 인지하지 못하는지를 알 수 있게 해줄 수도 있다. 심리는 어떤 대의를 위해 최초로 활동한 사람들의 행위를 설명하는 데 특히 중요할 것 같다. 왜냐하면 그들은 저항운동이 존재하기 전에, 즉 비슷한 생각을 하는 개인들의 네트워크가 존재하기 전에 활동을 시작했기 때문이다. 위협과 도덕적 충격은 단지 문화와 전기를 통해서만 이해될 수 있다.

아마도 집합적 저항행위보다는 개인적 저항행위 — 그러한 저항행위가 저항에 불을 붙이기 위한 것이든, 또는 저항단체를 찾아내어 가담하기 위한 것이든 간에 — 가 전기에 더 많은 주의를 기울일 것을 요구할 것이다. 우리는 그러한 사람들이 감응하는 도덕적 원칙과 직관들을 이해해야만 한다. 하지만 그다음에 우리는 그것들을 보다 구조적인 맥락 속에 위치시켜야 한다. 이를테면 어떤 조직 환경이 다른 환경들보다 내부고발에 더 도움이 되기 때문이다. 어떤 사람들은 다른 사람들보다 더 기꺼이 개인적 행위를 하나의 타당한 전략으로 간주한다. 그리고 그러한 개인적 행위는 적어도 그러한 행위를 하도록 하는 데 기여하는 퍼스낼리티에 관한 정보를 수집하는 데 도움을 줄 것이다. 심지어 전략의 인식과 선택조차도 다른 사람들의 행위에 대한 예상, 자원분포, 그리고 과거의 상호작용들뿐만 아니라 개인의 성향에서도 연원한다. 거의 어떠한 학자도 그러한 행위를 탐구한 적이 없지만, 그것은 저항에 이르는 한 가지 경로이다. 더 나아가 그러한 개인들과 그들의 행위는 사건과 마찬가지로 다른 사람들을 고무하는 데 일조하는 상징적 힘을 지닐 수도 있다. 그들의 문화적 영향력은 그들의 수에 결코 비례하지 않을 수도 있다.

다른 차원들은 우리가 민감한 반응을 보인 개인들이 저항운동에서 함께 활동할 가능성이 있는지의 문제를 다룰 때 작동하기 시작한다. 가장 확실한 것은 자원이 이 지점에서 하나의 역할을 수행한다는 것이다. 왜냐하면 기술적 능력이 메시지를 확산시키는 데 결정적이기 때문이다. 성공에 대한 전략적 계산 또한 실제로 중요한데, 특히 그들의 죽음이 어떠한 결과를 가져오지 못할 것이라면, 어느 누구도 대의를 위해 기꺼이 죽으려고 하지 않을 것이기 때문이다. 그러나 그러한 계산은 가변적이며, 많은 정치과정 이론가가 생각하는 것만큼 자동적이지 않다. 한 개인이 대의를 위해 기꺼이 죽을 것인지의 여부는 그의 죽음이 가져올 것 같은 결과에 대한 전략적 평가뿐만 아니라 문화적 의미과 심리적 성향에도 달려 있다. 불교 수도승의 분신자살과 같은 비범한 사건들은 만약 그것들이 의로운 문화적 감성을 획득할 경우 엄청난 결과를 가져올 수 있다. 사건들의 상징적 힘을 측정하는 방법들을 개발한다면, 유용할 것이다. 왜냐하면 그 힘은 자원의 힘과는 아주 다르기 때문이다. 이 상징적 힘의 차원에는 많은 사람이 사건과 친숙한 정도, 그 사건에 대한 감정적 반응의 강도, 그리고 그것이 도덕적·인지적 의미들을 상징화할 수 있는 능력이 포함된다.

저항운동이 출현하기 위해서는 기회 ─ 구조적 기회와 전략적 기회 모두 ─ 가 있어야 한다. 어쨌거나 뭔가를 할 수 있어야만 한다. 정치구조는 대중이 그것에 투입하거나 의사를 표현하는 어떤 수단을 제공할 수밖에 없다. 저항자들이 그러한 수단을 이용할 수 있을 때, 보다 짧은 기간 내에 특별한 전략적 계기들이 출현한다. 구조적 기회들은 (그 기회를 이용하기에 앞서) 여전히 문화적 도식과 실행 가능성에 대한 믿음 ─ 인지적 해방의 한 측면 ─ 을 필요로 한다. 전략의 개시는 그러한 것을 필요로 하지만, 또한 대응방식에서 상당한 재량권을 지닌 지도자들의 심리에도 좌우된다. 기회는 심지어 중대한 전환점조차도, 저항자들이 그것을 어떻게든 이용하는 한에서만 회고적으로 그러한 것으로 인식될 뿐이다. 아마도 운동이 출현해서, 조직화된 형태를 취하고, 다양한 다른 참가자들과 맞서 싸울 때, 운동의 설명에서 전략의 선택이 점점 더 중요해질 것이다.

초기 조직자들과 나중에 충원된 성원들 모두는 자신들의 행위가 비록 단지 그들의 개인적 긍지를 높여주는 것에 불과하더라도, 그것이 그들 자신이나 다른 사람들에게 얼마간 영향을 미칠 것이라고 믿을 것이 틀림없다. 또한 그들이 자신들의 행위가 정책과 태도에 보다 광범위한 결과를 가져올 것이라고 믿을 필요가 있는지의 여부는 그 행위가 그들에게 무엇을 의미하는지에 달려 있을 것이다. 몇몇 경우에 그것이 보다 전략적인 선택이라면, 다른 경우에는 그들의 자아정의self-definition 의 심원한 일부일 것이다. 더그 매캐덤은 이러한 인지적 해방이 일어나기 위한 세 가지 구조적 근원을 다음과 같이 구분했다. 저항자들에게 완전히 폐쇄되어 있지 않은 정치구조, 그러한 구조 내에서 행위할 수 있는 전략적 기회, 그리고 일정한 자원들을 가진 자생적 조직이 그것들이다. 이것들이 위협과 기회의 인식에 영향을 미치지만, 문화와 전기 또한 독자적으로 영향을 미친다. 프레이밍 과정은 문화, 전기, 전략의 접경에서 이루어진다. 왜냐하면 그것은 바로 성원 충원자들이 잠재적 성원들의 마음을 읽기 위해 노력하는 과정이기 때문이다.

몇몇 시민권 모델은 우리로 하여금 충원을 마치 운동의 기원과 별개인 것처럼 생각하도록 부추긴다. 왜냐하면 그러한 모델들은 지도자들이 '태생적'으로 형성되는 잠재적 추종자 집단으로부터 참여를 이끌어 내려고 노력하는 것을 충원의 기본적인 이미지로 설정하고 있기 때문이다. 개인들이 현재의 운동에 언제 그리고 어떻게 가담하는지는 사회운동 연구자들이 제기해온 주요한 질문들 중의 하나이다. 물론 사회적 네트워크는 운동에 가담할 사람과 그렇지 않을 사람을 식별해줌으로써 충원에 도움을 줄 수 있다. 그러나 우리는 친구나 가족과의 주로 정서적인 유대와 동료나 동지와의 보다 전략적인 유대를 구별하는 등, 네트워크가 충원에 도움을 주는 방식에 좀 더 세심한 주의를 기울일 필요가 있다. 우리는 네트워크를 구축하기 위해 의도적으로 고안된 전략의 효과뿐만 아니라 공식 조직 — 그것의 자원, 전략, 문화적 규칙과 함께 — 의 효과에도 세심한 주의를 기울일 필요가 있다. 우리는 성원 충원자들이 자신들의 메시지를 다시 프레이밍하여 지인과 낯선 사람들의 마음을 움직이는 방식을 관찰할 수도 있고, 조직의 경계와 정체성을 살펴볼 수도 있고, 다양한 종류의 기존 정체성에 세심한 주의를 기울일 수도 있다. 개인들은 결국 복잡한 문화적·전기적 필터를 통해 주장들을 이해하고 판단한다. 조직과 네트워크 같은 구조적 요인들은 그러한 종류의 과정을 대신 보여주는 것이거나 그러한 과정이 발생하는 맥락이다.

내가 앞에서 주장했듯이, 메시지와 그것의 전달 경로 — 그것이 개인적 네트워크든 보다 익명적인 미디어든 간에 — 도 충원에서 마찬가지로 중요하다. 미디어는 물리적 자원이다. 그리고 비록 그 자원에 대한 접근 정도가 시간이 경과함에 따라 변할 수 있지만, 일부 단체는 다른 단체들보다 그것에 더 많이 접근한다. 네트워크가 과거의 전략적 상호작용, 문화, 자원, 전기로 이루어진 모든 구조들과 마찬가지로 만들어진 것이기는 하지만, 네트워크는 또한 상대적 안정성을 지닌다. 공식 조직처럼 네트워크도 전략을 오래 지속시키는 경향이 있으며, 그 결과 그것은 이면 문화적 메시지들이 왜 그리고 누구에게 확산되는지를 설명하는 데 도움을 줄 수 있다. 따라서 문화적 기대, 개인의 전기적 동학, 그리고 (개인적 네트워크를 유지하는) 정서적 에너지 간의 상호작용은 왜 어떤 개인들은 성원 충원자들의 메시지에 반응하고 다른 사람들은 반응하지 않는지를 설명하는 데 도움을 줄 수 있다. 많은 일반 개인을 대상으로 하여 세세하게 수집한 자료가 우리로 하여금 개인의 심리적 특질들로부터 문화적 의미의 효과를 가려낼 수 있게 해줄 것이라고 기대하는 것은 비현실적이다. 왜냐하면 우리가 조사연구에 의지해서는 대체로 기껏해야 가장 조야한 문화적 의미들을 탐색할 수 있을 뿐이고, 그나마도 전기적 미묘함은 훨씬 더 적게 살펴볼 수 있을 뿐이기 때문이다. 네트워크가 강조되어온 이유는 부분적으로는 그것이 측정하기 쉽기 때문이다. 생애사 — 그리고 나는 앞의 장들에서 그중 몇몇을 비네트vignette[특정한 사람을 분명하게 드러내 보여주는 짧막한 글 — 옮긴이]의 형식으로 요약하고자 노력해왔다 — 는 충원이 개인적 특이성에 얼마나 많이 좌우되는지를 이해하는 하나의 방법 — 시간이 많이 소모되지만 유익한 — 을 제공한다. 만약 우리가 적절한 전기적·심리적 증거를 확보할 수 있다면, 우리는 완고함, 공감, 오만, 또는 여타 다른 특질들이 개인이 저항에 가담하거나 잔류할 가능성을 높일 수 있을지를 실제로 검증할 수도 있을 것이다.

다시 한 번 더 말하지만, 탈시민권 운동들은 포함 운동과 다를지도 모른다. 포함 운동에는 운동과 잠재적으로 관련된 자연적 집합체가 존재하며, 대부분의 충원이 그것에서 이루어진다. 운동의 잠재적 수혜자들은 일정 정도 정체성과 개인적 네트워크를 공유하고 있으며, 따라서 그들은 그 기제를 통해 충원된다. 때로는 탈시민권 운동에서도 동일한 일이 발생할 수 있다. 이를테면 동물권리운동이 동물보호소와 수의사 진료실들을 통해 애완동물 소유자들을 충원할 수도 있고, 반핵운동은 원자력 발전소로 인해 위험에 처한 사람들을 지역 네트워크들을 통해 충원할 수도 있을 것이다. 하지만 이러한 종류의 운동은 주로 생각이 비슷한 사람들을 충원하며, 이는 인구통계학이나 네트워크만으로는 예측하기 어려운 것이다. 조직자들은 자신들이 접근하는 사람들이 특정한 이해관계를 공유하고 있다고 가정할 수 없기 때문에, 동조자들을 다른 사람들로부터 가려내기 위해 문화적 호소력에 더 많이 의존해야만 한다. 일부 운동들에서는 공유된 도덕적 전망이 다른 운동들에서 개인적 유대가 수행하는 작업의 일부를 수행할 수도 있다. 하지만 두 경우 모두에서 충원은 문화적 프레이밍에 의존한다.

시민권 운동과 탈시민권 운동 간의 차이를 과장하기 쉽지만, 그것은 어떠한 경우라도 경험적 조사연구에 맡겨두어야만 한다. 두 경우 모두에서 조직자들은 그들의 운동을 지지하는 강력한 또는 자연적인 집합적 정체성이 존재한다고 설득력 있게 주장하기도 한다. 왜냐하면 그들 운동의 지지자들 — 비록 그 지지자들이 전체 인간 종이라 하더라도 — 이 객관적인 것처럼 보이는 불만을 가지고 있기 때문이다. 그러나 그러한 불만이 객관적이거나 자연적인 것처럼 보이게 만들기 위해서는 (심지어 많은 시민권 운동에서도, 그리고 탈시민권 운동에서도 분명히) 일반적으로 많은 문화적 작업이 필요하다. 정체성은 집합체 자체를 위해서는 아닐지라도 확실히 그것에 반응하게 될 외부인들을 위해서라도 상상되고 분명하게 표현되고 이용되고 적용되고 다시 프레이밍되고 거듭 수정되어야만 한다. 우리가 살펴보았듯이, 집합적 정체성과 이해관계들을 틀 짓기 위해 경쟁하는 많은 개인과 제도가 존재하며, 그러한 경쟁상대 중 다수는 저항 조직자들이 가지고 있는 것보다 더 많은 자원을 가지고 있다. 이 경쟁은 운동의 아주 초기 단계에서부터 시작하여 그 운동이 지속되는 동안 내내 계속된다.

우리는 정체성들을 신중하게 식별할 필요가 있다. 우리는 단지 기존 공동체의 집합적 정체성만을 가지고 심지어 운동 활동과 무관한 어떤 법적 또는 문화적 지위를 발견하고 싶어 하기도 한다. 우리는 또한 전술 정체성과 조직 정체성뿐만 아니라 정치적 활동을 위해 명시적으로 고안된 활동가 정체성(그리고 네트워크)과 하나의 단일한 대의를 위한 행위를 강화하는 운동 정체성도 살펴보았다. 그렇다면 어떤 점에서는 정체성은 공유된 도덕적 전망, 신념, 감정, 그리고 선호하는 행위방식들에 관해 이야기하기 위한 꼬리표일 뿐이며, 따라서 어쩌면 그러한 문화적 단위에 대해 직접 이야기하는 것이 차라리 더 나을 수도 있다. 우리가 정체성을 접할 수 있는 것은 사람들이 다른 사람들과 공유하는 것에 관해 구체적으로 이야기할 때이다. 따라서 우리는 정체성을 공유하고 있는 감정, 판단, 또는 심지어 행위로부터 추론해서는 안 된다.

사회운동을 창출하는 것은 그 무엇보다도 해석과 설득의 문제이다. 즉, 운동 창출자들은 출현 중인 감성, 판단, 취향을 명료화하고, 그것들이 갖는 함의에 입각하여 활동하고, 다른 사람들이 그들에게 합류하도록 고무해야만 한다. 자원은 메시지를 전파하는 데 일조하며, 전략적 행위는 새로운 청중들의 관심을 사로잡기 위해 필요한 것이기도 하다. 그리고 그 상대방, 특히 국가를 궁지에 몰아넣어야만 한다. 이 모든 차원은 짧은 시간 동안에도 그리고 장기간에 걸쳐서도 변화한다. 전기라는 탐구되지 않은 영역이 우리가 어떤 주어진 메시지에 대해 개인들이 서로 다른 반응을 보이는 이유를 설명하는 데 도움을 줄 수도 있다. 사회운동의 출현, 그리고 특히 충원은 하나의 단일한 청중 ― 그 대의에 공감하는 사람들 ― 을 발견하거나 구축하는 것이기 때문에, 그때의 전략 수립은 아마도 그 후의 그것보다는 덜 복잡할 것이다. 자발적 행위 의지와 행위의 기회는 동일한 것이 아니다. 하지만 과정 이론가들은 외부 환경을 강조함으로써 이 둘을 하나처럼 다루는 경향이 있다. 제2부에서 나는 자발적 의지가 전기와 문화에 깊이 뿌리내리고 있다는 것을 보여줌으로써, 보다 구조적이고 전략적인 설명들을 할 수 있는 기회를 마련하기 위해 노력했다.

전술과 전략

일단 저항운동이 뿌리를 내리고 나면, 그 지지 단체들은 계속해서 새로운 성원들을 충원하고 기금을 모금하는 것을 넘어 무엇을 할 것인지를 결정해야만 한다. 우리는 한 단체의 행위에는 주의 깊게 분류해야만 하는 많은 청중이 존재한다는 것을 살펴보았다. 그리고 성원들을 겨냥하는 활동과 단체 외부의 다른 사람들을 겨냥하는 활동 간에는 한 가지 기본적인 차이가 있다. 운동이 단체의 성원들에 대해 바라는 결과로는 공유된 감정과 상호적 감정, 운동, 또는 그와 관련된 정체성, 그리고 여타 형태의 동기와 열정 등이 있다. 이것들은 일반적으로 외부인들을 향해 집합적 저항을 개시하는 것을 보다 용이하게 해줄 것이다. 또 다른 내부 목표들에는 개인적 변화나 미래의 모습을 예시하는 조직구조 – 아마도 평등주의적인 조직구조 – 의 확립이 포함될 수도 있을 것이다. 이러한 목표들은 실제로 외부 지향적 목표들과 상충될 수도 있다. 다양한 청중이 존재한다는 인식은 적어도 우리로 하여금 그들이 언제 충돌하는지를 가늠해볼 수 있게 해준다.

탈시민권 운동이 더 많은 내부 작업을 수행할 수도 있다. 왜냐하면 일반적으로 그들은 기존의 집합적 정체성에 의존하지 않기 때문이다. 어쩌면 시민권 운동들이 외부의 일을 더 신속하게 또는 더 직접적으로 수행할 수 있을지도 모른다. 이를테면 여성운동은 오랫동안 실용주의적 분파와 급진적 페미니즘 분파로 나뉘어서 진행되어왔다. 전자가 무엇보다도 경제적 평등에 관심을 가지고 있고 활동에서 상당히 도구적이라면, 후자는 개인적·문화적 변화에 더 관심을 가지고 있고 탈시민권 운동에 더 가깝다.[3] 동일한 것이 게이와 레즈비언 권리운동에도 그

3   낸시 휘티어는 이 급진적 분파에 관해 다음과 같이 기술했다. "문화적 이벤트와 문화시설들은 급진적 페미니즘 운동 속에 내내 존재했다. 그리고 참여자들은 1980년 이후뿐만 아니라 초기에도 문화를 정치적인 것으로 파악했다." Nancy Whittier, *Feminist Generations*, p. 52. 여성운동이 보여주듯이, 나의 시민권 운동과 탈시민권 운동 간의 구분은 결코 고정적인 것이 아니다. 하지만 운동은 문화적 스테레오타입, 비공식적 불평등(이를테면 가족 안에서의 불평등), 전형적 감정, 또는 자아정체성의 구성물들을 성공적으로 변화시키지 않

대로 적용된다. 정체성을 둘러싼 논쟁에 시달려온 것은 각 운동의 보다 문화지향적인 진영이다. 페미니스트 또는 동성애자라는 것은 무엇을 의미하는가? 누가 그러하고, 누가 그러하지 않은가? 다른 방향으로 작동하는 의례와 강력한 정서적 유대에도 불구하고, 이 내적 갈등들로부터 자기파괴적 경향이 발생해왔다.

비록 우리가 명령에 의해 정체성을 선택할 수도 있지만, 운동 정체성은 지도자나 일반 성원이 내리는 단순한 선택의 결과가 아니다. 운동 정체성은 비록 담론 필터를 통해서이기는 하지만, 과정 이론가들이 강조하는 종류의 보다 광범위한 정치적 맥락들에 의해 크게 영향 받는다. 낸시 휘티어가 말하듯이, "활동가들은 그들의 경험, 바깥세상의 사건, 그들의 성공과 실패를 토론하고 그것을 통해 집합적 정체성을 구성하고, 운동조직의 내부와 외부 모두에서 그들의 사회적 맥락이 요구하는 사항들을 이해한다. 사회구조는 이러한 방식으로 집합적 정체성에 영향을 미친다".[4] 전략의 성공과 실패가 문화적 이미지와 개인의 심리를 틀 짓는다. 따라서 정체성과 전술 취향이 저항자들의 전략적 선택을 설명하는 데 일조하는 것과 마찬가지로, 다시 전략의 성패가 정체성과 전술 취향을 설명하는 데 일조한다.

따라서 다양한 내부의 선택 외에도, 외적 전술과 전략들 또한 개발해야만 한다. 그리고 여기서 전략의 논리는 그것이 운동의 출현에서 그랬던 것보다 더 중요한 동시에 더 복잡하다. 아마도 여기서는 구조적·전략적 기회들이 가장 중요할 것이다. 비록 자원이 선택지들을 제약하고 문화적 취향이 욕망을, 그리고 행위에 대한 느낌을 틀 짓지만,

---

고서도 법적 권리를 추구하고 획득할 수 있다.
4   같은 책, p. 58.

전략적 순간의 열기는 이 모든 것을 넘어설 수 있다. 저항자들은 승리하기를 원하며, 유리한 기회는 너무나도 빨리 열리고 닫히기 때문에 신속한 선택이 이루어져야만 한다. 이러한 것들은 기회 그 자체에 좌우될 뿐만 아니라 개인적 성향과 예술적 창조성에도, 문화적 관습·가치·의미에도, 또한 자원들에도 좌우될 것이다. 무엇보다도 특히 더 많은 자원은 더 적은 기술적 능력을 갖춘 사람들이 이용할 수 없는 전술들을 활용할 수 있게 해준다. 키트셸트, 매캐덤, 그리고 여타 학자들이 보여주었던 것처럼, 이는 서로 대조되는 정치구조가 상이한 종류의 전략들을 실행할 수 있는 길을 열어주는 것과 마찬가지이다. 만약 공청회가 존재하지 않는다면, 반핵 저항자들은 공청회에서 증언하지 않을 것이다.

가용한 전술 **레퍼토리** ─ 이는 정치구조에 크게 영향 받는다 ─ 를 설명하는 것과 그 레퍼토리 **내에서** 이루어지는 행위의 선택을 설명하는 것, 또는 그 행위의 **적용**에서 일어나는 사소한 변이, 혁신, 타이밍을 설명하는 것은 별개의 문제다. 이 세 가지 모두는 운동 내부의 요인과 (갈등 중인 다른 참가자들의 행위에서 비롯되는) 외부 요인에 의해 영향 받는다. 전술을 적용할 때 이루어지는 선택은 특히 미묘하며, 그것은 정치구조보다는 심리와 전략 논리에 더 많이 좌우된다. 전기의 차원이 중요한 것은 지도자 ─ 그가 공식적인 지도자든 아니면 암묵적인 지도자든 간에 ─ 가 수행하는 중심적 역할 때문이다. 혁신할 수 있는 능력뿐만 아니라 최고의 수를 선택하고 그 수를 정확히 적시에 사용하고 우리가 카리스마라는 이름을 붙이는 상징적 공명을 불러일으키는 것, 이 모든 것이 개인의 매우 미묘한 측면들에서 기인한다. 운동은 그러한 자질을 지닌 지도자를 가지고 있을 때 활발해지고, 그렇지 못할 때 버둥거린다. 앨던 모리스의 주장처럼 운동이 종종 스스로 카리스마적 지도자들을 창출할 수 있기는 하지만, 그리고 비록 많은 운동이 그러한 지도자에게 공식 권력을 부여하기를 피하기는 하지만, 이는 여전히 사실이다. 이 중요한 사람들에 관한 심리적 정보는 전략과 전술을 이해하기 위한 연구에서 상당한 투자를 할 만한 가치가 있는 반면, 여러 점에서 대다수의 일반인 참여자들은 그렇지 않을 수도 있다.

전략의 선택은 다른 사람들의 대응을 초래한다. 다수의 청중과 참가자들 중에서 누가 가장 중요한지는 저항자들이 그들의 다양한 목표에 부여하는 우선성에 따라 결정될 것이다. 국가는 자주, 특히 시민권 운동에게 가장 중요한 청중이자 참가자일 것이며, 그 경우에 폭력과 파괴는 위험하기는 하지만 큰 이득을 가져올 수도 있다. 과정 이론가들이 너무나도 잘 인식해왔듯이, 광범위하고 은밀한 장치들을 갖춘 국민국가는 매우 기본적인 수준에서 전략들을 틀 짓는다. 국가의 법적 인가가 비과세 자격과 같은 것을 공식적으로 인정함으로써 저항단체들의 설립에 일조하기도 하지만, 국가의 결정과 비결정은 많은 행위의 표적이 되기도 한다. 다른 경우들에서는 똑같은 중요성을 지닌 또는 더 큰 중요성을 지닌 청중과 상대방이 존재할 수도 있다. 상대방에 대항하는 전략들은 일반적으로 상대방의 자원을 감소시키고, 자원 사용에서 그들의 기동성을 제약하고, 다른 청중들 앞에서 그들의 신뢰를 떨어뜨리고, 그들로 하여금 평판이 좋지 않은 행위나 진술을 하지 않을 수 없게 만들고, 대개는 그들을 사악하고 위험하거나 또는 부정적인 것으로 채색하려고 노력한다. 방관자 청중들을 위한 전략에는 설득, 그리고 공중에게 우호적인 이미지나 정체성을 창출하는 것이 포함될 가능성이 크다.

주장이나 행위와 마찬가지로 조직 형태도 일종의 메시지이다. 그러나 조직 형태는 또한 특정한 종류의 전술은 허용하지만, 다른 것들은 억제하는 일단의 자원과 규칙이기도 하다. 중앙집중적인 조직은 분권화된 조직과는 달리 보다 신속하게 행위할 수 있다. 조직과 관련하여 해야 하는 일 ─ 이를테면 조직 유지 방식 ─ 은 자주 저항전술의 선택만큼이나 중요한 전략과 전술의 선택을 요구한다. 그러한 선택들은 부분적으로는 자원과 전략적 계산에 달려 있지만, 문화적 목표, 스킬, 함의들에도, 그리고 또한 지도자와 여타 사람들의 말로 표현하기 훨씬 더 어려운 심리들에도 좌우된다.

상이한 전술 취향들을 규명하는 것은 우리로 하여금 저항운동 내부의 갈등을 분석하는 일에 착수할 수 있게 해준다. 상이한 단체들이 쟁점과 목표를 프레이밍하기 위해 경쟁한다. 그리고 가장 흔한 갈등 중의 하나가 보다 급진적인 목표 및 전술과 보다 온건한 목표 및 전술 사이에서 발생한다. 동시에 그러한 단체들은 조직을 유지하는 데서, 그리고 조직의 많은 전술을 추구하는 데서 중요한 자원을 놓고 경쟁한다. 염두에 두고 있는 청중이 잠재적 지지자들일 때에는 사실 쟁점의 프레이밍이 자원 경쟁의 주요한 일부를 이룬다. 그 프레이밍의 청중이 방관자, 상대방, 또는 국가일 때, 그것의 의도는 아마도 결과 및 목표와 더 많이 관련되어 있을 것이다. 전략의 성공과 문화적 공명 모두는 어떤 단체가 가장 많은 성원과 미디어의 주목을 받고 또 자원을 끌어들일지에 영향을 미친다. 마찬가지로 그러한 요인들이 한 단체의 성공과 공명을 틀 짓는 데 일조할 것이다. 더 나아가 문화적 영향력과 여타 성공 형태들이 항상 조화를 이루는 것은 아니다. 왜냐하면 거기에는 상이한 청중들이 포함되어 있기 때문이다.

운동의 출현이 동기와 자발적 의지, 문화적 의미, 그리고 위협 같은 심리적 기제와 크게 관련되어 있다면, 일단 확립된 저항단체의 행위는 전략적 상호작용 활동과 더 많이 관련될 수도 있다. 청중들이 증가하면 가능한 선택지들도 증가한다. 전술 취향과 대담무쌍함 같은 전기적 특성, 그리고 타이밍 감각도 저항단체의 행위와 관련되어 있다. 자원의 수준들 또한 그것과 관련되어 있지만, 여기에서조차 전략적 행위는 가용한 자원을 변화시킬 수 있다. 이 경우에 문화적 설득의 효과는 자주 간접적이다. 왜냐하면 그것이 다른 요인들에 영향을 미치기 때문이다.

운동의 결과

운동의 성공을 설명하는 요인들은 특히 자원과 구조를 강조하는 전통에서는 자주 한 바퀴 돌아서 다시 운동의 출현을 설명하는 것과 동일한 요인들로 돌아간다. 이 전통에 따르면, 한 집합체가 자원과 정치적 능력을 많이 가질수록, 그것이 자신의 이해관계를 추구하는 사회운동을 형성시킬 가능성은 더 커지며, 성공할 가능성도 더 크다. 마찬가지로 억압을 제거하여 운동이 충분한 동원을 할 수 있을 때, 운동은 성과를 거둘 수 있다. 그 이유는 부분적으로는 (특히 시민권 운동에서) 그 단체의 동원과 인정이 그 자체로 하나의 승리이기 때문이다. 1975년에 윌리엄 갬슨이 운동의 성공을 연구했을 때, 그는 조직이 제시한 집단이익을 확보하는 것과 함께 조직의 인정을 승리의 한 가지 형태로 규정했다.[5] 대부분의 시민권 운동들에서처럼 국가가 투쟁의 장이자 그 상대방일 때, 이처럼 조직의 인정과 성공을 하나로 보는 것은 사리에 맞는다. 많은 단체가 추구하는 것이 바로 그러한 법적 인정이기도 하다.

국가는 질서를 유지할 책임이 있기 때문에, 파괴와 폭력은 국가에

---

5   Gamson, *The Strategy of Social Protest.*

대한 직접적 도전이며, 국가는 그 도전에 양보나 억압으로 대처해야만 한다. 이것이 시민권 사례들로부터 만들어진 과정 접근방식의 핵심이다. 이와 대조적으로 동물권리운동은 비록 도살장을 파괴하고 침입하기는 하지만, 소비자들로 하여금 고기를 포기하게 하지는 않을 것이다. 일부 청중의 경우에는 그들을 위협하는 것이 더 낫다면, 다른 청중은 그들을 설득하는 것이 더 낫다. 전략과 전술이 다양한 청중을 겨냥할 수 있는 것처럼, 바라는 결과들도 그러할 수 있다. 따라서 그 결과들 각각도 별개로 설명되어야만 한다. 그리고 그러한 청중들도 그들의 제도적 환경뿐만 아니라 그들의 문화적 전망에 따라서도 규명되어야 한다. 우리는 운동이 청중의 신념, 감정, 의도에 미치는 영향을 이해해야만 하지만, 변화된 관점에 의거하여 행하는 청중의 행위능력 또한 고찰해야만 한다. 청중의 자원과 구조적 위치는 매우 중요하다. 당신의 옆집 이웃보다는 수상을 설득하는 것이 더 낫다.

가용한 자원들 ― 그것이 무엇이든 간에 ― 에 의해 뒷받침되는 전략 선택들은 당연히 운동의 결과를 설명하는 데 도움이 될 것이다. 저항자들의 문화적·전기적 자질은 그들의 선택을 설명하는 데 도움이 되지만, 그러한 선택의 결과는 다른 사람들이 그것에 어떻게 대응하느냐에 좌우될 것이다. 그리고 그러한 대응 속에는 다른 사람들의 자원, 전략, 전기, 그리고 문화적 관점들이 포함되어 있다. 자원의 결핍은 장기적으로 기동성을 제약한다. 하지만 사건이 발생하고 정보가 출현하고 상대방이 실책을 범함으로써 유리한 위치를 차지할 수 있는 기회는 단기간에 갑작스럽게 생겨난다. 수년간 발목 잡혀 있던 법안이 갑자기 통과될 수도 있고, 기부금이 세 배 증가할 수도 있고, 새로운 프레임이 하룻밤 사이에 우호적으로 돌아설 수도 있고, 독재자가 물러날 수도 있다. 규칙과 구조가 깜짝 놀랄 만큼 갑작스럽게 변화되어, 앞으로의 모든 저항의 각축장을 변화시킬 수도 있다.

상이한 영역들에서 일어난 결과들은 분명 상이한 설명을 요구한다. 국가에 대한 많은 호소 — 입법부 로비활동, 전문가 증언, 소송 — 는 엄청난 자원을 필요로 한다. 하지만 거기서조차 그 결과가 가장 많은 자원을 가진 사람들에게 항상 유리한 것은 아니다. 상대방과의 상호작용의 결과를 설명하는 데서도 가장 중요한 것은 아마도 재기 넘치는 전략들일 것이다. 그러나 상대방의 반응도 여전히 중요하다. 방관자 공중의 마음을 움직이기 위해서는 전략을 정교하게 다듬어서 미디어의 우호적인 관심을 얻거나, 아니면 자원을 광고나 홍보용 우편물을 통해 보다 직접적으로 사람들의 마음을 움직이는 데 쓸 필요가 있다. 공중의 감성과 생각을 변화시키는 데에는(이것이 많은 저항운동의 가장 오랫동안 지속되는 결과일 수도 있다) 가장 적은 자원과 가장 많은 문화적 공명이 요구될 수도 있다.

장기적으로 보면 상이한 성공 형태들은 서로 관련되어 있을 수도 또는 그렇지 않을 수도 있다. 많은 사람의 생각을 변화시키면 정치인들이 종국에는 유리한 법안을 통과시킬 수도 있을 것이다. 그러면 법이 그대로 시행되어 그것이 통제하고자 하는 사람들의 행동을 변화시킬 수 있을까? 특정 행위를 금하는 차별금지 법안이 통과될 수는 있지만, 공중의 태도는 여전히 변화하지 않은 채 남아 있기도 한다. 우리가 최근 수십 년간 너무나도 자주 보고 있듯이, 분노는 심지어 법에 대항하는 조직화된 반격의 원료가 되기도 한다. 때로는 정치인들을 설득하는 것이 고용주들을 설득하기보다 더 쉽지만, 때로는 그 반대이다.

하나의 개념적 도구상자

우리가 저항과 관련하여 던지고 싶어 했던 어떠한 질문에도 기본적 차원들이 모두 작동하고 있을 가능성이 크다. 그러한 차원들 모두는 분석적 차원으로서 저항운동에 항상 존재한다. 그러나 그것들은 서로 다른 방식과 정도로 존재하며, 상이한 운동들 속에서 상이한 방식으로 상호작용할 것이다. 나는 그것들 중 어떤 것을 저항운동의 생애 중 어떤 단계에 할당하기를 원하지 않지만, 어떤 차원이 특히 중요할 것 같다는 점을 지적하는 것은 온당하다고 생각한다. 나는 그러한 지점들과 관련하여 몇몇 이론적 가능성을 타진해보고자 노력했다. 무엇보다도 나는 내가 연구자들이 선택하여 적용할 수 있는 하나의 개념 도구상자 — 몇 가지만 거론하면, 나의 네 가지 차원뿐만 아니라 다양한 심리적 기제, 많은 문화적 구성물, 운동 내부과정, 전략 딜레마와 선택까지 — 를 제공했기를 바란다.

방법론적 제약들 또한 존재하며, 우리의 설명 속에서도 각 차원은 그러한 제약을 드러낼 수 있다. 양적 접근방식은 아마도 가장 측정 가능한 차원인 자원에 특별한 관심을 기울일 것이다. 역사적 접근방식은 정치구조에, 그리고 정치구조를 창출하고 변화시키는 전략적 상호작용에 보다 면밀한 관심을 기울이라고 권할지도 모른다. 명시적인 신념들을 조야하게 측정할 수 있게 해줄 뿐인 조사연구와는 대조적으로, 민족지학적 참여연구는 우리가 전기에 관심을 가질 수 있게 해준다. 사회학에서 항상 그러하듯이, 우리가 더 많은 연구기법을 사용할 수 있을수록, 우리는 더욱더 많은 것을 포착할 수 있다.

내가 저항에서 문화, 전기, 예술성을 강조해온 까닭은 이것들이 우리 대부분에게 특히 생소하기 때문이었다. 그러나 문화적 접근방식이 운동의 모든 차원을 다 덮을 수 있는 하나의 단일체로 이루어진 담요인 것은 아니다. 어떤 운동의 경우에 우리는 문화가 그 운동의 출현을 특히 흥미롭게 설명해주는 반면, 운동의 성공에 대해서는 그러하지 않다는 것을 발견할 수도 있다. 전기는 어떤 집단의 전략 선택은 밝혀주지만, 다른 집단의 선택은 해명하지 못할 수도 있다. 비록 우리가 문화적 의례가 어떤 유의미한 방식으로 저항자들을 떠받치고 있음을 발견하지는 못한다고 하더라도, 운동이 주는 문화적 충격은 우리에게 흥미를 불러일으킬 수도 있다. 나는 다른 이론들과 대비시켜 검증되어야 하는 하나의 단일 이론이 아니라 개념적 어휘들을 제시해왔다. 그것들 중 일부는 유용한 것으로 입증될 수도 있을 것이다.

이 간략한 종합을 위한 노력을 통해 우리는 설명 궤도의 끝에 도달했다. 이제 마지막 세 개의 장에서 우리는 하나의 규범적 경로를 따라가면서, 전기, 문화, 예술성을 이용하여 저항의 몇몇 이득과 위험을 평가할 것이다. 우리는 운동이 무엇을 하는지를 설명할 수 있다. 그렇다고 우리가 그것을 좋아해야만 하는가?

제5부 규범적 견해

우리는 지금까지 저항 연구의 역사를 추적해왔다. 저항 연구는 처음에는 군중 이론가들과 합리주의자들이 그렇게도 많은 관심을 보였던 개인들에 집중했다. 그다음에는 동원 이론가들이 전형적으로 자신들의 분석단위로 여겼던 사회운동으로 선회했다. 그리고 마침내 저항 연구는 개인과 사회운동 모두를 보다 광범위한 환경의 맥락 속에, 즉 과정 이론가들이 선호하는 렌즈 속에 위치시켰다. 각 단계에서 우리는 전기적 변이와 문화적 의미가 전략의 선택과 자원분포 ─ 저항자들이 행위하는 이유와 방식, 그리고 그 결과에 영향을 미치는 ─ 와 어떻게 상호작용하는지를 살펴보았다. 이제 우리 작업의 마지막 단계는 저항과 관련된 사람들뿐만 아니라 근대사회의 나머지 우리들 모두에게 저항에서 무엇이 바람직하고 무엇이 바람직하지 않은지, 무엇이 안전하고 무엇이 위험한지, 무엇이 칭찬할 만하고 무엇이 야비한지를 묻기 위해 그러한 활동들을 평가하는 것이다. 대부분의 학자들은 그들이 사회적 삶에서 감정의 중요성을 부정하는 것만큼이나 단호하게 그러한 쟁점들을 다루기를 꺼려한다. 하지만 이는 규범적 질문들이 왜곡된 그리고 은밀한 방식으로 다루어진다는 것을 의미할 뿐이다.

제15장

가치 있는 삶

분별력 있는 눈으로 보면,

엄청난 광기는 가장 신성한 감각이며,

엄청난 감각은 가장 완전한 광기이다.

— 에밀리 디킨슨

　　마지막 세 개의 장에서 나는 보다 규범적인 목소리를 채택하여, 저항운동을 그것이 개인과 사회에 미치는 영향과 관련하여 평가하고자 한다. 이 장에서 나는 저항이 참여자들에게 제공하는 것, 즉 그것이 제공하는 특정한 유형의 관행, 만족, 삶을 자세히 검토한다. 나는 제16장에서는 저항운동의 몇 가지 위험, 특히 저항운동이 의사소통을 조작함으로써 더 이상 다른 사람들을 도덕적으로 고무하는 것이 아니라 이러저러한 형태의 강압을 통해 자신의 전망을 강요하려 할 수도 있다는 것을 탐구한다. 마지막 장에서 나는 저항운동이 가져다주는 이득으로 돌아가서, 그것이 근대사회에서 자기인식과 사회적 학습에 중요한 기여를 하고 있음을 살펴본다.

저항 연구자들의 저술은 자주 평가적이지만, 그들의 판단은 일반적으로 암묵적인 채로 남겨져 있다. 그것에는 저항자들의 합리성을 방어하려는 관심이 반영되어 있다. 대부분의 연구자들은 자신들이 칭찬하고 지지하는 운동들을 연구한다. 하지만 그들이 싫어하는 운동을 연구하는 연구자들도 똑같이 분명하게 도덕적 판단을 한다. 거의 어떤 학자도 자신들이 좋아하는 운동과 싫어하는 운동을 **동시에** 탐구하지는 않으며, 오직 한 가지 종류의 운동만을 연구하는 사람들은 자신들이 연구대상에 우호적 성향을 드러내는지 또는 그렇지 않은지에 따라 상이한 이론들을 만들어낸다. 호감을 가진 운동들에서 도출된 모델들이 문제될 것이 없는 목표들에 기초하여 그 운동의 합목적적 합리성을 부각시킨다면, 싫어하는 운동들에서 도출된 모델들은 참여자들의 신념과 감정을 설명하려고 시도할 가능성이 더 크다. 나는 그들과 다른 평가를 시도하는 중이다. 왜냐하면 '나쁜' 운동까지를 포함하는 확대된 연구를 수행함으로써 운동에 대한 평가를 개선하고 싶기 때문이다.

나는 철학자들이 제기하는 몇 가지 관념에 의거하여 운동을 평가한다. 알레스데어 매킨타이어는 자신의 **관행** 개념을 통해 평가기준을 활동에 내장시키는 방식으로 활동을 기술하고자 시도해왔다. 만약 당신이 어떤 관행의 기능이나 그것이 주는 내적 만족감을 확인할 수 있다면, 당신은 어떤 구체적인 상황에서 그 관행이 동반하는 인간적 덕성德性 — 그 관행을 거드는 성격 특질과 성향 — 이 실현되는지의 여부를 평가할 수 있다. (매킨타이어가 말하는 덕성은 부르디외의 '아비투스'와 유사하다.) 매킨타이어가 제시한 선장의 예에서, 선장 역할의 정의는 얼마나 안전하게 배를 조종할 수 있는가라는 규범적 기준을 포함하고 있다. 매킨타이어는 정직, 정의, 용기가 모든 관행 속에 포함되어 있는 덕성들이라고 주장한다.[1] 그러나 실제로 어떤 관행이 도덕적으로 가치 있는지를 증명하기 위해서는, 매킨타이어는 더 나아가 그 관행이 그것을 추구하는 사람들의 바람직한 삶에 기여하는지, 그리고 그들의 삶과 관행이 그들의 사회와 이롭게 부합하는지를 보여줄 필요가 있다. 누군가는 덕망 높은 고문기술자로서 고문을 잘할 수도 있지만, 그 관행 전체는 사회에 부정적인 결과를 가져온다. 이 장은 개인의 삶 속에서 저항이 수행하는 역할을 고찰한다. 그리고 다음 두 개의 장은 그러한 역할을 전체로서의 사회라는 맥락에 위치시킨다. 이러한 방식으로 나는 저항의 독특한 덕성들을 확인함으로써, 우리가 그것을 평가하기 위한 기준을 가질 수 있기를 희망한다.

저항에 독특한 덕성들을 포착하기 위해, 나는 **의사소통과 도덕적 이해가 중요한 인간적·사회적 욕구이며, 저항은 우리가 그러한 욕구를 달성하는 데 일조한다**고 가정한다. 위르겐 하버마스는 의사소통이 인간 본성과 사회적 삶을 규정하는 특징이며, 심지어 우리의 언어구조 속에조차 인간 본성과 사회적 삶이 내재한다는 명제를 입증하는 데 그의 생애를 바쳐왔다.[2] 상이한 철학적 전통으로부터 유사한 정치적 헌신에 도달한 리처드 로티Richard Rorty는 체계적systematic 철학자와 교화적edifying 철학자를 구별한다. 후자는 "현재의 직관과 관습에 '토대'를 제공하기보다는 그들의 독자들 또는 전체로서의 사회가 시대에 뒤진 어휘와 태도들에서 벗어나는 것을 돕기 위해" 노력한다.[3] 로티가 말하는

1　Macintyre, *After Virtue*, p. 178. 여기서 그의 주장에는 한 가지 비약이 존재한다. 왜냐하면 모든 관행이 동일한 덕성을 요구할 것이라고 가정할 이유는 전혀 없기 때문이다. 하지만 그가 언급한 세 가지가 저항에서의 덕성이라는 것은 거의 확실하다.

2　우리가 인간 본성이 상징, 표현, 비판, 의사소통과 크게 관련되어 있다는 것을 인정하기 위해, 민주주의와 자율성에 대한 자신의 헌신을 언어 자체의 본성 속에 '근거 짓고자' 하는 하버마스의 노력에 설득될 필요는 없다. '기호적' 자아가 보편적 인간 본성의 일부임을 뛰어나게 주장하고 있는 것으로는 Norbert Wiley, *The Semiotic Self*(Chicago: University of Chicago Press, 1994)를 보라.

교화적 철학자는 수용된 진리, 방법, 그리고 (아마도 그가 덧붙일지도 모
를) 제도에 대해 회의적이다. 체계적 철학자들이 주장하는 완전한 진
리에 맞서 싸우는 교화자들은 "반발적이며, 풍자, 패러디, 격언들을 제
공한다. 그들은 자신들이 반발하는 시기가 끝나면 그들의 작업도 그
목적을 상실한다는 것을 알고 있다. 그들은 **의도적으로** 주변적이다.
…… 교화적 철학은 변칙적일 뿐만 아니라 반발적이며, 저항이 대화를
차단하려는 시도에 대항할 때에만 의미가 있다".[4] 저항의 덕성들은, 비
록 정책에 더 많이 관여하지만 현재의 삶의 방식과 사고방식에 대한
대응과 비판을 정교화한다는 점에서, 로티가 말하는 교화적 노력과 유
사하다. 우리가 제16장에서 살펴보듯이, 저항자들이 그들 자신의 체계
를 구축하고 의사소통 노력을 포기하고 다른 사람들을 하나의 조작 대
상으로 순전히 도구적 또는 전략적 방식으로 대할 때, 그들은 그리 덕
성을 지니지 못하게 된다.

하지만 관행을 판단하는 첫 번째 맥락은 관행이 개인의 삶에서 차지
하는 위치이다. 매킨타이어의 지적처럼, "하나의 단일체로 여겨지는
전체 인간의 삶의 텔로스에 관한 포괄적 개념이 없이는 특정 개인의
덕성에 관한 우리의 개념은 부분적이고 불완전한 채로 남아 있을 수밖
에 없다".[5] 매킨타이어는 인간이 다음과 같은 두 가지 근본적인 도덕적
질문에 직면해 있다고 주장한다. 나에게 바람직한 것은 무엇인가, 그

---

3   Richard Rorty, *Philosophy and the Mirror of Nature*(Princeton, N.J.: Princeton
    University Press, 1979), p. 12. 그는 키르케고르(Kierkegaard), 니체(Nietzsche), 후기 비
    트겐슈타인(Wittgenstein), 그리고 후기 하이데거(Heidegger)를 예로 든다. 우리는 미셸
    푸코를 덧붙일 수 있을지도 모른다. 왜냐하면 푸코는 자신의 긍정적 대안체계를 발전시키
    지 않은 채 현재의 사고와 행위 체계를 끊임없이 공격한다고 자주 비판받기 때문이다.

4   Rorty, *Philosophy and the Mirror of Nature*, pp. 369, 377.

5   Macintyre, *After Virtue*, p. 188.

리고 인류에게 바람직한 것은 무엇인가? 그리고 그는 "이 두 가지 질문을 체계적으로 제기하고 그것들에 말뿐만 아니라 행위로 답하려고 시도하는 것이야말로 도덕적 삶에 일관성을 부여한다"라고 주장한다.[6] 이는 많은 저항자의 삶에 관한 타당한 기술이다. 왜냐하면 그들의 활동은 그들이 자신들의 삶을 정당화하고 이해하기 위해 구성하는 서사들의 근본적 일부이기 때문이다. 대부분의 저항자들은 자신들의 행동주의를 자신들 삶의 중요한 일부로 만든다. 몇몇은 제프 메리데스만큼 멀리까지 나아가서, 저항을 자신들 삶의 서사의 중심으로 만든다. 이것이 바로 저항자들이 저항이 자신들에게 중요한 정체성의 하나라고 말하는 또 다른 방식이다.

개인들은 그들 자신의 저항활동과 서로 다른 관계를 맺을 수 있다. 오직 소수만이 자신들의 삶을 저항에 헌신한다. 또 다른 극단에서 갑작스러운 도덕적 충격으로 인해 어떤 쟁점에 이끌린 사람들은, 일단 그 위협이 제거되거나 또는 난공불락인 것처럼 보이면, 다시 움츠러들 수도 있다. 님비 운동에서 저항은 그들 삶의 단시간 동안만 중요한 일부일 수 있다. 시민권 운동의 대다수 성원들은 아마도 양 극단 사이에 위치할 것이다. 그들이 추구하는 인정을 획득하는 데에는 오랜 시간이 걸릴 수도 있으며, 그들은 그동안 다른 일들에 착수할 수도 있다. 그들이 얼마 동안 그리고 어떤 강도로 참여하든 간에, 저항자들은 특정한 자질과 이미지들을 공유한다. 그들은 동일한 기준에 의해 판단될 수 있다.

근대사회에는 많은 캐릭터character '유형'의 사람들이 존재한다. 매킨타이어가 좋아하는 예들을 들면, 경영자, 치료요법사, 예술가는 그들

---

6   같은 책, p. 203.

이 하는 일에서뿐만 아니라 그들이 어떤 종류의 사람들인가라는 점에서도 우리에게 매우 친숙하다. 매킨타이어는 그들을 '캐릭터'라고 부른다. 왜냐하면 우리는 우리가 그들의 도덕적 견해, 그들의 퍼스낼리티, 그리고 그들의 행위 스타일에 대해 많은 것을 알고 있다고 생각하기 때문이다. 우리는 그들의 역할을 서사 속에서, 특히 그들 자신의 삶에 대한 이야기 속에서 이해한다. 게다가 그들의 역할과 퍼스낼리티는 그들의 직업활동과 융합되어, 그들을 "그들 문화의 도덕적 대표자"로 만든다. 일종의 문화적·도덕적 이상을 표현함으로써, "캐릭터는 하나의 사회적 존재 양식을 도덕적으로 정당화한다".[7] 예술가가 그의 내적 자아의 어떤 것을 표현하기 위해 애쓴다면, 경영자는 인간세계와 비인간 세계를 자신의 관료제적 목적의 수단으로 도구적으로 환원함으로써 조직의 목표를 추구한다. 또한 경영자가 조직이 목표를 실현하도록 도와주는 것과 매우 동일한 방식으로 치료요법사는 개인들이 내적 잠재력을 실현하도록 돕는다. 이 세 가지 수사어구는 오늘날의 선진 산업 사회들에서 널리 퍼져 있는 도덕적 전망들을 표현한다. 정체성으로서의 이 세 가지 캐릭터는 단순한 직업을 훨씬 넘어선다.

저항자 또한 인지할 수 있는 캐릭터 유형의 하나로, 순진한 사람으로 풍자되거나, 동정심 많은 사람으로 칭송되거나, 기인으로 치부된다. 대부분의 미국인들은 그들 자신이 그 역할에 뛰어들기 전에는 저항자들에게 거의 공감하지 않는다. 뉴스매체는 저항자들의 쟁점에 동정적으로 경청할 때조차 대부분의 저항자들을 계속해서 비우호적으로 ─ 상례에서 벗어나 있는 사람과 무례한 사람들로 ─ 묘사한다. (우리가 제12장에서 살펴보았듯이, 저항자들은 운동의 목표뿐만 아니라 운동 정체성을

7 　같은 책, pp. 26~29.

놓고서도 미디어와 싸움을 벌인다.) 비록 많은 수의 미국인들이 이러저러한 대의에 참여하거나 기여해왔지만, 정치인들과 미디어 — 유일하게 남아 있는 군중 이론가들 — 는 비제도정치를 끔찍하거나 섬뜩한 것으로 묘사하는 것에 이해관심을 가지고 있다. 정확한 묘사라기보다는 하나의 상징인 이 캐릭터 유형은 다른 무엇보다도 특히 논쟁적이다.

이 경멸적인 태도 속에는 자주 아이러니하게도 저항자들이 진실하지 않다거나 이기적이라는 생각이 포함되어 있다. 나는 어떤 것이 덜 진실할 수 있다는 것에 의구심을 가지고 있다. 오랫동안 활동해온 전업 활동가들 대다수는 엄청난 개인적 희생을 감수해왔으며, 깊은 도덕적 확신을 가지고 있고, 심사숙고한 입장을 분명하게 표명할 수 있다. 수전 존슨은 그 소박함으로 인해 사람들을 감동시키는, 하나의 소망을 가지고 있었다. "내가 언젠가 단 1년 만에 2만 달러를 벌 수 있다면, 나는 차를 살 수도 있을 거예요. 하지만 그것이 가장 중요한 일은 아니에요. 나는 내가 하는 일 때문에 박탈당한 주요한 것은 내가 건강보험 혜택을 전혀 받지 못한다는 것이라고 말하곤 해요." 제프 메리데스는 자신은 결코 어떤 희생도 한 적이 없다고 주장할지도 모른다. 하지만 그가 물질적 안락을 다른 즐거움들과 바꾼 것은 확실하다. 사회를 변화시키는 일은 보수가 좋은 일자리가 아니다.

저항자라는 캐릭터 유형은 보통 저항을 이끌어가는 공식 조직과 자주 대비된다. 제프 메리데스와 수전 존슨은 그들의 삶을 저항에 바쳐왔지만, 둘 다 공식 조직에 대해서는 양가감정을 가지고 있다. 둘 다 조직을 설립한 적이 없고, 조직에 매우 오랫동안 소속된 적도 없다. 그들의 저항의 삶은 상이한 논리, 상이한 서사를 가지고 있다. 대부분의 사람이 거대 조직 속에서 작은 일들을 맡아 수행하는 세계에서 그 둘은 만족스러운 삶을 스스로 구성하고자 노력해왔다. 많은 저항자가 오직 필요한 한에서만 조직에 협력하고 조직을 통해 활동한다. 즉, 그들은 조직에 가담하고, 조직을 설립하고, 그리고 조직을 떠난다.

저항자들이 자신들의 일상의 과정을 자신들의 신념에 부합하게 만들고자 노력할 때, 삶 전체가 예술적 창조물이 될 수도 있다. 그들은 소크라테스가 요청한 '성찰하는 삶the examined life'의 전형이다. 저항자들은 종종 새로운 삶의 방식, 즉 도덕적 전망을 일상생활에 적용하는 새로운 삶의 양식을 발견한다. 하나의 캐릭터 유형으로서의 저항자들은 그들이 동반하는 '덕성들'을 지니고 있다. 도덕적 자각 및 각성과 그것의 명료화, 공적 논쟁과 미래의 틀 짓기에의 참여, 있음직한 대안적 도덕세계의 묘사, 그리고 합목적적이고 자유롭게 선택된 집합적 프로젝트에의 참여가 그것들이다. 만약 우리가 저항이 주는 이득을 판단하기를 원한다면, 우리는 각각의 관행은 그것이 동반하는 덕성들을 지니고 있다는 매킨타이어의 생각에서 시작할 수 있다. 저항은 그것의 실천자들에게 많은 덕성을 제공하며, 그러한 덕성이 그들의 삶에 의미를 부여한다. 그들의 도덕적 감성 – 자주 고통스럽지만 또한 깊은 만족감을 주는 – 은 그들에게 귀중할 뿐만 아니라 그들이 그 밖의 우리들에게 주는 가장 큰 선물이기도 하다.

일부 저항자들의 경우에 그들의 행동주의는 그들의 삶 전체, 그리고 평생의 과업이라는 보다 광범위한 맥락 속에서만 타당하다. 그들이 새로운 삶의 방식을 구축하고자 하는 이유는 어쩌면 그들이 물질적으로 안락하지 않기 때문일지도 모른다(물질적 안락은 사람들을 현실에 안주하게 한다). 하인즈 코헛Heinz Kohut이 창조적인 개인에 관해 이야기했던 것처럼, "예술에서 위대한 사람들, 그리고 과학에서 진정 개척적으로 창조적인 사람들은 적어도 일시적으로나마 평균적인 성인들을 정신적 충격으로부터 보호하면서도 또한 그들의 창조성과 발견을 가로막는 완충구조를 거의 가지지 않고서도 현실을 경험하는 능력을 지니고 있던 것처럼 보인다".[8] 많은 저항자가 그러한 완충장치들을 가지고 있지 않다. 내가 말했듯이, '다름'은 창조성에 결정적일지도 모른다. 카를 도이치Karl Deutsch는 긴급한 정치적 문제에 대한 해결책들은 "공동체의 얼마간 일탈적인 성원들 ─ 자신들의 공동체나 문화에 속한 다른 대부분의 집단 성원과는 기억, 습관, 또는 관점이 다른 사람들, 그리고 새로운 관념 및 새로운 행위양식과 그들 자신을 동일시하는 데 자신을 헌신하는 버릇이나 관심이 그리 없는 사람들 ─ 에 의해 발견될 가능성이 크다"라고 주장했다.[9] 많은 경우에 그들의 생각이 저항자들의 생각보다 더 쉽게 받아들여질 수도 있다.

여기에 혁신과 사회변화의 열쇠가 존재한다. 개인들의 감정과 전망에서 나타나는 전기적 변이에서 일종의 자연선택이 일어나며, 그중 일부 변이는 확산되지만 대부분은 확산되지 않는다. 이 과정은 개인적 차이에서 시작된다. 대부분의 특이한 생각이나 감성들은 다른 사람들에게 매력적이지 않지만, 그것으로부터 선택할 것이 많을수록, 우리가 광범위한 호소력을 지니는 무언가를 발견할 가능성은 점점 더 커진다.

만약 예술가와 장기적 저항자들이 풍부한 창조성과 물질적 박탈의 면에서 유사하다면, 그 근본적 이유는 그들의 활동 ─ 사회적 성취와 개인적 성취를 하나로 융합하는 것 ─ 에 대한 도덕적·개인적 소명의식에 있다. 시간이 경과함에 따라 우리의 활동과 우리의 캐릭터는 혼합된

---

8   Heinz Kohut, *The Search for the Self*, edited by Paul Ornstein(Madison, Wisc.: International Universities Press, 1978), p. 273. 더글러스 에머리(Douglas B. Emery)는 이 창조성을 정치적 활동과 연계시킨다. Douglas B. Emery, "Self, Creativity, Political Resistance," *Political Psychology*, 14(1993), pp. 347~362.

9   Karl Wolfgang Deutsch, *The Nerves of Government Models of Political Communication and Control*(New York: Free Press of Glencoe, 1963), p. 174.

다. 한때 한 연극 평론가는 "자신이 갖고 싶어하는 재능을 계발하기 위해 스스로가 이미 선택을 했고, 그렇기 때문에 그 밖의 어떤 것 – 돈, 대학 학위와 같은 엘리트 증명서, 심지어는 건강조차 – 도 멀리하는 사람의 동기, 광신, 또는 그와 유사한 것"에 관해 기술한 바 있다.[10] 도덕적 캐릭터 유형에서 특이한 것은 우리 자신의 스킬을 발전시키는 것이 이기적인 행위가 아닌 고결한 행위로, 즉 사회의 이익에 공헌하는 행위로 인식된다는 것이다. 이것은 지극히 중간계급적인 이상이지만, 설득력 있고 매력적인 것이기도 하다.

우리가 좋은 저항자들을 확인하기 위해 사용하는 동일한 특질들이 우리가 나쁜 저항자들을 판단하는 데에도 도움을 준다. 어떤 저항자들은 자신들의 도덕적 원칙을 성실하거나 용기 있는 노력을 통해 실현하지 않는다. 어떤 사람들은 대기업이나 국가기관의 보수를 받고 일하는, 정확히 글자 그대로 스파이이거나 그게 아니라면 대항운동의 조직자이면서도 짐짓 저항자인 척한다. 주로 봉급을 받기 위해 저항을 조직하는 사람들이 저항 관행의 덕성에 부응하지 않는 삶을 살지만, 부수적으로 봉급을 받는 사람들 또한 그렇게 하기도 한다. 다른 사람들을 조작하기 위해 스스로를 거짓으로 표현하는 사람들 역시 저항의 덕성을 훼손한다.

우리가 살펴보았듯이, 관행과 덕성에 대한 매킨타이어의 주장에서 중요한 것은 그것들이 개인의 삶이라는 맥락에서 이해되어야만 한다는 것이었다. 그리고 우리는 저항이 개인의 삶의 맥락 속에서 어떻게 일어나는지를 여러 사례를 통해 살펴보았다. 그러나 매킨타이어의 주

---

10   Joseph Wesley Zeigler, *Regional Theatre: The Revolutionary Stage*(Minneapolis: University of Minnesota Press, 1973), p. 8에서 인용함.

장은 우리가 그러한 삶을 사회와 사회의 역할, 전통, 그리고 사회적 정체성이라는 훨씬 더 광범한 맥락에 위치시키기 전까지는 여전히 불완전하게 남아 있다. 어떠한 목표나 감성도 단지 그것만으로는 삶의 도덕적 의미가 될 수 없다. 즉, 그러한 것들은 그것들을 둘러싼 다른 사람들의 목표와 일정한 관계를 가지고 있어야만 한다. 우리는 단지 어떤 사람이 그의 관행에 고결하게 (또는 고도의 기교를 가지고) 종사하고 있다는 이유로 그가 옳은 일을 하고 있다고 말할 수는 없다. 흔히 거론되는 반대 사례 하나를 들어보자. 나쁜 관행을 훌륭하게 완수하는 덕망 높은 나치는 대체 뭐란 말인가? 어떤 관행이 선한 것인지를 알기 위해서는, 우리는 그 관행이 한 부분을 차지하고 있는 전제 사회에 그 관행이 미치는 영향을 탐구해야만 한다. 우리는 제16장에서 '성공적인' 저항운동이 이처럼 바람직하지 않은 보다 광범위한 결과를 낳은 사례들을 검토하고, 제17장에서 긍정적인 결과를 가져온 사례들을 고찰할 것이다.

저항이 좋은 결과와 나쁜 결과를 구별하기 위해, 나는 어떤 저항기들은 다른 사람들에게 자신들이 향유하는 몇몇 덕성 — 이를테면 도덕적 목소리, 참여, 우리의 가장 내밀한 감성 짚어보기 — 을 습득할 것을 권고한다고 주장할 것이다. 그들은 정보의 흐름, 자기인식, 그리고 의사소통에 기여한다.[11] 의사소통이 아닌 오직 승리에만 관심이 있는 다른 저항

---

11 사람들로 하여금 자신들의 도덕적 목소리를 발견하도록 돕는 것은 많은 형태를 취할 수 있다. 많은 탈시민권 운동은 외부 지향적인 저항에 더해 집단토론에 참여하는 것을 통해 그렇게 한다. 그러나 다른 운동들 — 많은 시민권 단체를 포함하여 — 은 위계적이며, 그 결과 성원들은 자신들의 목소리가 여타 성원들과 일치한다는 것, 그리고 자주 그 단체의 지도자로 구현된다는 것을 알게 된다. 마틴 루서 킹 2세가 평등주의적인 동호인 단체를 조직하지는 않았지만, 많은 민권 저항자와 단지 종교적이지만은 않은 저항자들은 그를 통해 그리고 그 속에서 자신들의 도덕적 목소리를 발견했다.

자들은 다른 사람들이 그러한 덕성을 실현하고자 하는 열의를 꺾고, 비저항자들을 목적보다는 수단으로 전략적으로 격하시킨다. 그 결과 속임수, 조작, 통제가 난무한다. 이 경우에 순전한 전략이 문화적 의사소통을 누르고 승리한다. 저항자들의 생각과 판단이 심사숙고된 후 받아들여지거나 또는 거부되는 '선택과정'은 설득과 예증을 통해 이루어질 경우 바람직한 과정이 되지만, 폭력과 강요를 통해 이루어질 경우 나쁜 과정이 될 수 있다.

나는 저항자들이 상당한 권력을 획득할 때 저항의 위험이 현실화될 가능성이 더 커진다고 믿는다. 그럴 경우 그들은 좌절을 겪는 위치에 있기는 하지만 보다 진실한 목소리를 낼 수 있게 해주는, 주변적 비판자로서의 자신들의 위치를 잊어버린다. 가장 극단적인 사례가 권력의 혁명적 장악이다. 왜냐하면 혁명가들은 스스로를 무장시켜 국가 통제력을 어떻게든 획득한 저항자들이기 때문이다. 이는 시민권 운동들에서 특히 가능한데, 그들이 국가를 자신들의 주요 표적과 청중으로 보기 때문이다. 제프 메리데스는 1970년에 미국에서 혁명이 실패했다는 것에 기뻐했다. 5년 후 캄보디아에서는 혁명이 성공했으며, 비판자들은 전적인 권력을 부여받았다. 크메르루주는 하나의 극단적인 사례이지만, 그들은 저항자들이 외부자에서 내부자로, 로티가 말하는 교화적·해석적 자세에서 체계의 자세로, 도덕적 비판에서 정치적 권력으로 바뀔 때 많은 것들이 잘못될 수 있다는 것을 보여준다.

- 어떤 사람들에게 저항은 삶의 한 방식으로, 그것이 그들의 정체성의 한 측면을 규정한다. 그들의 삶 자체가 '바람직한 삶'의 의미를 실현하기 위한 신중한 노력일 수 있다.
- 인간의 삶은 우리 모두에게 일정한 예술성을 요구한다. 하지만 저항

을 포함하여 어떤 활동들은 실행가들로 하여금 다른 사람들보다 더 예술적이 될 것을 권고한다.

- 저항자들은 근대적 캐릭터 유형의 하나이고 저항이 관행의 하나이기 때문에, 그들에게는 그것이 동반하는 덕성들이 존재하고, 그 덕성들은 우리가 바람직한 성과와 나쁜 성과를 판단하는 데 도움을 줄 수 있다.

- 그러한 덕성들로는 정직, 정의, 용기, 도덕의 명료화, 그리고 가능한 대안적인 세계에 대한 묘사를 들 수 있다. 훌륭한 저항자들은 다른 사람들에게 도덕적 자기인식을 고무한다.

/ 제16장 /

저항의 위험들

그리고 우리가 어떻게 거기에서 여기로 왔는지 놀라울 뿐이지만,

법을 위반해야 할 때가 온다면,

그것이 우리의 일상적 사고와 공상의 모체 속에서

발생한다는 것을 명심하라.

— 존 애슈베리, 「작업 공정도」

헤겔이 대단히 훌륭하게 보여주었듯이, 사고와 문화의 역사는 위대

한 해방적 관념들이 숨 막히는 구속복으로 불가피하게 변질되는 변

화의 양상을 띠고 있다.

— 이사야 벌린

1975년 4월 17일 크메르루주는 프놈펜을 장악하고 즉각적으로 주민을 소개시킨 후 대량학살을 시작하여, 그들이 통치하는 4년 동안 적어도 (700만 명 중) 100만 명의 캄보디아인을 살해했다. 그 죽음은 강제노역과 소개 행군이 가져온 굶주림, 질병, 그리고 극도의 피로뿐만 아니라 명시적인 처형 프로그램에서 기인하는 것이었다. 프놈펜은 단 3일 만에 텅 비었고, 다른 캄보디아 도시들도 똑같이 황폐화되었다. 시민들은 시골 전역으로 되는 대로 떠밀려났다.

크메르루주는 상상할 수 있는 온갖 방식으로 그들의 사회를 변혁했

다. 그들은 농업생산, 사적 소유의 폐지, 경제적·사회적 집산화에 기초하는 자급자족 국가라는 명목하에 도시 거주자들을 시골로 이주시켰다. 그들은 화폐와 토지소유를 폐지하고, 개인 재산을 몰수하고, 끔찍한 노동 스케줄과 엄격한 복장 규약(검은색 옷 입기, 장신구 금지)을 강요하고, 청년들을 가족으로부터 데려다가 기숙사에 할당했다. 그리고 가장 악명 높게는 특정 범주의 사람들을 고의적으로 몰살했다. 크메르루주는 국가 이름을 민주 캄푸치아Democratic Kampuchea로 바꾸고, 국민을 '구'주민과 '신'주민으로 나누었다. '구'주민은 주로 캄보디아 역사의 '순수한' 크메르 문화와 태생적으로 연계된 농민들로 이루어져 있었다. '신'주민은 대체로 도시에 살면서 자본주의의 타락과 여타 외국의 영향으로 인해 오염된 사람들이었다. 그리고 그들은 농민에 의존해서 살아가는 기생적인 존재로 간주되었다. 그들은 더 적은 배급 대상으로 지목되어 학대당하고 자주 죽음에 이르렀다. 그 극단에는 자신들의 부모를 살해하도록 지시받은 혁명적 십대들에 관한 이야기들도 있다. 그들이 그 명령에 복종해서 그렇게 했던 이유는 그들이 더 이상 자신들의 부모가 아니기 때문이었다. 이제 부모의 역할을 크메르루주 조직이 맡았고, 그리하여 그들의 예전 부모는 '적'이 되었다.[1]

---

1   François Ponchaud, "Social Change in the Vortex of Revolution," in Karl D. Jackson (ed.), *Cambodia 1975~1978: Rendezvous with Death*(Princeton: Princeton University Press, 1989), p. 165. 이 장에서 이용하는 일반적 자료들은 다음에서 따온 것이다. David P. Chandler, *The Tragedy of Cambodian History: Politics, War, and Revolution Since 1945*(New Haven: Yale University Press, 1991); *Brother Number One: A Political Biography of Pol Pot*(Boulder, Colo.: Westview, 1992); David P. Chandler, Ben Kiernan and Chanthou Boua(eds.), *Pol Pot Plans the Future: Confidential Leadership Documents from Democratic Kampuchea, 1976~1977*(New Haven: Yale University Southeast Asia Studies, 1988); Elizabeth Becker, *When the War Was Over: The Voices of Cambodia's Revolution and Its People*(New York: Simon and Schuster, 1986); David P. Chandler and Ben Kiernan(eds.), *Revolution and Its Aftermath in*

1950년대 이래로 개발되어온 이데올로기적 프로그램과 크메르 역사에 대한 선택적 재해석에 뿌리를 두고 있는 크메르루주 정책들은 캄보디아 사회를 크메르 민족성에 의해 채색된 추상적 청사진에 따라 개조하려는 노력의 일환이었다. 대개는 교사였던 당의 젊은 지도자들은 파리의 대학들에서 돌아와서 당당하게 캄보디아적 형태의 마르크스주의를 표명하고 나섰다. 외견상 모순적인 문구로 표현하고 있는 폴 포트Pol Pot에 따르면, "민주 캄푸치아의 문화는 …… 민족 특질, 민족 전통, 그리고 진보적 속성에 기초한 새로운 문화이다. 우리는 민족 전통으로부터 우리의 혁명운동에 기여할 수 있는 진보적 속성만을 선별하여 채택하고, 반동적이고 퇴행적인 특성들은 철폐한다".[2] 혁명이 크메르 인민의 진정한 본성을 해방시키는 중인 한, 그 체제는 외국으로부터의 어떠한 물질적 또는 이데올로기적 오염도 용납할 수 없었다. 그리하여 크메르루주는 악의적인 편집증적 외국인혐오를 드러냈다.

집산화는 12세기와 13세기의 크메르 제국을 전형으로 하는 크메르 사회의 문화적 유산으로 복귀하는 것으로 제시되었다. 그 당시 크메르 사회는 노예노동을 통해 앙코르 신전을 건설하고 방대한 수로와 제방 시스템을 구축했다. 앙코르는 독창적인 민족적 성과의 하나로, 즉 강력한 지도력하에 단결할 때 평범한 인민들이 발휘할 수 있는 집합적 능력을 보여주는 증거의 하나로 재구성되었다.[3] 이 '황금기' 이미지는 그 자체로 하나의 중요한 구성물이었다. 왜냐하면 대부분의 설명에서

───────────────

Kampuchea: Eight Essays(New Haven: Yale University Southeast Asian Studies, 1983).

2   David P. Chandler, "Seeing Red: Perceptions of Cambodian History in Democratic Kampuchea," in Chandler and Kiernan(eds.), *Revolution and Its Aftermath in Kampuchea*, p. 34에서 인용함.

3   David P. Chandler, "Seeing Red," p. 35; Chandler, Kiernan, and Boua, *Pol Pot Plans the Future*, introduction to Document IV를 보라.

666   제5부 규범적 견해

802년부터 1431년에 걸친 앙코르 시대 ─ 추종자가 단지 몇백 명에 불과했던 시기에서부터 광범위한 제국의 시기까지에 걸쳐 있는 ─ 는 경제활동과 왕권에서 엄청난 동요를 겪은 것으로 묘사되어 있기 때문이다.[4]

크메르루주는 자신들이 이전의 순수한 시대로 되돌아가는 동시에, 겹겹이 쌓여 있는 외국의 오염을 일소하면서 새롭게 시작하는 중이라고 주장했다. 그들은 과거의 황금기와 미래의 유토피아를 결부시킴으로써 그 둘이 지닌 레토릭의 힘을 결합시켰다. 세상을 개조하는 과정의 일부에는 새 이름을 붙이는 것도 포함되었다. 프랑스 혁명가들처럼, 그들도 원년을 다시 시작했지만, 기묘하게도 1년이 아닌 0년에서 시작했다. 모든 체제 변화에서처럼 거리와 같은 장소들이 새 이름을 부여받았다.[5] 크메르루주는 심지어 시간과 장소에 이르기까지 전 영역에서 수백 년의 캄보디아 문화로부터 완전히 벗어나고자 했다.

새로운 4개년 계획(크메르루주는 이전 사회주의 혁명들의 5개년 계획보다 더 빨리 움직이기로 결정했다!)은 일상생활의 현실과 동떨어진 추상적 이데올로기에 근거하고 있었다. 크메르루주의 언어는 변화의 동력으로서의 인민이라는 자신들의 막연한 의지에 기대어 캄보디아의 객관적인 조건, 능력, 자원을 시종일관 무시했다. 집산화는 구주민의 능력을 끌어올림으로써, 성공에 필요한 '정치의식'을 확보하곤 했다. 이를테면 그 계획은 최근의 전쟁, 그리고 기술 또는 자본의 부족과 같은 감

---

4 이 시기의 복잡한 상황에 대해서는 David P. Chandler, *A History of Cambodia*, 2d ed. (Boulder, Colo.: Westview Press, 1992), chs. 3~4를 보라.

5 슬라벤카 드라쿨리치(Slavenka Drakulić)는 한때 즈보니미르(Zvonimir) 왕의 이름을 따서 명명되었던 자그레브(Zagreb)의 한 거리에 대해 묘사한다. 거리는 제2차 세계대전 이후 붉은 군대 거리(Red Army Street)가 되었다가, 유고슬라비아가 소비에트 연방과 단절했을 때에는 사회주의 혁명 거리(Street of Socialist Revolution)가 되었다. 현재는 또 다시 즈보니미르 왕 거리(King Zvonimir Street)이다. Slavenka Drakulić, "Nazis Among Us," *New York Review of Books*, 27 May, 1993, p. 21을 보라.

당할 수 없는 장애물들을 열거하고 나서는, 자신들이 바라는 쌀 수확량을 달성하는 데 따르는 잠재적 어려움은 가볍게 일축해버린다. "우리에게 중요한 문제들을 야기하는 특별한 사항은 전혀 존재하지 않는다. 중요한 문제는 우리가 그 계획을 수행해야만 한다는 것이다. …… 따라서 정치적 방법이 결정적 요인이다. …… 설사 장애물이 존재한다고 하더라도, 설사 우리의 적이 우리를 발톱으로 할퀸다고 하더라도 우리는 우리의 확실한 분석을 신뢰한다. 문제가 우리에게 요구하는 것은 단결이다. 계획과 관련해 중요한 것은 수치가 아니라 배후에 있는 이데올로기, 그리고 우리 모두가 하나로 뭉쳐야만 한다는 관념이다."[6]

그 계획은 지역별로 예상되는 농업생산과 산출량을 해당 토지의 이전 생산능력에 대한 어떠한 언급도 없이 열거했다. 그것은 전국 모든 곳에 1헥타르당 3톤의 쌀 생산이라는 목표를 설정했다. 데이비드 챈들러David Chandler가 말하듯이, 그 목표치는 "1960년대 **평균** 쌀 산출량의 2배가 넘을 뿐만 아니라 **당장 가능한** 산출량의 2배에 달했다".[7] 1980년 즈음이면 모든 캄보디아인이 디저트를 먹게 될 것이라는 특이한 약속을 제외하고는 계획을 달성하기 위한 기제와 유인책은 전혀 없었다.[8]

신주민과 구주민의 대비는, 때때로 설득력 있는 반대 증거에 직면했음에도 불구하고 경제계획의 실제 양상을 틀 지었다. 구주민이 농민이었기에, 농업이 사회주의의 근간이 되어야만 했다. 강력한 농업적 토대가 자립과 자급자족을 보장하고 근대화와 산업화는 그러한 토대로부터 진전될 것이라고 기대되었다. 크메르루주는 오염된 이전 도시 주민의 지식과 스킬을 사용하기를 거부했다. "우리는 종래의 노동자들을

6　　Chandler, Kiernan and Boua, *Pol Pot Plans*, pp. 128~131.

7　　같은 책, p. 37(강조는 원저자).

8　　Chandler, *A History of Cambodia*, p. 215.

활용하지 않는다. 왜냐하면 우리가 종래의 노동자들을 우선 신중하게 선별하여 정화하지 않은 채로 활용한다면, 정치적으로 많은 곤란한 문제들이 초래될 것이고, 그것이 우리에게 더 많은 어려움을 야기할 것이기 때문이다."[9] 헬리콥터를 조정하는 스킬조차 민주 캄푸치아의 수립과 함께 분명하게 변했다. "군사적 측면에서 볼 때, 우리의 헬리콥터를 조종하는 사람들이 많은 것을 읽을 필요는 없다. 하지만 훌륭한 정치의식을 함양함으로써 우리 모두는 빠르게 학습할 수 있고, 그럼으로써 4개년 계획의 요구사항들을 능가할 수 있다. 과거에 조종사가 되기 위해서는 고등학교 교육 – 12년에서 14년 – 이 필요했다. 오늘날에는 정치의식이 결정적 요인이라는 것이 분명하다. 그것은 우리에게 우리의 노선이 옳다는 것을 보여준다."[10]

마르크스-레닌주의 사상의 이데올로기와 목표들을 흡수했음에도 불구하고, 크메르루주는 그것의 영향을 받았다는 것을 부정했고, 그것을 적용했던 이전의 노력들도 무시했다. 아니 오히려 그들은 이전의 혁명들을 실수투성이라며 거부했다. 그들은 소비에트 모델 및 중국 모델에 비한 자신들의 혁명의 독특성을 강조했고, 심지어는 자신들의 모델의 초기 형성에 베트남 공산주의가 미친 영향을 부정하기 위해 캄푸치아 공산당의 공식 창립일을 1951년에서 1960년으로 바꾸기까지 했다. 그들은 외부의 어떠한 조언이나 영향도 거부했다. 즉, 그들의 혁명은 순수하게 캄보디아적이었다.

하지만 가장 두드러진 것은 크메르루주가 중국의 대약진과 문화혁명의 언어와 이상들을 빌려왔다는 것이다. 크메르루주처럼 마오도 집

---

9   Chandler, Kiernan and Boua, *Pol Pot Plans*, p. 47.

10   같은 책, p. 160.

단 소유, 군사적 규율, 성별 분리 기숙사, 외국의 기술과 전문지식의 기피, 그리고 촌락에서의 강제노동을 통한 중국 도시 전문가들의 '재교육'을 특징으로 하는 코뮌 건설에 집중했다. 마오는 자주 전국에서 가장 가난한 지역들에서 데려온 아주 젊은 사람들에게 의지했으며, 항상 모든 특권 계층 속에서 혁명의 적들을 색출했다. 도시 거주자, 교육받은 사람, 심지어는 자신들의 동료들보다 약간 더 부유한 농민들조차 그 대상에 포함시켰다. 중국과 캄보디아 모두에서 전략의 기저를 이루고 있던 것은 "인간의 의식과 인간의 도덕적 자질이 역사의 경로를 규정하는 결정적 요소라는 주의주의적voluntarist 신념, 즉 진정한 혁명적 창조성은 농민대중 가운데 자리하고 있다는 포퓰리즘적 신념"이었다.[11] 정치적 의지가 사회를 개조할 수 있고, 심지어는 충분한 압력이 가해진다면 개인의 동기도 변화시킬 수 있다고 믿었다. 문화적 맥락도 의지대로 개조될 수 있었다.

크메르루주의 지도자들은 마오의 전술을 채택했지만, 그가 실패했다는 것을 인지하고 있었다. 그들은 그러한 실패가 여러 전선에서 저항이 발생한 결과라고 분석했다. 집산화에 맞서 싸운 부농, 당 내부의 신흥 지식엘리트, 그리고 공동생산을 도시에 강제하는 데 따르는 어려움이 바로 그러한 것들이다. 크메르루주는 보다 신속하고 보다 철저한 이행을 통해 그러한 내부 적들의 허를 찌를 수 있을 것이라고 생각했다. 그들은 '초대약진Super Great Leap'으로 중국을 능가하기를 희망했다. 노로돔 시아누크Norodom Sihanouk[국왕·총리·국가수반을 역임한 캄보디아 정치인 — 옮긴이]는 크메르 지도자들과 중국의 저우언라이周恩來 간에 있었던 회합을 자세히 얘기하는데, 거기에서 저우언라이는 중국처럼

---

11   Michael Vickery, *Cambodia: 1975~1982*(Boston: South End Press, 1984), p. 273.

대약진을 시도하기보다는 오히려 서서히 진행하라고 경고했다. 그가 서술한 바에 따르면, 크메르 지도자들은 "의심하는 듯한 거만한 웃음"을 지었다. 그리고 후일 그들은 시아누크에게 다음과 같이 말했다. "우리나라의 역사적 위상은 확고해질 것이다. …… 우리는 중간단계들에 시간을 낭비하지 않고 완전한 공산주의 사회를 창조한 첫 번째 국가가 될 것이다."[12] 크메르루주는 혁명의 모든 적을 완전하게 근절함으로써, 마오의 목표를 채택함에도 불구하고 마오가 실패한 지점에서 성공하고자 했다. 중국의 경험은 단지 하나의 부정적 사례로서만 적합성을 지녔다. 왜냐하면 크메르루주는 적절한 전략을 자신들의 기본 이데올로기로부터 직접 연역했기 때문이다.

마르크스-레닌주의 사상에 대한 크메르루주의 해석은 캄보디아의 문화, 역사, 인구통계에 의해 틀 지어졌다. 하지만 크메르루주가 마르크스-레닌주의로부터 이끌어낸 교훈은 매우 선택적인 것들이었다. 프놈펜 인구의 상당 부분이 인종적으로 중국인이거나 베트남인이었기 때문에, 도시들은 사실상 외국의 영향을 받고 있던 지대였다. 모든 도시는 프랑스 통치(1963~1954년)하에서 급속하게 성장했으며, 이는 부분적으로 식민지 학교와 행정기구 때문이었다. 그러한 도시의 프랑스식 체제는 공무원을 선발하는 데서 교육 자격증을 활용했고, 그것을 통해 가족과 지역의 전통적 유대를 전복시켰다. 시아누크는 그간 종래의 판자촌을 완전히 파괴함으로써, 프놈펜의 기존 환경을 더욱더 서구화했다. 그는 전통적인 농민복장과 손수레를 도시지역에서 금지시켰다. 이는 캄보디아 문화에서 시골-도시 간의 분열을 악화시켰다.

---

12   Norodom Sihanouk, *War and Hope: The Case for Cambodia*(New York: Pantheon, 1980), p. 86.

마르크스-레닌주의적 계급 언어로 구축된 도덕적 경계들은 라이프스타일에 대한 도덕주의적 접근방식에 의해 강화되었는데, 이는 구주민 속에 구현되어 있던 크메르의 순수성에 대한 관심을 반영하는 것이었다. 크메르루주의 공식적인 묘사에 따르면, "프놈펜과 다른 도시들에 들어섰을 때, 혁명군대의 형제자매 전투원들은 …… 여성과 구분되지 않는 긴 머리를 하고 있는 남성들과 이상한 옷차림을 한 젊은이들이 빚어내는 언어도단의 압도적인 광경에 충격을 받았다. …… 사교적 여흥, 음악의 템포와 리듬, 그리고 기타 등등 모두는 미제국주의의 패턴에 기초해 있었다. 우리 인민의 전통적으로 순결하고 건전한 특질과 본질은 완전히 부재하고 포기되었으며, 제국주의의 호색적이고 수치심 없고 도착적인, 그리고 광적인 특질들로 대체되어 있었다".[13] 학생들의 긴 머리가 상징하는, 그리고 다양한 종류의 도덕적 방종을 함축하는 서구의 영향은 야생의 숲 — 그 자체로 치유와 재생의 장소로 여겨지는 — 과 직접적으로 대비되어, 양가적으로 '문명화된' 것으로 칭해졌다.[14]

도시는 캄푸치아 사회주의에 극복할 수 없는 장애물로 간주되었다. 왜냐하면 그곳은 외국의 영향뿐만 아니라 사적 소유, 발전된 시장, 그리고 도덕적으로 방종한 라이프스타일과도 연계되어 있었기 때문이다. 한 논평자의 주장에 따르면, 도시에 대한 비난은 '부르주아지'를 "도시에 사는 사람"으로 글자 그대로 해석함으로써 강화되었다.[15] 하

---

13 Karl D. Jackson, "The Ideology of Total Revolution," in Jackson(ed.), *Cambodia 1975~ 1978*(Princeton: Princeton University Press, 1989), p. 44에서 인용함.

14 François Ponchaud, "Social Change in the Vortex of Revolution," in Jackson, *Cambodia 1975~1978*, p. 160.

15 찰스 버턴(Charles Burton)의 지적이다. Frank Chalk and Kurt Jonassohn, *The History and Sociology of Genocide: Analyses and Case Studies*(New Haven: Yale University Press, 1990), p. 402에서 인용함.

지만 도시의 도덕적 무질서에 대한 캄푸치아의 비난은 19세기 중반 이래로 미국의 청교도들이 이민자들과 도심 빈민들로 인해 도덕적 패닉 상태에 빠지게 되었던 것과 그렇게 크게 다르지 않다.[16] 도시와 시골 간의 도덕적 대비는 세계의 많은 문화 속에서도 되풀이된다. 그리고 프랑수아 퐁쇼François Ponchaud는 크메르의 문헌에서 숲이라는 테마가 다음과 같은 식으로 표현되고 있음을 발견한다. 숲은 "은자의 집이자 재생의 장소이다. …… 숲에서 타락하고 구제 불가능한 분파들을 죽이는 것은 도덕적인 그리고 보다 적절하게 규율 잡힌 사회가 탄생하기 위한 서막이었다".[17] 이것은 인지적, 도덕적, 그리고 감정적 이미지인 동시에 매혹적인 문화적 이미지이다.

순수 대 타락이라는 테마는 시골과 도시 간의 대비뿐만 아니라 젊은 이들이 그들의 연장자들에 대해 갖는 우위성에 관한 사고 또한 지배했다. 왜냐하면 나이 든 사람들은 강제를 통하지 않고서는 새로운 체제에 적응할 수 없었기 때문이다. 크메르루주는 '구주민' 출신의 젊은이들을 그들 혁명의 기간요원으로 영입했으며, 대다수가 10살 또는 12살

---

16 이러한 도덕적 패닉에 관한 저술에서 역사가 폴 보이어(Paul Boyer)는 그것의 원인을 부분적으로는 크메르루주에게도 과실이 있는, 동일한 종류의 추상화된 사고에 돌리고 있다. "그러한 개혁가들이 도시 대중을 묘사하기 위해 사용한 상투적인 문구들 ― '사악한', '방탕한', '타락한' ― 은 실제 인간에 관한 직접적 지식이 추상에 의해 대체되고 있었던 정도를 양식화된 형태로 드러내 보이는 것이다." Boyer, *Urban Masses and Moral Order in America, 1820~1920*(Cambridge: Harvard University Press, 1978), p. 56을 보라.

17 Ponchaud, "Social Change in the Vortex of Revolution," p. 161. 레이먼드 윌리엄스는 서구 문헌에서 그러한 구별이 갖는 중요성을 추적한다. Raymond Williams, *The Country and the City*(New York: Oxford University Press, 1973). 그리고 로버트 포그 해리슨(Robert Pogue Harrison)은 다음의 책에서 숲-문명의 대비를 탐구한다. Robert Pogue Harrison, *Forests: The Shadow of Civilization*(Chicago: University of Chicago Press, 1992). 또한 다음도 보라. Roderick Nash, *Wilderness and the American Mind*, 3d ed. (New Haven: Yale University Press, 1982); Max Oelschlager, *The Idea of Wilderness from Prehistory to the Age of Ecology*(New Haven: Yale University Press, 1991).

일 만큼 어렸다. 그들은 혁명 이전의 타락한 캄보디아에 의해 덜 오염되어 있다고 여겨졌다. 그리고 크메르루주는 오염되지 않을 경우 타고난 크메르 민족성이 거의 발현될 것이라고 인식했다. 그 결과 거의 누구도 12살짜리가 촌락을 책임지는 것이 타당한지에 대해 의문을 제기하지 않았다. 왜냐하면 (아이러니한 언어적 억지를 쓰자면) 그들이 '구주민' 가운데서 선발되었기 때문이다.

크메르루주는 마르크스-레닌주의적 언어, 크메르의 진수에 관한 관념, 캄보디아 역사에 공유되어 있는 문화적 심상, 그리고 구체적인 현실로부터의 추상 능력을 결합하여, 빈틈없고 반증이 불가능한 이데올로기를 만들어냈다. 그것은 무엇보다도 크메르루주가 전멸에 나선 적의 범주가 중첩된다는 것을 의미했다. 크메르루주에 반대해온 사람들, 미래에 혁명을 전복시키고자 시도할 수도 있는 사람들, 그리고 외국의 영향에 의해 너무도 타락한 나머지 크메르의 본질적 자질을 상실해버린 사람들로부터 적이 창조되었다. 하지만 체제에 적극적으로 반대하지 않는 한, 그러한 적들은 나이, 도시 거주, 계급 배경 등등의 표지에 의해 그저 식별될 뿐이었다. 그러한 표지들이 유죄의 증거가 된 것은 그러한 범주들이 크메르루주 이데올로기에 의해 인간존재의 중요하고 본질적인 특성이 되었기 때문이었다.

신주민들은 그들과 결부된 외부의 국제적 적들과 마찬가지로 개선되거나 재교육될 수 없다고 생각되었다. 그들은 그들이 살았던 도시들처럼 너무나도 깊이 오염되어 있었다. 신주민들이 구주민들과 함께 노동자로 일하기 위해 시골에 재배치되었을 때조차, 그들은 '신'주민이라는 낙인을 보유했다. 구주민 신분과 신주민 신분은 심지어 얼마간 상속되는 것으로 간주되었다. "그들의 아이들과 손자들은 더 나은 자질들을 가지고 있다. …… 그리고 그들은 그들의 부모보다 더 나은 요소들을 가지고 있다. 부모들이 100가지의 억압 성분을 가지고 있다면, 그들의 아이들은 단 50가지만 가지고 있다. 우리가 그들을 일정 기간 운동에 끌어들인다면, 우리는 그들을 하나의 전술적 세력으로 우리에게 유리하게 이용할 수도 있다."[18] 정교한 사회계급 분류체계는 주민들을 각기 다른 도덕적 가치를 가지고 있는 10개의 범주로 구분했다. 그 범주가 객관적인 본질적 속성으로 상정되었음에도 불구하고, 이 분류체계의 경계들은 시간이 경과함에 따라 변화했다. 이를테면 만약 자신들의 부모가 재분류된다면, 그들은 자주 특권 범주에서 의심스러운 범주로 옮겨갔다.[19]

적敵은 집단(참족, 베트남 사람, '신'주민)뿐만 아니라 개인(많은 파당의 성원들)으로도, 그리고 이념(개인주의, 권위주의, 관료주의mandarinism, 그리고 주관주의)으로도 구성되었다. 이 편집증적 범주화에서는 적은 여러 형태로 어느 곳에든 존재할 수 있다. 더욱이 적은 크메르 사회의 성격과 특성을 변화시키고자 하면서 그 사회에 서서히 뿌리내려온 것으로 간주되었다. 개별 지도자들, 특히 폴 포트 개인의 심리에 뿌리박고 있는 편집증은 초기 당 기록물들에서도 분명하게 드러난다. "10년, 20년, 30년 후의 미래에도 적은 여전히 존재할 것이다." 크메르루주가 통제한 수년 내내, 기간요원들은 당 내의 적들(개인적 적과 개념적 적 모두)을 색출했다. 개인주의는 시골에서 위험한 관념들 중의 하나로 간주되었고, 그에 따라 당 내에서 '가족주의, 형제자매주의, 연고주의'의 문제가 자주 지적되었다. 또한 적은 "당 내부에도 존재하는 하나의 질병"이었다. "…… 우리는 당 내부에서 세균들을 찾고 있지만 성공하지 못하

18 Chandler, Kiernan and Boua, *Pol Pot Plans*, p. 224.
19 Timothy Carney, "The Unexpected Victory," in Jackson, *Cambodia 1975~1978*, p. 28.

고 있다. 그들은 숨어 있다. …… 사회주의 혁명의 진정성이 적들을 몰아낼 것이다."[20]

20여 년의 투쟁 — 그중 대부분이 고립된 밀림의 캠프들에서 이루어졌다 — 을 통해 창조된 강렬한 운동 정체성이 다른 모든 사회적 정체성을 구성하는 데 이용되었다. 크메르루주의 성원 — 그리고 그것에 '쓸모 있는' 성원 — 이 아닐 경우, 그 누구라도 결국에는 적의 어떤 범주에 속하게 될 수 있었다. 그러한 여타의 정체성들 중 일부가 전통적인 캄보디아 문화에 뿌리내리고 있었다면, 다른 정체성들은 크메르루주 이데올로기로부터 직접적으로 도출되었다. 일부 정체성이 그 성원들이 인지할 수 있는 실제 집합적 정체성이었다면, 다른 정체성은 임의적으로 법적으로 부과된 것들이었다. 그러나 그러한 정체성들은 똑같이 생명을 위협하고 있었다.

적에게 명칭을 부여하는 것은 적을 탈인간화하는 결과를 낳았다. 폴포트는 이렇게 강변했다. "혁명을 배반하고 방해하고자 시도하는 그러한 반혁명적 분파들을 우리의 인민으로 여겨서는 안 된다. 그들은 민주 캄보디아, 캄보디아혁명, 그리고 캄보디아 인민의 적으로 간주되어야 한다."[21] 적은 "우리의 인민이 아닌 것"으로 (그리고 아마도 결코 인간이 아닐 것이라고) 규정되었다. 그 결과 신주민과 체제의 여타 인지된 적들은 폭력의 첫 번째 희생자가 되었다.

"구석구석마다 존재하는 적"이라는 이미지는 단지 반대세력을 억압하려는 전술의 하나로 출현한 것이 아니었다. 그리고 그것이 단지 파당 자체에 두려움, 공포, 불신을 심어주는 한 가지 방법이기만 한 것도

---

20 Chandler, Kiernan and Boua, *Pol Pot Plans*, pp. 15, 176, 183.

21 Karl D. Jackson, "The Ideology of Total Revolution," in Jackson, *Cambodia 1975~1978*, p. 56에서 인용함.

아니었다. 비록 그것이 그러한 목적에 기여하기는 했지만, 적이라는 관념은 순전한 전략적 논리에서 나온 것이 아니었다. 적이라는 개념 그리고 그것이 수반한 폭력의 정당화 모두는 크메르루주의 마르크스-레닌주의 이데올로기와 캄보디아의 역사와 문화에 대한 그들의 특수한 견해에 뿌리박고 있었다. 그들의 인지적·도덕적 차별은 그들이 차별을 실행할 권력을 갖기 오래전부터 진전되어왔다. 그러한 종류의 체계적 폭력은 희생자에 대한 일정한 탈인간화 없이는 가능하지 않았을 것이지만, 그러한 경계가 결코 우연히 설정된 것은 아니었다. 그 경계들은 캄보디아 문화 속에 깊게 이식되어 있었거나, 아니면 적어도 그 경계의 일부는 크메르루주가 그들의 이데올로기 렌즈를 통해 찾아낸 것이었다. 물론 전략적 상호작용도 하나의 역할을 했다. 일단 사람들을 적이라고 매도하기 시작하면, 그들은 적이 되는 경향이 있다.

그처럼 잔인한 도덕적 전망이 어떻게 파리에서 교육받은 세련된 지식인들을 사로잡을 수 있었을까? 그리고 왜 그렇게도 많은 여타의 저항자와 혁명운동(붉은 여단에서 오클라호마 시 폭파범에 이르기까지)이 몰살이라는 전략에 의지해왔을까? 많은 사람이 보기에, 그러한 과도함이 사회변화를 꾀하는 모든 체계적 노력을 타락시킨다. 이사야 벌린Isaiah Berlin이 말했듯이, 때로는 선의의 개혁자들조차도 그들의 해방 이념이 구속복이 되고 마는 것을 목도한다. 나는 두 가지 인지적 조건이 특히 살인을 하나의 정치적 전술로 부추긴다고 믿는다. **첫째, 세계에 대한 추상적 전망들, 특히 세계를 총체화하는 전망들이 남성, 여성, 그리고 아이들을 단지 사회구조의 기능을 수행하는 지위로, 즉 사회구조의 한 측면으로 격하시키는 것을 가능하게 한다. 둘째, 사람들에게서 그들의 살과 피를 제거하는 것은 일부 세력으로 하여금 인간 이하의 적이라는 대범한 탈인간화된 범주를 설정할 수 있게 하며, 그러한 적은 일단 창**

조되면 진압할 필요가 있게 된다. 그러한 경우들에서 저항자들은 그들 자신의 문화적 전통 및 사회적 망 대부분과 관계를 단절한다. (실제로 그들이 보유하는 유일한 문화적 전통은 그들의 추상적인 이데올로기 전통뿐이다.) 일단 다른 사람들이 수단으로 격하되면, 그들은 순전히 도구적인 방식으로 취급될 수 있게 된다.

많은 이론적 전통에서 혁명은 성공적인 저항운동의 궁극적 결과이다. 『동원에서 혁명으로From Mobilization to Revolution』라는 틸리의 책 제목이 시사하듯이, 배제된 집단이 그들의 목표를 달성하는 가장 좋은 방법은 자주 무장 반란을 통해 국가를 장악하거나 개편하는 것이다. 순전히 전략적인 방식에서 본다면, 특히 시민권 운동의 경우에 혁명은 궁극적 승리이다. 반면에 저항을 (얼마간은) 의사소통행위라고 파악하는 나의 전망에서 본다면, 혁명은 일반적으로 재앙이다. 왜냐하면 혁명가들은 그 반대자들뿐만 아니라 사회 전체까지를 설득될 수 있는 문화적 주체들이 아닌 조작의 대상들로 도구적으로 취급할 수 있기 때문이다. 몰살 전략은 혁명적 저항운동이 권력을 획득하자마자 자주 사용하는 극단적 형태의 도구적 전술이다. 혁명가들은 외부의 비판자로서는 유용한 해석적 역할을 수행하지만, 지배자로서는 자주 그리 능숙하지도 못하고 그리 교활하게 처신하지도 못한다. 다른 사람들을 수단으로 취급하는, 그리고 그들과 논쟁을 벌이기보다는 속이거나 강제하기를 좋아하는 혁명가들의 경우 그러할 가능성이 더 크다. 경직성과 확신이 적의 창조와 결합될 때, 크메르루주가 보여준 것보다 더 완화된 형태들에서조차도, 그러한 격하가 부추겨지기도 한다. 저항운동은 권력을 획득하기 전부터도 전략적이고 조작적일 수 있다. 따라서 국가의 통제는 그들에게 그러한 종류의 행위를 할 수 있는 더 큰 수단을 부여할 뿐이다.

우리는 모든 저항운동이 처하는 하나의 딜레마인 전략적 행위와 의

사소통행위 간의 긴장들 중 보다 온건한 형태들을 살펴보았다. 그리고 우리는 존 고프먼과 같은 저항자들을 떠받치고 있는 도덕적 확신 ─ 즉, 때로는 저항자들로 하여금 전략적·도구적 방향으로 나아가게 하는 확신 ─ 의 사례들도 여럿 살펴보았다. 모리스 이서먼Maurice Isserman은 미국의 한 트로츠키Trotsky파 단체에 관해 다음과 같이 기술했다. "SP[사회주의당] 내에서 샤흐트만Shachtman 파는 계속해서 비밀리에 작전을 수행하는 소규모의 훈련된 기간요원으로 기능했다. 그들은 오직 자신들만이 진리를 소유하고 있다고 확신했다. 또한 그들은 거칠고 부도덕하며 독선적인 태도를 보였고, 오직 권력투쟁만을 지향했으며, 일단 권력을 획득하자 권력을 조작하고자 했다."[22] 이것은 저항운동에서 공통적으로 나타나는 유혹이고, 크메르루주는 이를 극단으로 밀고 나갔다.

추상화의 폭력

> 경험은 결코 제한되지 않지만, 결코 완결될 수도 없다. 그것은 하나의 무한한 감성이다. 그것은 의식의 방에 걸려 있는 가장 가는 비단실로 짠 거대한 거미집의 일종으로, 가는 줄로 하늘에 떠다니는 모든 입자를 포획하는 중이다.
>
> ─ 헨리 제임스

많은 관찰자가 도덕적 전망들을 두 가지 유형, 즉 막스 베버가 대략

---

22   Maurice Isserman, *If I Had a Hammer … The Death of the Old Left and the Birth of the New Left*(New York: Basic Books, 1987), p. 75.

적으로 '궁극적 목적 윤리'와 '책임 윤리'라고 명명했던 것으로 구분해 왔다. **추상적 체계**는 소수의 기본적인 일반 원리들로부터 연역되는 경향이 있다. 추상적 체계는 그것이 사회적 맥락과 무관하게 모든 사례를 포괄하는 보편적이고 절대적인 것이라고 주장한다. 종교, 특히 내세의 구원과 관련 있는 종교가 그러한 도덕적 전망의 고전적 전거로, 그것은 때때로 세계의 임박한 종말을 예기하는 천년왕국 운동으로 귀착되기도 했다. 헨리 제임스Henry James의 경험망 — 이 세계에서의 — 은 또 다른 영적 세계로부터 지령을 받는 사람들에게는 거의 어떠한 교훈도 가져다주지 못한다. 추상적 체계는 그것이 기본 원리들로부터 수학적 엄밀성을 지니고 전개된다고 주장하기 때문에, 일상생활이나 정치에서 경험한 것으로부터 나온 모순적인 증거에도 견디어내고, 심지어는 영향을 받지도 않는다. 그것은 기본적 원리들에 확고하게 고착되어 있다.

또 다른 종류의 도덕체계는 구체적인 시간과 장소, 즉 문화적 맥락의 미묘한 차이에 매우 민감하다. 이러한 문화에 **착근된 체계**는 표준적 규칙들이 적용되지 않을 때 나타나는 모호함, 변칙성, 그리고 규칙에서의 예외를 보다 기꺼이 받아들인다. 그것은 도덕적 삶의 번잡한 복잡성을 인정한다. 따라서 그것은 결코 하나의 단일한 정답이 존재하지 않는다는 비극적 딜레마들을 깨달을 수 있다. 이러한 전망의 지지자들은 자신들이 이해한 복잡한 문화적 전통을 통해 자신들의 입장을 규정한다. 유연성, 개방성, 그리고 미묘한 차이가 그러한 전망을 특징 짓는다.[23]

---

23 '유연한 사고방식'과 결부된 직업 정체성을 가지고 있는 교수들은 일반적으로 유연한 세계관과 경직된 세계관을 구분해왔다(하지만 그들의 추상화 취향은 자주 그들에게서 경직성을 조장해왔다). 막스 베버가 궁극적 목적 윤리와 책임 윤리를 구분했다면, 칼 포퍼(Karl

추상적 전망을 가진 사람들은 오만하게도 현재의 문화를 무시한 채 자신들이 처음부터 세계를 다시 시작하고 재건설할 수 있다고 생각한다. 추상적 전망은 사회의 본질에 대한 전근대적 신념과 사회를 마음먹은 대로 개조할 수 있다는 초근대적 희망을 결합한다(이는 크메르루주에게서 가장 분명하게 드러난다). 반면에 착근된 전망을 가진 사람들의 위험은 우리의 삶을 변화시키거나 개선할 수 있다는 희망, 즉 우리의 명시적인 규칙들을 비판하거나 변화시킬 수 있다는 희망을 상실한다는 것이다. 착근된 체계는 자주 정치적 변화를 거부하는 전통들에 대해 강력한 경의를 표하는 것으로 귀결된다. 따라서 전통은 추상적 체계의 원리들만큼이나 하나의 절대적 전거가 된다(물론 대부분의 전통주의자들의 '전통'이 얼마간은 그들 자신의 발명품이어서, 이전 세대의 실제 관행과는 자주 거리가 멀지만).[24] 그러나 삶의 복합성을 인정하는 사람들이

Popper), 밀턴 로키치(Milton Rokeach) 등은 폐쇄적 사고방식과 개방적 사고방식을 구분했다. 최근에 에비아타 제루바벨은 엄격한 사고방식(rigid mind)과 (모든 구별과 경계에 서양하는) 평세가 모호한 사고방식(fuzzy mind)을 대비시켰다. 그는 "엄격한 동시에 융통성을 지닐 수 있는" 유연한 사고방식을 지지한다. "유연한 사람들은 구조를 인지하지만, 때때로 편안한 마음으로 구조를 파괴한다. 그들은 분석적으로 몇몇 시기에 초점을 맞추지만, 다른 시기의 맥락에 매우 민감하다." Eviatar Zerubavel, *The Fine Line*, p. 120. 뉘앙스는 다르지만 유사한 구분들도 또한 보통 새로운 관념과 증거 — 헨리 제임스가 경험이라고 칭했던 것 — 에 대해 개방적인 태도를 지닐 것을 촉구한다.

어떤 점에서 칸트의 정언명령은 사회적 맥락과 무관하게 모든 것에 보편적으로 적용할 수 있는 하나의 단일한 규칙이라는 이상을 잘 보여주는 실례이다. 로런스 콜버그(Lawrence Kohlberg)의 도덕발달 도식은 이러한 종류의 전망을 도덕발달의 정점에 위치시킨다. 콜버그는 도덕체계를 창조하는 인간의 능력을 강조하지만, 그런 식으로 창조된 체계의 사회적 맥락을 무시한다. 캐럴 길리건(Carol Gilligan)은 칸트식 전통과 콜버그를 그러한 추상화를 찬양한다는 이유로 비판한다. Carol Gilligan, *In a Different Voice: Psychological Theory and Women' Development*(Cambridge: Harvard University Press, 1982). 그녀는 그러한 전망이 남성 지향적이라고 주장하면서, 보다 세부적인 규칙들의 적용을 포함하여 지엽적인 맥락과 뉘앙스에 대해 여성적/페미니즘적 관심을 드러내는 방식으로, 즉 맥락에 더욱 민감하게 반응함으로써 추상화에 대항한다.

24   전통의 유연성, 심지어는 전통의 대대적인 날조에 관해서는 다음을 보라. Edward Shils,

항상 저항과 변화를 포기하는 것은 아니다. 그들은 다만 저항과 변화에 상당한 한계가 존재함을 깨닫고 있을 뿐일지도 모른다. 문화적 변화가 현재의 의미들에 기초하여 이루어지기 때문에, 우리가 위험을 무릅쓰지 않는 한 문화적 의미를 무시할 수 없다. 공유된 문화적 의미들은 저항자들이 단지 다른 사람들을 전략적으로 조작할 수 있게 하는 것만이 아니라 그들과 소통할 수 있게 해준다. 하지만 그러한 의미들에서도 상당한 변화가 일어날 수 있다. 전면적인 변혁과 변화에 대한 완전한 저항 사이의 어딘가에서 말이다.

이 책의 많은 부분이 문화적 변화를 다루어왔기 때문에, 나는 우리가 그것의 가능성과 병리 모두를 개괄할 수 있을 것으로 생각한다. 우리는 저항 지도자들이 현재의 느낌 구조를 명료화함으로써, 그리고 또한 그들의 청중들을 달래어서 새로운 인식에 도달하게 함으로써 도덕적 전망들을 펼쳐나가는 것을 살펴보았다. 타당성 구조가 그러한 감성의 변화 속도를 제약하며, 그러한 감성은 다시 그것 위에 구성되는 세계관과 이데올로기를 제약한다. 추상적 청사진은 이 복잡한 문화적 삶의 많은 부분을 간과하며, 이것이 바로 그러한 청사진이 자주 강제로 부과될 수밖에 없는 이유이기도 하다. 그들 사회를 처음부터 개조하고자 하는 사람들은, 히틀러가 그러했듯이 그들이 많은 사람들에게 인기를 얻고 있을 때조차, 문화와 역사의 많은 부분을 무시하지 않을 수 없다.

간명화된 추상적인 도덕적·인지적 격자들은 사회를 **총체**totality로 그리는 경향이 있다. 그것들은 사회적 삶의 요소들을 상대적으로 자율적이라기보다는 긴밀하게 상호 연관되어 있다고 파악한다. 오늘날의 가

Tradition(Chicago: University of Chicago Press, 1981); Eric Hobsbawm and Terence Ranger(eds.), *The Invention of Tradition*(Cambridge: Cambridge University Press, 1983).

장 강력한 사례인 마르크스주의는 과연 그것답게 법적·정치적·도덕적 체계들과 여타 체계들이 경제와 긴밀하게 연결되어 있다고 파악한다. 경제적 관계와 사회의 다른 측면들은 기능적으로 부합되어야만 한다.[25] 이와는 달리 종교적 격자들은 악마의 작업이나 신의 은총을 모든 사회적 요소의 근원을 이루는 것으로 파악하기도 한다. 그러한 총체성 이미지들은 사회변화에 엄청난 함의를 지닌다. 만약 모든 관행이 연결되어 있다면, 모든 것이 변화하지 않는 한 어떤 하나를 변화시키기란 불가능하다. 어떠한 혁명도 **전면 혁명**이어야만 한다. 권력이 중심으로부터 방출되어 사회의 나머지 전체로 퍼져나가는 것으로 파악되기 때문에, 거기서는 공모와 편집증의 낌새가 드러나기도 한다.

이와 대조적으로 만약 관행과 제도가 서로로부터 일정한 자율성을

---

25 마르크스주의의 기능주의에 대한 가장 강력한 설명으로는 G. A. Cohen, *Karl Marx's Theory of History: A Defense*(Princeton: Princeton University Press, 1978)를 보라. 마르크스주의자인 데릭 새이어(Derek Sayer)는 이 접근방식을 공격하지만, 기능주의가 마르크스주의를 지배하고 있다는 것을 인정한다. Derek Sayer, *The Violence of Abstraction: The Analytic Foundations of Historical Materialism*(Oxford: Basil Blackwell, 1987). 마틴 제이(Martin Jay)는 특히 서구 마르크스주의에서 나타나는 총체성 개념의 역사를 추적해왔다. Martin Jay, *Marxism and Totality: The Adventures of a Concept from Lukács to Habermas*(Berkeley: University of California Press, 1984). 또한 다음도 보라. Jon Elster, *Making Sense of Marx*(Cambridge: Cambridge University Press, 1985); *Sunil Khilnani, Arguing Revolution: The Intellectual Left in Postwar France*(New Haven: Yale University Press, 1993).

근대화이론—그 자체로 마르크스주의에 대한 하나의 반발이지만 똑같이 경직된 발전단계 관념을 가지고 있는—과 최근의 자유시장 이데올로기를 포함하여 다른 추상적 사회과학 프로그램들이 실제 세계에 적용될 때, 그것들은 유해한 결과를 초래해왔다. 자유시장 이데올로기라는 경제주의적 접근방식의 혁명적 정신에 관해서는 Alan Wolfe, *Whose Keeper? Social Science and Moral Obligation*(Berkeley: University of California Press, 1989)을 보라.

그러한 노력들에 관한 고전적 비판의 하나가 Karl Popper, *The Open Society and Its Enemies*([1945] London: Routledge and Kegan Paul, 1974)이다. 포퍼는 "유토피아 공학이 전체로서의 사회의 재건, 즉 매우 전면적인 변화를 권하고 있지만, 그러한 변화의 실제 결과는 우리의 한정된 경험으로 인해 계산하기 어렵다"라고 비판한다(Vol. 1, p. 161).

가지고 있다면, 또는 적어도 일정 정도의 자율성을 보유할 수 있다면, 각각은 그것 나름으로 변화될 수 있으며, 어떤 경우에는 그것이 되돌아갈 수 없어 다른 것들이 변화되기도 한다. 변화는 전면적이기보다 부분적일 수 있다. 지엽적 권력이 존재할 수도 있다. 이 견해는 협상과 타협을 고무하는 것처럼 보인다. 왜냐하면 당신은 몇몇 전투에서 지더라도 그것이 완전한 패배는 아니라고 생각할 수 있기 때문이다. 당신은 다음 전투에서 승리할 수도 있을 것이다. 선과 악 간에 궁극적이고 종국적인 싸움은 결코 존재하지 않는다.[26]

사회체계처럼 개인들 또한 갑자기 변화하는 것으로 인식될 수도 있고, 점진적으로 변화하는 것으로 인식될 수도 있다. 추상적 도덕체계의 채택은 갑작스러운 개종을 요구하기도 한다. 왜냐하면 개종자들은 체계의 단순한 근본 논리를 움켜쥔 채 그 나머지를 의심 없이 받아들이기 때문이다. 사람들은 갑작스러운 깨달음에 기초하기보다 경험의 검증을 통해 증거를 차근차근 축적하는 것에 기초하여, 착근된 도덕원리에 보다 서서히 도달하기도 한다.

추상화된 세계관들은 궁극적 진리를 약속함으로써, 순수성 — 즉, 모호함, 타협, 오염으로부터의 탈출 — 에 대한 희망을 드러낸다. 메리 더글러스가 지적하듯이, "순수성 추구의 종국적 역설은 그것이 무모순의 논리적 범주를 억지로 경험하게 하려는 시도의 하나라는 것이다. 그러

---

26 이 전면 혁명 이미지의 철학적 전거에 대해서는 다음을 보라. Bernard Yack, *The Longing for Total Revolution: Philosophical Sources of Social Discontent from Rousseau to Marx and Nietzsche*(Princeton: Princeton University Press, 1986); Jacob Leib Talmon, *The Origins of Totalitarian Democracy*(London: Seeker and Warburg, 1952); *Romanticism and Revolt*(New York: Harcourt, Brace and World, 1967). 오랫동안 혁명적 이데올로기들에 관한 분석과 비판은 단호한 반공주의적 입장을 취함으로써 그 가치를 손상시켜왔다.

나 경험은 그러한 범주를 따르지 않으며, 그러한 시도를 하는 사람들은 모순에 빠져 있는 자신을 발견한다".[27] 장폴 사르트르Jean-Paul Sartre도 유사하게 반유대주의자들을 묘사하면서, 그들이 관념을 습득하기를 바라지 않는다는 주장을 펼쳤다. "그들은 관념이 생득적이기를 바란다. 그들이 논리적 추론을 두려워하기 때문에, 그들이 채택하고 싶어 하는 생활양식 속에서는 논리적 추론과 탐구가 단지 부차적인 역할만을 수행하고, 사람들은 이미 발견된 것만을 추구하고, 그리하여 기존의 상태에서 결코 벗어나지 못한다. …… 오직 강렬한 감정적 편견만이 즉각적인 확신을 줄 수 있으며, 그것만이 일정한 한도 내에서 추론을 할 수 있게 하고, 오직 그것만이 경험에 무감각한 채로 남아 평생 동안 지속된다."[28] 수학적 완벽함의 아름다움을 가진 추상적 체계의 순수한 세계가 매력적인 까닭은 그것이 번잡한 경험의 도전을 막아주기 때문이다. 그것의 호소력은 정말 보편적이다. 심지어 그것은 우리 대부분이 그것에 어떻게든 대항할 때조차도 호소력을 발휘한다.

총체와 이데올로기에 깅익피이 있는 시람들은 타인들뿐만 아니라 그들 자신도 그 이데올로기의 한 단면으로 격하시킨다. 이 경우 운동 정체성이 자아를 장악하고, 다른 잠재적 정체성들(예컨대 아들이나 딸로서의 정체성)을 몰아낼 뿐만 아니라 그 단일 정체성과의 어떠한 간극도 허용하지 않는다. 하지만 정체성은 우리의 자아의식에 기여해야지 그것을 대신해서는 안 된다.[29]

우리는 크메르루주를 통해 이 모든 경향을 극명하게 살펴보았다. 크메르루주는 그들 자신과 혁명의 적들 간에 벌인 극적인 한 번의 전투

27　Douglas, *Purity and Danger*, p. 162.

28　Jean-Paul Sartre, *Portrait of the Anti-Semite*(New York: Partisan Review, 1946), p. 9.

29　Norbert Wiley, *The Semiotic Self*, pp. 36~37을 보라.

의 결과로 사회의 모든 측면을 철저하고 갑작스럽게 변혁하고 싶어 했다. 그들은 어떤 관행이나 제도를 본래대로 남겨두면 그것이 적과 함께 곪아 터져 결국에는 혁명을 망쳐버릴 것이라고 생각했다. 그들의 편집증적 전망은 빈틈이 없었고, 그 체계 내에 자리 잡지 못한 경험들에 대해 무감각했다. 순수성에 대한 그들의 강박은 그들로 하여금 적을 당과 사회에 깊이 뿌리박힌, 널리 펴져 있는 보이지 않는 '세균들'으로 묘사하게 만들었다. 이 전망에서 그들은 마르크스주의자들의 오랜 노선을 따랐다. 그리고 데릭 새이어Derek Sayer에 따르면, 그들의 물화된 경제적 결정 개념이 "20세기에 혁명 후 사회에서 집권당의 계획전략으로 (그리고 매우 물질적인 기구들로) 구현되었을 때, 그것은 인간해방을 엄청나게 제약했다. 마르크스가 사물의 폭력에 관해 이야기했지만, 추상화의 폭력도 똑같이 참화를 낳을 수 있다".[30] 12살짜리들은 더 이상 아들도, 사촌도, 친구도, 연인도 아니었다. 그들은 혁명가가 '되어'버렸다.

그러나 크메르루주가 자신들 주변의 복잡한 세계를 하나의 단순한 이데올로기적 모델로 축소시킨 유일한 사례는 결코 아니다. 이를테면 또 다른 악명 높은 사례에서 이탈리아의 붉은 여단은 세계자본주의가 이미 국제적 은행가들과 NATO 장성들을 명색뿐인 인물들로 전락시켜버렸다고 주장했다. 즉, 그들은 세계질서에서 그들이 수행하는 기능이 되었다. 그들은 제거될 수 있었다. 왜냐하면 그들은 진정한 인간이 아니라 자본가와 군국주의자들이었기 때문이다.

로버트 제이 리프턴Robert Jay Lifton은 나치 강제수용소에 관여한 의사들 사이에서 있었던 유사한 과정을 기록했다. 그는 그들이 자신들의

---

30 Sayer, *The Violence of Abstraction*, p. 144.

행위를 정당화했던 복잡한 기제들을 기술했다. 그는 그들이 자신들의 '아우슈비츠 자아Auschwitz Self'와 자신들의 나머지 정체성들을 분리하는 것과 같은 심리적 과정들 외에도 이데올로기적 요인들도 언급했다. 이를테면 그 의사들은 유대인들이 독일의 골칫거리라고 기꺼이 비난함으로써, 유대인을 '독일의 주적'으로 만들었다.[31] 그리하여 국가는 그 자체로 적에 의해 위협당하고 있는 추상적 본질로 환원되었고, 따라서 어쩔 수 없다면 피의 희생을 통해서라도 신성한 재생과 정화가 필요했다. 나치가 정의한 바로서의 독일인이라는 정체성이 여타의 가능한 역할들을 설 자리가 없게 만들었다. 수용소에서 일어난 모든 일에 대한 책임은 그 의사들이 아닌, 이 '신성하고 거룩한 독일'의 화신으로서의 총통에게 있었다. 하지만 "심지어 총통도 '어쩔 수 없는' 것으로 그려질 수 있었다. 왜냐하면 유대인의 사악함이 총통으로 하여금 그들에게 조치를 취하거나 전쟁을 벌이지 않을 수 없게 만들었기 때문이다".[32] 거기에는 다목적의 적이 존재했다. "유대인 — 또는 '유대인'이라는 개념 — 은 동성애, 도시 빈규, 자유주의, 자본주의, 마르크스주의를 포함하는 모든 형태의 죽음과 연관된 타락 및 부패와 등치되었다."[33]

추상적 전망이나 착근된 전망의 출현이나 그것들의 영향력을 설명하기란 간단하지 않다. 우리 모두는 일정 기간 동안, 그리고 우리 중 일부는 항시 의심의 여지가 없는 단순한 신념들에 대한 확신을 필요로 한다. 어떤 점에서 그러한 신념들은 제5장에서 기술한 존재론적 확신의 일부를 이룬다. 고등교육이 절대적 전망들을 억제할 것이 틀림없지

31 Robert Jay Lifton, *The Nazi Doctors: Medical Killing and the Psychology of Genocide* (New York: Basic Books, 1986), p. 438.
32 같은 책, p. 451.
33 같은 책, p. 477.

만, 붉은 여단과 나치 의사들은 그것이 하나의 예방법으로 충분히 효과적이지 않다는 것을 보여준다. 집단 전체가 잔악한 추상적 이데올로기에 완전히 휩쓸려드는 경우를 제외하면, 개인의 전기가 얼마간 설명에 도움이 될 수도 있다. 특정 사회구조가 절대주의적 사고를 낳기도 한다. 이를테면 메리 더글러스는 소규모의 자발적 단체들은 그들 성원의 사기를 유지하기 위해 그러한 사고를 필요로 한다고 주장한다. 하지만 결국 가장 중요한 것은 따로따로든 또는 함께든 그러한 요인 중 어떠한 것도 전적으로 설득력이 있지는 않다는 것이다.

더 나은 분석이라면, 사람들을 동원하기 위해 노력하고 있는 정치지도자들 – 그들이 근대국가를 경영하고 있든 아니면 그것을 공격하고 있든 간에 – 에게 단순화된 이데올로기가 갖는 유용성을 강조할지도 모른다.[34] 시민과 지지자들은 자신들로 하여금 자신들의 일상적 관행 바깥에서 행위하도록 유도하고, 자신들에게 전쟁에 나가거나 또는 정부의 탱크에 맞서게 하는 에너지를 제공하는 강력한 감정들에 충격을 받을 것이 틀림없다. 추상화, 단순성, 총체성은 강력한 수사어구들이 되어, 정치 이데올로기들을 보다 강제적이고 잊을 수 없는 것이 되게 한다. 추상화는 일종의 응축과정으로, 광범위한 함의를 지닌 상징적 준거들을 창출한다. 복잡성이 제거되고, 하나의 이데올로기의 기초가 되는 신의 용어만이 남는다. 우리가 살펴보았듯이, 레토릭과 동원은 감정의 아드레날린을 통해 연결되고 뒤엉킨다.

---

34 근대국가도 특히 전쟁을 위해 사람들을 유사하게 동원한다. 이를테면 존 도워(John W. Dower)는 미국정부가 제2차 세계대전 동안 일본인들에 대한 증오를 불러일으키기 위해 인종차별적 선전을 활용한 것에 대해 기술한다. John W. Dower, *War Without Mercy: Race and Power in the Pacific War*(New York: Pantheon, 1986). 마이클 블레인(Michael Blain)은 다음의 글에서 근대 전쟁이 적을 만들어낸 다음에는 사회통합을 요구한다는 것을 보여주기 위해 히틀러의 레토릭을 분석한다. Michael Blain, "Fighting Words."

삶은 우리의 정신적 격자들과 우리의 경험들 간의 얽히고설킨 상호
작용이며, 그것들 각각은 그 자신을 서로에게 강요한다. 학습은 양자
가 지속적으로 상호작용하고 서로를 변형시키는 상호적응 과정이다.
추상적 이데올로기는 이 균형을 위협하며, 우리로 하여금 모순적 증거
에 직면해서도 우리의 신념을 고수하게, 심지어는 우리의 신념을 우리
를 둘러싸고 있는, 그것에 반하는 현실에까지 강요하게 한다. 끝으로,
거기에는 비합리성이 존재한다. 즉, 그것은 우리를 둘러싸고 있는, 변
화하는 현실에 현실성 있게 대응할 수 없게 만든다. 경직된 세계관은
우리를 헨리 제임스가 말한 '거대한 거미집'에서 떼어내며, 그럼으로써
우리가 우리를 둘러싼 삶과 맺고 있는 연관관계들을 왜곡한다. 많은
이데올로그들은 사회적 삶의 구조를 내부로부터 변화시키려고 노력하
기보다, 그 거미집을 무시하고 처음부터 다시 시작하기를 원한다. 이
전면 혁명의 이미지는 위험한 수사어구임에도 불구하고 하나의 강력
한 동원 수사어구임이 입증되어왔다.

적 만들기

> 당신이 수행해야 할 위대한 일이 있다. 우리들 사이에 새로운 천국
> 과 새로운 이승의 씨앗을 뿌리는 것이 그것이다. 하지만 그 위대한
> 작업에는 거대한 적이 수반된다.
> ― 스티븐 마셜(1640년대 영국 청교도 설교자이자 의회의원)

추상적 이데올로기가 세계를 아군과 적으로, 좋은 사람과 나쁜 사람
으로 분할할 때만큼 그것의 위험이 분명하게 드러나는 경우는 없다.

단순화된 이데올로기적 렌즈를 통해 세계를 묘사하는 것과 마찬가지로 적이라는 꼬리표를 붙이는 것은 강력한 동원 기제의 하나인 동시에 쉽게 남용되는 위험한 무기의 하나이다. 문화적 의미들만큼 도덕적·감정적 반응과 인지적 반응을 분명하게 융합하는 것은 아무것도 없다. 따라서 적은 단순히 일련의 중립적인 인지적 신념들의 일부인 것이 아니다. 적은 도덕적으로 옳지 않은 사람들이며, 우리가 경멸해야만 하는 사람들이다.

앞서 우리는 적의 확인과 비난의 정식화가 어떻게 불안한 좌절감을 합목적적 격분으로 변형시킬 수 있는지를 살펴보았다. 부정의 프레임은 다른 사람들이 잠재적 저항자들이 좋아하지 않는 방식으로 세계를 틀 짓고 있다는 믿음에 의거한다. 이제 우리는 일단 이 부정적인 정서적 비난이 확고해지고 나면 통제하기 어려울 수 있다는 것을 알고 있다.[35] 이를테면 장기화된 전략적 갈등은 불만보다 상대방에게 관심을 더 집중하게 할 수 있으며, 지속된 격분은 심각한 영구적 증오로 귀결될 수도 있다. 상대방이 정치적 게임의 다른 경기자에 불과한 것이 아니라 추상적인 총체화 이데올로기 속의 지위로 환원될 경우, 그들은 죽임을 당할 수도 있다. 적에게 귀속된 위험한 속성들은 적의 다른 인간적 자질을 압도하게 된다. 추상적인 세계관은 본질주의적 사고를 고무하고(은행가들은 '본질적으로' 국제자본주의의 직원들이며, 도시 거주자들은 본질적으로 캄푸치아 사회주의의 적이다), 이는 자주 다시 적을 개조 불

---

35 이를테면 동물 연구에 찬성하는 유대인 연구자와 옹호자들에게 항의편지를 쓸 때, 몇몇 동물권리 활동가는 그들의 동물 이용이 아닌 그들의 유대교 전통을 공격했다. 이 인신공격성 증오는 운동 지도자들의 직관이나 바람에 분명히 반하는 것이었다. 왜냐하면 그들은 자신들의 상대편이 그러한 증거를 이용하여 운동의 평판을 나쁘게 할 수 있다는 것을 잘 알고 있었기 때문이다(실제로 동물 연구를 찬성하던 한 저널리스트는 그러한 편지들을 수집하려고 노력하는 데 수년을 보냈다). 증오는 위험한 수단의 하나이다.

가능한 것으로 만든다. 만약 그들이 선천적으로 사악하거나 반혁명적이라면, 재교육은 불가능할 수도 있다.

카를 슈미트는 한 고전적 저작에서 정치의 핵심적 기능들 중 하나가 우리로 하여금 아군과 제휴하고 적들을 멀리하도록 돕는 것이라고 주장했다. 그는 "정치적인 것은 가장 강렬하고 극단적인 적대관계이며, 모든 구체적인 적대관계는 가장 극단적인 지점에, 즉 아군과 적이라는 집단분류에 가까이 접근할수록 훨씬 더 정치적이 된다"라고 썼다. 그리고 그다음에 다음과 같이 기술했다. "모든 종교적, 도덕적, 경제적, 인종적 또는 여타의 반테제는 그것이 인간을 아군과 적으로 효과적으로 분류할 수 있을 만큼 충분이 강력할 경우, 정치적인 것으로 변형된다."[36] 아군과 적은 인간이 자신들의 감정적·도덕적·인지적 세계를 구축하는 한 가지 중요한 차원이다. 이 구별은 남성 대 여성 또는 문화 대 자연과 같은 대립만큼이나 실재의 문화적 구성에서 편재적일 수도 있다. 그러한 이항대립들은 분명 우리가 편리하게 생각할 수 있게 해주며, 우리가 우리를 둘러싼 복잡한 세계에 질서를 부여하는 데서 강력한 수단으로 작동한다. 인지된 적들이 시각적으로 확인 가능할 때 (이를테면 외국인이나 소수 인종집단처럼), 그들은 반향을 불러일으키는 응축 상징으로 작동할 수 있다.

많은 정치적 활동은 '우리'와 '그들'을 구별하려는, 즉 다양한 연대를 표출하려는 노력들에 의해 추동된다. 필리스 슐래플리 같은 사람들은 '그러한 종류'의 여성과는 어쨌든 다른 존재로서의 주부라는 이미지에 호소하여 여성들로 하여금 여성운동의 정체성에 등을 돌리게 함으로

---

36   Carl Schmitt, *The Concept of the Political*(New Brunswick, N.J.: Rutgers University Press, 1976), pp. 29, 37.

써 페미니즘에 대한 반발을 조직화했다. 많은 사회운동에서 여론은 자주 기인이나 '다른' 존재로 보이는 운동 활동가들보다는 운동의 쟁점에 보다 우호적이다. 사람들은 얼마간은 메시지보다는 오히려 메시지 전달자에 대한 반응으로 자신들의 견해를 발전시킨다. 공중의 태도에 관한 여론조사는 그것이 어떤 조사든 간에 자주 응답자들에게 정부의 편을 들게 하거나 아니면 정부의 비판자의 편을 들게 하는 기회가 된다.[37] 당파적인 선거정치조차 지지자들이 다른 사람들에 반대하여 그들의 정체성들을 강화하게 하는 데 일조한다. 나는 다른 곳에서 어떠한 정치적·정책적 쟁점도 당신이 어떠한 부류의 사람인지 그리고 당신이 어떠한 부류의 사람이 아닌지를 보여주는 기회, 즉 당신의 당파적 충성심을 확인하는 기회를 제공한다고 주장했다.[38] 집합적 정체성과 연대의 확립 또는 강화는 정치적 행위의 중요한 한 측면이다. 몰살이 합당해 보일 정도로까지 적을 탈인간화하는 것은 드문 일이다(하지만 불행하게도 그렇게 드문 일은 아니다).

적이 추상화된 세계관 속에 착근되면, 그들은 에릭 에릭슨Erik Erikson이 '의사 종분화pseudo-speciation'라고 명명한 것에 종속된다. 즉, 적들은 마치 나머지 인류와 유사성보다는 차이를 더 많이 드러내는 또 다른 종인 것처럼 취급된다. 에릭슨이 볼 때, 강력한 집단 경계선을 설정하는 이 심리적 경향은 어쩌면 보편적일지도 모른다. 단지 그것이 가끔씩만 치명적이 될 뿐이다. "위협적인 변화와 급작스러운 격변의 시기에는 가장 중요한 종이라는 이념이 다른 의사 종에 대한 광신적 공포와 증오에 의해 강화될 것이 틀림없다."[39] 나는 많은 상황에서 공포와 증오가

---

37 Pierre Bourdieu, "L'Opinion Publique N'Existe Pas," in *Questions de Sociologie*(Paris: Les Editions de Minuit, 1984).

38 Jasper, "Three Nuclear Controversies."

동원을 촉진한다고 덧붙이곤 했다. 다른 의사 종들은 도덕적 책무의 세계 바깥에 존재한다. 그들은 '인간적으로' 취급될 필요가 없다. 특정한 이데올로그들이 다른 사람들을 실체화된 적의 범주로 격하시키지만, 그들이 진공상태에서 그렇게 하는 것은 아니다. 그들이 그들 자신의 문화적 맥락을 부정하거나 새로 시작하려고 시도할 수도 있지만, 그럼에도 불구하고 그들은 그들 문화의 영향을 받는다. 우리는 그들이 적을 구성하는 데 이용하는 문화적 원료들을 예견해볼 수 있다.

자연적 경계?

만약 저항운동이 적을 찾아나서는 경향을 보인다고 한다면, 그들은 어떤 집단과 범주들을 표적으로 선택하는가? 왜 크메르루주는 선진화된 신주민보다는 후진적인 구주민에게 기대를 걸었는가? 왜 19세기 미국의 도덕적 패닉들은 북동부 도시들의 외국인들에게 초점을 맞추었는가? 어떻게 제시 헬름스Jesse Helms[미국의 호전적인 보수주의 정치가로, 예술에 대한 정부의 재정적 지원에 도덕적 기준을 부과하고자 하는 등 예술가 및 예술단체들과 대립했다 — 옮긴이]는 로버트 메이플소프Robert Mapplethorpe [흑인 남성 누드, 동성애, AIDS 등 도발적인 주제를 다룬 사진작가 — 옮긴이]와 국립예술기금위원회National Endowment for the Arts를 공격함으로써 지지를 동원하는가? 왜 다른 집단이 아닌 특정 집단인가? 단순한 대답은 문화가 사회구조 속의 어떤 위치들을 위험하다고 간주한다는 것이다. 크

---

39   Erik H. Erikson, *Gandhi's Truth: On the Origins of Militant Nonviolence*(New York: W. W. Norton, 1969), p. 432.

메르루주의 마르크스-레닌주의 사상이 도시의 장발 학생들을 외국의 영향에 의해 오염되었다고 비난하기 위해 이용했을 때처럼, 추상적인 이데올로기들조차 보다 광범위한 문화적 의미들에 의해 주조된다. 위협은 현저하게 다른 사람들에게서 나온다.

메리 더글러스는 일찍이 문화적 경계와 분류체계들이 그것에 적절히 맞아떨어지지 않는 요소들(이례적인 것, 모호한 것, 분명하지 않은 회색지대)이 지닌 위험을 부각시킨다고 주장했다.[40] '질서' — 인지적·감정적·도덕적 요소들을 포함하는 — 가 제자리가 없는 것으로서의 '무질서'를 창출한다. 이를테면 더글러스의 유명한 사례에서 유대인의 음식물 계율은 세상을 땅, 물, 하늘로 나누는 구분 — 그리고 각각에 부합하는 행동과 형태 — 과 잘 맞아떨어지지 않는 피조물들을 부정한 것으로 규정했다. 이를테면 조개는 물속에 살지만 수영하지 않으며, 어떤 동물들은 땅에 '무리지어' 있지만 땅에서 이동하기에 적합한 걷기를 하지 않는다. 인간 또한 이 분류체계에 포함된다. 어떤 사람들은 모호하거나 제대로 규정되지 않은 구조적 위치를 차지하고 있으며, 그 결과 자주 터무니없는 비난을 받는다.

동일한 지위와 범주들에 속하는 사람들이 자주 위협적인 존재로 인식되고 느껴지는 방식은 주목할 만하다. 이를테면 외국인들은 그들이나 그들의 조상들이 그 나라에서 얼마나 오랫동안 살아왔는지와 무관하게 외국인이다. 그리고 경제 사다리의 하층에 위치한 사람들은 그들이 노동계급인지, 실업자인지, 또는 빈민인지와 무관하게 하층사람이다. 나치, 크메르루주, 19세기의 미국 개혁론자들, 그리고 제시 헬름스를 비롯한 많은 사람들이 보기에, 도시와 도시에 사는 사람들은 위험

---

40   Douglas, *Purity and Danger*.

하다. 되풀이해서 말하지만, 이것들이 위협과 적을 구성하는 요소들이다. 어떤 문화적 구별들은 다른 것들보다 더 쉽게 적용할 수 있는 것으로 보인다. 더글러스가 주장했듯이, 우리는 문화적으로 해석된 사회구조들 중에서 위험한 부분들을 식별해낼 수 있다.

위협의 사회적 원천들이 대체로 예측 가능한 이유는 그것들이 사회구조와 사회변화에 뿌리박고 있기 때문이다. 현실의 **사회적 위계구조**는 그러한 원천 중의 하나이다. 그러한 위계구조는 대부분의 근대사회에서는 경제적 차이에, 그리고 다른 많은 사회에서는 신분 또는 종교적 차이 ― 하지만 이것들 또한 일반적으로 경제적 토대를 가지고 있다 ― 에 기초한다. 이러한 경계들은 한 집단이 자신의 적을 규정하는 데서 이용할 수 있는 현저한 도덕적 차이들을 찾아낼 수 있는 자연적 위치들이 된다. 경제적 또는 영적 자원들에 대한 차별적 접근이 대조적인 일상활동에 의거하고 있기 때문에, 도덕적 구별은 그것이 얼마나 독자적으로 전개되는지와 무관하게 궁극적으로 구체적인 일상적 관행과 연계 지어진다. 이를테면 도시빈민은 언제나 존경받는 중간계급의 삶을 살아갈 여유가 없는 것으로 간주된다. 라이프스타일은 사회적 지위의 대용물이자, 심지어 그것을 정의하는 데 일조하기도 한다.

사회변화 또한 어떤 집단들을 다른 집단들보다 먼저 엄습함으로써 사람들을 분화시킨다. 대체로 도시는 인구통계적, 정치적, 경제적, 기술적, 그리고 문화적 변화의 온상이다. 그러한 변화의 선구자들은 대체로 이주자들이며, 그들 중 많은 수 또는 대다수가 외국인이다. 그리고 빈민이 자주 변화의 첫 번째 희생자가 된다. 경제적 변화와 여타의 변화들은 그러한 변화를 체현하는 사람들을 위협하는 것만큼이나 존재론적 안전을 위협한다. 군중 전통을 따르는 몇몇 긴장 이론가의 주장과는 달리, 계층화도 변화도 인지된 위협이나 동원을 자동적으로 창출하지는 않는다. 그러나 그 이론가들이 사회의 어떤 부분이 다른 부분보다 저항을 유발할 가능성이 더 크며 그것은 문화가 스스로를 드러내는 방식에 달려 있다고 지적한 것은 옳았다.

사회변화의 결과를 살펴보기 위해, 역사가들이 최근에 광범위하게 연구해온 한 가지 사례, 즉 근대 초기 유럽과 미국에서 있었던 주술 고발witchcraft accusation을 예로 들어보자. 그것은 분명 그 무엇보다 간악했던 도덕적 패닉 중의 하나였다. 대략 1450년과 1750년 사이에 10만 명이 마녀로 유죄 선고를 받아 사형에 처해졌다. 고발되어 유죄가 입증된 사람들 중 불균형하게 다수를 차지한 것은 안정적인 경제적 생계수단을 결여하고 있던 늙은 독신 여성들이었다. 이미 주변적이었던 그들은 구걸, 도둑질, 잡일로, 그리고 가끔 마법의 물약을 팔아 (간신히) 생명을 보존했다. 더욱이 근대화과정이 개인들의 공동체적 유대를 해체시킴에 따라, 그 여성들은 주변 사람들에게 얼마간의 도덕적·경제적 요구도 할 수 없게 되었다. 그들은 산업자본주의와 국민국가라는 새로 출현하는 질서 속에서 어떤 온전한 자리도 차지하지 못했다. 그들에게 주술의 죄를 씌워 고발하는 것은 경제적으로 성공한 사람들이 자신들의 책임을 전적으로 부인하고 또 패배자들과의 어떠한 공동생활도 거부한다는 것을 표명하는 한 가지 방법이었다. 노골적으로 적의와 사악함을 드러낸 그 같은 고소는 후일 도덕적 패닉들이 너무나도 잘 모방할 수 있었던 극단적 전형의 하나에 불과했다.[41]

---

41 마녀사냥은 그간 많은 설명이 이루어진 복잡한 현상의 하나이다. 하지만 대부분의 설명은 희생자들이 새로운 질서 속에서 어떤 자리—그 자리가 시장관계와 관련하여 규정되든, 기독교 신앙과 관련하여 규정되든, 아니면 당시 등장하고 있던 국민국가의 시민권 및 복종과 관련하여 규정되든 간에—를 차지하지 못했다는 것과 관련되어 있다. 희생자의 수와 관련해서는 다음을 보라. Jeffrey Russell, *A History of Witchcraft, Sorcerers, Heretics, and Pagans*(London: Thames and Hudson, 1980); Nachman Ben-Yehuda, "The European

사회가 식민화되거나 산업화되거나 또는 자본주의 세계체계의 궤도 속으로 편입됨에 따라, 도시는 자주 타락의 장소로 인지되었다. 프놈펜의 경우에서처럼, 도시는 모든 종류의 방정치 못한 품행들이 발생하는 퇴폐적인 장소일 뿐만 아니라 외국 세력과 제국주의의 발판이기도 했다. 도시가 제국주의 권력과 그들의 부패한 꼭두각시들의 행정적 중심지였던 것은 우연의 일치가 아니다. 사람과 사물들이 거의 무질서하게 서로 뒤범벅됨에 따라, 도시는 온갖 종류의 부도덕한 행위를 담고 있었다. 대부분의 경우에 도시는 실제로 사회구조, 정치질서, 경제적 관행에서 변화가 일어나는 장소였다. 그것은 실제로 위험한 장소였다.

외국인, 도시, 그리고 산업화하고 있던 부문이 사회의 '위험한' 또는 '오염된' 영역을 상징하고 또 그것에 대항하는 혁명적 적의가 구축될 수 있었던 것은 결코 우연이 아니다. 왜냐하면 그것들은 자본주의 세계체계의 최첨단이기 때문이다. 널리 알려져 있듯이, 혁명은 근대화 초기 단계 동안에 근대화가 수반하는 인구 붐, 도시화, 국가형성, 경제

Witch Craze of the Fourteenth to Seventeenth Centuries: A Sociologist's Perspective," *American Journal of Sociology*, 86(1980), pp. 1~31; Christina Lamer, *Witchcraft and Religion: The Politics of Popular Belief*(New York: Basil Blackwell, 1984); Alan Macfarlane, *Witchcraft in Tudor and Stuart England: A Regional and Comparative Study*(London: Routledge, 1970); Keith Thomas, *Religion and the Decline of Magic* (New York: Scribner's, 1971); Norman Cohn, *Europe's Inner Demons: An Enquiry Inspired by the Great Witch-hunt*(New York: Basic Books, 1975).

무어(R. I. Moore)는 근대 초기를 고찰하면서 이교도, 유대인, 나병환자 및 다양한 여타 집단들에 대한 체계적인 박해를 세속적 엘리트와 성직 엘리트에 의한 제도 구축 및 권력 공고화와 결부시켰다. 달리 말해 박해와 주술 고소는 새로운 제도적 지위의 점유자들이 전통적으로 권력을 보유했던 사람들로부터 권력을 제거하기 위한 하나의 수단이었다. 다음을 보라. R. I. Moore, *The Formation of a Persecuting Society: Power and Deviance in Western Europe, 950~1250*(Oxford: Basil Blackwell, 1987); Edward Peters, *The Magician, the Witch, and the Law*(Philadelphia: University of Pennsylvania Press, 1978).

적 변혁(전국시장, 산업화)과 함께 발생한다.[42] 혁명적 대중들이 그러한 위협들을 얼마나 세련되게 또는 정확하게 이해했는지는 모르겠지만, 그들은 위협의 원천을 바로잡고자 했다. (물론 많은 혁명이 도시를 근거지로 하지만, 그것들이 설정한 아군과 적의 부류는 다소 다르다.[43] 도시에 기반을 두었던 이란혁명은 시골에 거주했던 크메르루주와 동일한 방식으로 도시를 악마화할 수는 없었다.) 그러한 구조적 변화들이 위협적인 것이 되기 위해서는, 그것들에 문화적 가면을 씌워야만 한다.

외국인과 그들의 관행은 또 다른 중요한 상징의 구성요소이다. 그들은 이를테면 복장 스타일, 음주습관, 인상 특질, 언어, 직업 스킬에서 실체화될 수 있는 많은 차이를 들여온다. 그들의 존재는 종종 제국주의적 정복이나 경제적 식민주의의 결과이다. 때때로 그들은 원하는 일자리의 경쟁자로 인식된다.[44] 다시 한 번 더 말하지만, 이주자들을 위험하게 보이도록 만들기 위해서는 일정한 문화적 작업이 요청된다. 크메르루주는 마르크스주의의 요소들과 결합된 반도시적·반제국주의적

---

42 이것들을 저항의 여타 과정들과 결부시키는 몇 안 되는 사람 중의 하나가 찰스 틸리이기는 하지만, 근대 혁명에 관한 문헌들은 방대하다. 마이클 만(Michael Mann)은 대부분의 혁명이 초기의 산업화 물결에 대한 대응이라고 주장한다. 왜냐하면 대안을 생각해낸 것은 새로 프롤레타리아화된 노동자들이었기 때문이다. Michael Mann, *Consciousness and Action Among the Western Working Class*(London: Macmillan, 1973)를 보라. 인구의 급증에 관해서는 Jack A. Goldstone, *Revolution and Rebellion in the Early Modern World*(Berkeley: University of California Press, 1991)를 보라. 이매뉴얼 월러스틴(Immanuel Wallerstein)은 프랑스혁명을 세계자본주의체계에 대한 하나의 대응으로 분석한다. 왜냐하면 프랑스 군주들이 영국과 경쟁하기 위해 분투했기 때문이다. Immanuel Wallerstein, *The Modern World System, III: The Second Era of Great Expansion of the Capitalist World-Economy, 1730~1840s*(New York: Academic Press, 1989).

43 파리데 파르히(Farideh Farhi)는 이란혁명과 니카라과혁명의 특징을 그것들이 도시에 근거하고 있다는 것에서 찾기까지 했다. Farideh Farhi, *States and Urban-Based Revolutions: Iran and Nicaragua*(Urbana: University of Illinois Press, 1990).

44 Susan Olzak, *The Dynamics of Ethnic Competition and Conflict*(Stanford: Stanford University Press, 1992).

전통을 이용해야만 했다. 오늘날 미국에서 반이민자 레토릭은 인종차별주의에 호소할 뿐만 아니라, 이민자들을 마약, 범죄, 복지의존 등과 같은 것에 대한 미국인의 오랜 강박관념들과 연관 짓는다.[45]

외국의 오염이 지닌 위험들은 걸핏하면 국가수반을 상징적 초점이 되게 했다. 혁명은 자주 캄보디아의 론 놀Lon Nol, 니카라과의 소모사 Somoza, 그리고 이란의 왕처럼, 외국의 영향으로 인해 타락한 것으로 보이는 국내 지도자들에 대항하여 전개된다. 이들 통치자는 서구의 영향, 자원, 그리고 타락과 결부 지어질 뿐만 아니라, 특히 오늘날 자본주의적 경제권력과 제국주의적인 군사적 힘의 가장 유력한 상징인 미국과도 결부 지어진다. 서구가 그러한 상징적 경계들에 미치는 영향은 복합적이다. 왜냐하면 캄보디아혁명과 이란혁명의 많은 이데올로그들이 프랑스에서 공부했기 때문이다. 그들은 부분적으로는 자신들이 그곳에서 목도했던 것에 반발하는 중이었으며, 부분적으로는 그곳에서 학습했던 추상화를 이용하는 중이었다. 국경 침입은 근대세계에서 일반적인 강력한 문화적 테마의 하나이며, 실제로 모든 혁명은 민족주의적 용어를 이용한다. '민족'은 대규모 동원을 고무할 수 있는 강력한 집합적 정체성의 하나이다.[46]

---

45   최근의 한 사례는 심지어 인종차별주의를 전혀 숨기지 않는다. Peter Brimelow, *Alien Nation: Common Sense about Americas Immigration Disaster*(New York: Random House, 1995).

46   민족주의에 관한 많은 저술 중 최근의 것으로는 다음을 보라. Ernest Gellner, *Nations and Nationalism*(Oxford: Blackwell, 1983); Anthony D. Smith, *Theories of Nationalism*, 2d ed.(New York: Holmes and Meier, 1983), *The Ethnic Origins of Nations*(Oxford: Blackwell, 1986), *National Identity*(London: Penguin, 1991); Anthony D. Smith(ed.), *Ethnicity and Nationalism*(New York: E. J. Brill, 1992); E. J. Hobsbawm, *Nations and Nationalism Since 1780: Programme, Myth, Reality*(Cambridge: Cambridge University Press, 1990); Benedict Anderson, *Imagined Communities*, rev. ed.(London: New Left Books, 1991); Rogers Brubaker, *Citizenship and Nationhood in France and Germany*

청년은 모든 사회에서 도전하고 나서기 때문에(그들은 어떻게든 성인의 전통과 이해 속으로 사회화되어야만 한다), 그들 또한 하나의 공통된 위협이다. 그들은 도덕적 패닉을 촉발할 가능성이 크다. 록 음악, 혼전섹스, 모터바이크, 마약 모두는 청년반란의 표지들로 읽히기 때문에 문화적 동원을 고무해왔다. 청년들이 철저한 혁명 캠페인의 대상이 될 가능성은 그리 없다. 왜냐하면 한 사회가 그 사회의 젊은이들을 실제로 제거할 수는 없기 때문이다. 하지만 그들이 특정 계급이나 여타의 범주에 속하게 될 경우, 그들은 희생될 수도 있다. 미국이 흑인 젊은이들을 위험한 그리고 범죄적인 존재로 낙인찍는 것은 이에 근접한다.

사람들의 범주가 적으로 선별될 사람을 결정하는 유일한 문화적 의미인 것은 아니다. 또 다른 중요한 구성요소 ― 신구 간의 대립 ― 는 문화가 지닌 시간의식과 역사의식에 의거하고 있다. 많은 도덕체계가 오래된 것보다는 새로운 것을 선호하지만(이를테면 '새로운 사회주의 인간'), 또한 그와 동시에 크메르루주는 자신들 국가의 역사에서 보다 순수한 시기로 상정되는 더 옛 시기, 즉 앙코르 시대의 크메르 사회를 들먹였다. 많은 이란 혁명가 또한 페르시아 역사에서 순수한 이슬람 시기를 회상했다. 어느 쪽이든 유토피아적 과거는 전거가 될 수 있는 아주 초기의 있음직한 시기가 아니라, 레토릭의 편의와 상징적 공명을 위해 선택된 것이었다. 유토피아적 과거는 한 국가의 본질적 특징으로 가정되는 것을 부각시킬 뿐만 아니라 유토피아적 미래를 예시할 수도 있다. 일부 도덕적 전망이 과거 사회의 이미지와 공명한다면, 다른 전망들은 결코 구현된 적이 없는 사회의 이미지들과 공명한다.

(Cambridge: Harvard University Press, 1992). 그리고 이들 문헌에 대한 논평으로는 Craig Calhoun, "Nationalism and Ethnicity," *Annual Review of Sociology*, 19(1993), pp. 211~239를 보라.

저항운동, 특히 혁명적 저항운동은 심지어 그것의 이미지가 어떤 황금기의 과거와 유사할 때조차 필연적으로 더 나은 미래를 고대한다. 그러한 기대는 통상적으로 두 가지 형태를 띠는 메타서사, 즉 타락으로서의 역사 또는 진보의 행진으로서의 역사와 연관되어 있을 것이다. 근대세계에서 진보 관념의 역사는 복잡하지만, 나는 많은 추상적 전망이 역사가 급속한 변혁에 의해 간간이 중단되는 단계들로 이루어진다는 관념에 의거하고 있다고 생각한다. 각 단계는 이전 단계보다 필연적으로 진일보한 것이라는 신념이 급속하고 전면적인 혁명을 확신하게 한다. 그러한 전망들은 일반적으로 최종 단계, 즉 역사가 끝나고 지구상에 천국이 존재하는 시기를 예지한다.

하지만 이러한 긍정적인 유토피아적 이미지들은 보통 부정적인 비판적 이미지들과 연결되어 있다(심지어는 그것에 압도당한다). 캄보디아 혁명과 여타의 혁명들은 '부정적 사고의 힘'을 입증한다. 악의 징계, 즉 적의 격리와 공격은 긍정적인 정책, 계획, 이데올로기를 발전시키기보다는 정치적 동맹을 주조하는 데 보다 유력할 수도 있다. 미래를 위한 방향과 관련한 합의를 이루어내기보다는 현재의 정책에서 무엇이 잘못되었는지에 대한 분석과 관련한 합의를 도출하는 것이 더 쉬워 보인다. 언젠가 윌리엄 제임스William James가 이 세계에 대한 종교적 거부를 설명하면서 지적했듯이, "현재의 잘못된 것에 대한 우리의 인식"은 어떤 긍정적인 대안적 이상보다 더 강력하다. 우리가 앞에서 보다 완화된 형태로 탐구한 위협의식이 이에 해당한다. 극단적인 위협의식은 자주 전면 혁명에 대한 믿음과 연계되어 있다. 만약 우리의 적이 너무나도 강력하고 너무나도 사악하다면, 그 적의 파괴는 거대하고 급작스러운 개선을 가져올 것임에 틀림없다. 사악한 행위자들의 존재가 현 사회에서 무엇이 잘못되었는지를 설명하는 데서 중심적인 것일 경우, 혁명 이후에 이루어져야만 하는 여타의 변화들에 대해서는 생각할 필요가 거의 없다. 암의 제거가 모든 제도를 변화시킬 것이기 때문이다.

도덕 독점

> 공동체적 삶과 격리된 형제애, 자유, 평등은 희망 없는 추상들이다. 그것들을 따로따로 주장하는 것은 지나치게 감상적인 감상주의를 낳거나, 그렇지 않으면 결국에는 그 자신의 목적을 무산시키는 엄청나고 광적인 폭력을 낳는다.
>
> — 존 듀이

적과 본질은 강력한 동원을 이루어내는 이미지들이다. 본질주의가 필연성과 확실성 의식을 제공한다면, 적은 완벽한 위협으로 공포, 화, 증오와 같은 감정들을 불러일으킨다. 둘 모두는 동원을 위해 세계를 산뜻한 슬로건으로 단순화하는 방식으로 공통의 도덕적 직관에 호소한다. 하지만 동일한 레토릭의 힘이 처음에 그들을 고무했던 도덕적 감상과는 거리가 먼 추상적 유토피아를 제시할 때 그 자신의 도덕적 지주를 침식할 수도 있다. 세계가 어떻게 작동하는지 — 역사가 어떻게 전개되는지, 누가 진보 또는 정의의 편인지, 어떤 특질이 인간의 본질을 규정하는지 — 를 이미 알고 있다는 것은 새로운 어떤 것을 학습할 수 있는 능력을 방해한다. 문화적 틀이 답변을 제공할 뿐만 아니라 질문을 던지고 새로운 답을 찾는 수단 또한 제공한다. 문화적 틀은 질문, 학습, 성장을 가능하게 한다.

세계를 이해하기 위한 모든 추상적 격자는 그것이 지나치게 진지하게 받아들여질 위험을 무릅쓴다. 그것의 지지자들은 현실에 대한 단순화된 꼬리표와 모델을 실재라고 여길 때 발생하는, 알프레드 노스 화이트헤드Alfred North Whitehead가 '전도된 구체성misplaced concreteness'이라고 부른 과실을 범하게 된다. (이는 저항자들과 그들의 이데올로기뿐만 아니라 사회과학자들과 그들의 개념적 틀에도 역시 하나의 위험이다.) 추상적 체계일수록, 인간존재를 범주와 그 범주의 본질적 기능들로 더욱 환원한다. 우리가 우리와 의사소통하는 사람들의 상황과 실체를 이미 알고 있다고 가정할 이유도 전혀 없다. 하지만 추상적 체계와 총체화 체계는 우리로 하여금 우리가 그 진리를 소유하고 있다고 믿게 한다. 그러한 진리의 소유는 행위, 심지어는 대범한 행위를 강력하게 자극한다. 특정한 조치의 **대상**이 되고 있는 인간, 즉 그들이 진리를 알지 못하기 때문에 반발하는 사람들은 정복되어야만 하는 존재들이다. 그들의 무지, 반발, 사악함은 하나로 얽혀 있다. 그러나 진리에 특별히 접근할 수 있는 권한을 가진 사람들에게서 흔히 나타나는 오만함도 크메르루주의 살인 프로그램에는 미치지 못할 것이다. 자신들이 돕기 위해 노력하고 있는 사람들을 대변하는 많은 저항자들 역시 그러한 오만함을 얼마간 드러낸다. 두 경우 모두 다른 개인과 집단들이 가지고 있는 희망과 선호, 즉 인간의 복잡함을 무시하고 있다. 그들은 저항의 담론적 계기보다는 저항의 전략적 계기를 더 선호한다. 제프 메리데스가 마르크스-레닌주의자들에 대해 말했듯이, "나는 사람들과 이야기를 나누지만, 그들은 그러지 않는다".

비록 크메르루주의 통치가 1970년대 후반 직접행동 반핵운동이 절정에 달했을 때와 시기상으로 일치했다는 면이 있기는 하지만, 크메르루주의 행위가 미국과 서유럽의 탈시민권 운동과 크게 다르지 않았다. 시민권 운동이 국가권력에 초점을 맞추기 때문에, 국가 장악은 때때로 그들에게 타당한 전략으로 보였다. 반면에 탈시민권 운동, 그리고 특히 탈산업적 운동들은 보통 그 전략을 잘못된 위험한 것으로 보고 거부한다. 그러나 이 차이는 기본적으로 권력의 정도 차이이다. 크메르 루주가 자신들의 전망을 강요할 수 있었던 것은 그들이 국가의 통제력을 장악했기 때문이다. 국가 장악을 목표로 하지 않는 저항단체들조차 설득보다는 조작을 시도할 수 있다. 우리는 많은 탈산업적 가치들, 특히 기술관료제에 대한 비판을 공유하면서도, 여전히 비폭력, 민주주의, 대화, 참여라는 그것의 중심적 관심사에 관심을 가지지 않을 수도 있다. '진리'를 확신하고 싶은 유혹은 여기에서도 강렬하다. 유나바머 선언은 어쨌든 많은 곳에서 마치 탈산업적 논문인 양 읽혔다. 그가 보여준 주요한 차이는 전략적 차이였다.

복잡한 상징적 과정 — 즉, 사람들이 문화적 네트워크 내에 착근되어 있다는 것 — 에 대한 나의 관심이 나로 하여금 추상적 전망들을 거부하게 만든다. 본래 자본주의 국가의 도구이거나, 독재자를 위한 고문 기술자이거나, 또는 인민의 적인 사람은 아무도 없다(비록 많은 사람이 그들 자신이 이러한 방식으로 환원되는 것을 허용하고 있음에도 불구하고). 우리는 복합적인 중첩적 정체성들을 가지고 있으며, 우리는 그러한 정체성들을 우리를 둘러싸고 있는 사람들과 협력하여 우리 스스로 구성한다. 어떤 단일한 정체성도 결코 자아를 온전히 표현하지 못한다. 문화적 구성주의는 두 개의 칼날을 가지고 있다. 문화적 구성주의가 저항자들에게 희망을 주는 이유는 그것이 우리가 세상과 우리의 정체성을 변화시킬 수 있다는 것을 말해주기 때문이다. 그러나 그것은 또한 우리가 이미 존재하는 복잡한 의미층과 인간의 유대들을 무시한 채 세상을 완전히 처음부터 변화시킬 수는 없다는 것을 보여준다. 이것은 정치운동뿐만 아니라 예술운동들에서도 사실이다. 메리 미즐리Mary Midgley가 말하듯이, "전적으로 새로운 출발이라는 낭만적 이상, 즉 '근대' 운동이 어떤 선조에게도 빚지고 있지 않다는 관념 — 20세기 초반에 유행한 생각 — 은 글자 그대로 받아들인다고 하더라도 공상과 같은 어떤 것에 지나지 않는다. …… 이미 공유된 전통의 틀이 존재하지 않는다면, 모든 단어와 기록은 식별할 수 없고 무의미한 소음이 될 것이다. 이는 의미와 관련된 일반적 사항이다. 기대의 패턴이 형성되어 있지 않은 곳에서는, 아무런 의미도, 그리고 아무런 놀라움도 존재하지 않는다".[47] 구성주의적 견해는 우리가 객관주의(세계는 전적으로 통제권 밖에 존재한다는 생각)와 상대주의(우리가 바라는 것은 무엇이든 하거나 믿을 수 있다는 생각) 모두의 위험을 피하는 데 일조한다.

우리는 하나의 공통적 문제의 극단적 형태, 즉 언제 저항이 전문지식의 한 형태가 되는지를 탐구해왔다. 이는 저항자들이 오직 특정 사람들만 진리에 접근할 수 있다거나 또는 제한된 수의 사람들만 전술을 수행하는 전문 스킬을 가지고 있다고 믿을 때 발생한다. 그때 그 나머지인 우리는 조작되는 대중, 면밀한 조사를 필요로 하는 견해를 가진 공중, 기금의 잠재적 원천이 된다. 저항은 소수가 수행하는, 고도의 기교를 필요로 하는 공연이 되고, 나머지 우리는 청중이 된다. 심지어 우리가 그 고도의 기교적 행위를 지지할 때조차, 우리는 정치적으로 탈숙련화된다. 크메르루주는 그것의 아주 극단적인 사례이다. 어쩌면 자신을 다리 난간에 매달고 포경선 항로에 몸을 던지는 소수의 용감한 영혼들에게 자금을 지원하는 수백만 명의 기부자들로 이루어진 그린피스는 온건한 사례의 하나일지도 모른다. 그 중간에 있는 많은 낙태

---

47   Mary Midgley, *Can't We Make Moral Judgements?*(New York: St. Martin's Press, 1991), pp. 44~45.

반대 저항가가 일반적으로 의문의 여지가 없는 종교적 견해를 가지고 자신들의 노력을 정당화하는 것은 다른 사람들을 설득하기 위해서가 아니라 단지 낙태를 막기 위해서이다. 묘하게 비교되는 이 세 가지 사례는 일부 사람들만 도덕적 행위, 아마도 심지어는 도덕적 지식에 특권적으로 접근할 수 있다는 확신을 공유하고 있다. 자신들이 도덕의 **본질**을 알고 있다고 확신하기 때문에, 그들은 도덕의 **과정** ─ 우리가 스스로 우리의 도덕적 감성을 끊임없이 심문하게 하는 담론, 생애전환, 혁신, 학습 ─ 을 무시한다.

그러나 전문지식은 누가 전문가인지를 판단하기 위한 모종의 전문적 기준을 상정한다. 저항자들이 이용할 수 있는 유일한 기준은 이데올로기적 옳음 또는 폭탄 제조와 같은 전문 스킬뿐이다. 그들이 그러한 기준을 채택할 때, 그들은 민주주의를 포기하게 된다. 왜냐하면 정의상 민주주의는 전문가들에게 양도될 수 있는 것이 아니기 때문이다. 사람들은 그들 자신의 마음을 헤아리고, 그들 자신의 가치를 표현할 필요가 있다. 저항운동은 우리가 그렇게 하는 것을 돕는다는 점에서 근대사회에 지극히 중요한 기여를 한다. 어떤 사람들은 다른 어떤 사람들보다 도덕적으로 더 창조적이다. 그러나 그들의 창조성은 예술가들의 그것과 마찬가지로 우리에게 그 방법을 보여주는 것, 즉 우리 자신의 전망과 행위를 표현하는 것 속에 존재하지, 우리를 위해 그러한 전망들을 창조하는 것 속에 존재하지 않는다. 도덕가들이 그 책임을 떠맡게 되면, 그들은 더 이상 도덕가가 아니다. 전략이 설득과 사례를 대체한다.

많은 예술가가 자신들이 공통의 예술적 전통과 맺고 있는 관계를 잊는 것과 마찬가지로(따라서 어느 누구도 그들의 작품을 이해하지 못한다), 너무나도 많은 저항자와 혁명가들은 자신들이 다른 인간들과 맺고 있는 관계를 무시하거나 부정한다. 이는 아노미적 예술가보다도 저항자와 혁명가들에게 더 파멸적인 결과를 가져온다. 최고의 예술은 알려진 것과 미지의 것 간의 경계를 따라가며 작업하면서, 우리의 인식의 지평을 확대한다. 예술가들이 친숙한 것을 깡그리 무시하고 처음부터 시작하고자 할 때, 그들은 자신들의 잠재적 청중을 상실한다. 극단적인 혁명적 저항자들처럼, 그들도 애슈베리가 말하는 "우리의 일상적 사고와 공상의 모체"와의 관계를 잊을 수 있다. 어떤 성직자 카스트처럼, 그들도 자신들의 행위만이 나머지 우리들을 구원할 수 있다고 믿는다.

매킨타이어는 우리가 관행이 사회의 나머지에 미치는 영향에 의거하여 그 관행을 판단한다고 주장한다. 크메르루주는 그들 자신의 도구적 기준에 따르면 어떤 사회운동 못지않게 성공적이었다. 그들은 국가를 장악했고 그들의 무자비한 유토피아를 캄보디아에 (잠시나마) 강제할 수 있었다. 그러나 대부분의 다른 캄보디아인의 관점에서 볼 때, 그들의 통치는 하나의 재앙이었다. 그들은 사람들을 도덕적으로가 아니라 물리적으로 변화시켰다. 그들은 설득이 아니라 강제했다. 그들은 내가 저항이 동반하는 덕성이라고 묘사했던 것 대부분을 무시했다. 칸트식의 자유주의 용어로 표현하면 그들은 사람들을 목적이 아니라 수단으로 취급했다. 어느 누구도 그러한 취급에 동의할 수 없다. 왜냐하면 주체로 인식되는 것이 아니라 하나의 사물의 지위로 격하된 사람은 동의도 반대도 할 수 없기 때문이다. 어떠한 형태의 기만도 이 동의의 원리를 위반한다. 오늘날 거의 어떠한 도덕체계도 그러한 종류의 도구적 환원을 옹호하지 않을 것이다.

다행히도 살인에 의지하는 저항자는 드물다. 어떤 단체가 대량학살 프로그램에 필요한 군사력을 획득하는 경우는 훨씬 더 드물다. 급진적 저항의 몇몇 위험을 살펴보았으므로, 이제 우리는 저항에서 보다 공통적으로 나타나는 이득으로 옮아갈 필요가 있다. 통제 불능일 수도 있는 창조성 자체는 적절한 수준에서 발휘될 경우, 인간이 경제적, 기술적, 그리고 여타 종류의 사회적 변화에 대처하는 하나의 중요한 방식을 제공한다. 저항운동은 때로는 학습을 방해하지만, 대체로 학습을 촉진한다. 근대사회에서 우리가 추구하는 가치는 다양하기 때문에 우리가 위험한 활동과 유용한 활동 간에 확실한 경계선을 설정할 수는 없다. 문화적 맥락에 대한 나의 관심이 나로 하여금 추상화된 전망을 멀리하게 한다면, 다른 사람들은 추상화된 전망에 이끌리고 있다. 하지만 만약 나의 문화 분석이 정확하다면, 그것은 정치적 변화에 몇몇 한계 — 실천적 한계와 도덕적 한계 모두 — 가 존재한다는 것을 시사한다. 그것은 또한 우리가 앞으로 살펴보듯이 저항이 근대사회에서 절대적으로 필요하다는 것을 함의하기도 한다.

- 도덕체계는 보다 추상적인 것에서 문화적 전통에 더 착근된 것에 이르기까지 전 범위에 걸쳐 있다.
- 추상적 체계들이 인간을 인간의 본질로 환원하고 적의 범주를 창출할 때, 그러한 본질과 범주들은 치명적인 것으로 전화될 수 있다.
- 문화는 사회의 특정 부분, 이를테면 위계질서의 하층, 위계질서 외부의 회색지대, 그리고 사회적 변화의 지점을 위험한 것으로 인식한다.
- 도시 거주자, 외국인, 빈민, 젊은이들은 자주 위험한 집단으로 인식되고 낙인찍힌다.
- 저항운동은 그것이 인간을 다루는 방식에 의해, 즉 그것이 인간을 의식적 주체로 상정하는지 아니면 조작되는 노리개로 상정하는지에 의해 판단될 수 있다.

/ 제17장 /

저항의 필요성

모든 위대한 진리는 신성모독에서 시작된다.

— 조지 버나드 쇼

    근대의 저항은 그것이 지닌 위험들에도 불구하고 참여자들과 사회 모두에 이로울 수 있다. 저항은 개인들에게 자신들의 도덕적 직관을 짚어보고 자신들의 원칙들을 명료화하거나 바꿀 수 있는 흔치 않은 기회를 제공한다. 우리는 집합적으로 그리고 공개적으로 어떤 입장을 취하고, 우리의 정체성을 규정하고, 부정의에 대해 큰소리로 외칠 수 있다. 저항은 근대적 삶의 매우 만족스러운 일부일 수 있다. 심지어 그것은 우리의 정체성을 규정하는 활동이 될 수도 있다. 많은 사람들에게 저항의 창조성은 완전한 기쁨을 경험하고 유토피아적 전망을 펼칠 수 있는 여지를 제공한다.

    저항은 저항자들 자신의 만족을 넘어 근대사회에 잠재적 가치를 지닌다. 즉, 저항은 현재의 문제들에 관한 실제적 정보를 제공하고, 일을 더 잘 처리할 수 있는 기법을 마련해줄 수 있다. 보다 심층적인 수준에서 저항은 비참여자들조차 포함한 우리 모두로 하여금 우리의 직관들을 짚어보고 우리의 행위들에 의문을 던져보게 할 수 있다. 이는 다시 경쟁적인 도덕적 입장들 간의 대화뿐 아니라 각 입장 모두를 최고도로 정교화하는 것에도 의존하는 민주주의의 핵심적 구성요소의 하나이다. **저항이 하나의 관행이라는 나의 판단은 개인들이 자신들의 삶을 예술적으로 세공할 수 있는 능력을 지니고 있어야만 할 뿐만 아니라 그렇게 할 수 있다는 자유주의적 가정에 기초하고 있다. 그리고 이것은 영감의 원천이 될 수 있는 광범위한 모델들을 개인들이 자유롭게 이용할 수 있다는 것을 의미한다.** 찰스 테일러는 이것을 "사람들이 대안을 생각하고 자신들이 진정으로 원하는 것을 규정하는 데 도달할 수 있는 자유일 뿐만 아니라 자신들의 지지나 충성을 받을 만한 가치가 있는 것을 분별할 자유"라고 부른다.[1] 윌 킴리카will Kymlicka가 말하듯이, 다양성이 중요한 이유는 "누구나 자신들의 목적과 야망을 구성할 때 일련의 적절한 선택지를 가지는 데 관심을 가지고 있기" 때문이다. "그리고 사회의 관례적인 삶의 방식을 실험하는 사람이나 그것을 훨씬 앞서 가는 사람조차도, 자신들의 대안적인 삶의 방식을 발전시킬 때, 그들은 사회적으로 축적된 의미와 신념에 의존한다."[2]

예술가와 지식인들처럼 저항자들도 그러한 대안들을 명시적으로 표현하는 중요한 인물들이다. 적어도 저항자들이 기만을 통해 조작하는

---

1   Charles Taylor, *Philosophy and the Human Sciences*(Cambridge: Cambridge University Press, 1985), p. 204.

2   Will Kymlicka, *Liberalism, Community, and Culture*(Oxford: Oxford University Press, 1989), p. 81.

것이 아니라 예증을 통해 설득하는 것을 목표로 할 때, 그들은 단지 그들의 존재 자체만으로도 선택과 관련한 의식을 고양시킨다. 그러한 인물들은 모두 자신들의 일을 잘해내기 위해 그들 자신의 사회와 일정한 비판적 거리를 둘 필요가 있다. 그리고 그 거리가 그들을 얼마간 기인처럼 보이는 외부인이 되게 하는 데 일조한다. 푸코는 일찍이 비판을 안일한 언사를 곤란에 처하게 만드는 것이라고 말했다. 따라서 지식인들이 우리에게 진지하고 사려 깊은 행위와 태도를 촉구할 수 있다면, 한창때의 저항운동들 또한 그럴 수 있다. 이와 대조적으로 근본주의자들 ─ 종교, 예술 또는 저항에서의 ─ 은 삶의 선택지를 좁히고 싶어 한다. 즉, 그들은 우리가 우리의 목표와 프로젝트들을 구상하거나 신중한 자세를 취할 수 있는 능력을 제한하려고 한다. 그들은 저항의 담론적 계기보다는 전략적 계기에 더 관심이 있다. 왜냐하면 그들은 설득에 좌우되지 않는 근본적 진리를 신봉하기 때문이다.

저항자들의 재능 가운데 하나는 논쟁을 만들어내는 것이며, 논쟁이 중요한 이유는 그것이 관점과 가치들을 가늠하고 검증하기 때문이다. 사람들은 어떤 쟁점에 대해 자신들이 가지고 있는 견해가 자신들의 기본 가치와 조화를 이루는지를 판단해야만 한다. 근대과학이 서로 의견을 달리하고 서로에게 이의를 제기하는 과학자들 간의 제도화된 충돌에 의해 추동되듯이, 사회 또한 도덕적 입장들 간의 유사한 갈등들을 통해 학습한다. 다양한 근대사회는 기본적인 도덕적 입장들에 대해 결코 합의에 도달할 수 없다. 기껏해야 우리는 도덕적 경계를 넘어 일정 정도 상호 의사소통을 하고 상호 인정할 수 있기를 희망할 뿐이다. 저항운동과 논쟁들은 그것들이 성숙할 경우 우리가 그렇게 하는 데 일조할 수 있다.

이를테면 내부고발자가 낳은 효과를 상기해보자. 그들은 중요한 정보를 공개함으로써, 치명적이지만 만연해 있는 조직 문제를 극복한다. 그리고 기술을 개발하거나 어떤 과정을 수행 중인 조직들은 그 문제에 대해 매우 상세한 수준에서 누구보다 잘 알고 있지만, 그것을 전혀 비판적으로 바라볼 수 없으며 또 그렇게 하기를 내켜하지 않는다. 내부 고발자는 부실한 검증결과, 부정한 의사결정, 불량용접에 관한 정보, 그리고 조작된 비용계산 등에 접근하는 하나의 통로이다. 관료제에 도전하는 한 가지 주요한 방법은 의사결정자들이 이용하는 정보를 충분히 입수하는 것이다. 하지만 그렇게 하는 데에는 많은 장애물 ― 회사 기밀, 상사 비위 맞추기, 규제기관에 대한 업계의 부당한 영향력 행사 ― 이 있다. 어떤 경우에는 내부자들이 이미 주요 결함을 알고 있지만, 그들은 그것을 공중과 규제기관 모두에게 비밀로 해오기도 했다. 때때로 사적인 저항 행위들이 그러한 위험들을 알려왔다. 오직 그런 다음에만 정보에 근거한 공개 평가가 가능해진다.

반핵운동은 저항자들이 공중의 태도를 변화시키는 데 일조할 수 있다는 것을 보여준다. 다른 곳에서 내가 주장했듯이, 논쟁이 정점에 달했을 때, 즉 원자력 에너지가 하나의 쟁점이 되어 우리가 그것에 대해 어떤 의견을 가질 것으로 기대될 때, 사람들은 자신들의 생각을 바꾸어 자신들의 의견과 자신들의 기본적 세계관이 조화를 이루게 만들었다. 복잡한 기술, 정부 규제기관, 대기업에 의구심을 가진 사람들은 1970년대 동안에 원자력 에너지에 대해 점점 더 회의적이 되었다. 논쟁 이전에 현실에 안주하려는 마음이 사람들을 지배했던 것처럼, 논쟁 이후에도 사람들은 얼마간 체념했다. 대다수의 공중이 근본적인 가치에 기초하여 자신들의 견해를 '합리화'한 것은 토론이 활발해지고 나서였다.[3]

---

3   체념이라는 용어로 내가 말하고자 하는 것은 사람들이 정부의 실제 정책을 따르는 경향이

우리가 앞 장에서 살펴보았듯이, 모든 저항자가 다른 사람들의 이해를 증진시키고자 노력하는 것은 아니다. 많은 경우에 사람들은 다른 사람들을 속이는 것이 자신들의 목적을 진척시킨다면 기꺼이 그렇게 하며, 심지어는 다른 사람들을 경멸하는 것이 얼마간 이득을 가져다준다면(왜냐하면 상대방의 의사 종분화가 자신의 집단 내부에 연대를 증가시킬 수도 있기 때문에) 그들을 증오하는 것에 기뻐하기도 한다. 이를테면 랜들 테리Randall Terry는 오퍼레이션 레스큐에서 그의 추종자들에게 다음과 같이 말했다. "나는 당신들이 불관용의 물결이 당신들을 엄습하게 그냥 내버려두기를 바란다. 나는 당신들이 증오의 물결이 당신들을 엄습하게 내버려두기를 바란다. 그렇다, 증오야말로 선이다."[4] 테리와 같은 저항자들은 자율성과 도덕적 명료화를 위한 다른 사람들의 노력을 진지하게 받아들이기는커녕, 그러한 노력을 중단시키고 싶어 한다. **근본주의자들에게 도덕적 전망을 탐색하고 명료화하는 것과 같은 민주적 과정은 그 자체로는 어떠한 가치도 가지지 못한다. 그들에게 그 과정이 중요한 것은 사람들이 옳은 선택을 할 때뿐이다.** 그러한 도구주의는 과정을 무시하고 오직 결과에만 집중함으로써, 내가 도덕적 저항의 관행과 그것이 수반하는 덕성이라고 여기는 것을 무력화한다. 좋은 저항운동뿐만 아니라 나쁜 저항운동도 많이 있다.

있었다는 것이다. 이를테면 프랑스에서는 대다수가 원자력 에너지에 찬성하는 쪽으로 나아갔다면, 미국에서는 똑같은 다수가 그것에 반대했으며, 스웨덴에서는 대다수가 여전히 양면적인 태도를 견지했다. Jasper, "The Political Life Cycle of Technological Controversies," *Social Forces*, 67(1988), pp. 357~377을 보라.

4   *The New Republic*, 1 August, 1994, p. 7에서 인용함.

사회가 학습하는 방법

한 사회 내에서는 가장 구체적인 것(새로운 제품의 발명, 연구결과, 책, 어떤 시 속의 새로운 이미지, 새로운 레시피, 정치적 슬로건 또는 성차별주의에 대한 철학적 분석)에서부터 가장 일반적인 것(새로운 종교, 기본 가치나 가정들에서의 변화, 새로운 제도, 정치적 운동에 의한 효과적 동원)에 이르기까지 온갖 종류의 것이 학습된다. 실험실, 기업 또는 국가기관에서 이루어진 대부분의 혁신은 나머지 우리에게 불가피한 사실로 제시된다. 우리가 그것들에 대해 느끼는 방식은 비록 광고, 학교, 다른 메커니즘들에 의해 틀 지어지지만, 대체로 우리에게 맡겨져 있다. 저항자들은 자주 우리가 우리의 반응들을 선별적으로 조직화하는 데 일조한다. 탈시민권 운동들, 특히 탈산업적 분파는 대체로 기술혁신에 대한 하나의 반응이지만, 시민권 운동들조차도 만약 장기적으로 성공하고자 한다면 기본적인 태도를 변화시켜야만 한다. 법적 권리들만으로는 결코 충분하지 않다. 저항의 두 가지 상이한 유형인 도덕적 패닉과 민족주의 운동 또한 사회적 변화에 대한 반응들이다.

우리는 도덕적 직관을 가지고 있다. 하지만 누군가가 그러한 미발달한 충동과 감성들을 명료화하고, 그것들을 명시적인 신념, 프로그램, 이데올로기로 발전시킬 필요가 있다. 그렇게 하는 과정에서 저항 조직자들은 예술가와 유사한 방식으로 세상을 바라보고 판단하는 새로운 방식, 즉 세상에 대해 느끼고 사고하는 새로운 방식을 구체적인 형태로 제시한다. 엄밀히 말해 그들이 도덕적 감성을 창조하는 것은 아니며, 창조한다고 하더라도 적어도 처음부터 그렇게 하는 것은 아니다. 왜냐하면 그들은 대중의 기존 감성에 호소하는 중이기 때문이다. 그러나 그들은 보다 직관적인 느낌에 기초하여 진술과 목표를 집합적으로 논의하고 합리화함으로써, 그러한 감성이 함의하는 바를 정확히 틀 짓는 데 일조한다. 예술가들처럼 저항 조직자들은 우리에게 '시도해볼' 만한 전망들을 제시하는 중이며, 우리는 그것에 따라 무엇이 적합한지를 파악할 수 있다. 에즈라 파운드Ezra Pound가 예술가들에 대해 말했던 것처럼, 저항자들은 '경주의 안테나'이다. 가다머의 감각으로 보면, 그것은 놀이의 세계일 수도 있지만, 실제로는 매우 진지한 세계이다.

지난 30년 동안 가장 크게 발전한 것들 중 하나가 환경주의, 반핵운동, 동물권리운동, 여러 페미니즘, 심지어는 뉴에이지 종교에서 발견되는 탈산업적 전망이다. 인간이 보다 광범위한 생태계 속의 단 한 가지 구성요소 — 비록 심각할 정도로 상태가 나쁜 한 가지 구성요소이기는 하지만 — 에 불과하다는 관념은 전통적인 일신론적 견해에 대한 하나의 급진적 대안이다. 로버트 파엘크Robert Paehlke는 그것이 19세기에 사회주의가 출현한 이후에 등장한 첫 번째 새로운 이데올로기라고 주장해왔다.[5] 이것은 더 큰 전체로서의 자연에 대한 탈기독교적 전망으로, 하나의 관계망a web of connections이라는 근원적 은유에 토대하고 있다. 이 도덕감정은 자연에 대한 지배와 개입에 대한 비판을 정교화하기 위해 사용되어왔다. 그리고 이 비판은 자주 기술관료제에 대한 비판으로 정식화되었고, 그다음에는 하나의 참여민주주의 이론으로 만개했다. 우리 모두에게 친숙한 이 정교한 프로그램도 애초에는 도덕적 직관에 불과했던 것 위에 서서히 구축되었다. 원래의 충동, 즉 아직 초기 상태에 있는 감상은 사회적 조건의 변화로부터 자라났다. 고등교육에 기초한 권력을 소유한, 그리고 세상이 본래 하나의 전체 체계로 합리적으로

---

5   Robert C. Paehlke, *Environmentalism and the Future of Progressive Politics*(New Haven: Yale University Press, 1989).

조직되거나 조직될 수 있다는 신념을 가진 전문직 중간계급의 출현, 특히 미국 이외의 지역에서, 그리고 또한 미국 내의 특정 중간계급 분파들 내에서 일어난 기성 종교의 유기, 그리고 아마도 보다 강압적인 직접적 권위 메커니즘들의 전반적 완화가 그러한 것들일 것이다. 저항의 물결은 새로 생겨나고 있는 이 도덕감정의 함의를 세상을 이해하는 (그리고 또한 세상에서 행위하는) 새로운 방식으로 정교화해왔다. 다양한 종류의 실천적, 심지어는 기술적 결과들이 이 새로운 관점에서 나왔다. 나는 반핵운동, 환경운동, 동물권리운동으로부터 나온 새로운 지식 중 몇 가지 사례를 언급할 것이다.

다양한 나라에서 반핵운동이 비록 통상적으로 새로운 기준에 입각한 공학적 지식을 창조하지는 않았지만, 그것은 규제기관을 압박하여 기준을 강화하게 했다. 그 운동의 주요 기능은 정보의 수집자·편집자로서 의사결정에 더 많은 합리성을 확보하는 것이었다. 미국에서는 특히 원자력 발전소 건설의 지연 그 자체가 원자력 정책에 대한 비용-이득 평가에 더욱 의구심을 가지게 함으로써 비용에 대해 보다 강화된 정밀한 조사를 하게 만들었다. 이처럼 운동은 새로운 최신 정보가 평가에 사용되게 했다. 그리고 그것은 또한 그러한 정보가 확산되는 데에도 일조했다. 그것은 정보를 닥치는 대로 유포했을 뿐만 아니라 지식을 이용할 수 있는 사람들의 손에 **지식을 전략적으로 배치**했다.

저항운동은 비판적 정보를 위한 **하부구조** ─ 뉴스매체와의 접촉, 재정적 지원, 일정한 법적 보호, 그리고 어쩌면 정치적 피난처 ─ 를 제공할 수 있다. 이 하부구조가 상대편의 그것에는 좀처럼 필적하지 못하지만, 그것은 어떤 공적 논쟁을 지속시키는 데 중요하다. 하지만 그러한 자원이 중요한 것은 자원이 관념과 느낌을 전달하는 데 일조하기 때문이다. 반핵운동이 사회적 지식에 미친 주요한 영향은 그것이 관점들을 충돌시킴으로써 정보를 확산시키고 논의의 합리성을 증대시켰다는 것이다. 반핵운동이 실제의 과학적·기술적 연구에 미친 영향은 적었지만, 이는 원자로 연구의 고비용을 고려할 때 이해할 수 있는 것이다.

환경운동은 실제로 새로운 과학적 발견들을 고무하고 가능하게 해왔다. 몇몇 경우에서 그것은 과학자들에게 자금을 지원했고, 다른 경우들에서는 그들에게 영감을 불어넣었다. 환경운동이 자극한 주요 과학적 방안들 중의 하나 — 환경운동의 이념에 동조하는 개별 과학자들이 자주 수행하는 — 가 유해물질을 대체하는 순화된 재생가능 물질을 개발하는 것이다. 가장 두드러진 분야가 연료이다. 이를테면 우리는 하수오물, 나무토막, 수소, 그리고 특정 종류의 생물자원을 연소시킴으로써 좋은 효과를 거둘 수 있다. 그러나 다른 것들도 있다. 굶주린 미생물들이 화학농약을 대체하기 위해 개발되었고, 의약품들이 열대우림의 식물과 동물들로부터 만들어지고 있으며, 식물들로부터 플라스틱과 유사한 물질들을 얻기 위한 노력들이 이루어지고 있다(이것이 바로 셀로판이라는 것이다). 또한 물에서 방사능 폐기물들을 흡수하는 점토분말이 생산되고 있고, 극미한 유리 알갱이들이 유출된 기름을 응고시키기 위해 사용되고 있으며, 온갖 종류의 오염을 깨끗이 청소하기 위해 박테리아가 이용되고 있다.

새로운 제품을 생산하는 것 외에도, 민속지식이 부활하여 이미 존재하는 물질들을 환경 친화적으로 사용하고 있다. 이를테면 어도비 벽돌과 여타 천연 건축자재들이 다시 유행하고 있다. 환경주의자들의 친구인 베이킹 소다도 있다. 활동가들은 이것이 치약, 탈취제, 광택분으로 사용될 수 있다고 주장한다. 어떤 식물들은 오염된 토양으로부터 중금속을 제거한다는 것이 발견되었다. 아니면 인터내셔널 와일드라이프 리서치International Wildlife Research의 경우를 살펴보자. 이 단체는 엑슨 밸

디즈Exxon Valdez 기름유출 이후 몇백 마리의 수달을 구조하는 데 1800만 달러를 썼다. 수달 한 마리당 5만 달러의 비용이 들었지만, 그들은 기름이 정확히 어떻게 수달을 죽이는지, 그리고 수달이 어떻게 살아남았는지에 관한 상당한 지식 — 미래의 기름 유출에서 이용될 수 있는 지식 — 을 얻었다. 끝으로, 과학자들이 환경, 멸종 위기의 종, 기후 패턴에 관한 정보를 수집하는 것을 돕기 위해 세계를 일주하는 수많은 자원봉사자가 있다. 그들은 비용을 스스로 부담하며, 우리가 환경에 대해 많이 알수록 환경을 더 잘 도울 수 있다는 가정에 기초하여 힘을 보태고 있다.

동물권리운동 또한 과학적 연구에 직접적인 영향을 미쳐왔다. 활동가들은 살아있는 동물을 화장품 실험에 이용하는 것을 공격하면서, 거대 화장품회사들에게 대안적 연구에 일정량의 기금을 기부할 것을 요구했다. 그 금액은 곧 수백만 달러에 달하게 되었고, 그 돈은 존스 홉킨스대학교와 록펠러대학교에 대안적인 독성검사 방법의 연구에 전념하는 연구소를 설립하기에 충분한 액수였다. 그리하여 이를테면 컴퓨터 모델링, 알려진 독성 화합물에 관한 데이터 뱅크의 구축, 보다 복잡한 종 대신에 더 단순한 종의 이용, 알의 배아 이용, 살아있는 세포의 개발, 그리고 심지어는 조직의 배양과 같은 대안들을 발전시키는 데서 상당한 진보가 이루어졌다. 보다 눈에 띄는 것으로, 그 운동은 동물을 보다 인간적으로 대우하는 방식들 — 공장형 농장 상태의 개선, 실험실 동물에 대한 더 건강한 투약방법 — 을 고안하는 데 일조해왔다. 동물권리운동은 저항자들이 **기업들로 하여금 보다 합리적이 되도록 강제한** (심지어 회사 자신의 기준에 따른다고 하더라도 보다 합리적이 되게 한) 사례의 하나이다. 살아있는 동물들을 사용하지 않는 실험이 비용이 더 적게 들어가며 또 많은 경우에서 종래의 실험보다 더 정확하다는 것이 입증되었다. 유사하게 고래 연구자들은 고래들을 뉴펀들랜드 어망으로부터 겁을 주어 쫓아내는 경보기를 개발함으로써, 고래의 목숨을 구했을 뿐만 아니라 어부들이 매년 손상된 장비에 쏟아붓던 돈 100만 달러를 절약할 수 있게 해주었다. 저항과 과학이 그러한 조직들로 하여금 스스로를 보다 효율적으로 만들도록 강제해왔다.

저항의 과학적 성과를 보여주는 또 다른 사례들도 발견할 수 있다. 필 브라운Phil Brown은 '민간 의생태학popular epidemiology'에 대해 기술해왔다. 그의 기술에 따르면, 시민들은 백혈병과 여타 질병들의 사례에 대해 그들 나름대로 데이터를 수집하여, 전문가들이 간과하는 위험 패턴들을 찾아낸다. 활동가들이 직접 나서서 질병의 새로운 패턴을 발견할 수 있었던 것은 바로 전문가들이 예상하지 않는 위험과 손상들을 그들이 예상하기 때문이었다. 그들 자신이나 사랑하는 사람의 병에 충격을 받은 저항자들은 처음에는 (보이지 않는 위험을 걱정하는) 기인으로 치부되었지만, 정말 글자 그대로 질병 지도를 그리고 그 패턴을 찾아냄으로써, 새로운 방식으로 세상에 대한 지도를 작성했다. 의사들은 솔직히 특정 종류의 환경 영향을 알아차리는 교육을 받지 않는다. 그들은 "대체로 환경적·직업적 건강문제들에 대한 훈련을 받지 않는다. 그리고 심지어 그들이 환경에 의해 유발되는 질병을 관찰할 때조차 그들이 질병을 환경 탓으로 돌릴 가능성은 적다".[6] 필 브라운과 에드윈 미켈슨Edwin Mikkelson이 매사추세츠 주 워번Woburn에서 연구한 사례의 경우, 지역사회의 개입이 없었다면 의생태학 연구는 관심이나 자원의 부족으로 인해 결코 착수되지도 못했을 것이다. 이 사례가 결코 유일

---

6   Phil Brown and Edwin J. Mikkelson, *No Safe Place*(Berkeley: University of California Press, 1990), pp. 132~133.

한 것은 아니다. "대중적 참여가 DES, 고엽제, 석면, 농약, 불필요한 자궁절제술, 불임수술의 남용, 탄폐증, 그리고 면사폐증과 같은 현상들에 전국적인 관심을 불러일으켰다."[7]

탈산업적 운동은 과학이나 기술을 특히 강력하게 비판한다. 그렇기에 그것은 그러한 일들이 다른 방식으로 수행될 수 있는 방법에 관한 아이디어를 가지고 있을 가능성이 있다. 동일한 종류의 실천적 함의들이 다른 유형의 운동들도 특징짓는가? 노동운동조차도 노동자의 안전과 건강을 바라고 업무관행(어셈블리라인 대 직무 팀, 그리고 작업교대)이 노동자의 자율성과 만족에 미치는 영향을 파악하기 위해 작업장의 기술에 관심을 기울인다. 유럽의 노동조합들은 새로운 노동관행을 고무하기 위해 미국의 노동조합들보다 더 많은 일을 해왔다. 노동자운동은 그것의 도덕적 전망이 지닌 실천적 함의들에 관심을 기울인다. 유사하게 민권단체들도 겸상 적혈구 연구와 악명 높은 터스키기 매독 실험을 쟁점으로 삼아왔다. 하지만 종국적으로 시민권 운동들은 정치적 변화와 도덕적 포함에 더 많은 관심을 가지고 있으며, 그 수준에서 우리의 감성을 변화시킬 가능성이 더 크다. 저항운동이 제시하는 새로운 형태의 지식은 그 유형과 정도 모두에서 다르다.

미국의 낙태반대운동은 매우 상이한 사례의 하나이다. 그것은 내가 찬성하지 않는 운동으로, 대안을 제시하는 데 관심이 있다기보다는 특정한 기술에 전적으로 반대하는 것처럼 보인다. 자신이 진리를 알고 있다는 근본주의적 확신이 그 운동으로 하여금 대화보다는 조작에 더 관심을 갖게 하고 있다. 그것의 도덕적 전망은 전문가들의 비판과 도

---

7   Brown and Mikkelson, p. 133. 저항이 과학에 미친 긍정적 효과와 부정적 효과 모두에 관한 탁월한 연구로는 Steven Epstein, *Impure Science: AIDS, Activism, and the Politics of Knowledge*(Berkeley: University of California Press, 1996)를 보라.

구적 추론에 대한 그들 나름의 견해에 기초하고 있지만, 그것은 자신들의 견해를 신에 대한 믿음 및 신의 의지와 결부시킨다. 따라서 그 운동은 권리의 확장에 대한, 의사와 환자 간의 관계에 대한, 그리고 미국식 정치담론의 극단적 개인주의에 대한 특정 전통의 도덕적 사고를 정교화하는 것으로 이어졌다. 실제적인 기술적 수준에서 볼 때, 그 효과는 그리 광범하지 않다. 낙태반대운동은 어쩌면 자연적 가족계획을 위한 기법들을 정교화하고 분명 그 기법을 널리 확산시켰을 수도 있다. 그리고 어쩌면 그것이 입양 네트워크를 발전시켰을지도 모른다. 그러한 것들 모두는 그것들을 이용하는 사람들에게는 중요할 수도 있을 것이다. 하지만 무엇보다도 그 운동은 우리 모두로 하여금 낙태에 관해 생각하고, 바람직한 출산통제 제도가 어떤 것이어야 하고 생명이 시작될 때 태아의 지위가 무엇인지를 자문할 것을 강요해왔다. 우리가 오퍼레이션 레스큐의 답 ─ 그 단체의 기만적이거나 고압적인 전술들은 말할 것도 없이 ─ 을 단호히 거부할 때조차, 그것들은 중요한 질문이다.[8]

사회운동이 시민들로 하여금 그 운동의 도덕적·인지적 입장에 서서 사고하게 만드는 데 도움을 준다고 주장하기 위해, 우리가 사회운동이 옳다거나 또는 얼마간 특권 있는 지위를 차지하고 있다고 가정할 필요는 없다. 당신이 찬성하지 않는 운동과 마주하는 것도 당신으로 하여금 당신 자신의 입장을 명확하게 하는 데 일조할 수 있다. 사회적 지식은 얼마간 현존 사회의 편견과 이해관계 외부에 존재하는 특권적인 행위자나 기관들에 의해 진전되는 것이 아니라 관점들의 충돌에 의해,

---

8 낙태는 많은 여성들에게 하나의 내밀한 조처, 즉 생애전환의 하나이기 때문에 여성들은 심지어 논쟁이 부재할 때조차도 그것에 대해 신중하게 생각할 가능성이 많다. 이는 불법 낙태를 하는 여성들에게, 그리고 그 결과가 치명적일 수도 있는 여성들에게 특히 사실이다. 하지만 그들에게 낙태반대운동은 의사소통적인 것이 아니라 단지 강압적인 것일 뿐이다.

즉 논쟁과 반론에 의해 발전한다. 우리가 더 나은 주장들을 더 나쁜 주장들로부터 가려내는 데, 또는 우리의 기본적 가치들과 공명하는 도덕적 주장들을 그렇지 않은 주장들로부터 가려내는 데 도움을 주는 것이 바로 관점의 증식이다. 대안적 관점들의 존재가 우리의 지식을 발전시킨다.

그러나 우리는 저항운동의 효과를 과장하지 말아야 한다. 내가 기술해온 것처럼, 저항운동이 새로운 사고방식과 행위양식을 발전시킬 수도 있다. 그러나 이것이 운동의 혁신이 보편적으로 채택될 것임을 의미하는 것은 아니다. 기업과 정부는 저항운동에 반격할 수 있는 상당한 힘을 가지고 있으며, 저항운동은 좀처럼 기업과 정부에 변화를 강제할 수 없다. 미국 역사에서 가장 성공적인 저항 중의 하나인 민권운동조차도 1960년대 중반 그것이 법적 승리를 거두고 난 이후에도 실망스럽게도 가난한 아프리카계 미국인들의 삶에 거의 아무런 영향을 미치지 못하고 있다. 시민권 운동들은 단지 법률만이 아니라 문화적 태도까지 변화시킬 필요가 있다. 그중 하나만으로 변화를 가져오기란 쉽지 않다.[9]

그렇기는 하지만, 만약 근대 시민들이 단순히 자신들의 기술적 관행이나 인지적 신념들보다는 자신들의 도덕적 전망들을 명확히 표현하고자 한다면, 저항운동은 결정적인 것으로 보인다. 어쨌거나 우리의 기술적·인지적 능력을 증진시키기 위해 고안된 다양한 기관이 존재한다. 이를테면 대학과 여타의 연구기관들, 정부기관, 심지어는 기업들도 얼마간 그러한 일을 수행한다. 그렇다면 얼마나 많은 기관이 우리

---

9   저항운동, 특히 18세기 말 영국의 노예제도 폐지운동이 낳은 문화적 결과를 명쾌하게 탐구하고 있는 연구로는 Leo d'Anjou, *Social Movements and Cultural Change: The First Abolition Campaign Revisited*(New York: Walter de Gruyter, 1996)를 보라.

의 도덕적 사고에 헌신하는가? 매우 적다. 많은 선진 산업국가에서 종교적 신념이 그 힘을 잃고 있다는 점을 고려할 때, 특히 그러하다. 심지어 (기독교 우파의 노력에도 불구하고) 학교조차도 명시적인 도덕적 쟁점이 아니라 인지적 쟁점에 주로 관심을 기울이고 있다. 뉴스매체 또한 실증주의적 객관성의 이데올로기를 가지고 있으며, 도덕적 입장들을 명확히 표현하려고 노력하지 않는다. 학교와 미디어는 확실히 도덕적 가치들을 가르치지만, 일반적으로 그들의 청중이 어떤 도덕원칙들을 품어야만 하는지를 스스로 결정할 수 없는 방식으로 암묵적으로 가르친다. 저항운동은 근대 시민들이 자신들의 도덕적 전망들을 스스로의 힘으로 분명하게 표현할 수 있는 주요한 방법들 중 하나이다.

이것이 바로 학자들이 최근 몇 년간 '공론장' 개념을 그토록 자주 제기하고, 대체로 그것의 소멸을 한탄하는 이유이다. 저항운동은 의견의 충돌을 보호하는 제도들을 갖추고 있어서 운동의 '도덕적 목소리' 기능이 가장 잘 발전되어 있는 자유주의 사회들에서 가장 유익하다. 저항운동이 최악의 상태에 놓이는 것은 그러한 보장장치가 부재할 때, 더 나아가 저항자들 자신이 권력을 장악하여 그러한 장치를 제거할 때이다. 또 다시 말하지만, 저항운동에 대한 최종적 판단은 그것이 사회에 미치는 가장 광범위한 효과에 좌우된다.

사회운동은 또한 신념뿐만 아니라 관행까지를 합리화하는 중요한 수단의 하나이기도 하다. 사회운동은 정보를 널리 퍼뜨리고, 권력을 가진 사람들이 설치한 장애물들을 분쇄한다. 그것은 관성에 사로잡힌 기업들에게 더 저렴한 기술을 제안하고, 규제기관들에게 그들 자신의 명령을 따를 것을 요구한다. 저항운동은 대체로 도덕성 기능과 합리성 기능의 한 부산물로, 보다 기술적인 지식을 창조하고 확산시키기도 한다. 과도하게 단순화하면, 사회운동은 그것이 기술적 지식을 가지고 있을 때 창조자보다는 확산자의 역할을 더 많이 수행한다면, 도덕적 지식을 가지고 있을 때에는 창조자의 역할을 더 많이 수행한다. 그러나 두 종류의 지식은 서로를 먹고 산다. 자연에 대한 탈산업적 견해가 단지 인지적이기만 한 것도, 그리고 단지 새로운 도덕적 전망에 불과한 것도 아니다. 그것은 세상을 살아가는 실천 방식의 하나이다. 자연에 대한 세계관적 가정들은 자연을 변화시키는 기술들에 직접적인 함의를 지닌다. 사람들은 세상 속에서 프로젝트를 수행한다. 그리고 그들의 도덕적 전망과 인지적 신념은 무엇을 해야만 하는지, 그리고 그것을 어떻게 수행해야만 하는지에 관한 감정적 동기와 실천적 지침을 제공한다. 이러한 최근의 운동들이 가지고 있는 자연에 관한 이미지는 단순히 하나의 정신적 격자에 불과한 것이 아니라 삶과 행위를 위한 하나의 맥락이다.

특히 근대의 환경주의적 전망은 포괄적인 합리적 개입에 기초한다. 비록 그것이 때때로 스스로를 비개입주의적인 것으로 제시한다고 할지라도, 그것이 본래 지닌 중간계급 뿌리가 매우 실천적인 종류의 개입을 상당히 부추긴다. 실제로 하나의 운동으로서의 환경주의가 자주 하고자 하는 것은 합리성을, 그리고 자연세계에 대한 우리의 실제적·과학적 통제력의 범위를 증가시키는 것이다. 그것의 기본적인 도덕적 전망 ― 자연세계는 본질적으로 신성하며 그 나름의 숭고한 가치를 가지고 있다는 것 ― 은 통제와 개입을 향한 중간계급의 충동과 융화하지만 자주 그 충동에 압도당한다. 한 운동 내의 상이한 단체들은 운동 전망의 서로 다른 부분들을 정교화하고 촉진할 수도 있다. **일부 단체가 도덕적 전망의 논리를 전문적으로 담당하고 그것을 급진화하여 논리적 극단으로 몰고 간다면, 다른 단체들은 기법과 실천적 행위를 전문적으로 담당한다.** 어떤 운동은 순수주의자와 실용주의자로, 또는 근본주의자와 현실주의자로 나뉘어 있다. 근본주의자들이 현실의 장애물들에도 불구하고 순수한 도덕적 전망의 우선성을 주장하는 데 반해, 현실주의자들은 어떻게 행위해야만 하는지를 알고 싶어 하기 때문이다. 몇몇 경우에서 급진주의자들은 도덕적 전망을 단순화된 추상적 체계로 만들어버리고, 그들 자신의 모델을 지나치게 신봉한다. 하지만 운동의 진정한 시인들로서 그들의 전망을 최대한 실행하는 급진주의자들은 자기성찰의 중요한 자극제이자 출발점이다.

저항운동은 사회가 그 자신 및 자신의 환경에 대해 가지고 있는 인식의 가장자리에서 작동한다. 저항운동도 예술가들처럼 미발달된 직관을 취해서, 그것에 살을 입히고, 그것을 정식화하고 정교화함으로써, 그것이 논쟁의 대상이 되게 한다. 저항운동 없이는 우리는 기업과 국가기관의 발명품들, 즉 효율성이나 수익성을 끌어올리기 위해 창조된 제조물과 기술들만을 가지게 될 것이다. 그러한 혁신들을 이해하기 위해서는 '도덕적 혁신가들' — 우리로 하여금 우리가 새로운 기술에 대해 느끼는 바를 이해할 수 있도록 도와주는 예술가, 종교적 인물, 저항자들 — 이 필요하다. 이 세 가지 근대적 캐릭터 유형이 예술가 활동가 또는 종교인 활동가에서처럼 자주 중첩되는 것은 결코 우연이 아니다. 그들의 공식적 진술이 공적 담론에 들어올 때, 세 캐릭터 유형 모두는 사회적 학습의 기회를 제공한다.

저항이 주는 만족 중의 하나는 그것이 참여자들에게 또 다른 세계를 창조해준다는 것이다. 참여자들은 그 세계에서 일상세계에서는 할 수 없는 일을 하고, 상호작용의 양식을 확립하고, 공정한 사회의 맛을 보거나 단지 그러한 사회에 대한 꿈을 꾼다. 이는 정확히 예술과 같다. 사르트르는 연극이나 음악회가 끝나면 우리는 "현실 인식을 특징짓는 메스꺼운 혐오"를 다시 느낀다고 기술한다.[10] 유사하게 볼프강 이저

Wolfgang Iser는 다음과 같은 말로 예술에의 몰입감을 언급한다. 일상적 현실로의 복귀는 "항상 이미지 구축과정에 의해 우리가 떼어 놓았던 현실로의 복귀이다. …… 이 과정의 중요성은 이미지 구축이 모든 인식에 본질적인 주체-객체 구분을 제거한다는 사실에 있다. 그 결과 우리가 현실세계를 '자각할' 때마다, 이 구분은 더욱더 강화되는 것으로 보인다".[11] 많은 저항은 이러한 예술처럼 예시적 방식으로 자신만의 작은 세상을 개척한다.

도덕적 신념의 명료화는 저항자가 하는 가장 두드러진 기여이다. 왜냐하면 근대 도시사회에서는 그러한 명료화의 원천들이 상대적으로 적기 때문이다. 저항은 다음과 같은 가장 내밀한 도덕적 질문들을 예리하게 포착한다. 우리는 우리의 삶을 어떻게 살아야만 하는가? 우리의 도덕적 책임은 무엇이고, 그 책임은 누구에게 있는가? 우리는 태아, 비인간 종과 같은 도덕적 범주들, 그리고 심지어는 반혁명주의자, 소수 인종집단, 또는 외국인 같은 '의사 종'들을 새롭게 바라보도록 요청받고 있다. 저항자들은 우리가 그들의 답에 동의하든 동의하지 않든 간에 우리로 하여금 우리의 신념체계를 철저히 탐색하고 우리 자신의 직관들을 심문하여, 우리 자신의 신념, 원칙, 심지어는 감정까지 합리화할 것을 권고한다. 물론 우리 모두가 우리의 생각을 바꾸기를 중단해버린다면, 그 담론 기능은 멈춘다.

저항자들은 도덕적 혁신자들일 뿐만 아니라 전술과 조직 형태 또한 변화시킨다. 아발론 동맹과 같은 대항문화 단체들은 공식 조직의 정치적 함의들을 신중히 고려하면서, 자신들의 기본적인 도덕적 약속과 맥

---

10 Jean-Paul Sartre, *The Psychology of Imagination*(London: Methuen, 1972), p. 225.

11   Wolfgang Iser, *The Act of Reading: A Theory of Aesthetic Response*(Baltimore: Johns Hopkins University Press, 1978), p. 140.

726   제5부 규범적 견해

을 같이하는 민주적 메커니즘을 탐색했다. 보이콧에서부터 뉴에이지 의례, 그리고 낙태 클리닉을 봉쇄하기 위한 오퍼레이션 레스큐의 군사 적 작전과 인간사슬에 이르기까지 전술적 혁신들이 넘쳐난다. 조직 형 태와 마찬가지로 전술도 결코 중립적인 수단이 아니라 적절한 정치적 행위에 대한 새로운 도덕적 인식을 표현한다.

마지막으로, 저항의 빈번한 목적과 결과 중의 하나가 자기변혁 self-transformation이다. 가장 극단적인 형태는 자신의 정체성과 경력이 저 항활동과 밀접한 관련을 가지는 사람이다. 그러한 유형의 캐릭터는 조 지 오웰과 다른 사람들에 의해 비웃음을 사기도 하지만, 근대사회의 안녕을 위해 중요하다. 하지만 그러한 배역에 전적으로 공감하지 않더 라도, 저항운동은 우리 모두에게 살아가는 방식들을 제시한다. 도덕은 궁극적으로는 서로에 대한 우리의 책무에 관한 것일 뿐만 아니라 바람 직한 삶에 관한, 즉 우리 각각이 어떻게 살아야만 하는지에 관한 것이 기도 하다. 소크라테스는 근대 철학자들보다 이를 더 확실하게 간파하 고 있었다. 그러나 사람들이 자신들의 삶을 살아가는 방식을 이해하고 자 하는 노력을 경주한다는 사실을 곧바로 알아차린 것은 저항자들이 었다.

나는 인간이 자연세계에서 자신들이 차지하는 위치를 전통적인 종 교의 지침 없이 어떻게 이해해야만 하는지를 놓고 고심해온 몇 가지 운 동 — 환경운동, 동물권리운동, 반핵운동 — 을 언급해왔다. 자연세계에 대 한 종교적 이야기의 토대를 침식하는 근대과학에서 일어난 진보에 의 해 영향 받은 이들 저항자들은 아이러니하게도 사회적으로 구성된 세 계에서 우리가 어떻게 살아야만 하는지를 모색하는 중이다. 우리는 우 리 자신의 죽음을 통제해야만 하는가? 우리는 우리의 도덕적 관심을 식 물과 동물에게까지 확대해야만 하는가? 생태적 균형의 가치는 무엇인가? 새로운 기술의 목적은 무엇인가? 저항자들은 마치 예술가나 종교 지도자들과 마찬가지로 우리가 기본적인 질문들에 대한 답을 찾는 데 일조할 수 있다. 실제로 이 마지막 세 개의 장에서 분명하게 표현한 나 자신의 도덕적 입장도 최근의 탈산업적 운동들에 의해 고무된 것이다.

정치적 함의

나의 문화적 견해는 정치적 활동을 평가하기 위한 잠재적 수단들을 제공한다. 어떤 프로그램들은 인간의 착근성을 무시하고, 대신 사회세계를 처음부터 다시 만들고자 하는 추상적인 의제를 추구한다. 그 위험한 유토피아는 평등주의적 공산주의에서부터 밀턴 프리드먼Milton Friedman의 급진적 자유시장에까지 걸쳐 있다. 다른 프로그램들은 인간이 사회적 유대와 의미의 망 속에 존재한다고 가정하고, 그러한 의미들의 응집화 또는 특정 유대의 강화를 요구한다. 어떤 것들이 도덕적 신중함을 억제한다면, 다른 것들은 그것을 고무한다. 우리가 저항을 도덕적 목소리의 한 형태로 판단하기 위해서는 저항을 그것이 고무하는 덕성, 그것이 개인들의 삶과 조화를 이루는 방식, 그리고 그것이 전체로서의 사회 속에서 수행하는 역할의 측면에서 탐구해야만 한다.

사회적 삶에 착근된, 사회적 삶에 대한 예술적 견해는 또한 사회연구 관행에도 몇 가지 함의를 지닌다. 한때 사회과학의 철학을 지배했던 반문화적인anticultural '초공간적 견해view from nowhere'[철학자 토머스 네이절Thomas Nagel이 객관적 관점을 나타내기 위해 사용한 용어 — 옮긴이]는 우리가 인간행위의 일반적이고 보편적인 법칙을 찾기 위해 애써야만 하며, 이를 추구하기 위한 가장 좋은 방법론적 모델은 물리학과 화학의 수학적 엄밀성인 것처럼 보인다고 넌지시 비추었다. 문화적 접근방식은 우리가 가장 확신할 수 있는 것은 우리의 일반적 지식이 아니라 우리의 지역적 지식이라고 시사한다. 왜냐하면 우리가 우리의 연구결과가 어떤 맥락에서 이용될지를 알 수 없기 때문이다. 그것이 이용된다면, 아마도 그것은 오직 다른 문화적 환경 출신의 사람들과 대화할 때뿐일 것이다.

우리는 예비용 공리들을 도출하기보다는 필요할 때 적용할 수 있는 개념적 도구들을 증식시키는 것이 우리의 과업이라고 생각할 수도 있다.[12] 사회조사에서 우선순위가 뒤집힐지도 모를 일이다. 일반적인 과학 모델에서는 우리가 가설에서 시작하여 그 가설을 특정한 방식으로 검증해줄 수 있는 데이터를 수집하기 위한 경험적 세계로 뛰어들고 그다음에 우리의 모델들을 재배열하기 위해 우리의 이론적 세계로 다시 돌아가게 되어 있다. C. 라이트 밀스가 보여주었듯이, 이러한 이유에서 거대이론과 방대한 데이터 수집은 하나의 단일한 실증주의적 동전의 양면이다. 출발점과 종착점은 사회문제와 특수한 수수께끼로 이루어진 세계 속이 아니라 이론의 세계 속에 자리하고 있다.

이론구성 및 검증과는 대조적으로 오늘날 인문학은 개념을 증식시키는 데 점점 더 관여하고 있다. 종래의 견해에 따르면, 이는 단지 이론구성의 한 측면, 즉 유용한 언어의 창조에 불과할 수도 있을 것이다. 그러나 나의 문화적 견해에서 개념 만들기는 연구의 최종 산물들 중 하나이다. 새로운 개념들은 우리가 새로운 상황에서 이용할 수 있는 새로운 도구와 같다. 그것들은 그 자체로 우리의 사회과학적 레퍼토리

---

12 많은 페미니스트가 이 관점을 채택하면서, 특히 맥락과 조화를 이루는 '페미니즘 방법론'을 예고해왔다. 하지만 그들은 주로 오랜 해석적 상호작용 이론의 전통이 간파한 통찰을 재진술하는 중이다.

에 덧붙여져서, 우리가 어떤 사회현상을 이해하고자 할 때 선택할 수 있는 도구 중 하나가 된다. 이를테면 출구, 목소리, 충성심이라는 앨버트 허시먼의 개념들은 무수한 연구자들이 인간활동을 이해하는 데 일조해왔다. 그것들은 우리가 이전에 사용했던 개념들 중 어떤 것도 배제하지 않고 우리의 지평을 확대했으며, 우리가 새로운 메커니즘과 동기를 파악하는 데 일조했다. **실증주의적 충동이 우리가 작업 중에 목도하는 설명요인들을 최소화하고자 한다면, 문화적 충동은 설명요인들을 증가시키고 거대이론이 아니라 메커니즘에 집중하고자 한다.**[13] 나는 이 책에서 검증되어야 할 보편적 이론이 아니라 구성요소들로서의 개념, 즉 도구로서의 개념들을 제공한다. 따라서 연구자들은 그것들이 어떤 사례들에서는 유용하지만 다른 어떤 사례들에서는 그렇지 않다는 것을 발견할지도 모른다.

에르네스토 라클라우Ernesto Laclau와 샹탈 무페Chantal Mouffe는 마르크스주의 전통에 집중하여 정치적 행위에 관한 일반이론의 가능성을 설득력 있게 공격해왔다. 그들은 저항이 예측 가능한 경제적 이해관계나 위치보다는 다양한 집단에서 발생하고 다양한 목적을 추구한다는 것을 인정함으로써, 어떤 저항자 집단도 다른 집단들보다 더 근원적이거나 역사적으로 더 중요하지 않다고 주장한다. 저항단체들은 스스로 다양한 내부 메커니즘을 통해 자신들이 원하는 것, 그리고 자신들이 그것을 얻기 위해 시도할 방법을 산출한다. 저항자들이 갖는 문화적 의미에 대한 관심만이 우리로 하여금 그들을 전략적 행위자로 진지하게 고려하도록 고무할 것이며, 그럼으로써 그들이 민주적 대화에 참여하

---

13   Jon Elster, *Nuts and Bolts for the Social Sciences*(Cambridge: Cambridge University Press, 1989).

도록 촉구할 것이다.[14]

정치적 권리나 경제적 생존수단을 결여한 사람들은 그들이 저항을 조직할 때 그것들에 우선성을 부여할 수도 있다. 모든 인간의 본질적 평등과 그것이 함의하는 기본적인 개인적 권리에 관한 인식은 근대 초기 서구세계의 귀족주의적 차별의 위계에 비한다면 엄청난 진보였다. 이 보편주의는 더 많은 개인적 자율성과 정치적 민주주의를 자극한 중심적 기제 중 하나였다. 그리고 이 두 가지 도덕적 선은 급속하게 전 세계로 확산되어왔는데, 적어도 부분적으로는 그것들이 그렇게도 많은 인구집단에 발휘했던 당연한 호소력 때문이었다. 그러한 시민권 운동들에 관한 이론적 성찰을 통해 동원 이론가와 과정 이론가들은 저항자들이 때때로 입법자들에게 편지를 쓰곤 하던, 행실이 바르고 시민의식을 지닌 투표자들만큼이나 합목적적인 정치적 행위자 — 비록 그 이상은 아니라고 하더라도 — 라고 공언했다. 대중행진과 시민불복종은 민주주의에 바람직한 것이었을 것이다. 왜냐하면 그것이 새로운 목소리들을 낼 수 있게 해주고 경직된 조직들을 보다 책임감 있게 만들 수 있기 때문이다. 저항자들을 이윤극대화 기업과 그리 다르지 않은 합리적 행위자들로 취급하는 것은 그들을 충동적인 군중으로 취급하는 것보다는 더 호의적인 견해였다.

하지만 자원의 흐름과 효용극대화라는 합리주의적 언어는 관찰자로

---

14   라클라우와 무페는 애석하게도 제도적 맥락과 여타 사회적 맥락을 고립시킨 채 논의하는 경향이 있는 협소한 형태의 문화적 분석, 즉 담론분석을 채택했다. Laclau and Mouffe, *Hegemony and Socialist Strategy*(London: Verso, 1985). 그들이 제시할 수 있는 유일한 가치는 급진 민주주의이지만, 그것을 제도적으로 지지해주는 것과 관련하여 그들이 말할 수 있는 것은 거의 없다. 그리고 모든 담론을 비교 불가능한 것으로 보이게 만들어버림으로써, 그들은 관점들을 가로질러 대화할 수 있는 기회를 좀처럼 제공하지 않는다. 이를 비판하고 있는 것으로는 Alan Scott, *Ideology and the New Social Movements*(London: Unwin Hyman, 1990), ch. 4를 보라.

하여금 특정 집단을 대신하여 그 집단의 선호를 진술하도록 부추긴다. 그러한 언어는 그 집단 스스로가 자신들이 원하는 것이라고 생각하거나 말하는 것과는 무관하게 우리가 그 집단이 무엇을 원해야만 하는지, 또는 그 집단이 실제로 무엇을 원하는지를 알고 있다고 시사한다. 이론가들의 서술이나 처방에 따르지 않는 사람들에게 허위의식을 귀속시키는 것은 마르크스주의자들만이 아니다. 시민권 운동들조차도 자신들의 이해관계와 목표들을 구축하기 위해 애쓰고 있음에 틀림없다.

문화적 접근방식은 우리가 연구하는 저항자들에게 그들의 목소리를 되돌려주려는 의도를 가지고 있다. 우리는 그들이 그들의 이해관계를 추구하고, 그들의 감성과 씨름하고, 그들이 사용하는 언어와 그들이 추구하는 전망을 둘러싸고 고군분투하는 것을 지켜볼 필요가 있다. 그 누구도 그들을 대신하여 그러한 일을 할 수 없다. 또한 그 누구도 그들이 숙고 끝에 어디에 도달하게 될지를 예측할 수 없다. 저항운동의 인지적·감정적·도덕적 투쟁에 관한 우리의 학문적 평가는 우리로 하여금 그러한 투쟁이 사회와 그 성원들에게 제공할 수 있는 것을 소중히 여기게 하는 데 도움을 줄 수 있을 뿐이다. 저항자들의 창조성에 관한 나의 견해가 어떤 사람들에게는 너무나도 감상적일 수 있지만, 나는 저항자들을 판단하기 위한 비판적 기준들 또한 발전시켜왔다. 내가 주장했듯이, 저항이 도덕적 목소리를 중심으로 하는 것이라면, 우리는 의사소통을 훼손하는, 그리고 의사소통을 지속하고자 하는 자아성찰을 훼손하는 운동들을 비판할 수 있다. 우리는 민주주의를 진지하게 받아들이는 운동들을 찬미할 수 있다.

내가 저항과 저항의 성과에 찬사를 보내는 부분적 이유는 내가 그것이 할 수 있는 것에 관해 온건한 전망을 가지고 있기 때문이다. 나는 운동이 세상을 변화시킬 수 있다고 생각하는 운동의 일원이었던 적이 없다. 나는 돌연한 전면적 변화를 신뢰하지 않는다. 왜냐하면 그것은 가능하지도 또한 바람직하지도 않기 때문이다. 캄보디아의 사례는 새로운 사회에 거의 가까이 다가갔지만, 그것은 결코 나를 고무하지 못한다. 나는 사회운동을 새로운 세계의 선봉대가 아니라 전망과 목소리의 한 가지 원천으로 보기 때문에, 사회운동이 자신이 명시한 목표를 그렇게도 적게 달성한다는 사실로 인해 괴로워하지 않는다. 그러한 목표들은 자주 지나치게 과장된다. 그리고 나는 저항자들의 중요성은 그들의 실제 성과보다는 그들의 도덕적 전망 속에 더 많이 자리하고 있다고 생각한다. 그들은 엔지니어보다는 시인에 더 가깝다.

부록: 증거에 대하여

    문화적 느낌과 의미는 공적인 집합적 얼굴과 사적인 개인적 얼굴 모두를 가지고 있기 때문에, 그것들을 다양한 방법을 통해 포착하는 것이 중요하다. 1980년대 초 이래로 나는 저항자들이 세상에 대해 가지고 있는 전망을 포착하기 위해 100명이 넘는 저항자들을 인터뷰해왔다. 그중 대부분과는 몇 시간을, 다른 몇몇과는 여러 날 동안 인터뷰했고, 몇년 후에 그들을 재방문하기도 했다. 그들 대부분은 원래는 『핵정치』를 쓰기 위해 인터뷰한 반핵 저항자들이거나 또는 『동물권리운동』을 집필하기 위해 인터뷰한 동물권리 활동가들이었다.

    나의 인터뷰들이 길다 보니, 인터뷰 각각이 표준적인 심층면접이라기보다는 일종의 생애사가 되고 말았다. 몇몇 경우에 나는 몇몇 장을 시작하는 비네트를 그러한 생애사에 기초해서 썼다. 상당히 자세히 쓰다 보니 익명성을 그리 잘 처리하지는 못한 것 같다. 다른 사례들에서는 인터뷰를 인용할 때 응답자들의 이름을 밝히지 않았다. 또한 인터뷰 날짜가 그다지 중요하지 않은 관계로, 날짜를 제시하지도 않았다. 디아블로 캐니언 활동가 대부분은 1984년 8월에 내가 조사했던 시위가 발생한 즈음에 인터뷰했다. 나는 1985년과 1986년에 많은 유럽인을 포함하는 여타의 반핵 활동가들과도 이야기를 나누었지만, 그 결과들은 이 책에 단지 일반적인 방식으로만 담겨 있다. 대부분의 동물보호주의자들과는 1989년과 1990년에 인터뷰했다. 그들 대부분은 뉴욕이나 샌프란시스코 베이 지역에 살고 있었지만, 몇몇은 워싱턴과 보스턴 출신이었다. 두 운동 모두에서 나는 내가 인쇄물에서 이름을 본 적이 있거나 그 운동의 성원 중 누군가가 언급한 사람들과 이야기를 나누었다. 내가 그들을 의도적으로 대표 표본으로 삼은 것은 아니었지만, 그들은 유력한 표본이었다. 그들은 보통 전략을 따르는 사람들이 아니라 전략을 선택하는 사람들이었다. 나는 또한 1990년 무렵에 몇몇 정치 잡지에 활동가들과의 인터뷰를 요청하는 광고를 실었다. 그 결과 광범위한 다양한 대의를 가진 저항자들과 25회가량의 인터뷰를 할 수 있었다. 나는 몇몇 추가적인 프로젝트에서 학생들을 현장에 내보냈다. 그들은 낙태반대운동, 지역 환경 활동과 토지이용 활동, 그리고 내부고발자들에 관한 연구들에 참여했지만, 나는 학생과 내가 함께 방문한 것이 아닌 경우 그 인터뷰들을 인용하지 않았다.

나는 이 책에서 자주 개인들에 관해 서술하려고 노력해왔다. 왜냐하면 그들이 우리가 공식 조직, 저항사건 또는 뉴스 보도를 강조할 때 얻는 것(사물들은 계산하기가 더 쉽다)과는 다른 저항의 한 단면을 보여주기 때문이다. 개인들은 조직의 안과 밖으로 움직이면서, 어떤 사건들에는 참여하지만 다른 사건들에는 참여하지 않으며, 공식 집단의 어떤 견해들은 공유하지만 다른 견해들은 공유하지 않는다. 어떤 사람들은 많은 운동과 단체에 오랜 기간 참여한 경력들을 가지고 있고, 저항의 동기, 즐거움, 선택에서 상이한 사고방식을 보여줌으로써 좀 더 구조적인 정보를 보충해준다. 그리고 나는 심층면접이 전기와 전략적 선택을 포착할 수 있는 유일한 방법이라고 생각한다.

스펙트럼의 반대쪽 끝에서 나는 운동의 관념과 느낌들을 포착하기 위해 주로 공개되어 있는 기록과 상징들을 이용해왔다. 그것들은 저항자들이 자주 외부자나 잠재적 지지자들에게 전략적 방식으로 사용하는 보다 정제된 자료들이다. 놀랍게도 보다 사적인 인터뷰들에서와 동일한 의미나 느낌들이 거기에서도 매우 빈번하게 나타났다. 그리고 이는 저항자들의 전략적 충동과 의사소통적 충동 간에 그리 많은 차이가 존재하지 않는다는 것, 또는 그것이 아니라면 그들이 나에게 말할 때 신중하게 전략적으로 말한다는 것을 시사한다. 각각이 어느 정도는 사실일지도 모른다. 하지만 나는 내 자신이 충분히 숙련된 면접자이기 때문에 일정한 시간 동안의 인터뷰를 통해 정말로 내밀한 느낌들을 포착할 수 있으며, 내가 그렇게 하지 못하고 있을 때를 인지한다고 생각한다. 물론 모든 면접자가 알고 있듯이, 사람들은 그들 자신의 역사를 고쳐 쓴다. 따라서 면접자들은 자주 회고적 인터뷰들을 통해 개인들이 '실제로' 어떻게 했는지보다는 개인들이 특정 순간에 왜 그렇게 생각하거나 느낄 수'밖에 없었'는지, 또는 그렇게 생각하거나 느껴'야만 했다'고 생각하는지를 알게 된다. 이것이 바로 동일한 의미들을 그 시기에 만들어진 공적 상징, 사진, 진술 등 보다 '구체화된' 문화를 통해 포착하는 것이 유용한 이유이다.

회고적 인터뷰들에 회의적인 사람들은 보통 타당한 연구수단으로서의 인터뷰를 아주 멀리하고, 의미의 해석적 탐색을 포기하고, 일반적으로 자신들의 모델로부터 정신적 구성물들을 제거해버린다. 나는 인터뷰 결과들이 어떻게 왜곡되는지를 입증할 책임은 그들에게 있으며, 그래야만 우리가 그러한 편향들을 조정할 수 있다고 생각한다. 의미를 포착하기가 어려울 수도 있지만, 그것이 의미가 없다는 것을 뜻하지도, 더구나 의미가 아무런 영향도 미치지 않는다는 것을 뜻하지도 않는다.

　나는 또한, 특히 동물권리운동의 회합, 행진, 집회에서 참여관찰자로 상당한 시간을 보내왔다. 단체의 성원들이 내부 회합의 주된 청중이기 때문에, 나는 거기서 그들이 전략적 이유들에 대해 가식적인 태도를 취할 가능성은 그리 많지 않을 것이라고 추측한다. 동료 참여자들과의 대화와 그들에 대한 관찰은 내밀한 증거들을 찾을 수 있는 특히 좋은 기회일 것이다. 나는 그러한 종류의 증거가 다른 형태들보다 더 정확하거나 솔직하다고 보지는 않는다. 다만 그러한 대화가 상이한 청중, 즉 미디어, 국가기관, 또는 공중이 아닌 동료 참가자들을 겨냥하고 있다고 생각할 뿐이다. 동물권리운동에 직접 참여하는 것은 대부분 지금은 없어진 이종연대라는 이름의 단체에서 이루어졌다. 대규모 뉴욕지부를 가지고 있던 그 단체는 1988년 우리가 조사했던 뉴욕 시위를 후원했다. 그것은 (제13장에서 기술된) 1980년대 후반 코넬대학교와 뉴욕대학교 모두를 공격한 주요 단체였다.

　설문조사는 나의 증거의 네 번째 원천이다. 그것은 문화적 의미, 전기적 특징, 또는 전략 선택을 포착하기에는 무딘 방법이지만, 그러한 의미의 분포와 그것들이 여타의 사회적 특성과 상호 관련되는 방식을 탐구하는 데 필요하다. 나는 사회운동 단체들이 조직한 세 개의 저항에서 유사한 데이터들을 수집했다. 1984년 8월 캘리포니아의 디아블로 캐니언 원자력 발전소 정문에서 벌어진 거의 1000여 명에 달했던 사람들의 시위, 1988년 4월 뉴욕대학교의 원숭이 이용 실험에 반대하는 대략 1000여 명의 사람들의 집회(이종연대가 후원한), 그리고 역시 1988년 4월 버클리의 캘리포니아대학교 동물실험에 반대하는 100여 명의 사람들의 집회가 그것들이다. 디아블로 캐니언의 경우 그 저항에서 136부의 설문지가 완성되었고, 나중에 137부의 설문지가 우송되어왔다. 뉴욕에서는 270부의 설문지가 해당 저항에서 완성되었고, 버클리에서는 35부의 설문지가 우송되어왔다. 이러한 방식으로 세 사건 모두에서 시위자의 대략 1/3을 표본으로 하여 조사했다. 나는 버클리에서는 혼자 설문지를 배포했고, 디아블로 캐니언에서는 한 친구가 나를 도왔으며, 뉴욕에서는 나의 NYU 학생들 중 몇몇이 도움을 주었다. 각각의 경우에서 설문지는 각 군중의 모든 분파에 균등하게 배포되었다. 비록 우리가 이 방법을 통해 진정으로 대표성 있는 표본을 얻을 수는 없었지만, 나는 이 절차가 어떠한 명백한 바이어스를 산출했다고 생각하지 않는다. 몇몇 질문이 특정 저항과 대의에 맞게 손질되기는 했지만, 인구통계, 문화적 신념, 정치적 행동주의, 그리고 저항으로의 충원과 관련한 대부분의 질문은 세 번의 설문조사에서 동일했다. 버클리의 동물권리 저항은 주중에 일어났기 때문에 참여할 수 있는 사람들의 유형이 제한되었다. 다른 두 개의 행사는 주말에 열렸다. 세 행사는 유사한 활동양상을 보였다. 각각은 연설(버클리와 디아블로 캐니언)로 시작하거나 노래와 피켓시위(뉴욕)로 시작하여, 버클리에서는 1시간, 뉴욕에서는 2시간, 그리고 디아블로 캐니언에서는 3시간 동안 계속되었다. 그런 다음 소규모 저항자 집단들은 거리나 입구를 봉쇄함으로써 체포에 자원하기 시작했다. 그리고 뉴욕과 디아블로 캐니언에서는 거의 100여 명의 사람들이 조용히 체포되었다. 버클리 저항은 집회보다는 직접행동 행사라고 전단지에 나와 있었다. 따라서 참여자들은 동물 연구가 실행되는 건물들 앞에서 노래를 부르고 넓은 캠퍼스 이곳저곳을 옮겨 다니면서 그날의 대부분을 보냈다. 세 저항 모두가 합법적 활동과 불법적 활동 모두를 포함하고 있었기 때문에, 그 세 저항이 전술에서 상이한 취향을 지닌 상이한 종류의 저항자들에게 호소했다고 믿을 이유는 없었다.

세 행사의 참가자들이 반드시 그들이 속한 두 운동을 대표하지는 않는다. 그러나 적어도 디아블로 캐니언 원자력 발전소 반대운동에서는 유익한 내적 다양성이 나의 표본에서 확연하게 드러났다. 나는 나의 결과들을 전국 표본으로부터 이용할 수 있는 모든 데이터와 대조했다. 나는 또한 어떤 확실한 전국적 영향력을 지닌 조직, 잡지, 개인들에도 추가적인 관심을 기울여왔다. 왜냐하면 전국적 운동과 어떤 연계가 있을 경우, 그들이 저항의 창출자들이기 때문이다. 이 책이 특정 운동이나 특정 부류의 운동에 관한 책이 아니기 때문에, 나는 나의 데이터와 인터뷰가 대표성이 있는지의 여부와 같은 쟁점들은 이 책에 적절하지 않다고 생각한다. 모든 반핵 저항자가 내가 조사한 디아블로 반대 활동가들과 비슷한지, 또는 모든 지역 보이콧이 몽고메리 버스 보이콧과 비슷한지는 중요하지 않다. 나는 많은 (그러나 모두는 아닌) 운동에서 다양한 형태로, 그리고 다양한 정도로 나타나는 특정 메커니즘과 동학을 밝혀내고자 노력하는 중이다. 이종연대는 전형적인 동물권리 단체 ― 만약 그러한 것이 존재한다면 ― 가 아니지만, 결코 유일한 단체도 아니다. 나의 연구에 가장 적실성을 지니고 있는 그 단체의 특징들 ― 그것의 전략적 선택, 그것이 이끌어낸 반응, 그 성원들의 견해와 네트워크 ― 은 몇몇 다른 동물권리 단체뿐만 아니라 다른 운동의 많은 단체 역시 가지고 있다. 내 주장의 많은 부분은 운동들 간에, 그리고 동일 운동 내의 단체들 간에 존재하는 차이들에 의존하고 있다. 그리고 이는 내가 많은 이론가가 하나의 단일한 유형의 저항운동에 기초하여 포괄적인 주장들을 펼치고 있다는 것을 보여줄 때, 특히 그러하다.

제11장에서 기술된 두 번째 데이터 세트는 1980년대 초반부터 보이콧과 관련하여 실시된 전화 인터뷰에서 만들어진 것으로, 이 발견들 중 거의 어떠한 것도 발표된 적이 없다.

대부분이 2차 자료인 역사 자료들은 크메르루주에 관한 사례연구와 몇몇 보이콧 분석에서 토대가 되었다. 크메르루주의 공식 기록과 보고서들은 내가 그들의 추상적 이데올로기를 기술하는 데는 충분했지만, 그 자료들을 통해 크메르루주에 동반된 감정이나 (폴 포트 이외의 누군가에 대한) 전기적 세부사항들을 포착할 수는 없었다. 그러한 자료들은 또한 내가 저항의 창조성의 후기 단계, 즉 초기 제안이 이루어지고 암중모색적 노력이 일어나는 시기가 아닌, 무엇인가가 시도되고 진행되는 시기만을 검토할 수 있게 했다.

서로 다른 연구기법들은 상이한 이론적 접근방식들과 태생적 친화성을 가지고 있다. 만약 당신이 19세기의 파업을 연구하는 중이라면, 당신이 현장 속으로 달려 나가 참여자들을 인터뷰하는 것은 불가능하다. 만약 당신이 정치구조가 모든 전략 선택을 결정한다고 생각한다면, 당신이 그러한 인터뷰를 할 필요는 없을 것이다. 만약 당신이 사회운동이 공식 조직들로 이루어진다고 믿는다면, 당신은 공식 조직을 연구할 것이고, 당신이 보게 될 유일한 개인들은 그러한 조직의 지도자들일 것이다. 만약 당신이 전략 선택이 상호작용의 한 형태라고 본다면, 당신은 저항자들뿐만 아니라 그 상대방 또한 연구해야만 한다. 만약 당신이 결과가 자원분포에서 기인하다고 믿는다면, 당신은 재정 흐름을 추적할 것이다. 학자들은 점점 더 이질적 요인과 차원들이 갖는 중요성을 인식해가고 있다. 그 결과 저항을 이해하기 위해 우리는 다양한 기법을 필요로 한다. 만약 우리가 문화, 전기, 창조성의 복합적 결과를 이해하고자 한다면, 특히 더 그러하다.

참고문헌

Abercrombie, Nicholas, Stephen Hill and Bryan S. Turner. 1980. *The Dominant Ideology Thesis.* London: George Allen and Unwin.

Addelson, Kathryn Fyne. 1987. "Moral Passages." In Eva Feder Kittay and Diana T. Meyers(eds.). *Women and Moral Theory.* Totowa, N.J.: Rowman and Littlefield.

Agee, Philip. 1975. *Inside the Company: CIA Diary.* New York: Stonehill.

Alexander, Jeffrey C. 1988. *Action and Its Environments: Toward a New Synthesis.* New York: Columbia University Press.

Alford, Robert R. and Roger Friedland. 1985. *Powers of Theory: Capitalism, the State, and Democracy.* Cambridge: Cambridge University Press.

Alinsky, Saul D. 1971. *Rules for Radicals: A Pragmatic Primer for Realistic Radicals.* New York: Random House.

Altman, Irwin and Carol Werner. 1985. *Home Environments.* New York: Plenum.

Amenta, Edwin, Bruce C. Carruthers and Yvonne Zylan. 1992. "A Hero for the Aged? The Townsend Movement, the Political Mediation Model, and U.S. Old-Age Policy, 1934~1950." *American Journal of Sociology* 98: 308~339.

Amenta, Edwin and Yvonne Zylan. 1991. "It Happened Here: Political Opportunity, the New Institutionalism, and the Townsend Movement." *American Sociological Review* 56: 250~265.

Anderson, Benedict. 1991. *Imagined Communities.* Rev. ed. London: Verso Books.

Archer, John and Gillian Winchester. 1994. "Bereavement Following Death of a Pet." *British Journal of Psychology* 85: 259~271.

Archer, Margaret S. 1988. *Culture and Agency: The Place of Culture in Social Theory.* Cambridge: Cambridge University Press.

Aries, Philippe. 1962. *Centuries of Childhood.* New York: Vintage.

Armon-Jones, Claire. 1986. "The Thesis of Constructionism." In Rom Harré(ed). *The Social Construction of Emotions.* Oxford: Basil Blackwell.

Averill, James. 1980. "A Constructivist View of Emotion." In Robert Plutchik and Henry Kellerman(eds.). *Emotion: Theory, Research, and Experience.* Vol. I. *Theories of Emotion.* New York: Academic Press.

Bagdikian, Ben H. 1990. *The Media Monopoly.* 3d ed. Boston: Beacon Press.

Bailey, Robert Jr. 1974. *Radicals in Urban Politics: The Alinsky Approach.* Chicago: University of Chicago Press.

Baker, Keith Michael. 1990. *Inventing the French Revolution.* Cambridge: Cambridge University Press.

Barkan, Steven E. 1979. "Strategic, Tactical, and Organizational Dilemmas of the Protest Movement Against Nuclear Power." *Social Problems* 27(1): 19~37.

_____. 1984. "Legal Control of the Southern Civil Rights Movement." *American Sociological Review* 49: 552~565.

Barnes, Gilbert Hobbs. 1933. *The Anti-Slavery Impulse, 1830~1844.* New York: Harcourt, Brace, and World.

Barnes, Samuel H., Max Kaase, Klaus R. Allerbeck, Barbara G. Farah, Felix Heunks, Ronald Inglehart, M. Kent Jennings, Hans D. Klingemann, Alan Marsh and Leopold Rosenmayr. 1979. *Political Action: Mass Participation in Five Western Democracies.* Beverly Hills, Calif.: Sage Publications.

Barrows, Susanna. 1981. *Distorting Mirrors: Visions of the Crowd in Late Nineteenth-Century France.* New Haven: Yale University Press.

Baum, Robert J. (ed.) 1980. *Ethical Problems in Engineering.* Vol. 2. *Cases.* Troy, New York: The Center for the Study of the Human Dimensions of Science and Technology, Rensselaer Polytechnic.

Beach, Stephen W. 1977. "Social Movement Radicalization: The Case of the People's Democracy in Northern Ireland." *Sociological Quarterly* 18: 305~318.

Becker, Elizabeth. 1986. *When the War Was Over: The Voices of Cambodia's Revolution and Its People.* New York: Simon and Schuster.

Belenky, Mary Feld, Blythe McVicker Clinchy, Nancy Rule Goldberger and Jill Mattuck Tarule. 1986. *Women's Ways of Knowing: The Development of Self, Voice, and Mind.* New York: Basic Books.

Bell, Derrick. 1992. *Faces at the Bottom of the Well: The Permanence of Racism.* New York: Basic Books.

Benford, Robert D. 1993. "Frame Disputes within the Nuclear Disarmament Movement." *Social Forces* 71: 677~701.

_____. 1993. "'You Could Be the Hundredth Monkey': Collective Action Frames and Vocabularies of Motive within the Nuclear Disarmament Movement." *Sociological Quarterly* 34: 195~216.

Benford, Robert D. and Scott A. Hunt. 1992. "Dramaturgy and Social Movements: The Social Construction and Communication of Power." *Sociological Inquiry* 62: 36~55.

742

Benford, Robert D. and Lester R. Kurtz. 1987. "Performing the Nuclear Ceremony: The Arms Race as a Ritual." *Journal of Applied Behavioral Research* 23: 463~482.

Ben-Yehuda, Nachman. 1980. "The European Witch Craze of the Fourteenth to Seventeenth Centuries: A Sociologist's Perspective." *American Journal of Sociology* 86: 1~31.

_____. 1986. "The Sociology of Moral Panics: Toward a New Synthesis." *Sociological Quarterly* 27: 495~513.

_____. 1990. *The Politics and Morality of Deviance: Moral Panics, Drug Abuse, Deviant Science, and Reversed Discrimination*. Albany: SUNY Press.

Berger, Peter L. 1970. *A Rumor of Angels: Modern Society and the Rediscovery of the Supernatural*. Garden City, N.Y.: Doubleday.

Berger, Peter L. and Thomas Luckmann. 1966. *The Social Construction of Reality*. New York: Doubleday.

Bernstein, Mary and James M. Jasper. 1996. "Whistleblowers as Claims-Makers in Technological Controversies." *Social Science Information* 35: 565~589.

Best, Joel. 1987. "Rhetoric in Claims-Making: Constructing the Missing Children Problem." *Social Problems* 34: 101~121.

Blain, Michael. 1976. "The Role of Death in Political Conflict." *Psychoanalytic Review* 63: 249~265.

_____. 1988. "Fighting Words: What We Can Learn from Hitler's Hyperbole." *Symbolic Interaction* 11: 257~276.

_____. 1991. "Rhetorical Practice in an Anti-Nuclear Weapons Campaign." *Peace and Change* 16: 355~378.

Bloch, Maurice. 1974. "Symbols, Song, Dance, and Features of Articulation: Is Religion an Extreme Form of Traditional Authority?" *Archives Européenes de Sociologie* 15: 55~81.

Blum, Deborah. 1994. *The Monkey Wars*. New York: Oxford University Press.

Blum, Lawrence. 1980. "Compassion." In Amélle Oksenberg Rorty(ed.). *Explaining Emotions*. Berkeley: University of California Press.

Blumer, Herbert G. 1939. "Collective Behavior." In Robert E. Park(ed.). *An Outline of the Principles of Sociology*. New York: Barnes and Noble.

Bok, Sissela. 1978. *Lying: Moral Choice in Public and Private Life*. New York: Random House.

Bormann, Ernest G. 1972. "Fantasy and Rhetorical Vision: The Rhetorical Criticism of Social Reality." *Quarterly Journal of Speech* 58: 396~407.

Bourdieu, Pierre. 1977. *Outline of a Theory of Practice*. Cambridge: Cambridge

University Press.

_____. 1984. *Distinction: A Social Critique of the Judgment of Taste*. Cambridge: Harvard University Press.

_____. 1984. "L'Opinion Publique N'Existe Pas." In *Questions de Sociologie*. Paris: Les Editions de Minuit.

Bowles, Samuel and Herbert Gintis. 1986. *Democracy mid Capitalism: Property, Community, and the Contradictions of Modem Social Thought*. New York: Basic Books.

Boyer, Paul. 1978. *Urban Masses and Moral Order in America, 1820~1920*. Cambridge: Harvard University Press.

_____. 1985. *By the Bomb's Early Light: American Thought and Culture at the Dawn of the Atomic Age*. New York: Pantheon.

Boyte, Harry C. 1980. *The Backyard Revolution: Understanding the New Citizen Movement*. Philadelphia: Temple University Press.

Branch, Taylor. 1988. *Parting the Waters: America in the King Years, 1954~1963*. New York: Simon and Schuster.

Brecher, Jeremy. 1972. *Strike!* Boston: South End Press.

Breines, Wini. 1982. *Community and Organization in the New Left, 1962~1968: The Great Refusal*. South Hadley, Mass.: J. F. Bergin.

Brimelow, Peter. 1995. *Alien Nation: Common Sense about America's Immigration Disaster*. New York: Random House.

Brion, Denis J. 1991. *Essential Industry and the NIMBY Phenomenon*. New York: Quorum Books.

Brown, Jerald Barry. 1972. "The United Farm Workers Grape Strike and Boycott 1965~1970: An Evaluation of the Culture of Poverty Theory." Ph.D. diss. Ithaca: Cornell University, Latin American Studies Program, Dissertation Series, No. 39.

Brown, Phil and Edwin J. Mikkelson. 1990. *No Safe Place: Toxic Waste, Leukemia, and Community Action*. Berkeley: University of California Press.

Brown, Richard. 1970. *Revolutionary Politics in Massachusetts*. Cambridge: Harvard University Press.

Brown, Thomas N. 1966. *Irish-American Nationalism, 1870~1890*. Philadelphia: Lippincott.

Brubaker, Rogers. 1992. *Citizenship and Nationhood in France and Germany*. Cambridge: Harvard University Press.

Bruner, Jerome S. 1990. *Acts of Meaning*. Cambridge: Harvard University Press.

Buechler, Steven M. 1990. *Women's Movements in the United States: Woman*

Suffrage, Equal Rights, and Beyond. New Brunswick, N.J.: Rutgers University Press.

Burghardt, Cordon M. and Harold A. Herzog, Jr. 1980. "Beyond Conspecifics: Is Brer Rabbit Our Brother?" *BioScience* 30: 763~768.

Burke, Kenneth. 1950. *A Rhetoric of Motives.* New York: Prentice-Hall.

_____. 1954[1934]. *Permanence and Change: An Anatomy of Purpose.* 3d ed. Berkeley: University of California Press.

Burstein, Paul, Rachel L. Einwohner and Jocelyn A. Hollander. 1995. "The Success of Political Movements: A Bargaining Perspective." In J. Craig Jenkins and Bert Klandermans(eds.). *The Politics of Social Protest: Comparative Perspectives on States and Social Movements.* Minneapolis: University of Minnesota Press.

Buttimer, Anne. 1980. "Home, Reach, and the Sense of Place." In Anne Buttimer and David Seamon(eds.). *The Human Experience of Space and Place.* New York: St. Martin's Press.

Coldwell, Lynton K., Lynton R. Hayes and Isabel M. MacWhirter. 1976. *Citizens and the Environment: Case Studies in Popular Action.* Bloomington: Indiana University Press.

Calhoun, Craig Jackson. 1982. *The Question of Class Struggle: Social Foundations of Popular Radicalism during the Industrial Revolution.* Chicago: University of Chicago Press.

_____. 1983. "The Radicalism of Tradition: Community Strength or Venerable Disguise and Borrowed Language?" *American Journal of Sociology* 88: 886~914.

_____. 1993. "Nationalism and Ethnicity." *Annual Review of Sociology* 19: 211~239.

Cancian, Francesca M. 1987. *Love in America: Gender and Self-Development.* Cambridge: Cambridge University Press.

Candland, Douglas Keith. 1993. *Feral Children and Clever Animals: Reflections on Human Nature.* New York: Oxford University Press.

Caplow, Theodore. 1982. "Christmas Gifts and Kin Networks." *American Sociological Review* 47: 383~392.

_____. 1984. "Rule Enforcement without Visible Means: Christmas Gift Giving in Middletown." *American Journal of Sociology* 89: 1306~1323.

Carney, Timothy. 1989. "The Unexpected Victory." In Karl D. Jackson(ed.). *Cambodia 1975~1978.* Princeton: Princeton University Press.

Carson, Rachel. 1962. *Silent Spring.* Boston: Houghton Mifflin.

Carter, Dan T. 1995. *The Politics of Rage: George Wallace, the Origins of the New Conservatism, and the Transformation of American Politics.* New York:

Simon and Schuster.

Chalk, Frank and Kurt Jonassohn. 1990. *The History and Sociology of Genocide: Analyses and Case Studies.* New Haven: Yale University Press.

Chandler, David P. 1983. "Seeing Red: Perceptions of Cambodian History in Democratic Kampuchea." In David P. Chandler and Ben Kiernan(eds.). *Revolution and Its Aftermath in Kampuchea: Eight Essays.* New Haven: Yale University Southeast Asian Studies.

_____. 1991. *The Tragedy of Cambodian History: Politics, War and Revolution Since 1945.* New Haven: Yale University Press.

_____. 1992. *Brother Number One: A Political Biography of Pol Pot.* Boulder, Colo.: Westview Press.

_____. 1992. A History of Cambodia. 2d ed. Boulder, Colo.: Westview Press.

Chandler, David P. and Ben Kiernan(eds.). 1983. *Revolution and Its Aftermath in Kampuchea: Eight Essays.* New Haven: Yale University Southeast Asian Studies.

Chandler, David P., Ben Kiernan and Chanthou Boua(eds.). 1988. *Pol Pot Plans the Future: Confidential Leadership Documents from Democratic Kampuchea, 1976~1977.* New Haven: Yale University Southeast Asia Studies.

Cheney, Dorothy L. and Robert M. Seyfarth. 1990. *How Monkeys See the World.* Chicago: University of Chicago Press.

Chong, Dennis. 1991. *Collective Action and the Civil Rights Movement.* Chicago: University of Chicago Press.

Chute, Carolyn. 1985. *The Beans of Egypt, Maine.* New York: Ticknor and Fields.

Clark, Candace. 1987. "Sympathy Biography and Sympathy Margin." *American Journal of Sociology* 93: 290~321.

Clemens, Elisabeth S. 1996. "Organizational Form as Frame: Collective Identity and Political Strategy in the American Labor Movement, 1880~1920." In Doug McAdam, John McCarthy and Mayer Zald(eds.). *Opportunities, Mobilizing Structures, and Framing: Comparative Applications of Social Movement Theory.* New York: Cambridge University Press.

Clemens, Elisabeth S. and Patrick Ledger. 1994. "Organizational Culture and Careers of Activism in the Woman Suffrage Movement, 1870~1920." Unpublished paper.

Cohen, G. A. 1978. *Karl Marx's Theory of History: A Defense.* Princeton: Princeton University Press.

Cohen, Jean L. 1985. "Strategy or Identity: New Theoretical Paradigms and Contemporary Social Movements." *Social Research* 52: 663~716.

746

Cohen, Stanley. 1972. *Folk Devils and Moral Panics: The Creation of the Mods and the Rockers*. New York: St. Martin's Press.

Cohn, Norman. 1975. *Europe's Inner Demons: An Enquiry Inspired by the Great Witch-hunt*. New York: Basic Books.

Collins, Randall. 1990. "Stratification, Emotional Energy, and the Transient Emotions." In Theodore D. Kemper(ed.). *Research Agendas in the Sociology of Emotions*. Albany: SUNY Press.

_____. 1993. "The Rationality of Avoiding Choice." *Rationality and Society* 5: 58~67.

Commoner, Barry. 1989. "Don't Let City Garbage Go Up in Smoke." *New York Times*, 29 January.

Condit, Celeste Michel. 1990. *Decoding Abortion Rhetoric: Communicating Social Change*. Urbana: University of Illinois Press.

Conell, Carol and Kim Voss. 1990. "Formal Organization and the Fate of Social Movements: Craft Association and Class Alliance in the Knights of Labor." *American Sociological Review* 55: 255~269.

Corfe, T. H. 1964. "The Troubles of Captain Boycott." *History Today* 14: 758~764 (November) and 854~862(December).

Cotgrove, Stephen. 1982. *Catastrophe or Cornucopia: The Environment, Politics, and the Future*. Chichester and New York: John Wiley and Sons.

Cotgrove, Stephen F. and Andrew Duff. 1980. "Environmentalism, Middle-Class Radicalism and Politics." *Sociological Review*, new series, 28: 333~351.

Couch, Stephen R. and J. Stephen Kroll-Smith. 1985. "The Chronic Technical Disaster: Toward a Social Scientific Perspective." *Social Science Quarterly* 66: 564~575.

Crosby, Faye J. 1993. "Why Complain?" *Journal of Social Issues*. 49: 169~184.

Csikszentmihalyi, Mihaly. 1990. *Flow: The Psychology of Optimal Experience*. New York: Harper and Row.

Cuba, Lee and David M. Hummon. 1993. "A Place to Call Home: Identification with Dwelling, Community; and Region." *Sociological Quarterly* 34: 111~131.

Dalton, Russell J., Scott Flanagan and Paul Allen Beck(eds.). 1984. *Electoral Change in Advanced Industrial Countries: Realignment or Dealignment?* Princeton: Princeton University Press.

d' Anjou, Leo. 1996. *Social Movements and Cultural Change: The First Abolition Campaign Revisited*. New York: Walter de Gruyter.

Darwin, Charles. 1981[1871]. *The Descent of Man and Selection in Relation to Sex*. Princeton, N.J.: Princeton University Press.

_____. 1896. *The Expression of the Emotions in Man and Animals*. New York: D.

Appleton.

Davies, A. F. 1980. *Skills, Outlooks, and Passions: A Psychoanalytic Contribution to the Study of Politics.* Cambridge: Cambridge University Press.

Day, Mark. 1971. *Forty Acres: César Chávez and the Farm Workers.* New York: Praeger.

de Sousa, Ronald. 1987. *The Rationality of Emotion.* Cambridge: MIT Press.

della Porta, Donatella. 1992. "Life Histories in the Analysis of Social Movement Activists." In Mario Diani and Ron Eyerman(eds.). *Studying Collective Action.* London: Sage.

Demac, Donna A. 1990. *Liberty Denied: The Current Rise of Censorship in American.* New Brunswick, N.J.: Rutgers University Press.

Denzin, Norman K. 1984. *On Understanding Emotion.* San Francisco: Jossey-Bass Publishers.

Deutsch, Karl Wolfgang. 1963. *The Nerves of Government: Models of Political Communication and Control.* New York: Free Press of Glencoe.

Deutsch, Morton. 1973. *The Resolution of Conflict: Constructive and Destructive Processes.* New Haven: Yale University Press.

Dewey, John. 1929. *Experience and Nature.* La Salle, Ill.: Open Court.

_____. 1958. *Art As Experience.* New York: Capricorn Books.

Diani, Mario. 1995. *Green Networks: A Structural Analysis of the Italian Environmental Movement.* Edinburgh: Edinburgh University Press.

DiMaggio, Paul. 1992. "Cultural Boundaries and Structural Change: The Extension of the High Culture Model to Theater, Opera, and the Dance, 1900~1940." In Michèle Lamont and Marcel Fournier(eds.). *Cultivating Differences: Symbolic Boundaries and the Making of Inequality.* Chicago: University of Chicago Press.

DiMaggio, Paul J. and Walter W. Powell. 1983. "The Iron Cage Revisited: Institutional Isomorphism and Collective Rationality in Organizational Fields." *American Sociological Review* 48:147~160.

Dizard, Jan E. 1994. *Going Wild: Hunting, Animal Rights, and the Contested Meaning of Nature.* Amherst, Mass.: University of Massachusetts Press.

Dobbin, Frank. 1994. *Forging Industrial Policy: The United States, Britain, and France in the Railway Age.* Cambridge: Cambridge University Press.

Douglas, Mary. 1966. *Purity and Danger: An Analysis of the Concepts of Pollution and Taboo.* London: Routledge and Kegan Paul.

_____. 1973. *Natural Symbols: Explorations in Cosmology.* 2d ed. London: Barrie and Jenkins.

_____. 1978. "Cultural Bias." London: Royal Anthropological Institute, Occasional Paper 35. Reprinted in Mary Douglas, *In the Active Voice*. London: Routledge and Kegan Paul, 1984.

_____. 1986. *How Institutions Think*. Syracuse: Syracuse University Press.

Douglas, Mary and Aaron Wildavsky. 1982. *Risk and Culture: An Essay on the Selection of Technical and Environmental Dangers*. Berkeley: University of California Press.

Dower, John W. 1986. *War Without Mercy: Race find Power in the Pacific War*. New York: Pantheon.

Dowie, Mark. 1980. "Pinto Madness." In Robert J. Baum(ed.). *Ethical Problems in Engineering*. Vol. 2. *Cases*. Troy, New York: The Center for the Study of the Human Dimensions of Science and Technology, Rensselaer Polytechnic.

Downey, Gary L. 1986. "Ideology and the Clamshell Identity: Organizational Dilemmas in the Anti-Nuclear Power Movement." *Social Problems* 33: 357~373.

Drakulić, Slavenka. 1993. "Nazis Among Us." *New York Review of Books*, 27 May.

Dumenil, Gérard. 1979. "Energie Nucléaire et Opinion Publique." In Francis Fagnani and Alexandre Nicholon(eds.). *Nucléopolis*. Grenoble: Presses Universitaires de Grenoble.

Dunlap, Riley E. and Kent D. Van Liere. 1978. "The 'New Environmental Paradigm': A Proposed Instrument and Preliminary Results." *Journal of Environmental Education* 9: 10~19.

Dunne, John Gregory. 1967. *Delano: The Story of the California Grape Strike*. New York: Farrar, Straus and Giroux.

Durkheim, Emile. 1965. *The Elementary Forms of the Religious Life*. New York: Free Press.

Duster, Troy S. 1970. *The Legislation of Morality: Law, Drugs, and Moral Judgment*. New York: Free Press.

Edelman, Murray. 1964. *The Symbolic Uses of Politics*. Urbana: University of Illinois Press.

_____. 1977. Political Language: *Words That Succeed and Policies That Fail*. New York: Academic Press.

_____. 1988. *Constructing the Political Spectacle*. Chicago: University of Chicago Press.

Eder, Klaus. 1985. "The 'New Social Movements': Moral Crusades, Political Pressure Groups, or Social Movements?" *Social Research* 52: 869~890.

Edsall, Thomas Byrne, with Mary D. Edsall. 1991. *Chain Reaction: The Impact of*

Race, Rights, and Taxes on American Politics. New York: W. W. Norton.

Eisinger, Peter K. 1973. "The Conditions of Protest Behavior in American Cities." *American Political Science Review* 67: 11~28.

Eldredge, Niles. 1985. *Time Frames: The Rethinking of Darwinian Evolution and the Theory of Punctuated Equilibrium.* New York: Simon and Schuster.

Elias, Norbert. 1978[1939]. *The History of Manners.* Vol. 1. *The Civilizing Process.* New York: Pantheon.

Elliston, Frederick, John Keenan, Paula Lockhart and Jane van Schaick. 1985. *Whistleblowing Research: Methodological and Moral Issues.* New York: Praeger Press.

Elster, Jon. 1985. *Making Sense of Marx.* Cambridge: Cambridge University Press.

_____.(ed.) 1986. *Rational Choice.* New York: New York University Press.

_____. 1989. *The Cement of Society: A Study of Social Order.* New York: Cambridge University Press.

_____. 1989. *Nuts and Balls for the Social Sciences.* Cambridge: Cambridge University Press.

Emery, Douglas B. 1993. "Self, Creativity, Political Resistance." *Political Psychology* 14: 347~362.

Emirbayer, Mustafa and Jeff Goodwin. 1994. "Network Analysis, Culture, and the Problem of Agency." *American Journal of Sociology* 99: 1411~1454.

Emirbayer, Mustafa and Ann Mische. 1995. "What Is Agency." Unpublished paper.

Entrikin, J. Nicholas. 1991. *The Betweenness of Place: Towards a Geography of Modernity.* Baltimore: Johns Hopkins University Press.

Epstein, Barbara. 1985. "The Culture of Direct Action: Livermore Action Group and the Peace Movement." *Socialist Review* 82/83: 31~61.

_____. 1991. *Political Protest and Cultural Revolution: Nonviolent Direct Action in the 1970s and 1980s.* Berkeley: University of California Press.

Epstein, Steven. 1996. *Impure Science: AIDS, Activism, and the Politics of Knowledge.* Berkeley: University of California Press.

Erikson, Erik H. 1958. *Young Man Luther: A Study in Psychoanalysis and History.* New York: W. W. Norton.

_____. 1969. *Gandhi's Truth: On the Origins of Militant Nonviolence.* New York: W. W. Norton.

Erikson, Kai T. 1966. *Wayward Puritans; A Study in the Sociology of Deviance.* New York: Wiley.

_____. 1976. *Everything in Its Path: Destruction of Community in the Buffalo Creek Flood.* New York: Simon and Schuster.

_____. 1994. *A New Species of Trouble: The Human Experience of Modern Disasters*. New York: W. W. Norton.

Esler, Anthony. 1984. "'The Truest Community': Social Generations as Collective Mentalities." *Journal of Political and Military Sociology* 12: 99~112.

Etzioni, Amitai. 1988. *The Moral Dimension: Toward a New Economics*. New York: Free Press.

Evans, Sara. 1979. *Personal Politics: The Roots of Women's Liberation in the Civil Rights Movement and the New Left*. New York: Alfred A. Knopf.

Everett, Kevin. 1993. "The Growing Legitimacy of Protest in the United States, 1961~1983." Paper presented at the American Sociological Association annual meeting, Miami, Florida.

Everett, Melissa. 1989. *Breaking Ranks*. Philadelphia: New Society Publishers.

Eyerman, Ron and Andrew Jamison. 1991. *Social Movements: A Cognitive Approach*. University Park, Pa.: Pennsylvania State University Press.

Fantasia, Rick. 1988. *Cultures of Solidarity: Consciousness, Action, and Contemporary American Workers*. Berkeley: University of California Press.

Fantasia, Rick and Eric L. Hirsch. 1995. "Culture in Rebellion: The Appropriation and Transformation of the Veil in the Algerian Revolution." In Hank Johnston and Bert Klandermans(eds.). *Social Movements and Culture*. Minneapolis: University of Minnesota Press.

Farhi, Farideh. 1990. *States and Urban-Based Revolutions: Iran and Nicaragua*. Urbana: University of Illinois Press.

Fendrich, James Max. 1977. "Keeping the Faith or Pursuing the Good Life: A Study in the Consequences of Participation in the Civil Rights Movement." *American Sociological Review* 42: 144~157.

Fendrich, James Max and Kenneth L. Lovoy. 1988. "Back to the Future: Adult Political Behavior of Former Student Activists." *American Sociological Review* 53: 780~784.

Fendrich, James Max and Alison T. Tarleau. 1973. "Marching to a Different Drummer: The Occupational and Political Correlates of Former Student Activists." *Social Forces* 52: 245~253.

Ferejohn, John. 1991. "Rationality and Interpretation: Parliamentary Elections in Early Stuart England." In Kristen Renwick Monroe(ed.). *The Economic Approach to Politics: A Critical Reassessment of the Theory of Rational Action*. New York: HarperCollins.

Ferree, Myra Marx. 1992. "The Political Context of Rationality." In Aldon D. Morris and Carol McClurg Mueller(eds.). *Frontiers in Social Movement Theory*. New

Haven: Yale University Press.

Fine, Gary Alan. 1979. "Small Groups and Culture Creation: The Idioculture of Little League Baseball Teams." *American Sociological Review* 44: 733~745.

Fine, Gary Alan and Kent Sandstrom. 1993. "Ideology in Action: A Pragmatic Approach to a Contested Concept." *Sociological Theory* 11: 21~38.

Finke, Roger and Rodney Stark. 1992. *The Churching of America 1776~1990: Winners and Losers in Our Religious Economy*. New Brunswick, N.J.: Rutgers University Press.

Finks, P. David. 1984. *The Radical Vision of Saul Alinsky*. Ramsey, N.J.: Paulist Press.

Fireman, Bruce and William A. Gamson. 1979. "Utilitarian Logic in the Resource Mobilization Perspective." In Mayer N. Zald and John D. McCarthy(eds.). *The Dynamics of Social Movements: Resource Mobilization, Social Control, and Tactics*. Cambridge, Mass: Winthrop.

Fischer, Kurt W., Phillip R. Shaver and Peter Carnochan. 1990. "How Emotions Develop and How They Organize Development." *Cognition and Emotion* 4: 81~127.

Fischhoff, Baruch and Don MacGregor. 1983. "Judged Lethality: How Much People Seem to Know Depends Upon How They Are Asked." *Risk Analysis* 3: 229~236.

Fishman, Joshua A. 1972. *The Sociology of Language*. Rowley, Mass.: Newbury House.

Flanagan, Scott C. 1987. "Changing Values in Industrial Societies Revisited: Towards a Resolution of the Values Debate." *American Political Science Review* 81: 1303~1319.

Flax, Jane. 1993. *Disputed Subjects: Essays on Psychoanalysis, Politics, and Philosophy*. New York: Routledge.

Fogelmann, Eva. 1994. *Conscience and Courage: Rescuers of Jews During the Holocaust*. New York: Anchor.

Ford, Daniel F. 1982. *The Cult of the Atom: The Secret Papers of the Atomic Energy Commission*. New York: Simon and Schuster.

Ford, Gary and James M. Jasper. 1995. "Culture and Rational Choice." Paper presented at the American Sociological Association annual meetings, Washington, D.C. August.

Freeman, Jo. 1973. "The Origins of the Women's Liberation Movement." *American Journal of Sociology* 78: 792~811.

_____. 1983. "A Model for Analyzing the Strategic Options of Social Movement Organizations." In Jo Freeman(ed.). *Social Movements of the Sixties and*

Seventies. New York: Longman.

Freeman, Leslie J. 1981. *Nuclear Witnesses: Insiders Speak Out.* New York: W. W. Norton.

Freud, Sigmund. 1921. *Group Psychology and the Analysis of the Ego.* London: International Psychoanalytical Press.

Freudenberg, Nicholas. 1984. *Not in Our Backyards! Community Action for Health and the Environment.* New York: Monthly Review Press.

Freudenburg, William R. and Robert Gramling. 1994. *Oil in Troubled Waters: Perception, Politics, and the Battle Over Offshore Drilling.* Albany: State University of New York Press.

Fried, Marc. 1963. "Grieving for a Lost Home." In Leonard Duhl(ed.). *The Urban Condition: People and Policy in the Metropolis.* New York: Basic Books.

Frijda, Nico H. 1986. *The Emotions.* Cambridge: Cambridge University Press.

Furet, François. 1981. *Interpreting the French Revolution.* Cambridge: Cambridge University Press.

Gadamer, Hans-Georg. 1982[1960]. *Truth and Method.* New York: Crossroad Publishing.

Gamson, Joshua. 1989. "Silence, Death, and the Invisible Enemy: AIDS Activism and Social Movement 'Newness.'" *Social Problems* 36: 351~367.

_____. 1994. *Claims to Fame: Celebrity in Contemporary America.* Berkeley: University of California Press.

_____. 1995. "Must Identity Movements Self-Destruct? A Queer Dilemma." *Social Problems* 42: 390~407.

Gamson, William A. 1975. *The Strategy of Social Protest.* Homewood, Ill.: Dorsey Press.

_____. 1987. "Introduction." In Mayer N. Zald and John D. McCarthy(eds.). *Social Movements in an Organizational Society: Collected Essays.* New Brunswick, N.J.: Transaction

_____. 1988. "Political Discourse and Collective Action." *International Social Movement Research* 1: 219~244.

_____. 1992. *Talking Politics.* Cambridge: Cambridge University Press.

_____. 1992. "The Social Psychology of Collective Action." In Aldon D. Morris and Carol McClurg Mueller(eds.). *Frontiers in Social Movement Theory.* New Haven: Yale University Press.

Gamson, William A., Bruce Fireman and Steven Rytina. 1982. *Encounters with Unjust Authority.* Homewood, Ill.: Dorsey Press.

Gamson, William A. and David S. Meyer. 1996. "Framing Political Opportunity." In

Doug McAdam, John D. McCarthy and Mayer N. Zald(eds.). *Comparative Perspectives on Social Movements: Political Opportunities, Mobilizing Structures, and Cultural Framings.* Cambridge: Cambridge University Press.

Gamson, William A. and Andre Modigliani. 1989. "Media Discourse and Public Opinion on Nuclear Power: A Constructionist Approach." *American Journal of Sociology* 95: 1~37.

Gamson, William A. and Gadi Wolfsfeld. 1993. "Movements and Media as Interacting Systems." *Annals of the American Academy of Political and Social Science* 528: 114~125.

Gans, Herbert J. 1979. *Deciding What's News: A Study of CBS Evening News, NBC Nightly News, Newsweek, and Time.* New York: Random House.

Garfinkel, Harold. 1967. *Studies in Ethnomethodology.* Englewood Cliffs, N.J.: Prentice-Hall.

Geertz, Clifford. 1973. *The Interpretation of Cultures.* New York: Basic Books.

_____. 1980. *Negara: The Theatre State in Nineteenth-Century Bali.* Princeton: Princeton University Press.

_____. 1983. *Local Knowledge: Further Essays in Interpretive Anthropology.* New York: Basic Books.

Gellner, Ernest. 1983. *Nations and Nationalism.* Oxford: Blackwell.

Gerlach, Luther P. and Virginia H. Hine. 1970. *People, Power, and Change: Movements of Social Transformation.* New York: Bobbs-Merrill.

Gibbs, Lob Marie. 1982. As told to Murray Levine. *Love Canal: My Story.* Albany: State University of New York Press.

Giddens, Anthony. 1984. *The Constitution of Society: Outline of the Theory of Structuration.* Berkeley: University of California Press.

_____.1991. *Introduction to Sociology.* New York: W. W. Norton.

_____. 1991. *Modernity and Self-Identity: Self and Society in the Late Modern Age.* Stanford: Stanford University Press.

Gilligan, Carol. 1982. *In a Different Voice: Psychological Theory and Women's Development.* Cambridge: Harvard University Press.

Ginsburg, Faye D. 1989. *Contested Lives: The Abortion Debate in an American Community.* Berkeley: University of California Press.

Gitlin, Todd. 1980. *The Whole World Is Watching: Mass Media in the Making and Unmaking of the New Left.* Berkeley: University of California Press.

_____. 1987. *The Sixties: Years of Hope, Days of Rage.* New York: Bantam Books.

Glazer, Myron and Penina Glazer. 1989. *The Whistleblowers: Exposing Corruption in Government and Industry.* New York: Basic Books.

Goffman, Erving. 1959. *The Presentation of Self in Everyday Life.* Garden City, N.Y.: Anchor Books.

_____. 1974. *Frame Analysis: An Essay on the Organization of Experience.* Cambridge: Harvard University Press.

Goldstone, Jack A. 1991. *Revolution and Rebellion in the Early Modern World.* Berkeley: University of California Press.

Goode, Erich and Nachman Ben-Yehuda. 1994. "Moral Panics: Culture, Politics, and Social Construction." *Annual Review of Sociology* 20: 149~171.

_____. 1994. *Moral Panics: The Social Construction of Deviance.* Cambridge, Mass.: Blackwell.

Goodwin, Jeff. 1997. "The Libidinal Constitution of a High-Risk Social Movement: Affectual Ties and Solidarity in the Huk Rebellion." *American Sociological Review* 62: 53~69.

Gordon, Cynthia and James M. Jasper. 1996. "Overcoming the 'NIMBY' Label: Rhetorical and Organizational Links for Local Protestors." *Research in Social Movements, Conflicts, and Change* 19: 159~181.

Gordon, Michael Allen. 1977. "Studies in Irish and Irish-American Thought and Behavior in Gilded Age New York City." Ph.D. diss. University of Rochester.

Gordon, Robert M. 1987. *The Structure of Emotions: Investigations in Cognitive Philosophy.* Cambridge: Cambridge University Press.

Gould, Stephen Jay and Niles Eldredge. 1972. "Punctuated Equilibria: An Alternative to Phyletic Gradualism." In Thomas J. M. Schopf(ed.). *Models in Paleobiology.* San Francisco: Freeman, Cooper, and Company.

_____. 1977. "Punctuated Equilibria: The Tempo and Mode of Evolution Reconsidered." *Paleobiology* 3: 115~151.

Graham, Laurie and Richard Hogan. 1990. "Social Class and Tactics: Neighborhood Opposition to Group Homes." *Sociological Quarterly* 31: 513~529.

Greanville, Patrice. 1988. "In the Name of Humanity," *The Animals' Agenda* 7(1): 36~37. January-February.

_____.1988. "The Greening of Animal Rights." *The Animals' Agenda* 7(7): 36~37. September-October.

Green, Donald P. and Ian Shapiro. 1994. *Pathologies of Rational Choice Theory: A Critique of Applications in Political Science.* New Haven: Yale University Press.

Greenstein, Fred I. 1987. *Personality and Politics: Problems of Evidence, Inference, and Conceptualization.* Princeton: Princeton University Press.

Griffin, Donald R. 1984. *Animal Thinking.* Cambridge: Harvard University Press.

_____.1992. *Animal Minds*. Chicago: University of Chicago Press.

Groves, Julian McAllister. 1992. "Animal Rights and Animal Research." Ph.D. diss. Chapel Hill, N.C.: University of North Carolina.

Guedeney, Colette and Gerard Mendel. 1973. *L'Angoisse Atomique et les Centrales Nucléaires*. Paris: Payot.

Gurvitch, Georges. 1964. *The Spectrum of Social Time*. Dordrecht: D. Reidel.

Gusfield, Joseph R. 1963. *Symbolic Crusade: Status Politics and the American Temperance Movement*. Urbana, Ill.: University of Illinois Press.

_____.1975. *Community: A Critical Response*. New York: Harper and Row.

_____. 1981. "Social Movements and Social Change: Perspectives of Linearity and Fluidity." *Research in Social Movements, Conflicts and Change* 4: 317~339.

_____. 1981. The Culture of Public Problems: *Drinking-Driving and the Symbolic Order*. Chicago: University of Chicago Press.

_____.1989. "Constructing the Ownership of Social Problems: Fun and Profit in the Welfare State." *Social Problems* 36: 431~441.

_____. 1996. *Contested Meanings: The Construction of Alcohol Problems*. Madison: University of Wisconsin Press.

Habermas, Jürgen. 1984. *The Theory of Communicative Action*. Vol. 1. *Reason and the Rationalization of Society*. Boston: Beacon Press.

_____. 1987. *The Theory of Communicative Action*. Vol. 2. *Lifeworld and System: A Critique of Functionalist Reason*. Boston: Beacon Press.

Hacker, Andrew. 1978. "Loyalty — and the Whistle Blower." *Across the Board* 15 (11): 4~67.

Haines, Herbert H. 1988. *Black Radicals and the Civil Rights Mainstream, 1954~1970*. Knoxville: University of Tennessee Press.

Hall, Richard H. 1972. "Professionalization and Bureaucracy." In Richard H. Hall(ed.). *The Formal Organization*. New York: Basic Books.

Hall, Stuart, with Chas Critcher, Tony Jefferson, John Clarke and Brian Roberts. 1978. *Policing the Crisis: Mugging, the State, and Law and Order*. London: Macmillan.

Hallie, Philip P. 1979. *Lest Innocent Blood Be Shed: The Story of the Village of Le Chambon and How Goodness Happened There*. New York: Harper and Row.

Hanna, Judith Lynne. 1979. *To Dance Is Human: A Theory of Nonverbal Communication*. Austin: University of Texas Press.

_____. 1990. "Dance, Protest, and Women's 'Wars': Cases from Nigeria and the United States." In Guida West and Rhoda Lois Blumberg(eds.). *Women and Social*

Protest. New York: Oxford University Press.

Hardin, Russell. 1982. *Collective Action*. Baltimore: Johns Hopkins University Press.

Hariman, Robert. 1995. *Political Style: The Artistry of Power*. Chicago: University of Chicago Press.

Harré, Rom(ed.). 1986. *The Social Construction of Emotions*. Oxford: Basil Blackwell.

_____. 1986. "An Outline of the Social Constructionist Viewpoint." In Rom Harré(ed.). *The Social Construction of Emotions*. Oxford: Basil Blackwell.

Harré, Rom and Grant Gillett. 1994. *The Discursive Mind*. Thousand Oaks, Calif.: Sage Publications.

Harrison, Robert Pogue. 1992. *Forests: The Shadow of Civilization*. Chicago: University of Chicago Press.

Hart, B. H. Liddell. 1967. *Strategy*. 2d ed. New York: Praeger Publishers.

Harvey, David. 1985. "The Geopolitics of Capitalism." In Derek Gregory and John Urry(eds.). *Social Relations and Spatial Structures*. New York: St. Martin's Press.

Hatfield, Elaine, John T. Cacciopo and Richard L. Rapson. 1992. "Emotional Contagion." In M. S. Clark(ed.). *Review of Personality and Social Psychology* 14: 153~154.

_____. 1994. *Emotional Contagion*. Cambridge: Cambridge University Press.

Hays, Sharon. 1994. "Structure and Agency and the Sticky Problem of Culture." *Sociological Theory* 12: 57~72.

Hayward, D. Geoffrey. 1982. "The Meanings of Home." *Human Ecology Forum* 13: 2~6.

Heirich, Max. 1971. *The Spiral of Conflict: Berkeley, 1964*. New York: Columbia University Press.

Heise, David R. 1979. *Understanding Events: Affect and the Construction of Social Action*. Cambridge: Cambridge University Press.

_____. 1988. "Affect Control Theory: Concepts and Model." In Lynn Smith-Lovin and David R. Heise(eds.). *Analyzing Social Interaction: Advances in Control Theory*. New York: Gordon and Breach.

Himmeistein, Jerome L. 1983. *The Strange Career of Marijuana*. Westport, Conn.: Greenwood Press.

Hirsch, Eric L. 1986. "The Creation of Political Solidarity in Social Movement Organizations." *Sociological Quarterly* 27: 373~387.

_____. 1990. "Sacrifice for the Cause: Group Processes, Recruitment, and Commitment in a Student Social Movement." *American Sociological Review*

55: 243~254.

Hirsch, H. N. 1980. "Clio on the Couch." *World Politics* 32: 406~424.

Hirschman, Albert O. 1982. *Shifting Involvements: Private Interest and Public Action*. Princeton: Princeton University Press.

_____. 1986. "Against Parsimony: Three Easy Ways of Complicating Some Categories of Economic Discourse." In Albert O. Hirschman, *Rival Views of Market Society and other Recent Essays*. New York: Viking.

Hoage, R. J. and Larry Goldman(eds.). 1986. *Animal Intelligence*. Washington, D.C.: Smithsonian Institution Press.

Hobsbawm, E. J. 1990. *Nations and Nationalism Since 1780: Progmmme, Myth, Reality*. Cambridge: Cambridge University Press.

Hobsbawm, Eric and Terence Ranger(eds.). 1983. *The Invention of Tradition*. Cambridge: Cambridge University Press.

Hochschild, Arlie Russell. 1975. "The Sociology of Feeling and Emotion: Selected Possibilities." In Marcia Millman and Rosabeth Moss Kanter(eds.). *Another Voice: Feminist Perspectives on Social Life and the Social Sciences*. Garden City N.Y.: Anchor Books.

_____. 1979. "Emotion Work. Feeling Rules, and Social Structure." *American Journal of Sociology* 85: 551~575.

_____. 1983. *The Managed Heart*. Berkeley: University of California Press.

Holusha, John. 1994. "A Whistle-Blower Is Awarded $22.5 Million." *New York Times* 1 April.

Howard, Judith A. and Peter L. Callero(eds.). 1991. *The Self-Society Dynamic: Cognition, Emotion, and Action*. Cambridge: Cambridge University Press.

Hunt, Lynn. 1984. *Politics, Culture, and Class in the French Revolution*. Berkeley: University of California Press.

Hunt, Scott A. No date. "Social Movement Organizations and Collective Identities: A Constructionist Approach to Collective Identity Claims-Making." Unpublished paper.

Hunt, Scott A. and Robert D. Benford. 1994. "Identity Talk in the Peace and Justice Movement." *Journal of Contemporary Ethnography* 22: 488~517.

Hyman, Herbert H. and Charles Wright. 1979. *Education's Lasting Influence on Values*. Chicago: University of Chicago Press.

Inglehart, Ronald. 1977. *The Silent Revolution: Changing Values and Political Styles among Western Publics*. Princeton, N.J.: Princeton University Press.

_____. 1990. *Culture Shift in Advanced Industrial Society*. Princeton, N.J.: Princeton University Press.

Iser, Wolfgang. 1978. *The Act of Reading: A Theory of Aesthetic Response*. Baltimore: Johns Hopkins University Press.

Isserman, Maurice. 1987. *If I Had a Hammer ··· The Death of the Old Left and the Birth of the New Left*. New York: Basic Books.

Iyengar, Shanto. 1991. *Is Anyone Responsible? How Television Frames Political Issues*. Chicago: University of Chicago Press.

Jackman, Mary R. and Michael J. Muha. 1984. "Education and Intergroup Attitudes: Moral Enlightenment, Superficial Democratic Commitment, or Ideological Refinement?" *American Sociological Review* 49: 751~769.

Jackson, Karl D. 1989. "The Ideology of Total Revolution." In Karl D. Jackson(ed.). *Cambodia 1975~1978: Rendezvous with Death*. Princeton: Princeton University Press.

Jasper, James M. 1988. "The Political Life Cycle of Technological Controversies." *Social Forces* 67: 357~377.

_____. 1990. *Nuclear Politics: Energy and the State in the United States, Sweden, and France*. Princeton: Princeton University Press.

_____. 1992. "The Politics of Abstractions: Instrumental and Moralist Rhetorics in Public Debate." *Social Research* 59: 315~344.

_____. 1992. "Rational Reconstructions of Energy Choices in France." In James F. Short Jr. and Lee Clarke(eds.). *Organizations, Uncertainties, and Risk*. Boulder, Colo.: Westview Press.

_____. 1992. "Three Nuclear Energy Controversies." In Dorothy Nelkin(ed.). *Controversy: Politics of Technical Decisions*. Newbury Park, Calif.: Sage Publications.

_____. Forthcoming. "Sentiments, Ideas, and Animals: Rights Talk and Animal Protection." In Stuart Bruchey, Peter Coclanis and Joel Colton(eds.). *Ideas in Social Movements*. New York: Columbia University Press.

Jasper, James M. and Dorothy Nelkin. 1992. *The Animal Rights Crusade: The Growth of a Moral Protest*. New York: Free Press.

Jasper, James M. and Jane Poulsen. 1993. "Fighting Back: Vulnerabilities, Blunders, and Countermobilization by the Targets in Three Animal Rights Campaigns." *Sociological Forum* 8: 639~657.

_____. 1995. "Recruiting Strangers and Friends: Moral Shocks and Social Networks in Animal Rights and Animal Protest." *Social Problems* 42: 493~512.

Jasper, James M. and Scott Sanders. 1995. "Big Institutions in Local Politics: American Universities, the Public, and Animal Protection Efforts." *Social Science Information* 34: 491~509.

Jay, Martin. 1984. *Marxism and Totality: The Adventures of a Concept from Lukács to Habermas*. Berkeley: University of California Press.

Jenkins, J. Craig. 1983. "Resource Mobilization Theory and the Study of Social Movements." *Annual Review of Sociology* 9: 527~553.

_____. 1985. *The Politics of Insurgency: The Farm Worker Movement in the 1960s*. New York: Columbia University Press.

Jenkins, J. Craig and Craig Eckert. 1986. "Elite Patronage and the Channeling of Social Protest." *American Sociological Review* 51: 812~829.

Jenkins, J. Craig and Bert Klandermans. 1995. "The Politics of Social Protest." In J. Craig Jenkins and Bert Klandermans(eds.). *The Politics of Social Protest: Comparative Perspectives on States and Social Movements*. Minneapolis: University of Minnesota Press.

Jenkins, J. Craig and Charles Perrow. 1977. "Insurgency of the Powerless: Farm Worker Movements(1946~1972)." *American Sociological Review* 42: 249~268.

Jenkins, Philip. 1992. *Intimate Enemies: Moral Panics in Contemporary Great Britain*. New York: Aldine de Gruyter.

Jennings, M. Kent. 1987. "Residues of a Movement: The Aging of the American Protest Generation." *American Political Science Review* 81: 367~382.

Jensen, J. Vemon. 1987. "Ethical Tension Points in Whistleblowing." *Journal of Business Ethics* 6: 321~328.

Jenson, Jane. 1995. "What's In a Name? Nationalist Movements and Public Discourse." In Hank Johnston and Bert Klandermans(eds.). *Social Movements and Culture*. Minneapolis: University of Minnesota Press.

Johnson, Paul E. 1975. *A Shopkeepers Millennium: Society and Revivals in Rochesler, New York, 1815~1837*. New York: Hill and Wang.

Johnston, Hank. 1995. "A Methodology for Frame Analysis: From Discourse to Cognitive Schema." In Hank Johnston and Bert Klandermans(eds.). *Social Movements and Culture*. Minneapolis: University of Minnesota Press.

Johnston, Hank, Enrique Laraña and Joseph R. Gusfield. 1994. "Identities, Grievances, and New Social Movements." In Enrique Laraña, Hank Johnston and Joseph R. Gusfield(eds.). *New Social Movements: From Ideology to identity*. Philadelphia: Temple University Press.

Joppke, Christian. 1993. *Mobilizing Against Nuclear Energy: A Comparison of Germany and the United States*. Berkeley: University of California Press.

Kahneman, Daniel, Paul Slovic and Amos Tversky(eds.). 1982. *Judgment Under Uncertainty: Heuristics and Biases*. Cambridge: Cambridge University Press.

760

Kellert, Stephen R. 1983. "Historical Trends in American Animal Use and Perception." *International Journal for the Study of Animal Problems* 4: 133~146.

_____. 1989. "Perceptions of Animals in America." In R. J. Hoage(ed.). *Perceptions of Animals in American Culture.* Washington, D.C.: Smithsonian Institution Press.

_____. 1995. *The Value of Life: Biological Diversity and Human Society.* Washington, D.C.: Island Press.

Kellert. Stephen R., with Miriam O. Westervelt. 1980. "American Attitudes Toward and Knowledge of Animals: An Update." *International Journal for the Study of Animal Problems* 1: 87~119.

Kelly, George A. 1955. *The Psychology of Personal Constructs.* New York: W. W. Norton.

Kemper, Theodore D. 1987. "How Many Emotions Are There? Wedding the Social and the Autonomic Components." *American Journal of Sociology* 93: 263~289.

Kertzer, David I. 1988. *Ritual, Politics, and Power.* New Haven: Yale University Press.

_____. 1983. "Generation as a Sociological Problem." *Annual Review of Sociology* 9: 125~149.

Khilnani, Sunil. 1993. *Arguing Revolution: The intellectual Left in Postwar France.* New Haven: Yale University Press.

Kielbowicz, Richard B. and Clifford Scherer. 1986. "The Role of the Press in the Dynamics of Social Movements." *Research in Social Movements, Conflicts, and Change* 9: 71~96.

Kitschelt, Herbert. 1986. "Political Opportunity Structures and Political Protest: Anti-Nuclear Movements in Four Democracies." *British Journal of Political Science* 16: 57~85.

Klandermans, Bert. 1984. "Mobilization and Participation: Social-Psychological Expansions of Resource Mobilization Theory." *American Sociological Review* 49: 583~600.

Klandermans, Bert and Dirk Oegema. 1987. "Potentials, Networks, Motivations, and Barriers: Steps towards Participation in Social Movements." *American Sociological Review* 52: 519~531.

Knoke, David. 1984. "Conceptual and Measurement Aspects in the Study of Political Generations." *Journal of Political and Military Sociology* 12: 191~201.

_____. 1990. *Political Networks: The Structural Perspective.* Cambridge: Cambridge University Press.

Knoke, David and James R. Wood. 1981. *Organized for Action: Commitment in*

Voluntary Associations. New Brunswick, N.J.: Rutgers University Press.

Kohut, Heinz. 1978. *The Search for the Self*. Edited by Paul Ornstein. Madison, Wisc.: International Universities Press.

Koopmans, Ruud and Jan Willem Duyvendak. 1995. "The Political Construction of the Nuclear Energy Issue and Its Impact on the Mobilization of Anti-Nuclear Movements in Western Europe." *Social Problems* 42: 235~251.

Kornhauser, William. 1959. *The Politics of Mass Society*. New York: Free Press.

Krauss, Celene. 1989. "Community Struggles and the Shaping of Democratic Consciousness." *Sociological Forum* 4: 227~239.

Kriesi, Hanspeter. 1988. "Local Mobilization for the People's Social Petition of the Dutch Peace Movement." *International Social Movement Research* 1: 41~81.

_____.1989. "New Social Movements and the New Class in the Netherlands." *American Journal of Sociology* 94: 1078~1116.

_____. 1995. "The Political Opportunity Structure of New Social Movements: Its Impact on Their Mobilization." In J. Craig Jenkins and Bert Klandermans (eds.). *The Politics of Social Protest: Comparative Perspectives on States and Social Movements*. Minneapolis: University of Minnesota Press.

Kriesi, Hanspeter, Ruud Koopmans, Jan Willem Duyvendak and Mareo G. Guigni. 1992. "New Social Movements and Political Opportunities in Western Europe." *European Journal of Political Research* 22: 21 9~244.

Kroll-Smith, J. Stephen and Stephen R. Couch. 1990. *The Real Disaster Is Above Ground: A Mine Fire and Social Conflict*. Lexington, Ken.: University of Kentucky Press.

_____. 1991. "What Is a Disaster? An Ecological-Symbolic Approach to Resolving the Definitional Debate." *International Journal of Mass Emergencies and Disasters* 9: 355~366.

Kuhn, Thomas S. 1962. *The Structure of Scientific Revolutions*. Chicago: University of Chicago Press.

Kymlicka, Will. 1989. *Liberalism, Community, and Culture*. Oxford: Oxford University Press.

Laclau, Ernesto and Chantal Mouffe. 1985. *Hegemony and Socialist Strategy: Towards a Radical Democratic Politics*. London: Verso.

Ladd, Anthony K., Thomas C. Hood and Kent D. Van Liere. 1983. "Ideological Themes in the Antinuclear Movement: Consensus and Diversity." *Sociological Inquiry* 53: 252~272.

Lane, Robert E. 1959. *Political Life: Why People Get Involved in Politics*. Glencoe, Ill.: Free Press.

_____. 1962. *Political Ideology: Why the American Common Man Believes What He Does.* New York: Free Press of Glencoe.

Lanouette, William, with Bela Silard. 1992. *Genius in the Shadows: A Biography of Leo Szilard: The Man Behind the Bomb.* New York: C. Scribner's Sons.

Larner, Christina. 1984. *Witchcraft and Religion: The Politics of Popular Belief.* New York: Basil Blackwell.

Lasch, Christopher. 1991. *The True and Only Heaven: Progress and Its Critics.* New York: W. W. Norton.

Lasswell, Harold D. 1930. *Psychopathology and Politics.* Chicago: University of Chicago Press.

Latour, Bruno and Steven Woolgar. 1979. *Laboratory Life: The Social Construction of Scientific Facts.* Beverly Hills: Sage Publications.

Laumann, Edward O. and David Knoke. 1987. *The Organizational State: Social Choice in National Policy Domains.* Madison: University of Wisconsin Press.

Law, Kim S. and Edward J. Walsh. 1983. "The Interaction of Grievances and Structures in Social Movement Analysis: The Case of JUST." *Sociological Quarterly* 24: 123~136.

Lazarus, Richard S. 1991. *Emotion and Adaptation.* New York: Oxford University Press.

Le Bon, Gustave. 1960[1895]. *The Crowd: A Study of the Popular Mind.* New York: Viking Press.

Leclerc, George Louis, Comte de Buffon. 1812. *Natural History, General and Particular.* London: T. Cadell and W. Davies.

Lesher, Stephan. 1993. *George Wallace: American Populist.* Reading, Mass.: Addison-Wesley.

Levine, Adeline Gordon. 1982. *Love Canal: Science, Politics, and People.* Lexington, Mass.: D.C. Heath.

Levi-Strauss, Claude. 1963[1958]. *Structural Anthropology.* New York: Basic Books.

_____. 1966[1962]. *The Savage Mind.* London: George Weidenfeld and Nicolson.

Lichbach, Mark I. 1994. "Rethinking Rationality and Rebellion: Theories of Collective Action and Problems of Collective Dissent." *Rationality and Society* 6: 8~39.

Lichterman, Paul. 1995. "Piecing Together Multicultural Community: Cultural Differences in Community Building Among Grass-Roots Environmentalists." *Social Problems* 42: 513~534.

Lifton, Robert Jay. 1968. *Revolutionary Immortality: Mao Tse-tung and the Chinese Cultural Revolution.* New York: Random House.

_____. 1986. *The Nazi Doctors: Medical Killing and the Psychology of Genocide.* New

York: Basic Books.

Linden, Eugene. 1974. *Apes, Men, and Language*. New York: Saturday Review Press.

_____. 1986. *Silent Partners: The Legacy of the Ape Language Experiments*. New York: Times Books.

Lindholm, Charles. 1990. *Charisma*. Oxford: Blackwell.

Lipset, Seymour Martin. 1960. *Political Man: The Social Bases of Politics*. Garden City, N.J.: Anchor.

Lipset, Seymour Martin and Earl Raab. 1978. *The Politics of Unreason: Right-Wing Extremism in America, 1790~1977*, 2d ed. Chicago: University of Chicago Press.

Lipsky, Michael. 1968. "Protest as a Political Resource." *American Political Science Review* 62: 1114~1158.

Lo, Clarence Y. H. 1992. "Communities of Challengers in Social Movement Theory." In Aldon D. Morris and Carol McClurg Mueller(eds.). *Frontiers in Social Movement Theory*. New Haven: Yale University Press.

Lofland, John. 1966. *Doomsday Cult*. Englewood Cliffs, N.J.: Prentice-Hall

_____. 1985. *Protest: Studies of Collective Behavior and Social Movements*. New Brunswick, N.J.: Transaction.

_____. 1993. *Polite Protesters: The American Peace Movement of the 1980s*. Syracuse, N.Y.: Syracuse University Press.

_____. 1993. "Theory-Bashing and Answer-Improving in the Study of Social Movements." *American Sociologist* 24: 37~58.

_____. 1995. "Charting Degrees of Movement Culture: Tasks of the Cultural Cartographer." In Hank Johnston and Bert Klandermans(eds.). *Social Movements and Culture*. Minneapolis: University of Minnesota Press.

_____. 1996. *Social Movement Organizations: Guide to Research on Insurgent Realities*. New York: Walter de Gruyter.

Lofland, John and Michael Fink. 1982. *Symbolic Sit-Ins: Protest Occupations at the California Capitol*. Lanham, Md.: University Press of America.

Lofland, John and Lyn H. Lofland. 1969. *Deviance and Identity*. Englewood Cliffs, N.J.: Prentice-Hall.

Lofland, John and Rodney Stark. 1965. "Becoming a World Saver: A Theory of Conversion to a Deviant Perspective." *American Sociological Review* 30: 863~874.

Lofland, Lyn H. 1985. "The Social Shaping of Emotion: The Case of Grief." *Symbolic Interaction* 8: 171~190.

Lukács, Georg. 1963[1937]. *The Historical Novel*. Boston: Beacon Press.

_____. 1964. *Studies in European Realism*. New York: Grosset and Dunlap.

Luker, Kristin. 1984. *Abortion and the Politics of Motherhood*. Berkeley: University of California Press.

Lutz, Catherine A. 1988. *Unnatural Emotions: Everyday Sentiments on a Micronesian Atoll and Their Challenge to Western Theory*. Chicago: University of Chicago Press.

Madarlane, Alan. 1970. *Witchcraft in Tudor and Stuart England: A Regional and Comparative Study*. London: Routledge.

Macintyre, Alasdair. 1981. *After Virtue: A Study in Moral Theory*. Notre Dame, Ind.: University of Notre Dame Press.

Mack, John E. 1976. *A Prince of Our Disorder: The Life of T. E. Lawrence*. Boston: Little, Brown.

Macy, Michael W. 1990. "Learning Theory and the Logic of Critical Mass." *American Sociological Review* 55: 809~826.

Madsen, Richard. 1991. "Contentless Consensus: The Political Discourse of a Segmented Society." In Alan Wolfe(ed.). *America at Century's End*. Berkeley: University of California Press.

Mann, Michael. 1973. *Consciousness and Action Among the Western Working Class*. London: Macmillan.

_____. 1970. "The Social Cohesion of Liberal Democracy." *American Sociological Review* 35: 423~439.

Mannheim, Karl. 1952[1928]. "The Problem of Generations." In Paul Kecskemeti(ed.). *Essays on the Sociology of Knowledge*. London: Routledge and Kegan Paul.

Mansbridge, Jane J. 1986. *Why We Lost the ERA*. Chicago: University of Chicago Press.

Marchetti, Victor and John D. Marks. 1980. *The CIA and the Cult of Intelligence*. New York: Alfred A. Knopf.

Marcus, George E. and Michael B. Mackuen. 1993. "Anxiety, Enthusiasm, and the Vote: The Emotional Underpinnings of Learning and Involvement During Presidential Campaigns." *American Political Science Review* 87: 672~685.

Marlow. Joyce. 1973. *Captain Boycott and the Irish*. New York: Saturday Review Press.

Marsh, Alan. 1977. *Protest and Political Consciousness*. Beverly Hills, Calif.: Sage Publications.

Martin, Brian. 1986. "Nuclear Suppression." *Science and Public Policy* 13: 312~320.

Martin, Brian, C. M. Ann Baker, Clyde Manwell and Cedric Pugh(eds.). 1986. *Intellectual Suppression: Australian Case Histories, Analysis, and Responses*.

North Ryde, NSW, Australia: Angus and Robertson.

Martin, Linda and Kerry Segrave. 1988. *Anti-Rock: The Opposition to Rock 'n' Roll.* Hamden, Conn.: Archon,

Marwell, Gerald, Michael T. Aiken and N. J. Demerath III. 1987. "The Persistence of Political Attitudes Among 1960s Civil Rights Activists." *Public Opinion Quarterly* 51: 359~375.

Marwell, Gerald and Pamela Oliver. 1993. *The Critical Mass in Collective Action: A Micro-Social Theory.* Cambridge: Cambridge University Press.

Mauer, Richard. 1991. "Pipeline Company; Stung by Critic, Goes After Whistle-Blowers." *New York Times* 23 September.

McAdam, Doug. 1982. *Political Process and the Development of Black Insurgency, 1930~1970.* Chicago: University of Chicago Press.

_____. 1983. "Tactical Innovation and the Pace of Insurgency." *American Sociological Review* 48: 735~754.

_____. 1986. "Recruitment to High-Risk Activism: The Case of Freedom Summer." *American Journal of Sociology* 92: 64~90.

_____. 1988. *Freedom Summer.* New York: Oxford University Press.

_____. 1996. "The Framing Function of Movement Tactics: Strategic Dramaturgy in the American Civil Rights Movement." In Doug McAdam, John D. McCarthy and Mayer N. Zald(eds.). *Comparative Perspectives on Social Movements: Political Opportunities, Mobilizing Structures, and Cultural Framings.* Cambridge: Cambridge University Press.

McAdam, Doug, John D. McCarthy and Mayer N. Zald. 1988. "Social Movements." In Neil J. Smelser(ed.). *Handbook of Sociology.* Beverly Hills, Calif.: Sage.

_____(eds.). 1996. *Comparative Perspectives on Social Movements: Political Opportunities, Mobilizing Structures, and Cultural Framings.* Cambridge: Cambridge University Press.

McAdam, Doug and Ronnelle Paulsen. 1993. "Specifying the Relationship between Social Ties and Activism." *American Journal of Sociology* 99: 640~667.

McCarthy, John D. 1987. "Pro-Life and Pro-Choice Mobilization: Infrastructure Deficits and New Technologies." In Mayer N. Zald and John D. McCarthy(eds.). *Social Movements in an Organizational Society: Collected Essays.* New Brunswick, N.J.: Transaction.

_____. 1994. "Activists, Authorities, and Media Framing of Drunk Driving." In Enrique Laraña, Hank Johnston and Joseph R. Gusfield(eds.). *New Social Movements: From Ideology to Identity.* Philadelphia: Temple University Press.

McCarthy, John D. and Mayer N. Zald. 1973. *The Trend of Social Movements in America: Professionalization and Resource Mobilization*. Morristown, N.J.: General Learning Press. Reprinted in Mayer N. Zald and John D. McCarthy, *Social Movements in an Organizational Society: Collected Essays*. New Brunswick, N.J.: Transaction, 1987.

_____. 1977. "Resource Mobilization and Social Movements: A Partial Theory." *American Journal of Sociology* 82: 1212~1241. Reprinted in Mayer N. Zald and John D. McCarthy, *Social Movements in an Organizational Society: Collected Essays*. New Brunswick, N.J.: Transaction, 1987.

McCarthy, John D., Jackie Smith and Mayer N. Zald. 1996. "Accessing Public, Media, Electoral, and Governmental Agendas." In Doug McAdam, John D. McCarthy and Mayer N. Zald(eds.). *Comparative Perspectives on Social Movements: Political Opportunities, Mobilizing Structures, and Cultural Framings*. Cambridge: Cambridge University Press.

McNeill, William H. 1995. *Keeping Together in Time: Dance Gild Drill in Human History*. Cambridge: Harvard University Press.

McPhail, Clark. 1991. *The Myth of the Madding Crowd*. New York: Aldine de Gruyter.

Meehan, Richard L. 1984. *The Atom and the Fault: Experts, Earthquakes, and Nuclear Power*. Cambridge: MIT Press.

Meier, August and Elliott Rudwick. 1969. "The Boycott Movement Against Jim Crow Streetcars in the South, 1900~1906." *The Journal of American History* 55: 756~775.

Meiksins, Peter E. and James M. Watson. 1989. "Professional Autonomy and Organization Constraint: The Case of Engineers." *Sociological Quarterly* 30: 561~585.

Melucci, Alberto. 1980. "The New Social Movements: A Theoretical Approach." *Social Science Information* 19: 199~226.

_____. 1985. "The Symbolic Challenge of Contemporary Movements." *Social Research* 52: 789~816.

_____. 1988. "Getting Involved: Identity and Mobilization in Social Movements." *International Social Movement Research* 1: 329~348.

_____. 1989. *Nomads of the Present: Social Movements and Individual Needs in Contemporary Society*. Philadelphia: Temple University Press.

_____. 1995. "The New Social Movements: Reflections on a Sociological Misunderstanding." In Louis Maheu(ed.). *Social Movements and Social Classes: The Future of Collective Action*. London: Sage Publications.

_____.1995. "The Process of Collective Identity." In Hank Johnston and Bert Klandermans(eds.). *Social Movements and Culture.* Minneapolis: University of Minnesota Press.

_____.]996. *Challenging Codes: Collective Action in the Information Age.* Cambridge: Cambridge University Press.

Meyer, David S. 1990. *A Winter of Discontent: The Nuclear Freeze and American Politics.* New York: Praeger Publishers.

Meyer, David S. and Joshua Gamson. 1995. "The Challenge of Cultural Elites: Celebrities and Social Movements." *Sociological Inquiry* 65: 181~206.

Meyer, David S. and Nancy Whittler. 1994. "Social Movement Spillover." *Social Problems* 41: 277~298.

Meyer, John W. 1977. "The Effects of Education as an Institution." *American Journal of Sociology* 83: 53~77.

Meyer, John W. and Brian Rowan. 1977. "Institutionalized Organizations: Formal Structure as Myth and Ceremony." *American Journal of Sociology* 83: 340~363.

Meyer, John W. and W. Richard Scott, with B. Rowan and T. Deal. 1983. *Organizational Environments: Ritual and Rationality.* Beverly Hills: Sage Publications.

MHB Technical Associates. 1990. *Advanced Reactor Designs.* Prepared for the Union of Concerned Scientists. Washington, D.C.: Union of Concerned Scientists.

Midgley, Mary. 1991. *Can't We Make Moral Judgements?* New York: St. Martin's Press.

Milbrath, Lester W. 1984. *Environmentalists: Vanguard for a New Society.* Albany: State University of New York Press.

Mills, C. Wright. 1940. "Situated Actions and Vocabularies of Motive." *American Sociological Review* 5: 904~913.

_____.1959. *The Sociological Imagination.* New York: Oxford University Press.

Minow, Martha. 1980. *Making All the Difference: Inclusion, Exclusion, and American Law.* Ithaca, N.Y.: Cornell University Press.

Mintzberg, Henry and Alexandra McHugh. 1985. "Strategy Formation in an Adhocracy." *Administrative Science Quarterly* 30: 160~197.

Molotch, Harvey. 1970. "Oil in Santa Barbara and Power in America." *Sociological Inquiry* 40: 131~144.

_____. 1979. "Media and Movements." In Mayer N. Zald and John D. McCarthy(eds.). *The Dynamics of Social Movements.* Cambridge, Mass.: Winthrop Publishers.

Monroe, Kristin Renwick. 1996. *The Heart of Altruism: Perceptions of a Common*

Humanity. Princeton: Princeton University Press.

Monroe, Kristin R., Michael C. Barton and Ute Klingemann. 1991. "Altruism and the Theory of Rational Action: An Analysis of Rescuers of Jews in Nazi Europe." In Kristin Renwick Monroe(ed.). *The Economic Approach to Politics: A Critical Reassessment of the Theory of Rational Action*. New York: Harper-Collins, 1991.

Moore, R. I. 1987. *The Formation of a Persecuting Society: Power and Deviance in Western Europe, 950~1250*. Oxford: Basil Blackwell.

Moore. R. Laurence. 1986. *Religious Outsiders and the Making of Americans*. New York: Oxford University Press.

Morgan, Patricia. 1980. "The State as Mediator: Alcohol Problem Management in the Postwar Period." *Contemporary Drug Problems* 9: 107~140.

Morris, Aldon D. 1984. *The Origins of the Civil Rights Movement: Black Communities Organizing for Change*. New York: Free Press.

Morris, Aldon D. and Carol McClurg Mueller(eds.). 1992. *Frontiers in Social Movement Theory*. New Haven: Yale University Press.

Morrison, Toni. 1992. *Playing in the Dark: Whiteness and the Literary Imagination*. Cambridge: Harvard University Press.

Moscovici, Serge. 1981. *L'Age des Foules*. Paris: Fayard.

Mottl, Tahi L. 1980. "The Analysis of Countermovements." *Social Problems* 27: 620~635.

Nader, Ralph, Peter J. Pelkas and Kate Blackwell(eds.). 1972. *Whistle Blowing: The Report of the Conference on Professional Responsibility*. New York: Grossman.

Nash, Roderick. 1982. *Wilderness and the American Mind*. 3d ed. New Haven: Yale University Press.

Nelkin, Dorothy. 1971. *Nuclear Power and Its Critics: The Cayuga Lake Controversy*. Ithaca, N.Y.: Cornell University Press.

New York Observer. 1992. "Wise Guys. Smearing the Whistle Blowers." 23 March.

New York Times. 1994. "Report of $1 Million Offer to Whistle-Blower to Keep Quiet." 27 June.

Oakley, Justin. 1992. *Morality and the Emotions*. London: Routledge.

Oates, Joyce Carol. 1991. "Capital Punishment." In *Heat and Other Stories*. New York: Dutton.

Oberschall, Anthony. 1973. *Social Conflict and Social Movement*. Englewood Cliffs, N.J.: Prentice-Hall.

_____. 1978. "Theories of Social Conllict." In Ralph Turner, James Coleman and Renée

C. Fox(eds.). *Annual Review of Sociology* 4: 291~315.

_____. 1980. "Loosely Structured Collective Conflict: A Theory and an Application." *Research in Social Movements, Conflicts, and Change* 3: 45~68.

_____. 1993. *Social Movements: Ideologies, Interests, and Identities*. New Brunswick, N.J.: Transaction.

Oelschlager, Max. 1991. *The Idea of Wilderness from Prehistory to the Age of Ecology*. New Haven: Yale University Press.

Offe, Claus. 1985. "New Social Movements: Challenging the Boundaries of Institutional Politics." *Social Research* 52: 817~868.

_____. 1985. "Two Logics of Collective Action." In *Disorganized Capitalism: Contemporary Transformations of Work and Politics*. Cambridge: MIT University Press.

Oliner, Samuel P. and Pearl M. Oliner. 1988. *The Altruistic Personality: Rescuers of Jews in Nazi Europe*. New York: Free Press.

Olson, Mancur Jr. 1965. *The Logic of Collective Action: Public Goods and the Theory of Groups*. Cambridge: Harvard University Press.

Olzak, Susan. 1992. *The Dynamics of Ethnic Competition and Conflict*. Stanford: Stanford University Press.

Opp, Karl-Dieter. 1989. *The Rationality of Political Protest: A Comparative Analysis of Rational Choice Theory*. Boulder, Cole.: Westview Press.

Orwell, George. 1958[1937]. *The Road to Wigan Pier*. New York: Harcourt Brace Jovanovich.

Ozouf, Mona. 1988. *Festivals and the French Revolution*. Cambridge: Harvard University Press.

Paehlke, Robert C. 1989. *Environmentalism and the Future of Progressive Politics*. New Haven: Yale University Press.

Park, Robert E. 1982[1904]. *The Crowd and the Public*. Chicago: University of Chicago Press.

Parks, Tim. 1993. *Shear*. New York: Grove Press.

Parmerlee, Marcia A., Janet P. Near and Tamila C. Jensen. 1982. "Correlates of Whistle-Blowers' Perceptions of Organizational Retaliation." *Administrative Science Quarterly* 27: 17~34.

Parsons, Talcott. 1939. "The Professions and Social Structure." *Social Forces* 17: 457~467.

PBS. 1986. *Eyes on the Prize: America's Civil Rights Years*. Video series.

Perrow, Charles. 1979. "The Sixties Observed." In Mayer N. Zald and John D. McCarthy(eds.). *The Dynamics of Social Movements*. Cambridge, Mass.:

Winthrop.

_____. 1984. *Normal Accidents: Living with High-Risk Technologies*. New York: Basic Books.

Perrucci, Robert, Robert M. Anderson, Dan E. Schendel and Leon E. Trachtman. 1980. "Whistle-Blowing: Professionals' Resistance to Organizational Authority." *Social Problems* 28: 149~164.

Peters, Charles and Taylor Branch. 1972. *Blowing the Whistle: Dissent in the Public Interest*. New York: Praeger.

Peters, Edward. 1978. *The Magician, the Witch, and the Law*. Philadelphia: University of Pennsylvania Press.

Phelan, Jo, Bruce G. Link, Ann Stueve and Robert E. Moore. 1995. "Education, Social Liberalism, and Economic Conservatism: Attitudes Toward Homeless People." *American Sociological Review* 60: 126~140.

Piller, Charles. 1991. *The Fail-Safe Society: Community Defiance and the End of American Technological Optimism*. New York: Basic Books.

Piven, Prances Fox and Richard A. Cloward. 1977. *Poor People's Movements: Why They Succeed, How They Fail*. New York: Vintage.

_____. 1992. "Normalizing Collective Protest." In Aldon D. Morris and Carol McClurg Mueller(eds.). *Frontiers in Social Movement Theory*. New Haven: Yale University Press.

Pizzorno, Allesandro. 1978. "Political Exchange and Collective Identity in Industrial Conflict." In Colin Crouch and Allesandro Pizzorno(eds.). *The Resurgence of Class Conflict in Western Europe Since 1968*. New York: Holmes and Meier.

_____. 1986. "Some Other Kinds of Otherness: A Critique of 'Rational Choice' Theoris." In Alejandro Foxley, Michael S. McPherson and Guillermo O'Donnell(eds.). *Development, Democracy, and the Art of Trespassing: Essays in Honor of Albert O. Hirschman*. Notre Dame, Ind.: University of Notre Dame Press.

Polletta, Francesca A. 1994. "Strategy and Identity in 1960s Black Protest: Activism of the Student Nonviolent Coordinating Committee, 1960~1967." Ph.D. diss. New Haven: Yale University.

Ponchaud, François. 1989. "Social Change in the Vortex of Revolution." In Karl D. Jackson(ed.). *Cambodia 1975~1978*. Princeton: Princeton University Press.

Popper, Karl. 1974[1945]. *The Open Society and Its Enemies*. London: Routledge and Keagan Paul.

Powell, Waiter W. and Paul J. DiMaggio(eds.). 1991. *The New Institutionalism in Organizational Analysis*. Chicago: University of Chicago Press.

Pring, George W. and Penelope Canan. 1996. *SLAPPS: Getting Sued for Speaking Out*. Philadelphia: Temple University Press.

Proietto, Rosa. 1995. "New Social Movements: Issues for Sociology." *Social Science Information* 34: 355~388.

Quarantelli, E. L. 1979. "Consequences of Disasters for Mental Health: Conflicting Views." Preliminary Paper 62, Disaster Research Center.

Rabe, Barry G. 1994. *Beyond NIMBY: Hazardous Waste Siting in Canada and the United States*. Washington, D.C.: The Brookings Institution.

Rambo, Eric and Elaine Chan. 1990. "Text, Structure, and Action in Cultural Sociology." *Theory and Society* 19: 635~648.

Rapoport, Anatol. 1992. "Game Theory Defined: What It Is and Is Not." *Rationality and Society* 4: 74~82.

Rapoport, Anatol and Melvin Guyer. 1966. "A Taxonomy of 2×2 Games." *General Systems: Yearbook of the Society for General Systems Research* 11: 203~214.

Regan, Tom. 1983. *The Case for Animal Rights*. Berkeley: University of California Press.

Reinarman, Craig and Harry Gene Levine. 1989. "Crack in Context: Politics and Media in the Making of a Drug Scare." *Contemporary Drug Problems* 16: 535~577.

Rieder, Jonathan. 1985. *Canarsie: The Jews and Italians of Brooklyn against Liberalism*. Cambridge: Harvard University Press.

Ritvo, Harriet. 1987. *The Animal Estate*. Cambridge: Harvard University Press.

Rorty, Amélie Oksenberg(ed.). 1980. *Explaining Emotions*. Berkeley: University of California Press.

Rorty, Richard. 1979. *Philosophy and the Mirror of Nature*. Princeton, N.J.: Princeton University Press.

Rosenberg, M. J. 1956. "Cognitive Structure and Attitudinal Affect." *Journal of Abnormal Social Psychology* 53: 367~372.

Rothschild, Joyce and J. Allen Whitt. 1986. *The Cooperative Workplace: Potentials and Dilemmas of Organizational Democracy and Participation*. Cambridge: Cambridge University Press.

Rothschild-Whitt, Joyce. 1979. "The Collectivist Organization: An Alternative to Rational-Bureaucratic Models." *American Sociological Review* 44: 509~527.

Rowies, Graham D. 1983. "Place and Personal Identity in Old Age: Observations from Appalachia." *Journal of Environmental Psychology* 3: 299~313.

Ruddick, Sara. 1989. *Maternal Thinking: Toward a Politics of Peace*. Boston: Beacon Press.

Rudé, George F. E. 1959. *The Crowd and the French Revolution*. New York: Oxford

University Press.

Rule, James B. 1988. *Theories of Civil Violence*. Berkeley: University of California Press.

Russell, Jeffrey. 1980. *A History of Witchcraft, Sorcerers, Heretics, and Pagans*. London: Thames and Hudson.

Ryan, Charlotte. 1991. *Prime Time Activism: Media Strategies for Grassroots Organizing*. Boston: South End Press.

Salisbury, Joyce E. 1994. *The Beast Within: Animals in the Middle Ages*. New York: Routledge.

Sanders, Scott and James M. Jasper. 1994. "Civil Politics in the Animal Rights Conflict: God Terms versus Casuistry in Cambridge, Massachusetts." *Science, Technology & Human Values* 19: 169~188.

Sapir, Edward. 1935. "Symbolism." *Encyclopaedia of the Social Sciences* 14: 492~495.

Sartori, Giovanni. 1970. "Conceptual Misinformation in Comparative Politics." *American Political Science Review* 66: 1033~1053.

Sartre, Jean-Paul. 1946. *Portrait of the Anti-Semite*. New York: Partisan Review.

_____. 1972. *The Psychology of Imagination*. London: Methuen.

Sayer, Derek. 1987. *The Violence of Abstraction: The Analytic Foundations of Historical Materialism*. Oxford: Basil Blackwell.

Scaminaci, James III and Riley E. Dunlap. 1986. "No Nukes! A Comparison of Participants in Two National Antinuclear Demonstrations." *Sociological Inquiry* 56: 272~282.

Schacter, Stanley and Jerome Singer. 1962. "Cognitive. Social, and Physiological Determinants of Emotional States." *Psychological Review* 69: 379~399.

Scheff, Thomas J. 1983. "Toward Integration in the Social Psychology of Emotions." *Annual Review of Sociology* 9: 333~354.

_____. 1990. *Microsociology: Discourse, Emotion, and Social Structure*. Chicago: University of Chicago Press.

_____. 1994. *Bloody Revenge: Emotions, Nationalism, and War*. Boulder, Colo.: Westview Press.

Scheler, Max. 1992. *On Feeling, Knowing. and Valuing*. Chicago: University of Chicago Press.

Schelling, Thomas C. 1960. *The Strategy of Conflict*. Cambridge: Harvard University Press.

_____. 1984. "What Is Game Theory." In *Choice and Consequence: Perspectives on an Errant Economist*. Cambridge: Harvard University Press.

Schmitt, Carl. 1976. *The Concept of the Political*. New Brunswick, N.J.: Rutgers

University Press.

Schudson, Michael. 1978. *Discovering the News: A Social History of American Newspapers*. New York: Basic Books.

Schuman, Howard and Jacqueline Scott. 1989. "Generations and Collective Memory." *American Sociological Review* 54: 359~381.

Schwartz, Barry. 1981. *Vertical Classification: A Study in Structuralism and the Sociology of Knowledge*. Chicago: University of Chicago Press.

Scott, Alan. 1990. *Ideology and the New Social Movements*. London: Unwin Hyman.

Scott, James C. 1985. *Weapons of the Weak: Everyday Forms of Peasant Resistance*. New Haven: Yale University Press.

_____. 1990. *Domination and the Arts of Resistance: Hidden Transcripts*. New Haven: Yale University Press.

Scott, W. Richard. 1966. "Professionals in Bureaucracies—Areas of Conflict." In Howard M. Vollmer and Donald L. Mills(eds.). *Professionalization*. Englewood Cliffs, N.J.: Prentice-Hall.

_____. 1987. *Organizations: Rational, Natural, and Open Systems*. 2d ed. Englewood Cliffs, N.J.: Prentice-Hall.

Serpell, James. 1986. *In the Company of Animals*. Oxford: Basil Blackwell.

Sewell, William H. Jr. 1980. *Work and Revolution in France: The Language of Labor from the Old Regime to 1848*. Cambridge: Cambridge University Press.

_____. 1990. "Collective Violence and Collective Loyalties in France: Why the French Revolution Made a Difference." *Politics and Society* 18: 527~552.

_____. 1992. "A Theory of Structure: Duality, Agency; and Transformation." *American Journal of Sociology* 98: 1~29.

_____. 1996. "Three Temporalities: Toward an Eventful Sociology." In Terrence J. McDonald(ed.). *The Historic Turn in the Human Sciences*. Ann Arbor: University of Michigan Press.

Shearing, Clifford D. and Richard V. Ericson. 1991. "Culture as Figurative Action." *British Journal of Sociology* 42: 481~506.

Shibutani, Tamotsu. 1955. "Reference Groups as Perspectives." *American Journal of Sociology* 60: 562~569.

Shils, Edward. 1981. *Tradition*. Chicago: University of Chicago Press.

Shin, Gi-Wook. 1994. "The Historical Analysis of Collective Action: The Korean Peasant Uprisings of 1946." *American Journal of Sociology* 99: 1596~1624.

Shorter, Edward. 1975. *The Making of the Modern Family*. New York: Basic Books.

Shorter, Edward and Charles Tilly. 1974. *Strikes in France, 1830~1968*. London: Cambridge University Press.

Shott, Susan. 1979. "Emotion and Social Life: A Symbolic Interactionist Analysis." *American Journal of Sociology* 84: 1317~1334.

Sihanouk, Norodom. 1980. *War and Hope: The Case for Cambodia.* New York: Pantheon.

Silver, Morris. 1974. "Political Revolution and Repression: An Economic Approach." *Public Choice* 17: 63~71.

Singer, Peter. 1975. *Animal Liberation: A New Ethics for Our Treatment of Animals.* New York: New York Review of Books.

Slater, Philip. 1963. "On Social Regression." *American Sociological Review* 28: 339~364.

Slovic, Paul, Baruch Fischhoff and Sarah Lichtenstein. 1980. "Facts and Fear: Understanding Perceived Risk." In Richard C. Schwing and Walter A. Albers Jr.(eds.). *Societal Risk Assessment: How Safe Is Safe Enough?* New York: Plenum.

Smelser, Neil J. 1962. *Theory of Collective Behavior.* New York: Free Press.

Smith, Anthony D. 1983. *Theories of Nationalism.* 2d ed. New York: Holmes and Meier.

_____. 1986. *The Ethnic Origins of Nations.* Oxford: Blackwell.

_____. 1991. *National Identity.* London: Penguin.

_____. ed. 1992. *Ethnicity and Nationalism.* New York: E. J. Brill.

Smith, Christian. 1996. *Resisting Reagan: The US Central America Peace Movement.* Chicago: University of Chicago Press.

Smith, Christian S.(ed.). 1996. *Disruptive Religion: The Force of Faith in Social Movement Activism.* New York: Routledge.

Smith, Jonathan Z. 1987. *To Take Place: Toward Theory in Ritual.* Chicago: University of Chicago Press.

Snepp, Frank. 1977. *Decent Interval: An Insider's Account of Saigon's Indecent End.* New York: Random House.

Snow, David A. and Robert D. Benford. 1988. "Ideology; Frame Resonance, and Participant Mobilization." *International Social Movement Research* 1: 197~217.

_____. 1992. "Master Frames and Cycles of Protest." In Aldon D. Morris and Carol McClurg Mueller(eds.). *Frontiers in Social Movement Theory.* New Haven: Yale University Press.

Snow, David and C. L. Phillips. 1980. "The Lofland-Stark Conversion Model: A Critical Reassessment." *Social Problems* 27: 430~437.

Snow, David A., E. Burke Rochford, Jr., Steven K. Warden and Robert D. Benford.

1986. "Frame Alignment Processes, Micromobilization, and Movement Participation." *American Sociological Review* 51: 464~481.

Snow, David A., Louis A. Zurcher, Jr. and Sheldon Ekland-Olson. 1980. "Social Networks and Social Movement: A Microstructural Approach to Differential Recruitment." *American Sociological Review* 45: 787~801.

_____. 1983. "Further Thoughts on Social Networks and Movement Recruitment." *Sociology* 17: 112~120.

Soeken, Karen L. and Donald R. Soeken. 1987. "A Survey of Whistleblowers: Their Stressors and Coping Strategies." Unpublished paper, Laurel, Maryland.

Solomon, Robert C. 1976. *The Passions.* New York: Doubleday-Anchor.

Solomon, Susan D., Elizabeth M. Smith, Lee N. Robins and Ruth L. Fischbach. 1987. "Social Involvement as a Mediator of Disaster-Induced Stress." *Journal of Applied Social Psychology* 17: 1092~1112.

Sontag, Susan. 1977. *On Photography.* New York: Farrar, Straus and Giroux.

_____. 1978. *Illness as Metaphor.* New York: Farrar, Straus and Giroux.

Spector, Malcolm and John I. Kitsuse. 1987. *Constructing Social Problems.* New York: Aldine de Gruyter.

Sperling, Susan. 1988. *Animal Liberators: Research and Morality.* Berkeley and Los Angeles: University of California Press.

Staggenborg, Suzanne. 1991. *The Pro-Choice Movement: Organization and Activism in the Abortion Conflict.* New York: Oxford University Press.

Starhawk. 1988. *Dreaming the Dark: Magic, Sex, and Politics.* Boston: Beacon Press.

Stearns, Carol Zisowitz and Peter N. Stearns. 1986. *Anger: The Struggle for Emotional Control in America's History.* Chicago: University of Chicago Press.

Stephens, Mitchell. 1988. *A History of News.* New York: Penguin Books.

Stockwell, John. 1978. *In Search of Enemies: A CIA Story.* New York: W. W. Norton.

Stromberg, Peter G. 1993. *Language and Self-Transformation: A Study of the Christian Conversion Narrative.* Cambridge: Cambridge University Press.

Stults, Karen. 1989. "Women Movers: Reflections on a Movement By Some of Its Leaders." *Everyone's Backyard 7.* Published by the Citizens' Clearinghouse for Hazardous Waste, Arlington, Virginia.

Sullins, Ellen. 1991. "Emotional Contagion Revisited: Effects of Social Comparison and Expressive Style on Mood Convergence." *Personality and Social Psychology Bulletin* 17: 166~174.

Svensson, Frances. 1979. "Liberal Democracy and Group Rights: The Legacy of Individualism and Its Impact on American Indian Tribes." *Political Studies* 27: 421~439.

776

Swanson, Guy E. 1988. *Ego Defenses and the Legitimation of Behavior.* Cambridge: Cambridge University Press.

Swidler, Ann. 1986. "Culture in Action: Symbols and Strategies." *American Sociological Review* 51: 273~286.

_____. 1995. "Cultural Power and Social Movements." In Hank Johnston and Bert Klandermans(eds.). *Social Movements and Culture.* Minneapolis: University of Minnesota Press.

Szasz, Andrew. 1994. *EcoPopulism: Toxic Waste and the Movement for Environmental Justice.* Minneapolis: University of Minnesota Press.

Talmon, Jacob Leib. 1952. *The Origins of Totalitarian Democracy.* London: Seeker and Warburg.

_____. 1967. *Romanticism and Revolt.* New York: Harcourt, Brace and World.

Tarrow, Sidney. 1983. "Struggling to Reform: Social Movement and Policy Change During Cycles of Protest." Western Societies Occasional Paper 15. Ithaca, N.Y.: Cornell University.

_____.1994. *Power in Movement: Social Movements, Collective Action, and Politics.* Cambridge: Cambridge University Press.

Taylor, Charles. 1985. *Philosophy and the Human Sciences.* Cambridge: Cambridge University Press.

_____. 1985. "Understanding and Ethnocentricity." In *Philosophy and the Human Sciences.* Cambridge: Cambridge University Press.

_____. 1989. *Sources of the Self: The Making of the Modem Identity.* Cambridge: Harvard University Press.

Taylor, Michael. 1987. *The Possibility of Cooperation.* Cambridge: Cambridge University Press.

_____. 1988. "Rationality and Revolutionary Collective Action." In Michael Taylor(ed.). *Rationality and Revolution.* Cambridge: Cambridge University Press.

Taylor, Verta and Nancy E. Whittier. 1992. "Collective Identity in Social Movement Communities: Lesbian Feminist Mobilization." In Aldon D. Morris and Carol McClurg Mueller(eds.). *Frontiers in Social Movement Theory.* New Haven: Yale University Press.

_____. 1995. "Analytical Approaches to Social Movement Culture: The Culture of the Women's Movement." In Hank Johnston and Bert Klandermans(eds.). *Social Movements and Culture.* Minneapolis: University of Minnesota Press.

Tec, Nechama. 1986. *When Light Pierced the Darkness: Christian Rescue of Jews in Nazi-Occupied Poland.* New York: Oxford University Press.

Thelen, David. 1986. *Paths of Resistance: Tradition and Dignity in Industrializing Missouri*. New York: Clarendon Press.

Thoits, Peggy A. 1985. "Self-Labeling Processes in Mental Illness: The Role of Emotional Deviance." *American Journal of Sociology* 92: 221~249.

_____. 1989. "The Sociology of Emotions." *Annual Review of Sociology* 15: 317~342.

_____. 1990. "Emotional Deviance: Research Agendas." In Theodore D. Kemper (ed.). *Research Agendas in the Sociology of Emotions*. Albany: SUNY Press.

Thomas, Keith. 1971. *Religion and the Decline of Magic*. New York: Scribner's.

_____. 1983. *Man and the Natural World*. New York: Pantheon.

Thompson, E. P. 1966. *The Making of the English Working Class*. New York: Vintage.

Tilly, Charles. 1964. *The Vendée*. Cambridge: Harvard University Press.

_____. 1978. *From Mobilization to Revolution*. Reading, Mass.: Addison-Wesley.

_____. 1986. *The Contentious French: Four Centuries of Popular Struggle*. Cambridge: Harvard University Press.

_____. 1988. "Social Movements, Old and New." *Research in Social Movements, Conflicts, and Change* 10: 1~18.

_____. 1993. *European Revolutions, 1492~1992*. Oxford: Basil Blackwell.

_____. 1995. *Popular Contention in Great Britain, 1758~1834*. Cambridge: Harvard University Press.

Tilly, Charles and Lynn. H. Lees. 1975. "The People of June, 1848." In Roger Price(ed.). *Revolution and Reaction: 1848 and the Second French Republic*. New York: Barnes and Noble.

Tilly, Charles, Louise Tilly and Richard Tilly. 1975. *The Rebellious Century, 1830~1930*. Cambridge: Harvard University Press.

Touraine, Alain. 1971. *The Post-Industrial Society: Tomorrow's Social History: Classes, Conflicts and Culture in the Programmed Society*. Translated by Leonard F. X. Mayhew. New York: Random House.

_____. 1977. *The Self-Production of Society*. Chicago: University of Chicago Press.

_____. 1981. *The Voice and the Eye: An Analysis of Social Movements*. New York: Cambridge University Press.

_____. 1988. *Return of the Actor: Social Theory in Postindustrial Society*. Translated by Myrna Codzich. Minneapolis: University of Minnesota Press.

_____. 1995. *Critique of Modernity*. Cambridge, Mass.: Blackwell.

Touraine, Alain, François Dubet Michel Wieviorka and Jan Strzelecki. 1983. *Solidarity: Poland 1980~1981*. New York: Cambridge University Press.

Touraine, Alain, Zsuzsa Hegedus, François Dubet and Michel Wieviorka. 1983. *Anti-Nuclear Protest: The Opposition to Nuclear Energy in France*.

Translated by Peter Fawcett. New York: Cambridge University Press.

Touraine, Alain, Michel Wieviorka and François Dubet. 1987. *The Workers' Movement*. Translated by Tan Patterson. New York: Cambridge University Press.

Traugott, Mark. 1980. "Determinants of Political Organization: Class and Organization in the Parisian Insurrection of June 1848." *American Journal of Sociology* 86: 32~49.

Tuan, Yi-Fu. 1982. *Segmented Worlds and Self.* Minneapolis: University of Minnesota Press.

_____. 1984. *Dominance and Affection: The Making of Pets*. New Haven: Yale University Press.

Tucker, Robert C. 1973. *Stalin as Revolutionary, 1879~1919: A Study in History and Personality.* New York: W. W. Norton.

Tullock, Gordon. 1971. "The Paradox of Revolution." *Public Choice* 11: 89~99.

Turner, James. 1980. *Reckoning with the Beast: Animals, Pain, and Humanity in the Victorian Mind.* Baltimore: Johns Hopkins University Press.

Turner, Ralph H. 1996. "The Moral Issue in Collective Behavior and Collective Action." *Mobilization* 1: 1~15.

Turner, Ralph H. and Lewis M. Killian. 1987. *Collective Behavior*, 3d ed. Englewood Cliffs, N.J.: Prentice-Hall.

Turner, Victor. 1967. *The Forest of Symbols: Aspects of Ndembu Ritual.* Ithaca, N.Y.: Cornell University Press.

_____. 1969. *The Ritual Process: Structure and Anti-Structure.* Ithaca, N.Y.: Cornell University Press.

_____. 1974. "Pilgrimages as Social Processes." In *Dramas, Fields, and Metaphors.* Ithaca, N.Y.: Cornell University Press.

Turner, Victor and Edith Turner. 1978. *Image and Pilgrimage in Christian Culture: Anthropological Perspectives.* New York: Columbia University Press.

United States Congress. 1976. "Investigation of Charges Relating to Nuclear Reactor Safety: Hearings Before the Joint Committee on Atomic Energy, 94th Congress, Second Session, February 18 to March 4, 1976." Washington, D.C.: US. Government Printing Office.

Vaillant, George E. 1993. *The Wisdom of the Ego: Sources of Resilience in Adult Life.* Cambridge: Harvard University Press.

Valien, Preston. 1961. "The Montgomery Bus Protest as a Social Movement." In Jitsuichi Masuoka and Preston Valien(eds.). *Race Relations: Problems and Theory.* Chapel Hill: University of North Carolina Press.

Vanderford, Marsha L. 1989. "Vilification and Social Movements: A Case Study of Pro-Life and Pro-Choice Rhetoric." *Quarterly Journal of Speech* 75: 166~182.

van Ginneken, Jaap. 1991. *Crowds, Psychology, and Politics, 1871~1899*. New York: Cambridge University Press.

van der Pligt, Joop. 1992. *Nuclear Energy and the Public*. Oxford: Basil Blackwell.

van der Pligt, Joop, J. Richard Eiser and Russell Spears. 1986. "Attitudes Toward Nuclear Energy: Familiarity and Salience." *Environment and Behavior* 18: 75~93.

Vaughan, Diane. 1990. "Autonomy, Interdependence, and Social Control: NASA and the Space Shuttle Challenger." *Administrative Science Quarterly* 35: 225~257.

_____. 1996. *The Challenger Launch Decision: Risky Technology, Culture, and Deviance at NASA*. Chicago: University of Chicago Press.

Vickery, Michael. 1984. *Cambodia: 1975~1982*. Boston: South End Press.

Waddington, David, Karen Jones and Chas Critcher. 1989. *Flashpoints: Studies in Disorder*. London: Routledge.

Wald, Matthew L. 1989. "Energy Department to Pay $73 Million to Settle Uranium Case in Ohio." *New York Times* 1 July.

Walker, J. Samuel. 1992. *Containing the Atom: Nuclear Regulation in a Changing Environment 1963~1971*. Berkeley: University of California Press.

Walker, Stephen F. 1983. *Animal Thought*. London: Routledge and Kegan Paul.

Wallerstein, Immanuel. 1989. *The Modern World System, III: The Second Era of Great Expansion of the Capitalist World-Economy*. New York: Academic Press.

Walsh, Edward J. 1981. "Resource Mobilization and Citizen Protest in Communities Around Three Mile Island." *Social Problems* 29: 1~21.

_____. 1986. "The Role of Target Vulnerabilities in High-Technology Protest Movements: The Nuclear Establishment at Three Mile Island." *Sociological Forum* 1: 199~218.

_____. 1988. *Democracy in the Shadows: Citizen Mobilization in the Wake of the Accident at Three Mile Island*. New York: Greenwood Press.

_____. 1988. "New Dimensions of Social Movement: The High-Level Waste-Siting Controversy." *Sociological Forum* 3: 586~605.

Walsh, Edward J., Rex Warland and D. Clayton Smith. 1993. "Backyards, NIMBYs, and Incinerator Sitings: Implications for Social Movement Theory." *Social Problems* 40: 25~38.

_____. Forthcoming. *The Environmental Justice Movement: Eight Grassroots Challenges to Modern Incinerator Projects*. University Park: Pennsylvania State University Press.

Walzer, Michael. 1965. *The Revolution of the Saints: A Study in the Origins of Radical Politics*. Cambridge: Harvard University Press.

_____. 1983. *Spheres of Justice: A Defense of Pluralism and Equality*. New York: Basic Books.

Wasielewski, Patricia L. 1985. "The Emotional Basis of Charisma." *Symbolic Interaction* 8: 207~222.

Watters, Pat. 1971. *Down to Now: Reflections on the Southern Civil Rights Movement*. New York: Pantheon. Weart, Spencer R. 1988. *Nuclear Fear: A History of Images*. Cambridge: Harvard University Press.

Weinstein, Deena. 1991. *Heavy Metal: A Cultural Sociology*. New York: Lexington Books.

Weller, J. M. and E. L. Quarantelli. 1974. "Neglected Characteristics of Collective Behavior." *American Journal of Sociology* 79: 665~683.

Westin, Alan E. (ed.) 1981. *Whistle Blowing! Loyalty and Dissent in the Corporation*. New York: McGraw-Hill.

Whalen, Jack and Richard Flacks. 1984. "Echoes of Rebellion: The Liberated Generation Grows Up." *Journal of Political and Military Sociology* 12: 61~78.

Whittier, Nancy. 1995. *Feminist Generations: The Persistence of the Radical Women's Movement*. Philadelphia: Temple University Press.

Whorf, Benjamin Lee. 1956. *Language, Thought, and Reality*. Cambridge: MIT Press.

Wiley, Norbert. 1994. *The Semiotic Self*. Chicago: University of Chicago Press.

Williams, Raymond. 1973. *The Country and the City*. New York: Oxford University Press.

_____. 1977. *Marxism and Literature*. Oxford: Oxford University Press.

Williams, Rhys H. 1995. "Constructing the Public Good: Social Movements and Cultural Resources." *Social Problems* 42: 124~144.

Winch, Peter. 1970. "Understanding a Primitive Society." In Bryan R. Wilson (ed.). *Rationality*. Oxford: Basil Blackwell.

Wittgenstein, Ludwig. 1980. *Remarks on the Philosophy of Psychology*. Vol. I. Oxford: Basil Blackwell.

Wolfe, Alan. 1989. *Whose Keeper? Social Science and Moral Obligation*. Berkeley: University of California Press.

Worrell, Dan L., Wallace N. Davidson III, and Abuzar El-Jelly. 1993. "Do Boycotts and Divestitures Work? A Stock Market Based Test." Unpublished manuscript.

Wuthnow, Robert and Marsha Witten. 1988. "New Directions in the Study of Culture." *Annual Review of Sociology* 14: 49~67.

Yack, Bernard. 1986. *The Longing for Total Revolution: Philosophical Sources of*

Social Discontent from Rousseau to Marx and Nietzsche. Princeton: Princeton University Press.

Zablocki, Benjamin. 1971. *The Joyful Community: An Account of the Bruderhof, a Communal Movement Now in Its Third Generation.* Baltimore: Penguin.

Zajonc, Robert B. 1980. "Feeling and Thinking: Preferences Need No Inferences." *American Psychologist* 35: 151~175.

Zald, Mayer N. and Roberta Ash. 1966. "Social Movement Organizations: Growth, Decay, and Change." *Social Forces* 44: 327~340. Reprinted in Mayer N. Zald and John D. McCarthy, *Social Movements in an Organizational Society: Collected Essays.* New Brunswick, N.J.: Transaction.

Zald, Mayer N. and John D. McCarthy(eds.). 1987. *Social Movements in an Organizational Society: Collected Essays.* New Brunswick, N.J.: Transaction.

_____. 1979. *The Dynamics of Social Movements: Resource Mobilization, Social Control, and Tactics.* Cambridge, Mass: Winthrop.

Zald, Mayer N. and Bert Useem. 1987. "Movement and Countermovement Interaction: Mobilization, Tactics, and State Involvement." In Mayer N. Zald and John D. McCarthy(eds.). *Social Movements in an Organizational Society: Collected Essays.* New Brunswick, N.J.: Transaction.

Zeigler, Joseph Wesley. 1973. *Regional Theatre: The Revolutionary Stage.* Minneapolis: University of Minnesota Press.

Zelizer, Viviana A. 1985. *Pricing the Priceless Child: The Changing Social Value of Children.* New York: Basic Books.

_____. 1994. *The Social Meaning of Money.* New York: Basic Books.

Zerubavel, Eviatar. 1991. *The Fine Line: Making Distinctions in Everyday Life.* New York: Free Press.

Zolberg, Aristide R. 1972. "Moments of Madness." *Politics and Society* 2: 183~207.

Zonabend, Françoise. 1993. *The Nuclear Peninsula.* Cambridge: Cambridge University Press.

Zuboff, Shoshana. 1988. *In The Age of the Smart Machine: The Future of Work and Power.* New York: Basic Books.

Zurcher, Louis and David Snow. 1981. "Collective Behavior: Social Movements." In Ralph H. Turner and Morris Rosenberg(eds.). *Social Psychology: Sociological Perspectives.* New York: Basic Books.

Zucker, Lynne G. 1987. "Institutional Theories of Organizations." *Annual Review of Sociology* 13: 443~464.

찾아보기

주제어

ㄱ

ㄴ

인명

독자들은 『저항은 예술이다』라는 '도발적인' 제목 때문에 이 책에 더욱 호기심을 갖거나 아니면 그러한 반응을 끌어내기 위한 의도적 조작이라고 생각하여 눈살을 찌푸릴지도 모르겠다. 이렇듯 옮긴이들 역시 이 책의 제목에 대한 독자들의 반응을 예상하면서도 이 같은 제목을 붙였기에, 이에 대한 해명으로 옮긴이 후기를 시작해야 할 것 같다. 본래 옮긴이들은 책을 번역하여 출간하며 원래의 제목을 바꾸는 것을 좋아하지 않는다. 왜냐하면 원 저작을 익히 알고 있는 사람들에게 혼동을 가져올 수도 있고 또한 저자의 의도와는 전혀 다른 방향으로 독자들을 이끌 수도 있기 때문이다. 그럼에도 불구하고 이 책의 제목을 바꿀 수밖에 없었던 것은 원서의 원제목 *The Art of Moral Protest*를 우리말로 그대로 옮겼을 경우 우리말 표현이 어색하고 책의 내용을 집약적으로 보여주기 어렵다는 판단 때문이었다.

우리 옮긴이들도 이 책을 접했을 때, 처음에는 이 책의 제목이 우리말로 '도덕적 저항의 기술'이라는 데 아무런 의심도 가지지 않았었다.

그리고 이 책의 제목을 알고 있기는 하지만, 아직 읽지는 않는 주변의 관련 전공자들도 마찬가지로 생각하고 있었다. 하지만 이 책을 조금 읽자마자 곧 우리는 우리의 예상이 빗나갔음을 알 수 있었다. 이 책 제목에서 art가 의미하는 것은 기술이 아니라 '예술'이었다(물론 이 책에서 기술의 의미로 사용되는 경우들도 있다). 이 책의 내용과 좀 더 결부시켜 말하면, 저자 재스퍼가 이 책에서 강조하고 싶어 하는 것은 저항, 특히 도덕적 저항은 예술처럼 '창조적'이라는 것이었다. 따라서 그는 책 곳곳에서 저항을 예술에 비유하며 저항이 현대사회에서 갖는 의미들을 설파해나간다. 이러한 저자의 의도를 제목에 최대한 반영하기 위해 여러 제목을 검토한 끝에 가장 간명하고 직설적으로 의미를 전달해준다고 판단한 것이 바로 현재의 제목이었다. 좀 과도한 점이 있다고 하더라도 독자들의 양해를 바란다.

다른 한편 이 책은 분량 면에서도 매우 방대하다. 따라서 옮긴이들이 독자에게 해줄 수 있는 서비스 중의 하나는 책의 내용을 얼마간 간추려줌으로써 독자들의 책 읽기에 도움을 주는 것이다. 그러나 저자는 이러한 점을 익히 알고나 있다는 듯이, 각 부의 첫머리에는 각 부에서 다루는 내용을, 그리고 각 장의 맨 끝에는 각 장의 주요 논점을 요약해 놓고 있다. 그렇기에 옮긴이들이 책을 다시 요약하는 것은 무의미해지고 말았다. 따라서 우리는 독자들을 위해 다른 서비스를 제공하기로 마음먹었다. 그것은 바로 이 책이 다른 사회운동 내지 저항 관련 저작들과 다른 점, 즉 이 책의 색다른 논점들과 의미를 간략하게 소개하여 독자들의 이해를 돕는 것이었다.

먼저, 이 책에서 재스퍼는 저항운동이 매우 다양한 모습을 하고 있음에도 불구하고, 저항 연구자들은 자신들이 연구한 저항사례를 일반적인 저항운동으로 간주하고 그것을 일반화하는 오류를 범해왔다고 주장한다. 이에 재스퍼는 '시민권 운동'과 '탈시민권 운동'을 구분한다. 그리고 대부분의 학자가 시민권 운동에 집중함으로써, 그리고 문화(특히 그것의 도덕적 차원과 감정적 차원)를 대수롭지 않게 여김으로써 근대 저항의 원인, 전개, 결과를 부적절하게 이해해왔다고 비판한다. 대신에 그는 이 책에서 주로 반핵운동, 동물권리운동, 환경운동을 비롯한 탈시민권 운동에 집중하며, 두 유형의 운동을 비교함으로써 그 두 유형의 운동 간의 차이, 그리고 더 나아가 각 유형 내의 저항운동들 각각의 차이를 밝힘으로써 과도한 일반화를 피하고자 한다.

둘째로, 재스퍼는 그간 저항 패러다임들이 저항의 기본적 차원으로 제시해온 자원과 전략에 더하여 '문화'와 '전기'라는 새로운 차원을 덧붙인다. 그가 이 책에서 이 두 차원이 저항에서 갖는 의미를 얼마나 강조하고 있는지는 이 책의 부제, '문화, 전기, 그리고 사회운동의 창조성'에서도 쉽게 유추할 수 있다. 이 두 차원 중에서 재스퍼가 문화를 강조할 것이라는 점은 그가 '문화적 구성주의'의 입장을 취하고 있다는 데서도 추론할 수 있다. 그는 문화를 "공유된 정신세계, 그리고 그 세계의 물리적 구현물"이라고 정의하지만, 문화 역시 단일한 구성물이 아니다. 그는 문화의 세 가지 하위요소로 인지, 도덕, 감정을 강조하고, 그것들이 저항에서 어떻게 작동하는지를 치밀하게 탐색한다. 그중에서도 특히 그는 지금까지 자주 논의되어온 인지보다는 도덕과 감정이 사회운동에서 수행하는 역할을 새롭게 조명한다.

이 책에서 문화에 덧붙여 저항의 또 다른 한 차원으로 강조하는 전기는 특히 이 책을 독특하게 만든다. 왜냐하면 개인의 전기는 그간 저항 연구에서 도외시되어온 변인이기 때문이다. 그는 "사람들이 다른 사람들과 공유하는 암묵적·명시적인 정신적 구성물이 문화적인 것"이라면, "공유하지 않는 구성물은 전기적인 것"이라고 지적한다. 이러한 전기라는 차원은 대인동학을 포함하여 개인이 살아온 특이한 경험들에 의해 형성된다. 그가 개인의 전기를 사회운동에서 중요한 차원으로 부각시키는 것은 자연스럽게 저항 참여의 개인적 동기와 개인적 저항의 중요성에 주목하게 한다. 그는 개인의 의식적·무의식적 정신세계를 형성하는 전기는 '혁신의 양성소'일 뿐만 아니라 개인들이 자신들의 도덕적 원칙에 이끌려 개인적 저항에 나서게 하며, 또한 그것은 집합적 참여의 도관이 되기도 한다고 주장한다. 또한 저항운동에서 개인을 강조하는 것은 그로 하여금 독특하게 저항의 즐거움 내지 만족감을 저항운동 참여의 중요한 동기의 하나로 설정하게 하고, 저항자를 근대적 '캐릭터' 유형의 하나로 상정하게 한다.

셋째로, 이 책에서 재스퍼는 저항의 동학을 아주 세세하고 명쾌하게 그려낸다. 이러한 작업이 가능한 것은 재스퍼가 이 책에서 저항의 문화적 측면을 부각시키면서도(이는 그가 문화가 여타 차원의 구성에 근본적이라고 바라보기 때문이다), 적어도 자신이 설정한 네 가지 차원 — 즉, 문화, 전기, 전략, 자원 — 의 분석적 자율성을 전제로, 이들 차원 간에 일어나는 상호작용을 치밀하게 분석하기 때문이다. 이 책의 각 장은 이들 각 차원이 저항운동에서 갖는 위치를 확인하는 작업인 동시에 다른 차원들과의 상호작용을 면밀하게 고찰하고 서술하는 작업으로 이루어져 있다. 특히 이러한 작업은 저항의 초기 단계에서의 승리가 어떻게 결국에는 그 운동의 성공 가능성을 낮추게 되는지를 밝히는 데서 정점에 달한다. 아마도 저항동학에 대한 이러한 다차원적 분석 때문에 이 책의 분량이 이렇게 방대해질 수밖에 없었을 것이다. 이것이 간명한 진술을 원하는 독자들에게는 지루한 감을 지울 수 없게 만들 수도 있지만, 재스퍼가 서술 과정에서 보여주는 예리한 통찰, 독창적 주장, 그리고 우리의 마음을 움직이게 하는 진술들은 또한 독자들을 감탄하게 할 것이 틀림없다.

넷째로, 그리고 어쩌면 가장 핵심적인 내용으로, 재스퍼는 저항, 저항자에 새로운 의미를 부여한다. 그것이 바로 저항의 도덕성과 창조성이다. 이것이 이 책에서 차지하는 위치는 이 책의 원래 제목이 함축하는 의미, 즉 '도덕적 저항이라는 예술' ― 이는 우리가 마지막까지 이 책의 제목으로 고민했던 것 중 하나로, 재스퍼는 이 책의 각주에서 '예술로서의 저항'이라는 은유를 듀이의 '경험으로서의 예술'에서 따온 것임을 밝히고 있다 ― 에 모두 담겨 있다. 그는 "도덕은 서로에 대한 우리의 책무에 관한 것일 뿐만 아니라 바람직한 삶에 관한 것이기도 하다"라고 논급한다. 재스퍼에 따르면, 오늘날 학교, 뉴스매체, 정치, 그리고 종교마저도 도덕적 목소리를 내지 않는 상황에서, 저항은 우리는 우리의 삶을 어떻게 살아야만 하는가, 그리고 우리의 도덕적 책임은 무엇인가라는 도덕적 질문을 던짐으로써, 종래의 종교적 의례처럼 우리의 도덕적 판단을 구체화시켜주고, 그럼으로써 우리가 도덕적 전망에 대한 충성심을 우리의 행위를 통해 표현할 수 있게 해준다. 따라서 재스퍼의 표현으로, "저항 자체는 바람직한 삶의 일부가 된다".

그는 더 나아가 저항자라는 캐릭터 유형을 예술가와 비교하며, 사회운동의 창조성을 입증한다. 그에 따르면, 예술이 "당연한 것으로 간주되어온 요소들을 문제시함으로써 기존 전통들을 새로운 창조물로 변형시키는 실험적 노력들"로 이루어진다면, 저항은 "현실을 비판하고 …… 삶을 영위하고 느끼는 새로운 방식들을 만들어내는 것을 목적으로 하는 실험"으로 이해될 수 있다. 그렇기에 저항자들도 예술가들처럼 새로운 도덕적 가능성을 창조한다. 이러한 그의 입장은 이 책의 마지막 문장을 "나는 저항자들의 중요성은 그들의 실제 성과보다는 그들의 도덕적 전망 속에 더 많이 자리하고 있다고 생각한다. 그들은 엔지니어보다는 시인에 더 가깝다"라는 말로 끝맺게 한다.

하지만 재스퍼가 이 책에서 저항의 미덕을 규범적인 측면에서 낭만적으로 미화하는 것은 아니다. 그는 이 책에서 좋은 운동과 나쁜 운동을 평가하는 새로운 기준을 제시한다. 앞서의 논의에 암시되어 있듯이, 재스퍼가 볼 때, 저항은 주로 도덕적 목소리를 내는 것과 관련되어 있고, 따라서 저항에서 협소하게 정의된 성공은 중요한 것의 전부가 아니다. 운동에서 성공보다도 더 중요한 것은 그것이 공중의 의식(그리하여 결국에는 문화)에 초래하는 변화이다. 이를테면 동물권리운동이 동물실험을 중단시키지 못했지만, 동물에 대한 공중의 태도는 이전과는 전혀 달라졌다. 재스퍼에 따르면, 이는 저항이 '지고선'을 추구하고, 그것이 '덕성' – 정직, 정의, 용기, 도덕의 명료화, 그리고 가능한 대안적인 세계의 예시 등 – 을 동반하기 때문이다. 하지만 그는 저항이 이러한 대의를 추구한다고 하더라도 그것이 꼭 좋은 결과만을 가져오는 것은 아니라는 점 또한 지적한다. 그 결과는 저항의 방법에 따라 다르다. 그것은 그 저항이 전략적 행위인가 아니면 '의사소통적' 행위인가에 달려 있다. 왜냐하면 저항이 의사소통이 아닌 오직 승리에만 관심이 있을 경우, 그것은 그러한 덕성들을 억제하며, 인간을 목적보다는 수단으로 전략적으로 격하시키기 때문이다. 그는 크메르루주의 사례를 들어 혁명이 얼마나 재앙일 수도 있는지를 보여준다.

마지막으로, 저항 및 사회운동에 관한 저술들이 대체로 하나의 방법론에 입각하여 자료를 수집하고 그것에 기초하여 저술하고 있다면, 재스퍼는 이 책에서 공식적인 문건이나 보고서와 같은 문헌자료는 물론 인터뷰, 참여관찰, 설문조사 등 다양한 방법을 총동원하여 자료를 수집하고, 이를 하나의 일관된 틀 내에서 묶어내고 있다. 이는 그가 얼마나 오랫동안 사회운동 연구에 전념해온 전문가인지를 보여주는 동시에, 앞서 언급한 저항의 동학을 치밀하게 분석할 수 있게 해준 토대이기도 하다. 그리고 이것은 또한 사회운동에서 문화, 전기, 창조성이 만들어내는 복합적 결과를 이해하기 위한 그의 분석전략에서 기인하는 것이기도 하다. 더 나아가 그가 다양한 연구방법을 통해 저항에서 자신이 그리고 여타의 학자들이 발견해낸 것을 종합해내는 과정은 저항을 연구하는 데 다양한 기법이 어떻게 활용할 수 있는지를 잘 보여주는 교과서 같은 역할을 한다고 평가할 수도 있다.

재스퍼 자신은 이 책이 저항운동에 대한 보편적 이론을 제시하는 것이 아니라 도덕적 저항을 이해하기 위한 개념과 용어들 ― 도덕적 저항의 문화적 창조성, 그것의 진지한 도덕적 목적, 그리고 근대사회에 대한 그것의 중대한 기여를 강조하는 개념들 ― 을 '증식'시키는 것일 뿐이라고 말한다. 하지만 이는 (그 역시 조금은 다른 맥락에서 지나가는 말로 학자들의 겸손에 대해 언급한 적이 있지만) 겸손한 표현일 뿐이다. 이 책은 사회운동에 관한, 특히 감정과 사회운동의 관계에 관한 수많은 연구들을 촉발했으며, 우리가 이미 번역하여 출간한『열정적 정치: 감정과 사회운동』도 그러한 성과물들 중 하나이기도 하다.

이 책이 갖는 이러한 매력 ― 창조적이고 독특한 주장과 학문적 기여 ― 은 이 책이 출간된 지(1997년) 꽤 오랜 시간이 지났음에도 불구하고, 우리로 하여금 이 방대한 분량의 책을 우리말로 옮기는 일에 착수할 것을 유혹했다. 여느 출판사라면 옛날 책으로 치부하고 말았을 수도 있는 이 책을 이번에도 한울엠플러스(주)는 마치 학술운동을 하듯 이익보다는 사명에 입각하여 기꺼이 출판을 맡아주었다. 그리고 한울의 동참자들 ― 특히 편집을 맡은 신순남 씨 ― 은 단순한 교정자가 아닌 창조자임을 실천해보였다. 모두에게 감사한다. 하지만 이 최종 결과물에 여전히 거칠고 지은이의 뜻을 잘못 전달한 부분이 있다면, 다른 사람의 창조물 하나를 제대로 감상할 만한 능력이 없는 우리 옮긴이들의 탓이다. 좀 더 소양을 쌓겠다는 말로 독자들의 양해를 구한다.

2016년
몹시 무더웠던 여름이 끝나고
선선한 바람이 창문으로 스며들던 날에
옮긴이들 씀

지은이

제임스 M. 재스퍼(James M. Jasper)는 버클리 캘리포니아대학교에서 사회학 박사 학위를 취득했다. 뉴욕대학교, 컬럼비아대학교, 프린스턴대학교 등에서 강의했고, 2007년부터는 뉴욕시립대학교 대학원에서 사회학을 가르쳤다. 그는 문화와 정치, 특히 저항운동의 문화적·감정적 차원에 대한 연구와 이론으로 널리 알려져 있다. 이 책 외에도 지은 책으로 *Nuclear Politics*(1990), *The Animal Rights Crusade*(1992), *Restless Nation* (2000), *Getting Your Way*(2006), *Protest: A Cultural Introduction to Social Movements*(2014) 등이 있다.

옮긴이

박형신은 고려대학교 대학원 사회학과에서 석사와 박사 학위를 취득했다. 그간 강원대학교 사회과학연구소 연구교수, 고려대학교 인문대학 사회학과 초빙교수 등을 지냈다. 지금은 다시 연세대학교 사회발전연구소 연구교수로 일하고 있다. 지은 책으로는 『정치위기의 사회학』, 『감정은 사회를 어떻게 움직이는가』(공저), 『새로운 사회운동의 이론과 현실』(공저), 『열풍의 한국사회』(공저) 등이 있고, 옮긴 책으로는 『사회학적 야망』, 『탈감정사회』, 『열정적 정치: 감정과 사회운동』(공역), 『새로운 사회운동의 도전』(공역), 『감정적자아』 등이 있다.

이혜경은 고려대학교 대학원 사회학과에서 석사와 박사 학위를 취득했다. 대진대학교 사회복지학과 초빙교수, 서울시립대학교 경제학부 BK21 연구교수를 지냈다. 현재 고려대학교에서 강의하고 있다. 『사회문제론』이라는 책을 함께 썼고, 『음식의 문화학』(공역), 『시민사회와 정치이론 1·2』(공역), 『사회이론의 역사』(공역), 『사회변동의 비교사회학』(공역)을 우리말로 옮겼다.

한울아카데미 1937

저항은 예술이다
문화, 전기, 그리고 사회운동의 창조성

지은이 제임스 M. 재스퍼
옮긴이 박형신·이혜경
펴낸이 김종수
펴낸곳 한울엠플러스(주)
편집 신순남

초판 1쇄 인쇄 2016년 11월 17일
초판 1쇄 발행 2016년 12월 1일

주소 10881 경기도 파주시 광인사길 153 한울시소빌딩 3층
전화 031-955-0655
팩스 031-955-0656
홈페이지 www.hanulmplus.kr
등록번호 제406-2015-000143호

Printed in Korea.
ISBN 978-89-460-5937-5 93330(양장)
      978-89-460-6248-1 93330(학생판)

※ 책값은 겉표지에 표시되어 있습니다.
※ 이 책은 강의를 위한 학생판 교재를 따로 준비했습니다.
   강의 교재로 사용하실 때에는 본사로 연락해주십시오.